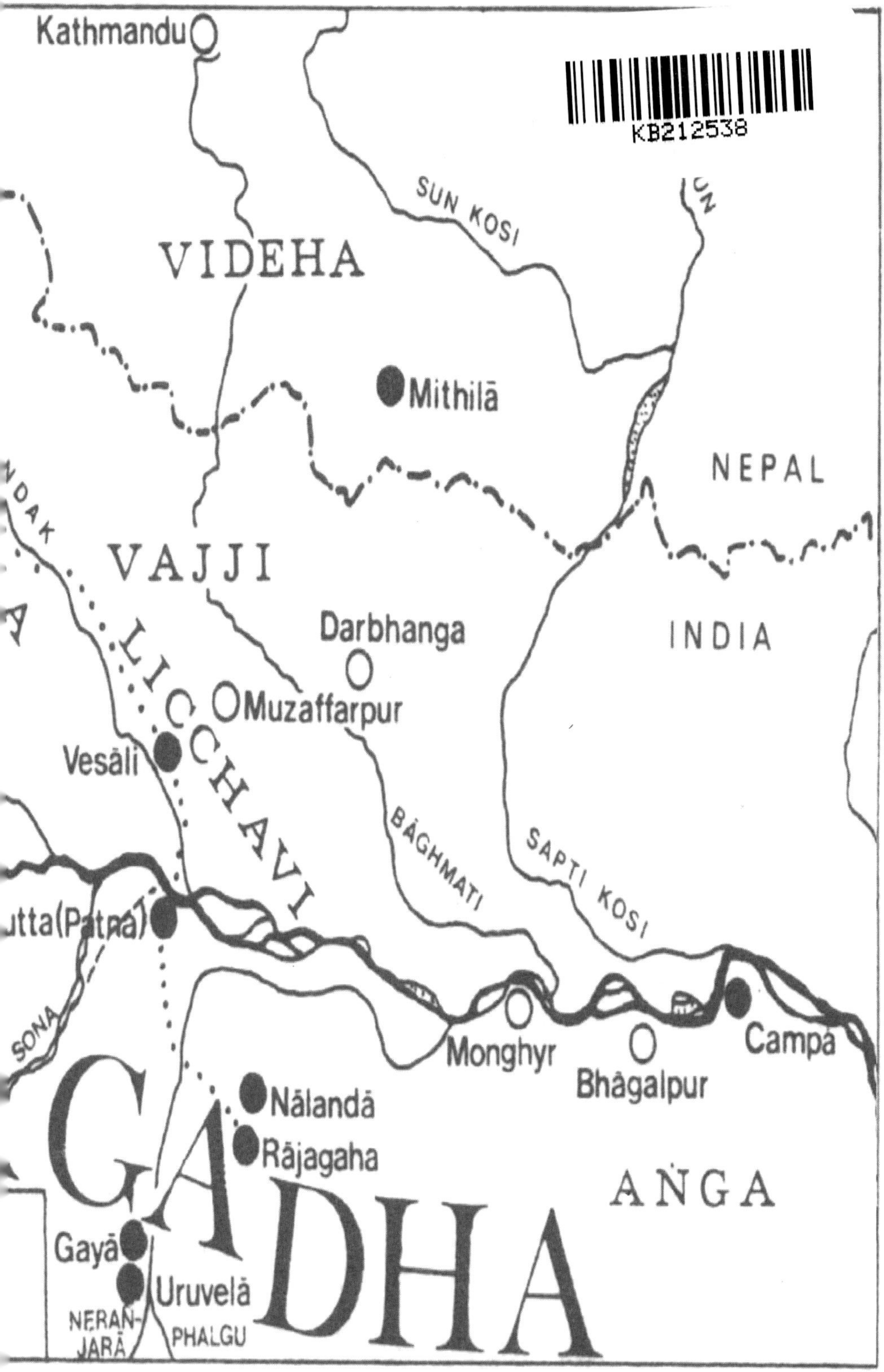
Kathmandu
SUN KOSI
VIDEHA
Mithilā
NEPAL
VAJJI
LICCHAVI
Darbhanga
INDIA
Muzaffarpur
Vesāli
BĀGHMATI
SAPTI KOSI
SONA
Monghyr
Bhāgalpur
Campā
Nālandā
Rājagaha
AṄGA
Gayā
Uruvelā
NERAN-JARĀ
PHALGU
DHA

이띠붓따까-여시어경

如是語經(Itivuttaka)
如是語經義釋(Itivuttakaṭṭhakathā)

ॐ सत्यमेव जयते ॐ

譯註 · 退玄 全在星

철학박사. 서울대학교를 졸업했고,
한국대학생불교연합회 13년차 회장을 역임했다.
동국대학교 인도철학과 석·박사과정을 수료하고,
독일 본대학에서 인도학 및 티베트학을 연구했으며,
독일 본대학과 쾰른 동아시아 박물관 강사,
동국대 강사, 중앙승가대학 교수,
경전연구소 상임연구원, 한국불교대학
(스리랑카 빠알리불교대학 분교)교수,
충남대 강사, 가산불교문화원 객원교수를 역임했고,
현재 한국빠알리성전협회 회장을 역임하고 있다.
역서로는 〈인도사회와 신불교〉(일역, 한길사),
저서에는 〈거지성자〉(선재, 안그라픽스),
그리고 저서 및 역서로 〈빠알리어사전〉 〈티베트어사전〉
〈금강경-번개처럼 자르는 지혜의 완성〉
〈붓다의 가르침과 팔정도〉 〈범어문법학〉
〈쌍윳따니까야 전집〉 〈오늘 부처님께 묻는다면〉
〈맛지마니까야 전집〉 〈명상수행의 바다〉
〈디가니까야 전집〉 〈신들과 인간의 스승〉
〈앙굿따라니까야 전집〉 〈생활 속의 명상수행〉
〈법구경-담마파다〉 〈법구경-진리의 말씀〉 〈예경지송〉
〈숫타니파타〉 〈숫타니파타-붓다의 말씀〉
〈우다나-감흥어린 싯구〉
〈테라가타-장로게〉 〈테리가타-장로니게〉
〈이띠붓따까-여시어경〉
〈마하박가-율장대품〉 〈쭐라박가-율장소품〉
〈빅쿠비방가-율장비구계〉 〈빅쿠니비방가-율장비구니계〉
〈청정도론〉 〈초기불교의 연기사상〉
〈천수다라니와 앙코르와트의 비밀〉
(이상, 한국빠알리성전협회)이 있다.
주요논문으로 〈初期佛敎의 緣起性 硏究〉
〈中論歸敬偈無畏疏硏究〉
〈學問梵語의 硏究〉 〈梵巴藏音聲論〉 등 다수 있다.

우리말빠알리대장경

빠알리대장경/쿳다까니까야

이띠붓따까-여시어경

Itivuttaka

如是語經/如是語經義釋

퇴현 전 재 성 역주

한국빠알리성전협회
Korea Pali Text Society 1997

한국빠알리성전협회
Korea Pali Text Society

이띠붓따까-여시어경

값 30,000 원

발행일 2012년 8월 20일 초판발행
2019년 2월 05일 재판(부분교정)

발행인 도 법

역주자 전재성

편집위원 김광하. 최훈동. 선덕. 홍석화

발행처 한국빠알리성전협회

1999년5월31일(신고번호:제318-1999-000052호)

서울 서대문구 홍제동 456 #성원102-102

전화 02-2631-1381
전자우편 kptsoc@kptsoc.org
홈페이지 www.kptsoc.org
Korea Pali Text Society
Hongjae-2-dong 456 #Seongwon102-102
Seoul 120-090 Korea
TEL 82-2-2631-1381 FAX 82-2-735-8832

전자우편 kptsoc@kptsoc.org

홈페이지 www.kptsoc.org

ISBN 978-89-8996-653-1 04220
ISBN 978-89-8996-650-0 (세트)

이띠붓따까-여시어경

ॐ सत्यमेव जयते ॐ

Khuddaka Nikāya *Itivuttaka*

tr. by **Jae-Seong Cheon** ⓒ 2012
Published and Distributed by
Korea Pali Text Society

발 간 사

이 『이띠부따까』는 그것의 한역 이름이 더 아름다운데, 『여시어경』이라고 합니다. 게송과 산문이 수미일관하게 동일선상에서 편집된 드문 경전에 속합니다. 따라서 특히 중요한 초기불교의 가르침을 주도면밀하게 선집한 것이라는 것을 알 수 있습니다.

특히 이 경전이 중요한 이유는 부처님의 가르침에서 중요한 것은 과학철학이 의문시하는 도덕적 우주의 인과율에 확고부동한 기반을 제공하고 있다는 것입니다. 우주가 지탱되고 수호되는 것은 부끄러움을 아는 것과 창피함을 아는 것의 두 가지 원리에 의한 것입니다. 특히 112개의 주옥과 같은 경들 가운데 「밝은 원리의 경」에서 부처님은 그러한 원리에 대하여 설명하고 있습니다.

"수행승들이여, 이와 같은 두 가지 밝은 원리가 세상을 수호한다. 두 가지란 무엇인가? 부끄러움을 아는 것과 창피함을 아는 것이다. 수행승들이여, 이와 같은 두 가지 밝은 원리가 세상을 수호할 수 없다면, 어머니나 이모나 외숙모나 선생의 부인이나 스승의 부인이 있다고 정의할 수 없을 것이고, 세상은 염소와 양과 닭과 돼지와 개와 승냥이가 뒤섞이는 것처럼 혼란에 빠질 것이다. 수행승들이여, 이와 같은 두 가지 밝은 원리가 세상을 수호하므로, 어머니나 이모나 외숙모나 선생의 부인이나 스승의 부인이 있다고 정의할 수 있는 것이다."

이것은 명칭과 관계로 성립하는 세계의 엄정한 질서가 부끄러움을 아는 것과 창피함을 아는 것의 두 가지 원리에 의해서 직조되는 것을 뜻합니다. 이것은 우주는 보는 눈을 형성하는 관찰자의 앎이 없이는 알 수가 없는데,

관찰자의 삶의 토대가 곧, 부끄러움을 아는 것과 창피함을 아는 것의 두 가지 원리인 것을 설명하는 것입니다. 부처님께서는 더 나아가서 그와 관련하여 그 「밝은 원리의 경」에서 더욱 분명히 부끄러움을 알지 못하고 창피함을 알지 못하면, 생사의 윤회에 떨어지게 되고, 부끄러움을 알고 창피함을 아는 것이 올바로 정립되면, 생사윤회를 부수고 적멸에 들어 열반에 든다고까지 말씀하셨습니다.

"부끄러움과 창피함을 아는 것이 결코 존재하지 않는다면, 그들은 밝음의 근원에서 벗어나 다시 태어남과 죽음에 들어선다. 부끄러움과 창피함을 아는 것이 항상 올바로 정립된다면, 그들은 청정한 삶을 성장시켜, 적멸에 들어 다시 태어남을 부순다."

부처님의 가르침이 우리사회에 널리 퍼져 부끄러움과 창피함을 아는 성숙한 사회가 되기를 발원합니다. 부처님의 가르침을 공부하면서 남을 알기 보다는 자기를 알고, 자기를 아는 것보다 자기의 내면을 비추어 보는 일이 종요하다는 것을 깨달아 갑니다. 부디 이띠부따까의 가르침으로 상처받은 사람이 용기를 얻고 진리를 구하는 사람이 빛을 얻기를 바랍니다. 아울러 중증인지장애를 앓고 있으면서도 공부의 끈을 놓지 않고 있는 노력하는 저의 아내 혜덕 보살에게 이 경전의 출간의 공덕을 회향할 수 있는 기회를 얻게 되어 기쁘게 생각합니다.

아울러 우리나라에서는 최초로 1999년 ≪쌍윳따니까야≫를 출간한 이래, 빠알리성전의 경장 · 율장의 대부분을 완역하고 경장 · 율장 · 논장의 입문서이자 백과사전인 『청정도론』까지 최근에 완역하여 출간한 퇴현 전재성 박사와 관계자 여러분께 깊은 감사를 드립니다.

2019년 2월 5일

각현(覺賢) 이구락 합장

추 천 사

얼마 전에 열반에 드신 법정 스님께서는 한 칼럼에서 "먹물 옷을 걸치고 절에서 산다고 해서 누구나 출가제자라고 할 수 있겠는가? 절의 행사에 꼬박꼬박 참석하고 불사에 동참한다고 해서 진정한 재가불자라고 할 수 있겠는가? 부처님의 가르침을 순간순간 몸소 실천하고 있느냐. 아니냐에 따라서 진정한 불자일 수도 있고 사이비 불자일 수도 있다는 준엄한 가르침이 있다." 라고 하면서 그 증거로 내세운 경이 다음과 같은 『이띠붓따까』의 '쌍가띠 옷의 자락의 경'입니다.

"수행승들이여, 만약 수행승이 쌍가띠 옷의 자락을 붙잡고 따라 다니며 자신의 발로 나의 족적을 밟더라도, 그가 탐욕스럽고, 감각적 쾌락의 욕망에 자극되고, 마음에 분노가 넘치고, 정신적으로 사유가 퇴락하고, 새김을 잃고, 올바로 알아차리지 못하고, 올바로 집중하지 못하고, 마음이 산란해지고, 감각 능력을 통제하지 못하면, 나는 그에게서 멀고 그는 나에게서 멀다. 그것은 무슨 까닭이냐? 수행승들이여, 그 수행승은 진리를 보지 못하기 때문이다. 진리를 보지 못하면, 나를 보지 못하는 것이다. 수행승들이여, 만약 그 수행승이 일백 요자나 떨어져 살더라도, 그가 탐욕스럽지 않고, 감각적 쾌락의 욕망에 자극되지 않고, 마음에 분노가 넘치지 않고, 정신적으로 사유가 퇴락하지 않고, 새김을 잃지 않고, 올바로 알아차리고, 올바로 집중하고, 마음이 통일되고, 감각 능력을 통제하면, 나는 그에게서 가깝고 그는 나에게서 가깝다. 그것은 무슨 까닭이냐? 수행승들이여, 그 수행승은 진리를 보기 때문이다. 진리를 보면, 나를 보는 것이다."(It. 92)

이 번역은 퇴현 전재성 박사의 번역으로 비록 법정 스님의 번역과는 많이 다르지만, 법정 스님은 이 경문을 두고 "스승의 가르침을 듣고 일상생활에서 그대로 실천할 수 있다면, 시간과 공간을 뛰어넘어 지금 이 자리에서 함께 할 수 있다는 가르침이다. 한 마디로 말하자면, 나는 뜻을 같이 하는 사람과 늘 함께 있다는 준엄한 교훈이다. 스승과 제자이건, 한 지붕 아래 한 솥밥을 먹고 사는 부부사이이건 전화 없이는 하루도 살 수 없는 친구 사이이라 할지라도, 뜻이 같지 않아 의기가 상통하지 않으면, 십만팔천리나 떨어져 있는 것이나 다름없다."라고 그 교훈을 이끌어 내었습니다.

초기경전으로서의 이띠붓따까는 부처님의 인격이 살아서 숨쉬는 시대에 결집된 것으로 위의 경에서 부처님의 말씀 – '나는 그에게서 멀고 그는 나에게서 멀다 … 나는 그에게서 가깝고 그는 나에게서 가깝다. … 진리를 보지 못하면, 나를 보지 못하는 것이다. … 진리를 보면, 나를 보는 것이다.' – 은 오늘날에도 시간과 공간을 넘어서 우리에게 감동을 주기에 충분한 것입니다. 이것은 육체적인 눈으로 여래를 보고 물질적인 몸으로 여래를 보는 것이 아니라, 앎의 눈으로 여래를 보고 진리의 몸으로 여래를 보는 것을 나타냅니다. 경전에서는 '진리를 보는 자는 나를 보고 나를 보는 자는 진리를 본다.'라고 했는데, 이러한 가르침은 대승불교를 이해하는데 필수불가결한 부처님의 가르침의 원형을 담고 있습니다.

1999년 ≪쌍윳따니까야≫를 출간한 이래, 사부니까야를 완역하고, 2008년에 출간한 『법구경-담마파다』, 2009년 『우다나-감흥어린 시구』에 이어서 2012년 『이띠붓따까-여시어경』을 방대한 주석과 더불어 번역하여주신 퇴현 전재성 박사 그리고 한국빠알리성전협회의 관계자 여러분께 깊은 감사를 드립니다.

2012년 8월 20일

월담(月潭) 이동호 합장

머 리 말

≪쿳다까니까야≫에 소속된 『이띠붓따까』는 '이와 같이 말해진 것'이라는 뜻을 지녀 한역으로는 『여시어경』이라고 하는데, 짧은 산문 이야기에 게송들을 곁들인 112개의 경들로 구성되어 있습니다.

담마빨라의 주석에 따르면, 부처님의 여제자 쿳줏따라는 스승이 수행승에게 설법할 때에 자주 가서 듣곤 했고, 그녀가 그것을 우데나 왕비와 궁녀들에게 전해준 부처님의 가르침을 『이띠붓따까』라고 한다고 했으나 그것에 대한 확증은 없습니다. 그녀는 꼬쌈비 국의 부호 고씨따의 하녀로 태어났다가 나중에 우데나 왕의 왕비 싸마바띠의 시녀가 되었습니다. 왕비는 그녀에게 하루에 8 까하빠나의 돈을 주고 꽃을 사오도록 했습니다. 쿳줏따라는 정원사 쑤마나에게서 4 까하빠나로 꽃을 사고 나머지 4 까하빠나는 자신이 가졌습니다. 어느날 부처님이 꼬삼비를 방문하여 설법을 했는데 그녀는 그것을 듣고 흐름에 든 님이 되었습니다. 그날 그녀는 8 까하빠나을 다주고 꽃을 샀습니다. 왕비는 오늘 왜 꽃이 이렇게 많은가라고 묻자 그녀는 모든 이야기를 털어놓았습니다. 그때부터 왕비는 그녀를 향료를 탄 물에 목욕시키고 그녀를 어머니처럼 대하였으며, 그녀가 부처님을 찾아가 설법을 듣고 오면, 왕비와 궁녀들은 그녀로부터 부처님의 가르침을 들었습니다. 그녀는 재가의 여신도 가운데 많이 배운 님 가운데 제일이었습니다. 이러한 쿳줏따라가 듣고 전한 이야기가 수행승들에게 전해졌고, 존자 아난다가 라자가하 시의 제일결집에서 합송한 것이 바로 이 『이띠붓따까』라는 것입니다. 그래서 『이띠붓따까』의 각 경의 산문과 게송이 '이와 같이 세존에 의해 설해졌다고 나는 들었다.'라는 간접적인 동일한 진술로서 나타나게 된 것이고, 경이 설해진 곳이 모두 동일하게 꼬쌈비이기 때문에 다른 경전들과는 달리 설법장소가 별도로 표시되어 있지 않다는 것입니다.

담마빨라는 그러한 결론에 도달하기에는 어려운 점이 있다는 것을 인정하면서도 반대의견을 묵살했습니다. 이것에 대해 『이띠붓따까』를 영역한 우드워드 등은 게송들은 의심할 바 없이 진실한 것이지만, 게송들이 산문보다 더 오래 기억되어 전승된다는 것과 산문의 설명은 틀림없이 어원학적으로 게송에 대한 해설로서 나중에 성립한 것이라는 사실을 볼 때에 부처님이 고정된 형태로 산문설명을 했을 것 같지는 않다고 주장합니다. 부처님의 다른 니까야를 살펴보면, 일반적으로 친숙한 단어로 대화형식으로 가르침을 펴고, 그것을 압축한 형식의 게송으로 가르침을 요약했습니다. 그러나 『이띠붓따까』는 경의 산문과 게송이 모두 동일선상에서 불설로서 편집된 것은 특이한 것입니다. 그런 측면에서는 『앙굿따라니까야』와 유사합니다. 그러므로 주석서가 주장하듯 재가자가 전한 것이 아니라, 승단에서 직접 『앙굿따라니까야』처럼 교육용으로서 단지 그것보다는 훨씬 간략하게 편집한 것일 수도 있습니다.

일차 교정시 평소 이 경전을 애독했던 '작은 손길'의 김광하 대표님과 한별병원의 최훈동 원장님께서 맡아 주셨는데, 역자가 편집했던 관계로 추가 문장을 부가하면서 오타가 생긴 경우가 많았습니다. 이번 칠년 만에 교정하여 바로 잡은 데는 홍석화 거사님과 선덕 보살의 노고가 컸습니다.

끝으로 이 경전의 재간출간에 발간사를 써주시고 출판비를 후원하신 각현 이구락 거사님께 특별히 감사를 드리고 재간출간의 공덕을 그의 사모 혜덕 보살님께 회향합니다. 그리고 초간출간에 후원하신 월담 이동호 원장님과 오늘까지 물심양면으로 후원하여 주신 여러분과 더불어 모든 분들께 깊은 감사를 드립니다.

2019년 2월 5일

퇴현(退玄) 전재성 합장

해　　제

대장경에서 『이띠붓따까』의 위치

『이띠붓따까』(Itivuttaka)는 경율론 삼장의 대장경 가운데 오부-니까야로 구성된 경장에 속하는 경전으로, 그 가운데서도 ≪쿳다까니까야≫(Khuddakanikāya)라는 15개의 경전으로 이루어진 소부경전(小部經典)에서 네 번째에 속하는 경전이다. 그 가운데 가장 중요한 경전들이 『숫타니파타』(Suttanipāta)와 『법구경』(Dhammapada)과 『자타카』(Jātaka)와 『우다나』(Udāna)와 『이띠붓따까』(Itivuttaka)이다. 『숫타니파타』는 모든 니까야의 법문 가운데 가장 오래된 것으로 정각을 이루신 부처님께서 승단을 이루기 전에 거친 사바세계를 항해하는 고독한 은둔자, 치열한 구도자로서의 경험을 표현하고 있다. 그리고 『법구경』은 부처님께서 45년간의 전 생애에 걸쳐 가르친 진리의 말씀 가운데 중요한 것들을 사행시의 형태로 모아놓은 선집이라고 볼 수 있다. 『우다나』는 『숫타니파타』와 『법구경』의 시와 병행되거나 다른 ≪니까야≫와 율장의 『마하박가』(Mahāvagga : Mv.)나 『쭐라박가』(Cullavagga : Cv.)에 등장하는 경이나 시구와 병행되기도 하지만, 주로 초점이 부처님의 궁극적 깨달음과 열반에 대한 감흥어린 시구와 그 인연담에 맞추어져 있다. 이에 비해 『이띠붓따까』는 ≪앙굿따라니까야≫와 유사하게 교육적 목적으로 편집된 것으로, 실제 그것과 일치하는 경들이 다수 발견되며, 주로 윤리적인 것에 초점은 맞춘 수행에 알맞는 심리적 분석을 보여주고 있다.

그리고 『이띠붓따까』는 대장경을 분류하는 구분교(九分敎)의 분류방식 가운데 하나를 구성한다. 구분교는 경(經 : Sutta)·응송(應頌 : Geyya)·수기(授記 : Veyyākaraṇa)·게송(偈頌 : Gāthā)·감흥어(感興語 : Udāna)·여시어(如是語 : Itivuttaka)·전생담(前生譚 : Jātaka)·미증유법(未曾有法 : Abbhutadh amma)·교리문답(敎理問答 : Vedalla)의 순전히 형식적인 분류방식이다. 경(經 : Sutta)은 부처님의 모든 대화를 기록한 것인데 『숫타니파타』의 몇몇 부분도 포함된다. 응송(應訟 : Geyya)은 모든 산문과 시가 뒤섞인 것, 수기(授記 : Veyyākaraṇa)는 논장 및 그와 유사한 아미담마 텍스트, 게송(偈頌 : Gāthā)은 오로지 시로만 구성된 것, 감흥어(感興語 : Udāna)는 부처님이 스스로 감탄하여 스스로 설한 것, 전생담(前生談 : Jātaka)은 부처님의 전생에 관한 이야기가 담겨져 있고 산문이야기를 수반하는 시모음집, 미증유법(未曾有法=希法 : Abbhutadhamma)은 초자연적인 상태나 힘을 다루고 있는 경전을 뜻하며, 교리문답(敎理問答 : Vedalla)은 어원적으로는 '고양이의 눈'이라는 뜻인데, 정의하기는 매우 어렵지만 팔만사천의 가르침의 다발(法蘊) 가운데 한 단위를 말하는데, 앎과 기쁨으로 질문한 것에 대한 대답으로 설해진 경들이 여기에 속한다. 이에 비해 여시어(如是語 : Itivuttaka)는 '이와 같이 세존에 의해서 말씀되어졌다.'는 뜻인데 부처님의 윤리적인 가르침을 담고 있다.

『이띠붓따까』와 한역대장경

『이띠붓따까』에 해당하는 북전의 한문경전으로는 AD. 650년에 인도에서 불교경전을 가져온 현장(玄奘)이 번역한 <본사경(本事經)>(7권)이 있다. 본사경은 3법품으로 구성되어 있고 전체 138경을 담고 있다. 한역경전은 대체로 그 빠알리 판본과 일치하지만, 세 번째 장은 그 3/5 정도가 일치하지 않는 반면에 네 번째 장은 한역에는 완전히 결여되어 있다. 그래서 『이띠붓따까』의 112개의 경 가운데 65개의 경만이 일치하는 형태로 한역에 존재한다. 그리고 한역경전의 산문부분은 빠알리본 보다 길거나 장황하게 늘어져 있다.

『이띠붓따까』의 결집과 성립시기

『이띠붓따까』는 단지 부처님의 윤리적 가르침만을 선집의 형태로 전하고 있어 언제 성립되었는지를 알기가 극히 어렵다.

그 교설의 내용을 살펴보면, 『이띠붓따까』는 출가자인 수행승의 교육을

목적으로 꼭 알아야 할 중요한 가르침을 중점적으로 편집하고 있다. 그 점에서 보면, 간략히 열반의 본질에 대해 설하고 있는 경의 선집인 『우다나』와 더불어, 거기에 도달하는 윤리적 측면에서의 명상수행의 원리를 설하는 경의 선집인 『이띠붓따까』는 상호보완적인 쌍벽을 이루는 것으로 보아, 그 완성된 시기는 『우다나』와 일치한다고 보아야 한다.

그러나 그 『이띠붓따까』는 ≪쿳다까니까야≫에 속한 경전으로 디가니까야주석서(Smv. 14)에 따르면, 다른 니까야의 경전들과 마찬가지로 칠엽굴에서의 제일결집에서 이루어진 것이지만, 사부니까야와 논장(論藏: Abhidhammapiṭaka)의 결집이 이루어진 뒤에 이루어진 것으로 ≪쿳다까니까야≫의 원형이 성립된 최초기부터 그 속에 포함되어 있었을 것으로 추정된다.

그 가운데 『숫타니파타』는 부처님의 정각 이후의 제자들과 대화를 수록하고 있다는 점에서 내용적으로는 초기경전 가운데 가장 오래된 경전이다. 그리고 ≪쿳다까니까야≫의 다른 경전 『우다나』와 비교하면, 『우다나』의 쏘나의 품에서 쏘나가 부처님 앞에서 마하 깟짜나에게서 배운 『숫타니파타』의 <앗타까박가>(Aṭṭhakavagga)를 외어 보여 부처님을 놀라게 하는 구절이 나온다. 이것은 『우다나』가 여지없이 『숫타니파타』보다는 후대에 편집된 것이라는 것을 입증하는 것이다. 그렇다면, 『우다나』의 빠딸리가마의 품의 <쭌다의 경>의 이야기는 ≪디가니까야≫의 <대반열반경>(Mahāparinibbānasutta)에서 인용한 것들인데, ≪디가니까야≫가 니까야 가운데서는 비교적 신층에 속한다고 볼 때, 『우다나』의 편집자가 대반열반경에 대해 알고 있었다는 것은 『우다나』가 ≪디가니까야≫보다 신층에 속한다는 사실을 입증한다.

『이띠붓따까』에도 ≪디가니까야≫가 인용되어 있으므로 『이띠붓따까』도 『우다나』처럼 ≪디가니까야≫보다 신층에 속한다는 사실을 입증한다. 『대반열반경』이 성립한 것은 부처님이 돌아가신 이후 여러 자료가 첨가되면서 1 내지 2세기 안에 성립했으리라고 추측된다. 그렇다면, 『우다나』는 이 시기보다 늦게 성립되었으니, B.C. 4세기 경에 제2결집에서 성립되었을 것이다. 따라서 『이띠붓따까』가 성립된 것도 이 시기이거나 보다 늦은 시기에 해당한다고 볼 수 있다. 『이띠붓따까』에는 경구의 인용이 직접적 - '라고 말했다' -이거나 간접적 - '거룩한 님께서 설하셨다고 나는 들었다.' - 이다. 이것은 편집자가 구전이나 서사된 고층의 빠알리문헌을 인용했다는 것을 입증한다. 실제로 『이띠붓따까』의 산문부분은 ≪디가니까야≫뿐만 아니라, ≪앙굿따라니까야≫, 『카타밧투』, ≪쌍윳따니까야≫, 『담마파다』, 『넷띠』, 『테라가타』 등에서 인용하여 편집된 것이다.

그런데 『이띠붓따까』는 『쿳다까빠타』, 『담마파다』, 『우다나』와 더불어 산문에 의해서 게송을 설명하는 동일한 형식을 갖고 있다. 그리고 다른 경전들과 마찬가지로 게송의 언어는 보다 고층의 언어로 이루어진 것으로 보아 게송이 별도로 존재하여 구전되다가, 후대에 주석에 해당하는 신층의 산문이 첨가되어 이루어졌다고 볼 수도 있다. 따라서 게송의 성립연대와 산문의 성립연대를 별도로 산정해야 할 필요성이 있다고 보면, 산문까지 성립된 시기는 좀 더 늦을 수도 있다. 게송의 언어에서 '룯다쎄(luddhāse)', '둣타쎄(duṭṭhāse)', '물라쎄(muḷhāse)' 등의 고대형인 베다어 복수 형태의 사용, 부정형의 대체형으로 여격의 사용, 조건법의 사용, 시적 불규칙성 등은 고대구전의 전통을 물려받은 것으로 역사적 부처님의 실제적 작품에서 유래된 것임에는 의심의 여지가 없다. 리스 데이비즈가 "인간이 당면한 가장 어려운 문제에 대하여 성실한 심도, 사실적 파악, 간결하고도 수수께끼같은 극도의 아름다움, 구성의 교묘함에서 네 가지 소책자에 비견되는 작품은 당대에 세계의 어느 곳에서도 없었다."라고 하면서 이 네 소책자의 편집연대가 B.C. 400년 보다 늦을 수는 없다고 주장한 것은 게송을 염두에 둔 것이지만, 그것은 게송의 편집연대를 두고 말한 것이다. 산문의 성립연대는 게송 보다는 후대일 수 있다면, 아쇼카왕의 아들 마힌다 장로가 주석서와 더불어 빠알리문헌을 가지고 스리랑카를 방문한 B. C. 3세기를 넘지 않을 것이다. 그리고 현재의 형태로 확실히 기록된 것은 빠알리대장경과 마찬가지로 B. C. 70년 경, 밧타가마니(Vaṭṭagāmaṇi) 왕의 치세시에 이루어진 것이다.

이띠붓따까의 전체 내용과 각 품별 내용

『이띠붓따까』는 부처님의 윤리적 가르침의 선집으로 《앙굿따라니까야》처럼 점증하는 법수에 따라 한 개의 법수로 구성된 제1장에서부터 차례로 네 개의 법수로 구성된 제4장에 이르기까지 전체 4장으로 이루어져 있다. 제1장은 3품 27경, 제2장은 2품 22경, 제3장은 5품 50경, 제4장은 1품13경으로서 총 112경이 된다. 여기에 수록된 경들의 총숫자는 112개이다.

제1장 : 하나모음

제1품은 '탐욕·성냄·어리석음 등의 원리를 버려야 한다.'는 가르침을 전하고 있다. 그 이유는 나쁜 곳에 떨어지기 때문이다. 그것들을 끊어버리면, 돌아오지 오지 않는 경지에 도달한다.(It. 1~5) 그리고 제1품과 제2품에 걸쳐서 탐욕·성냄·어리석음 등에 대한 곧바로 앎, 완전한 앎이 그것들을 끊어버리는 데에 선행해야 할 조건임을 설하고 있다.(It. 7~13)

제2품 중간에서는 무명과 갈애가 사람들이 오랜 세월 유전하고 윤회하는 근본적인 원인임을 밝히고 있고(It. 14~15), 학인에 중요한 것은 이치에 맞게 정신활동을 기울이는 것과 훌륭한 친구를 사귀는 것을 들고 있다.(It. 16~17) 그리고 후반에서는 참모임의 분열에 따르는 고통과 참모임의 화합에 따르는 행복에 대해 설하고(It. 18~19) 사악한 마음의 결과에 대해서 경고한다.(It. 20)

제3품에서는 청정한 믿음의 과보(It. 21)와 공덕과 업의 과보(It. 22) 그리고 방일하지 않음의 이익(It. 23)에 대하여 설하고, 그 밖에 한 개인의 일 겁에 걸친 윤회가 쌓은 뼈 무더기가 산과 같다는 설법(It. 24), 고의적인 거짓말의 과보(It. 25), 보시와 나눔의 과보(It. 26)를 설하고, 그러나 그러한 공덕을 만드는 토대들보다 자애의 마음에 의한 해탈이 탁월한 것임(It. 27)을 설한다.

제2장 : 둘모음

제1품에서는 정신적·신체적 고통을 벗어나기 위해서 가장 중요한 기초적인 원리가 감각능력의 문을 수호하는 것과 식사에 적당한 분량을 아는 것의 두 가지 원리임을 강조한다.(It. 28~29) 그리고 그 다음에는 '나는 악을 행하고 선을 행하지 않았다.'라는 삶은 가책의 삶이니 '나는 선을 행하고 악을 행하지 않았다.'라는 가책을 여읜 삶을 살아야 함을 설한다.(It. 30~31) 그리고 선한 계행과 선한 견해의 중요성,(It. 32~33) 열심히 노력하는 것과 부끄러움을 아는 것의 중요성,(It. 34) 청정한 삶을 사는 이유에 대한 자각의 중요성,(It. 35-36) 경외하는 것과 경외하는 것에 자극받아 이치에 맞게 노력하는 것의 중요성(It. 37)을 설하고 있다.

제2품에서는 여래의 사유는 안온에 입각한 사유와 멀리 여읨에 입각한 사유를 특징으로 한다는 것,(It. 38), 그리고 여래의 설법은 악에 대한 인식에 대한 것과 악을 여의는 실천에 대한 것으로 대별된다는 것,(It. 39) 그리고 명지와 무명의 선악에 대한 선구성,(It. 40) 진정한 궁핍이란 지혜의 궁핍을 의미한다는 것,(It. 41) 세상을 수호하는 밝은 원리가 부끄러움을 아는 것과 창피함을 아는 것이라는 것,(It. 42) 태어나지 않고, 생겨나지 않고, 만들어지지 않고, 형성되지 않는 것이 있기 때문에 태어나고, 생겨나고, 만들어지고, 형성되는 것에서 벗어날 수 있다는 것(It. 43), 열반의 세계는 잔여가 있는 열반의 세계와 잔여가 없는 열반의 세계로 나뉜다는 것,(It. 44) 홀로 명상하는 것을 즐기는 것(It. 45)과 세 가지 배움을 공덕으로 삼는 것(It. 46)과 깨어있음을 토대로 새김을 확립하는 것은 '현세에서의 궁극적 앎이나, 취착의 잔여가 있다면 돌아오지 않는 경지'의 두 가지 과보를 가져온다는 것(It. 47), 그리고 청정한 삶을 사는 자라고 스스로 사칭하거나 청정한 삶을 사는 자를 근거없이 비난하는 자는 지옥에 떨어진다는 것(It. 48), 그리고 존재를 즐기고 기뻐하는 자들과 비존재를 즐기고 기뻐하는 자들은 모두 악견을 지닌 자들이라는 것(It. 49)을 가르친다.

제3장 : 셋모음

제1품은 악하고 불건전한 것의 뿌리인 탐욕 · 성냄 · 어리석음,(It. 50) 미세한 물질의 세계와 비물질의 세계를 뛰어넘는 소멸의 세계에서의 해탈,(It. 51) 고 · 락 · 불고불락의 느낌의 분류와 느낌을 관찰하는 방법,(It. 52~53) 욕망 · 존재 · 청정의 추구와 더불어 관점의 축적을 통해 생겨나는 도그마의 인식,(It. 54~55) 욕망 · 존재 · 무명의 번뇌에 대한 올바른 알아차림과 해탈,(It. 56~57) 욕망 · 존재 · 비존재에 대한 갈애가 윤회로 이끄는 악마의 멍에라는 인식,(It. 58) 계행 · 삼매 · 지혜가 악마의 영역을 뛰어넘는 동력이라는 사실(It. 59)을 가르친다.

제2품은 공덕행의 토대인 보시 · 계행 · 수행,(It. 60) 괴로움의 벗어나는 차제로서의 신체의 눈(肉眼) · 하늘의 눈(天眼) · 지혜의 눈(慧眼),(It. 61) 궁극의 앎을 가져오는 세 가지 능력 즉, 아직 알지 못하는 것을 알게 되는 능력, 궁극적인 앎을 향한 능력, 궁극적인 앎을 갖춘 능력(It. 62) 언어적 표현과 과거 · 현재 · 미래의 시간의 본질,(It. 63) 신체 · 언어 · 정신의 선악행과 과보(It. 64~65) 선행에 의한 신체 · 언어 · 정신의 청정(It. 66) 신체 · 언어 · 정신의 관점에서의 성스러운 삶(It. 67) 악마의 밧줄이자 윤회의 바다를 구성하는 탐욕 · 성냄 · 어리석음(It. 68~69)에 대하여 가르친다.

제3품은 신체적 · 언어적 · 정신적 선악행을 갖춘 자가 천상에 태어난다든가 지옥에 태어나는 것은 단지 소문에 의한 것이 아니라 실제로 인지되는 것이라는 사실,(It. 70~71) 감각적 쾌락의 욕망계, 미세한 물질계, 비물질계, 소멸계가 있는데, 각각의 출리, 무형, 소멸의 여읨 과정을 매개로 보다 고요한 세계가 된다는 사실(It. 72~73) 부모와 비견하여 계행의 유무에 따라 분류되는 탁월한 아들 · 동등한 아들 · 저열한 아들,(It. 74) 보시자에 대한 비를 내리는 자의 비유,(It. 75) 명예 · 재산 · 생천의 행복을 열망하며 계행을 지켜야 한다는 것,(It. 76) 몸과 의식을 비롯한 일체의 집착대상의 무상 · 고 · 무아(It. 77) 뭇삶들은 경향성에 따라 어울린다는 것,(It. 78) 세속적인 일 · 잡담 · 수면에 몰두하는 퇴전의 원리와 그렇지 않은 불퇴전의 원리(It. 79)를 가르친다.

제4품은 체면이나, 이익과 명예와 칭송이나, 심지어 타인의 배려라는 세속적 원리를 여읜 사유,(It. 80) 공경이나 불공경에 좌우되지 않는 삼매의 확립,(It. 81) 악마와의 전쟁에서 각각 준비 · 교전 · 승리와 같은 출가 · 수행 · 해탈,(It. 82) 천신의 삶보다 우월한 인간으로의 삶,(It. 83) 많은 사람의 이익과 많은 사람의 행복을 위하는 자로서의 올바로 원만히 깨달은 님・제자로서의 거룩한 님・제자로서의 학인의 출현,(It. 84) 해탈의 원리로서의 부정관・호흡새김・무상관,(It. 85) 가르침에 입각한 설법, 가르침에 입각한 사유, 새김과 알아차림에 입각한 평정한 삶으로 구성된 여법한 가르침의 실천,(It. 86) 밝음을 만들어내고 눈과 앎 등을 만들어내는 욕망을 여읜 사유・분노를 여읜 사유・폭력을 여읜 사유,(It. 87) 내적인 적대자, 내적인 필적자, 내적인 살해자, 내적인 반대자인 탐욕・성냄・어리석음의 제거,(It. 88) 여래를 모욕하고 동등하다고 맞선 데바닷따의 지옥행이 주는 교훈(It. 89)을 가르친다.

제5품은 최상의 믿음인 여래 등으로 불리는 깨달은 님, 사라짐이라는 가르침, 위없는 복밭인 참모임에 대한 믿음,(It. 90) 탁발이라는 삶의 끝, '손에 발우나 들고 돌아다녀라!'라는 저주를 자발적으로 선택한 이유는 '나는 태어남, 늙음, 죽음, 우울, 슬픔, 고통, 근심, 절망에 떨어졌다. 괴로움에 떨어져 괴로움에 둘러싸여 있다. 적어도 괴로움의 다발들이 종식되어야 한다.'고 생각했기 때문이라는 사실,(It. 91) 새김을 확립하지 못하고 올바로 알아차리지 못하면, 가까이 지내도 서로 멀리 떨어져 있는 것이고, 새김을 확립하고 올바로 알아차리면, 멀리 떨어져 지내도 가까이에 있는 것인 이유로서 '진리를 보지 못하면 나를 보지 못하고, 진리를 보면 나를 보는 것이다.'라는 가르침,(It. 92) 탐욕・성냄・어리석음의 불꽃,(It. 93) 밖으로 흩어지지 않고, 안으로 약화되지 않고, 집착없이 혼란을 여의는 의식(識)으로서의 성찰,(It. 95) 감각적 쾌락의 욕망의 멍에와 존재의 멍에의 유무에 따른 성인의 분류,(It. 96) 홀로 있는 님, 삶을 완성한 님, 최상의 님의 조건으로서의 훌륭한 계행・훌륭한 원리・훌륭한 지혜의 획득,(It. 97) 재물에 의한 보시・나눔・도움과 가르침에 의한 보시・나눔・도움,(It. 98) 성직자의 조건은 세 가지 베다를 단지 외우는 것이 아니라 세 가지 명지 즉, 전생의 삶을 기억에 대한 앎의 명지, 뭇삶의 생사에 대한 앎의 명지, 번뇌를 부숨에 대한 앎의 명지가 성취하는데 있다는 사실(It. 99)을 가르친다.

제4장 : 넷모음

제1품은 재물에 의한 보시 · 나눔 · 도움 · 제사와 가르침에 의한 보시 · 나눔 · 도움 · 제사,(It. 100) 사소하지만, 쉽게 얻을 수 있는, 허물없는 것으로 분소의 · 탁발식 · 나무아래 처소 · 진기약,(It. 101) 번뇌의 소멸의 조건으로서의 괴로움 · 괴로움의 발생 · 괴로움의 소멸 · 괴로움의 소멸에 이르는 길에 대한 앎과 봄,(It. 102~103) 계행 · 삼매 · 지혜 · 해탈 · 해탈에 대한 앎과 봄을 갖춘 자들에 대한 섬김,(It. 104) 수행승에게 갈애의 발생원인이 되는 의복 · 탁발음식 · 처소 · 보다 좋은 것,(It. 105) 부모가 자식들로부터 존경받는 그 가정은 하느님들과 함께 하는 가정 · 천신들과 함께 하는 가정 · 스승들과 함께 하는 가정 · 공양받을 님과 함께 하는 가정,(It. 106) 장자들은 수행승들에게 의복과 탁발음식과 처소와 필수약품을 제공하고 수행승들은 장자들에게 처음도 훌륭하고 중간도 훌륭하고 마지막도 훌륭한, 내용을 갖추고 형식이 완성된 가르침을 설하고 지극히 원만하고 오로지 청정한 거룩한 삶을 보여줌으로써 상호 커다란 도움을 준다는 사실,(It. 107) 기만을 여의고, 고집을 부리지 않고, 요설하지 않고, 슬기롭고, 완고하지 않고, 집중하는 자들이 가르침과 계율에서 성장한다는 사실,(It. 108) 파도는 분노, 소용돌이는 감각적 쾌락의 종류, 악어와 나찰은 여인, 흐름을 거슬러 가는 것은 욕망의 여읨을 상징한다는 사실,(It. 109) 걷거나 서있거나 앉아 있거나 누워 있을 때에 생겨나는 감각적 쾌락에 매인 사유 · 성냄에 매인 사유 · 폭력에 매인 사유의 제거,(It. 110) 또는 탐욕 · 분노 · 혼침과 산란 · 흥분과 회한 · 회의적 의심의 제거,(It. 111) 세계 · 세계의 발생 · 세계의 소멸 · 세계의 소멸에 이르는 길(It. 112)을 가르친다.

이띠붓따까의 근대적 번역과 주석서

불멸후 칠엽굴에서의 제일결집에 편집된 것으로 알려진 이 『이띠붓따까』의 근대적 교열은 1885년 슈테인탤(Steinthal, P.)에 의해서 이루어졌는데, 많은 오타와 오독이 발견된다. 이것을 윈디쉬(Windish)가 1890년에 미얀마의

필사본을 참고하여 교열하였다.(JPTS. 1890. 91)

그 주석서는 『승의등소』(勝義燈疏: Paramaṭṭhadīpanī. II)로 『여시어경의석』(如是語經義釋: Itivuttakaṭṭhakathā)의석으로 알려져 있는데, 그것의 교열은 1934년 보즈(M. M. Bose)에 의해서 이루어졌다. 이 주석서는 AD. 6세기경 아짜리야 담마빨라(Ācariya Dhammapāla)에 의해서 쓰여진 것이다. 그런데, 오늘날까지 학계에는 두 담마빨라가 있다는 의구심이 있다. 6세기 초의 담마빨라는 이띠붓따까(Itivuttaka), 우다나(Udāna), 짜리야삐따까(所行藏: Cariyāpiṭaka), 테라가타(長老偈 : Theragātha)와 테리가타(長老尼偈 : Therīgātha), 비마나밧투(天宮事 : Vimānavatthu)와 뻬따밧투(餓鬼事 : Petavatthu), 그리고 네띱빠까라나(導論 : Nettippakaraṇa)의 주석가이고, 후기 10세기의 담마빨라는 청정도론(淸淨道論: Visuddhimagga)과 사부니까야 등의 복주를 쓴 주석가이다. 그러나 오스카 폰 힌위버(Oskar von Hinüber)의 주장에 따르면, 두 사람의 담마빨라가 존재한다는 주장은 입증된 것이 아니다: 12세기 뽀론나루와(Polonnaruva)는 주석서의 저자와 복주서의 저자가 동일하다고 여겼고, 그리고 우다나에 대한 담마빨라의 주석이 카타밧투(論師 : Kathāvatthu)의 복주를 언급하고 있다는 사실이 담마빨라의 주석이 담마빨라의 복주 보다 오래되었다라는 가정을 무너뜨린다. 따라서 실제로는 오로지 한 사람의 담마빨라가 있어서, 그가 6세기 후반에서 7세기 초에 걸쳐서 마하비하라에서 머물면서 왕성한 주석적 활동을 펼친 것이며, 이띠붓따까의 주석서도 그에 의해서 완성된 것이라고 볼 수 있다. 이 주석서는 2008년 『이띠붓따까 주석서(The Commentary on the Itivuttaka)』란 이름으로 상하권으로 페터 메스필드(Peter Masefield)에 의해서 영역되었다.

『이띠붓따까』는 최초의 근대적 번역은 1908년 무어(J. H. Moore)에 의해서 『부처님의 말씀』(Sayings of the Buddha, New York)이란 이름으로 영역으로 이루어졌고, 그 후 자이덴슈튀커(K. Seidenstücker)에 의해서 1922년, 라이프찌히에서 독역되었다. 빠알리성전협회에서의 번역은 우드워드(F. L. Woodward)에 의해서 『말씀되어진 대로』(As It was said)란 이름으로 1935

년에야 비로소 이루어졌다. 그리고 주석서를 참고한 좀 더 개량된 번역은 1991년 이어랜드(John D. Irland)에 의해서 이루어졌고, 주석서의 시각에 입각한 새로운 번역은 페터 메스필드에 의해서 2000년에야 이루어졌다.

그리고 일본에서 최초의 번역은 이시쿠로(石黑彌致)가 1937년 남전대장경의 23권의 소부1권에 『여시어경(如是語經)』이란 이름으로 수록한 것이 있다. 우리나라에서는 1991년 처음 이미령의 번역으로 민족사에서 「진리의 언어」라는 이름으로 『우다나』와 함께 『진리의 언어, 기쁨의 언어』란 이름으로 출간되었다. 이 한글 번역은 중역된 것이며 주석을 고려하지 않은 번역이라 원문의 의미를 알기가 힘들다.

중요한 번역술어에 대한 해명

1) 담마(dhamma)와 가르침, 사실, 현상, 원리

다양한 의미를 지닌 빠알리어를 거기에 일대일 대응되는 하나의 한글로 옮긴다는 것은 불가능하다. 한역에서는 가능했지만 초기의 한역경전들을 보면, 동일한 빠알리어 경전들도 다양하게 역자에 따라 달리 번역되었음을 알 수가 있다. 그러나 한역에서는 모든 담마(dhamma)를 법(法)이라고 번역하는 등의 번역에서의 경직성이 강했다. 이러한 경직성은 한역 장경을 이해하기 어렵게 만드는 중요한 요인이 된다.

담마(dhamma; *sk.* dharma)는 적어도 부처님의 가르침이라는 의미로 가장 많이 쓰이기는 하지만, 담마는 부처님에게서 기원하는 것이 아니라 일반적인 무시이래로 과거, 현재, 미래의 모든 부처님이 가르치는 진리, 선행, 해탈의 기본적인 '원리'를 말하는 것이다. 이것은 담마가 단지 인간역사의 특수한 시기에 나타나는 종교적인 가르침을 넘어서는 시공간적으로 보편적인 원리인 것을 의미한다. 그것은 실재, 진리, 정의가 하나로 통일되어 최종목표인 열반으로 이끄는 정신적이고 윤리적인 실재를 말한다. 그 정신적이고 윤리적인 실재 속에서 부처님은 과학적 인과관계를 배제하지는 않았고, 우주 자체를 전적으로 인간의 입김을 배제하는 무도덕적인 것으로 보지는 않았기 때문에, 그에게 도덕적이고 종교적인 현상을 의미하는 담마는 신비적인 것이 아니라 원인과 결과의 법칙이 작용하는 '윤리적 우주 자체'를 말한다.
담마가 담마라자(法王 dhammarāja)가 될 경우에는 그 의미가 '정의로운 왕'이라는 뜻이 된다. 그리고 담마가 복수로 나올 경우에는 가르침이나 사실을 의미하는데 사실에는 단지 물리적인 사실만이 아니라 정신적인 사실까지 포괄한다. 거기에는 십이연기의 고리, 다섯 가지 존재의 다발, 여섯 가지 감역, 깨달음으로 이끄는 다양한 수행방법도 포함된다. 그리고 두 경전(SN. 12 : 33; 42 : 11)에서 발견되는 '이미나 담메나(imina dhammena)'는 '이러한 원리에 의해서'라고 번역될 수 있다. 그리고 어떤 경전(SN. 7 : 9, 11)에서 발견되는 '담마싸띠(dhammasati)'는 '원리가 있다면'이라고 번역이 가능하다. 또한 복수의 담마는 '현상'이나 '사실' 또는 '원리'로 번역할 수 있다. 그러나 빠띳짜쌈웃빤나 담마(paṭiccasamuppannā dhammā : 緣生法; SN. 12 : 20)는 연기법과 대칭되는 의미에서 '조건적으로 발생된 법'이라는 의미에서 '연생의 법'이라고 번역한다. 그러나 다섯 가지 존재의 다발을 두고 로께 로까담마(loke lokadhammā; SN. 22 : 94)라고 할 때 그것을 '세계 속의 세계의 사실'이라고 번역할 수 있다. 그리고 심리적인 측면에서 해석될 때에는 담마는 '상태'라고 번역될 수 있다. 담마비짜야삼보장가(dhammavicayasambojjhaṅga : 擇法覺分)의 경우에는 담마(dhamma)를 생략하여 '탐구의 깨달음 고리'라고 번역했다. 담마야따나(dhammāyatana : 法處)의 경우에는 마나야따나(manāyatana)에 대응되는 말인데 정신의 감역에 대한 정신적 대상으로서의 사실을 의미하지만 역자는 '사실의 감역'으로 번역한다. 따라서 담마싸띠빳타나(dhammasatipaṭṭhāna : 法念處)도 사실에 대한 새김의 토대라고 번역했다. 여기서 필자가 사용한 사실이란 광의의 의미로 곧 유위법(有爲法)은 물론이고 정신의 대상으로서의 무위법인 열반까지 포함하는 전체를 지시한다. 비구 보디(Cdb. 1777)는 '현상(phenomena)'이라는 말을 사용했는데 이렇게 되면 불교를 단순히 현상론으로 해석할 소지가 많고 열반도 단지 현상으로 전락하므로 이 말은 단지 정신적인 현상을 명확히 지칭할 때를 제외하고는 되도록 피했다. 담마다뚜(dhammadhātu : 法界)도 역시 '사실의 세계'라고 번역하고 거기에 대응하는 마노빈냐나다뚜(manoviññānadhātu : 意識界)는 '정신의식의 세계'라고 번역했다. 그리고 복합어의 뒷부분을 구성하는 담마는 문법적으로 독특한 성질을 지닌다. 예를 들어 카야담마(khayadhamma), 바야담마(vayadhamma), 니로다담마(nirodhadhamma)에서 담마는 단순히 '것'이라고 하거나 '해야만 하는 것'이란 문법적 의미를 지니므로 그것들은 '파괴되고야마는 것, 괴멸되고야마는 것이고 소멸되고야마는 것' 또는 '파괴되는 것, 괴멸되는 것이고 소멸되는 것'이라고 번역되어야 한다. 그리고 아닛짜담마(aniccadhamma), 둑카담마(dukkhadhamma), 아낫따담마 (anattadhamma)는 '무상한 것, 괴로운 것, 실체가 없는 것'이라고 번역할 수 있다.

2) 쌍카라(saṅkhārā)와 형성

빠알리어 쌍카라는 한역에서 행(行)이라고 하는 것인데, 그것은 불교술어 가운데 번역하기 가장 힘들고 난해한 용어이다. 이 용어에 대한 현대적 번역에는 '결정, 구성, 결합, 형성, 의도'가 있는데 그 가운데 가장 보편적인 것이 형성이다. 원래 쌍카라(saṅkhārā)는 '함께 만들다(saṁkaroti)'의 명사형으로 '함께 만드는 것, 조건 짓는 것' 뿐만 아니라 '함께 만들어진 것, 조건지어진 것'을 의미한다. 단어의 철학적인 특성상 주로 복수로 쓰인다. ≪쌍윳따니까야≫에는 이와 관련하여 7가지의 교리적인 문맥이 발견된다.

① 십이연기에서의 형성은 무지나 갈애와 관련하여 윤회를 지속시키는 능동적이고 의도적인 형성이다. 여기서 형성은 업(kamma : 業)과 동의어이고 세 가지가 있다. 즉 신체적 형성, 언어적 형성, 정신적 형성(SN. 12 : 2) 또는 공덕을 갖춘 형성, 공덕을 갖추지 못한 형성, 중성적인 형성(SN. 12 : 51)이다. 신체적 형성에는 호흡이 포함된다.

② 다섯 가지 존재의 다발 [五蘊]에서 형성은 여섯 가지 감각대상에 대한 의도(SN. 22 : 56)로 분류된다. 이 때의 형성은 의도로서 느낌과 지각 이외의 의식의 정신적 동반자는 모두 형성이라고 한다. 따라서 착하고 건전하거나 악하고 불건전한 다양한 모든 정신적인 요소들이 모두 형성에 속한다.

③ 형성은 가장 넓은 의미로 모든 조건지어진 것(SN. 22 : 90)을 뜻한다.

모든 것들은 조건의 결합에 의해서 생겨난다. 형성이라는 말은 우주전체가 조건지어진 것이라는 철학적인 조망을 할 수 있는 주춧돌이 된다. 제행무상(諸行無常)과 일체개고(一切皆苦)의 제행과 일체는 바로 이 형성을 말하는 것이다.

④ 형성의 삼개조 — 신체적 형성, 언어적 형성, 정신적 형성 —가 지각과 느낌의 소멸(想受滅)과 관련해서 언급된다.(SN. 41 : 6) 신체적 형성은 호흡을 뜻하고 언어적 형성은 사유와 숙고를 뜻하고, 정신적 형성은 지각과 느낌을 뜻하는데, 그 지각과 느낌이 소멸한 자에 도달하려면, 그 소멸의 순서는 언어적 형성, 신체적 형성, 정신적 형성이다.

⑤ 네 가지 신통의 기초 [四神足]와 관련하여 정신적인 힘의 기초로서 '노력의 형성(padhānasaṅkhāra)'이 있다.

⑥ 그 밖에 수명의 형성(āyusaṅkhāra; SN. 20 : 6; 51 : 10), 생명의 형성(jīvitasaṅkhāra; SN. 47 : 9), 존재의 형성(bhavasaṅkhāra; SN. 51 : 10)이란 개념이 있는데 그것들은 각각 생명력의 상이한 양상으로 이해할 수 있다.

⑦ 그 밖에 이 쌍카라(saṅkhārā)와 연관된 수동태의 쌍카따(saṅkhata)란 단어가 있다. 쌍카라가 조건짓는 것이라면 쌍카따는 조건지어진 것을 의미한다. 쌍카라는 의도에 의해서 활성화되는 능동적인 조건짓는 힘으로 조건지어진 현상인 쌍카따를 만들어낸다. 이에 비해서 쌍카따는 수동적인 의미로 쌍카라에 의해서 만들어진 것으로 존재의 다발이나 여섯 가지 감역이나 조건지어진 현상세계를 의미한다. 쌍카따에 대해서 한역에 유위(有爲)라는 번역이 있는데 역자는 때로는 유위 때로는 '조건지어진 것'이라고 번역했다. 그 반대의 용어 아쌍카따는 '조건지어지지 않은 것', 즉 무위(無爲)를 뜻하는데 바로 열반을 지칭한 것이다.

3) 나마루빠(nāmarūpa)와 명색(名色) 및 정신·신체적 과정

명색이라는 말은 불교 이전의 우파니샤드 철학에서 유래한 것이다. 유일자인 하느님 [梵天]이 세계에 현현할 때의 그 다양한 세계의 현현에 대해 사용된 말이다. 세계는 다양한 이름과 다양한 형상으로 구성되어 있다. 그런데

흥미로운 것은 이 ≪쌍윳따니까야≫에 명색의 우파니샤드적 의미를 나타내는 '외부에 명색(bahiddhā nāmarūpaṁ)'이라는 단어가 나온다.(SN. 12 : 19) 명색(名色)은 유일자인 신(神)이 이름과 형상으로 현현한 것을 말하는데, 그것들이 세계를 구성하는 개체의 인식적인 측면과 재료적인 측면을 구성한다고 볼 수 있다. 불교에 와서는 이러한 인식적인 측면이 명(名), 즉 정신이 되었고 재료적 측면이 색(色), 즉 물질이 되었다. 그래서 정신적 요소에 속하는 느낌, 지각, 의도, 접촉, 정신활동(vedanā, saññā, cetanā, phassa, mansikāra; SN. 12 : 2)은 명(名)이고 물질적 요소인 지수화풍(地·水·火·風)과 거기에서 파생된 물질(upādāya rūpaṁ : 所造色)은 색(色)으로서 모두 합해서 명색이라고 한다. 따라서 명색은 '정신·신체적 과정'이라고 말할 수 있다. 니까야에서 정신적인 요소를 의미하는 명(名)에 의식이 포함되지 않은 것은, 의식이 물질적인 신체(色)에 접촉하나 정신과 관계된 느낌, 지각, 의도, 접촉, 정신활동에 연결되어 작동하기 때문이다. 그리고 명색의 조건으로서의 '의식의 전개(viññāṇassa avakkanti; SN. 12 : 59)'라는 말이 등장하는데, 그것은 과거세로부터 새로운 유기체 시작의 조건이 됨으로써 현존재에로 의식이 흐르는 것을 말하는 것이다. 명색의 전개(nāmarūpassa avakkanti; SN. 12 : 39, 58, 64)라는 말은 새로운 유기체의 시작을 뜻한다. 역자는 문맥에 따라 특히 시에서 쓰일 때에는 그 이해를 쉽게 하기 위해 '정신·신체적 과정'이라고 번역한다.

4) 칸다(khandha)와 다발 및 존재의 다발

불교의 가장 중요한 술어 가운데 하나가 오온(五蘊 : pañcakkhandha)이라는 것이다. 이것은 앞의 명색을 구성하는 요소들이기도 하다. 역자는 오온이라고 하는 것을 다섯 가지 존재의 다발이라고 번역한다. 이 다섯 가지에는 물질 [色 : rūpa], 느낌 [受 : vedanā], 지각 [想 : saññā], 형성 [行 : saṅkhārā], 의식 [識 : viññāṇa]이 있다. 여기서 온(蘊), 즉 칸다(khandha)라는 용어는 PTS사전에 의하면 다음과 같은 의미를 지니고 있다.

① 천연적 의미 : 크기가 큰 것, 육중한 것, 거친 물체, 예를 들어 코끼리의 엉

덩이, 사람의 어깨, 나무등골 등으로 하나의 단위를 지니며 크기가 큰 것을 의미한다. 물, 불, 덕성, 부 등도 포함된다. ② 응용적 의미 : 집합적인 의미의 모든 것, 다발, 덩어리, 부분품들, 구성요소 등이다.

붓다고싸는 칸다를 '더미(rāsi)'로 보았다. 그러나 칸다는 어깨의 근육처럼 다발로 뭉쳐있는 상태를 의미한다. 단순히 더미라는 말은 긴밀한 연기적인 의존관계를 반영하기에는 통일성이 없는 개별적인 부품처럼 인식될 수가 있다. 역자는 그래서 다발이라는 말을 쓴다. 물질은 물질의 다발이고 정신은 인식의 다발이다. 그들은 상호 연관적으로 작용한다. 정신· 신체적 복합체를 표현하는 칸다에 대한 가장 적절한 표현은 '존재의 다발'일 것이다. 이 책에서는 칸다를 '존재의 다발'이라고 표현한다. 그 원리는 아마도 비트겐슈타인의 섬유론으로 가장 적절하게 설명될 수 있을 것이다.

> "노끈의 강도는 처음에 끈으로 달리는 단 하나의 가닥에만 전적으로 의존하는 것이 아니라, 아무런 가닥도 노끈의 전부를 달리지 않으며 때때로 겹쳐지고 엇갈리는 섬유 사이의 관계에 의존한다."(Die Stärke des Fadens liegt nicht darin, dass irgend eine Faser durch seine ganze Länge lauft, sondern darin, das s viele Fasern einander übergreifen: Wittgenstein, L. 「Philosophische Unt ersuchungen」『Ludwig Wittgenstein Werkausgabe』 Band 1. Frankfurt a m Main, 1984, S. 278)

초기불교에서 윤회는 바로 존재의 다발(五蘊)의 지속적 연결이고 그것은 바로 이 노끈의 연결과 유사하다. 거기에는 처음부터 끝까지 영원히 지속되는 한 가닥의 정신적 섬유로서의 자아(atta, *sk.* ātman)는 없지만 그럼에도 불구하고, 즉 주이적(住異的)으로 무상하지만 겹쳐지고 꼬이면서 상호의존하며 수반되는 섬유들로서의 오온에 의해 확증되는 지속성은 있다. 이것은 언제나 변화하면서 지속되는 불꽃의 비유와 같은 것이다. 윤회하는 것은 이러한 존재의 다발인 것이다.

이러한 존재의 다발 가운데 물질 [色 : rūpa], 느낌 [受 : vedanā], 지각

[想 : saññā], 형성 [行 : saṅkhārā], 의식 [識 : viññāṇa]이 있다. 이 가운데 물질은 지수화풍을 의미하므로 물질이고, 특수하게 명상의 대상세계인 색계(色界)일 때에는 미세한 물질계라고 번역을 하고 단순히 시각의 대상일 때는 형상이라고 번역한다. 느낌은 감수(感受)라고 번역하는 것이 포괄적이긴 하지만 일상용어가 아니므로 피하고 주로 경전에서는 고락과 관계된 것이므로 느낌이라고 번역한다. 이 가운데 지각은 사물을 '이를테면 파란 색을 파란 색으로 인식하는 것'을 말한다. 형성은 위의 쌍카라 항목 ①, ②에서 설명했음으로 생략한다. 의식은 대상을 인식하는 것이 아니라는 것을 명백히 이해해야한다. 그것은 일종의 알아차림이다. 대상의 존재를 단지 알아채는 것이다. 예를 들어 눈이 파란 색의 물체를 보았을 때에, 안식은 빛깔의 존재를 알아챌 뿐이고, 그것이 파란 색이라는 것을 깨닫지 못한다. 이 단계에서는 아무런 인식이 없다. 그것이 파란 색이라는 것을 아는 단계는, 지각(想)의 단계이다. 그래서 시각의식이라는 말은 곧 '본다'와 같은 뜻을 지닌 것이다. 이러한 이유로 존재의 다발을 역자는 위와 같이 번역했다.

그 밖에도 칸다라는 말이 단순히 '여러 가지'란 뜻으로 쓰이지만 상호의존하는 연결관계를 나타내므로 그 때는 그냥 '다발'로 번역한다. 계행의 다발(戒蘊 : sīlakkhandha), 삼매의 다발(定蘊 : samādhikkhandha), 지혜의 다발(慧蘊 : paññakkhandha) 등이 있다.

5) 쌉뿌리싸(sappurisa)와 참사람

빠알리어 쌉뿌리싸(sappurisa)라고 지칭하는 말은 한역에서 다양한 번역용어를 사용하기 때문에 우리말 번역도 그 적절성을 찾기가 힘들다. 빠알리성전협회의 빠알리-영어사전(PED)에서 어원을 추적하면 쌉뿌리싸는 두 단어 싸뜨(sat=sant)와 뿌리싸(purisa)로 구성되어 있다. 어원적으로 싸뜨(sat)는 어근 √as '있다'의 현재분사의 약변화의 어간이다. 이 싸뜨(sat)는 빠알리성전협회의 사전에 의하면, 세 가지의 의미를 지닌다. ① 존재하는(existing : 有) ② 진실한(true : 眞) ③ 착한(good : 善) 따라서 싸뜨에는 어원적으로 착하다는 의미 이전에 실재한다는 의미에서의 진실 즉 참을 뜻한다는 사실을 알 수 있다. 그리고 뿌리싸(purisa)는 원래 단순히 '사람' — 시민적인 의미에서 — 을 지칭하지만 쌉뿌리싸를 지칭하기도 한다. 그래서 한역 중아함경 37에서 이 쌉뿌리싸(sappurisa)는 선남자(善男子)라고 번역한다. '싸뜨' 또는 '쌉'은 선(善)으로 '뿌리싸'는 남자(男子)로 번역되고 있는 것이다. 북전에서 선(善)이라고 번역한 것은 송나라의 구나발라라(求那跋陀羅)가 이렇게 번역한 데는 원인이 있겠지만, 아마도 북방불교권의 번역에서 많이 사용되는 특징을 반영한 것이다. 그러나 붓다고싸는 쌉뿌리싸를 '진리(dhamma)를 따르는 진실한 사람(saccapurisa), 즉 선한 사람(kalyāṇapurisa)'으로 정의하고 있다.(Pps. VI. 79) 이러한 고찰을 참고한다면 쌉뿌리싸는 단순히 선남자라고 번역하기 보다는 외연 보다 넓고 깊은 참사람으로 번역하는 것이 타당하다. 실제로 한역에서도 북전의 법구경에서는 덕인(德人), 북전 아함경에서 정사(正士), 선사(善士), 정인(正人)이라고 번역하고 있는 것을 볼 수 있다. 따라서 한역의 정인, 정사라는 표현은 참사람과 근접한다고 볼 수 있다. 그리고 참고로 Pps. IV. 79에서는 쌉뿌리싸(sappurisa)를 '가르침(法 : dhamma)을 다루는 진실한 사람(saccapurisa), 또는 선한 사람(kalyāṇapurisa)'으로 정의한다. 이것을 영역에서 호너(I. B. Horner)는 '착한 사람(a good man)' 우드워드(F. L. Woodward)는 '가치 있는 사람(a worthy man)', 리스 데이비즈는 '고귀한 마음을 지닌 사람(the noble minded person)'이라고 번역하고, 가이거는 '완전한 사람(der vollkommenen Menschen)'으로, 비구 보디는 '훌륭한 사람(a superior person)'으로 번역했다. 경전에서는 참사람은 오계(五戒)를 지키는 차원의 윤리적 인간에 대해서만 언급한 것이 아니다. 부처님의 혈통에 든 님(種姓者 : gotrabhū)이라는 말은 '네 쌍으로 여덟이 되는 참사람 [四雙八輩]이 되기 직전의 참사람의 반열에 입문한 자(種姓者)'의 단계를 말하는데, 그는 선정이나 출세간적인 길에 들기 전의 감각적 쾌락에 대한 욕망의 세계의 마지막 의식단계를 지니고 있는데, 그 사람도 참사람에 속한다고 볼 수 있으며, 삼매에 들어 지각과 느낌의 소멸[想受滅定]을 성취하고 해탈한 거룩한 님인 아라한과 깨달은 님인 붓다 자신을 지칭하기도 한다.

그러므로 참사람에는 고귀한 제자들이 모두 포함되며, 네 쌍으로 여덟이 되는 참사람의 무리 [四雙八輩 : cattāri purisayugāni aṭṭha purisapuggalā]를 지칭한다. 이 중에서 흐름에 드는 길을 가는 님 [預流向 : sotāpattimagga], 흐름에 든 경지에 도달한 님 [預流果 : sotāpattiphala] = 흐름에 든 님 [預流者 : sotāpattipanna]이 있다. 흐름에 든 님은 열 가지 결박 [十結 : dasa saṁyojjanāni] 가운데 ① 개체가 있다는 견해 [有身見 : sakkāyadiṭṭhi] ② 회의적 의심 [疑 : vicikicchā] ③ 규범과 금기에 대한 집착 [戒禁取 : sīlabhataparāmāsa]에서 벗어나야 한다. 둘째, 천상에 갔다가 한 번 돌아오는 길을 가는 님 [一來向 : sakadāgāmīmagga], 한 번 돌아오는 경지에 도달한 님 [一來果 : sakadāgāmīphala] = 한 번 돌아오는 님 [一來者 : sakadāgāmin]이 있다. 한 번 돌아오는 님은 열 가지 결박 가운데 위 세 가지와 더불어 ④ 감각적 쾌락에 대한 탐욕 [欲貪 : kāmarāga] ⑤ 분노 [有對 : paṭigha]를 거의 끊어야 한다. 셋째, 천상에 가서 거기서 해탈하므로 이 세상으로 돌아오지 않는 길을 가는 님 [不還向 : anāgamīmagga], 돌아오지 않는 경지에 도달한 님 [不還果 : anāgamīphala] = 돌아오지 않는 님 [不還者 : anāgamin]이 있다. 돌아오지 않는 님은 위의 다섯 가지 낮은 단계의 결박을 완전히 끊은 자이다. 넷째, 거룩한 길을 가는 님 [阿羅漢向 : arahattamagga], 거룩한 경지에 도달한 님 [阿羅漢果 : arahattaphala] = 거룩한 님 [阿羅漢 : arahat]이 있다. 거룩한 님은 위의 다섯 가지 낮은 단계의 결박은 물론 ⑥ 미세한 물질계에 대한 탐욕 [色貪 : rūparāga] ⑦ 비물질계에 대한 탐욕 [無色貪 : arūparāga] ⑧ 자만 [慢 : māna] ⑨ 흥분 [掉擧 : uddhacca], ⑩ 무명 [無明 : avijjā]의 다섯 가지 높은 단계의 결박에서 완전히 벗어난 자를 말한다. 이 가운데 거룩한 님을 제외하면 일곱 가지 학인의 단계에 있는 학인 [有學 : sekha]이라고 부르고 거룩한 님은 학인의 단계를 초월한 무학 [無學 : asekha]이라고 부른다.

6) 승가(僧伽 : saṅgha)와 참모임

초기불교에서 교단을 의미하는 승가(僧伽; saṅgha)에 관하여 비구승가(比丘僧伽; bhikkhusaṅgha), 비구니승가(比丘尼僧伽; bhikkhunīsaṅgha), 사방

승가(四方僧伽; cattudisasaṅgha), 현전승가(現前僧伽; sammukhīsaṅgha), 승보(僧寶; saṅgharatana), 성문승가(聲聞僧伽 ; sāvakasaṅgha)등의 용어를 찾아볼 수 있다. 여기서 구체적으로 재가신자인 재가의 남자 신도 [優婆塞; upāsika], 재가의 여자 신도 [優婆夷; upāsikā]의 승가란 말은 나타나지 않는다. 재가신자를 포함시킬 때는 승가라는 말 대신에 사부대중(四部大衆 : cata sso parisā)이라는 표현을 쓴다. 그러나 승가 안에 재가신도가 포함되지 않는다고 명시적으로 규정할 수는 없다. 사방승가는 시간적으로 삼세에 걸쳐 확대되고 공간적으로는 우주적으로 확대되는 보편적 승가를 지칭한다. 그렇다면 이 사방승가 안에는 재가신도가 당연히 포함되어야 할 것이다. 그러나 이 사방승가도 재가신도에 관한 언급이 없이 비구, 비구니 승가의 확장으로 규정되고 있다. 그리고 현전승가는 시간, 공간적으로 제한된 사방승가의 지역 승가로서의 생활공동체이다. 이 현전승가 역시 비구 또는 비구니 승가이다. 그러나 경전에서는 재가신자인 재가의 남자 신도나 재가의 여자 신도가 없이는 사방승가와 현전승가의 이념이 성립할 수 없음을 경전은 분명히 하고 있다. 왜냐하면 출가자는 생활의 물자를 얻기 위해 노동할 수 없음으로, 재가의 남자 신도와 재가의 여자 신도로부터 의식주를 위한 생필품과 필수약품(四資具)을 공급받아야 생활공동체로서의 현전승가가 유지되며, 재가의 남자 신도와 재가의 여자 신도로부터 승가람(僧伽藍), 승가람물(僧伽藍物), 방(房), 방물(房物)등을 기증받아서 부처님의 가르침을 유지시켜야 '부처님을 상수로하는 승가' 즉 사방승가가 성립할 수 있다. 한편 승보라고 하는 것은 불교도의 귀의처로 종교적 신앙의 대상가운데 삼귀의(三歸依)의 하나가 된다. 초기불교의 경전에서는 그 구체적인 범주가 언급되어 있지가 않다. 그러나 구사론(俱舍論)이나 대지도론(大智道論)에서는 그 범주를 구체적으로 정하고 있다. 승보(僧寶)에는 비구·비구니 승가가 모두 포함되는 것이 아니라, 진리의 흐름에 들기 시작한 님인 예류향(預流向)에서부터 열반에 도달한 아라한에 이르기까지의 네 쌍으로 여덟이 되는 참사람 [四雙八輩]을 의미한다고 규정하고 있다. 이 승보의 개념은 ≪쌍윳따니까야≫(SN. 12 : 41)에서 규정하는 '세존의 제자들의 모임은 네 쌍으로 여덟이 되는 참사람으로 이루어졌으니 공양받을 만하고 대접받을 만하며 보시받을 만하고 존경받을 만하며 세상의 위없는 복밭이다.(yadidaṁ cattāri purisayugāni aṭṭha purisapuggalā esa bhagavato sāvakasaṅgho āhuneyyo, pāhuṇeyyo, dakkhiṇeyyo, añjalikaraṇīyo, anuttaraṁ puññakkhettaṁ lokassa)'라는 개념과 일치한다. 제자들의 모임은 성문승가의 개념이므로 참사람의 모임인 승가를 역자는 참모임이라고 번역한다. 그리고 그 구성원을 수행승, 수행녀, 재가의 남자 신도, 재가의 여자 신도라고 번역한다. 비구승가는 비구승가 또는 수행승의 참모임, 수행승의 무리로, 비구니승가는 비구니 승가 또는 수행녀의 참모임, 수행녀의 무리로 문맥에 따라 번역한다. 성문승가는 제자들의 참모임 또는 제자들의 모임으로 번역한다. 재가신도는 재가의 남자 신자 또는 재가의 남자 신도로, 재가의 여자 신자 또는 재가의 여자 신도로 번역한다.

7) 싸띠(sati : 念)와 새김

우선 역자의 번역과 다른 초기경전의 역자들 사이에서 가장 두드러진 번역의 차이를 보이는 것은 싸띠(sati)에 대한 것이다. 최근에 위빳싸나 수행자들 사이에 이 싸띠를 두고 마음챙김이라고 번역하는 것이 대세가 되었다. 일부에서는 마음지킴이라고 번역하기도 한다. 싸띠는 내용적으로, 마음이 지금 여기에 현존하는 것이며, 분별적인 사유나 숙고에 휩싸이지 않고 대상을 알아채고 관찰하는 것을 말한다. 이러한 것을 단순히 고려한다면, 싸띠를 '마음챙김'이나 '마음지킴'으로 번역하는 것이 어느 정도는 타당성을 지니는 것처럼 보인다. 그러나 이러한 번역은 몇 가지 모순을 갖는다. 첫째, 모든 가르침의 요소들이 마음과 관계되는 것인데 유독 싸띠에만 별도로 원래는 없는 마음이란 단어가 부가될 이유가 없다. 둘째, 올바른 '마음챙김'이나 '마음지킴'이라는 말은 착하고 건전한 것들을 지향하는 올바른 정진과 특히 내용상 구분이 어려워질 수 있다. 셋째, 네 가지 새김의 토대 [四念處]에서 토대가 되는 명상주제의 하나에 마음이 포함되어 있어 그것을 두고 마음에 대한 마음의 '마음챙김'이나 마음에 대한 마음의 '마음지킴'라고 삼중적으로 번역하는 잘못이 발생할 수 있다. 넷째 '싸띠'라는 빠알리어 자체에는 '마음'은 커녕 '챙김'이나 '지킴'이라는 뜻도 어원적으로 없다. 이 싸띠에 대해서는 부처님이 직접 ≪쌍윳따니까야≫에서 정의 내린 부분 — '수행승들이여, 이와 같이 수행승이 멀리 떠나 그 가르침을 기억하고 사유하면(anussarati anuvitakketi.), 그때 새김의 깨달음 고리가 시작한다.(SN. 45 : 3)' — 을 참고하여 번역하는 것이 제일 타당하다. 여기서는 분명히 기억과 사유가 새김의 전제조건으로 확실한 싸띠에 대한 해석학적 설명, 즉 기억과 사유의 일치점을 지시하고 있음을 알 수 있다. 실제로 싸띠라는 말은 범어의 스므리띠(*sk.* smṛti)의 빠알리어 형태로 원천적으로 '기억'이란 뜻을 갖고 있으나, 기억과 사유가 일치하는 '지금 여기에서의 분명한 앎'이란 의미도 갖고 있으므로 그 둘 다의 의미를 지닌 우리말을 찾던 역자는 '새김'이란 가장 적당한 번역어라고 생각했다. 새김은 과거에 대한 '기억' 뿐만 아니라 지금 여기에서의 '조각(彫刻)' — 물론 사유를 은유적으로 이해할 때에 — 이라는 의미를 모두 함축하기 때문이다. 기억이 없이는 사물에 대한 지각을 올바로 알아차린다는 것은 불가능한 것이다.

8) 요니쏘 마나씨까라(yoniso manasikāra)와 이치에 맞는 정신활동

그 다음에 번역하기 난해한 것은 요니쏘 마나씨까라(yoniso manasikāra : 如理作意)와 아요니쏘 마나씨까라(ayoniso manasikāra : 非如理作意)라는 단어이다. 우선 요니쏘(yoniso)라는 말은 어원적으로 '모태(母胎)적으로'라는 말인데, '철저하게, 근본적으로, 이치에 맞게'라는 뜻으로 쓰이는데, 한역의 여리(如理)라는 말은 그 가운데 '이치에 맞게'라는 뜻을 취했음을 알 수 있다. 물론 이 때에 '이치에 맞게'라는 뜻은 '연기(緣起)의 원리에 맞게'라는 뜻이다. 따라서 '아요니쏘(ayoniso)'는 그 반대의 뜻을 지닌 것임을 알 수 있다. 더욱 번역하기 어려운 것이 마나씨까라(manasikāra : 作意)라는 말인데, 이 말을 '주의를 기울임'이라고 번역하면, 새김의 특성과 중복되므로 적당하지 않고, 한역에서처럼 작의(作意)라고 하기에는 일상용어가 아니라 그 의미가 애매해진다. 마나씨까라는 마나쓰(manas)와 까라(kāra)의 복합어이므로

그것은 각각 역자의 번역에서는 정신과 활동을 의미하므로 '정신활동'이라고 번역한다. 그래서 요니쏘 마나씨까라는 주석서(Srp. II. 21)에 따르면, '방편에 의한 정신활동으로, 교리에 의한 정신활동에 의해서(upāyamanasikārena pāthamanasikārena)'의 두 가지 뜻으로 해석하고 있다. 리스 데이비드 부인(Mrs. Rhys Davids)은 이것을 '체계적으로 주의를 기울임'이라고 해석했고 비구 보디(Bhikkhu Bodhi)는 ≪쌍윳따니까야≫의 번역에서 '주의 깊게 주의를 기울임'이라고 해석했다.(Cdb. 1584) 니야나띨로까(Nyanatiloka)의 『불교사전(Buddhistisches Wörterbuch)』에서는 '철저한 또는 현명한 숙고'이고, 한역에서는 여리작의(如理作意)라고 한다. 역자는 피상적이 아닌 연기법에 따른 심오하고 근본적 정신활동을 뜻한다고 보고 한역에도 부합하도록, '이치에 맞게 정신활동을 일으킴' 또는 '이치에 맞게 정신활동을 기울임'이라고 번역한다. 아요니쏘 마나씨까라는 '이치에 맞지 않게 정신활동을 일으킴' 또는 '이치에 맞지 않게 정신활동을 기울임'이라고 번역한다. 단, '요니쏘(yoniso)'가 단독으로 등장할 경우에는 '근본적으로' '철저하게' 또는 '이치에 맞게'라고 번역하고, '아요니쏘(ayoniso)'가 단독으로 등장할 경우에는 '피상적으로' '철저하지 않게' 또는 '이치에 맞지 않게'라고 번역한다.

9) 비딱까(vitakka)·비짜라(vicāra)와 사유·숙고

그 다음으로는 비딱까(vitakka) 와 비짜라(vicāra)가 있다. 아비달마적인 전통에 의하면 '적용된 생각'과 '유지된 생각'이라는 뜻이지만, 역자는 '사유'와 '숙고'라고 번역했다. 까마비딱까(kāmavitakka)는 감각적 사유를 뜻하고, 그 반대인 넥캄마비딱까(nekkhammavitakka)는 여읨의 사유를 말한다. 이것이 첫 번째 선정에 응용되었을 때에는 '비딱까'는 일반적 의식의 사변적 특징이 아니라 마음을 대상에 적용하는 기능을 말하고 '비짜라'는 마음을 대상에 안착시키기 위해 대상을 조사하는 기능을 말한다. 그러나 이러한 해석은 아비달마적인 것이고 어떻게 보면 새김(sati)의 작용 — 새김이 없는 마음은 호박에 비유되고, 새김을 수반하는 마음은 돌에 비유된다. 호박은 수면 위를 떠다니지만 돌은 물 밑바닥에 이를 때까지 가라앉는다 — 과 혼동을 일으킨

것이다. 경전상의 첫 번째 선정에 대한 정의를 — 수행승들이여, 나는 내가 원하는 대로 감각적 쾌락에 대한 욕망을 떠나고 악하고 불건전한 것들을 떠나 사유와 숙고를 갖추고 멀리 여읨에서 생겨나는 희열과 행복을 갖춘 첫 번째 선정에 도달한다.(SN. 16 : 9) — 를 살펴보면 감각적 쾌락에 대한 욕망이 사라지면 나타나는 사유와 숙고는 앞에서 이야기하는 감각적 사유를 뜻하는 것이 아니고 여읨의 사유를 뜻한다는 것을 알 수 있고, 착하고 건전한 즉 윤리적이고, 이성적인 사유를 뜻한다는 것을 알 수 있다. 이러한 사유가 정밀하게 지속되는 상태는 곧 숙고라고 볼 수 있다.

10) 싹까야딧티(sakkāyadiṭṭhi)와 개체가 있다는 견해

그리고 학자들 사이에서 쟁점이 되고 있는 것은 싹까야(sakkāya)와 싹까야딧티(sakkāyadiṭṭhi; SN. 1 : 21)라는 말이다. 한역에서는 각각 유신(有身)과 유신견(有身見)이라 한다. 싹까야(sakkāya)는 싸뜨(sat : 有)와 까야(kāya : 身) 합해서 만들어진 복합어이다. 그러나 해석 방식은 두 가지가 있다. 하나는 '존재의 몸' 즉 '존재체(存在體)'라고 번역하는 것이고, 다른 하나는 '존재의 무리'라고 번역하는 것이다. 까야라는 말은 '신체'를 의미하기도 하지만 '무리'를 뜻하기도 한다. 가이거는 싹까야를 '신체적 현존재(Das körperliche Dasein : Ggs. I. 313)'라고 번역했고, 냐냐몰리는 '체현(embodyment)', 대부분의 학자들은 '개성(personality)', 비구 보디는 '정체성(identity)'이라는 단어를 번역으로 취했다. 그러나 싸뜨(sat)라는 단어는 원래 이교의 철학의 '영원한 존재''에서 유래하는 실체적 존재를 의미하는 것이다. 그러나 불교철학적으로 보면 무상한 존재에 대한 전도된 인식하에서 성립한 것이다. 이러한 철학적인 배경 하에서만 싹까야딧티(sakkāyadiṭṭhi)가 '개체가 있다는 견해'라는 번역이 가능해진다. 물론 그것을 '개성적 견해', '정체성의 견해'라고 번역할 수 있겠지만, 그렇게 번역하면, 우리말 자체에서 현대 심리학과 관련해서 난해한 해석학적 문제에 봉착하게 된다. 유신과 관련해서 가이거는 하늘소녀가 '신체적 현존재 [sak-kāya : 有身] 가운데 살기 때문에 불행하다.(SN. 9 : 6)'고 번역한 문구에 각각의 번역 '개성'이나 '정체성'이나 '체현'이나 '개

체' 등을 대입해보면, '개체'가 가장 무난함을 발견할 수 있다. 역자는 ≪쌍윳따니까야≫의 초판본에서 유신과 관련해서 '존재의 무리'라고 번역했고, 유신견과 관련해서 '존재의 무리에 실체가 있다는 견해'라고 번역했는데 이를 '개체'와 '개체가 있다는 견해'로 수정한다. 그러나 이 개체라는 말은 단순히 개인이나 개체를 의미하는 것이 아니라 개체와 연관된 정신·신체적인 과정을 의미한다는 것은 의심할 여지가 없다.

11) 봇싹가빠리나마(vossaggapariṇāma)와 완전히 버림으로써 열반으로 회향함

그리고 한글로 번역이 어려웠던 단어 가운데 하나가 봇싹가빠리나마(vossaggapariṇāma; 3 : 18)라는 단어가 있다. 한역에는 사견회향(捨遣廻向) 또는 향어사(向於捨)라고 되어 있는데, 이것은 '버림 가운데 향하는'이라는 의미인데 그 향하는 목표가 어딘지 불분명하다. '자아-극복으로 끝나는(Krs. V. 27)' 또는 '해탈에서 성숙하는(Cdb. 1524)'등의 번역도 있으나 만족스럽지 못하다. 빠리나마는 '성숙하는, 끝나는, 회향하는, 돌아가는'의 뜻을 지니고 있기 때문에 그러한 해석이 불가능한 것은 아니다. 붓다고싸(Srp. I. 159)에 따르면, 봇싹가는 버림(paricāga)의 뜻을 갖고 있고 빠리나마는 뛰어듦(pakkhanda)의 뜻을 갖고 있어 '포기하여 뛰어듦'을 뜻한다. '번뇌(kilesa)의 버림으로써 열반(nibbāna)으로 회향하는'을 의미한다. 그런데 대승불교권에서는 회향이라는 단어가 '방향을 튼다'는 의미보다는 '공덕을 돌린다'는 의미가 강해서 오해의 소지가 없지는 않지만, 그렇다고 '열반으로 방향을 트는' 또는 '열반으로 돌아가는'이라고 하면, 전자는 어감상 안 좋고 후자는 모든 것이 열반에서 왔다가 다시 돌아간다는 의미가 강해짐으로 또한 오해의 소지가 있다. 여기서 회향은 번뇌에서 돌이켜 열반으로 향한다는 의미로 보아야 한다. 역자는 봇싹가빠리나마(vossaggapariṇāma)를 '완전히 버림으로써 열반으로 회향하는'이라고 번역한다.

12) 닙바나(nibbāna)·빠리닙바나(parinibbāna)와 열반·완전한 열반

열반(pāli. nibbāna; sk. nirvana)은 잘 알려져 있듯, 글자 그대로 '불이 꺼짐'을 의미한다. 그런데 대중적 불교문헌에서 열반은 이 생에서의 열반 [nibbān a : 涅槃]을 의미하고, 완전한 열반 [parinibbāna : 般涅槃]은 임종시에 도달하는 열반이라고 알려져 있다. 그러나 이러한 열반에 대한 적용은 잘못된 것이다. 토마스(E. J. Thomas)에 의하면, 빠알리어에서 '완전한'을 의미하는 빠리(pari)라는 말은 단어가 상태표현에서 상태획득으로 변화할 때에 덧붙여진다. 그렇다면, 열반은 해탈의 상태이고 완전한 열반은 해탈상태의 획득을 의미한다. 따라서 실제도 이 양자는 구별되지 않는다. 동사인 '열반에 든다(nibbāyati)'와 '완전한 열반에 든다(parinibbāyati)'도 실제로 의미상 구별이 없이 해탈의 획득행위에 쓰인다. 명사인 열반과 완전한 열반도 모두 완전한 깨달음을 통한 궁극적 해탈이라는 의미로 사용되는데, 동시에 모두가 육체적인 몸의 파괴를 통한 조건지어진 존재로 부터의 궁극적 해탈에도 사용된다. 예를 들어 '완전한 열반에 든다.'는 말이 수행승이 살아 있는 동안의 해탈에 적용될(SN. 12 : 51; 22 : 54; 35 : 31) 뿐만 아니라, 부처님과 아라한의 죽음에도 적용된다.(SN. 6 : 15; 47 : 13)

완료수동분사형인 닙부따(nibbuta)와 빠리닙부따(parinibbuta)는 명사들 닙바나(nibbāna)와 빠리닙바나(parinibbāna)와는 다른 어원을 가진다. 전자는 니르-브리(nir-√vṛ '덮다')에서 후자는 니르-바(nir-√vā '불다')에서 유래했다. 전자의 분사에 고유한 명사형은 닙부띠(nibbuti)이다. 이 닙부띠는 때때로 닙바나와 동의어로 쓰이지만, 완전한 고요, 적멸이라는 뜻으로 쓰인다. 그러나 빠리닙부띠(parinibbuti)는 니까야에서 발견되지 않는다. 초기에 이미 두 동사가 융합되어 빠리닙부따가 완전한 열반에 든 자를 지시하는데 사용하는 형용사로 쓰였다. 동사처럼 분사형은 살아 있는 부처님과 아라한(SN. 8 : 2) 뿐만 아니라 사멸한 부처님이나 아라한(SN. 4 : 24)의 수식어로 사용되었다, 그럼에도 불구하고 완료수동분사형인 빠리닙부따는 시에서는 유독 살아 있는 아라한과 관련해서 쓰이고, 산문에서는 사멸한 아라한에 한정된다. 경전상에서 사용법으로 보면, 명상형인 빠리닙바나는 아라한과 부처님의 사멸을 뜻한다고 할지라도 그것은 "죽음 후의 열반"을 의미하는 것은 결코 아니고 이미 살아서 열반을 얻은 자가 사멸하는 사건을 말한다.

경전상에는 두 가지 열반, 즉 '잔여가 있는 열반(有餘依涅槃 : saupādisesa nibbāna)'과 '잔여가 없는 열반(有餘依涅槃 : anupādisesanibbāna)'이 있다. 여기서 잔여란 갈애와 업에 의해서 생겨난 다섯 가지 존재의 다발의 복합체를 말한다.(Itv. 38-39) 전자는 살아 있는 동안 아라한이 획득한 탐욕과 성냄과 어리석음의 소멸을 뜻하고, 후자는 아라한의 죽음과 더불어 모든 조건지어진 것들의 남김없는 소멸을 뜻한다. 그러나 양자는 이미 자아에 집착된 유위법적인 세속적 죽음을 완전히 초월해서 불사(不死 : amata)라고 불리며, 아라한은 이미 자아에 집착된 다섯 가지 존재의 집착다발(五取蘊)의 짐을 모두 내려놓은 상태(ohitabhāro)에 있기 때문이다. 아라한에게 죽음은 애초에 적용되지 않는다. 동일한 완전한 소멸임에도 차이가 나는 것은, 잔여가 있는 열반의 경우에는 '마치 도자기 만드는 사람이 돌리고 있던 물레에서 손을 떼어버려도 얼마간은 계속 회전하는 것처럼' 열반을 얻은 성인도 과거에 지은 업에 의해 결정된 얼마 동안은 삶을 계속하면서 업에 대한 고락을 받는다는 것이다. 과거의 업에 의해서 결정된 삶이 바로 경전에 나와 있는 아직 남아 있는 다섯 가지 감관에 의한 고락의 체험이다. 그리고 육체적인 삶의 죽음과 더불어 업의 잔여물인 다섯 가지 감관마저 사라져버릴 때 잔여가 없는 열반에 이른다. 이와 같은 두 가지 열반의 세계를 주석서는 각각 아라한의 경지를 얻을 때의 '번뇌의 완전한 소멸(kilesaparinibbāna)'과 아라한이 목숨을 내려놓을 때의 존재의 다발(五蘊)의 지멸을 의미하는 '존재의 다발의 완전한 소멸(khandhaparinibbāna)'로 구별하면서, 열반인 닙바나(nibbāna)와 '완전한 소멸' 또는 '완전한 열반'을 의미하는 빠리닙바나(parinibbāna)를 상호교환 가능한 동의어로 본다. 그러나 경전상에서 사용방식은 위 두 종류의 빠리닙바나는 닙바나의 세계에 접근하는 사건으로 보는 것을 선호하기 때문에 빠리닙바나는 소멸하는 행위이고 닙바나는 소멸된 상태를 의미한다.

닙바나는 한역을 통해 열반으로 잘 알려진 우리말이므로 그리고 해석학적 관점에서 많은 다양성을 지닌 고유한 언어임으로 역자는 열반 이외에 다른 번역을 취하지 않는다. 빠리닙바나에 대해서는 이제까지의 논의를 바탕으로 하면 비구 보디가 번역한 것처럼 '궁극적 열반'이라고 번역하는 것도 가능하지만, 우리말의 어감상 어려운 느낌을 주기 때문에 역자는 빠리닙바나를 그냥 '완전한 열반'이라고 번역한다. 그리고 동사인 빠리닙바야띠(parinibbāyati)는 '완전한 열반에 든다.'라고 번역한다. 그 행위자 명사인 빠리닙바인(parinibbāyin)은 '완전한 열반에 든 자'라고 번역하고, 완료수동분사인 닙부따(nibbuta)는 열반과 관계되기도 하고 관계되지 않기도 — 빠리닙바야띠와 빠리닙부따가 ≪맛지마니까야≫(MN. I. 446)에서는 단지 말의 훈련과 관련하여 사용되고 있다 — 하기 때문에 '열반에 든'이나 '적멸에 든'으로, 빠리닙부따(parinibbuta)는 '완전한 열반에 든'이나 '완전히 적멸에 든'이라고 번역한다.

2012년 8월 20일

한국빠알리성전협회 연구실에서

퇴현(退玄) 전재성 합장

일 러 두 기

1. 원본 대조는 빠알리성전협회 간행 빠알리성전을 그대로 사용했다. 우리 말 빠알리 대장경의 경전 제목에 주석을 달아 빠알리성전협회 로마나이즈본의 페이지를 밝혀놓아 누구나 쉽게 원본과 대조할 수 있도록 했다.
2. 이 빠알리어 경전은 한글 세대를 위해 가능한 한, 쉬운 우리 말을 사용했으며, 어의를 분명히 하기 위하여 원전에는 없는 화자를 괄호 안에 삽입하고 연결사나 부사를 가감해서 번역했다.
3. 주석은 빠알리 대장경의 담마빨라의 주석을 위주로 했으며, 그 외에도 현대의 모든 번역서를 참고해서 가능한 한, 완벽한 번역이 되도록 했다.
4. 주석에서 인용하는 참고 문헌은 약어로 표기해서 독자들의 쓸 데 없는 혼란을 피할 수 있도록 하고, 필요할 경우 약어표를 조회하여 관련된 책을 찾을 수 있도록 만들었다.
5. 유사한 내용의 한역 경전을 대조할 수 있도록 한역 아함경의 고유 번호를 주석으로 달았다. 그리고 참고 문헌은 직접 인용되지 않은 경우라도 역자가 번역 과정에서 필요했던 문헌들을 가급적 밝혀두었다.
6. 약어를 사용할 때 PTS 교열본이 있을 경우에는 가능한 한 PTS 교열본의 권 수와 페이지 수를 부가해서 쉽게 참고가 되도록 했다. 단, 정확도를 기하기 위하여 PTS 본의 교정에는 미얀마육차결집본을 사용했다.
7. 구전되어 반복되어 온 관용어구는 가능한 통일을 기했으며, 모든 경에서 생략된 내용들은 모두 복원해서 독자가 알기 쉽게 했다.
8. 구전되어 온 빠알리 문헌의 특성상 문장의 반복과 유사한 용어의 반복이 많다. 그러나 말 하나 하나 고유한 철학적 의미를 갖고 있기 때문에 번역 과정에서 함부로 고칠 수 없었다. 자칫 매끄럽지 못하게 읽힐 수도 있을 것이다. 독자들의 양해를 바란다.

목 차

I. 이띠붓따까/51

II. 이띠붓따까의석/219

이띠븟따까

Itivuttaka

제1장 하나모음

Ekanipāta

1. 제일품[Paṭhamavagga]

1(1-1-1) 탐욕의 경[Lobhasutta][1)]

1. 이와 같이 세존께서 설하셨고 거룩한 님께서 설하셨다고 나는 들었다.

[세존] "수행승들이여, 하나의 원리를 버려라. 그대들에게 나는 돌아오지 않는 경지를 보증하는 자이다. 어떠한 하나의 원리인가? 수행승들이여, 탐욕이라는 하나의 원리를 버려라. 그대들에게 나는 돌아오지 않는 경지를 보증하는 자이다."

2. 세존께서는 이와 같은 의취를 설하셨고 그와 관련하여 이와 같이 말씀하셨다.

[세존] "탐욕스러운 뭇삶은
탐욕으로 인해 나쁜 곳으로 간다.
그 탐욕을 올바로 알아서
통찰하는 자는 끊어 버린다.
끊어버린 뒤에 이 세상으로
결코 그는 되돌아오지 않는다."[2)]

세존께서는 이와 같은 의취도 역시 설하셨다고 나는 들었다.

2(1-1-2) 성냄의 경[Dosasutta][3)]

---

1) It. 1 : 본사경13(대정17권 665) 증일아함경제5불체품제11/1(대정2권566)

2) yena lobhena luddhāse | sattā gacchānti duggatiṁ | taṁ lobhaṁ sammadaññāya | pajahanti vipassino | pahāya na punāyanti | imaṁ lokaṁ kudācanan'ti ||

3) It. 1 : 본사경14(대정17권 665) 증일아함경제5불체품제11/2(대정2권566)

1. 이와 같이 세존께서 설하셨고 거룩한 님께서 설하셨다고 나는 들었다.

[세존] "수행승들이여, 하나의 원리를 버려라. 그대들에게 나는 돌아오지 않는 경지를 보증하는 자이다. 어떠한 하나의 원리인가? 수행승들이여, 성냄이라는 하나의 원리를 [2] 버려라. 그대들에게 나는 돌아오지 않는 경지를 보증하는 자이다."

2. 세존께서는 이와 같은 의취를 설하셨고 그와 관련하여 이와 같이 말씀하셨다.

[세존] "성내는 뭇삶은
성냄으로 인해 나쁜 곳으로 간다.
그 성냄을 올바로 알아서
통찰하는 자는 끊어 버린다.
끊어버린 뒤에 이 세상으로
결코 그는 되돌아오지 않는다."[4)]

세존께서는 이와 같은 의취도 역시 설하셨다고 나는 들었다.

3(1-1-3) 어리석음의 경[Mohasutta][5)]

1. 이와 같이 세존께서 설하셨고 거룩한 님께서 설하셨다고 나는 들었다.

[세존] "수행승들이여, 하나의 원리를 버려라. 그대들에게 나는 돌아오지 않는 경지를 보증하는 자이다. 어떠한 하나의 원리인가?

---

4) yena dosena duṭṭhāse | sattā gacchānti duggatiṁ | taṁ dosaṁ sammadaññāya | pajahanti vipassino | pahāya na punāyanti | imaṁ lokaṁ kudācanan'ti ||

5) It. 2 : 본사경15(대정17권 665) 증일아함경제5불체품제11/3(대정2권566)

수행승들이여, 어리석음이라는 하나의 원리를 버려라. 그대들에게 나는 돌아오지 않는 경지를 보증하는 자이다."

2. 세존께서는 이와 같은 의취를 설하셨고 그와 관련하여 이와 같이 말씀하셨다.

[세존] "어리석은 뭇삶은
어리석음으로 인해 나쁜 곳으로 간다.
그 어리석음을 올바로 알아서
통찰하는 자는 끊어 버린다.
끊어버린 뒤에 이 세상으로
결코 그는 되돌아오지 않는다."[6]

세존께서는 이와 같은 의취도 역시 설하셨다고 나는 들었다.

4(1-1-4) 분노의 경[Kodhasutta][7]

1. 이와 같이 세존께서 설하셨고 거룩한 님께서 설하셨다고 나는 들었다.

[세존] "수행승들이여, 하나의 원리를 버려라. 그대들에게 나는 돌아오지 않는 경지를 보증하는 자이다. 어떠한 하나의 원리인가? 수행승들이여, 분노라는 하나의 원리를 버려라. 그대들에게 나는 돌아오지 않는 경지를 보증하는 자이다."

2. 세존께서는 이와 같은 의취를 설하셨고 그와 관련하여 이와 같이 말씀하셨다.

---

6) yena mohena mūḷhāse | sattā gacchānti duggatiṁ | taṁ mohaṁ sammadaññāya | pajahanti vipassino | pahāya na punāyanti | imaṁ lokaṁ kudācanan'ti ||
7) It. 2 : 본사경18(대정17권 665)

[세존] "분노하는 뭇삶은
분노로 인해 나쁜 곳으로 간다.
그 분노를 올바로 알아서
통찰하는 자는 끊어 버린다.
끊어버린 뒤에 이 세상으로
결코 그는 되돌아오지 않는다."[8)]

세존께서는 이와 같은 의취도 역시 설하셨다고 나는 들었다.

5(1-1-5) 위선의 경[Makkhasutta][9)]

1. 이와 같이 세존께서 설하셨고 거룩한 님께서 설하셨다고 나는 들었다.

[세존] "수행승들이여, 하나의 원리를 버려라. 그대들에게 나는 돌아오지 않는 경지를 보증하는 자이다. 어떠한 하나의 원리인가? 수행승들이여, 위선이라는 하나의 원리를 버려라. 그대들에게 나는 돌아오지 않는 경지를 보증하는 자이다."

2. 세존께서는 이와 같은 의취를 설하셨고 그와 관련하여 이와 같이 말씀하셨다.

[세존] "위선을 행하는 뭇삶은
위선으로 인해 나쁜 곳으로 간다.
그 위선을 올바로 알아서
통찰하는 자는 끊어 버린다.

---

8) yena kodhena koddhāse | sattā gacchānti duggatiṁ | taṁ kodhaṁ sammadaññāya | pajahanti vipassino | pahāya na punāyanti | imaṁ lokaṁ kudācanan'ti ||
9) It. 3 : 본사경16(대정17권 665)

끊어버린 뒤에 이 세상으로
결코 그는 되돌아오지 않는다."[10]

세존께서는 이와 같은 의취도 역시 설하셨다고 나는 들었다.

6(1-1-6) 교만의 경[Mānasutta][11]

1. 이와 같이 세존께서 설하셨고 거룩한 님께서 설하셨다고 나는 들었다.

[세존] "수행승들이여, 하나의 원리를 버려라. 그대들에게 나는 돌아오지 않는 경지를 보증하는 자이다. 어떠한 하나의 원리인가? 수행승들이여, 교만이라는 하나의 원리를 버려라. 그대들에게 나는 돌아오지 않는 경지를 보증하는 자이다."

2. 세존께서는 이와 같은 의취를 설하셨고 그와 관련하여 이와 같이 말씀하셨다.

[세존] "교만을 지닌 뭇삶은
교만으로 인해 나쁜 곳으로 간다.
그 교만을 올바로 알아서
통찰하는 자는 끊어 버린다.
끊어버린 뒤에 이 세상으로
결코 그는 되돌아오지 않는다."[12]

세존께서는 이와 같은 의취도 역시 설하셨다고 나는 들었다.

---

10) yena makkhena makkhāse | sattā gacchānti duggatiṁ | taṁ makkhaṁ sammadaññāya | pajahanti vipassino | pahāya na punāyanti | imaṁ lokaṁ kudācanan'ti ‖

11) It. 3 : 본사경23(대정17권 666)

12) yena mānena mattāse | sattā gacchānti duggatiṁ | taṁ mānaṁ sammadaññāya | pajahanti vipassino | pahāya na punāyanti | imaṁ lokaṁ kudācanan'ti ‖

7(1-1-7) 일체에 대한 완전한 앎의 경[Sabbapariññāsutta][13]

1. 이와 같이 세존께서 설하셨고 거룩한 님께서 설하셨다고 나는 들었다.

[세존] "수행승들이여, 일체를 곧바로 알지 못하고, 완전히 알지 못하고, 거기에서 마음을 사라지게 하지 못하고, 끊어버리지 못하는 자는 괴로움을 부술 수가 없다. 그러나 [4] 수행승들이여, 일체를 곧바로 알고, 완전히 알고, 거기에서 마음을 사라지게 하고, 끊어버리는 자는 괴로움을 부술 수가 있다."

2. 세존께서는 이와 같은 의취를 설하셨고 그와 관련하여 이와 같이 말씀하셨다.

[세존] "일체로부터 일체를 알고
일체의 대상에 탐착하지 않는 자,
그는 일체를 완전히 알아
일체의 괴로움을 뛰어넘은 것이다."[14]

세존께서는 이와 같은 의취도 역시 설하셨다고 나는 들었다.

8(1-1-8) 교만에 대한 완전한 앎의 경[Mānapariññāsutta][15]

1. 이와 같이 세존께서 설하셨고 거룩한 님께서 설하셨다고 나는 들었다.

[세존] "수행승들이여, 교만을 곧바로 알지 못하고, 완전히 알지 못하고, 거기에서 마음을 사라지게 하지 못하고, 끊어버리지 못하

---

13) It. 3 : 본사경47(대정17권 670)
14) yo sabbaṁ sabbato ñatvā | sabbatthesu na rajjati | sa ve sabbaṁ pariññāya | so sabbadukkham upaccagā'ti ||
15) It. 4 : 본사경45(대정17권 670)

는 자는 괴로움을 부술 수가 없다. 그러나 수행승들이여, 교만을 곧바로 알고, 완전히 알고, 거기에서 마음을 사라지게 하고, 끊어버리는 자는 괴로움을 부술 수가 있다."

2. 세존께서는 이와 같은 의취를 설하셨고 그와 관련하여 이와 같이 말씀하셨다.

[세존] "교만을 지니고 교만에 묶여
존재를 즐기는 뭇삶들,
교만을 완전히 알지 못하는 자들은
거듭 존재로 윤회한다.16)

교만을 [5] 끊어버리고
교만을 부수어 해탈한 자들,
그들은 교만의 결박을 극복하여
일체의 괴로움을 뛰어넘은 것이다."17)

세존께서는 이와 같은 의취도 역시 설하셨다고 나는 들었다.

9(1-1-9) 탐욕에 대한 완전한 앎의 경[Lobhapariññāsutta]18)

1. 이와 같이 세존께서 설하셨고 거룩한 님께서 설하셨다고 나는 들었다.

[세존] "수행승들이여, 탐욕을 곧바로 알지 못하고, 완전히 알지 못하고, 거기에서 마음을 사라지게 하지 못하고, 끊어버리지 못하

16) mānupetā ayaṁ pajā | mānaganthā bhave ratā | mānaṁ aparijānantā | āgantāro punabbhavaṁ ‖

17) ye ca mānaṁ pahatvāna | vimuttā mānasaṅkhaye | te mānaganthābhibhuno | sabbadukkhamupaccagun'ti ‖

18) It. 5 : 본사경35(대정17권 668)

는 자는 괴로움을 부술 수가 없다. 그러나 수행승들이여, 탐욕을 곧바로 알고, 완전히 알고, 거기에서 마음을 사라지게 하고, 끊어버리는 자는 괴로움을 부술 수가 있다."

2. 세존께서는 이와 같은 의취를 설하셨고 그와 관련하여 이와 같이 말씀하셨다.

[세존] "탐욕스러운 뭇삶들은
탐욕으로 인해 나쁜 곳으로 간다.
그 탐욕을 올바로 알아서
통찰하는 자는 끊어 버린다.
끊어버린 뒤에 이 세상으로
결코 그는 되돌아오지 않는다."[19]

세존께서는 이와 같은 의취도 역시 설하셨다고 나는 들었다.

10(1-1-10) 성냄에 대한 완전한 앎의 경[Dosapariññāsutta][20]

1. 이와 같이 세존께서 설하셨고 거룩한 님께서 설하셨다고 나는 들었다.

[세존] "수행승들이여, 성냄을 곧바로 알지 못하고, 완전히 알지 못하고, 거기에서 마음을 사라지게 하지 못하고, 끊어버리지 못하는 자는 괴로움을 부술 수가 없다. 그러나 수행승들이여, 성냄을 곧바로 알고, 완전히 알고, 거기에서 마음을 사라지게 하고, 끊어버리는 자는 괴로움을 부술 수가 있다."

---

19) yena lobhena luddhāse | sattā gacchanti duggatiṁ | taṁ lobhaṁ sammadaññāya | pajahanti vipassino | pahāya na punāyanti | imaṁ lokaṁ kudācanan'ti ||

20) It. 5 : 본사경36(대정17권 668)

2. 세존께서는 이와 같은 의취를 설하셨고 그와 관련하여 이와 같이 말씀하셨다.

[세존] "성내는 [6] 뭇삶들은
성냄으로 인해 나쁜 곳으로 간다.
그 성냄을 올바로 알아서
통찰하는 자는 끊어 버린다.
끊어버린 뒤에 이 세상으로
결코 그는 되돌아오지 않는다."21)

세존께서는 이와 같은 의취도 역시 설하셨다고 나는 들었다.

이로써 제1장 「하나모음」의 「제1품」이 끝났다. 그 내용은 차례로 '1. 탐욕의 경 2. 성냄의 경 3. 어리석음의 경 4. 분노의 경 5. 위선의 경 6. 일체에 대한 완전한 앎의 경 7. 일체에 대한 완전한 앎의 경 8. 교만에 대한 완전한 앎의 경 9. 탐욕에 대한 완전한 앎의 경 10. 성냄에 대한 완전한 앎의 경'으로 이루어졌으며, 「제1품」이라고 불린다.

---

21) yena dosena duṭṭhāse | sattā gacchanti duggatiṁ | taṁ lobhaṁ sammadaññāya | pajahanti vipassino | pahāya na punāyanti | imaṁ lokaṁ kudācanan'ti ||

2. 제이품[Dutiyavagga]

11(1-2-1) 어리석음에 대한 완전한 앎의 경[Mohapariññāsutta][22)]

1. 이와 같이 세존께서 설하셨고 거룩한 님께서 설하셨다고 나는 들었다.

[세존] "수행승들이여, 어리석음을 곧바로 알지 못하고, 완전히 알지 못하고, 거기에서 마음을 사라지게 하지 못하고, 끊어버리지 못하는 자는 괴로움을 부술 수가 없다. 그러나 수행승들이여, 어리석음을 곧바로 알고, 완전히 알고, 거기에서 마음을 사라지게 하고, 끊어버리는 자는 괴로움을 부술 수가 있다."

2. 세존께서는 이와 같은 의취를 설하셨고 그와 관련하여 이와 같이 말씀하셨다.

[세존] "어리석은 뭇삶들은
어리석음으로 인해 나쁜 곳으로 간다.
그 어리석음을 올바로 알아서
통찰하는 자는 끊어 버린다.
끊어버린 뒤에 [7] 이 세상으로
결코 그는 되돌아오지 않는다."[23)]

세존께서는 이와 같은 의취도 역시 설하셨다고 나는 들었다.

---

22) It. 6 : 본사경37(대정17권 668)

23) yena mohena mūḷhāse | sattā gacchanti duggatiṁ | taṁ mohaṁ sammadaññāya | pajahanti vipassino | pahāya na punāyanti | imaṁ lokaṁ kudācanan'ti ||

12(1-2-2) 분노에 대한 완전한 앎의 경[Kodhapariññāsutta][24)]

1. 이와 같이 세존께서 설하셨고 거룩한 님께서 설하셨다고 나는 들었다.

[세존] "수행승들이여, 분노를 곧바로 알지 못하고, 완전히 알지 못하고, 거기에서 마음을 사라지게 하지 못하고, 끊어버리지 못하는 자는 괴로움을 부술 수가 없다. 그러나 수행승들이여, 분노를 곧바로 알고, 완전히 알고, 거기에서 마음을 사라지게 하고, 끊어버리는 자는 괴로움을 부술 수가 있다."

2. 세존께서는 이와 같은 의취를 설하셨고 그와 관련하여 이와 같이 말씀하셨다.

[세존] "분노하는 뭇삶들은
분노로 인해 나쁜 곳으로 간다.
그 분노를 올바로 알아서
통찰하는 자는 끊어 버린다.
끊어버린 뒤에 이 세상으로
결코 그는 되돌아오지 않는다."[25)]

세존께서는 이와 같은 의취도 역시 설하셨다고 나는 들었다.

13(1-2-3) 위선에 대한 완전한 앎의 경[Makkhapariññāsutta][26)]

1. 이와 같이 세존께서 설하셨고 거룩한 님께서 설하셨다고 나는 들

24) It. 7 : 본사경40(대정17권 669)
25) yena kodhena kuddhāse | sattā gacchanti duggatiṁ | taṁ kodhaṁ sammadaññāya | pajahanti vipassino | pahāya na punāyanti | imaṁ lokaṁ kudācanan'ti ||
26) It. 7 : 본사경38(대정17권 668)

었다.

[세존] "수행승들이여, 위선을 곧바로 알지 못하고, 완전히 알지 못하고, 거기에서 마음을 사라지게 하지 못하고, 끊어버리지 못하는 자는 괴로움을 부술 수가 없다. 그러나 수행승들이여, 위선을 곧바로 알고, 완전히 알고, 거기에서 마음을 사라지게 하고, 끊어버리는 자는 괴로움을 부술 수가 있다."

2. 세존께서는 이와 같은 의취를 설하셨고 그와 관련하여 이와 같이 말씀하셨다.

[세존] "위선을 행하는 뭇삶들은
위선으로 인해 나쁜 곳으로 간다.
그 위선을 올바로 알아서
통찰하는 자는 끊어 버린다.
끊어버린 뒤에 이 세상으로
결코 그는 되돌아오지 않는다."[27]

세존께서는 이와 같은 의취도 역시 설하셨다고 나는 들었다.

14(1-2-4) 무명의 장애에 대한 경[Avijjanīvaraṇasutta][28]

1. 이와 같이 [8] 세존께서 설하셨고 거룩한 님께서 설하셨다고 나는 들었다.

[세존] "수행승들이여, 바로 그 장애에 덮여, 사람들이 오랜 세월 유전하고 윤회하는데, 그것과는 다른 어떠한 장애도 나는 장애로 여기지 않는다. 수행승들이여, 그것은 곧 무명의 장애이다. 수행승

---

27) yena makkhena makkhāse | sattā gacchanti duggatiṁ | taṁ makkhaṁ sammadaññāya | pajahanti vipassino | pahāya na punāyanti | imaṁ lokaṁ kudācanan'ti ||

28) It. 8 : 본사경1(대정17권 662)

들이여, 바로 그 무명의 장애에 덮여, 사람들은 오랜 세월 유전하고 윤회하는 것이다."

2. 세존께서는 이와 같은 의취를 설하셨고 그와 관련하여 이와 같이 말씀하셨다.

[세존] "바로 어리석음의 장애에 덮여,
밤과 그리고 낮으로
사람들이 유전한다.
그것과는 다른 어떠한 장애도 없다.[29]

어리석음을 끊어버리고
어둠의 다발을 부수었다면,
그들은 다시는 유전하지 않는다.
그들에게 그러한 원인이 존재하지 않기 때문이다."[30]

세존께서는 이와 같은 의취도 역시 설하셨다고 나는 들었다.

15(1-2-5) 갈애의 결박에 대한 경[Taṇhāsaṁyojanasutta][31]

1. 이와 같이 세존께서 설하셨고 거룩한 님께서 설하셨다고 나는 들었다.

[세존] "수행승들이여, 바로 그 결박에 묶여, 사람들이 오랜 세월 유전하고 윤회하는데, 그것과는 다른 어떠한 결박도 나는 결박으로 여기지 않는다. 수행승들이여, 그것은 곧 갈애의 결박이다. 수행승

29) natthañño ekadhammo'pi | yen'evaṁ nivutā pajā | saṁsaranti ahorattaṁ | yathā mohena āvutā ||

30) ye ca mohaṁ pahatvāna | tamokkhandhaṁ padāḷayuṁ | na te puna saṁsaranti | hetu tesaṁ na vijjatī'ti ||

31) It. 9 : 본사경2(대정17권 662)

들이여, 바로 그 갈애의 결박에 묶여, 사람들은 오랜 세월 유전하고 윤회하는 것이다."

2. 세존께서는 이와 같은 의취를 설하셨고 그와 관련하여 이와 같이 말씀하셨다.

[세존] "갈애를 [9] 반려자로 삼고
오랜 세월 윤회하는 사람은
이 세상의 존재, 저 세상의 존재로의
윤회를 벗어나기가 힘들다.[32)]

갈애가 괴로움의 원인이라는
이러한 위험을 알고
갈애를 여의고 취착하지 않고
수행승은 새김을 확립하여 유행해야 하리."[33)]

세존께서는 이와 같은 의취도 역시 설하셨다고 나는 들었다.

16(1-2-6) 학인의 경①[Paṭhamasekhasutta][34)]

1. 이와 같이 세존께서 설하셨고 거룩한 님께서 설하셨다고 나는 들었다.

[세존] "수행승들이여, 수행승이 아직 배울 것이 남아 있는 학인, 증득하지 못한 자로서 멍에로부터의 위없는 안온을 열망하는데, 이것을 제외하고는 다른 어떠한 요인도 도움이 되는 것으로 나는 여

32) taṇhādutiyo puriso | dīgham addhānaṁ saṁsaraṁ | itthabhāvaññāthābhāvaṁ | saṁsāraṁ nātivattati ||

33) evamādīnavaṁ ñatvā | taṇhaṁ dukkhassa sambhavaṁ | vītataṇho anādāno | sato bhikkhu paribbaje'ti ||

34) It. 9 : 본사경50(대정17권 670)

기지 않는다. 수행승들이여, 그것은 곧 이치에 맞는 정신활동의 기울임이다. 수행승들이여, 이치에 맞게 정신활동을 기울이는 수행승은 악하고 불건전한 것을 끊어버리고 착하고 건전한 것을 닦는다."

2. 세존께서는 이와 같은 의취를 설하셨고 그와 관련하여 이와 같이 말씀하셨다.

[세존] "이치에 맞게 [10] 정신활동을 기울이는 것이
아직 배울 것이 남아있는 수행승의 원리이니,
최상의 목표에 이르는데,
이것밖에 달리 도움이 되는 것은 없다.
이치에 맞게 노력하는 수행승은
괴로움의 소멸에 도달하는 것이다."[35]

세존께서는 이와 같은 의취도 역시 설하셨다고 나는 들었다.

17(1-2-7) 학인의 경②[Dutiyasekhasutta][36]

1. 이와 같이 세존께서 설하셨고 거룩한 님께서 설하셨다고 나는 들었다.

[세존] "수행승들이여, 수행승이 아직 배울 것이 남아 있는 학인, 증득하지 못한 자로서 멍에로부터의 위없는 안온을 열망하는데, 이것을 제외하고는 다른 어떠한 요인도 도움이 되는 것으로 나는 여기지 않는다. 수행승들이여, 그것은 곧 훌륭한 친구를 사귀는 것이다. 수행승들이여, 훌륭한 친구를 사귀는 수행승은 악하고 불건전한 것을 끊어버리고 착하고 건전한 것을 닦는다."

---

35) yoniso manasikāro | dhammo sekhassa bhikkhuno | natthañño evaṁ bahukāro | uttamatthassa pattiyā | yoniso padahaṁ bhikkhū | khayaṁ dukkhassa pāpuṇe'ti ||

36) It. 10 : 본사경49(대정17권 670)

2. 세존께서는 이와 같은 의취를 설하셨고 그와 관련하여 이와 같이 말씀하셨다.

[세존] "훌륭한 친구가 있는
수행승은 공손하고 공경하며
친구의 말을 행하고,
올바로 알아차리고 새김을 확립하여
점차적으로
일체 결박의 부숨을 얻으리."[37]

세존께서는 이와 같은 의취도 역시 설하셨다고 나는 들었다.

18(1-2-8) 참모임의 분열에 대한 경[Saṅghabhedasutta][38]

1. 이와 같이 세존께서 설하셨고 거룩한 님께서 설하셨다고 나는 들었다.

[세존] "수행승들이여, 많은 사람의 불안과 많은 사람의 불행을 위하여, 신들과 인간 가운데 많은 자들의 불익, 불안, 고통을 위하여 [11] 세상에 하나의 원리가 생겨난다. 하나의 원리란 무엇인가? 참모임의 분열이다. 수행승들이여, 참모임이 분열하면, 상호 쟁론이 있게 되고, 상호 비난이 있게 되고, 상호 모욕이 있게 되고, 상호 단절이 있게 된다. 그 경우에 믿음이 없는 자들은 결코 믿음을 갖지 않게 되고, 믿음이 있는 자들도 변심하게 된다."

2. 세존께서는 이와 같은 의취를 설하셨고 그와 관련하여 이와 같이 말씀하셨다.

---

37) kalyāṇamitto yo bhikkhu | sappatisso sagāravo | karaṁ mittānaṁ vacanaṁ | sampajāno patissato | pāpuṇe anupubbena | sabbasaññojanakkhayan'ti ||

38) It. 10 : 본사경9(대정17권 664)

[세존] "참모임을 분열시키는 자
영겁을 괴로운 곳, 지옥에서 보낸다.
불화를 즐기고 비법에 머무는 자
멍에로부터의 안온과는 멀어져
참모임의 화합을 깨뜨리고
영겁을 지옥에서 시달린다."39)

세존께서는 이와 같은 의취도 역시 설하셨다고 나는 들었다.

19(1-2-9) 참모임의 화합에 대한 경[Saṅghasāmaggisutta]40)

1. 이와 같이 세존께서 설하셨고 거룩한 님께서 설하셨다고 나는 들었다.

[세존] "수행승들이여, 많은 사람의 이익과 많은 사람의 행복을 위하여, 신들과 인간 가운데 많은 자들의 유익, 안녕, 행복을 위하여 세상에 하나의 원리가 생겨난다. 하나의 원리란 무엇인가? [12] 참모임의 화합이다. 수행승들이여, 참모임이 화합하면, 상호 쟁론이 없게 되고, 상호 비난이 없게 되고, 상호 모욕이 없게 되고, 상호 단절이 없게 된다. 그 경우에 믿음이 없는 자들은 믿음을 갖게 되고, 믿음이 있는 자들은 믿음이 더욱 깊어진다."

2. 세존께서는 이와 같은 의취를 설하셨고 그와 관련하여 이와 같이 말씀하셨다.

[세존] "화합하는 자들을 돕는
참모임의 화합은 행복이다.

---

39) āpāyiko nerayiko | kappaṭṭho saṅghabhedako | vaggārāmo adhammaṭṭho | yogakkhemā viddhaṁsati | saṅghaṁ samaggaṁ bhetvāna | kappaṁ nirayamhi paccatī'ti ||

40) It. 11 : 본사경10(대정17권 664)

화합을 즐기고 정법에 머무는 자,
멍에로부터의 안온에서 멀어지지 않고
참모임의 화합을 이루어
영겁을 천상에서 기뻐한다."[41]

세존께서는 이와 같은 의취도 역시 설하셨다고 나는 들었다.

20(1-2-10) 사악한 사람의 경[Paduṭṭhapuggalasutta][42]

1. 이와 같이 세존께서 설하셨고 거룩한 님께서 설하셨다고 나는 들었다.

[세존] "수행승들이여, 세상에서 어떤 사람들이 사악한 마음을 지니고 있다면, 나의 마음으로 그들의 마음을 읽어 '이 세계에서 그 사람이 죽을 때, 그는 그것이 작용하는 대로 지옥에 떨어진다.'라고 나는 분명히 안다. 그것은 무슨 까닭인가? 수행승들이여, 그의 마음이 사악하기 때문이다. 수행승들이여, 이와 같이 이 세계의 어떤 뭇삶이 마음이 사악하다면, 몸이 파괴되고 죽은 뒤에 괴로운 곳, 나쁜 곳, 비참한 곳, 지옥에 태어난다."

2. 세존께서는 이와 같은 의취를 설하셨고 그와 관련하여 이와 같이 말씀하셨다.

[세존] "세상에서 [13] 어떤 사람들이
사악한 마음을 지니고 있다는 것을 알고
깨달은 님은 수행승들에게

---

41) sukhā saṅghassa sāmaggi | samaggānañcanuggaho | samaggarato dhammaṭṭho | yogakkhemā na dhaṁsati | saṅghaṁ samaggaṁ katvāna | kappaṁ saggamhi modatī'ti ||

42) It. 12; AN. I. 8 : 본사경4(대정17권 663), 증일아함경권제4, 일자품5(대정2권 562)

이러한 의취를 설명했다.[43]

바로 이러한 때에
사람이 죽음에 이르면,
그는 지옥에 태어날 것이니
마음이 사악하기 때문이다.[44]

그것이 작용하는 대로
그와 같이 운명이 그러하니
마음이 사악하면
뭇삶들은 나쁜 곳으로 간다."[45]

세존께서는 이와 같은 의취도 역시 설하셨다고 나는 들었다.

이로써 제1장 「하나모음」의 「제2품」이 끝났다. 그 내용은 차례로 '1. 어리석음에 대한 완전한 앎의 경 2. 분노에 대한 완전한 앎의 경 3. 위선에 대한 완전한 앎의 경 4. 무명의 장애에 대한 경 5. 갈애의 결박에 대한 경 6. 학인의 경① 7. 학인의 경② 8. 참모임의 분열에 대한 경 9. 참모임의 화합에 대한 경 10. 사악한 사람의 경.'으로 이루어졌으며, 「제2품」이라고 불린다.

---

43) paduṭṭhacittaṁ ñatvāna | ekaccaṁ idha puggalaṁ | etamatthañca vyākāsi | buddho bhikkhūna santike ||

44) imamhi cāyaṁ samaye | kālaṁ kayirātha puggalo | nirayaṁ upapajjeyya | cittañhi 'ssa padūsitaṁ ||

45) yathā'haritvā nikkhipeyya | evameva tathāvidho | cetopadosahetu hi | sattā gacchanti duggatin'ti ||

3. 제삼품[Tatiyavagga]

21(1-2-1) 믿음에 찬 마음의 경[Pasannacittasutta][46]

1. 이와 같이 세존께서 설하셨고 거룩한 님께서 설하셨다고 나는 들었다.

[세존] "수행승들이여, 세상에서 어떤 사람들이 청정한 믿음으로 가득 찬 마음을 [14] 지니고 있다면, 나의 마음으로 그들의 마음을 읽어 '이 세계에서 그 사람이 죽을 때, 그는 그것이 작용하는 대로 천상에 태어난다.'라고 나는 분명히 안다. 그것은 무슨 까닭인가? 수행승들이여, 그의 마음이 청정한 믿음으로 가득 찼기 때문이다. 수행승들이여, 이와 같이 이 세계의 어떤 뭇삶이 마음에 믿음을 품었다면, 몸이 파괴되고 죽은 뒤에 좋은 곳, 천상에 태어난다."

2. 세존께서는 이와 같은 의취를 설하셨고 그와 관련하여 이와 같이 말씀하셨다.

[세존] "세상에서 어떤 사람들이
청정한 믿음으로 가득찬 마음을 지니고 있다는 것을 알고
깨달은 님은 수행승들에게
이러한 의취를 설명했다.[47]

바로 이러한 때에
사람이 죽음에 이르면,
그는 천상에 태어날 것이니

---

46) It. 13; AN. I. 8-9 : 본사경5(대정17권 663) 증일아함경권제4일자품5(대정2권 563)

47) pasannacittaṁ ñatvāna | ekaccaṁ idha puggalaṁ | etam atthañca vyākāsi | buddho bhikkhūnaṃ santike ||

마음이 청정한 믿음으로 찼기 때문이다.[48]

그것이 작용하는 대로
그와 같이 운명이 그러하니
마음이 청정한 믿음에 가득 차서
뭇삶들은 좋은 곳으로 간다."[49]

세존께서는 이와 같은 의취도 역시 설하셨다고 나는 들었다.

22(1-2-2) 공덕을 두려워하지 말라의 경[Māpuññabhāyīsutta][50]

1. 이와 같이 세존께서 설하셨고 거룩한 님께서 설하셨다고 나는 들었다.

[세존] "수행승들이여, 공덕을 두려워하지 말라. [15] 공덕이라고 하는 것은 원하고, 사랑스럽고, 애정이 가고, 마음에 드는 행복의 동의어이다. 수행승들이여, 내가 오랜 세월 공덕을 닦으면서, 원하고, 사랑스럽고, 애정이 가고, 마음에 드는 행복의 과보를 경험한 것을 나는 알고 있다. 칠 년간 자애의 마음을 닦아서 일곱 번 세계가 괴멸되고 생성되는 시간 동안 다시는 이 세계로 돌아오지 않았다. 수행승들이여, 세계가 괴멸되는 시간에 빛이 흐르는 하느님의 세계에 태어났고 세계가 생성되는 시간에 텅 빈 하느님의 궁전에 태어났다. 수행승들이여, 그곳에서 나는 하느님, 위대한 하느님, 승리자, 불퇴전자, 일체를 보는 자, 자재자였다. 수행승들이여, 서른여섯 번이나 나는 신들의 제왕 제석천이었다. 나는 수백 번에 걸쳐

48) imamhi cāyaṁ samaye | kālaṁ kayirātha puggalo | sugatiṁ upapajjeyya | cittañhi 'ssa pasādikaṁ |

49) yathā'haritvā nikkhipeyya | evameva tathāvidho | cetopasādahetu hi | sattā gacchanti suggatin'ti ‖

50) It. 14 : 중아함경권제22복경(대정1권 645); 증일아함제4호심품7(대정2권565)

정의로운 법왕으로서 사방으로 정복하여 나라의 안전을 도모하는 칠보를 갖춘 전륜왕이었다. 그런데 지방의 왕위에 대해서 말해 무엇하랴? 수행승들이여, 그러한 나에게 이와 같이 '내가 지금 이와 같은 위대한 위력, 이와 같은 위대한 능력을 갖게 된 것은 어떠한 업의 결과, 어떠한 업의 과보 때문인가?'라는 생각이 떠올랐다. 수행승들이여, 그리고 그러한 나에게 이와 같이 '내가 지금 이와 같은 위대한 위력, 이와 같은 위대한 능력을 갖게 된 것은 세 가지 업의 결과, 세 가지 업의 과보 때문이다. 그것은 곧, 보시, 제어, 자제의 과보이다.'라는 생각이 떠올랐다."

2. 세존께서는 이와 같은 의취를 설하셨고 그와 관련하여 이와 같이 말씀하셨다.

[세존] "실로 멀리 미치는
행복을 낳는 공덕을 배우고,
보시와 [16] 평등행과
자애심을 닦아야하리.51)

세 가지 행복을 일으키는
이러한 원리를 닦은 뒤에,
폭력을 여읜 행복한 세계에
현명한 자가 출현한다."52)

세존께서는 이와 같은 의취도 역시 설하셨다고 나는 들었다.

---

51) puññameva so sikkheyya | āyataggaṁ sukhudrayaṁ | dānañca samacariyañca | mettacittañca bhāvaye ||

52) ete dhamme bhāvayitvā | tayo sukhasamuddaye | abyāpajjhaṁ sukhaṁ lokaṁ | paṇḍito upapajjatī'ti ||

23(1-2-3) 두 가지 이익의 경[Ubhoatthasutta][53]

1. 이와 같이 세존께서 설하셨고 거룩한 님께서 설하셨다고 나는 들었다.

[세존] "수행승들이여, 하나의 원리를 닦고 익히면, 현세의 이익과 내세의 이익, 양자의 이익을 성취하는 것이다. 하나의 원리란 무엇인가? 착하고 건전한 것에 방일하지 않는 것이다. 수행승들이여, 이러한 하나의 원리를 닦고 익히면, 현세의 이익과 내세의 이익, 양자의 이익을 성취하는 것이다."

2. 세존께서는 이와 같은 의취를 설하셨고 그와 관련하여 이와 같이 말씀하셨다.

[세존] "현자는 공덕을 짓는데
방일하지 않음을 찬양한다.
방일하지 않은 님은 현자로서
양자의 이익을 취한다.[54]

현세의 [17] 이익과
내세의 이익이 있으니,
이익을 꿰뚫어보는 자는
현자라고 불린다."[55]

세존께서는 이와 같은 의취도 역시 설하셨다고 나는 들었다.

---

53) It. 16 : 본사경12(대정17권 664); 증일아함제4호심품1(대정2권 563)

54) appamādaṁ pasaṁsanti | puññakiriyāsu paṇḍitā | appamatto ubho atthe | adiganhāti paṇḍito ||

55) diṭṭhevadhamme yo attho | yo cattho samparāyiko | atthābhisamayā dhīro | paṇḍito'ti pacūccatī'ti ||

24(1-2-4) 뼈 무더기의 경[Aṭṭhipuñjasutta][56]

1. 이와 같이 세존께서 설하셨고 거룩한 님께서 설하셨다고 나는 들었다.

[세존] "수행승들이여, 한 개인이 일 겁을 유전하고 윤회한다면, 그의 해골, 뼈의 무더기, 뼈의 퇴적은 베뿔라 산과 같이 많을 것이다. 만약 그것을 모은 자가 있다면, 그 모은 것을 없앨 수 없을 것이다."

2. 세존께서는 이와 같은 의취를 설하셨고 그와 관련하여 이와 같이 말씀하셨다.

[세존] "위대한 선인께서는
'단 한 사람만이
일 겁을 쌓은 뼈들도
그 더미가 산과 같다.'라고 말했다.[57]

그것은 참으로 마가다 국의
기릿바자의 깃자꾸따 산의 북쪽
베뿔라 산보다
크다고 사람들은 말한다.[58]

누군가 올바른 지혜로써
거룩한 진리 즉, 괴로움, 괴로움의 발생,
괴로움의 초월, 괴로움의 소멸로 이끄는
고귀한 [18] 여덟 가지 길을 본다면,[59]

---

56) It. 17; SN. II. 185 : 본사경3(대정17권 662); 잡아함경제34, 947(대정2권 242)

57) ekassekena kappena | puggalassaṭṭhisañcayo | siyā pabbatasamo rāsi | iti vuttaṁ mahesinā ||

58) so kho panāyaṁ akkhāto | vepullo pabbato mahā | uttaro gijjhakūṭassa | magadhānaṁ giribbaje ||

그 사람은 최상으로
일곱 번 유전하다가
일체의 결박이 부서지는
괴로움의 종식을 이룬다."[60]

세존께서는 이와 같은 의취도 역시 설하셨다고 나는 들었다.

25(1-2-5) 고의적인 거짓말의 경[Sampajānamusāvādasutta][61]

1. 이와 같이 세존께서 설하셨고 거룩한 님께서 설하셨다고 나는 들었다.

[세존] "수행승들이여, 하나의 원리를 어기는 인간에게는 행해지지 못할 어떠한 악업도 없다고 나는 말한다. 하나의 원리의 어김이란 어떠한 것인가? 수행승들이여, 그것은 곧 고의적인 거짓말을 하는 것이다."

2. 세존께서는 이와 같은 의취를 설하셨고 그와 관련하여 이와 같이 말씀하셨다.

[세존] "하나의 원리를 어겨
거짓말을 하는 사람에게,
내세를 포기하는 자에게
행해지지 않을 악은 없다."[62]

세존께서는 이와 같은 의취도 역시 설하셨다고 나는 들었다.

---

59) yato ariyasaccāni | sammappaññāya passati | dukkhaṁ dukkhasamuppādaṁ | dukkhassa ca atikkamaṁ | ariyañcaṭṭhaṅgikaṁ maggaṁ | dukkhūpasagāminaṁ ||

60) sattakkattuṁ paramañca | sandhāvitvāna puggalo | dukkhassantakaro hoti | sabbasaṁyojanakkhayā'ti ||

61) It. 18; Dhp. 176 : 본사경54(대정17권 671); 중아함제3 도경(대정1권 435)

62) ekaṁ dhammaṁ atītassa | musāvādissa jantuno | vitiṇṇaparalokassa | natthi pāpaṁ akāriyan'ti ||

26(1-2-6) 보시와 나눔의 경[Dānasaṁvibhāgasutta][63]

1. 이와 같이 세존께서 설하셨고 거룩한 님께서 설하셨다고 나는 들었다.

[세존] "수행승들이여, 내가 알듯이, 뭇삶들이 보시와 나눔의 과보를 안다면, 그들은 보시하지 않고는 먹지 않을 것이고, 간탐의 티끌로 물든 마음을 붙잡고 있지 못할 것이다. 가령 최후의 한 입, 최후의 한 모금이라도, 그것을 수용하는 자들이 있다면, 나누지 않고는 먹지 않을 것이다. 수행승들이여, [19] 내가 알듯이, 뭇삶들이 보시와 나눔의 과보를 알지 못하므로, 그들은 보시하지 않고 먹고, 간탐의 티끌로 물든 마음을 붙잡고 있는 것이다."

2. 세존께서는 이와 같은 의취를 설하셨고 그와 관련하여 이와 같이 말씀하셨다.

[세존] "위대한 선인께서 선포했듯,
나눔의 과보가
얼마나 큰 열매를 가져오는지
뭇삶들이 안다면,[64)]

간탐의 티끌을 없애고
청정한 마음으로 고귀한 님에게
알맞은 시간에 보시해야 한다.
그때 주어진 것은 큰 열매가 있으리.[65)]

---

63) It. 18 : 본사경51(대정17권 671)

64) evaṁ ce sattā jāneyyuṁ | yathāvuttaṁ mahesinā | vipākaṁ saṁvibhāgassa | yathā hoti mahapphalaṁ ||

65) vineyyuṁ maccheramalaṁ | vippasannena cetasā | dajjuṁ kālena ariyesu | yattha dinnaṁ mahapphalaṁ ||

많은 사람에게 음식을 주고
받을 가치가 있는 님에게 보시하고
이 세상에서 죽어서
시주들은 천상으로 간다.[66]

그들은 천상에 가서
거기서 감관의 쾌락을 갖추고
간탐을 벗어나
나눔의 과보를 즐긴다."[67]

세존께서는 이와 같은 의취도 역시 설하셨다고 나는 들었다.

27(1-2-7) 자애의 마음에 의한 해탈의 경[Mettācetovimuttisutta][68]

1. 이와 같이 세존께서 설하셨고 거룩한 님께서 설하셨다고 나는 들었다.

[세존] "수행승들이여, 다시 태어날 근거가 되는 공덕을 만드는 토대들은 그것들이 어떠한 것이든 그 모든 것은 자애의 마음에 의한 해탈의 십육 분의 일에도 미치지 못하므로, 자애의 마음에 의한 해탈이야말로 그것들을 이겨서 빛나고 환희 비추고 널리 비춘다.
예를 들어, 수행승들이여, 별이 비추는 광명은 그것이 어떠한 것이든 그 모든 것은 달이 [20] 비추는 광명의 십육 분의 일에도 미치지 못하므로, 달이 비추는 광명이야말로 그것을 이겨서 빛나고 환

66) annaṁ ca datvā bahuno | dakkhiṇeyyesu dakkhiṇaṁ | ito cutā manussattā | saggaṁ gacchanti dāyakā ||

67) te ca saggaṁ gatā tattha | modantī kāmakāmino | vipākaṁ saṁvibhāgassa | anubhonti amaccharā'ti ||

68) It. 19 : 본사경48(대정17권 670)

희 비추고 널리 비춘다. 수행승들이여, 이와 같이 다시 태어날 근거가 되는 공덕을 만드는 토대들은 그것들이 어떠한 것이든 그 모든 것은 자애의 마음에 의한 해탈의 십육 분의 일에도 미치지 못하므로, 자애의 마음에 의한 해탈이야말로 그것들을 이겨서 빛나고 환희 비추고 널리 비춘다.

예를 들어, 수행승들이여, 우기의 마지막 달의 가을에 하늘이 맑고 구름 한 점 없으면, 하늘 높이 떠오르면서 태양은 모든 어둠을 허공에서 없애버려서 빛나고 환희 비추고 널리 비춘다. 수행승들이여, 이와 같이 다시 태어날 근거가 되는 공덕을 만드는 토대들은 그것들이 어떠한 것이든 그 모든 것은 자애의 마음에 의한 해탈의 십육 분의 일에도 미치지 못하므로, 자애의 마음에 의한 해탈이야말로 그것들을 이겨서 빛나고 환희 비추고 널리 비춘다.

예를 들어, 수행승들이여, 명성이 밤의 새벽녘에 빛나서 환희 비추고 널리 비춘다. 수행승들이여, 이와 같이 다시 태어날 근거가 되는 공덕을 만드는 토대들은 그것들이 어떠한 것이든 그 모든 것은 자애의 마음에 의한 해탈의 십육 분의 일에도 미치지 못하므로, 자애의 [21] 마음에 의한 해탈이야말로 그것들을 이겨서 빛나고 환희 비추고 널리 비춘다."

2. 세존께서는 이와 같은 의취를 설하셨고 그와 관련하여 이와 같이 말씀하셨다.

[세존] "방일을 떠나 새김을 확립하여
무한한 자애를 닦는 님,
다시 태어날 근거의 부서짐을 보는 님에게
결박은 엷어진다.69)

원한의 마음을 여의고 한 생명이라도 사랑하는 자는
그로 인해 착하고 건전해지리.
더욱이 일체의 생명에 마음으로 연민을 품으면,
고귀한 님으로서 광대한 공덕을 이루리.70)

뭇삶으로 가득 찬 대지를 정복하고,
말의 희생제, 인간의 희생제, 말뚝을 던지는 제사,
쏘마를 마시는 제사, 아무에게나 공양하는 제사,
선인인 왕들은 그러한 제사를 바치곤 했다.71)

그러나 그들은 자애의 마음을 잘 닦는 자의
십육 분의 일의 가치도 누리지 못한다.
일체 별들의 반짝임이
달이 비추는 광명에 미치지 못하는 것과 같다.72)

죽이지 [22] 않고 죽이도록 하지 않고,
정복하지 않고 정복하게 하지 않고,
일체의 존재에 대하여 자애로운 님은
어떠한 누구에게도 원한이 없다."73)

---

69) yo ca mettaṁ bhāvayati | appamāṇaṁ patissato | tanū saṁyojanā honti | passato upadhikkhayaṁ ||

70) ekampi ce pāṇam aduṭṭhacitto | mettāyati kusalo tena hoti | sabbe ca pāṇe manasā nukampaṁ | pahūtam ariye pakaroti puññaṁ ||

71) yo sattasaṇḍaṁ paṭhaviṁ vijetvā | rājisayo yajamānānupariyagā | assamedhaṁ pu risamedhaṁ sammā- | pāsaṁ vājapeyyaṁ niraggalaṁ ||

72) mettassa cittassa subhāvitassa | kalampi te nānubhavanti soḷasiṁ | candappabhā t āragaṇā'ca sabbe ||

73) yo na hanti na ghāteti | na jināti na jāpaye | mettaṁso sabbabhūtesu | veraṁ tass a na kenaci'ti ||

세존께서는 이와 같은 의취도 역시 설하셨다고 나는 들었다.

이로써 제1장 「하나모음」의 「제3품」이 끝났다. 그 내용은 차례로 '1. 믿음에 찬 마음의 경 2. 공덕을 두려워하지 말라의 경 3. 두 가지 이익의 경 4. 뼈 무더기의 경 5. 고의적인 거짓말의 경 6. 보시와 나눔의 경 7. 자애의 마음에 의한 해탈의 경'으로 이루어졌으며, 「제3품」이라고 불린다. 이것으로써 제1장 「하나모음」이 끝났다.

제2장 둘모음

Dukanipāta

1. 제일품[Paṭhamavagga]

28(2-1-1) 수행승의 경①[Paṭhamabhikkhusutta][74]

1. 이와 같이 세존께서 설하셨고 거룩한 님께서 설하셨다고 나는 들었다.

[세존] "수행승들이여, 두 가지 원리를 갖춘 수행승은 현세에서 고통, 근심, 고뇌를 [23] 겪으며 괴롭게 지내고, 몸이 파괴되어 죽은 뒤에는 나쁜 곳이 그를 기다린다. 두 가지란 무엇인가? 감각능력의 문을 수호하지 않는 것과 식사에 적당한 분량을 모르는 것이다. 수행승들이여, 두 가지 원리를 갖춘 수행승은 현세에서 고통, 근심, 고뇌를 겪으며 괴롭게 지내고, 몸이 파괴되어 죽은 뒤에는 나쁜 곳이 그를 기다린다."

2. 세존께서는 이와 같은 의취를 설하셨고 그와 관련하여 이와 같이 말씀하셨다.

[세존] "시각, 청각, 후각, 미각,
촉각 그리고 정신의
이러한 감각능력의 문을
수호하지 않는 수행승이 있다.[75]

식사에 분량을 모르고
감관을 수호하지 않는 자,
몸의 고통과 마음의 고통

74) It. 22 : 본사경61(대정17권 673)
75) cakkhu sotañca ghānañca | jivhā kāyo atho mano | etāni yassa dvārāni | aguttānīd ha bhikkhūno ||

두 가지 고통을 겪는다.[76]

신체적으로 불태워지고
정신적으로 불태워져
밤과 또한 낮으로
그러한 자는 괴로움을 겪는다."[77]

세존께서는 이와 같은 의취도 역시 설하셨다고 나는 들었다.

29(2-1-2) 수행승의 경②[Dutiyabhikkhusutta][78]

1. 이와 같이 세존께서 설하셨고 거룩한 님께서 설하셨다고 나는 들었다.

[세존] "수행승들이여, 두 가지 원리를 갖춘 수행승은 현세에서 고통, 근심, 고뇌를 겪지 않으며 즐겁게 지내고, 몸이 파괴되어 죽은 뒤에는 [24] 좋은 곳이 그를 기다린다. 두 가지란 무엇인가? 감각능력의 문을 수호하는 것과 식사에 적당한 분량을 아는 것이다. 수행승들이여, 두 가지 원리를 갖춘 수행승은 현세에서 고통, 근심, 고뇌를 겪지 않으며 즐겁게 지내고, 몸이 파괴되어 죽은 뒤에는 좋은 곳이 그를 기다린다."

2. 세존께서는 이와 같은 의취를 설하셨고 그와 관련하여 이와 같이 말씀하셨다.

[세존] "시각, 청각, 후각,

76) bhojanamhi amattaññū | indriyesu asaṁvuto | kāyadukkhaṁ cetodukkhaṁ | dukkhaṁ so adhigacchati ‖

77) ḍayhamānena kāyena | ḍayhamānena cetasā | divā vā yadi vā rattiṁ | dukkhaṁ viharati tādiso'ti ‖

78) It. 23 : 본사경62(대정17권 673)

미각, 촉각 그리고 정신의
이러한 감각능력의 문을
잘 수호하는 수행승이 있다.[79]

식사에 분량을 알고
감관을 잘 수호하는 자,
몸의 안락과 마음의 안락
두 가지 안락을 누린다.[80]

신체적으로 불태워지지 않고
정신적으로 불태워지지 않아
밤과 또한 낮으로
그러한 자는 안락을 누린다."[81]

세존께서는 이와 같은 의취도 역시 설하셨다고 나는 들었다.

30(2-1-3) 가책으로 이끄는 것의 경[Tapanīyasutta][82]

1. 이와 같이 세존께서 설하셨고 거룩한 님께서 설하셨다고 나는 들었다.

[세존] "수행승들이여, 이러한 가책으로 이끄는 두 가지 원리가 있다. 두 가지란 [25] 무엇인가? 수행승들이여, 세계에서 어떤 자는 선을 짓지 않고, 건전한 것을 짓지 않고, 피난처를 만들지 않고, 악을 짓고, 잔혹한

79) cakkhu sotañca ghāṇañca | jivhā kāyo atho mano | etāni yassa dvārāni | suguttānīdha bhikkhuno ||

80) bhojanamhi ca mattaññū | indriyesu ca saṁvuto | kāyasukhaṁ cetosukhaṁ | sukhaṁ so adhigacchati ||

81) aḍayhamānena kāyena | aḍayhamānena cetasā | divā vā yadi vā rattiṁ | sukaṁ viharati tādiso'ti ||

82) It. 24 : 본사경63(대정17권 673)

짓을 하고, 죄악을 짓는다. 그는 '나는 선을 짓지 않았다.'라고 생각하여 가책하고 '나는 악을 지었다.'라고 생각하여 가책한다. 수행승들이여, 이러한 가책으로 이끄는 두 가지 원리가 있다."

2. 세존께서는 이와 같은 의취를 설하셨고 그와 관련하여 이와 같이 말씀하셨다.

[세존] "신체적 악행을 짓고
언어적 악행을 짓고
정신적 악행을 짓고
다른 잘못을 짓는다.83)

착하고 건전한 것을 행하지 않고
오히려 악하고 불건전한 것을 행하니,
지혜롭지 못한 자는
몸이 파괴된 후 지옥에 태어난다."84)

세존께서는 이와 같은 의취도 역시 설하셨다고 나는 들었다.

31(2-1-4) 가책으로 이끌지 않는 것의 경[Atapanīyasutta]85)

1. 이와 같이 세존께서 설하셨고 거룩한 님께서 설하셨다고 나는 들었다.

[세존] "수행승들이여, 이러한 가책으로 이끌지 않는 두 가지 원리가 있다. 두 가지란 무엇인가? 수행승들이여, 세계에서 어떤 자는 선을 짓

83) kāyaduccaritaṁ katvā | vacīduccaritāni ca | manoduccaritaṁ katvā | yañcaññaṁ dosasaṁhitaṁ ||

84) akatvā kusalaṁ dhammaṁ | katvānākusalaṁ bahuṁ | kāyassa bhedā duppañño | nirayaṁ so upapajjatī'ti ||

85) It. 25 : 본사경64(대정17권 673)

고, 건전한 것을 짓고, 피난처를 만들고, 악을 짓지 않고, 잔혹을 짓지 않고, 죄악을 짓지 않는다. 그는 '나는 선을 지었다.'라고 생각하여 가책하지 않고 '나는 악을 짓지 않았다.'라고 생각하여 가책하지 않는다. 수행승들이여, 이러한 가책으로 이끌지 않는 [26] 두 가지 원리가 있다."

2. 세존께서는 이와 같은 의취를 설하셨고 그와 관련하여 이와 같이 말씀하셨다.

[세존] "신체적 악행을 끊고
언어적 악행을 끊고
정신적 악행을 끊고
다른 잘못을 짓지 않는다.[86]

악하고 불건전한 것을 행하지 않고
더욱 착하고 건전한 것을 행하니,
지혜로운 자는
몸이 파괴된 후 천상에 태어난다."[87]

세존께서는 이와 같은 의취도 역시 설하셨다고 나는 들었다.

32(2-1-5) 악한 계행의 경[Papakasīlasutta][88]

1. 이와 같이 세존께서 설하셨고 거룩한 님께서 설하셨다고 나는 들었다.

[세존] "수행승들이여, 이와 같은 두 가지 원리를 갖춘 사람은 그

---

86) kāyaduccaritaṁ hitvā | vacīduccaritāni ca | manoduccaritaṁ hitvā | yañcaññaṁ do sasaṁhitaṁ ||

87) akatvā'kusalaṁ dhammaṁ | katvānākusalaṁ bahuṁ | kāyassa bhedā sappañño | s aggaṁ so upapajjatī'ti ||

88) It. 26 : 본사경67(대정17권 674)

것들이 작용하는 대로 지옥에 떨어진다. 두 가지란 무엇인가? 악한 계행과 악한 견해이다. 수행승들이여, 이와 같은 두 가지 원리를 갖춘 사람은 그것들이 작용하는 대로 지옥에 떨어진다."

2. 세존께서는 이와 같은 의취를 설하셨고 그와 관련하여 이와 같이 말씀하셨다.

[세존] "악한 계행과 악한 견해의
이러한 두 가지 원리를 갖춘 사람은
몸이 파괴되어
죽은 뒤에 지옥에 태어난다."[89]

세존께서는 이와 같은 의취도 역시 설하셨다고 나는 들었다.

33(2-1-6) 선한 계행의 경[Bhaddakasīlasutta][90]

1. 이와 같이 세존께서 설하셨고 거룩한 님께서 설하셨다고 나는 들었다.

[세존] "수행승들이여, 이와 같은 두 가지 원리를 갖춘 사람은 그것들이 작용하는 대로 천상에 태어난다. 두 가지란 무엇인가? [27] 선한 계행과 선한 견해이다. 수행승들이여, 이와 같은 두 가지 원리를 갖춘 사람은 그것들이 작용하는 대로 천상에 태어난다."

2. 세존께서는 이와 같은 의취를 설하셨고 그와 관련하여 이와 같이 말씀하셨다.

[세존] "선한 계행과 선한 견해의

---

89) pāpakena ca sīlena | pāpikāya ca diṭṭhiyā | etehi dvīhi dhammehi | yo samannāgato naro | kāyassa bhedā duppañño | nirayaṁ so upapajjatī'ti ||

90) It. 26 : 본사경68(대정17권 674)

이러한 두 가지 원리를 갖춘 사람은
몸이 파괴되어
죽은 뒤에 천상에 태어난다."[91]

세존께서는 이와 같은 의취도 역시 설하셨다고 나는 들었다.

34(2-1-7) 열심히 노력하지 않음의 경[Anātāpīsutta][92]

1. 이와 같이 세존께서 설하셨고 거룩한 님께서 설하셨다고 나는 들었다.

[세존] "수행승들이여, 열심히 노력하지 않고 부끄러움을 알지 못하는 수행승은 올바른 깨달음을 깨칠 수 없고, 열반에 들 수 없고, 멍에로부터의 위없는 안온을 이룰 수 없다. 수행승들이여, 열심히 노력하고 부끄러움을 아는 수행승은 올바른 깨달음을 깨칠 수 있고, 열반에 들 수 있고, 멍에로부터의 위없는 안온을 이룰 수 있다."

2. 세존께서는 이와 같은 의취를 설하셨고 그와 관련하여 이와 같이 말씀하셨다.

[세존] "열심히 노력하지 않고, 부끄러움을 모르고
게으르고, 정진이 모자라고,
혼침과 산란이 심하고
창피함을 모르고, 공손하지 못한
그러한 수행승은
최상의 올바른 깨달음을 깨칠 수 없다.[93]

91) bhaddakena ca sīlena | bhaddikāya ca diṭṭhiyā | etehi dvīhi dhammehi | yo samann āgato naro | kāyassa bhedā sappañño | saggaṁ so upapajjatī'ti ||

92) It. 27 : 본사경82(대정17권 679)

93) anātāpī anottāpī | kusīto hīnavīriyo | yo thīnamiddhabahulo | ahiriko anādaro | abh

그러나 [28] 새김을 확립하고, 슬기롭고, 선정에 들고
열심히 노력하고 부끄러움을 알고, 방일하지 않는 자는
태어남과 늙음의 결박을 끊고
이 세상에서 위없는 올바른 깨달음을 얻는다."94)

세존께서는 이와 같은 의취도 역시 설하셨다고 나는 들었다.

35(2-1-8) 사람들에 대한 기만의 경①[Paṭhamajanakuhanasutta]95)

1. 이와 같이 세존께서 설하셨고 거룩한 님께서 설하셨다고 나는 들었다.

[세존] "수행승들이여, 사람들을 기만하려고, 사람들을 수근거리게 하려고, 이익과 명예와 칭송을 얻으려고, '이와 같이 나에 대해 알아야 한다.'라고 하려고 이러한 청정한 삶을 사는 것이 아니다. 오히려 수행승들이여, 제어를 위하여, 끊어버림을 위하여, 이러한 청정한 삶을 사는 것이다."

2. 세존께서는 이와 같은 의취를 설하셨고 그와 관련하여 이와 같이 말씀하셨다.

[세존] "제어를 위하여, 끊어버림을 위하여,
재난을 제거하고
열반의 확고한 바탕으로 이끄는 삶,
세존은 이러한 청정한 삶을 가르쳤다.96)

---

abbo tādiso bhikkhu | phuṭṭhuṁ sambodhim uttamaṁ ||

94) yo ca satimā nipako jhāyī | ātāpi ottāpī ca appamatto | saṁyojanaṁ jātijarāya chetvā | idheva sambodhim anuttaraṁ phuse'ti ||

95) It. 28 : 본사경74(대정17권 676)

96) saṁvaratthaṁ pahānatthaṁ | brahmacariyaṁ anītihaṁ | adesayī so bhagavā | nib

위대한 님, 위대한 선인이
이 길을 [29] 걸었다.
깨달은 님이 가르친 대로
그것을 실천하는 님들은
스승의 가르침의 실천자로서
괴로움의 종식을 이루리."97)

세존께서는 이와 같은 의취도 역시 설하셨다고 나는 들었다.

36(2-1-9) 사람들에 대한 기만의 경②[Dutiyajanakuhanasutta]98)

1. 이와 같이 세존께서 설하셨고 거룩한 님께서 설하셨다고 나는 들었다.

[세존] "수행승들이여, 사람들을 기만하려고, 사람들을 수근거리게 하려고, 이익과 명예와 칭송을 위하려고, '이와 같이 나에 대해 알아야 한다.'라고 하려고 청정한 삶을 사는 것이 아니다. 오히려 수행승들이여, 곧바른 앎을 위하여, 완전한 앎을 위하여, 청정한 삶을 사는 것이다."

2. 세존께서는 이와 같은 의취를 설하셨고 그와 관련하여 이와 같이 말씀하셨다.

[세존] "곧바른 앎, 완전한 앎을 위하여
재난을 제거하고,
열반의 확고한 바탕으로 이끄는 삶,

---

bāṇogadhagāminaṁ ‖

97) esa maggo mahantehi | anuyāto mahesihi | ye ye taṁ paṭipajjanti | yathā buddhena desitaṁ | dukkhassantaṁ karissanti | satthusāsanakārino'ti ‖

98) It. 29 : 본사경73(대정17권 676)

그 청정한 삶을 세존은 가르쳤다.[99]

위대한 님, 위대한 선인이
이 길을 걸었다.
깨달은 님이 가르친 대로
그것을 실천하는 님들은
스승의 가르침의 실천자로서
괴로움의 종식을 이루리."[100]

세존께서는 이와 같은 의취도 역시 설하셨다고 나는 들었다.

37(2-1-10) 만족의 경[Somanassasutta][101]

1. 이와 같이 세존께서 설하셨고 거룩한 님께서 설하셨다고 나는 들었다.

[세존] "수행승들이여, 이와 같은 두 가지 원리를 [30] 갖춘 수행승은 현세에서 많은 행복과 희열을 느끼며, 번뇌의 부숨을 위하여 근원적 노력을 시작한다. 두 가지란 무엇인가? 경외감을 일으킬 수 있는 경우에 경외하는 것과 경외하는 것에 자극받아 이치에 맞게 노력하는 것이다. 수행승들이여, 이와 같은 두 가지 원리를 갖춘 수행승은 현세에서 많은 행복과 희열을 느끼며, 번뇌의 부숨을 위하여 근원적 노력을 시작한다."

2. 세존께서는 이와 같은 의취를 설하셨고 그와 관련하여 이와 같이

---

99) abhiññatthaṁ pariññatthaṁ | brahmacariyaṁ anītihaṁ | adesayī so bhagavā | nibbānogadhagāminaṁ ||

100) esa maggo mahantehi | anuyāto mahesihi | ye ye taṁ paṭipajjanti | yathā buddhena desitaṁ | dukkhassantaṁ karissanti | satthusāsanakārino'ti ||

101) It. 29 : 한역에 해당경전이 없다.

말씀하셨다.

[세존] "경외감을 일으킬 수 있는 경우에
현명한 자는 경외한다.
부지런하고 슬기로운 수행승은
지혜로서 그처럼 관찰해야하리.102)

이와 같이 열심히 지내며
차분히 적멸의 삶을 사는 님은
마음의 멈춤에 도달하여
괴로움의 종식을 얻으리."103)

세존께서는 이와 같은 의취도 역시 설하셨다고 나는 들었다.

이로써 제2장 「둘모음」의 「제1품」이 끝났다. 그 내용은 차례로 '1. 수행승의 경① 2. 수행승의 경② 3. 가책으로 이끄는 것의 경 4. 가책으로 이끌지 않는 것의 경 5. 악한 계행의 경 6. 선한 계행의 경 7. 열심히 노력하지 않음의 경 8. 사람들에 대한 기만의 경① 9. 사람들에 대한 기만의 경② 10. 만족의 경'으로 이루어졌으며, 「제1품」이라고 불린다.

---

102) saṁvejanīyaṭṭhānesu | saṁvijjateva paṇḍito | ātāpi nipako bhikkhu | paññāya samavekkhiya ‖

103) evaṁ vihārī ātāpī | santavuttī anuddhato | cetosamatham anuyutto | khayaṁ dukkhassa pāpuṇe'ti ‖

2. 제이품[Dutiyavagga]

38(2-2-1) 사유의 경[Vitakkasutta][104)]

1. 이와 같이 세존께서 설하셨고 거룩한 님께서 설하셨다고 나는 들었다.

[세존] "수행승들이여, 이렇게 오신 님, 거룩한 님, 올바로 원만히 깨달은 님에게는 두 가지 사유가 자주 일어난다. 안온에 입각한 사유와 멀리 여읨에 입각한 사유이다.

수행승들이여, 여래에게는 폭력을 여읜 희열과 폭력을 여읜 열락이 있다. 수행승들이여, 바로 그 폭력을 여읜 희열과 폭력을 여읜 열락이 있는 여래에게는 '어떠한 행동으로든 어떤 누구도 동물이건 식물이건 해치지 않을 것이다.'라는 이러한 사유가 자주 일어난다.

수행승들이여, 여래에게는 멀리 여읨의 희열과 멀리 여읨의 열락이 있다. 수행승들이여, 바로 그 멀리 여읨의 희열과 멀리 여읨의 열락이 있는 여래에게는 '악하고 불건전한 것은 끊어졌다.'라는 이러한 사유가 자주 일어난다.

그러므로 수행승들이여, 그대들도 폭력을 여읜 희열과 폭력을 여읜 열락 속에서 살아라. 수행승들이여, [32] 바로 그 폭력을 여읜 희열과 폭력을 여읜 열락을 지닌 그대들에게는 '어떠한 행동으로든 어떤 누구도 식물이건 동물이건 해치지 않을 것이다.'라는 이러한 사유가 자주 일어날 것이다.

또한 수행승들이여, 그대들도 멀리 여읨의 희열과 멀리 여읨의 열락 속에서 살아라. 수행승들이여, 바로 그 멀리 여읨의 희열과 멀리

---

104) It. 31 : 본사경86(대정17권 680)

여읨의 열락을 지닌 그대들에게는 '악하고 불건전한 것은 끊어졌다.'라는 이러한 사유가 자주 일어날 것이다."

2. 세존께서는 이와 같은 의취를 설하셨고 그와 관련하여 이와 같이 말씀하셨다.

[세존] "참을 수 없는 것을 참아내는
이렇게 오신 님, 깨달은 님에게
이러한 두 가지 사유가 일어난다.
첫 번째는 안온에 입각한 사유가 나타나고,
두 번째는 멀리 여읨에 입각한 사유가 나타난다.105)

어둠을 몰아내고 피안으로 간 위대한 선인
최상의 공덕을 얻고 번뇌를 여읜 자재자,
일체를 건너고 갈애를 부순 해탈자,
최후의 몸을 얻은 그 성자,
악마를 [33] 버리고 늙음의 피안에 이른 자라고 나는 부른다.106)

산꼭대기 위의 바위에 서서
사방의 사람을 내려다보듯,
그처럼 일체를 보는 눈을 지닌 현자,
진리의 전당에 올라
태어남과 늙음에 사로잡힌 슬픔에 빠진 사람을
슬픔을 여의고 바라본다."107)

---

105) tathāgataṁ buddham asayhasāhinaṁ | duve vitakkā samudācaranti naṁ | khemo vitakko paṭhamo udīrito | tato viveko dutiyo pakāsito ||

106) tamonudaṁ pāragataṁ mahesiṁ | taṁ pattipattaṁ vasimaṁ anāsavaṁ | vessantaraṁ taṇhakkhaye vimuttaṁ | taṁ ve muniṁ antimadehadhāriṁ | māraṁ jahaṁ brūmi jarāya pāraguṁ ||

107) sele yathā pabbatamuddhaniṭṭhito | yathā'pi passe jananaṁ samantato | tathūpa

세존께서는 이와 같은 의취도 역시 설하셨다고 나는 들었다.

39(2-2-2) 설법의 경[Desanāsutta][108]

1. 이와 같이 세존께서 설하셨고 거룩한 님께서 설하셨다고 나는 들었다.

[세존] "수행승들이여, 이렇게 오신 님, 거룩한 님, 올바로 원만히 깨달은 님께 서로 다른 두 가지 설법이 존재한다. 두 가지란 무엇인가? '그대들은 악을 악으로 보아야 한다.'라는 이것이 첫 번째 설법이다. '악을 악으로 보고 나서 그대들은 그것을 싫어하여 떠나서 벗어나야 한다.'라는 이것이 두 번째 설법이다. 수행승들이여, 이렇게 오신 님, 거룩한 님, 올바로 원만히 깨달은 님께는 이러한 서로 다른 두 가지 설법이 존재한다."

2. 세존께서는 이와 같은 의취를 설하셨고 그와 관련하여 이와 같이 말씀하셨다.

[세존] "일체의 존재를 불쌍히 여기는
이렇게 오신 님, 깨달은 님의
법문 가운데 말씀을 보라.
두 가지 원리가 설해진 것이다.[109]

그대들은 [34] 악을 보아야 한다.
그리고 그때 그것을 떠나야 한다.

---

maṁ dhammamayaṁ sumedho | pāsādam āruyha samantacakkhu | sokāvatiṇṇaṁ janatam apetaseko | avekkhati jātijarābhibhūtan'ti ||

108) It. 33 : 본사경76(대정17권 676)

109) tathāgatassa buddhassa | sabbabhūtānukampino | pariyāyavacanaṁ passa | dve ca dhammā pakāsitā ||

거기서 마음을 떠나면,
괴로움의 종식을 이루리."110)

세존께서는 이와 같은 의취도 역시 설하셨다고 나는 들었다.

40(2-2-3) 명지의 경[Vijjāsutta]111)

1. 이와 같이 세존께서 설하셨고 거룩한 님께서 설하셨다고 나는 들었다.

[세존] "수행승들이여, 무명이 앞서가면, 악하고 불건전한 상태의 위범, 부끄러움을 알지 못하고 창피함을 알지 못하는 상태의 위범이 나중에 따라온다. 수행승들이여, 명지가 앞서 가면, 착하고 건전한 상태의 성취, 부끄러움을 알고 창피함을 아는 상태의 성취가 따라온다."

2. 세존께서는 이와 같은 의취를 설하셨고 그와 관련하여 이와 같이 말씀하셨다.

[세존] "이 세상이나 저 세상에서
어떠한 나쁜 곳에서든
일체의 욕망과 탐욕의 집적은
무명을 뿌리로 한다.112)

부끄러움을 모르고
악을 원하고 공손하지 못하면,

---

110) pāpakaṁ passatha c'etaṁ | tattha cāpi virajjatha | tato virattacittāse | dukkhassa ntaṁ karissathā'ti ||

111) It. 34 : 본사경90(대정17권 681)

112) yā kācimā duggatiyo | asmiṁ loke pahamhi ca | avijjāmūlakā sabbā | icchālobhas amussayā ||

그 때문에 악을 낳고
그것으로 괴로운 곳에 떨어진다.[113]

그러므로 욕망과 탐욕과
무명을 사라지게 하여
명지를 일으키는 수행승은
일체의 나쁜 곳을 끊어버린다."[114]

세존께서는 [35] 이와 같은 의취도 역시 설하셨다고 나는 들었다.

41(2-2-4) 지혜의 궁핍의 경[Paññāparihānisutta][115]

1. 이와 같이 세존께서 설하셨고 거룩한 님께서 설하셨다고 나는 들었다.

[세존] "수행승들이여, 아주 궁핍한 자들이란 고귀한 지혜가 궁핍한 뭇삶들이다. 그들은 현세에서 고통, 근심, 고뇌를 겪으며 괴롭게 지내고 몸이 파괴되어 죽은 뒤에 나쁜 곳이 그들을 기다린다. 수행승들이여, 궁핍하지 않은 자들이란 고귀한 지혜가 궁핍하지 않은 뭇삶들이다. 그들은 현세에서 고통, 근심, 고뇌를 겪지 않으며 즐겁게 지내고 몸이 파괴되어 죽은 뒤에 좋은 곳이 그들을 기다린다."

2. 세존께서는 이와 같은 의취를 설하셨고 그와 관련하여 이와 같이 말씀하셨다.

[세존] "신들을 포함한 세상을 보라.

---

113) yato ca hoti pāpiccho | ahirīko anādaro | tato pāpaṁ pasavati | apāyaṁ tena gacchati ||

114) tasmā chandañca lobhañca | avijjañca virājayaṁ | vijjaṁ uppādayaṁ bhikkhu | sabbā duggatiyo jahe'ti ||

115) It. 35: 한역에 해당경전이 없다.

지혜의 궁핍으로 인해
명색에 사로잡혀
'이것이 진리이다.'고 생각한다.[116]

꿰뚫음으로 이끄는
지혜야말로 세상에서 최상이다.
그것을 통해 태어남과 존재의 부숨을
올바로 분명히 안다.[117]

그들 신들과 인간들은
올바로 깨달은 님, 새김을 확립한 님,
민첩한 지혜를 지닌 님, [36]
최후의 몸을 지닌 님을 부러워한다."[118]

세존께서는 이와 같은 의취도 역시 설하셨다고 나는 들었다.

42(2-2-5) 밝은 원리의 경[Sukkadhammasutta][119]

1. 이와 같이 세존께서 설하셨고 거룩한 님께서 설하셨다고 나는 들었다.

[세존] "수행승들이여, 이와 같은 두 가지 밝은 원리가 세상을 수호한다. 두 가지란 무엇인가? 부끄러움을 아는 것과 창피함을 아는 것이다. 수행승들이여, 이와 같은 두 가지 밝은 원리가 세상을 수호

116) paññāya parihānena | passa lokaṁ sadevakaṁ | niviṭṭhaṁ nāmarūpasmiṁ | idaṁ saccanti maññati ||

117) paññā hi seṭṭhā lokasmiṁ | yāyaṁ nibbedhagāminī | yāya sammā pajānāti | jātibhavaparikkhayaṁ ||

118) tesaṁ devā manussā ca | sambuddhānaṁ satīmataṁ | pihayanti hāsapaññānaṁ | sarīrantimadhārinan'ti ||

119) It. 36; AN. I. 51 : 본사경85(대정17권 680); 잡아함제47(대정2권 240); 증일아함제9참괴품1(대정2권 576)

할 수 없다면, 어머니나 이모나 외숙모나 선생의 부인이나 스승의 부인이 있다고 정의할 수 없을 것이고, 세상은 염소와 양과 닭과 돼지와 개와 승냥이가 뒤섞이는 것처럼 혼란에 빠질 것이다. 수행승들이여, 이와 같은 두 가지 밝은 원리가 세상을 수호하므로, 어머니나 이모나 외숙모나 선생의 부인이나 스승의 부인이 있다고 정의할 수 있는 것이다."

2. 세존께서는 이와 같은 의취를 설하셨고 그와 관련하여 이와 같이 말씀하셨다.

[세존] "부끄러움과 창피함을 아는 것이
결코 존재하지 않는다면,
그들은 밝음의 근원에서 벗어나
다시 태어남과 죽음에 들어선다.120)

부끄러움과 창피함을 아는 것이
항상 올바로 정립된다면,
그들은 청정한 삶을 [37] 성장시켜
적멸에 들어 다시 태어남을 부순다."121)

세존께서는 이와 같은 의취도 역시 설하셨다고 나는 들었다.

43(2-2-6) 태어나지 않는 것의 경[Ajātasutta]122)

1. 이와 같이 세존께서 설하셨고 거룩한 님께서 설하셨다고 나는 들

---

120) yesaṁ ce hiriottappaṁ | sabbadā ca na vijjati | vokkantā sukkamūlā te | jātimaraṇāgāmino ||

121) yesañca hiriottappaṁ | sadā sammā upaṭṭhitā | virūḷhabrahmacariyā | te santo khīṇapunabbhavā'ti ||

122) It. 37; Ud. 80; Nett. 62 참조; 한역에 해당 경전이 없다.

었다.

[세존] “수행승들이여, 태어나지 않고, 생겨나지 않고, 만들어지지 않고, 형성되지 않는 것이 있다. 수행승들이여, 태어나지 않고, 생겨나지 않고, 만들어지지 않고, 형성되지 않는 것이 없다면, 이 세상에서 태어나고, 생겨나고, 만들어지고, 형성되는 것으로부터의 여읨이 시설되지 않는다. 그러나 수행승들이여, 태어나지 않고, 생겨나지 않고, 만들어지지 않고, 형성되지 않는 것이 있으므로, 이 세상에서 태어나고, 생겨나고, 만들어지고, 형성되는 것으로부터의 여읨이 시설된다.”

2. 세존께서는 이와 같은 의취를 설하셨고 그와 관련하여 이와 같이 말씀하셨다.

[세존] “태어난 것, 생겨난 것, 함께 일어난 것,
만들어지는 것, 형성되는 것, 불안정한 것,
늙음과 죽음에 맞닥뜨리는 것,
질병의 소굴인 것, 자양의 안내로 생겨나는 것은
쉽게 파괴되는 것이니,
그것을 환희할 수는 없다.[123]

그것에서 벗어남이 적멸이니,
추론의 범위를 벗어난 것, 견고한 것,
태어남을 여읜 것, 함께 생겨남을 여읜 것,
슬픔을 여읜 것, 티끌을 여읜 것이다.
그 자취는 [38] 괴로운 것들의 소멸이니,

123) jātaṁ bhūtaṁ samuppannaṁ | kataṁ saṅkhatam addhuvaṁ | jarāmaraṇasaṅghātaṁ | roganiḍḍaṁ pabhaṅguraṁ | āhāranettippabhavaṁ | nālaṁ tadabhinandituṁ ||

형성의 지멸이야말로 행복이다."[124]

세존께서는 이와 같은 의취도 역시 설하셨다고 나는 들었다.

44(2-2-7) 열반의 세계의 경[Nibbānadhātusutta][125]

1. 이와 같이 세존께서 설하셨고 거룩한 님께서 설하셨다고 나는 들었다.

[세존] "수행승들이여, 이와 같은 두 가지 열반의 세계, 잔여 있는 열반의 세계와 잔여 없는 열반의 세계가 있다.

수행승들이여, 잔여 있는 열반의 세계는 어떠한 것인가?

수행승들이여, 세상에 수행승이 거룩한 님으로 번뇌를 부수고, 청정한 삶을 이루었고, 해야 할 일을 해 마쳤고, 짐을 내려 놓았고, 자신의 이상을 실현하였고, 존재의 결박을 끊었고, 올바른 궁극의 앎으로 해탈하였다. 그에게 다섯 가지 감관이 아직 존재하고, 사라지지 않았으므로, 그는 쾌와 불쾌를 경험하고, 즐거움과 괴로움을 느낀다. 그에게는 탐욕이 부서지고, 성냄이 부서지고, 어리석음이 부수진다. 수행승들이여, 그것을 잔여 있는 열반의 세계라고 말한다.

수행승들이여, 그렇다면 잔여 없는 열반의 세계란 어떠한 것인가?

수행승들이여, 세상에 수행승이 거룩한 님으로 번뇌를 부수고, 청정한 삶을 이루었고, 해야 할 일을 해 마쳤고, 짐을 내려 놓았고, 자신의 이상을 실현하였고, 존재의 결박을 끊었고, 올바른 궁극의 앎으로 해탈하였다. 수행승들이여, 그에게 모든 느껴진 것은 환희의 대상이 아닌 청량한 것이 된다. 수행승들이여, 이것을 잔여 없는

---

124) tassa nissaraṇaṁ santaṁ | atakkāvacaraṁ dhūvaṁ | ajātaṁ asamuppannaṁ | asokaṁ virajaṁ padaṁ | nirodho dukkhadhammānaṁ | saṅkhārūpasamo sukho'ti ||

125) It. 38 : 본사경78(대정17권 678)

열반의 세계라고 한다."

2. 세존께서는 이와 같은 의취를 설하셨고 그와 관련하여 이와 같이 말씀하셨다.

[세존] "이러한 두 가지 열반의 세계는 눈 있는 자,
취착하지 않는 자, 여여한 자에 의해서 밝혀진 것이다.
첫 번째가 이 세상에서 현세의
존재의 통로가 부수어진 것이 잔여 있는 세계이다.
반면에 [39] 당래 일체의 존재들이
소멸된 것이 잔여 없는 세계이다.126)

그 조건지어지지 않은 진리를 알고
존재의 통로를 부수고 마음을 해탈하여
진리의 핵심에 도달하여 소멸을 즐기는 님들,
그 여여한 님들은 일체의 존재를 버린다."127)

세존께서는 이와 같은 의취도 역시 설하셨다고 나는 들었다.

45(2-2-8) 홀로 명상의 경[Paṭisallānasutta]128)

1. 이와 같이 세존께서 설하셨고 거룩한 님께서 설하셨다고 나는 들었다.

[세존] "수행승들이여, 홀로 명상하는 것을 즐기고, 홀로 명상하

---

126) duve imā cakkhumatā pakāsitā | nibbānadhātu anissitena tādinā | ekā hi dhātu idha diṭṭhadhammikā | saupādisesā bhavanettisaṅkhayā | anupādisesā pana samparāyikā | yamhi nirujjhanti bhavāni sabbaso ||

127) ye etad aññāya padaṁ asaṅkhataṁ | vimuttacittā bhavanettisaṅkhayā | te dhammasārādhigamā khaye ratā | pahaṁsu te sabbabhavāni tādino'ti ||

128) It. 39 : 본사경81(대정17권 678)

는 것을 기뻐하고, 텅 빈 장소를 자주 찾아 안으로 마음의 멈춤을 닦아 선정을 떠나지 말고 통찰을 성취하라. 수행승들이여, 홀로 명상하는 것을 즐기고, 홀로 명상하는 것을 기뻐하고, 텅 빈 장소를 자주 찾아 안으로 마음의 멈춤을 닦아 선정을 떠나지 말고 통찰을 성취한 님에게는 '현세에서의 궁극적 앎이나, 취착의 잔여가 있다면 돌아오지 않는 경지'의 두 가지 과보 가운데 하나가 기대된다."

2. 세존께서는 이와 같은 의취를 설하셨고 그와 관련하여 이와 같이 말씀하셨다.

[세존] "마음이 고요하고, 사려가 깊고,
새김을 갖추고, 선정에 드는 님들은
감각적 쾌락의 욕망을 [40] 떠나
올바로 사실을 통찰한다.129)

방일에서 두려움을 보고
방일하지 않음을 즐기는 안온한 님이
열반을 실로 앞에 두고
퇴전하는 것은 불가능하다."130)

세존께서는 이와 같은 의취도 역시 설하셨다고 나는 들었다.

46(2-2-9) 배움의 공덕의 경[Sikkhānisaṁsasutta]131)

1. 이와 같이 세존께서 설하셨고 거룩한 님께서 설하셨다고 나는 들

---

129) ye santacittā nipakā | satimanto ca jhāyino | sammā dhammaṁ vipassanti | kāme su anapekkhino ||

130) appamādaratā santā | pamāde bhayadassino | abhabbā parihānāya | nibbānasse'v a santike'ti ||

131) It. 40 : 한역에 해당경전이 없다.

었다.

[세존] "수행승들이여, 배움을 공덕으로 삼고, 지혜를 최상으로 삼고, 해탈을 핵심으로 삼고, 새김을 주인으로 삼아라. 수행승들이여, 배움을 공덕으로 삼고, 지혜를 최상으로 삼고, 해탈을 핵심으로 삼고, 새김을 주인으로 삼는 님에게는 '현세에서의 궁극적 앎이나, 취착의 잔여가 있다면 돌아오지 않는 경지'의 두 가지 과보 가운데 하나가 기대된다."

2\. 세존께서는 이와 같은 의취를 설하셨고 그와 관련하여 이와 같이 말씀하셨다.

[세존] "배움이 원만하고 결코 동요하지 않고
최상의 지혜를 갖추고 태어남의 부서짐을 보고
자만을 끊고 늙음의 피안에 도달한 님,
그 성자를 두고 최후의 몸을 지닌 님이라 나는 부른다.[132]

그래서 항상 선정을 즐기고 입정에 들어
열심히 [41] 정진하는 자는 태어남의 부서짐을 본다.
수행승들이여, 군대를 거느린 악마를 정복하고
태어남과 죽음을 뛰어넘는 님들이 되어라."[133]

세존께서는 이와 같은 의취도 역시 설하셨다고 나는 들었다.

47(2-2-10) 깨어있음의 경[Jāgariyasutta][134]

---

132) paripuṇṇasekhaṁ apahānadhammaṁ | paññuttaraṁ jātikhayantadassiṁ | taṁ ve muniṁ antimadehadhāriṁ | mānaṁ jahaṁ brūmi jarāya pāraguṁ ||

133) tasmā sadā jhānaratā samāhitā | ātāpino jātikhayantadassino | māraṁ sasenaṁ abhibhuyya bhikkhavo | bhavātha jātimaraṇassa pāragā'ti ||

134) It. 41 : 본사경80(대정17권 678)

1. 이와 같이 세존께서 설하셨고 거룩한 님께서 설하셨다고 나는 들었다.

[세존] "수행승들이여, 깨어서, 새김을 확립하고, 올바로 알아차리고, 집중에 들고, 기쁨을 발견하고, 청정한 믿음을 지니고, 착하고 건전한 것과 관련하여 올바른 때에 통찰을 닦아라. 수행승들이여, 깨어서, 새김을 확립하고, 올바로 알아차리고, 집중에 들고, 기쁨을 발견하고, 청정한 믿음을 지니고, 착하고 건전한 것과 관련하여 올바른 때에 통찰을 닦는 님에게는 '현세에서의 궁극적 앎이나, 취착의 잔여가 있다면 돌아오지 않는 경지'의 두 가지 과보 가운데 하나가 기대된다."

2. 세존께서는 이와 같은 의취를 설하셨고 그와 관련하여 이와 같이 말씀하셨다.

[세존] "깨어있는 자들은 이것을 들어라.
잠자는 자들은 깨어나라.
잠자는 것보다 깨어있음이 수승하다.
깨어있는 님에게 두려움은 없다.135)

깨어서, [42] 새김을 확립하고, 올바로 알아차리고,
집중에 들고, 기쁨을 발견하고, 청정한 믿음을 지닌 자,
그는 올바른 때에 올바로 원리를 성찰하며,
전일성을 확립하여 어둠을 제거한다.136)

---

135) jagarantā suṇāth'etaṁ | ye sutta te pabujjhatha | suttā jāgariyaṁ seyyo | natthi jāgarato bhayaṁ ||

136) yo jāgaro ca satimā sampajāno | samāhito pamudito vippasanno | kālena so sammā dhammaṁ parivīmaṁsamāno | ekodibhuto vihane tamaṁ so ||

그러므로 깨어있음을 확립하라.
열심히 애쓰고, 사려 깊은, 선정에 든 수행승은
태어남과 늙음의 결박을 끊고
이 세상에서 위없는 올바른 깨달음을 증득해야 하리."[137]

세존께서는 이와 같은 의취도 역시 설하셨다고 나는 들었다.

48(2-2-11) 괴로운 곳의 경[Āpāyikasutta][138]

1. 이와 같이 세존께서 설하셨고 거룩한 님께서 설하셨다고 나는 들었다.

[세존] "수행승들이여, 이러한 두 사람은 잘못을 버리지 못해 괴로운 곳, 지옥에 떨어지는 자이다. 두 사람은 누구인가? 청정하지 못한 자가 청정하다고 사칭하거나, 아주 깨끗한 청정한 삶을 사는 자를 근거 없이 부정한 삶을 사는 자라고 비방하는 사람이다. 수행승들이여, 이러한 두 사람은 잘못을 버리지 못해 괴로운 곳, 지옥에 떨어지는 자이다."

2. 세존께서는 이와 같은 의취를 설하셨고 그와 관련하여 이와 같이 말씀하셨다.

[세존] "일어나지 않은 것을 말하거나
했으면서 하지 않았다고 말하는 자는, 지옥으로 간다.
그 두 사람은 [43] 또한 죽어서 동일하게
저 세계에서도 비천한 업을 짓는다.[139]

---

137) tasmā have jāgariyaṁ bhajetha | ātāpī bhikkhu nipako jhānalābhī | saṁyojanaṁ jātijarāya chetvā | idheva sambodhim anuttaraṁ phūse'ti ||

138) It. 42 : 본사경93(대정17권 682)

139) abhūtavādī nirayaṁ upeti | yo vā pi katvā na karomi cāha | ubhopi te pecca samā

목에 가사를 걸치고도,
성품이 악하고 자제가 없는 자들이 많다.
악한 자들은 악업으로 인해
지옥에 다시 태어난다.140)

계행을 지키지 않고 자제가 없는 자는
나라의 음식을 축내는 것보다,
차라리 불꽃처럼 뜨겁게 달아오른
철환을 삼키는 것이 낫다."141)

세존께서는 이와 같은 의취도 역시 설하셨다고 나는 들었다.

49(2-2-12) 악견의 경[Diṭṭhigatasutta]142)

1. 이와 같이 세존께서 설하셨고 거룩한 님께서 설하셨다고 나는 들었다.

[세존] "수행승들이여, 두 가지 악견에 사로잡힌 신들과 인간 가운데 어떤 자들은 움츠러들고 어떤 자들은 치닫는다. 그러나 눈 있는 자들은 본다.

수행승들이여, 어떤 자들은 어떻게 움츠러드는가?

수행승들이여, 존재를 즐기고 존재를 기뻐하고 존재에 환희하는 신들과 인간들이 있다. 그들에게 존재의 소멸에 대한 가르침을 설

---

bhavanti | nihīnakammā manuja parattha ||

140) kāsāvakaṇṭhā bahavo | pāpadhammā asaññatā | pāpā pāpehi kammehi | nirayaṁ te upapajjare ||

141) seyyo ayogulo bhutto | tatto aggisikhūpamo | yañce bhuñjeyya dussīlo | raṭṭhapiṇḍaṁ asaññato'ti ||

142) It. 43; Dhp. 306-308 참조 : 한역에 해당 경전이 없다.

하면 마음이 용약되지 않고 청정해지지 않고 확립되지 않고 신해로 이끌어지지 못한다. 수행승들이여, 이처럼 어떤 자들은 움츠러든다.

수행승들이여, 어떤 자들은 어떻게 치닫는가?

그러나 어떠한 자들은 존재에 곤혹스러워하며, 참괴하며, 싫어하여 떠나서 '이 자아는 몸이 파괴되고 죽은 뒤에 망실되고 파멸되어, 죽은 뒤에 존재하지 않게 된다. 이것이 적멸이고, 이것이 최상이고, 이것이 진실이다.'라고 하면서 비존재를 즐긴다. [44] 수행승들이여, 이와 같이 어떤 자들은 치닫는다.

수행승들이여, 눈있는 자들은 어떻게 보는가?

세상에 수행승은 존재하는 것을 존재한다고 본다. 존재하는 것을 존재하는 것이라고 보고나서 존재를 싫어하여 떠나고 사라져서 적멸에 든다. 수행승들이여, 이와 같이 눈 있는 자들은 본다."

2. 세존께서는 이와 같은 의취를 설하셨고 그와 관련하여 이와 같이 말씀하셨다.

[세존] "존재하는 것을 존재한다고 보고
존재를 뛰어넘는 자들은
존재에 대한 갈애를 부수어
여실한 것 가운데 해탈한다.143)

만약 존재하는 것을 완전히 알고
존재와 비존재의 갈애를 떠나면
수행승은 존재하는 것의 소멸로 인해

---

143) ye bhūtaṁ bhūtato disvā | bhūtassa ca atikkamā | yathābhute vimuccanti | bhava taṇhāparikkhayā ||

다시 태어남을 받지 않는다."144)

세존께서는 이와 같은 의취도 역시 설하셨다고 나는 들었다.

이로써 제2장 「둘모음」의 「제2품」이 끝났다. 그 내용은 차례로 '1. 사유의 경 2. 설법의 경 3. 명지의 경 4. 지혜의 궁핍의 경 5. 밝은 원리의 경 6. 태어나지 않는 것의 경 7. 열반의 세계의 경 8. 홀로 명상의 경 9. 배움의 공덕의 경 10. 깨어있음의 경 11. 괴로운 곳의 경 12. 악견의 경'으로 이루어졌으며, 「제2품」이라고 불린다. 이것으로써 제2장 「둘모음」이 끝났다.

144) sace bhūtapariñño so | vītataṇho bhavābhave | bhūtassa vibhavā bhikkhu | nāgacchati punabbhavan'ti ||

제3장 셋모음

Tikanipāta

1. 제일품[Paṭhamavagga]

50(3-1-1) 악하고 불건전한 것의 뿌리의 경[Akusalamūlasutta][145)]

1. 이와 같이 세존께서 설하셨고 거룩한 님께서 설하셨다고 나는 들었다.

[세존] "수행승들이여, 세 가지 악하고 불건전한 것의 뿌리가 있다. 탐욕은 악하고 불건전한 것의 뿌리이다. 성냄은 악하고 불건전한 것의 뿌리이다. 어리석음은 악하고 불건전한 것의 뿌리이다. 수행승들이여, 이러한 세 가지가 악하고 불건전한 것의 뿌리이다."

2. 세존께서는 이와 같은 의취를 설하셨고 그와 관련하여 이와 같이 말씀하셨다.

[세존] "자신에서 생겨난 것으로
탐욕과 성냄과 어리석음은
악한 마음을 지닌 사람을 해친다.
대나무가 자신의 열매를 갖는 것과 같다."[146)]

세존께서는 이와 같은 의취도 역시 설하셨다고 나는 들었다.

51(3-1-2) 세계의 경[Dhātusutta][147)]

1. 이와 같이 세존께서 설하셨고 거룩한 님께서 설하셨다고 나는 들었다.

---

145) It. 45 : SN. I. 70; 98 : 잡아함제38(대정2권 277)

146) lobho doso ca moho ca | purisaṁ pāpacetasaṁ | hiṁsanti attasambhūtā | tacasāraṁ'va samphalan'ti ||

147) It. 45 : 한역에 해당경전이 없다.

[세존] "수행승들이여, 세 가지 세계가 있다. 세 가지란 무엇인가? 미세한 물질의 세계, 비물질의 세계, 소멸의 세계이다. 수행승들이여, 이와 같은 세 가지 세계가 있다."

2. 세존께서는 이와 같은 의취를 설하셨고 그와 관련하여 이와 같이 말씀하셨다.

[세존] "미세한 물질의 세계를 완전히 알고
비물질의 세계에 정착하지 않고,
소멸 가운데 [46] 해탈한
그 사람들은 죽음을 여읜다.[148]

몸으로 불사의 세계에 닿아서
취착을 여의고 취착의 버림을 실현했으니,
번뇌를 여읜 올바로 원만히 깨달은 님은
슬픔 없이 티끌 없는 진리를 가르친다."[149]

세존께서는 이와 같은 의취도 역시 설하셨다고 나는 들었다.

52(3-1-3) 느낌의 경①[Paṭhamavedanāsutta][150]

1. 이와 같이 세존께서 설하셨고 거룩한 님께서 설하셨다고 나는 들었다.

[세존] "수행승들이여, 이와 같은 세 가지 느낌이 있다. 세 가지란 무엇인가? 즐거운 느낌과 괴로운 느낌과 즐겁지도 괴롭지도 않은

---

148) rūpadhātupariññāya | arūpesu asaṇṭhitā | nirodhe ye vimuccanti | te janā maccuh āyino ||

149) kāyena amataṁ dhātuṁ | phusayitvā nirūpadhiṁ | upadhippaṭinissaggaṁ | sacchi katvā anāsavo | deseti sammāsambuddho | asokaṁ virajaṁ padan'ti ||

150) It. 46 : 한역에 해당경전이 없다.

느낌이다. 수행승들이여, 이와 같은 세 가지 느낌이 있다."

2. 세존께서는 이와 같은 의취를 설하셨고 그와 관련하여 이와 같이 말씀하셨다.

[세존] "집중에 들고, 올바로 알아차리고,
새김을 확립하여,
느낌과 느낌의 발생에 대하여
깨달은 님의 제자는 분명히 안다.151)

또한 그는 이것들이 소멸하는
지멸로 이끄는 길을 분명히 안다.
느낌들을 부수어 수행승은
욕망을 여의고 완전한 열반에 든다."152)

세존께서는 이와 같은 의취도 역시 설하셨다고 나는 들었다.

53(3-1-4) 느낌의 경②[Dutiyavedanāsutta]153)

1. 이와 같이 [47] 세존께서 설하셨고 거룩한 님께서 설하셨다고 나는 들었다.

[세존] "수행승들이여, 이와 같은 세 가지 느낌이 있다. 세 가지란 무엇인가? 즐거운 느낌과 괴로운 느낌과 즐겁지도 괴롭지도 않은 느낌이다. 수행승들이여, 즐거운 느낌은 괴롭다고 보아야 한다. 괴로운 느낌은 화살처럼 보아야 한다. 즐겁지도 괴롭지도 않은 느낌

151) samāhito sampajāno | sato buddhassa sāvako | vedanā ca pajānāti | vedanānañca sambhavaṁ ||

152) yattha cetā nirujjhanti | maggañca khayagāminaṁ | vedanānaṁ khayā bhikkhu | nicchāto parinibbuto'ti ||

153) It. 47 : 한역에 해당경전이 없다.

은 무상하다고 보아야 한다. 수행승들이여, 즐거운 느낌은 괴롭다고 보고, 괴로운 느낌은 화살처럼 보고, 즐겁지도 괴롭지도 않은 느낌은 무상하다고 보는 수행승이 있다면, 수행승들이여, 그 수행승은 고귀한 님, 올바로 보는 님, 갈애를 끊은 님, 결박을 제거한 님, 올바로 자만을 꿰뚫은 님, 괴로움을 종식시킨 님이라고 불린다."

2. 세존께서는 이와 같은 의취를 설하셨고 그와 관련하여 이와 같이 말씀하셨다.

[세존] "즐거움을 괴로움이라고 보고
괴로움을 화살이라고 보고
즐겁지도 괴롭지도 않은 것은
그것을 고요한 님은 무상하다고 본다.154)

참으로 올바로 보는 수행승은
거기에서 해탈한다.
곧바른 앎을 완성한 고요한 님은
그야말로 멍에를 벗어난 성자이다."155)

세존께서는 이와 같은 의취도 역시 설하셨다고 나는 들었다.

54(3-1-5) 추구의 경①[Paṭhamaesanāsutta]156)

1. 이와 같이 [48] 세존께서 설하셨고 거룩한 님께서 설하셨다고 나는 들었다.

---

154) yo sukhaṁ dukkhato'ddakkhi | dukkham addakkhi sallato | adukkhamasukhaṁ s antaṁ | addakkhi naṁ aniccato ||

155) sa ve sammaddaso bhikkhu | yato tattha vimuccati | abhiññāvosito santo | sa ve yogātigo munī'ti ||

156) It. 48 : 한역에 해당경전이 없다.

[세존] "수행승들이여, 이와 같은 세 가지 추구가 있다. 세 가지란 무엇인가? 감각적 쾌락에 대한 욕망의 추구, 존재의 추구, (잘못된 견해에 의한) 청정한 삶의 추구가 있다. 수행승들이여, 이와 같은 세 가지 추구가 있다."

2. 세존께서는 이와 같은 의취를 설하셨고 그와 관련하여 이와 같이 말씀하셨다.

[세존] "집중에 들고, 올바로 알아차리고,
새김을 확립하여,
추구와 추구의 발생에 대하여
깨달은 님의 제자는 분명히 안다.157)

또한 그는 이것들의 소멸과
소멸에 이르는 길을 분명히 안다.
추구의 소멸을 통해 수행승은
욕망을 여의고 완전한 열반에 든다."158)

세존께서는 이와 같은 의취도 역시 설하셨다고 나는 들었다.

55(3-1-6) 추구의 경②[Dutiyaesanāsutta]159)

1. 이와 같이 세존께서 설하셨고 거룩한 님께서 설하셨다고 나는 들었다.

[세존] "수행승들이여, 이와 같은 세 가지 추구가 있다. 세 가지란

---

157) samāhito sampajāno | sato buddhassa sāvako | esanā ca pajānāti | esanānañca sambhavaṁ ||

158) yattha cetā nirujjhanti | maggañca khayagāminaṁ | esanānaṁ khayā bhikkhu | nicchāto parinibbuto'ti ||

159) It. 48 : 한역에 해당경전이 없다.

무엇인가? 감각적 쾌락에 대한 욕망의 추구, 존재의 추구, (잘못된 견해에 의한) 청정한 삶의 추구가 있다. 수행승들이여, 이와 같은 세 가지 추구가 있다."

2. 세존께서는 이와 같은 의취를 설하셨고 그와 관련하여 이와 같이 말씀하셨다.

[세존] "감각적 쾌락에 대한 욕망의 추구, 존재의 추구,
(잘못된 견해에 의한) 청정한 삶의 추구와 더불어
관점의 축적을 통해서
'진리는 이와 같다.'라고 집착한다.160)

일체의 탐욕을 떠나
갈애의 멸진을 통해 해탈하여
추구를 [49] 버리고
관점에서 벗어나
추구의 소멸을 통해 수행승은
갈망을 여의고 의심을 여읜다."161)

세존께서는 이와 같은 의취도 역시 설하셨다고 나는 들었다.

56(3-1-7) 번뇌의 경①[Paṭhamāsavasutta]162)

1. 이와 같이 세존께서 설하셨고 거룩한 님께서 설하셨다고 나는 들었다.

---

160) kāmesanā bhavesanā | brahmacariyesanā saha | iti saccaparāmāso | diṭṭhiṭṭhānā samussayā ||

161) sabbarāgavirattassa | taṇhakkhayavimuttino | esanā paṭinissaṭṭhā | diṭṭhiṭṭhānā samūhatā | esanānaṁ khayā bhikkhu | nirāso akathaṁkathi'ti ||

162) It. 49 : 한역에 해당경전이 없다.

[세존] "수행승들이여, 이와 같은 세 가지 번뇌가 있다. 세 가지란 무엇인가? 감각적 쾌락에 대한 욕망의 번뇌, 존재의 번뇌, 무명의 번뇌가 있다. 수행승들이여, 이와 같은 세 가지 번뇌가 있다."

2. 세존께서는 이와 같은 의취를 설하셨고 그와 관련하여 이와 같이 말씀하셨다.

[세존] "집중에 들고, 올바로 알아차리고,
새김을 확립하여,
번뇌와 번뇌의 발생에 대하여
깨달은 님의 제자는 분명히 안다.163)

또한 그는 이것들의 소멸과
소멸에 이르는 길을 분명히 안다.
번뇌를 멸진을 통해 수행승은
욕망을 여의고 완전한 열반에 든다."164)

세존께서는 이와 같은 의취도 역시 설하셨다고 나는 들었다.

57(3-1-8) 번뇌의 경②[Dutiyāsavasutta]165)

1. 이와 같이 세존께서 설하셨고 거룩한 님께서 설하셨다고 나는 들었다.

[세존] "수행승들이여, 이와 같은 세 가지 번뇌가 있다. 세 가지란 무엇인가? 감각적 쾌락에 대한 욕망의 번뇌, 존재의 번뇌, 무명의

---

163) samāhito sampajāno | sato buddhassa sāvako | āsave ca pajānāti | āsavānañca sambhavaṁ ||

164) yattha cetā nirujjhanti | maggañca khayagāminaṁ | āsāvānaṁ khayā bhikkhu | nicchāto parinibbuto'ti ||

165) It. 49 : 한역에 해당경전이 없다.

번뇌가 있다. 수행승들이여, 이와 같은 세 가지 번뇌가 있다."

2. 세존께서는 이와 같은 의취를 설하셨고 그와 관련하여 이와 같이 말씀하셨다.

[세존] "감각적 욕망의 번뇌가 부서지고
무명이 [50] 사라지고
존재의 번뇌가 파괴되고,
취착 없이 해탈한 님은
악마와 그의 군대를 이기고
최후의 몸을 얻는다.166)

세존께서는 이와 같은 의취도 역시 설하셨다고 나는 들었다.

58(3-1-9) 갈애의 경[Taṇhāsutta]167)

1. 이와 같이 세존께서 설하셨고 거룩한 님께서 설하셨다고 나는 들었다.

[세존] "수행승들이여, 이와 같은 세 가지 갈애가 있다. 세 가지란 무엇인가? 감각적 쾌락의 욕망에 대한 갈애, 존재에 대한 갈애, 비존재에 대한 갈애가 있다. 수행승들이여, 이와 같은 세 가지 갈애가 있다."

2. 세존께서는 이와 같은 의취를 설하셨고 그와 관련하여 이와 같이 말씀하셨다.

[세존] "갈애의 멍에에 묶이고,

---

166) yassa kāmāsavo khīṇo | avijjā ca varājitā | bhavāsavo parikkhīno | vippamutto ni rūpadhi | dhareti antimaṁ dehaṁ | jetvā māraṁ savāhinin'ti ‖

167) It. 50 : 한역에 해당경전이 없다.

존재와 비존재로 마음이 오염되고,
악마의 멍에에 묶여
멍에로부터의 안온이 없는 사람들,
태어남과 죽음으로 향하는 뭇삶들은
윤회에 든다.[168]

갈애를 끊고
존재와 비존재의 갈애를 여읜 자들은
번뇌를 부수고
세상에서 피안에 도달한 님이다."[169]

세존께서는 이와 같은 의취도 역시 설하셨다고 나는 들었다.

59(3-1-10) 악마의 영역의 경[Māradheyyasutta][170]

1. 이와 같이 세존께서 설하셨고 거룩한 님께서 설하셨다고 나는 들었다.

[세존] "수행승들이여, 세 가지 원리를 갖춘 수행승은 [51] 악마의 영역을 뛰어넘어 태양처럼 빛난다. 세 가지란 무엇인가? 수행승들이여, 세상에 수행승은 더 이상 배울 것이 없는 계행의 다발을 갖추고, 더 이상 배울 것이 없는 삼매의 다발을 갖추고, 더 이상 배울 것이 없는 지혜의 다발을 갖춘다. 수행승들이여, 이와 같은 세 가지 원리를 갖춘 수행승은 악마의 영역을 뛰어넘어 태양처럼 빛난다."

---

168) taṇhāyogena saṁyuttā | rattacittā bhavābhave | te yogayuttā mārassa | ayogakkhemino janā | sattā gacchanti saṁsāraṁ | jātimaraṇagāmino ||

169) ye ca taṇhaṁ pahatvāna | vītataṇha bhavābhave | te ca pāraṁgatā loke | ye pattā āsavakkhayan'ti ||

170) It. 50 : 본사경121(대정17권 693)

2. 세존께서는 이와 같은 의취를 설하셨고 그와 관련하여 이와 같이 말씀하셨다.

[세존] "계행과 삼매와 지혜,
이것들을 잘 닦은 님은
악마의 영역을 뛰어넘어
실로 태양처럼 빛난다."171)

세존께서는 이와 같은 의취도 역시 설하셨다고 나는 들었다.

이로써 제3장 「셋모음」의 「제1품」이 끝났다. 그 내용은 차례로 '1. 악하고 불건전한 것의 뿌리의 경 2. 세계의 경 3. 느낌의 경① 4. 느낌의 경② 5. 추구의 경① 6. 추구의 경② 7. 번뇌의 경① 8. 번뇌의 경② 9. 갈애의 경 10. 악마의 영역의 경'으로 이루어졌으며, 「제1품」이라고 불린다.

---

171) sīlaṁ samādhi paññā ca | yassa ete subhāvitā | atikkamma māradheyyaṁ | ādicc o'va virocati'ti ||

2. 제이품[Dutiyavagga]

60(3-2-1) 공덕행의 토대에 대한 경[Puññakiriyavatthusutta][172]

1. 이와 같이 세존께서 설하셨고 거룩한 님께서 설하셨다고 나는 들었다.

[세존] "수행승들이여, 이러한 세 가지 공덕행의 토대가 있다. 세 가지란 무엇인가? 보시로 이루어진 공덕행의 토대, 계행으로 이루어진 공덕행의 토대, 수행으로 이루어진 공덕행의 토대가 있다. 수행승들이여, 이러한 세 가지 공덕행의 토대가 있다."

2. 세존께서는 이와 같은 의취를 설하셨고 그와 관련하여 이와 같이 말씀하셨다.

[세존] "미래에 안락을 가져오는
공덕을 [52] 배우고,
보시와 평등행과
자애의 마음을 닦아라.[173]

세 가지 안락을 일으키는
이러한 원리를 닦아
폭력을 여읜 세계에
현명한 님은 태어난다."[174]

---

172) It. 51 : 본사경134(대정17권 696)

173) puññameva so sikkheyya | āyataggaṁ sukhudrayaṁ | dānañca samacariyañca | mettacittañca bhāvaye ||

174) ete dhamme bhāvayitvā | tayo sukhasamuddaye | abyāpajjhaṁ sukhaṁ lokaṁ | paṇḍito upapajjatī'ti ||

세존께서는 이와 같은 의취도 역시 설하셨다고 나는 들었다.

61(3-2-2) 눈의 경[Cakkhusutta][175]

1. 이와 같이 세존께서 설하셨고 거룩한 님께서 설하셨다고 나는 들었다.

[세존] "수행승들이여, 이러한 세 가지 눈이 있다. 세 가지란 무엇인가? 신체의 눈, 하늘의 눈, 지혜의 눈이 있다. 수행승들이여, 이러한 세 가지 눈이 있다."

2. 세존께서는 이와 같은 의취를 설하셨고 그와 관련하여 이와 같이 말씀하셨다.

[세존] "신체의 눈과 하늘의 눈과
최상의 지혜의 눈,
이러한 세 가지 눈에 대하여
위없는 님은 설했다.[176]

신체의 눈이 생겨나자
하늘의 눈의 길이 열렸고.
궁극적 앎이 생겨났으니
위없는 지혜의 눈이 열렸다.
그 눈을 얻음으로써
일체의 괴로움에서 벗어난다."[177]

---

175) It. 52 : 한역에 해당경전이 없다.

176) maṁsacakkhu dibbacakkhu | paññācakku anuttaraṁ | etāni tīni cakkhūni | akkhāsi purisuttamo ||

177) maṁsacakkhussa uppādo | maggo dibbassa cakkhuno | yato ñāṇaṁ udapādi | paññācakkhu anuttaraṁ | tassa cakkhussa paṭilābhā | sabbadukkhā pamuccatī'ti ||

세존께서는 이와 같은 의취도 역시 설하셨다고 나는 들었다.

62(3-2-3) 능력의 경[Indriyasutta][178]

1. 이와 같이 [53] 세존께서 설하셨고 거룩한 님께서 설하셨다고 나는 들었다.

[세존] "수행승들이여, 이러한 세 가지 능력이 있다. 세 가지란 무엇인가? 아직 알지 못하는 것을 알게 되는 능력, 궁극적인 앎을 향한 능력, 궁극적인 앎을 갖춘 능력이 있다. 수행승들이여, 이러한 세 가지 능력이 있다."

2. 세존께서는 이와 같은 의취를 설하셨고 그와 관련하여 이와 같이 말씀하셨다.

[세존] "아직 배우고 있는 학인,
곧바른 길을 따르는 자에게
지멸에 대한 앎이 비로소 생겨나면,
그 직후가 곧 궁극적 앎이다.[179]

그 후 그 궁극적인 앎의 해탈자에게
존재의 결박이 부서져
나의 해탈은 흔들림이 없다는
여여한 앎이 분명해 진다.[180]

그 능력을 갖춘 고요한 님은

---

178) It. 53 : 본사경130(대정17권 695)

179) sekhassa sikkhamānassa | ujumaggānusārino | khayasmiṁ paṭhamaṁ ñāṇaṁ | tato aññā anantarā ||

180) tato aññā vimuttassa | ñāṇaṁ ve hoti tādino | akuppā me vimuttīti | bhavasaññoj anakkhayā ||

적멸의 진리를 즐기고
악마와 그의 군대를 부수고
최후의 몸을 성취한다."[181]

세존께서는 이와 같은 의취도 역시 설하셨다고 나는 들었다.

63(3-2-4) 시간의 경[Addhāsutta][182]

1. 이와 같이 세존께서 설하셨고 거룩한 님께서 설하셨다고 나는 들었다.

[세존] "수행승들이여, 이러한 세 가지 시간이 있다. 세 가지란 무엇인가? 과거의 시간, 미래의 시간, 현재의 시간이 있다. 수행승들이여, 이러한 세 가지 시간이 있다."

2. 세존께서는 이와 같은 의취를 설하셨고 그와 관련하여 이와 같이 말씀하셨다.

[세존] "표현될 수 있는 것을 지각하는 뭇삶은
표현될 수 있는 것에 지지된다.
표현될 수 있는 것을 [54] 충분히 알지 못해
그러므로 죽음의 멍에에 종속된다.[183]

표현될 수 있는 것을 충분히 앎으로써
표현하는 자에 관해 망상하지 않으면,
정신적으로 해탈하여

---

181) sa ve indriyasampanno | santo santipade rato | dhāreti antimaṁ dehaṁ | jetvā māraṁ savāhinin'ti ||

182) It. 53 : 한역에 해당경전이 없다.

183) akkheyyasaññino sattā | akkheyyasmiṁ patiṭṭhitā | akkheyyaṁ apariññāya | yogam āyanti maccuno ||

위없는 적멸의 진리에 닿는다.[184]

표현될 수 있는 것을 성취한
고요한 님은 적멸의 진리에 기뻐한다.
가르침에 입각하여 성찰하는
지혜에 통달한 님은 헤아림을 벗어난다."[185]

세존께서는 이와 같은 의취도 역시 설하셨다고 나는 들었다.

64(3-2-5) 악행의 경[Duccaritasutta][186]

1. 이와 같이 세존께서 설하셨고 거룩한 님께서 설하셨다고 나는 들었다.

[세존] "수행승들이여, 이러한 세 가지 악행이 있다. 세 가지란 무엇인가? 신체적 악행, 언어적 악행, 정신적 악행이 있다. 수행승들이여, 이러한 세 가지 악행이 있다."

2. 세존께서는 이와 같은 의취를 설하셨고 그와 관련하여 이와 같이 말씀하셨다.

[세존] "신체적인 악행을 하고
언어적인 악행을 하고
정신적인 악행을 하고
다른 잘못도 함께 저지른다.[187]

---

184) akkheyyañca pariññāya | akkhātāraṁ na maññati | phūṭṭho vimokkho manasā | santipadamanuttaraṁ ‖

185) sa ve akkheyyasampanno | santo santipade rato | saṅkhāya sevī dhammaṭṭho | saṅkhyaṁ nopeti vedagū'ti ‖

186) It. 54; AN. I. 49 : 본사경69(대정17권 674)

187) kāyaduccaritaṁ katvā | vacīduccaritāni ca | manoduccaritaṁ katvā | yañcaññaṁ dosasaṁhitaṁ ‖

착하고 [55] 건전한 업을 짓지 않고
악하고 불건전한 업을 많이 지어,
몸이 파괴된 후에
어리석은 자, 그는 지옥에 태어난다."188)

세존께서는 이와 같은 의취도 역시 설하셨다고 나는 들었다.

65(3-2-6) 선행의 경[Sucaritasutta]189)

1. 이와 같이 세존께서 설하셨고 거룩한 님께서 설하셨다고 나는 들었다.

[세존] "수행승들이여, 이러한 세 가지 선행이 있다. 세 가지란 무엇인가? 신체적 선행, 언어적 선행, 정신적 선행이 있다. 수행승들이여, 이러한 세 가지 선행이 있다."

2. 세존께서는 이와 같은 의취를 설하셨고 그와 관련하여 이와 같이 말씀하셨다.

[세존] "신체적인 악행을 끊고
언어적인 악행을 끊고
정신적인 악행을 끊고
다른 잘못을 함께 저지르지 않는다.190)

악하고 [55] 불건전한 업을 짓지 않고
착하고 건전한 업을 많이 지어,

---

188) akatvā kusalaṁ kammaṁ | katvānākusalaṁ bahuṁ | kāyassa bhedā duppañño | nirayaṁ so'papajjatī'ti ||

189) It. 55; AN. I. 49 : 본사경70(대정17권 674)

190) kāyaduccaritaṁ hitvā | vacīduccaritāni ca | manoduccaritaṁ hitvā | yañcaññaṁ dosasaṁhitaṁ ||

몸이 파괴된 후에
지혜로운 자, 그는 하늘에 태어난다."[191]

세존께서는 이와 같은 의취도 역시 설하셨다고 나는 들었다.

66(3-2-7) 청정의 경[Soceyyasutta][192]

1. 이와 같이 세존께서 설하셨고 거룩한 님께서 설하셨다고 나는 들었다.

[세존] "수행승들이여, 이러한 세 가지 청정이 있다. 세 가지란 무엇인가? 신체적 청정, 언어적 청정, 정신적 청정이 있다. 수행승들이여, 이러한 세 가지 청정이 있다."

2. 세존께서는 이와 같은 의취를 설하셨고 그와 관련하여 이와 같이 말씀하셨다.

[세존] "신체적 청정, 언어적 청정과
정신적 청정을 갖추고 번뇌를 여읜
순결한 [56] 청정을 갖춘 님을
일체를 버린 님이라 부른다."[193]

세존께서는 이와 같은 의취도 역시 설하셨다고 나는 들었다.

67(3-2-8) 성자적 삶의 경[Moneyyasutta][194]

---

191) akatvā'kusalaṁ kammaṁ | katvāna kusalaṁ bahuṁ | kāyassa bhedā sappañño | saggaṁ so upapajjatī'ti ||

192) It. 55 : 한역에 해당경전이 없다.

193) kāyasuciṁ vācāsuciṁ | cetosucim anāsavaṁ | suciṁ soceyyasampannaṁ | āhu sabbappahāyinan'ti ||

194) It. 56 : 한역에 해당경전이 없다.

1. 이와 같이 세존께서 설하셨고 거룩한 님께서 설하셨다고 나는 들었다.

[세존] "수행승들이여, 이러한 세 가지 성스러운 삶이 있다. 세 가지란 무엇인가? 신체적인 성스러운 삶, 언어적인 성스러운 삶, 정신적인 성스러운 삶이 있다. 수행승들이여, 이러한 세 가지 성자적 삶이 있다."

2. 세존께서는 이와 같은 의취를 설하셨고 그와 관련하여 이와 같이 말씀하셨다.

[세존] "신체의 관점에서의 성자,
언어의 관점에서의 성자, 정신의 관점에서의 성자,
번뇌를 여읜 성스러운 삶을 갖춘 성자를
좌악을 씻어버린 님이라 부른다."[195]

세존께서는 이와 같은 의취도 역시 설하셨다고 나는 들었다.

68(3-2-9) 탐욕의 경①[Paṭhamarāgasutta][196]

1. 이와 같이 세존께서 설하셨고 거룩한 님께서 설하셨다고 나는 들었다.

[세존] "수행승들이여, 누구든지 탐욕을 끊지 못하고, 성냄을 끊지 못하고, 어리석음을 끊지 못하면, 수행승들이여, 그는 악마에 묶인 자, 악마의 밧줄에 감긴 자, 악마가 원하는 대로 하는 자라고 불린다. 수행승들이여, 누구든지 탐욕을 끊고, 성냄을 끊고, 어리석음

---

195) kāyamuniṁ vācāmuniṁ | manomunim anāsavaṁ | muniṁ moneyyasampannaṁ | āhu niddhotapāpakan'ti ||
196) It. 56 : 한역에 해당경전이 없다.

을 끊으면, 수행승들이여, 그는 악마에 묶이지 않은 자, 악마의 밧줄에서 풀린 자, 악마가 원하는 대로 하지 못하는 자라고 불린다."

2. 세존께서는 이와 같은 의취를 설하셨고 그와 관련하여 이와 같이 말씀하셨다.

[세존] "탐욕과 [57] 성냄과 무명이
제거된 님이 있다면, 그는
자아가 닦여진 자 가운데 어떤 님,
가장 뛰어난 존재, 이렇게 오신 님,
원한과 두려움을 뛰어넘은 님, 깨달은 님,
일체를 끊어버린 님이라 불린다."[197]

세존께서는 이와 같은 의취도 역시 설하셨다고 나는 들었다.

69(3-2-10) 탐욕의 경②[Dutiyarāgasutta][198]

1. 이와 같이 세존께서 설하셨고 거룩한 님께서 설하셨다고 나는 들었다.

[세존] "수행승들이여, 누구든지 탐욕을 끊지 못하고, 성냄을 끊지 못하고, 어리석음을 끊지 못한 수행승이나 수행녀가 있다면, 수행승들이여, 그는 파도가 있고, 소용돌이가 있고, 악어가 있고, 나찰이 있는 바다를 건너지 못한 자라고 불린다. 수행승들이여, 누구든지 탐욕을 끊고, 성냄을 끊고, 어리석음을 끊은 수행승이나 수행녀가 있다면, 수행승들이여, 그는 파도가 있고, 소용돌이가 있고,

197) yassa rāgo ca doso ca | avijjā ca virājitā | taṁ bhāvitattaññataraṁ | brahmabhūtaṁ tathāgataṁ | buddhaṁ verabhayātītaṁ | āhu sabbappahāyinan'ti ||
198) It. 57 : 한역에 해당경전이 없다.

악어가 있고, 나찰이 있는 바다를 건너, 피안에 도달하여 대지 위에 선 바라문이라고 불린다."

2. 세존께서는 이와 같은 의취를 설하셨고 그와 관련하여 이와 같이 말씀하셨다.

[세존] "탐욕과 성냄과 무명이
제거된 님이 있다면,
그는 악어가 있고, 나찰이 있고
파도와 두려움이 있는
건너기 어려운 바다를 건넌 자로서
집착을 초월하여 [58] 죽음을 버리고 취착없이
다시 태어남의 괴로움을 버린 것이다.
그는 사라져서 헤아려질 수 없다.
그는 죽음의 신을 곤혹스럽게 한다."199)

세존께서는 이와 같은 의취도 역시 설하셨다고 나는 들었다.

이로써 제3장 「셋모음」의 「제2품」이 끝났다. 그 내용은 차례로 '1. 공덕행의 토대에 대한 경 2. 눈의 경 3. 능력의 경 4. 시간의 경 5. 악행의 경 6. 선행의 경 7. 청정의 경 8. 성자적 삶의 경 9. 탐욕의 경① 10. 탐욕의 경②'으로 이루어졌으며, 「제2품」이라고 불린다.

---

199) yassa rāgo ca doso ca | avijjā ca virājitā | so'maṁ samuddaṁ sagahaṁ | sarakkhasaṁ | saūmibhayaṁ duttaramaccatārī | saṅgātigo maccujaho nirūpadhi | pahāsi dukkhaṁ apunabbhavāya | atthaṁ gato so na pamāṇam eti | amohayī maccurājanti brūmī'ti ||

3. 제삼품[Tatiyavagga]

70(3-3-1) 잘못된 견해의 경[Micchādiṭṭhisutta][200)]

1. 이와 같이 세존께서 설하셨고 거룩한 님께서 설하셨다고 나는 들었다.

[세존] "수행승들이여, 나는 신체적 악행을 갖추고, 언어적 악행을 갖추고, 정신적 악행을 갖춘 자, 고귀한 님들을 비난하고, 잘못된 견해를 품고, 잘못된 견해에 입각한 업을 짓는 자를 보았다. 그들은 몸이 파괴되고 죽은 뒤에 괴로운 곳, 나쁜 곳, 타락한 곳, 지옥에 태어난다.

수행승들이여, 나는 다른 수행자나 바라문으로부터 그것에 대하여 들어서 말하는 것이 아니다.

수행승들이여, 나는 신체적 악행을 갖추고, 언어적 악행을 갖추고, 정신적 악행을 [59] 갖춘 자, 고귀한 님들을 비난하고, 잘못된 견해를 품고, 잘못된 견해에 입각한 업을 짓는 자를 보았다. 그들은 몸이 파괴되고 죽은 뒤에 괴로운 곳, 나쁜 곳, 타락한 곳, 지옥에 태어난다.

수행승들이여, 스스로 알고 스스로 보고 스스로 인지한 것을 나는 말하는 것이다.

수행승들이여, 나는 신체적 악행을 갖추고, 언어적 악행을 갖추고, 정신적 악행을 갖춘 자, 고귀한 님들을 비난하고, 잘못된 견해를 품고, 잘못된 견해에 입각한 업을 짓는 자를 보았다. 그들은 몸이 파괴되고 죽은 뒤에 괴로운 곳, 나쁜 곳, 타락한 곳, 지옥에 태어난다."

---

200) It. 58 : 한역에 해당경전이 없다.

2. 세존께서는 이와 같은 의취를 설하셨고 그와 관련하여 이와 같이 말씀하셨다.

[세존] "삿되게 정신을 지향하고
삿되게 언어를 말하고
신체적으로 또한
삿되게 업을 짓는 사람이 있다.201)

세상에서 짧은 삶을 살며
배움이 적고, 악덕을 짓는
어리석은 자는 몸이 파괴된 뒤에
바로 지옥에 태어난다."202)

세존께서는 이와 같은 의취도 역시 설하셨다고 나는 들었다.

71(3-3-2) 올바른 견해의 경[Sammādiṭṭhisutta]203)

1. 이와 같이 세존께서 설하셨고 거룩한 님께서 설하셨다고 나는 들었다.

[세존] "수행승들이여, 나는 신체적 선행을 갖추고, 언어적 선행을 갖추고, 정신적 선행을 갖추고, 고귀한 님들을 비난하지 않고, 올바른 [60] 견해를 갖고, 올바른 견해에 입각한 업을 짓는 자를 보았다. 그들은 몸이 파괴되고 죽은 뒤에 좋은 곳, 천상에 태어난다.
수행승들이여, 나는 다른 수행자나 바라문으로부터 그것에 대하

---

201) micchā manaṁ paṇidhāya | micchā vācaṁ ca bhāsiya | micchā kammāni katvāna | kāyena idha puggalo ||
202) appassuto' puññakaro | appasmiṁ idha jivite | kāyassa bhedā duppañño | nirayaṁ so upapajjatī'ti ||
203) It. 59 : 한역에 해당경전이 없다.

여 들어서 말하는 것이 아니다.

수행승들이여, 나는 신체적 선행을 갖추고, 언어적 선행을 갖추고, 정신적 선행을 갖추고, 고귀한 님들을 비난하지 않고, 올바른 견해를 갖고, 올바른 견해에 입각한 업을 짓는 자를 보았다. 그들은 몸이 파괴되고 죽은 뒤에 좋은 곳, 천상에 태어난다.

수행승들이여, 또한 스스로 알고 스스로 보고 스스로 인지한 것을 나는 말하는 것이다.

수행승들이여, 나는 신체적 선행을 갖추고, 언어적 선행을 갖추고, 정신적 선행을 갖추고, 고귀한 님들을 비난하지 않고, 올바른 견해를 갖고, 올바른 견해에 입각한 업을 짓는 자를 보았다. 그들은 몸이 파괴되고 죽은 뒤에 좋은 곳, 천상에 태어난다."

2. 세존께서는 이와 같은 의취를 설하셨고 그와 관련하여 이와 같이 말씀하셨다.

[세존] "바르게 정신을 지향하고
바르게 언어를 말하고
신체적으로 또한
바르게 업을 짓는 사람이 있다.[204]

세상에서 짧은 삶을 살며
배움이 많고, 공덕을 짓는
지혜로운 님은 몸이 파괴된 뒤에
바로 천상에 태어난다."[205]

---

204) sammā manaṁ panidhāya | sammāvācaṁ ca bhāsiya | sammā kammāni katvāna | kāyena idha puggalo ||

205) bahussuto puññakaro | appasmiṁ idha jivite | kāyassa bhedā sappañño | saggaṁ so upapajjatī'ti ||

세존께서는 이와 같은 의취도 역시 설하셨다고 나는 들었다.

72(3-3-3) 여읨의 경[Nissaraṇiyasutta][206]

1. 이와 같이 [61] 세존께서 설하셨고 거룩한 님께서 설하셨다고 나는 들었다.

[세존] "수행승들이여, 이와 같은 세 가지 여읨의 세계가 있다. 세 가지란 무엇인가? 감각적 쾌락에 대한 욕망의 여읨이 출리이다. 미세한 물질계의 여읨이 무색이다. 어떠한 것이든 존재하고 형성되고 조건적으로 생겨난 것의 여읨이 소멸이다. 수행승들이여, 이와 같은 세 가지 여읨의 세계가 있다."

2. 세존께서는 이와 같은 의취를 설하셨고 그와 관련하여 이와 같이 말씀하셨다.

[세존] "감각적 욕망의 여읨을 알고
미세한 물질계를 뛰어넘어
열심히 정진하는 님은 언제나
일체의 형성의 멈춤을 경험한다.[207]

실로 올바로 보는 수행승은
거기에서 해탈한다.
곧바른 앎으로 완성된 고요한 님
그는 참으로 멍에를 극복한 성자이다."[208]

---

206) It. 61 : 한역에 해당경전이 없다.

207) kāmanissaraṇaṁ ñatvā | rūpānañca atikkamaṁ | sabbasaṅkhārasamathaṁ | phusaṁ ātāpi sabbadā ||

208) sa ve sammaddaso bhikkhu | yato tattha vimuccati | abhiññā vosito santo | sa ve yogātigo munī'ti ||

세존께서는 이와 같은 의취도 역시 설하셨다고 나는 들었다.

73(3-3-4) 더욱 고요함의 경[Santatarasutta][209]

1. 이와 같이 [62] 세존께서 설하셨고 거룩한 님께서 설하셨다고 나는 들었다.

[세존] "수행승들이여, 미세한 물질계보다 비물질계가 더욱 고요하고, 비물질계보다 소멸이 더욱 고요하다."

2. 세존께서는 이와 같은 의취를 설하셨고 그와 관련하여 이와 같이 말씀하셨다.

[세존] "미세한 물질계에 든 뭇삶과
비물질계에 거처하는 뭇삶은
소멸을 알지 못하고
다시 태어남으로 돌아온다.[210]

미세한 물질계를 완전히 알고
비물질계에도 거처하지 않고
소멸 가운데 해탈한 뭇삶들,
그들은 죽음을 끊어버린 님들이다.[211]

몸으로 불사의 세계에 닿아서
취착을 여의고 취착의 버림을 실현했으니,
번뇌를 여읜 올바로 원만히 깨달은 님은

---

209) It. 62 : 한역에 해당경전이 없다.

210) ye ca rūpūpagā sattā | ye ca āruppaṭhāyino | nirodhaṁ appajānantā | āgantāro punabbhavaṁ ||

211) ye ca rūpe pariññāya | arūpesu asaṇṭhitā | nirodhe ye vimuccanti | te janā maccūhāyino ||

슬픔 없이 티끌 없는 진리를 가르친다."212)

세존께서는 이와 같은 의취도 역시 설하셨다고 나는 들었다.

74(3-3-5) 아들의 경[Puttasutta]213)

1. 이와 같이 세존께서 설하셨고 거룩한 님께서 설하셨다고 나는 들었다.

[세존] "수행승들이여, 세계에는 이러한 세 종류의 아들이 있다는 것이 알려져 있다. 세 종류란 [63] 무엇인가? 탁월한 아들, 동등한 아들, 저열한 아들이다.

수행승들이여, 어떻게 탁월한 아들이 되는가? 수행승들이여, 세계에 아들의 어머니와 아버지가 깨달은 님에게 귀의하지 않고, 가르침에 귀의하지 않고, 참모임에 귀의하지 않고, 살아있는 생명을 죽이는 것을 삼가지 않고, 주지 않는 것을 빼앗는 것을 삼가지 않고, 사랑을 나눔에 잘못을 범하고, 거짓말을 하는 것을 삼가지 않고, 곡주와 과일주 등의 취기있는 것에 취하는 것을 삼가지 않고, 계행을 지키지 않고 악한 성품을 지녔지만, 그들의 아들이 깨달은 님에게 귀의하고, 가르침에 귀의하고, 참모임에 귀의하고, 살아있는 생명을 죽이는 것을 삼가고, 주지 않는 것을 빼앗는 것을 삼가고, 사랑을 나눔에 잘못을 범하는 것을 삼가고, 거짓말을 하는 것을 삼가고, 곡주와 과일주 등의 취기있는 것에 취하는 것을 삼가고, 계행을 지키고 선한 성품을 지닌다면, 수행승들이여, 이와 같이 그는 탁월한 아들이 된다.

---

212) kāyena amataṁ dhātuṁ | phusayitvā nirūpadhiṁ | upadhippaṭinissaggaṁ | sacchikatvā anāsavo | deseti sammāsambuddho | asokaṁ virajaṁ padan'ti ||

213) It. 62 : 본사경124(대정17권 694); 잡아함제3(대정2권 220)

수행승들이여, 어떻게 동등한 아들이 되는가? 수행승들이여, 세계에 아들의 어머니와 아버지가 깨달은 님에게 귀의하고, 가르침에 귀의하고, 참모임에 귀의하고, 살아있는 생명을 죽이는 것을 삼가고, 주지 않는 것을 빼앗는 것을 삼가고, 사랑을 나눔에 잘못을 범하는 것을 삼가고, 거짓말을 하는 것을 삼가고, 곡주와 과일주 등의 취기있는 것에 취하는 것을 삼가고, 계행을 지키고 선한 성품을 갖고 있는데, 그들의 아들도 깨달은 님에게 귀의하고, 가르침에 귀의하고, 참모임에 귀의하고, 살아있는 생명을 죽이는 것을 삼가고, 주지 않는 것을 빼앗는 것을 삼가고, 사랑을 나눔에 잘못을 범하는 것을 삼가고, 거짓말을 하는 것을 삼가고, 곡주와 과일주 등의 취기있는 것에 취하는 것을 삼가고, 계행을 지키고 선한 성품을 지닌다면, 수행승들이여, 이와 같이 그는 동등한 아들이 된다.

수행승들이여, 어떻게 저열한 아들이 되는가? 수행승들이여, 세계에 아들의 어머니와 아버지가 깨달은 님에게 귀의하고, 가르침에 귀의하고, 참모임에 귀의하고, 살아있는 생명을 죽이는 것을 삼가고, 주지 않는 것을 빼앗는 것을 삼가고, 사랑을 나눔에 잘못을 범하는 것을 삼가고, 거짓말을 하는 것을 삼가고, 곡주와 과일주 등의 취기있는 것에 취하는 것을 삼가고, 계행을 지키고 선한 성품을 갖고 있지만, 그들의 아들은 깨달은 님에게 귀의하지 않고, 가르침에 귀의하지 않고, 참모임에 귀의하지 않고, 살아있는 생명을 죽이는 것을 삼가지 않고, 주지 않는 것을 빼앗는 것을 삼가지 않고, 사랑을 나눔에 잘못을 범하고, [64] 거짓말을 하는 것을 삼가지 않고, 곡주와 과일주 등의 취기있는 것에 취하는 것을 삼가지 않고, 계행을 지키지 않고 악한 성품을 지닌다면, 수행승들이여, 이와 같이 그는 저열한 아들이 된다."

2. 세존께서는 이와 같은 의취를 설하셨고 그와 관련하여 이와 같이 말씀하셨다.

[세존] "현명한 님들은 탁월한 아들,
동등한 아들을 원하고
가정을 파탄시키는
저열한 아들을 원하지 않는다.[214]

이 세상의 아들이
믿음이 있고, 계행을 갖추고
관대하고, 간탐이 없는
재가의 신도가 되면,
달이 구름에서 벗어난 듯,
대중 가운데 빛난다."[215]

세존께서는 이와 같은 의취도 역시 설하셨다고 나는 들었다.

75(3-3-6) 비의 경[Vuṭṭhisutta][216]

1. 이와 같이 세존께서 설하셨고 거룩한 님께서 설하셨다고 나는 들었다.

[세존] "수행승들이여, 세계에 이러한 세 종류의 사람들이 존재한다. 세 종류란 무엇인가? 비를 내리지 않는 자, 한 곳에만 비를 내리는 자, 모든 곳에 비를 내리는 자이다.

---

214) atijātaṁ anujātaṁ | puttam icchanti paṇḍitā | avajātaṁ na icchanti | yo hoti kula gandhano ||

215) ete kho puttā lokasmiṁ | ye bhavanti upāsakā | saddhā sīlena sampannā | vadaññū vītamaccharā | cando abbhaghanā mutto | parisāsu virocare'ti ||

216) It. 64; AN. IV. 239; II. 85 참조.

수행승들이여, 사람이 어떻게 비를 내리지 않는 자가 되는가? 수행승들이여, 세계에 어떤 사람은 수행자, 성직자, 극빈자, 노숙자, 유랑자, 구걸자에 대하여, 먹을 것, 마실 것, 의복, 탈 것, 화환, 향료, 크림, [65] 침대, 주거, 등불과 관련해서, 그들 일체의 사람들에게 보시하지 않는다. 수행승들이여, 사람이 이렇게 비를 내리지 않는 자가 된다.

수행승들이여, 사람이 어떻게 한 곳에만 비를 내리는 자가 되는가? 수행승들이여, 세계에 어떤 사람은 수행자, 성직자, 극빈자, 노숙자, 유랑자, 구걸자에 대하여, 먹을 것, 마실 것, 의복, 탈 것, 화환, 향료, 크림, 침대, 주거, 등불과 관련해서, 그들 일부의 사람들에게는 보시하고 일부의 사람들에게는 보시하지 않는다. 수행승들이여, 사람이 이렇게 한 곳에만 비를 내리는 자가 된다.

수행승들이여, 사람이 어떻게 모든 곳에 비를 내리는 자가 되는가? 수행승들이여, 세계에 어떤 사람은 수행자, 성직자, 극빈자, 노숙자, 유랑자, 구걸자에 대하여, 먹을 것, 마실 것, 의복, 탈 것, 화환, 향료, 크림, 침대, 주거, 등불과 관련해서, 그들 일체의 사람들에게 보시한다. 수행승들이여, 사람이 이렇게 모든 곳에 비를 내리는 자가 된다."

2. 세존께서는 이와 같은 의취를 설하셨고 그와 관련하여 이와 같이 말씀하셨다.

[세존] "수행자, 성직자, 극빈자,
노숙자, 구걸자에게
얻은 바, 먹을 것과 [66] 마실 것과
식사를 나누지 않는다.
그는 비가 내리지 않는 자와 같은 자로서

저열한 사람이라고 부른다.217)

일부의 사람들에게는 보시하고
일부의 사람들에게는 보시하지 않는다.
슬기로운 사람들은
그를 한 곳에만 비를 내리는 자라고 부른다.218)

일체의 존재를 가엾게 여기는 님,
음식을 잘 조달하는 님은
기뻐서 용약하며
'보시하라. 보시하라.'라고 말한다.219)

구름이 천둥을 치고
우르릉거리며 비를 내려,
높고 낮은 곳을 채우고
물이 넘쳐흐르는 것과 같다.220)

이와 같이 이 세상에
어떤 사람은 그러하니,
노력을 기울여
정의롭게 재화를 얻어,
먹을 것과 마실 것으로
궁핍한 [67] 자들이 오면, 기쁘게 한다."221)

---

217) na samaṇe naṁ brahmaṇe | na kapaṇaddhikavaṇibbake | laddhāna saṁvibhajati | annaṁ pānañca bhojanaṁ | taṁ ve avuṭṭhikasamo'ti | āhu naṁ purisādhamaṁ ||

218) ekaccānaṁ na dadāti | ekaccānaṁ pavecchati | taṁ ve padesavassīti | āhu medhāvino janā ||

219) subhikkhavāco puriso | sabbabhūtānukampako | āmodamāno pakireti | detha deth ā'ti bhasati ||

220) yathāpi megho thanayitvā | gajjayitvā pavassati | ṭhalaṁ ninnañca pūreti | abhisandanto'va vārinā ||

세존께서는 이와 같은 의취도 역시 설하셨다고 나는 들었다.

76(3-3-7) 행복의 열망에 대한 경[Sukhapatthanāsutta][222]

1. 이와 같이 세존께서 설하셨고 거룩한 님께서 설하셨다고 나는 들었다.

[세존] "수행승들이여, 현자라면 이러한 세 가지 행복을 바라면서 계행을 지켜야 한다. 세 가지란 무엇인가? '나에게 명예가 다가올 것이다.'라고 생각하며 계행을 지켜야 한다. '나에게 재산이 생겨날 것이다.'라고 생각하며 계행을 지켜야 한다. '몸이 파괴되고 죽은 뒤에 좋은 곳, 천상세계에 태어날 것이다.'라고 생각하며 계행을 지켜야 한다. 수행승들이여, 현자라면 이러한 세 가지 행복을 바라면서 계행을 지켜야 한다."

2. 세존께서는 이와 같은 의취를 설하셨고 그와 관련하여 이와 같이 말씀하셨다.

[세존] "세 가지 행복을 바라면서
슬기로운 자는 계행을 지켜야 한다.
명예를 얻고 재산을 얻는 것과
죽어서 천상에서 기뻐하는 것이다.[223]

악을 짓지 않더라도
악을 짓는 사람을 섬기면,

---

221) evameva idhekacco | puggalo hoti tādiso | dhammena saṁharitvāna | uṭṭhānādhigataṁ dhanaṁ | tappeti annapānena | sammā patte vaṇibbake'ti ||

222) It. 67 : 본사경122(대정17권 693)

223) sīlaṁ rakkheyya medhāvī | patthayāno tayo sukhe | pasaṁsaṁ vittalābhañca | pecca sagge pamodanaṁ ||

악에 관련된 것으로 의심받고
그에게 비난이 자라난다.224)

이와 같은 자를 친구로 삼아
이와 같은 자를 사귀면,
그는 [68] 실로 그와 같이 된다.
함께 사는 것도 마찬가지다.225)

악한 친구와 사귀는 자를 사귀고
접촉하는 자와 접촉하는 것은
독묻은 화살이
깨끗한 화살묶음을 오염시키는 것과 같다.
현명한 자라면 오염을 두려워하여
악한 친구와 함께 하지 않으리.226)

악취가 나는 물고기를
길상초의 잎사귀 끝으로 닿게 하면,
길상초 또한 악취를 풍긴다.
어리석은 자를 섬김은 이와 같다.227)

어떤 사람이 목향수를
잎사귀들로 감싸게 하면,
잎사귀들이 향기를 풍긴다.

---

224) akaronto'pi ce pāpaṁ | karontam upasevati | saṅkiyo hoti pāpasmiṁ | avaṇṇo cas sa rūhati ||

225) yādisaṁ kurute mittaṁ | yādisaṁ cūpasevati | sa ve tādisako hoti | sahavāso'pi tādiso ||

226) sevamāno sevamānaṁ | samphuṭṭho samphusaṁ paraṁ | saro diddho kalāpaṁ'v a | alittam upalimpati | upalepabhayā dhīro | neva pāpasakhā siyā ||

227) pūtimacchaṁ kusaggena | yo naro upanayhati | kusā'pi pūtī vāyanti | evaṁ bālūp asevanā ||

슬기로운 자를 섬김은 이와 같다.[228]

동일한 잎사귀들의 바구니에서,
그러므로 자신의 성숙을 알아서
참사람이 아닌 자들을 섬기지 말고
현자라면 참사람들을 [69] 섬겨야 하리.
참사람이 아닌 자들은 지옥으로 이끌고
참사람들은 천상세계로 이끈다."[229]

세존께서는 이와 같은 의취도 역시 설하셨다고 나는 들었다.

77(3-3-8) 부서지기 쉬움에 대한 경[Bhidurasutta][230]

1. 이와 같이 세존께서 설하셨고 거룩한 님께서 설하셨다고 나는 들었다.

[세존] "수행승들이여, 이 몸은 부서지기 쉬운 것이다. 의식은 사라지고야 마는 것이다. 일체의 집착대상은 무상하고 괴롭고 변화하고야 마는 것이다."

2. 세존께서는 이와 같은 의취를 설하셨고 그와 관련하여 이와 같이 말씀하셨다.

[세존] "몸은 부서지기 쉬운 것,
의식도 부서지기 쉬운 것이라고 알고
집착대상에서 두려움을 보고

---

228) tagarañca palāsena | yo naro apanayhati | pattā'pi surabhi vāyanti | evaṁ dhīrūpasevanā ||

229) tasmā pattapuṭasseva | ñatvā sampākam attano | asante nopaseveyya | sante seveyya paṇḍito | asanto nirayaṁ nenti | santo pāpenti suggatin'ti ||

230) It. 69 : 한역에 해당경전이 없다.

태어남과 죽음을 뛰어넘어
최상의 적멸에 도달하여
자신을 극복한 자는 열반의 때를 기다린다."[231]

세존께서는 이와 같은 의취도 역시 설하셨다고 나는 들었다.

78(3-3-9) 세계의 사귐에 대한 경[Dhātusaṁsandanāsutta][232]

1. 이와 같이 [70] 세존께서 설하셨고 거룩한 님께서 설하셨다고 나는 들었다.

[세존] "수행승들이여, 세계에 따라 뭇삶들은 뭇삶들과 함께 사귀고 어울린다. 저열한 경향의 뭇삶들은 저열한 경향의 뭇삶들과 함께 사귀고 어울린다. 탁월한 경향의 뭇삶들은 탁월한 경향의 뭇삶들과 함께 사귀고 어울린다.

수행승들이여, 과거세에도 세계의 뭇삶들은 뭇삶들과 함께 사귀고 교제했다. 저열한 경향의 뭇삶들은 저열한 경향의 뭇삶들과 함께 사귀고 교제했다. 탁월한 경향의 뭇삶들은 탁월한 경향의 뭇삶들과 함께 사귀고 교제했다.

수행승들이여, 미래세에도 세계의 뭇삶들은 뭇삶들과 함께 사귀고 교제할 것이다. 저열한 경향의 뭇삶들은 저열한 경향의 뭇삶들과 함께 사귀고 교제할 것이다. 탁월한 경향의 뭇삶들은 탁월한 경향의 뭇삶들과 함께 사귀고 교제할 것이다.

수행승들이여, 지금 현세에도 세계의 뭇삶들은 뭇삶들과 함께 사귀고 어울린다. 저열한 경향의 뭇삶들은 저열한 경향의 뭇삶들과

---

231) kāyaṁ ca bhiduraṁ ñatvā | viññāṇaṁ ca pabhaṅguraṁ | upadhīsu bhayaṁ disvā | jātimaraṇamaccagā | sampatvā paramaṁ santiṁ | kālaṁ kaṅkhati bhāvitatto'ti ||
232) It. 70 : 본사경111(대정17권 689)

함께 사귀고 어울린다. 탁월한 경향의 뭇삶들은 탁월한 경향의 뭇삶들과 함께 사귀고 어울린다."

2. 세존께서는 이와 같은 의취를 설하셨고 그와 관련하여 이와 같이 말씀하셨다.

[세존] "교제를 통해 덤불이 생겨나고
교제를 여의면 덤불이 잘린다.
작은 [71] 통나무에 올라탄 사람이
큰 바다에서 가라앉는 것처럼,
이처럼 올바로 사는 자라도
나태한 자를 가까이하면 가라앉는다.
그러므로 정진하지 않는
게으른 자를 멀리 해야 하리.233)

멀리 떠나 스스로 노력하고
선정에 드는 고귀한 님,
항상 열심히 정진하는
현명한 님과 함께 지내야 하리."234)

세존께서는 이와 같은 의취도 역시 설하셨다고 나는 들었다.

79(3-3-10) 퇴전의 경[Parihānasutta]235)

1. 이와 같이 세존께서 설하셨고 거룩한 님께서 설하셨다고 나는 들

---

233) saṁsaggā vanatho jāto | asaṁsaggena chijjati | parittaṁ dārum āruyha | yathā sīde mahaṇṇave | evaṁ kusitamāgamma | sādhujivīpi sīdati | tasmā taṁ parivajjeyya | kusītaṁ hīnavīriyaṁ ||

234) pavivittehi ariyehi | pahitattehi jhāyibhi | niccaṁ āraddhaviriyehi | paṇḍitehi sahā vase'ti ||

235) It. 71 : 본사경127(대정17권 694)

었다.

[세존] "수행승들이여, 이러한 세 가지 원리가 학인인 수행승을 퇴전으로 이끈다. 세 가지란 무엇인가? 수행승들이여, 세상에 학인인 수행승이 세속적인 일을 즐기고 세속적인 일을 기뻐하고 세속적인 일의 즐김에 몰두하고, 잡담을 즐기고 잡담을 기뻐하고 잡담의 즐김에 몰두하고, 수면을 즐기고 수면을 기뻐하고 수면의 즐김에 몰두한다. 수행승들이여, 이러한 세 가지 원리가 학인인 수행승을 퇴전으로 이끈다.

수행승들이여, 이러한 세 가지 원리가 학인인 수행승을 불퇴전으로 이끈다. 세 가지란 무엇인가? 수행승들이여, 세상에 학인인 수행승이 세속적인 일을 즐기지 않고 세속적인 일을 기뻐하지 않고 세속적인 일의 즐김에 몰두하지 않고, 잡담을 즐기지 않고 잡담을 기뻐하지 않고 잡담의 즐김에 몰두하지 않고, 수면을 즐기지 않고 수면을 기뻐하지 않고 [72] 수면의 즐김에 몰두하지 않는다. 수행승들이여, 이러한 세 가지 원리가 학인인 수행승을 불퇴전으로 이끈다."

2. 세존께서는 이와 같은 의취를 설하셨고 그와 관련하여 이와 같이 말씀하셨다.

[세존] "세속적 일을 즐기고, 잡담을 즐기고
수면을 즐기는, 마음이 들떠있는
그러한 수행승은 참으로
최상의 원만한 깨달음에 닿을 수가 없다.236)

236) kammārāmo bhassarato | niddārāmo ca uddhato | abhabbo tādiso bhikkhu | phuṭṭhuṁ sambodhim uttamaṁ ||

그러므로 할 일이 없고
혼침이 없고, 마음이 들떠있지 않은
그러한 수행승이야말로 참으로
최상의 원만한 깨달음에 닿을 수 있다."237)

세존께서는 이와 같은 의취도 역시 설하셨다고 나는 들었다.

이로써 제3장 「셋모음」의 「제3품」이 끝났다. 그 내용은 차례로 '1. 잘못된 견해의 경 2. 올바른 견해의 경 3. 여읨의 경 4. 더욱 고요함의 경 5. 아들의 경 6. 비의 경 7. 행복의 열망에 대한 경 8. 부서지기 쉬움에 대한 경 9. 세계의 사귐에 대한 경 10. 퇴전의 경'으로 이루어졌으며, 「제3품」이라고 불린다.

237) tasmā hi appakicc'assa | appamiddho anuddhato | bhabbo so tādiso bhikkhū | phuṭṭhuṁ sambodhim uttaman'ti ||

4. 제사품[Catutthavagga]

80(3-4-1) 사유의 경[Vitakkasutta][238]

1. 이와 같이 세존께서 설하셨고 거룩한 님께서 설하셨다고 나는 들었다.

[세존] "수행승들이여, 이러한 세 가지 악하고 불건전한 사유가 있다. 세 가지란 무엇인가? 체면에 묶인 사유, 이익과 명예와 칭송에 묶인 사유, 타인의 배려에 묶인 사유이다. 수행승들이여, 이러한 세 가지 악하고 불건전한 사유가 있다."

2. 세존께서는 이와 같은 의취를 [73] 설하셨고 그와 관련하여 이와 같이 말씀하셨다.

[세존] "체면에 묶이고,
이익과 명예와 칭송에 묶여,
동료들과 쾌락을 추구하는 자는
결박의 부숨과는 거리가 멀다.[239]

자식과 가축을 버리고
신부들이기와 재산을 버린다면,
그러한 수행승이야말로 참으로
최상의 원만한 깨달음에 닿을 수 있다."[240]

---

238) It. 72 : 본사경126(대정17권 694)

239) anavaññattisaṁyutto | lābhasakkāragāravo | sahanandi amaccehi | ārā saṁyojan akkhayā ||

240) yo ca puttapasuṁ hitvā | vivāhe saṅgahāni ca | bhabbo so tādiso bhikkhu | phuṭṭ huṁ sambodhim uttaman'ti ||

세존께서는 이와 같은 의취도 역시 설하셨다고 나는 들었다.

81(3-4-2) 공경의 경[Sakkārasutta][241)]

1. 이와 같이 세존께서 설하셨고 거룩한 님께서 설하셨다고 나는 들었다.

[세존] "수행승들이여, 나는 공경에 의해 정복되어 마음을 빼앗긴[242)] 뭇삶들이 몸이 파괴되어 죽은 뒤에 괴로운 곳, 나쁜 곳, 비참한 곳, 지옥에 태어나는 것을 본다. 수행승들이여, 나는 불공경에 의해 정복되어 마음을 빼앗긴 뭇삶들도 몸이 파괴되어 죽은 뒤에 괴로운 곳, 나쁜 곳, 비참한 곳, 지옥에 태어나는 것을 본다. 수행승들이여, 나는 공경에 의해, 불공경에 의해, 그 양자에 의해서 정복되어 마음을 빼앗긴 뭇삶들이 몸이 파괴되어 죽은 뒤에 괴로운 곳, 나쁜 곳, 비참한 곳, [74] 지옥에 태어나는 것을 본다.

수행승들이여, 그런데 나는 다른 수행자나 성직자에게 들어서 말하는 것이 아니다. 수행승들이여, 실로 나는 스스로 알고 스스로 보고 스스로 이해하여 말하는 것이다.

수행승들이여, 나는 공경에 의해 정복되어 마음을 빼앗긴 뭇삶들이 몸이 파괴되어 죽은 뒤에 괴로운 곳, 나쁜 곳, 비참한 곳, 지옥에 태어나는 것을 본다. 수행승들이여, 나는 불공경에 의해 정복되어

---

241) It. 73 : 한역에 해당경전이 없다.

242) sakkārena abhibhūtā pariyādinnacittā : ItA. II. 70에 따르면, 공경에 의해서 이 세상의 어떤 사람들은 악을 원하고 욕망에 의해서 행하고 욕망의 실현에 입각하여 존경을 생겨나게 하리라고 여러 가지로 부적당하고 부적절한 것에 빠져 죽어서 괴로운 곳에 태어난다. 반면에 다른 사람들은 공경을 얻어 그것에 소속되는 교만에 의한 도취와 간탐 등을 통해서 방일에 빠져 이 세상에서 죽어 괴로운 곳에 태어난다. 그래서 공경에 의해 정복되어 마음을 빼앗긴 것이라고 한다. 공경에 정복되어 마음을 빼앗긴 자로서는 데바닷따(Devadatta)가 있다: '파초와 대나무와 갈대는 자신의 열매가 자신을 죽인다. 수태가 노새를 죽이듯, 공경이 악인을 죽이다.'(SN. I. 71, II. 241; Vin. II. 188; AN. II. 73)

마음을 빼앗긴 뭇삶들도 몸이 파괴되어 죽은 뒤에 괴로운 곳, 나쁜 곳, 비참한 곳, 지옥에 태어나는 것을 본다. 수행승들이여, 나는 공경에 의해, 불공경에 의해, 그 양자에 의해서 정복되어 마음을 빼앗긴 뭇삶들이 몸이 파괴되어 죽은 뒤에 괴로운 곳, 나쁜 곳, 비참한 곳, 지옥에 태어나는 것을 본다."

2. 세존께서는 이와 같은 의취를 설하셨고 그와 관련하여 이와 같이 말씀하셨다.

[세존] "공경받거나 공경받지 못해도,
양자에 의해서도
삼매가 흔들리지 않고
방일을 여의고 지내는 님이 있으니.[243]

항상 노력하는 선정을 닦는 님
섬세한 관찰로 통찰하는 님, [75]
집착의 부숨을 즐기는 그 님을
진실로 참사람이라고 부른다."[244]

세존께서는 이와 같은 의취도 역시 설하셨다고 나는 들었다.

82(3-4-3) 천신의 목소리의 경[Devasaddasutta][245]

1. 이와 같이 세존께서 설하셨고 거룩한 님께서 설하셨다고 나는 들었다.

---

243) yassa sakkariyamānassa | asakkārena cūbhayaṁ | samādhi na vikampati | appamādavihārino ‖

244) taṁ jhāyinaṁ sātatikaṁ | sukhumadiṭṭhivipassakaṁ | upādānakkhayārāmaṁ | āhu sappuriso itī'ti ‖

245) It. 75 : 본사경137(대정17권 698)

[세존] "수행승들이여, 때때로 천상에서 이러한 세 가지 천신의 목소리가 들린다. 세 가지란 무엇인가?

수행승들이여, 거룩한 제자가 머리와 수염을 깎고 가사를 걸치고 집에서 집없는 곳으로 출가하려고 생각할 때에, 그 때에 수행승들이여, '이 고귀한 제자는 악마와 전쟁하려고 생각한다.'라고 천상에서 천신의 목소리가 들린다. 수행승들이여, 이것이 때때로 천상에서 들리는 목소리가운데 첫 번째 천신의 목소리이다.

또한 수행승들이여, 고귀한 제자가 일곱 가지 깨달음에 도움이 되는 원리들에 대한 수행을 적용하여 실천할 때에, 그 때에 수행승들이여, '이 고귀한 제자는 악마와 전쟁하고 있다.'라고 천상에서 천신의 목소리가 들린다. 수행승들이여, 이것이 때때로 천상에서 들리는 목소리가운데 두 번째 천신의 목소리이다.

또한 수행승들이여, 고귀한 제자가 번뇌를 부수고 번뇌없이 마음에 의한 해탈과 지혜에 의한 해탈을 현세에서 스스로 알고 깨달아 성취하는 때에, 그 때에 수행승들이여, '이 고귀한 제자는 전쟁에서 승리하여 전선을 쳐부순다.'라고 천상에서 천신의 목소리가 들린다. 수행승들이여, 이것이 때때로 천상에서 들리는 목소리가운데 세 번째 천신의 목소리이다.

수행승들이여, 때때로 천상에서 이러한 세 가지 천신의 목소리가 들린다."

2. 세존께서는 이와 같은 의취를 설하셨고 그와 관련하여 이와 같이 말씀하셨다.

[세존] "전쟁에서 승리한 [76]
깨달은 님의 제자를 보고,
천신들도 두려움을 여읜 님,

그 위대한 님에게 귀의한다.[246)]

비할 데 없는 죽음의 군대를
해탈을 통해 쳐부수고
이기기 어려운 것을 이긴
사람가운데 준마여, 그대에게 귀의하니.[247)]

이와 같이 천신들이
마음이 성취된 그에게 귀의하니,
죽음의 지배를 이겨낸 님을
그들도 보지 못했기 때문이리라."[248)]

세존께서는 이와 같은 의취도 역시 설하셨다고 나는 들었다.

83(3-4-4) 징조의 경[Pubbanimittasutta][249)]

1. 이와 같이 세존께서 설하셨고 거룩한 님께서 설하셨다고 나는 들었다.

[세존] "수행승들이여, 천신이 자신의 하늘 몸에서 죽을 때, 그에게 다섯 가지 징조가 나타난다. 그의 화환이 시들고, 그의 의복이 바래고, 그의 겨드랑이에서 땀이 흐르고, 그의 몸이 추악해지고, 자신의 하늘보좌에 더 이상 기뻐하지 않는다. 수행승들이여, 천신들은 '이 천신은 죽을 것이다.'라고 알고 '존자여, 좋은 곳으로 가라.

---

246) disvā vijitasaṅgāmaṁ | sammāsambuddhasāvakaṁ | devatā'pi namassanti | mahantaṁ vītasāradaṁ ||

247) namo te purisājañña | yo tvaṁ dujjayamajjhabhū | jetvāna maccuno senaṁ | vimokkhena anāvaraṁ ||

248) iti hetaṁ namassanti | devatā pattamānasaṁ | tañhi tassa na passanti | yena maccuvasaṁ vaje'ti ||

249) It. 76 : 잡아함제26 견품3(대정2권 693)

좋은 곳으로 가서, [77] 행복의 성취하라. 행복의 성취해서, 안착하라.'라고 세 가지 말로 그를 고무한다.

이와 같이 말하자 어떤 수행승이 세존께 '세존이시여, 천신들이 좋은 곳이라고 일컫는 것은 어떤 것입니까? 세존이시여, 천신들이 행복이라고 일컫는 것은 어떤 것입니까? 세존이시여, 천신들이 안착이라고 일컫는 것은 어떤 것입니까?'라고 이와 같이 말했다.

수행승이여, 인간의 상태가 천신들이 좋은 곳이라고 일컫는 것이다. 수행승이여, 인간으로 있으면서 여래가 설한 가르침과 계율에 믿음을 성취한다면, 그것이 천신들이 행복이라고 일컫는 것이다. 수행승이여, 믿음을 확립하여 뿌리가 생겨나 확립되어 수행자나 성직자나 악마나 하느님이나 세계의 어떠한 자에 의해서도 견고하여 흔들리지 않는다면, 그것이 천신들이 안착이라고 일컫는 것이다."

2. 세존께서는 이와 같은 의취를 설하셨고 그와 관련하여 이와 같이 말씀하셨다.

[세존] "천신이 목숨을 다하여
천신의 몸에서 죽을 때에,
천신들은 그 천신을
세 가지 말로 고무한다.250)

존자여, 여기서 가라.
인간의 동료가 되어 좋은 곳으로,
인간이 되어 올바른 법에
위없는 믿음을 성취하라.251)

---

250) yadā devo devakāyā | cavati āyusaṅkhayā | tayo saddā niccharanti | devānaṁ an umodataṁ ||

251) ito bho sugatiṁ gaccha | manussānaṁ sahavyataṁ | manussabhuto saddhamme

믿음이 정착되고
뿌리가 생겨나 안착되면
목숨이 다하도록 [78]
잘 설해진 가르침에 흔들리지 않는다.252)

신체적 악행도 버리고
언어적 악행도 버리고
정신적 악행도 버리고,
다른 악의와 관계된 것을 버린다.253)

신체적으로 착하고 건전한 것을 행하고
언어적으로 착하고 건전한 것을 행하고
정신적으로 착하고 건전한 것을 행하고,
실로 취착을 여읜, 무량한 것을 행한다.254)

그래서 보시로써, 생의 성취로 이끄는
공덕을 많이 쌓아서
다른 사람들을 올바른 가르침에 입각한
청정한 삶에 들게 하라.255)

천신도 죽는다는 것을 알 때에,
천신들은 이러한 연민을 통해서

| labha saddhaṁ anuttaraṁ ||

252) sā te saddhā niviṭṭhassa | mūlajātā patiṭṭhitā | yāvajīvaṁ asaṁhīrā | saddhamme suppavedite ||

253) kāyaduccaritaṁ hitvā | vacīduccaritāni ca | manoduccaritaṁ hitvā | yañcaññaṁ dosasaṁhitaṁ ||

254) kāyena kusalaṁ katvā | vācāya kusalaṁ bahuṁ | manasā kusalaṁ katvā | appamāṇaṁ nirūpadhiṁ ||

255) tato opadhikaṁ puññaṁ | katvā dānena taṁ pahuṁ | aññe'pi macce saddhamme | bahmacariye nivesaya ||

함께 기쁘게 인사한다.
'천신이여, 또 거듭해서 오시오.'라고."[256)]

세존께서는 이와 같은 의취도 역시 설하셨다고 나는 들었다.

84(3-4-5) 많은 사람의 이익의 경[Bahujanahitasutta][257)]

1. 이와 같이 세존께서 설하셨고 거룩한 님께서 설하셨다고 나는 들었다.

[세존] "수행승들이여, 많은 사람의 이익과 많은 사람의 행복을 위하여, 세상을 불쌍히 여겨, 신들과 인간들의 유익, 안녕, 행복을 위하여 이러한 세 부류의 사람이 세상에 출현한다.

수행승들이여, 세상에 거룩한 님, 올바로 원만히 깨달은 님, 명지와 덕행을 갖춘 님, 올바른 길로 잘 가신 님, 세상을 아는 님, 위없이 높으신 님, [79] 사람을 길들이는 님, 하늘사람과 인간의 스승이신 님, 깨달은 님, 세상의 존귀한 님인 여래가 출현한다. 그가 처음도 훌륭하고, 중간도 훌륭하고, 끝도 훌륭하고, 의미와 표현이 일치하는 가르침을 설하고, 완전히 원만하고 청정한 거룩한 삶을 드러낸다. 수행승들이여, 그가 많은 사람의 이익과 많은 사람의 행복을 위하여, 세상을 불쌍히 여겨, 신들과 인간들의 유익, 안녕, 행복을 위하여 세상에 출현하는 첫 번째 사람이다.

또한 수행승들이여, 그 스승의 제자가 거룩한 님으로서, 번뇌를 부수고, 청정한 삶을 성취하고, 해야 할 일을 해 마치고, 짐을 내려놓고, 자신의 이상을 실현하고, 윤회의 결박을 끊어 버리고, 올바른

256) imāya anukampāya | devā devaṁ yadā vidū | cavantaṁ anumodanti | ehi deva punappunan'ti ||
257) It. 78 : 본사경136(대정17권 697)

궁극의 앎에 의해서 해탈한다. 그가 처음도 훌륭하고, 중간도 훌륭하고, 끝도 훌륭하고, 의미와 표현이 일치하는 가르침을 설하고, 완전히 원만하고 청정한 거룩한 삶을 드러낸다. 수행승들이여, 그가 많은 사람의 이익과 많은 사람의 행복을 위하여, 세상을 불쌍히 여겨, 신들과 인간들의 유익, 안녕, 행복을 위하여 세상에 출현하는 두 번째 사람이다.

또한 수행승들이여, 그 스승의 제자가 학인으로서 길을 닦고 많이 배우고 계행을 갖춘다. 그가 처음도 훌륭하고, 중간도 훌륭하고, 끝도 훌륭하고, 의미와 표현이 일치하는 가르침을 설하고, 완전히 원만하고 청정한 거룩한 삶을 드러낸다. 수행승들이여, 그가 많은 사람의 이익과 많은 사람의 행복을 위하여, 세상을 불쌍히 여겨, 신들과 인간들의 유익, 안녕, 행복을 위하여 세상에 출현하는 세 번째 사람이다."

2. 세존께서는 이와 같은 의취를 설하셨고 그와 관련하여 이와 같이 말씀하셨다.

[세존] "스승은 세상에서 제일의 위대한 선인이다.
그를 따르는 제자는 자기를 닦은 자이고,
또한 [80] 학인은 길을 가는 자로,
많이 배우고 계행을 갖춘 자이다.258)

이러한 세 분의 광명을 비추는 님들,
신들과 인간의 최상자들로서 가르침을 선포하는 자들
그들은 불사의 문을 열고

258) satthā hi loke paṭhamo mahesī | tass'anvayo sāvako bhāvitatto | athāparo pāṭipad o'pi sekho | bahussuto sīlavatupapanno ||

많은 사람들을 멍에에서 해탈시킨다.[259]

위없는 카라반의 지도자에 의해
잘 설해진 길을 여행하며
행복하신 님의 가르침에 방일하지 않는 자들
그들은 세상에서 괴로움의 종식을 이룬다."[260]

세존께서는 이와 같은 의취도 역시 설하셨다고 나는 들었다.

85(3-4-6) 부정관의 경[Asubhānupassīsutta][261]

1. 이와 같이 세존께서 설하셨고 거룩한 님께서 설하셨다고 나는 들었다.

[세존] "수행승들이여, 몸에 대하여 부정관을 닦아라. 호흡새김을 내적으로 두루 잘 정립하라. 일체의 형성된 것들에 대해서는 무상관을 닦아라.

수행승들이여, 몸에 대하여 부정관을 닦으면, 아름다운 세계에 대한 탐욕의 성향이 버려진다. 호흡새김을 내적으로 두루 잘 정립하면, 고뇌와 한편이 되는 [81] 외부지향적 사유의 성향이 없어진다. 일체의 형성된 것들에 대해서는 무상관을 닦으면, 무명이 버려지고 명지가 생겨난다."

2. 세존께서는 이와 같은 의취를 설하셨고 그와 관련하여 이와 같이 말씀하셨다.

---

259) ete tayo devamanussaseṭṭhā | pabhaṅkarā dhammam udīrayantā | apāpuranti ama tassa dvāraṁ | yogā pamoventi bahujjane te ||

260) ye satthavāhena anuttarena | sudesitaṁ maggam anukkamanti | idheva dukkhass a karonti antaṁ | ye appamattā sugatassa sāsane'ti ||

261) It. 80 : 본사경132(대정17권 696)

[세존] "항상 언제나 열심히
몸에 대한 부정관을 닦고,
호흡에 대한 새김을 닦고,
일체 형성된 것의 지멸을 본다.262)

오로지 올바로 보는 수행승이
노력하는 자로서, 거기에서 해탈한다.
곧바른 앎으로 완성된 고요한 님
멍에를 뛰어넘은 님, 성자이리."263)

세존께서는 이와 같은 의취도 역시 설하셨다고 나는 들었다.

86(3-4-7) 가르침에 대한 여법한 실천의 경[Dhammānudhammapaṭipannasutta]264)

1. 이와 같이 세존께서 설하셨고 거룩한 님께서 설하셨다고 나는 들었다.

[세존] "수행승들이여, 가르침을 여법하게 실천하는 수행승에게 이것이 가르침에 대한 여법한 실천이라는 말을 설명하기 위한 적당한 방법이다. 그는 설법하면서 가르침만을 설법하지 가르침이 아닌 것을 설법하지 않는다. 그는 사유하면서 가르침에 입각한 사유만을 사유하지 가르침에 입각하지 않은 사유는 사유하지 않는다. 그리고 그는 그 양자를 제거하고 새김을 확립하고 올바로 알아채며 평정하게 지낸다."

---

262) asubhānupassī kāyasmiṁ | ānāpāne patissato | sabbasaṅkhārasamathaṁ | passaṁ ātāpi sabbadā ||

263) sa ve sammaddaso bhikkhu | yato tattha vimuccati | abhiññāvosito santo | sa ve yogātigo munī'ti ||

264) It. 81 : 본사경125(대정17권 694)

2. 세존께서는 이와 같은 의취를 설하셨고 그와 관련하여 이와 같이 말씀하셨다.

[세존] "가르침을 즐기고 [82] 가르침에 기뻐하고
수행승이 가르침을 사유하고
가르침을 새길 때에
올바른 가르침은 퇴전하지 않는다.265)

만약 가거나 서있거나
앉거나 누워도
그는 안으로 마음을 고요하게 하여
오로지 적멸에 든다."266)

세존께서는 이와 같은 의취도 역시 설하셨다고 나는 들었다.

87(3-4-8) 암흑을 만드는 것의 경[Andhakaraṇasutta]267)

1. 이와 같이 세존께서 설하셨고 거룩한 님께서 설하셨다고 나는 들었다.

[세존] "수행승들이여, 이러한 세 가지 악하고 불건전한 사유는 암흑을 만들고, 맹목을 만들고, 무지를 만들고, 지혜를 부수고, 고뇌에 매임을 촉진하고, 열반의 결여로 이끈다. 세 가지란 무엇인가? 수행승들이여, 감각적 쾌락의 욕망에 매인 사유는 암흑을 만들고, 맹목을 만들고, 무지를 만들고, 지혜를 부수고, 고뇌에 매임을 촉진

265) dhammārāmo dhammarato | dhammaṁ anuvicintayaṁ | dhammaṁ anussaraṁ bhikkhu | saddhammā na parihāyati ||
266) caraṁ vā yadi vā tiṭṭhaṁ | nisinno uda vā sayaṁ | ajjhattaṁ samayaṁ cittaṁ | santim evādhigacchatī'ti ||
267) It. 82 : 본사경100-101(대정17권)에서 동일법수를 설하는 것이 유사.

하고, 열반의 곁여로 이끈다. 수행승들이여, 분노에 매인 사유는 암흑을 만들고, 맹목을 만들고, 무지를 만들고, 지혜를 부수고, 고뇌에 매임을 촉진하고, 열반의 곁여로 이끈다. 수행승들이여, 폭력에 매인 사유는 암흑을 만들고, 맹목을 만들고, 무지를 만들고, 지혜를 부수고, 고뇌에 매임을 촉진하고, 열반의 곁여로 이끈다.

수행승들이여, 이러한 세 가지 악하고 불건전한 사유는 암흑을 만들고, 맹목을 만들고, 무지를 만들고, 지혜를 부수고, 고뇌에 매임을 촉진하고, 열반의 곁여로 이끈다.

수행승들이여, 이러한 세 가지 착하고 건전한 사유는 밝음을 만들고, 눈을 만들고, 앎을 만들고, 지혜를 키우고, 고뇌의 여읨을 촉진하고, 열반으로 이끈다. 세 가지란 무엇인가?

수행승들이여, 감각적 쾌락의 욕망을 여읜 사유는 밝음을 만들고, 눈을 만들고, 앎을 만들고, 지혜를 키우고, 고뇌의 여읨을 촉진하고, 열반으로 이끈다. 수행승들이여, 분노를 여읜 사유는 밝음을 만들고, 눈을 만들고, 앎을 만들고, 지혜를 키우고, 고뇌의 여읨을 촉진하고, 열반으로 이끈다. 수행승들이여, 폭력을 여읜 사유는 밝음을 만들고, 눈을 만들고, 앎을 만들고, 지혜를 키우고, 고뇌의 여읨을 촉진하고, 열반으로 이끈다.

수행승들이여, [83] 이러한 세 가지 착하고 건전한 사유는 밝음을 만들고, 눈을 만들고, 앎을 만들고, 지혜를 키우고, 고뇌의 여읨을 촉진하고, 열반으로 이끈다."

2. 세존께서는 이와 같은 의취를 설하셨고 그와 관련하여 이와 같이 말씀하셨다.

[세존] "세 가지 착하고 건전한 사유를 사유해야 하고,
그러나 세 가지 악하고 불건전한 것은 피해야 하리,

비가 쌓인 먼지를 그렇게 하듯,
그는 실로 사유와 사유된 것을 제어하여,
사유가 고요해진 마음으로
세상에서 적멸의 진리에 도달한 것이다."[268]

세존께서는 이와 같은 의취도 역시 설하셨다고 나는 들었다.

88(3-4-9) 내적인 티끌의 경[Antaramalasutta][269]

1. 이와 같이 세존께서 설하셨고 거룩한 님께서 설하셨다고 나는 들었다.

[세존] "수행승들이여, 이러한 세 가지 내적인 티끌, 내적인 적대자, 내적인 필적자, 내적인 살해자, 내적인 반대자가 있다. 세 가지란 무엇인가?

수행승들이여, 탐욕은 내적인 티끌, 내적인 적대자, 내적인 필적자, 내적인 살해자, 내적인 반대자이다. 수행승들이여, 성냄은 내적인 티끌, 내적인 적대자, 내적인 필적자, 내적인 살해자, 내적인 반대자이다. 수행승들이여, 어리석음은 내적인 티끌, 내적인 적대자, 내적인 필적자, 내적인 살해자, 내적인 반대자이다.

수행승들이여, 이러한 세 가지 내적인 티끌, 내적인 적대자, 내적인 필적자, 내적인 살해자, 내적인 반대자가 있다."

2. 세존께서는 이와 같은 의취를 설하셨고 그와 관련하여 이와 같이 말씀하셨다.

---

268) tayo vitakke kusale vitakkaye | tayo pana akusale nirākare | sa ve vitakkāni vicā ritāni | sameti vuṭṭhiva rajaṁ samūhataṁ | sa ve vitakkūpasamena cetasā | idheva so santipadaṁ samajjhagā'ti ||

269) It. 83 : 한역에 해당경전이 없다.

[세존] "탐욕은 불익을 낳고
탐욕은 마음을 교란시킨다.
그 내부로부터 일어나는 두려움을
사람들은 알지 못한다.270)

탐욕스러운 자는 [84] 유익을 알지 못하고
탐욕스러운 자는 진리를 보지 못하고
탐욕이 사람을 정복하면,
맹목의 어둠이 생겨난다.271)

탐욕을 끊어버리고
탐욕스러운 것에 탐착하지 않으면,
그것으로써 탐욕은 버려진다.
연잎에서 떨어지는 물방울처럼.272)

성냄은 불익을 낳고
성냄은 마음을 교란시킨다.
그 내부로부터 일어나는 두려움을
사람들은 알지 못한다.273)

성내는 자는 유익을 알지 못하고
성내는 자는 진리를 보지 못하고

---

270) anatthajanano lobho | lobhā cittappakopano | bhayam antarato jātaṁ | taṁ jano nāvabujjhati ||

271) luddho atthaṁ na jānāti | luddho dhammaṁ na passati | andhan tamaṁ tadā hoti | yaṁ lobho sahate naraṁ ||

272) yo ca lobhaṁ pahatvāna | lobhaneyye na lubbhati | lobho pahīyate tamhā | udabindūva pokkharā ||

273) anatthajanano doso | doso cittappakopano | bhayam antarato jātaṁ | taṁ jano nāvabujjhatī ||

성냄이 사람을 정복하면,
맹목의 어둠이 생겨난다.274)

성냄을 버리고
성내게 하는 것에 탐착하지 않으면,
그것으로써 성냄은 버려진다
나뭇가지에서 떨어지는 야자처럼.275)

어리석음은 불익을 낳고
어리석음은 마음을 교란시킨다.
그 내부로부터 일어나는 어리석음을
사람들은 알지 못한다.276)

어리석은 자는 유익을 알지 못하고
어리석은 자는 진리를 보지 못하고
어리석음이 사람을 정복하면,
맹목의 어둠이 생겨난다.277)

어리석음을 [85] 버리고
어리석게 하는 것에 탐착하지 않으면,
그것으로써 어리석음은 버려진다.
태양이 떠오르면 어둠이 사라지듯."278)

---

274) duṭṭho atthaṁ na jānātī | duṭṭho dhammaṁ na passati | andhan tamaṁ tadā hoti | yaṁ doso sahate naraṁ ||

275) yo ca dosaṁ pahatvāna | dosaneyye na dussati | doso pahīyate tamhā | tālapakka ṁva pandhanā ||

276) anatthajanano moho | moho cittappakopano | bhayam antarato jātaṁ | taṁ jano n āvabujjhati ||

277) mūḷho atthaṁ na jānāti | mūḷho dhammaṁ na passati | andhan tamaṁ tadā hoti | yaṁ moho sahate naraṁ ||

278) yo ca mohaṁ pahatvāna | mohaneyye na muyhati | mohaṁ vihanti so sabbaṁ | ā

세존께서는 이와 같은 의취도 역시 설하셨다고 나는 들었다.

89(3-4-10) 데바닷따의 경[Devadattasutta][279]

1. 이와 같이 세존께서 설하셨고 거룩한 님께서 설하셨다고 나는 들었다.

[세존] "수행승들이여, 이러한 세 가지 악한 상태에 정복되어 마음이 사로잡힌 데바닷따는 치유될 수 없는 괴로운 곳, 지옥에 떨어져, 일 겁을 지낼 운명이다. 세 가지란 어떠한 것인가?

수행승들이여, 악한 욕망에 정복되어 마음이 사로잡힌 데바닷따는 치유될 수 없는 괴로운 곳, 지옥에 떨어져, 일 겁을 지낼 운명이다. 수행승들이여, 악한 우정에 정복되어 마음이 사로잡힌 데바닷따는 치유될 수 없는 괴로운 곳, 지옥에 떨어져, 일 겁을 지낼 운명이다. 또한 그는 더욱 해야 할 일이 있음에도 사소한 성취에 교만하여 중도에 그만 두게 되었다.

수행승들이여, 이러한 세 가지 악한 상태에 정복되어 마음이 사로잡힌 데바닷따는 치유될 수 없는 괴로운 곳, 지옥에 떨어져 일 겁을 지낼 운명이다."

2. 세존께서는 이와 같은 의취를 설하셨고 그와 관련하여 이와 같이 말씀하셨다.

[세존] "누구도 악한 욕망을 품고
세상에 태어나지 말아야 한다.
그러한 악한 욕망을 품은 자의

---

dicco v'udayaṁ taman'ti ||

279) It. 85 : 한역에 해당경전이 없다.

그와 같은 운명을 알게 되리라.280)

현자라고 [86] 여겨지고
자기를 닦은 자라고 간주되어,
데바닷따는 그 명성으로 인해
불타오르듯, 널리 유명해졌다.281)

그는 여래를 모욕하고
동등하다고 맞서
두려운 아비지옥의
네 문에 들어섰다.282)

악업을 짓지 않고
미움을 여읜 님을 해치려는 자는
마음을 증오로 채우고
존경을 잃고 악에 떨어진다.283)

바다를 독이 든 단지로
더럽히려고 생각한다면,
그렇게 할 수는 없다.
그것보다 바다가 크기 때문이다.284)

---

280) mā jātu koci lokasmiṁ | pāpiccho upapajjatu | tadamināpi jānātha | pāpicchānaṁ yathā gati ||

281) paṇḍito'ti samaññāto | bhāvitatto'ti sammato | jalaṁ'va yasasā aṭṭhā | devadatto 'ti vissuto ||

282) so samānam anuciṇṇo | āsajja naṁ tathāgataṁ | avīcinirayaṁ patto | catudvāraṁ bhayānakaṁ ||

283) aduṭṭhassa hi yo dubbhe | pāpakammaṁ akubbato | tameva pāpaṁ phūsati | duṭṭ hacittaṁ anādaraṁ ||

284) samuddaṁ visakumbhena | yo maññeyya padūsituṁ | na so tena padūseyya | ya smā hi udadhī mahā ||

여래, 올바로 가신 님,
고요한 님을
그릇된 [87] 주장으로 해치고자 하여도
그 주장이 영향을 미치지 못한다.285)

그 님을 벗으로 삼아
현자라면 그를 섬기리.
수행승은 그의 길을 따라
괴로움의 소멸을 얻는다."286)

세존께서는 이와 같은 의취도 역시 설하셨다고 나는 들었다.

이로써 제3장 「셋모음」의 「제4품」이 끝났다. 그 내용은 차례로 '1. 사유의 경 2. 공경의 경 3. 천신의 목소리의 경 4. 징조의 경 5. 많은 사람의 이익의 경 6. 부정관의 경 7. 여법한 가르침의 경 8. 암흑을 만드는 것의 경 9. 내적인 티끌의 경 10. 데바닷따의 경'으로 이루어졌으며, 「제4품」이라고 불린다.

---

285) evameva tathāgataṁ | yo vādena vihiṁsati | samaggataṁ santacittaṁ | vādo ta mhi na rūhati ||

286) tādisaṁ mittaṁ kubbetha | tañca seveyya paṇḍito | yassa maggānugo bhikkhu | khayaṁ dukkhassa pāpuṇe'ti ||

5. 제오품[Pañcamavagga]

90(3-5-1) 최상의 믿음의 경[Aggappasādasutta][287)]

1. 이와 같이 세존께서 설하셨고 거룩한 님께서 설하셨다고 나는 들었다.

[세존] "수행승들이여, 이와 같은 세 가지 최상의 믿음이 있다. 세 가지란 무엇인가? 수행승들이여, 다리가 없는 뭇삶, 두 다리를 지닌 뭇삶, 네 다리를 지닌 뭇삶, 많은 다리를 지닌 뭇삶, 미세한 물질계의 뭇삶, 비물질계의 뭇삶, 지각을 지닌 뭇삶, 지각을 여읜 뭇삶, 지각을 지닌 것도 지각을 여읜 것도 아닌 뭇삶들이 있는데, 그들 가운데, 바로 거룩한 님, 올바로 원만히 깨달은 님이신 [88] 여래가 최상이라고 설해진다. 수행승들이여, 그 깨달은 님에게 믿음을 갖는 자들이 최상의 믿음을 갖는 것이다. 최상의 믿음을 갖는 자들에게 최상의 과보가 있다.

수행승들이여, 조건지어진 것이건 조건지어지지 않은 것이건 그들 가운데 사라짐이 최상이라고 설해진다. 그것은 곧, 자만을 부수고 갈증을 제거하고 애착의 경향을 버리고 유전을 끊고 갈애를 부수고 사라지고 소멸하고 열반에 드는 것이다. 수행승들이여, 그 사라짐이라는 가르침에 믿음을 갖는 자들이 최상의 믿음을 갖는 것이다. 최상의 믿음을 갖는 자들에게 최상의 과보가 있다.

수행승들이여, 모임이건 회중이건 그들 가운데 여래의 제자의 참모임이 최상이라고 설해진다. 그것은 곧, 네 쌍으로 여덟이 되는 참사람으로 이루어졌으니, 그 세존의 제자들의 모임은 공양받을 만하

---

287) It. 87; AN. II. 34-35; III. 35-36 : 본사경135(대정17권 697)

고 대접받을 만하며 보시받을 만하고 존경받을 만하며 세상의 위없는 복밭이다. 수행승들이여, 그 참모임에 믿음을 갖는 자들이 최상의 믿음을 갖는 것이다. 최상의 믿음을 갖는 자들에게 최상의 과보가 있다.

수행승들이여, 이와 같은 세 가지 최상의 믿음이 있다."

2. 세존께서는 이와 같은 의취를 설하셨고 그와 관련하여 이와 같이 말씀하셨다.

[세존] "믿음을 최상으로 하고,
최상의 가르침을 알고,
최상의 깨달은 님을 믿는 자들에게
위없는 님은 공양을 받을 만하다.288)

최상의 가르침을 믿고
참모임을 믿는 자들에게
사라짐과 적멸의 안락은
위없는 공덕의 밭이다.289)

최상의 것을 [89] 보시하면
최상의 것을 얻는다.
최상의 수명, 피부, 명예,
칭송, 행복, 힘을 얻는다.290)

---

288) aggato ve pasannānaṁ | aggaṁ dhammaṁ vijānataṁ | agge buddhe pasannānaṁ | dakkhiṇeyye anuttare ||

289) agge dhamme pasannānaṁ | virāgupasame sukhe | agge saṅghe pasannānaṁ | puññakkhette anuttare ||

290) aggasmiṁ dānaṁ dadataṁ | aggaṁ puññaṁ pavaḍḍhati | aggaṁ āyu va vaṇṇo ca | yaso kitti sukhaṁ balaṁ ||

슬기로운 자는 최상의 것을 주고
최상의 가르침 가운데 선정에 들어,
신으로서 또는 인간으로서
최상에 도달하여 기뻐한다."291)

세존께서는 이와 같은 의취도 역시 설하셨다고 나는 들었다.

91(3-5-2) 삶의 경[Jīvikāsutta]292)

1. 이와 같이 세존께서 설하셨고 거룩한 님께서 설하셨다고 나는 들었다.

[세존] "수행승들이여, 이 탁발이라는 것은 삶의 끝이다. 세상에는 '손에 발우나 들고 돌아다녀라!'라는 저주가 있다. 그러나 수행승들이여, 훌륭한 아들들은 타당하고 합리적인 이유가 있어 그러한 삶을 선택한 것이다. 결코 왕이 강요한다고 그런 것이 아니고, 강도가 강요한다고 그런 것이 아니고, 빚을 졌기 때문에 그런 것도 아니고, 두려움 때문에 그런 것도 아니고, 목숨을 연명하기 위해 그런 것도 아니다. 그러나 그들은 '나는 태어남, 늙음, 죽음, 우울, 슬픔, 고통, 근심, 절망에 떨어졌다. 괴로움에 떨어져 괴로움에 둘러싸여 있다. 적어도 괴로움의 다발들이 종식되어야 한다.'고 생각해서 그렇게 한 것이다.

수행승들이여, 이와 같이 출가한 훌륭한 아들이 탐욕 [90]스럽고, 감각적 쾌락의 욕망에 자극되고, 마음에 분노가 넘치고, 정신적으

---

291) aggassa dātā medhāvi | aggadhammasamāhito | devabhūto manusso vā | aggappatto pamodatī'ti ||

292) It. 89; SN. III. 93 : 본사경92(대정17권 682); 중아함140 지변경(대정1권 647); 잡아함제10(대정2권 71); 이 경에 대한 SN. III. 91-93에는 이 경의 인연담이 상세히 설해져 있다.

로 사유가 퇴락하고, 새김을 잃고, 올바로 알아차리지 못하고, 올바로 집중하지 못하고, 마음이 산란해지고, 감각능력을 통제하지 못하고 있다. 수행승들이여, 마치 쇠똥을 가운데 바르고, 양쪽 끝이 타다 남은 태워진 화장용 장작더미는 마을에서 목재로 사용할 수 없고 숲에서도 목재로 사용할 수 없는 것처럼, 수행승들이여, 이와 같은 사람은 재가자로서의 즐거움도 누리지 못하고, 수행자의 목적도 성취할 수 없다고 나는 말한다."

2. 세존께서는 이와 같은 의취를 설하셨고 그와 관련하여 이와 같이 말씀하셨다.

[세존] "집과 재산을 여읜
불운한 자, 그가
수행자의 목적을 부수고 흩뜨려서,
화작용 장작더미처럼 멸망한다.293)

목에 가사를 걸치고도
악한 성품을 지니고 자제되지 않는 자들이 많다.
악한 행위의 결과로
그 악한 자들은 지옥에 태어난다.294)

계행을 지키지 않고 자제가 없는 자는
나라의 음식을 축내는 것보다,
차라리 불꽃처럼 뜨겁게 달아오른
철환을 삼키는 것이 낫다."295)

---

293) gihībhogā ca parihīno | sāmaññatthañca dubbhago | paridhaṁsamāno pakireti | chavālātaṁ va nassati ||

294) kāsāvakaṇṭhā pahavo | pāpadhammā asaññatā | pāpā pāpehi kammehi | nirayaṁ te upapajjare ||

세존께서는 이와 같은 의취도 역시 설하셨다고 나는 들었다.

92(3-5-3) 쌍가띠 옷의 자락의 경[Saṅghāṭikaṇṇasutta]296)

1. 이와 같이 [91] 세존께서 설하셨고 거룩한 님께서 설하셨다고 나는 들었다.

[세존] "수행승들이여, 만약 수행승이 쌍가띠 옷의 자락을 붙잡고 따라 다니며 자신의 발로 나의 발자취를 밟더라도, [91] 그가 탐욕스럽고, 감각적 쾌락의 욕망에 자극되고, 마음에 분노가 넘치고, 정신적으로 사유가 퇴락하고, 새김을 잃고, 올바로 알아차리지 못하고, 올바로 집중하지 못하고, 마음이 산란해지고, 감각 능력이 통제되지 못하면, 나는 그에게서 멀고 그는 나에게서 멀다. 그것은 무슨 까닭이냐? 수행승들이여, 그 수행승은 진리를 보지 못하기 때문이다. 진리를 보지 못하면, 나를 보지 못하는 것이다.

수행승들이여, 만약 그 수행승이 일백 요자나 떨어져 살더라도, 그가 탐욕스럽지 않고, 감각적 쾌락의 욕망에 자극되지 않고, 마음에 분노가 넘치지 않고, 정신적으로 사유가 퇴락하지 않고, 새김을 잃지 않고, 올바로 알아차리고, 올바로 집중하고, 마음이 통일되고, 감각 능력이 통제되면, 나는 그에게서 가깝고 그는 나에게서 가깝다. 그것은 무슨 까닭이냐? 수행승들이여, 그 수행승은 진리를 보기 때문이다. 진리를 보면, 나를 보는 것이다."

2. 세존께서는 이와 같은 의취를 설하셨고 그와 관련하여 이와 같이 말씀하셨다.

---

295) seyyo ayoguḷo bhutto | tatto aggīsukhūpamo | yañce bhuñjeyya dussīlo | raṭṭhapiṇḍaṁ asaññato'ti ||

296) It. 91 : 한역에 해당경전이 없다.

[세존] "뒤를 따른다고 하더라도
욕심이 많고, 고뇌가 많고,
동요가 있는 자는 동요가 없는 자로부터,
열반을 얻지 못한 자는 열반을 얻은 자로부터,
탐욕이 있는 자는 탐욕을 여읜 자로부터,
멀리 있다고 보아야 하리.[297]

현자는 가르침을 곧바로 알고
가르침을 이해하여
동요하지 않는 자로서 [92] 적멸에 든다.
바람 없는 호수처럼.[298]

동요를 여읜 자는 동요가 없는 자와,
열반을 얻은 자는 열반에 든 자와,
탐욕을 여읜 자는 탐욕이 없는 자와,
가까이 있다고 보아야 하리."[299]

세존께서는 이와 같은 의취도 역시 설하셨다고 나는 들었다.

93(3-5-4) 불꽃의 경[Aggisutta][300]

1. 이와 같이 세존께서 설하셨고 거룩한 님께서 설하셨다고 나는 들었다.

---

297) anubaddho'pi ce assa | mahiccho ca vighātavā | ejānugo anejassa | nibbutassa anibbuto | giddho so vītagedhassa | passa yāvañca ārakā ||

298) so ca dhammaṃ abhiññāya | dhammamaññāya paṇḍito | rahado'va nivāto ca | anejo vūpasammati ||

299) anejo so anejassa | nibbutassa nibbuto | agiddho vītagedhassa | passa yāvañca santike'ti ||

300) It. 92 : 한역에 해당경전이 없다.

[세존] "수행승들이여, 이러한 세 가지 불꽃이 있다. 세 가지란 무엇인가? 탐욕의 불꽃, 성냄의 불꽃, 어리석음의 불꽃이다. 수행승들이여, 이러한 세 가지 불꽃이 있다."

2. 세존께서는 이와 같은 의취를 설하셨고 그와 관련하여 이와 같이 말씀하셨다.

[세존] "감각적 쾌락의 욕망에 물들어
혼미해진 자들은 탐욕의 불꽃이 태운다.
살생의 악의를 품은 자들은
성냄의 불꽃이 태워버린다.301)

미혹한 자, 고귀한 진리를 알지 못하는 자들은
어리석음의 불꽃이 태워버린다.
자신의 몸에 환희하는 자들은
이러한 불꽃들에 대해 알지 못한다.302)

그들은 지옥, 축생,
아수라, [93] 아귀의 경계를 증대시킨다.
악마의 속박에서
그들은 벗어나지 못한다.303)

올바로 원만히 깨달은 님의
가르침에 밤낮 전념하는 자들은

---

301) rāgaggi dahati macce | ratte kāmesu mucchite | dosaggi pana byāpanne | nare pāṇānipātino ||

302) mohaggi pana sammūḷhe | ariyadhamme akovide | ete aggī ajānanti | sakkāyābhiratā pajā ||

303) te vaḍḍhayanti nirayaṁ | tiracchānañca yoniyo | asuraṁ pettivisayaṁ | amuttā mārabandhanā ||

언제나 부정관을 닦으며
탐욕의 불꽃을 끈다.[304]

최상의 님들은 자애관으로
분노의 불꽃을 끄고
꿰뚫음으로 이끄는 지혜로써
어리석음의 불꽃을 끈다.[305]

그것들을 소멸시켜
밤낮으로 피곤을 모르는 현자들은
남김없이 완전한 열반에 들어
남김없이 괴로움을 뛰어넘는다.[306]

고귀한 통찰자, 천계의 정통자인
현자들은 올바른 궁극의 앎으로
태어남의 부서짐을 곧바로 알아
다시는 태어남을 받지 않는다."[307]

세존께서는 이와 같은 의취도 역시 설하셨다고 나는 들었다.

94(3-5-5) 성찰의 경[Upaparikkhasutta][308]

1. 이와 같이 [94] 세존께서 설하셨고 거룩한 님께서 설하셨다고 나

---

304) ye ca rattindivā yuttā | sammāsambuddhasāsane | te nibbāpenti rāgaggiṁ | niccaṁ asubhasaññino ||

305) dosaggiṁ pana mettāya | nibbāpenti naruttamā | mohaggiṁ pana paññāya | yāyaṁ nibbedhagāminī ||

306) te nibbāpetvā nipakā | rattindivamatanditā | asesaṁ parinibbanti | asesaṁ dukkham accaguṁ ||

307) ariyaddasā vedaguno | sammadaññāya paṇḍitā | jātikkhayamabhiññāya | nāgacchanti punabbhavanti ||

308) It. 94 : 한역에 해당경전이 없다.

는 들었다.

[세존] "수행승들이여, 수행승은 [94] 성찰할 때에 의식이 밖으로 산란하지 않고, 흩어지지 않고, 안으로 고착되지 않고, 집착을 여의고, 혼란을 여의도록, 그와 같이 성찰해야 한다. 수행승들이여, 그의 의식이 밖으로 산란하지 않고, 흩어지지 않고, 안으로 약화되지 않고 집착을 여의고, 혼란을 여의면, 미래의 태어남, 늙음, 죽음의 괴로움의 원인이 생겨나지 않는다."

2. 세존께서는 이와 같은 의취를 설하셨고 그와 관련하여 이와 같이 말씀하셨다.

[세존] "수행승이 일곱 가지 집착을 끊고
존재의 통로를 부수었다면,
그에게 생의 윤회는 부수어진 것이고
다시 태어남은 없는 것이다."[309]

세존께서는 이와 같은 의취도 역시 설하셨다고 나는 들었다.

95(3-5-6) 감각적 쾌락의 욕망의 생겨남의 경[Kāmūpapattisutta][310]

1. 이와 같이 세존께서 설하셨고 거룩한 님께서 설하셨다고 나는 들었다.

[세존] "수행승들이여, 이와 같은 세 종류의 감각적 쾌락의 욕망을 지닌 자들이 있다. 세 가지란 무엇인가? 현전(現前)의 감각적 쾌락의 욕망계의 욕망을 지닌 자들, 자신이 만들어낸 것을 즐기려

309) sattasaṅgapahīṇassa | nettichinnassa bhikkhuno | vikkhīṇo jātisaṁsāro | natthi tassa punabbhavo'ti ‖

310) It. 94 : 본사경114(대정17권 690)

는 욕망을 지닌 자들, 타자가 만들어낸 것을 누리려는 욕망을 지닌 자들이 있다. 수행승들이여, 이와 같은 세 종류의 감각적 쾌락의 욕망이 있는 자들이 있다.”

2. 세존께서는 이와 같은 의취를 설하셨고 그와 관련하여 이와 같이 말씀하셨다.

[세존] “현전의 감각적 쾌락의 욕망을 지닌 자들과
자신이 창조한 것을 즐기는 신들,
감각적 쾌락의 욕망을
타자로 인해 누리는 신들이 있다.[311]

이 세상의 존재, 저 세상의 존재이건,
윤회를 뛰어넘지 못한다.
현자는 욕망을 누리는 한,
그것이 재난임을 알고
천상에 속하든 인간에 속하든
일체의 욕망을 끊는다.[312]

사랑스러운 것의 [95] 즐거움에 대한 애착,
건너기 힘든 흐름을 끊고
남김없이 완전한 열반에 들어
남김없이 괴로움을 뛰어넘는다.[313]

---

311) paccupaṭṭhitakāmā ca | ye devā masavattino | nimmānaratino devā | ye caññe kā mabhogino ‖

312) itthabhāvaññathābhāvaṁ | saṁsāraṁ nātivattare | etamādīnavaṁ ñatvā | kāmab hogesu paṇḍito | sabbe pariccaje kāme | ye dibbā ye ca mānusā ‖

313) piyarūpasātagadhitaṁ | chetvā sotaṁ duraccayaṁ | asesaṁ parinibbanti | asesa ṁ dukkham accaguṁ ‖

고귀한 통찰자, 최상의 지혜자인
현명한 님들은
태어남이 부서진 것을 곧바로 알아
다시 태어남에 이르지 않는다."314)

세존께서는 이와 같은 의취도 역시 설하셨다고 나는 들었다.

96(3-5-7) 감각적 쾌락의 욕망의 멍에의 경[Kāmayogasutta]315)

1. 이와 같이 세존께서 설하셨고 거룩한 님께서 설하셨다고 나는 들었다.

[세존] "수행승들이여, 감각적 쾌락의 욕망의 멍에에 묶이고, 존재의 멍에에 묶여서 돌아오는 님, 이 상태로 돌아오는 님이 된다. 수행승들이여, 감각적 쾌락의 욕망의 멍에에 묶이지 않았으나, 존재의 멍에에 묶여서 돌아오지 않는 님, 이 상태로 돌아 오지 않는 님이 된다. 수행승들이여, 감각적 쾌락의 욕망의 멍에에 묶이지 않을 뿐만 아니라 존재의 멍에에도 묶이지 않아 거룩한 님, 번뇌를 부순 님이 된다."

2. 세존께서는 이와 같은 의취를 설하셨고 그와 관련하여 이와 같이 말씀하셨다.

[세존] "감각적 쾌락의 욕망의 멍에와
존재의 멍에, 이 두 가지에 묶여
뭇삶들은 [96] 생사로 이끄는

314) ariyaddasā vedaguno | sammadaññāya paṇḍitā | jātikkhayamabhiññāya | nāgacchanti punabbhavan'ti ||
315) It. 95 : 한역에 해당경전이 없다.

윤회 가운데로 들어간다.316)

감각적 쾌락의 욕망들을 버렸으나
번뇌의 부숨을 이루지 못하여
존재의 멍에에 묶인 자들은
돌아오지 않는 자라고 불린다.317)

참으로 의심을 끊고
자만과 다시 태어남을 부수고
번뇌의 부숨에 이른 자들은
세상에서 피안에 도달한 님들이다."318)

세존께서는 이와 같은 의취도 역시 설하셨다고 나는 들었다.

97(3-5-8) 훌륭한 계행의 경[Kalyāṇasīlasutta]319)

1. 이와 같이 세존께서 설하셨고 거룩한 님께서 설하셨다고 나는 들었다.

[세존] "수행승들이여, 훌륭한 계행을 지니고, 훌륭한 원리를 지니고, 훌륭한 지혜를 지닌 수행승은 이 가르침과 계율에서 홀로 있는 님, 청정한 삶을 완성한 님, 사람 가운데 최상의 님이라고 불린다.
수행승들이여, 어떻게 수행승이 훌륭한 계행을 지니는가? 수행승들이여, 세상에 수행승이 계행을 지키고 의무계율을 수호하고 올바

316) kāmayogena saṁyuttā | bhavayogena cūbhayaṁ | sattā gacchanti saṁsāraṁ | jātimaraṇagāmino ||

317) ye ca kāme pahātvāna | appattā āsavakkhayaṁ | bhavayogena saṁyuttā | anāgāmī'ti vuccare ||

318) ye ca kho khīṇasaṁsayā | khīṇamānapunabbhavā | te ve pāraṁ gatā loke | ye pattā āsavakkhayan'ti ||

319) It. 96 : 한역에 해당경전이 없다.

른 행위의 경계를 갖추고, 사소한 잘못에서도 두려움을 보고, 지켜야 할 학습계율을 수용하여 배운다. 수행승들이여, 이와 같이 수행승이 훌륭한 계행을 지닌다. 훌륭한 계행은 이와 같다.

수행승들이여, 어떻게 수행승이 훌륭한 원리를 지니는가? 수행승들이여, 세상에 수행승이 일곱 가지 깨달음에 도움이 되는 원리를 닦는 수행을 행한다. 수행승들이여, 이와 같이 수행승이 훌륭한 원리를 지닌다. 훌륭한 계행은 이와 같고, 훌륭한 원리는 이와 같다.

수행승들이여, 어떻게 수행승이 훌륭한 지혜를 지니는가? [97] 수행승들이여, 세상에 수행승이 번뇌를 부수고, 번뇌 없이 마음에 의한 해탈과 지혜에 의한 해탈을 스스로 알고 깨달아 성취한다. 수행승들이여, 이와 같이 수행승이 훌륭한 지혜를 지닌다.

수행승들이여, 이와 같이 훌륭한 계행을 지니고, 훌륭한 원리를 지니고, 훌륭한 지혜를 지닌 수행승은 이 가르침과 계율에서 홀로 있는 님, 삶을 완성한 님, 사람 가운데 최상의 님이라고 불린다."

2. 세존께서는 이와 같은 의취를 설하셨고 그와 관련하여 이와 같이 말씀하셨다.

[세존] "신체적으로 언어적으로
정신적으로 잘못이 없고
부끄러움을 아는 그 수행승을
훌륭한 계행을 지닌 님이라고 부른다.320)

원리를 잘 지키고
올바른 깨달음에 도달한,

---

320) yassa kāyena vācāya | manasā natthi dukkaṭaṁ | taṁ ve kalyāṇasīlo'ti | āhu bhikkhuṁ hirīmataṁ ||

돌기(突起)를 여읜 그 수행승을
훌륭한 원리를 지닌 님이라고 부른다.[321]

바로 여기에서 자신의
괴로움의 소멸에 대해 분명히 알고
번뇌를 여읜 그 수행승을
훌륭한 지혜를 지닌 님이라고 부른다.[322]

그러한 원리를 갖추고
동요하지 않고 의심을 끊고
일체의 세계에 집착하지 않는 님을
일체를 끊어버린 님이라 부른다."[323]

세존께서는 이와 같은 의취도 역시 설하셨다고 나는 들었다.

98(3-5-9) 보시의 경[Dānasutta][324]

1. 이와 같이 세존께서 설하셨고 거룩한 님께서 설하셨다고 나는 들었다.

[세존] "수행승들이여, 이와 같은 두 가지 보시 [98] 즉, 재물에 의한 보시와 가르침에 의한 보시가 있다. 수행승들이여, 이와 같은 두 가지 보시 가운데 가르침에 의한 보시가 제일 훌륭하다.

수행승들이여, 이와 같은 두 가지 나눔 즉, 재물에 의한 나눔과 가

---

321) yassa dhammā subhāvitā | satta sambodhagāmino | taṁ ve kalyāṇadhammo'ti | āhu bhikkhuṁ anussadaṁ ‖

322) yo dukkhassa pajānāti | idheva khayam attano | taṁ ve kalyāṇapañño'ti | āhu bhikkhuṁ anāsavaṁ ‖

323) tehi dhammehi sampannaṁ | anīghaṁ chinnasaṁsayaṁ | asitaṁ sabbalokassa | āhu sabbappahāyinan'ti ‖

324) It. 97; AN. I. 91-92 : 본사경97(대정17권 683); 증일아함제7 유무품3-5(대정2권 577).

르침에 의한 나눔이 있다. 수행승들이여, 이와 같은 두 가지 나눔 가운데 가르침에 의한 나눔이 제일 훌륭하다.

수행승들이여, 이와 같은 두 가지 도움 즉, 재물에 의한 도움과 가르침에 의한 도움이 있다. 수행승들이여, 이와 같은 두 가지 도움 가운데 가르침에 의한 도움이 제일 훌륭하다."

2. 세존께서는 이와 같은 의취를 설하셨고 그와 관련하여 이와 같이 말씀하셨다.

[세존] "이른바 최상의 위없는 것이 보시이니,
존귀한 님이 칭찬하신 나눔,
최상의 밭에 청정한 믿음의 마음을 내어,
양식있는 자로서 분명히 안다면,
누가 때맞춰 행하지 않겠는가?[325]

그것을 듣는 자, 그것을 말하는 자, 양자가
행복한 님의 가르침에 청정한 믿음의 마음을 내어,
그 가운데 그들의 궁극의 목표가 정화되니,
누가 행복한 님의 가르침에 방일할 것인가?"[326]

세존께서는 이와 같은 의취도 역시 설하셨다고 나는 들었다.

99(3-5-10) 세 가지 명지(明智)의 경[Tevijjasutta][327]

1. 이와 같이 세존께서 설하셨고 거룩한 님께서 설하셨다고 나는 들

---

325) yam āhu dānaṁ paramaṁ anuttaraṁ | yaṁ saṁvibhāgaṁ bhagavā avaṇṇayī | aggamhi khettamhi pasannacitto | viññū pajānaṁ ko na yajetha kāle ||

326) ye ceva bhāsanti suṇanti cūbhayaṁ | pasannacittā sugatassa sāsane | tesaṁ so attho paramo visujjhati | ye appamattā sugatassa sāsane'ti ||

327) It. 98 : 한역에 해당경전이 없다.

었다.

[세존] "수행승들이여, 나는 성직자에 관한 한, 단지 중얼거리는 것 때문에 그렇게 불리는 이교도가 아니라, 법다운 증득으로 세 가지 명지의 소유자가 된다고 정의한다. 수행승들이여, 어떻게 나는 성직자에 관한 한, 단지 중얼거리는 것 때문에 그렇게 불리는 이교도가 아니라, 법다운 증득으로 세 가지 명지의 소유자가 된다고 정의하는가?

수행승들이여, 세상에 수행승이 전생의 여러 가지 삶에 [99] 관하여 예를 들어 '한 번 태어나고 두 번 태어나고 세 번 태어나고 네 번 태어나고 다섯 번 태어나고 열 번 태어나고 스무 번 태어나고 서른 번 태어나고 마흔 번 태어나고 쉰 번 태어나고 백 번 태어나고 천 번 태어나고 십만 번 태어나고, 수많은 세계가 괴멸되고 수많은 세계가 생성되고 수많은 세계가 괴멸되고 생성되는 시간을 지나면서, 당시에 나는 이러한 이름과 이러한 성을 지니고 이러한 용모를 지니고 이러한 음식을 먹고 이러한 괴로움과 즐거움을 맛보고 이러한 목숨을 지녔었고, 나는 그 곳에서 죽은 뒤에 다른 곳에 태어났는데, 거기서 나는 이러한 이름과 이러한 성을 지니고 이러한 용모를 지니고 이러한 음식을 먹고 이러한 괴로움과 즐거움을 맛보고 이러한 목숨을 지녔었다. 그 곳에서 죽은 뒤에 여기에 태어났다.'라고 기억한다.

이것이 그의 첫 번째 명지의 증득이다. 방일하지 않고 열심히 노력하고 스스로 정진하는 자에게 그러하듯, 무명이 부서져 명지가 생겨나고, 어둠이 부서져 빛이 생겨난다.

또한 수행승들이여, 수행승이 인간을 뛰어넘는 청정한 하늘눈으로 뭇삶들을 관찰하여, 죽거나 다시 태어나거나 천하거나 귀하거나 아름답거나 추하거나 행복하거나 불행하거나 업보에 따라서 등장하는 뭇삶들에 관하여 '어떤 뭇삶들은 신체적으로 악행을 저지르고 언어적으로 악행을 저지르고 정신적으로 악행을 저지르고 고귀한 님들을 비난하고 잘못된 견해를 지니고 잘못된 견해에 따라 행동했다. 그래서 그들은 몸이 파괴되고 죽은 뒤에 괴로운 곳, 나쁜 곳, 비참한 곳, 지옥에 태어난 것이다. 그러나 다른 뭇삶들은 신체적으로 선행을 하고 언어적으로 선행을 하고 정신적으로 선행을 하고 고귀한 님들을 [100] 비난하지 않고 올바른 견해를 지니고 올바른 견해에 따라 행동했다. 그래서 그들은 몸이 파괴되고 죽은 뒤에 좋은 곳, 하늘나라에 태어난 것이다.'라고 분명히 안다. 이와 같이 수행승은 마음이 삼매에 들어 청정해지고 고결해지고 티끌없이 오염을 여의어 유연해지고 유능해져서 부동에 도달하여, 뭇삶들의 생사에 대한 앎으로 마음을 지향하게 하고 기울게 하여, 인간을 뛰어넘는 청정한 하늘눈으로 뭇삶들을 관찰하여, 죽거나 다시 태어나거나 천하거나 귀하거나 아름답거나 추하거나 행복하거나 불행하거나 업보에 따라서 등장하는 뭇삶들에 관하여 분명히 안다.

이것이 그의 두 번째 명지의 증득이다. 방일하지 않고 열심히 노력하고 스스로 정진하는 자에게 그러하듯, 무명이 부서져 명지가 생겨나고, 어둠이 부서져 빛이 생겨난다.

또한 수행승들이여, 수행승이 번뇌를 부수어 번뇌 없이 마음에 의한 해탈과 지혜에 의한 해탈을 지금 여기에서 스스로 증득하고 깨달아 성취한다.

이것이 그의 세 번째 명지의 증득이다. 방일하지 않고 열심히 노력하고 스스로 정진하는 자에게 그러하듯, 무명이 부서져 명지가 생겨나고, 어둠이 부서져 빛이 생겨난다.

수행승들이여, 이와 같이 나는 성직자에 관한 한, 단지 중얼거리는 것 때문에 그렇게 불리는 이교도가 아니라, 법다운 증득으로 세 가지 명지의 소유자가 된다고 정의한다."

2. 세존께서는 이와 같은 의취를 설하셨고 그와 관련하여 이와 같이 말씀하셨다.

[세존] "전생의 삶을 알고
천상과 악취를 본다.
마침내 태어남의 부서짐에 도달하여
곧바른 앎이 완성된 자가 성자이다.328)

이러한 [101] 세 가지 명지로
세 가지 명지의 성직자가 된다.
단지 입으로만 중얼거리는 다른 자가 아니라
나는 그를 세 가지 명지를 지닌 자라고 부른다."329)

세존께서는 이와 같은 의취도 역시 설하셨다고 나는 들었다.

이로써 제3장 「셋모음」의 「제5품」이 끝났다. 그 내용은 차례로 '1. 최상의 믿음의 경 2. 삶의 경 3. 쌍가띠 옷의 자락의 경 4. 불꽃의 경 5. 성찰의 경 6. 감각적 쾌락의 욕망의 생겨남의 경 7. 감각적 쾌락의 욕망의 멍에의 경 8. 훌륭한 계행의 경 9. 보시의 경 10. 세 가지 명지(明智)의 경'으로 이루어졌으며, 「제5품」이라고 불린다. 이것으로써 제3장 「셋모음」이 끝났다.

---

328) pubbenivāsaṁ yo vedi | saggāpāyañca passati | atho jātikkhayaṁ patto | abhiññā vosito muni ||

329) etāhi tīhi vijjāhi | tevijjo hoti brāhmaṇo | tam ahaṁ vadāmi tevijjaṁ | nāññaṁ la pitalāpanan'ti ||

제4장 넷모음

Catukkanipāta

1. 제일품[Paṭhamavagga]

100(4-1-1) 바라문의 경[Brāhmaṇasutta][330]

1. 이와 같이 세존께서 설하셨고 거룩한 님께서 설하셨다고 나는 들었다.

[세존] "수행승들이여, 나는 바라문, 걸식자에게 응하는 자, 항상 청정한 손을 지닌 자, 최후의 몸을 지닌 자, 화살을 뽑아버리는 위없는 의사이다. 그대들은 나의 적자이며, 입에서 생겨난 자이며, 가르침에서 생겨난 자이며, 가르침에 의해 만들어진 자로서, 가르침의 상속자이지 재산의 상속자가 아니다.

수행승들이여, 이와 같은 두 가지 보시, 재물에 의한 보시와 가르침에 의한 보시가 있다. [102] 수행승들이여, 이와 같은 두 가지 보시 가운데 가르침에 의한 보시가 제일 훌륭하다.

수행승들이여, 이와 같은 두 가지 나눔, 재물에 의한 나눔과 가르침에 의한 나눔이 있다. 수행승들이여, 이와 같은 두 가지 나눔 가운데 가르침에 의한 나눔이 제일 훌륭하다.

수행승들이여, 이와 같은 두 가지 도움, 재물에 의한 도움과 가르침에 의한 도움이 있다. 수행승들이여, 이와 같은 두 가지 도움 가운데 가르침에 의한 도움이 제일 훌륭하다.

수행승들이여, 이와 같은 두 가지 제사, 재물에 의한 제사와 가르침에 의한 제사가 있다. 수행승들이여, 이와 같은 두 가지 제사 가운데 가르침에 의한 제사가 제일 훌륭하다."

2. 세존께서는 이와 같은 의취를 설하셨고 그와 관련하여 이와 같이

---

330) It. 101 : 한역에 해당경전이 없다.

말씀하셨다.

[세존] "여래는 일체 존재를 어여삐 여겨
간탐을 여의고 가르침에 의한 제사를 지냈다.
이러한 신들과 인간의 최승자,
존재의 피안에 도달한 님께 뭇삶들은 귀의합니다."[331]

세존께서는 이와 같은 의취도 역시 설하셨다고 나는 들었다.

101(4-1-2) 네 가지 허물없음의 경[Caturanavajjasutta][332]

1. 이와 같이 세존께서 설하셨고 거룩한 님께서 설하셨다고 나는 들었다.

[세존] "수행승들이여, 이와 같은 네 가지 사소하지만, 쉽게 얻을 수 있는, 허물없는 것들이 있다. 네 가지란 어떠한 것인가?

수행승들이여, 옷으로서 분소의는 사소하고도 쉽게 얻을 수 있는, 허물없는 것이다. 수행승들이여, 음식으로서 탁발식은 사소하고도 쉽게 얻을 수 있는, 허물없는 것이다. 수행승들이여, [103] 처소로서 나무 아래는 사소하고도 쉽게 얻을 수 있는, 허물없는 것이다. 수행승들이여, 의약으로서 진기약은 사소하고도 쉽게 얻을 수 있는, 허물없는 것이다.

수행승들이여, 이와 같은 네 가지 사소하고도 쉽게 얻을 수 있는, 허물없는 것들이 있다.

수행승들이여, 수행승은 사소하고도 쉽게 얻을 수 있는 것에 만족해야 한다. 나는 그것을 수행자의 삶의 한 고리라고 말한다."

---

331) yo dhammayāgaṁ ayaji amaccharī | tathāgato sabbabhūtānukampī | taṁ tādisaṁ devamanussaseṭṭhaṁ | sattā namassanti bhavassa pāragun'ti ||
332) It. 102; AN. II. 26-27

2. 세존께서는 이와 같은 의취를 설하셨고 그와 관련하여 이와 같이 말씀하셨다.

[세존] "허물없고 사소하고
쉽게 얻을 수 있는 것에 만족하는 자는
처소와 의복과
마실 것과 먹을 것에 대하여
마음의 번민이 없고
어디를 가더라도 걱정이 없다.333)

만족을 아는
방일하지 않는 수행승이
이겨낸 것들은
수행자가 따라야 할 것들이라고 나는 선언한다."334)

세존께서는 이와 같은 의취도 역시 설하셨다고 나는 들었다.

102(4-1-3) 번뇌의 소멸의 경[Āsavakkhayasutta]335)

1. 이와 같이 세존께서 설하셨고 거룩한 님께서 설하셨다고 나는 들었다.

[세존] "수행승들이여, 나는 알지 못하고 보지 못하는 자를 위해서가 아니라, 알고 또한 보는 자를 위해서, 번뇌의 소멸을 설한다. 수행승들이여, 어떻게 알고 어떻게 보는 자에게 번뇌의 소멸이 이

333) anavajjena tuṭṭhassa | appena sulabhena ca | na senāsanam ārabbha | cīvaraṁ pānabhojanaṁ | vighāto hoti cittassa | disā nappaṭihaññati ||

334) ye cassa dhammā akkhātā | sāmaññassānulomikā | adhiggahītā tuṭṭhassa | appamattassa bhikkhuno ||

335) It. 103 : 한역에 해당경전이 없다.

루어지는가?

수행승들이여, '이것이 괴로움이다.'라고 알고 또한 보는 자에게, 번뇌의 소멸이 [104] 이루어진다. 수행승들이여, '이것이 괴로움의 발생이다.'라고 알고 또한 보는 자에게, 번뇌의 소멸이 이루어진다. 수행승들이여, '이것이 괴로움의 소멸이다.'라고 알고 또한 보는 자에게, 번뇌의 소멸이 이루어진다. 수행승들이여, '이것이 괴로움의 소멸에 이르는 길이다.'라고 알고 또한 보는 자에게, 번뇌의 소멸이 이루어진다.

수행승들이여, 이렇게 알고 이렇게 보는 자에게, 번뇌의 소멸이 이루어진다."

2. 세존께서는 이와 같은 의취를 설하셨고 그와 관련하여 이와 같이 말씀하셨다.

[세존] "곧바른 길을 따르는
아직 배우는 학인에게는
소멸할 때, 앎이 비로소 생겨나고
곧이어 궁극의 앎이 생겨난다.336)

궁극의 앎에 따라 해탈한 자에게
최상의 해탈에 대한 앎이 생겨난다.
'결박이 부수어졌다.'라는
소멸에 대한 궁극의 앎이 생겨난다.337)

진실로 게으른 자나 어리석은 자나

---

336) sekhassa sukkhamānassa | ujumaggānusārino | khayasmiṁ paṭhamaṁ ñāṇaṁ | tato aññā anantarā ||

337) tato aññā vimuttassa | vimuttiñāṇam uttamaṁ | uppajjati khaye ñāṇaṁ | khīṇā saṁyojanā iti ||

무지한 자에 의해서
일체의 계박으로부터의 해탈인
열반이 획득되어질 수는 없다."[338]

세존께서는 이와 같은 의취도 역시 설하셨다고 나는 들었다.

103(4-1-4) 수행자와 성직자의 경[Samaṇabrāhmaṇasutta][339]

1. 이와 같이 [105] 세존께서 설하셨고 거룩한 님께서 설하셨다고 나는 들었다.

[세존] "수행승들이여, 어떠한 수행자나 성직자이든지 '이것은 괴로움이다.'라고 있는 그대로 분명히 알지 못하고, '이것은 괴로움의 발생이다.'라고 있는 그대로 분명히 알지 못하고, '이것은 괴로움의 소멸이다.'라고 있는 그대로 분명히 알지 못하고, '이것은 괴로움의 소멸에 이르는 길이다.'라고 있는 그대로 분명히 알지 못하면, 나는 그 수행자들이나 성직자들을 수행자들 가운데 수행자, 성직자들 가운데 성직자들이라고 여기지 않을 뿐만 아니라, 그들 존자들 또한 수행자의 의의나 성직자의 의의를 현세에서 스스로 곧바로 알고 깨달아 성취하지 못한 것이 된다.

수행승들이여, 어떠한 수행자나 성직자이든지 [105] '이것은 괴로움이다.'라고 있는 그대로 분명히 알고, '이것은 괴로움의 발생이다.'라고 있는 그대로 분명히 알고, '이것은 괴로움의 소멸이다.'라고 있는 그대로 분명히 알고, '이것은 괴로움의 소멸에 이르는 길이다.'라고 있는 그대로 분명히 알면, 나는 그 수행자들이나 성직자들

---

338) na tvevidaṁ kusītena | bālena avijānatā | nibbānaṁ adhigantabbaṁ | sabbaganth appamocanan'ti ||

339) It. 105 : 한역에 해당경전이 없다.

을 수행자들 가운데 수행자, 성직자들 가운데 성직자들이라고 여길 뿐만 아니라, 그들 존자들 또한 수행자의 의의나 성직자의 의의를 현세에서 스스로 곧바로 알고 깨달아 성취한 것이 된다."

2. 세존께서는 이와 같은 의취를 설하셨고 그와 관련하여 이와 같이 말씀하셨다.

[세존] "괴로움과 [106] 괴로움의 원인을
분명히 알지 못하고
일체의 괴로움이
남김없이 그치는 것과,
괴로움의 소멸로 이끄는 길을
알지 못하는 자들이 있다.340)

마음에 의한 해탈을 이루지 못하고
또한 지혜에 의한 해탈을 이루지 못한 자들은
종식을 이룰 수 없어
태어남과 늙음에 도달한다.341)

괴로움과 괴로움의 원인을
분명히 알고
일체의 괴로움이
남김없이 그치는 것과,
괴로움의 소멸로 이끄는 길을
분명히 아는 자들이 있다.342)

---

340) ye dukkhaṁ nappajānanti | atho dukkhassasambhavaṁ | yattha ca sabbaso dukkhaṁ | asesaṁ uparujjhati | tañca maggaṁ na jānanti | dukkhūpasamagāminaṁ ||

341) cetovimuttihīnā te | atho paññāvimuttiyā | abhabbā te antakiriyāya | te ve jātijarūpagā ||

마음에 의한 해탈을 이루고
또한 지혜에 의한 해탈을 이룬 자들은
종식을 이룰 수 있어
태어남과 늙음에 도달하지 않는다."[343]

세존께서는 이와 같은 의취도 역시 설하셨다고 나는 들었다.

104(4-1-5) 계행을 갖춤의 경[Sīlasampannasutta][344]

1. 이와 같이 [107] 세존께서 설하셨고 거룩한 님께서 설하셨다고 나는 들었다.

[세존] "수행승들이여, 수행승들이 계행을 갖추고 삼매를 갖추고 지혜를 갖추고 해탈을 갖추고 해탈에 대한 앎과 봄을 갖추면, 그들은 훈계하는 자, 알려주는 자, 보여주는 자, 인도하는 자, 격려하는 자, 기쁘게 하는 자로서 올바른 가르침의 유능한 교수자가 된다.

수행승들이여, 이러한 수행승들에 대한 친견이 커다란 도움이 된다고 나는 말한다.

수행승들이여, 이러한 수행승들에 대한 경청이 커다란 도움이 된다고 나는 말한다.

수행승들이여, 이러한 수행승들에 대한 섬김이 커다란 도움이 된다고 나는 말한다.

수행승들이여, 이러한 수행승들에 대한 공경이 커다란 도움이 된

342) ye ca dukkhaṁ pajānanti | atho dukkhassa sambhavaṁ | yattha ca sabbaso dukkhaṁ | asesaṁ uparujjhati | tañca maggaṁ pajānanti | dukkhūpasamagāminaṁ ||

343) cetovimuttisampannā | atho paññāvimuttiyā | bhabbā te antakiriyāya | na te jātijarūpagā'ti ||

344) It. 107 : 한역에 해당경전이 없다.

다고 나는 말한다.

수행승들이여, 이러한 수행승들에 대한 기억이 커다란 도움이 된다고 나는 말한다.

수행승들이여, 이러한 수행승들에 대한 출가가 커다란 도움이 된다고 나는 말한다.

그것은 무슨 까닭인가?

수행승들이여, 이러한 수행승들에 대하여 섬기고 봉사하고 공경하는 자는, 계행의 다발을 완성하지 못하였더라도 닦음을 통해 완성하게 되고, 삼매의 다발을 완성하지 못하였더라도 닦음을 통해 완성하게 되고, 지혜의 다발을 [108] 완성하지 못하였더라도 닦음을 통해 완성하게 되고, 해탈의 다발을 완성하지 못하였더라도 닦음을 통해 완성하게 되고, 해탈에 대한 앎의 다발을 완성하지 못하였더라도 닦음을 통해 완성하게 된다.

수행승들이여, 이와 같은 수행승들은, 스승이라고 불리고, 카라반의 지도자라고 불리고, 전투의 승리자라고 불리고, 어둠의 추방자라고 불리고, 빛의 창조자라고 불리고, 광명의 창조자라고 불리고, 광채의 창조자라고 불리고, 횃불의 봉송자, 광휘의 발현자라고 불리고, 고귀한 님이라고 불리고, 눈있는 님이라고 불린다."

2. 세존께서는 이와 같은 의취를 설하셨고 그와 관련하여 이와 같이 말씀하셨다.

[세존] "이것이 열락을 만드는 조건이다.
자기를 완성한 님들,
고귀한 님들,
가르침에 따라 사는 님들이 안다.345)

그들은 광명의 창조자, 빛의 창조자
견고한 자, 눈있는 자,
전투의 승리자로서
정법의 광명을 들어 빛나게 한다.[346]

그들의 가르침을 들으면,
현명한 님들은 올바로 이해한 뒤에,
태어남의 [109] 부서짐을 곧바로 알아
다시 태어남에 이르지 않는다."[347]

세존께서는 이와 같은 의취도 역시 설하셨다고 나는 들었다.

105(4-1-6) 갈애의 발생원인의 경[Taṇhuppādasutta][348]

1. 이와 같이 세존께서 설하셨고 거룩한 님께서 설하셨다고 나는 들었다.

[세존] "수행승들이여, 수행승에게 갈애가 일어나게 되는, 이와 같은 네 가지 갈애의 발생원인이 있다. 네 가지란 무엇인가?

수행승들이여, 의복을 원인으로 수행승에게 갈애가 일어나게 된다. 수행승들이여, 탁발음식을 원인으로 수행승에게 갈애가 일어나게 된다. 수행승들이여, 처소를 원인으로 수행승에게 갈애가 일어나게 된다. 수행승들이여, 보다 좋거나 나은 것을 원인으로 수행승

---

345) pāmojjakaraṇaṭṭhānaṁ | etaṁ hoti vijānataṁ | yadidaṁ bhāvitattānaṁ | ariyānaṁ dhammajīvinaṁ ||

346) te jotayanti saddhammaṁ | bhāsayanti pabhaṅkarā | ālokakaraṇā dhīrā | cakkhumanto raṇañjahā ||

347) yesaṁ ce sāsanaṁ sutvā | sammadaññāya paṇḍitā | jātikkhayam abhiññāya | nāgacchanti punabbhavanti ||

348) It. 109 : 한역에 해당경전이 없다.

에게 갈애가 일어나게 된다.

수행승들이여, 수행승에게 갈애가 일어나게 되는, 이와 같은 네 가지 갈애의 발생원인이 있다."

2. 세존께서는 이와 같은 의취를 설하셨고 그와 관련하여 이와 같이 말씀하셨다.

[세존] "갈애를 벗으로 삼는 사람은
오랜 세월 윤회하며
이러한 존재 저러한 존재로의
윤회를 벗어나기 어렵다.[349]

갈애가 괴로움을 일으키는
이러한 위험을 알아서
갈애를 여의고 집착 없이 새김을 확립하여
수행승은 유행해야 하리."[350]

세존께서는 이와 같은 의취도 역시 설하셨다고 나는 들었다.

106(4-1-7) 하느님과 함께의 경[Sabrahmakasutta][351]

1. 이와 같이 세존께서 설하셨고 거룩한 님께서 설하셨다고 나는 들었다.

[세존] "수행승들이여, 자신의 집에서 부모가 자식들로부터 존경 받는 그 가정은 하느님들과 함께 하는 가정이다. 수행승들이여, 자

349) taṇhādutiyo puriso | dīgham addhānaṁ saṁsaraṁ | itthambhāvaññathābhāvaṁ | saṁsāraṁ nātivattati ||

350) evamādīnavaṁ ñatvā | taṇhaṁ dukkhassa sambhavaṁ | vītataṇho ānādāno | sato bhikkhu paribbaje'ti ||

351) It. 109; AN. I. 132; AN. II. 70

신의 집에서 [110] 부모가 자식들로부터 존경받는 그 가정은 최초의 천신들과 함께 하는 가정이다. 수행승들이여, 자신의 집에서 부모가 자식들로부터 존경받는 그 가정은 최초의 스승들과함께 하는 가정이다. 수행승들이여, 자신의 집에서 부모가 자식들로부터 존경받는 그 가정은 공양받을 만한 님과 함께 하는 가정이다.

수행승들이여, 하느님들이란 부모를 지칭하는 것이다. 수행승들이여, 최초의 천신들도 부모를 지칭하는 것이다. 수행승들이여, 최초의 스승들도 부모를 지칭하는 것이다. 수행승들이여, 공양받을 만한 님들도 부모를 지칭하는 것이다. 그것은 무슨 까닭인가?

수행승들이여, 부모는 자식들을 크게 돕는 자, 보호하는 자, 양육하는 자, 세상을 보여주는 자이기 때문이다."

2. 세존께서는 이와 같은 의취를 설하셨고 그와 관련하여 이와 같이 말씀하셨다.

[세존] "부모는 하느님들,
최초의 스승들이라 일컬어진다.
자손을 불쌍히 여기는,
자식들에게 공양받을만한 님들이다.352)

그러므로 현자라면
음식으로 [111] 음료로
의복으로 침상으로
향수를 바르거나 목욕을 시키거나
발을 씻겨서

352) brahmā'ti mātāpitaro | pubbācariyā'ti vuccare | āhuneyyā ca puttānaṁ | pajāya anukampakā ||

부모에게 절하고 공경해야 하리.[353]

그와 같이 부모를 섬기면
현자들은 세계에서
그를 칭찬한다.
그는 내세에 하늘에서 기쁨을 받는다."[354]

세존께서는 이와 같은 의취도 역시 설하셨다고 나는 들었다.

107(4-1-8) 커다란 도움의 경[Bahukārasutta][355]

1. 이와 같이 세존께서 설하셨고 거룩한 님께서 설하셨다고 나는 들었다.

[세존] "수행승들이여, 바라문들과 장자들은 그대들에게 커다란 도움을 준다. 그들은 그대들에게 의복과 탁발음식과 처소와 필수약품을 제공한다.

수행승들이여, 그대들은 바라문들과 장자들에게 커다란 도움을 준다. 그대들은 그들에게 처음도 훌륭하고 중간도 훌륭하고 마지막도 훌륭한, 내용을 갖추고 형식이 완성된 가르침을 설하고 지극히 원만하고 오로지 청정한 거룩한 삶을 보여준다.

수행승들이여, 거센 흐름을 건너고 올바로 괴로움의 종식을 이루기 위하여 이와 같이 서로 의지하여 청정한 삶을 영위한다."

2. 세존께서는 이와 같은 의취를 설하셨고 그와 관련하여 이와 같이

---

353) tasmā hi ne namasseyya | sakkareyyātha paṇḍito | annena atha pānena | vatthena sayanena ca | ucchādanena nahāpanena | pādānaṁ dhovanena ca ||

354) tāya naṁ pāricariyāya | mātāpitusu paṇḍitā | idheva naṁ pasaṁsanti | pecca sagge ca medatī'tī ||

355) It. 111 : 한역에 해당경전이 없다.

말씀하셨다.

[세존] "집있는 님과 집없는 님,
양자가 서로 의지하여
멍에로부터의 위없는 안온,
참다운 진리를 성취한다.356)

집있는 님으로부터 [112]
집없는 님들은
위난을 제거하는
의복, 필수품, 처소를 받는다.357)

집있는 님, 재가자들은
행복하신 님에게 의지하여
거룩한 님을 믿고
고귀한 지혜로써 선정에 든다.358)

세상에서 행복하신 님의 길인
가르침을 닦아
감각적 쾌락의 욕망을 원하는 자들은
천계에서 환희하며 기뻐한다."359)

세존께서는 이와 같은 의취도 역시 설하셨다고 나는 들었다.

---

356) sāgārā anagārā ca | ubho aññoññanissitā | ārādhayanti saddhammaṁ | yogakkhe maṁ anuttaraṁ ||

357) sāgāresu ca cīvaraṁ | paccayaṁ sayanāsanaṁ | anāgārā paṭicchanti | parissayavi nodanaṁ ||

358) sugataṁ pana nissāya | gahaṭṭhā gharamesino | saddahāno arahataṁ | ariyapaññ āya jhāyino ||

359) idha dhammaṁ caritvana | maggaṁ sugatigāminaṁ | nandino devalokasmiṁ | m odanti kāmakāmino'ti ||

108(4-1-9) 기만의 경[Kuhasutta][360)]

1. 이와 같이 세존께서 설하셨고 거룩한 님께서 설하셨다고 나는 들었다.

[세존] "수행승들이여, 어떠한 수행승들이든지 기만하고, 고집부리고, 요설하고, 사특하고, 교만하고, 산란한 자들이 있다면, 수행승들이여, 그들은 나의 수행승들이 아니며, 수행승들이여, 그들은 이 가르침과 계율에서 벗어난 것이며, 수행승들이여, 그들은 이 가르침과 계율에서 성장, 발전, 번영을 이루지 못한다.

수행승들이여, 어떠한 수행승들이든지 기만을 여의고, 고집을 부리지 않고, 요설하지 않고, 슬기롭고, 완고하지 않고, 집중하는 자들이 있다면, 수행승들이여, 그들은 나의 수행승들이며, 수행승들이여, 그들은 이 가르침과 계율에서 벗어나지 않은 것이며, 수행승들이여, 그들은 이 가르침과 계율에서 [113] 성장, 발전, 번영을 이룬다."

2. 세존께서는 이와 같은 의취를 설하셨고 그와 관련하여 이와 같이 말씀하셨다.

[세존] "기만하고, 고집부리고, 요설하고,
사특하고, 교만하고, 산란한 자들,
그들은 올바로 원만히 깨달은 님이 가르친
가르침에서 성장하지 못한다.[361)]

기만을 여의고, 요설하지 않고, 슬기롭고,

---

360) It. 112 : 한역에 해당경전이 없다.
361) kuhā thaddhā lapā siṅgī | unnaḷā asamāhitā | na te dhamme virūhanti | sammāsambuddhadesite ||

완고하지 않고, 집중하는 자들,
그들은 올바로 원만히 깨달은 님이 가르친
가르침에서 참으로 성장한다."362)

세존께서는 이와 같은 의취도 역시 설하셨다고 나는 들었다.

109(4-1-10) 사람의 희희낙낙의 경[Purisapiyarūpasutta]363)

1. 이와 같이 [114] 세존께서 설하셨고 거룩한 님께서 설하셨다고 나는 들었다.

[세존] "수행승들이여, 예를 들어 어떤 사람이 희희낙낙하면서 강의 흐름을 따라 옮겨갈 때에, 눈 있는 자가 언덕에 서 있다가 이와 같이 '이보게, 어째서 그대는 희희낙낙하면서 강의 흐름을 따라 옮겨가는가? 하구에는 호수가 있어, 파도가 있고 소용돌이가 있고 악어가 살고 나찰이 출몰한다. 여보게, 그대가 그곳에 도착하면 죽음이나 죽음에 이를 정도의 고통을 겪는다.'라고 말했다고 하자. 수행승들이여, 그러면 그 사람은 그의 소리를 듣고 두 손과 두 발로 흐름을 거슬러 가려고 노력할 것이다. 수행승들이여, 내가 설한 이러한 비유는 의미를 알려 주기 위한 것이다. 그것에 대한 의미는 이와 같다.

수행승들이여, '강의 흐름'이라는 것은 곧, 갈애를 지칭하는 것이다. 수행승들이여, '희희낙낙'이라는 것은 곧, 여섯 가지 내적 감역을 지칭하는 것이다. 수행승들이여, '하구의 호수'라는 것은 곧 다섯 가지 낮은 단계의 결박을 지칭하는 것이다. 수행승들이여, '파도'

---

362) nikkuhā nillapā dhīrā | atthaddhā susamāhitā | te ve dhamme virūhanti | sammāsambuddhadesite'ti ||
363) It. 114 : 한역에 해당경전이 없다.

라는 것은 곧, 절망적 분노를 지칭하는 것이다. 수행승들이여, '소용돌이'라는 것은 곧, 다섯 가지 감각적 쾌락의 욕망의 종류를 지칭하는 것이다. 수행승들이여, '악어와 나찰'라는 것은 곧 여인을 지칭하는 것이다. 수행승들이여, '흐름을 거슬러'라는 것은 [115] 곧 욕망의 여읨을 지칭하는 것이다. 수행승들이여, '두 손과 두 발로 하는 노력'이라는 것은 곧, 열심히 정진하는 것을 지칭하는 것이다. 수행승들이여, '언덕에 서있는 눈 있는 자'라는 것은 곧 이렇게 오신 님, 거룩한 님, 올바로 원만히 깨달은 님을 지칭하는 것이다."

2. 세존께서는 이와 같은 의취를 설하셨고 그와 관련하여 이와 같이 말씀하셨다.

[세존] "미래에 멍에로부터의 안온을 원한다면,
괴롭더라도 감각적 욕망을 버려야 하리.
올바른 알아차림이 있고 마음이 잘 벗어난 자는
그때마다 해탈에 이르리.
그는 곧 궁극의 앎을 지닌 님, 청정한 삶을 완성한 님,
세계의 끝을 아는 님, 피안에 이른 님이라고 불린다."364)

세존께서는 이와 같은 의취도 역시 설하셨다고 나는 들었다.

110(4-1-11) 걸음의 경[Carasutta]365)

1. 이와 같이 세존께서 설하셨고 거룩한 님께서 설하셨다고 나는 들었다.

---

364) sahāpi dukkhena jaheyya kāme | yogakkhemaṁ āyatiṁ patthayāno | sammappajāno suvimuttacitto | vimuttiyā phassaye tattha tattha | sa vedagū vusitabrahmacariyo | lokantagu pāragato'ti vuccatī'ti ||

365) It. 115 : 한역에 해당경전이 없다.

[세존] "수행승들이여, 걷고 있을 때에 수행승에게 감각적 욕망에 매인 사유가 생겨나고 성냄에 매인 사유가 생겨나고 폭력에 매인 사유가 생기는데, 수행승들이여, 수행승들이 그것을 견지하여, 끊지 않고 제거하지 않고 폐기하지 않고 없애버리지 않는다면, 수행승들이여, 그 수행승은 걷고 있어도 이처럼 노력이 없고, 창피를 모르고, 언제나 [116] 항상 권태롭고, 정진이 결여된 자라고 불린다.

수행승들이여, 서 있을 때에 수행승에게 감각적 욕망에 매인 사유가 생겨나고 성냄에 매인 사유가 생겨나고 폭력에 매인 사유가 생기는데, 수행승들이여, 수행승들이 그것을 견지하여, 끊지 않고 제거하지 않고 폐기하지 않고 없애버리지 않는다면, 수행승들이여, 그 수행승은 서 있어도 이처럼 노력이 없고, 창피를 모르고, 언제나 항상 권태롭고, 정진이 결여된 자라고 불린다.

수행승들이여, 앉아 있을 때에 수행승에게 감각적 욕망에 매인 사유가 생겨나고 성냄에 매인 사유가 생겨나고 폭력에 매인 사유가 생기는데, 수행승들이여, 수행승들이 그것을 견지하여, 끊지 않고 제거하지 않고 폐기하지 않고 없애버리지 않는다면, 수행승들이여, 그 수행승은 앉아 있어도 이처럼 노력이 없고, 창피를 모르고, 언제나 항상 권태롭고, 정진이 결여된 자라고 불린다.

수행승들이여, 누워 있을 때에 수행승에게 감각적 욕망에 매인 사유가 생겨나고 성냄에 매인 사유가 생겨나고 폭력에 매인 사유가 생기는데, 수행승들이여, 수행승들이 그것을 견지하여, 끊지 않고 제거하지 않고 폐기하지 않고 없애버리지 않는다면, 수행승들이여, 그 수행승은 누워 있어도 이처럼 노력이 없고, 창피를 모르고, 언제나 항상 권태롭고, 정진이 결여된 자라고 불린다.

수행승들이여, 걷고 있을 때에 수행승에게 감각적 욕망에 매인 사유가 생겨나고 성냄에 매인 사유가 생겨나고 폭력에 매인 사유가 생기는데, 수행승들이여, 수행승들이 그것을 견지하지 않고, 끊고 제거하고 폐기하고 없애버린다면, 수행승들이여, 그 수행승은 걷고 있어도 이처럼 부지런하고, 창피함을 알고, 언제나 항상 노력하고, 스스로 정진하는 자라고 불린다.

수행승들이여, 서있을 때에 수행승에게 감각적 욕망에 매인 사유가 생겨나고 성냄에 매인 사유가 생겨나고 폭력에 매인 사유가 생기는데, 수행승들이여, 수행승들이 그것을 견지하지 않고, 끊고 제거하고 폐기하고 없애버린다면, 수행승들이여, 그 수행승은 서 있어도 이처럼 부지런하고, 창피함을 알고, [117] 언제나 항상 노력하고, 스스로 정진하는 자라고 불린다.

수행승들이여, 앉아 있을 때에 수행승에게 감각적 욕망에 매인 사유가 생겨나고 성냄에 매인 사유가 생겨나고 폭력에 매인 사유가 생기는데, 수행승들이여, 수행승들이 그것을 견지하지 않고, 끊고 제거하고 폐기하고 없애버린다면, 수행승들이여, 그 수행승은 앉아 있어도 이처럼 부지런하고, 창피함을 알고, 언제나 항상 노력하고, 스스로 정진하는 자라고 불린다.

수행승들이여, 누워 있을 때에 수행승에게 감각적 욕망에 매인 사유가 생겨나고 성냄에 매인 사유가 생겨나고 폭력에 매인 사유가 생기는데, 수행승들이여, 수행승들이 그것을 견지하지 않고, 끊고 제거하고 폐기하고 없애버린다면, 수행승들이여, 그 수행승은 누워 있어도 이처럼 부지런하고, 창피함을 알고, 언제나 항상 노력하고, 스스로 정진하는 자라고 불린다."

2. 세존께서는 이와 같은 의취를 설하셨고 그와 관련하여 이와 같이 말씀하셨다.

[세존] "걷거나 혹은 서있거나
앉아 있거나 또는 누워 있거나
세속과 관련된
악한 사유를 품는 자가 있다.366)

그는 삿된 길을 걸어
혼미 속에서 어리석음에 빠진다.
위없는 올바른 깨달음에
그러한 수행승이 도달할 수는 없다.367)

걷거나 혹은 서있거나
앉아 있거나 또는 누워 있거나
사유를 여의고
사유의 적멸을 [118] 즐긴다면,
위없이 올바른 깨달음에
그러한 수행승이 도달할 수 있다."368)

세존께서는 이와 같은 의취도 역시 설하셨다고 나는 들었다.

111(4-1-12) 계행의 갖춤의 경[Sampannasīlasutta]369)

1. 이와 같이 세존께서 설하셨고 거룩한 님께서 설하셨다고 나는 들었다.

---

366) caraṁ vā yadi vā tiṭṭhaṁ | nisinno uda vā sayaṁ | yo vitakkaṁ vitakketi pāpakā gehanissitaṁ ||

367) kummaggaṁ paṭipanno so | mohaneyyesu mucchito | abhabbo tādiso bhikkhu | phuṭṭhuṁ sambodhim uttamaṁ ||

368) yo caraṁ vā'tha tiṭṭhaṁ vā | nisinno uda vā sayaṁ | vitakkaṁ samayitvāna | vitakkūpasame rato | bhabbo so tādiso bikkhū | phuṭṭhuṁ sambodhim uttaman'ti ||

369) It. 118 : 한역에 해당경전이 없다.

[세존] "수행승들이여, 계행을 지키고, 의무계율을 수호하고, 올바른 행위의 경계를 갖추고, 사소한 잘못에서 두려움을 보고, 지켜야 할 학습계율을 수용하여 배워야 한다. 수행승들이여, 계행을 지키고, 의무계율을 수호하고, 올바른 행위의 경계를 갖추고, 사소한 잘못에서 두려움을 보고, 지켜야 할 학습계율을 수용하여 배운 자가 수행승들이여, 그 위에 해야 할 일은 무엇인가?

수행승들이여, 걷고 있을 때에 수행승에게 탐욕이 사라지고, 분노가 사라지고, 혼침과 산란이 사라지고, 흥분과 회한이 [119] 사라지고, 회의적 의심이 버려져서, 열심히 노력하고, 정진하고, 퇴전하지 않고, 새김을 확립하고, 미혹을 여의고, 몸은 격정을 여의고, 마음은 집중되어 통일되면, 수행승들이여, 그 수행승은 걷고 있어도 이처럼 부지런하고, 창피함을 알고, 언제나 항상 노력하고, 스스로 정진하는 자라고 불린다.

수행승들이여, 서 있을 때에 수행승에게 탐욕이 사라지고, 분노가 사라지고, 혼침과 산란이 사라지고, 흥분과 회한이 사라지고, 회의적 의심이 버려져서, 열심히 노력하고, 정진하고, 퇴전하지 않고, 새김을 확립하고, 미혹을 여의고, 몸은 격정을 여의고, 마음은 집중되어 통일되면, 수행승들이여, 그 수행승은 서 있어도 이처럼 부지런하고, 창피함을 알고, 언제나 항상 노력하고, 스스로 정진하는 자라고 불린다.

수행승들이여, 앉아 있을 때에 수행승에게 탐욕이 사라지고, 분노가 사라지고, 혼침과 산란이 사라지고, 흥분과 회한이 사라지고, 회의적 의심이 버려져서, 열심히 노력하고, 정진하고, 퇴전하지 않고, 새김을 확립하고, 미혹을 여의고, 몸은 격정을 여의고, 마음은 집중되어 통일되면, 수행승들이여, 그 수행승은 앉아 있어도 이처럼 부지런하고, 창피함을 알고, 언제나 항상 노력하고, 스스로 정진하는 자라고 불린다.

수행승들이여, 누워 있을 때에 수행승에게 [120] 탐욕이 사라지고, 분노가 사라지고, 혼침과 산란이 사라지고, 흥분과 회한이 사라지고, 회의적 의심이 버려져서, 열심히 노력하고, 정진하고, 퇴전하지 않고, 새김을 확립하고, 미혹을 여의고, 몸은 격정을 여의고, 마음은 집중되어 통일되면, 수행승들이여, 그 수행승은 누워 있어도 이처럼 부지런하고, 창피함을 알고, 언제나 항상 노력하고, 스스로 정진하는 자라고 불린다."

2. 세존께서는 이와 같은 의취를 설하셨고 그와 관련하여 이와 같이 말씀하셨다.

[세존] "정진하며 걷고, 정진하며 서고,
정진하며 앉고, 정진하며 누어야 하리.
수행승은 정진하며 굽히고,
또한 정진하며 펴야 하리.370)

위로 옆으로 아래로
땅위를 갈 때에
존재의 다발의 생성과 소멸,
그 현상을 본다.371)

이와 같이 [121] 열심히 정진하며
고요한 적정의 삶을 살며

370) yataṁ care yataṁ tiṭṭhe | yataṁ acche yataṁ saye | yataṁ sammiñjaye bhikkhu | yatamenaṁ pasāraye ||

371) uddhaṁ tiriyaṁ apācīnaṁ | yāvatā jagato gati | samavekkhitā ca dhammānaṁ | khandhānaṁ udayabbayaṁ ||

마음의 멈춤에 대한 올바른 과정을 배우며
항상 새김을 확립하는 님
그러한 종류의 수행승을
항상 스스로 정진하는 님이라고 부른다."[372]

세존께서는 이와 같은 의취도 역시 설하셨다고 나는 들었다.

112(4-1-13) 세계에 대한 이해의 경[Lokāvabodhasutta][373]

1. 이와 같이 세존께서 설하셨고 거룩한 님께서 설하셨다고 나는 들었다.

[세존] "수행승들이여, 세계는 여래에 의해서 올바로 원만히 깨달아졌으며, 여래는 세계에서 벗어났다. 수행승들이여, 세계의 발생은 여래에 의해서 올바로 원만히 깨달아졌으며, 여래는 세계의 발생을 끊어버렸다. 수행승들이여, 세계의 소멸은 여래에 의해서 올바로 원만히 깨달아졌으며, 여래는 세계의 소멸을 실현했다. 수행승들이여, 세계의 소멸에 이르는 길은 여래에 의해서 올바로 원만히 깨달아졌으며, 여래는 세계의 소멸에 이르는 길을 닦았다.

수행승들이여, 신들의 세계, 악마들의 세계, 하느님들의 세계, 성직자들과 수행자들, 그리고 왕들과 백성들과 그 후예들의 세계에서 보여지고, 들려지고, 감지되고, 의식되고, 파악되고, 탐구되고, 정신으로 고찰된 것은 여래에 의해서 올바로 원만히 깨달아졌다. 그러므로 여래라고 한다.

수행승들이여, 여래는 위없이 바르고 원만한 깨달음을 올바로 원

---

372) evaṁ vihārim ātāpiṁ | santavuttim anuddhataṁ | cetosamathasāmīciṁ | sikkham ānaṁ sadā sataṁ | satataṁ pahitatto'ti āhu | bhikkhuṁ tathāvidhan'ti ||
373) It. 121 : 한역에 해당경전이 없다.

만히 깨달은 밤부터, 잔여 없는 열반의 세계로 완전한 열반에 든 밤에 이르기까지, 그 사이에 대화하고 말하고 설한 모든 것이 [122] 이와 같고, 다른 것과 같지 않다. 그러므로 여래라고 한다.

수행승들이여, 여래는 설한 것과 같이 행하고, 행한 것과 같이 설하고, 이와 같이 설한 것과 같이 행하고, 행한 것과 같이 설한다. 그러므로 여래라고 불린다.

수행승들이여, 신들의 세계, 악마들의 세계, 하느님들의 세계, 성직자들과 수행자들, 그리고 왕들과 백성들과 그 후예들의 세계에서 여래는 승리자이지 패배자가 아니며, 분명하게 보는 자재자이다. 그러므로 여래라고 한다."

2. 세존께서는 이와 같은 의취를 설하셨고 그와 관련하여 이와 같이 말씀하셨다.

[세존] "일체의 세계를 곧바로 알고
일체의 세계에서 여실히 알아
일체의 세계에서 벗어나
일체의 세계에 집착하지 않는다.374)

현명한 자로서 일체에서 승리하고
일체의 계박을 풀고
그는 최상의 적멸,
두려움 없는 열반을 얻는다.375)

번뇌가 [123] 부서지고 고뇌가 없고

---

374) sabbalokaṁ abhiññāya | sabbaloke yathātathaṁ | sabbalokavisaṁyutto | sabbaloke anūpayo ||

375) sabbe sabbâbhibhū dhīro | sabbaganthappamocano | phuṭṭhassa paramā santi | nibbānaṁ akutobhayaṁ ||

의혹을 끊은 그 깨달은 님은
일체의 업의 소멸에 이르러
취착이 완전히 파괴되어 해탈했다.376)

그 분이 세존이신 깨달은 님,
바로 위없는 사자,
천상과 더불어 세계를 위해
하느님의 수레바퀴를 굴린다.377)

이처럼 신들과 인간이
깨달은 님에게 피난처를 찾고
위대한 두려움 없는 자에게
무리지어 귀의한다.378)

길들여진 자로서 길들여진 자 가운데 최상자
고요한 자로서 고요한 자 가운데 선인.
해탈한 자로서 해탈한 자 가운데 위없는 자
건넌 자로서 건넌 자 가운데 최승자이다.379)

그러므로 이러한 위대한
두려움 없는 님에게 귀의하니,
천상을 포함한 세계에서
그와 비교될 만한 자는 없다."380)

---

376) esa khīṇāsavo buddho | anīgho chinnasaṁsayo | sabbakammakkhayaṁ patto | vimutto upadhisaṅkhaye ||

377) esa so bhagavā buddho | esa sīho anuttaro | sadevakassa lokassa | brahmacakkaṁ pavattayī ||

378) iti devā manussā ca | ye buddhaṁ saraṇaṁ gatā | saṁgamma taṁ namassanti | mahantaṁ vītasāradaṁ ||

379) danto damayataṁ seṭṭho | santo samayataṁ isi | mutto mocayataṁ aggo | tiṇṇo tārayataṁ varo ||

세존께서는 이와 같은 의취도 역시 설하셨다고 나는 들었다.

이로써 제4장 「넷모음」의 「제1품」이 끝났다. 그 내용은 차례로 '1. 바라문의 경[124] 2. 네 가지 허물없음의 경 3. 번뇌의 소멸의 경 4. 수행자와 성직자의 경 5. 계행을 갖춤의 경 7. 하느님과 함께의 경 8. 커다란 도움의 경 9. 기만의 경 10. 사람의 희희낙낙의 경 11. 걸음의 경 12. 계행의 갖춤의 경 13. 세계에 대한 이해의 경'으로 이루어졌으며, 「제1품」이라고 불린다. 이로써 제4장 「넷모음」이 끝났다.

이 경전에 포함된 것은 다음과 같다. 27 개가 한 개의 주제로 구성된 장을 구성하고, 22 개가 두 개의 주제로 구성된 장을 구성하고, 50 개가 세 개의 주제로 구성된 장을 구성하고, 13 개가 네 개의 주제로 구성된 장을 구성하고 있다. 이처럼 112 개의 경전을 모아 예전의 거룩한 님들이 결집하여 오래도록 보존하기 위해 그것을 『이띠붓따까』라고 불렀다. 이로써 『이띠붓따까』 경전이 끝났다.

380) iti hetaṁ namassanti | mahantaṁ vītasāradaṁ | sadevakasmiṁ lokasmiṁ | natthi te paṭipuggalo'ti ||

II. 이띠붓따까의석

Itivuttakaṭṭhakathā

아래의 이띠붓따까의 주석(ItA.)은
승의등소(勝義燈疏: Paramatthadīpanī II.)라고 알려진
A. D. 6세기 경의 스리랑카의 주석가
담마빨라(Dgammapāla)의 의석(義釋)을
발췌하거나 요약하여
역자가 주석한 것이다.

이띠붓따까의석찬시(Itivuttakavaṇṇanā)

담마빨라(Dhammapāla)

저는 대자비를 갖추신 님,
알 수 있는 바다의 저 언덕으로 가신 님,
섬세하고 심오한, 다양한 방법으로
가르치신 부처님께 귀의합니다.[381]

명지와 덕행을 갖추신 님께서
그것을 통해 세계를 벗어났으며,
올바로 원만히 깨달은 님께서 존중하던
그 최상의 가르침에 귀의합니다.[382]

계행 등을 갖추고
길과 경지를 확립한
최상의 복밭인
고귀한 참모임에 귀의합니다.[383]

삼보에 예경하여
공덕이 생겨났으니

---

381) mahākāruṇikam nāthaṃ | ñeyyasāgarapāraguṃ | vande nipuṇagambhīraṃ | vicitr anayadesanaṃ ||

382) vijjācaraṇsampannā | yena nīyanti lokato | vande tam uttaman dhammaṃ | sam māsambuddhapūjitaṃ ||

383) sīlādiguṇasampanno | ṭhito maggaphalesu yo | vande ariyasaṅghaṃ | tam punnak hettaṃ anuttaraṃ ||

그 공덕의 광휘로
모든 곳에서 제게 장애가 제거되었습니다.[384]

위대한 선인께서는
하나하나 분석하여 가르치셨는데,
특별히 탐욕 등을 제거하도록
설명한 것이 있으니,[385]

경들을 하나로 엮어서
『이띠붓따까』라고 불렀으니
가르침을 결집한 장로들
위대한 선인들이 모였습니다.[386]

『이띠붓따까』라고 하는 이름아래
옛날의 자재력이 있는 님들이
≪쿳다까니까야≫ 안에서
심오한 의미를 시설하였습니다.[387]

심오한 궁극의 앎을 가진
님들이 참여하였으니
그 의미를 해설한다는 것은
저로서는 벅찬 일입니다.[388]

---

384) vandanā janitaṃ puññaṃ | iti yaṃ ratanattaye | hat'antarāyo sabbattha | hutvā 'ham tassa tejasā ||

385) ekakādippabhedena | desitāni mahesinā | lobhādīnaṁ pahānāni | dīpanāni veses ato ||

386) suttāni ekato katvā | itivuttapadakkharaṁ | dhammasaṅgahakā therā | sangāyiṁs u mahesayo ||

387) itivuttakam icc'eva | nāmena vasino pure | yaṁ khuddakanikāyasmiṁ | gambhīra tthapadakkamaṁ.

388) tassa gambhīrañāṇehi | ogāhetabbabhāvato | kiñcāpi dukkarā kātuṃ | aṭṭhasaṃv

스승의 가르침은
그 주석과 더불어 남아 있으니,
그 예전의 사자(獅者)들의 해석이
그대로 보존되었기 때문입니다.[389]

그러므로 그것에 매달려
저는 뛰어들어
다섯 가지 니까야 뿐만 아니라
예전의 주석의 방법에 기초하고,[390]

마하비하라 승원의 스님들의
오로지 구전(口傳)의 길과
지극히 청정하여,
혼란 없는, 섬세한 해석에 의존하여,[391]

거듭해서 전해 내려온
의미를 명확하고 자세히 밝혀
힘닿는 데까지
『이띠붓따까』의 찬석을 하려고 합니다.[392]

---

aṇṇanā mayā ‖

389) sahasaṃvaṇṇanaṃ yasmā | dharate satthusāsanaṃ | pubb'ācariyasīhānaṃ | tiṭṭh ate va vinicchayo ‖ 사자(獅子)는 교수나 선생을 의미하는 아사리(阿闍梨) 즉, 궤범사(軌範師)을 뜻한다.

390) tasmā tam avalambitvā | ogāhetvāna pañca pi | nikāye upanissāya | porāṇaṭṭhaka thā nayaṃ ‖

391) nissitavācanāmattaṁ | suvisuddhaṁ anākulam | mahāvihāravāsīnaṃ | nipuṇaṭṭh avinicchayaṃ ‖ 마하비하라는 스리랑카에 있는 사원으로 아쇼카 왕의 아들 마힌다 장로가 창건한 정통 테라바다불교의 사원이다.

392) punappun'āgataṃ atthaṃ | vajjayitvāna sādhukam | yathābalaṃ karissāmi | itivu ttakavaṇṇanam |

그러하오니 선지식들이여,
진솔한 가르침이 영원하길 열망하오니,
해석하는 자의
의취를 받아주십시오.[393]

393) iti ākaṅkhamānassa | saddhammassa ciraṭṭhitiṃ | vibhajantassa tass'attham | sādhu gaṇhantu sādhavo ti ||

제1장 하나모음

Ekanipāta

1. 제일품[Paṭhamavagga]

1(1-1-1) 탐욕의 경[Lobhasutta][394]

1. 이와 같이[395] 세존[396]께서 설하셨고 거룩한 님[397]께서 설하셨다

394) It. 1 : 본사경13(대정17권 665) 증일아함경제5불체품제11/1(대정2권566): ItA. I. 35에 따르면, 네 가지 종류의 '경전의 시설(cattāro suttanikkhepā)'이 있는데, 거기에는 '(세존의) 자신의 의도로 이루어진 것(attajjhāsayo), 타자의 의도로 이루어진 것(parajjhāsayo), 질문에 의한 것(pucchāvasiko), 사건의 발생에 의한 것(atthuppattiko)'이 있다.

395) etaṃ : 원래는 주격의 '이것'이라는 뜻인데, 역자는 어감상 '이와 같이'라고 번역했다. ItA. I. 5에 따르면, 여기서 이것이란 '깨달은 님과 가르침과 참모임에 귀의한 님은 올바른 지혜로써 네 가지 거룩한 진리를 본다. 괴로움, 괴로움의 발생, 괴로움의 초월, 괴로움의 지멸로 이끄는 고귀한 여덟 가지 길이 있다. 바로 이것이 안온한 귀의처이고 이것이야말로 최상의 귀의처이다. 이것에 귀의하여서 일체의 고통에서 벗어난다.'(Dhp. 190-192)라는 부처님의 가르침에서의 이것을 말한다.

396) bhagavant : 세존(世尊)이라는 뜻인데 어원적으로는 '행운을 지닌 님'이라는 뜻인데 주석서에서는 유사언어학적인 분석과 더불어 다양한 해석을 제기하고 있다. ItA. I. 5에 따르면, 세존은 스승을 지칭하는데, '최상자, 위없는 님'이라는 뜻이다. ItA. I. 6-12에 따르면, Nidd. 142-143; 211-212에서 행운을 지닌 자(bhagī), 나누는 자(bhajī), 함께 하는 자(bhāgī), 분류된 것의 소유자(vibhattavā), 스승(guru), (악을) 파괴한 자(akāsi bhaggan ti), 행운을 지닌 자(bhāgyavā), 많은 방편으로 성장한 자(bahūhi ñāyehi subhāvitattano), 존재의 끝에 도달한 자(bhavantago)를 뜻한다. Vism. 198-213에 따르면, 부분들을 지닌 자(bhāgavā: 부분이란 계행 등과 같은 덕성으로 구성된 다르마의 다발(예를 들어 DN. III. 212-271까지의 법수가 있다), 지지된 것을 지닌 자(bhatavā: 부처로 만드는 것들 [buddhakārakadhammā]; 열 가지 초월의 길 [十波羅蜜 : dasa pāramiyo: dāna, sīla, paññā, viriya, khantī, sacca, adhiṭṭhāna, mettā, upekkhā] 등), 목표한 부분들을 성취한 자(bhāge vani: 여기서 부분이란 오랜 겁의 세월 동안 목표한 성취를 구성하는 부분들: 시각은 완전히 알려져야 한다는 등 [Pṭs. I. 23] 등), 목표한 행운을 성취한 자(bhage vani: 여기서 행운이란 공덕을 통해 부여된 능력과 일치하는 행운: 세속적인 것으로는 왕, 지도자, 전륜왕 등이고 초인간적인 것으로는 선정, 해탈, 삼매 등), 헌신자들이 있는 자(bhattavā: 여래는 십력이나 삼십이상 등의 무수한 정신적 신체적 덕성을 가진 님으로 많은 헌신자를 갖고 있음), 토해버린 행운을 지닌 자(bhage vami: 전생의 삶에서 바라밀을 실천하며 행운이라고 여겨지는 영광, 권위, 명예를 토하고, 팽개쳐버림), 토한 부분들 안에 있는 자(bhāge vami: 여기서 부분들이란 다르마의 다발들을 의미한다. 부처님은 불사의 세계를 성취하여 모든 다르마의 다발들을 토해내고, 팽개쳐버림)이다.

397) arahant: 한역의 아라한(阿羅漢)을 말한다. 어원적으로 말하자면 '가치있는 님'을 말한다. 그러나 주석서는 다음과 같은 유사언어학적인 해석을 하고 있다. ItA. I. 12에 따르면, 오염을 멀리하기 때문에(ārakattā), 남김없이 적을 죽였기 때문에(ārīnaṁ hatattā), 윤회의 바퀴가 파괴되었기 때문에(arāṇaṁ hattatā), 필수품 등이 가치가 있기 때문에(arahattā), 악하고 불건전한 행위에 비밀이 없기 때문에(rahābhāvā), 거룩한 님이라고 불린다.

고 나는 들었다.

[세존] "수행승들이여,398) 하나의 원리를 버려라.399) 그대들에게 나는 돌아오지 않는 경지를 보증하는 자이다.400) 어떠한 하나의 원리인가?401) 수행승들이여, 탐욕이라는 하나의 원리를 버려라.402)

---

398) bhikkhave : ItA. I. 38에 따르면, 가르침을 바로 전하지 않고 '수행승들이여'라고 환기시킨 이유는 수행승들에게 수행자의 삶에 대한 '새김(sati: 念)'을 불러일으키기 위해서이다.

399) pajahatha : ItA. I. I. 39에 따르면, 버림에는 다섯 가지 종류(pañcavidhā)가 있다. ① 통찰에 의한 반대의 관점을 통한 버림(tadaṅgappahāna: 어둠이 등불에 의해서 버려지듯, 탐욕은 탐욕의 여읨을 통해 버려짐), ② 삼매에 의한 억제를 통한 버림(vikkhambhanappahāna: 물위의 부평초가 물항아리의 타격으로 버려지듯, 삼매에 의해서 장애가 버려짐), ③ 출세간적인 제거를 통한 버림(samucchedappahāna: 네 가지 고귀한 길의 닦음에 의한 오염의 제거를 통한 버림), ④ 성스러운 경지에 의한 안식을 통한 버림(paṭipassaddhippahāna: 경지의 획득을 통한 버림) ⑤ 열반으로 회향하는 여읨을 통한 버림(nissaraṇappahāna: 일체의 조건지어진 것의 여읨을 통한 버림)이 있다. 이것은 DhpA. I. 434에 나오는 다섯 가지 해탈(五解脫 : pañcavimutti)과 일치한다.

400) ahaṃ vo pāṭibhogo anāgāmitāya : ItA. I. 40에 따르면, 돌아오지 않는 님(anāgāmin)은 결생(結生)의 길을 통해서 감각적 욕망의 존재(欲有: kāmabhāva)로 돌아오지 않기 때문에 보증한다는 것이다.

401) katamaṃ ekadhamamaṃ? : ItA. I. 40에 따르면, 질문으로 이루어진 말로, 거기에는 다섯 가지 종류가 있다. 보지 못한 것을 밝히는 질문(adiṭṭhajotanāpucchā: '확인, 증거, 측정, 판단, 분류'를 목적으로 한 질문), 본 것에 동의하기 위한 질문(diṭṭhasaṁsandanāpucchā: 확인되고, 증거되고, 측정되고, 판단되고, 분류된 특징에 대해 현명자에게 동의하기 위한 질문), 의혹을 잘라내는 질문(vimaticchedanāpucchā: '그런가? 그렇지 않은가? 무엇인가? 어떠한가?'라는 질문), 의견을 유도하는 질문(anumatipucchā: '그대는 어떻게 생각하는가?' 등의 질문), 말하려고하는 욕구에 유래하는 질문(kathetukamyatāpucchā: '수행승들이여, 네 가지 자양이 있다. 네 가지란 무엇인가?' 등의 질문)이 있다.

402) lobhaṃ … pajahatha : ItA. I. 42-43에 따르면, 탐욕(貪欲)은 탐욕에 대한 세 가지 단계의 완전한 앎 즉, 지식에 의한 완전한 앎(知遍知 · ñātapariññā), 탐구에 의한 완전한 앎(度遍知 : tīraṇapariññā), 버림에 의한 완전한 앎(斷遍知 : pahānapariññā)을 통해 버려진다. 탐욕은 그 특징은 원숭이아교풀(makkaṭālepo)처럼 대상을 붙잡는 것이고, 그 기능은 뜨거운 그릇에 던져진 고기조각처럼 달라붙는 것이고, 그 현상은 검댕이로 만든 물감처럼 지워지지 않는 것이고, 그 토대는 결박의 대상에서 유혹을 발견하는 것이다. 갈애(渴愛: taṇhā)의 강의 현존을 통해서 그것은 성장하여 급류의 강물처럼 대해(大海)를 향하여 뭇삶을 포획하며 길을 간다. It. 83에 따르면, '탐욕은 불의를 낳고 탐욕은 마음을 교란시킨다. 그 내부로부터 일어나는 두려움을 사람들은 알지 못한다. 탐욕스러운 자는 유익을 알지 못하고, 탐욕스러운 자는 진리를 보지 못하고, 탐욕이 사람을 정복하면, 맹목의 어둠이 생겨난다.' AN. I. 156에 따르면, '탐욕으로 인해 애착하고, 탐욕에 정복되고, 마음이 사로잡히면, 스스로를 해치는 사유를 하고, 남을 해치는 사유를 하고, 양자를 해치는 사유를 하며, 마음으로 괴로움과 근심을 경험한다.' It. 9; AN. II. 10에 따르면, '갈애를 반려자로 삼고 오랜 세월 윤회하

그대들에게 나는 돌아오지 않는 경지를 보증하는 자이다."

2. 세존께서는 이와 같은 의취를 설하셨고, 그와 관련하여 이와 같이 말씀하셨다.

[세존] "탐욕스러운 뭇삶은
탐욕으로 인해 나쁜 곳으로 간다.403)
그 탐욕을 올바로 알아서
통찰하는 자는 끊어 버린다.404)
끊어버린 뒤에 이 세상으로
결코 그는 되돌아오지 않는405)다."406)

는 사람은 이 세상의 존재, 저 세상의 존재로 윤회를 벗어나기가 힘들다.' Dhp. 202에 따르면, '탐욕에 비길 불은 없고 성냄에 비길 죄악은 없다.' Dhp. 347에 따르면, '거미가 스스로 만든 그물에서 지내듯, 탐욕에 물든 자들은 스스로 만든 흐름에 떨어진다.' 또한 감각적 쾌락의 탐욕의 버림(kāmarāgassa pahāna)을 위한 여섯 가지의 원리는 다음과 같다. ① 부정의 인상(不淨相)에 대한 파지(asubhanimitt'uggaha) ② 부정에 대한 수행의 실천(asubhabhāvanānuyoga) ③ 감각능력의 문의 수호(indriyesu guttadvāratā) ④ 식사에 알맞은 분량의 인지(bhojane mattaññutā) ⑤ 선한 친구와 사귐(kalyāṇamittatā) ⑥ 유익한 대화(sappāyakathā).

403) yena lobhena luddhāse, sattā gacchānti duggatiṁ : ItA. I. 44-45에 따르면, 탐욕으로 인해서 신체적으로 선행을 하지 않는 등, 어떠한 선행도 하지 않고, 신체적 악행 등을 쌓아 물질 등에 달라붙고 얽혀들었기 때문에 탐욕스러운 뭇삶이 되었고 괴로움이 발생하는 곳이기 때문에 나쁜 곳(惡趣)이라고 여겨지는 지옥, 축생, 아귀로 태어난다는 것이다.

404) taṁ lobhaṁ sammadaññāya, pajahanti vipassino : ItA. I. 45에 따르면, 탐욕을 그 본성, 그 발생, 그 소멸, 그 유혹, 그 위험, 그 출리의 관점에서라는 이러한 형태로 올바로 전도되지 않고 합리적으로 바르게 알아 지식과 탐구에 의한 완전한 앎(ñātatīraṇapariññā)의 지혜를 통해서 알고, 물질 등의 다섯 가지 존재의 집착다발(pañc'upādānakkhandha)의 무상 등을 다양한 형태로 관찰하고 통찰하여, 남은 오염을 통찰의 지혜(vipassanāpaññā)를 선구로 하는 길의 지혜(maggapaññā)로써 끊음을 통한 버림을 수단으로 끊어버린다.

405) pahāya na punāyanti, imaṁ lokaṁ kudācanan'ti : ItA. I. 45에 따르면, 이와 같이 끊어버리고 나서, 남은 번뇌와 더불어 그 탐욕을 돌아오지 않는 길(anāgāmimagga)을 통해서 끊어버리고 다시 나중에 이 감각적 쾌락의 욕망계(kāmadhātu)라고 여겨지는 세계로, 낮은 단계의 결박이 끊어졌기 때문에, 결생의 획득을 통해 결코 돌아오지 않는다. 그래서 세존은 돌아오지 않는 경지를 통해서 가르침을 결론지은 것이다.

406) yena lobhena luddhāse | sattā gacchānti duggatiṁ | taṁ lobhaṁ sammadaññāya | pajahanti vipassino | pahāya na punāyanti | imaṁ lokaṁ kudācanan'ti ‖ ItA. I. 44-45에 따르면, 탐욕으로 인해서 신체적으로 선행을 하지 않는 등, 어떠한 선행도 하지 않고,

세존께서는 이와 같은 의취도 역시 설하셨다고 나는 들었다.407)

2(1-1-2) 성냄의 경[Dosasutta]408)

1. 이와 같이 세존께서 설하셨고 거룩한 님께서 설하셨다고 나는 들었다.

[세존] "수행승들이여, 하나의 원리를 버려라. 그대들에게 나는 돌아오지 않는 경지를 보증하는 자이다. 어떠한 하나의 원리인가? 수행승들이여, 성냄이라는 하나의 원리를 [2] 버려라.409) 그대들에

신체적 악행 등을 쌓아 물질 등에 달라붙고 얽혀들었기 때문에 탐욕스러운 뭇삶이 되었고 괴로움이 발생하는 곳이기 때문에 나쁜 곳(惡趣)이라고 여겨지는 지옥, 축생, 아귀로 태어난다는 것이다.

407) ayampi attho vutto bhagavatā iti me sutanti : ItA. I. 28~33에 따르면, 그녀는 꼬쌈비(Kosambi) 국의 부호 고씨따(Ghosita)의 하녀로 태어났다가 나중에 우데나 왕의 왕비 싸마바띠(Sāmāvati)의 시녀가 되었다. 왕비는 그녀에게 하루에 8 까하빠나의 돈을 주고 꽃을 사오도록 했다. 쿳줏따라는 정원사 쑤마나(Sumana)에게서 4 까하빠나로 꽃을 사고 나머지 4까하빠나는 자신이 가졌다. 어느날 부처님이 꼬삼비를 방문하여 설법을 했는데 그녀는 그것을 듣고 흐름에 든 님이 되었다. 그날 그녀는 8냥을 다주고 꽃을 샀다. 왕비는 오늘 왜 꽃이 이렇게 많은가라고 묻자 그녀는 모든 이야기를 털어놓았다. 그때부터 왕비는 그녀를 향료를 탄 물에 목욕시키고 그녀를 어머니처럼 대하였으며, 그녀가 부처님을 찾아가 설법을 듣고 오면, 왕비와 궁녀들은 그녀로부터 부처님의 가르침을 들었다. 그녀는 재가의 여자 신도 가운데 많이 배운 님 가운데 제일(bahussutānaṃ aggaṃ)이었다. 주석서에 따르면, 이러한 쿳줏따라가 듣고 전한 이야기가 수행승들에게 전해졌고, 존자 아난다가 라자가하 시의 제일결집에서 합송함으로써 산문과 게송이 '이것은 세존에 의해 설해졌다고 나는 들었다.'라는 동일한 진술로서 경전 상에 나타나게 된 것이다. 따라서 당연히 설법이 설해진 장소는 꼬쌈비(Kosambi)임으로 별도로 표시되지 않은 것이다.

408) It. 1 : 본사경14(대정17권 665) 증일아함경제5불체품제11/2(대정2권566)

409) dosaṃ … pajahatha : ItA. I. 46에 따르면, 성냄은 "원한은 '그가 나에게 불익을 주었다.'라는 생각에서 생겨난다." [Dhs. 1060]라는 방식과 그 반대로 "그가 나에게 이익을 주지 못했다."라는 방식으로 경전에 언급된 '아홉으로 이루어진 열여덟 가지' 원한의 토대와 나무 그루터기와 가시 등에 의해 생겨나는 것의 열아홉 가지 원한의 하나나 다른 하나를 만드는 원한을 말한다. 사람들이 미워하고 스스로 미워하고 미워하는 것 때문에 성냄이라고 한다. 성냄은 그 특징은 얻어맞은 독사처럼 성급하고, 그 기능은 독이 떨어진 것처럼 퍼지고, 숲의 불처럼 의존하는 것을 태워버리고, 그 현상은 기회를 얻은 경쟁자처럼 미워하는 것으로, 그 토대는 앞서 언급한 원한으로서, 독이 포함된 오줌처럼 보아야 한다. 성냄을 끊어버리는 방법은 다음과 같다: AN. I. 185: '수행승들이여, 수행승에게 이미 생겨난 원한을 완전히 제거할 수 있는 이와 같은 다섯 가지 원한의 제거수단이 있다. 다섯 가지란 무엇인가? 수행승들

게 나는 돌아오지 않는 경지를 보증하는 자이다."

2. 세존께서는 이와 같은 의취를 설하셨고 그와 관련하여 이와 같이 말씀하셨다.

[세존] "성내는 뭇삶은
성냄으로 인해 나쁜 곳으로 간다.
그 성냄을 올바로 알아서
통찰하는 자는 끊어 버린다.
끊어버린 뒤에 이 세상으로
결코 그는 되돌아오지 않는다."410)

세존께서는 이와 같은 의취도 역시 설하셨다고 나는 들었다.

이여, 어떠한 사람에 대하여 원한이 생겨나면, 그 사람에 대하여 자애를 닦아야 한다. … 연민 … 평정을 닦아야 한다. 이와 같이 하면, 그 사람에 대한 원한은 제거된다. 수행승들이여, 어떠한 사람에 대하여 원한이 생겨나면, 그 사람에 대하여 새김을 놓아버리고 정신활동을 기울이지 않는다. 이와 같이 하면, 그 사람에 대한 원한은 제거된다. 수행승들이여, 어떠한 사람에 대하여 원한이 생겨나면, 그 사람에 대하여 행위가 주인이라는 사실을 이와 같이 '이 사람에게 행위가 주인이고, 행위가 상속자이고, 행위가 모태이고, 행위가 친족이고, 행위가 의지처이다. 선하거나 악한 행위를 하면, 그것의 상속자가 될 것이다.'라고 인식해야 한다. 이와 같이 하면, 그 사람에 대한 원한은 제거된다. 수행승들이여, 수행승에게 이미 생겨난 원한을 완전히 제거할 수 있는 이와 같은 다섯 가지 원한의 제거수단이 있다.' 그리고 AN. III. 186에도 다른 방법이 있다. MN. I. 129: '수행승들이여, 만약 양쪽에 손잡이가 있는 톱으로 도적들이 잔인하게 그대들의 사지를 조각조각 절단하더라도, 그 때 만약 마음에 분노를 일으킨다면, 그는 나의 가르침을 따르는 자가 될 수 없다.' SN. I. 163: '분노하는 자에게 다시 분노하는 자는 더욱 악한 자가 될 뿐, 분노하는 자에게 더 이상 화내지 않는 것은 이기기 어려운 싸움에 승리하는 것이다. 다른 사람이 분노하는 것을 알고 새김을 확립하여 마음을 고요히 하는 자는 자신만이 아니라 남을 위하고 그 둘 다를 위하는 것이리.' AN. IV. 94-96에는 '사람이 분노하면, 분노에 지배되고 분노에 패배한다.'라는 내용으로 용모, 잠, 재산, 명성, 친구, 운명에 대한 장문의 가르침이 있다. Dhp. 221: '분노를 버리고 자만을 버리고 일체의 결박을 벗어나라.' SN. I. 41: '분노를 끊어 편안해지고 분노를 끊어 슬프지 않다. 참으로 하늘사람들이여, 뿌리엔 독이 있지만 꼭지에 꿀이 있는 분노를 죽이는 것을 성자는 가상히 여기니, 그것을 죽이면 슬프지 않기 때문이다.'

410) yena dosena duṭṭhāse | sattā gacchānti duggatiṁ | taṁ dosaṁ sammadaññāya | pajahanti vipassino | pahāya na punāyanti | imaṁ lokaṁ kudācanan'ti ||

3(1-1-3) 어리석음의 경[Mohasutta][411]

1. 이와 같이 세존께서 설하셨고 거룩한 님께서 설하셨다고 나는 들었다.

[세존] "수행승들이여, 하나의 원리를 버려라. 그대들에게 나는 돌아오지 않는 경지를 보증하는 자이다. 어떠한 하나의 원리인가? 수행승들이여, 어리석음이라는 하나의 원리를 버려라.[412] 그대들에게 나는 돌아오지 않는 경지를 보증하는 자이다."

2. 세존께서는 이와 같은 의취를 설하셨고 그와 관련하여 이와 같이 말씀하셨다.

[세존] "어리석은[413] 뭇삶은
어리석음으로 인해 나쁜 곳으로 간다.
그 어리석음을 올바로 알아서
통찰하는 자는 끊어 버린다.

---

411) It. 2 : 본사경15(대정17권 665) 증일아함경제5불체품제11/3(대정2권566)

412) moham … pajahatha : ItA. I. 48에 따르면, 어리석음은 '알지 못함(aññāṇa)'을 말한다. Vibh. 362에 따르면, '괴로움에 대하여 알지 못하고, 괴로움의 원인에 대하여 알지 못하고, 괴로움의 소멸에 대하여 알지 못하고, 괴로움의 소멸에 이르는 길에 대하여 알지 못하는 것'을 말한다. 사람들이 미혹하고 스스로 미혹되고 미혹하는 것 때문에 어리석음이라고 한다. 어리석음은 그 특징은 마음의 맹목을 가지고, 무지한 것이, 그 기능은 완전한 꿰뚫음이 없고, 대상의 본성을 감추는 것이고, 그 현상은 미혹한 실천을 지닌 것으로, 어두운 상태로, 토대는 이치에 맞지 않는 정신활동으로서, 모든 악하고 불건전한 것들의 뿌리처럼 보아야 한다. 그리고 어리석음은 다음과 같다: It. 84: '어리석은 자는 유익을 알지 못하고, 어리석은 자는 진리를 보지 못하고, 어리석음이 사람을 정복하면, 맹목의 어둠이 생겨난다.' It. 34: '이 세상이나 저 세상에서 어떠한 나쁜 곳에서든 일체의 욕망과 탐욕의 집적은 무명을 뿌리로 한다.' Ud. 79: '세계는 미혹에 묶여 있다.' AN. I. 134: '수행승들이여, 어리석음에서 출현하고, 어리석음에서 기원하고, 어리석음에서 연원하고, 어리석음에서 일어나는 행위가 있는데, 그러한 행위는 현세에서나 다음 생에서나 더 먼 미래에서나 언제나 그 해당하는 사람이 생겨나는 곳에서 그 행위가 성숙하며, 그 행위가 성숙한 곳에서 행위의 과보가 거두어지게 된다.'

413) mūḷhāse : ItA. I. 49에 따르면, 악하고 건전한 것이나 악하고 불건전한 것이나, 비난받을 것이나 비난받지 않을 것에 대한 분별에서 자신에게 유익한지 유익하지 않은지에 대해서 혼미한 것을 말한다.

끊어버린 뒤에 이 세상으로
결코 그는 되돌아오지 않는다."[414]

세존께서는 이와 같은 의취도 역시 설하셨다고 나는 들었다.

4(1-1-4) 분노의 경[Kodhasutta][415]

1. 이와 같이 세존께서 설하셨고 거룩한 님께서 설하셨다고 나는 들었다.

[세존] "수행승들이여, 하나의 원리를 버려라. 그대들에게 나는 돌아오지 않는 경지를 보증하는 자이다. 어떠한 하나의 원리인가? 수행승들이여, 분노라는 하나의 원리를 버려라.[416] 그대들에게 나는 돌아오지 않는 경지를 보증하는 자이다."

2. 세존께서는 이와 같은 의취를 설하셨고 그와 관련하여 이와 같이 말씀하셨다.

[세존] "분노하는 뭇삶은
분노로 인해 나쁜 곳으로 간다.
그 분노를 올바로 알아서
통찰하는 자는 끊어 버린다.
끊어버린 뒤에 이 세상으로
결코 그는 되돌아오지 않는다."[417]

---

414) yena mohena mūḷhāse | sattā gacchānti duggatiṁ | taṁ mohaṁ sammadaññāya | pajahanti vipassino | pahāya na punāyanti | imaṁ lokaṁ kudācanan'ti ||

415) It. 2 : 본사경18(대정17권 665)

416) kodhaṃ … pajahatha : It. 49에 따르면, 분노는 성냄(dosa)과 같은 의미이다. 성냄도 분노의 과정을 통해서 자극받은 개인의 성향을 수단으로 언급되는 것이다. 그러므로 그 의미는 두 번째 경에서 언급된 방식대로 여기서 그 의미가 이해되어야 한다. 분노에 관한 한, 그 특징은 분노하는 것이고, 그 기능은 원한을 만드는 것이고, 그 현상은 마음의 악의로서 마음의 부패한 상태라고 보아야 한다.

세존께서는 이와 같은 의취도 역시 설하셨다고 나는 들었다.

5(1-1-5) 위선의 경[Makkhasutta][418]

1. 이와 같이 세존께서 설하셨고 거룩한 님께서 설하셨다고 나는 들었다.

[세존] "수행승들이여, 하나의 원리를 버려라. 그대들에게 나는 돌아오지 않는 경지를 보증하는 자이다. 어떠한 하나의 원리인가? 수행승들이여, 위선이라는 하나의 원리를 버려라.[419] 그대들에게 나는 돌아오지 않는 경지를 보증하는 자이다."

2. 세존께서는 이와 같은 의취를 설하셨고 그와 관련하여 이와 같이 말씀하셨다.

[세존] "위선을 행하는[420] 뭇삶은
위선으로 인해 나쁜 곳으로 간다.
그 위선을 올바로 알아서
통찰하는 자는 끊어 버린다.

---

417) yena kodhena koddhāse | sattā gacchānti duggatiṁ | taṁ kodhaṁ sammadaññāya | pajahanti vipassino | pahāya na punāyanti | imaṁ lokaṁ kudācanan'ti ||

418) It. 3 : 본사경16(대정17권 665)

419) makkhaṃ … pajahatha : It. 49에 따르면, 위선이란 '다른 사람의 덕성으로 위장한 것'을 말한다. 만약에 똥을 가지고 다른 사람에게 던지면 자신의 손에 먼저 묻는 것처럼, 다른 사람들의 덕성으로 위장할 의도로써 행해진 것이기 때문에 '워선'이다. 예를 들어 물수건이 목욕한 자의 몸의 물을 도포하고 닦아내고 없애버리듯, 다른 사람의 덕성을 도포하고 닦아내고 없애버린다. 다른 사람에 의해 행해진 위대한 행위마저 무효화하고 분쇄해버리므로 위선이라고 하는 것이다. 그 특징은 다른 사람의 덕성으로 위장하는 것이고 그 기능은 그것의 파괴이고 그 현상은 그것의 감춤이다. 그러나 의미상으로 다른 사람의 덕성으로 위장한 형태로 행해진 불쾌를 수반하는 마음의 발생이라고 보아야한다. ItA. I. 50에 따르면, 버린다는 것은 앞서 다른 경에서 설명한 대로 그 원리에 따르는 것이다.

420) makkhāse : ItA. I. 50에 따르면, 다른 사람의 덕성으로 위장한 자들을 말한다. 그것으로 자신의 덕성도 무너진 자들을 의미한다.

끊어버린 뒤에 이 세상으로
결코 그는 되돌아오지 않는다."421)

세존께서는 이와 같은 의취도 역시 설하셨다고 나는 들었다.

6(1-1-6) 교만의 경[Mānasutta]422)

1. 이와 같이 세존께서 설하셨고 거룩한 님께서 설하셨다고 나는 들었다.

[세존] "수행승들이여, 하나의 원리를 버려라. 그대들에게 나는 돌아오지 않는 경지를 보증하는 자이다. 어떠한 하나의 원리인가? 수행승들이여, 교만이라는 하나의 원리를 버려라.423) 그대들에게 나는 돌아오지 않는 경지를 보증하는 자이다."

2. 세존께서는 이와 같은 의취를 설하셨고 그와 관련하여 이와 같이

---

421) yena makkhena makkhāse | sattā gacchānti duggatiṁ | taṁ makkhaṁ sammadaññāya | pajahanti vipassino | pahāya na punāyanti | imaṁ lokaṁ kudācanan'ti ||

422) It. 3 : 본사경23(대정17권 666)

423) Mānaṃ … pajahatha : ItA. I. 50에 따르면, 교만이란 태어남 등을 기초로 하는 마음의 오만이다. 그것은 '나는 우월하다.'라는 등의 방식으로 생각하거나 스스로 생각되거나 생각하며 가정하기 때문에 교만이라고 하는 것이다. 여기에는 세 가지 교만 즉, '나는 우월하다.'라는 교만, '나는 동등하다.'라는 교만, '나는 열등하다.'라는 교만이 있다. 그리고 여기에는 아홉 가지 교만, 즉 우월한 자의 '나는 우월하다.'라는 교만, 우월한 자의 '나는 동등하다.'라는 교만, 우월한 자의 '나는 열등하다.'라는 교만, 동등한 자의 '나는 우월하다.'라는 교만, 동등한 자의 '나는 동등하다.'라는 교만, 동등한 자의 '나는 열등하다.'라는 교만, 열등한 자의 '나는 우월하다.'라는 교만, 열등한 자의 '나는 동등하다.'라는 교만, 열등한 자의 '나는 열등하다.'라는 교만이 있다. 교만의 그 특징은 오만(uṇṇati)이고, 그 기능은 '나를 만들기(ahaṁkāra)'이거나 주제넘음(sampaggaha)이고, 그 현상은 자부심(uddhumātabhava)이거나 과시욕(ketukamyatā)이고, 토대는 견해와 불일치하는 탐욕(diṭṭhivippayuttalobha)이다. 교만은 그 모든 것에서 자기를 칭찬하고 남을 비난하는 인상을 지니기 때문에 생겨나는 것이고, 존경해야 할 대상에 대해서 인사・기립・합장・바른 적절한 행위 등을 하지 않기 때문에 생겨나는 것이다. 교만은 태어남 등에 도취되고 남성 등의 존재에 도취되어 생겨나는 것으로 방일에 빠지는 원인이 되는 것이라고 판단하여, 그 위험을 살펴보고 자만을 버리고 공덕을 성찰하여 겸손을 실천하고 나서, 앞서 다른 경에서 설명한 대로 버림의 원리에 따라 통찰을 실천하여 돌아오지 않는 길을 따라 끊어버려야 한다.

말씀하셨다.

[세존] "교만을 지닌[424] 뭇삶은
교만으로 인해 나쁜 곳으로 간다.
그 교만을 올바로 알아서
통찰하는 자는 끊어 버린다.
끊어버린 뒤에 이 세상으로
결코 그는 되돌아오지 않는다."[425]

---

424) mattāse : ItA. I. 51에 따르면, 교만스러움은 태어남 등에 도취되고 남성 등의 존재를 통한 자만으로 방일에 빠지는 원인이 되어 자신이 도취되어 취한 것을 말한다.

425) yena mānena mattāse | sattā gacchānti duggatiṁ | taṁ mānaṁ sammadaññāya | pajahanti vipassino | pahāya na punāyanti | imaṁ lokaṁ kudācanan'ti ‖ ItA. I. 51에 따르면, 이상의 여섯 경의 게송에서 돌아오지 않는 경지에 도달하는 가르침이 설해졌는데, 이러한 돌아오지 않는 님이 태어나는 천상의 하느님 세계와 돌아오지 않는 님의 종류에 관하여 소개하고 있다. 그들이 태어나는 다섯 가지 청정한 하느님 세계는 청정한 삶을 사는 신들의 하느님 세계(Suddhāvāsa devā : 淨居天)이라고도 하는데 ① 성공으로 타락하지 않는 신들의 하느님 세계(Avihā devā : 無煩天) ② 타는 듯한 고뇌를 여읜 신들의 하느님 세계(Atappā devā : 無熱天) ③ 선정이 잘 이루어지는 신들의 하느님 세계(Sudassā devā : 善現天) ④ 관찰이 잘 이루어지는 신들의 하느님 세계(Sudassī devā : 善見天) ⑤ 궁극적인 미세한 물질로 이루어진 신들의 하느님 세계(Akaniṭṭhā devā : 色究竟天=有丁天)가 있다. 오종불환자(五種不還者)[상좌부 주석에 의한 해석: ① 중반 이전에 완전한 열반에 드는 님(中般涅槃者 : antarāparinibbāyin : 낮은 단계의 다섯 가지 결박을 끊고 정거천의 어느 한 곳에 화생하여 생애의 절반을 넘지 않고 오염의 완전한 소멸 [kilesaparinibbāna]을 이루는 자: 여기에는 세 가지 종류가 있다. a. 100겁 안에 완전한 소멸을 이루는 자 b. 200겁과 500겁 사이에 완전한 소멸을 이루는 자 c. 500겁이 돼서야 완전한 소멸을 이루는 자 ② 중반 이후에 완전한 열반에 드는 님(損般涅槃者 : upahaccaparinibbāyin : 낮은 단계의 다섯 가지 결박을 끊고 정거천의 어느 한 곳에 화생하여 생애의 절반을 넘어 500겁 이후 완전한 소멸을 이루는 자) ③ 노력없이 완전한 열반에 드는 님(無行般涅槃者 : asaṅkhāraparinibbāyin : 낮은 단계의 다섯 가지 결박을 끊고 정거천의 어느 한 곳에 화생하여 노력 없이 커다란 각고의 노력 없이 괴로움 없이 완전한 소멸을 이루는 자) ④ 노력하여 완전한 열반에 드는 님(有行般涅槃者 : sasaṅkhāraparinibbāyin : 낮은 단계의 다섯 가지 결박을 끊고정거천의 어느 한 곳에 화생하여 노력하여 커다란 각고의 노력을 기울여 고통스럽게 어렵게 괴로움을 견디며 완전한 소멸을 이루는 자), ⑤ 상류자로서 궁극적인 미세한 물질로 이루어진 신들의 하느님의 세계로 가는 님(色究竟行者 : uddhaṁsotâkaniṭṭhagāmin : 낮은 단계의 다섯 가지 결박을 극복하여 화생하여 상류의 궁극적인 미세한 물질로 이루어진 신들의 하느님의 세계로 가는 님) 여기서 상류는 위로 흐르는 것을 의미하고, 이 때 흐름에는 윤회를 의미하는 갈애의 흐름과 길을 의미하는 흐름이 있는데, 상류는 길을 의미하는 흐름을 말한다. 그런데 이 색구경행자와 관련해서 다시 네 종류의 분류법이 있다. a. 상류자(上流者 : uddha

세존께서는 이와 같은 의취도 역시 설하셨다고 나는 들었다.

7(1-1-7) 일체에 대한 완전한 앎의 경[Sabbapariññāsutta][426]

1. 이와 같이 세존께서 설하셨고 거룩한 님께서 설하셨다고 나는 들었다.

[세존] "수행승들이여, 일체를[427] 곧바로 알지 못하고[428] 완전히

---

rnsota)이자 색구경행자(akaniṭṭhagāmin): 무번천을 시작해서 네 천계를 정화하고 색구경천으로 가서 열반에 드는 자. b. 상류자이지만 색구경행자가 아닌 자: 낮은 단계의 세 천계를 정화하고 선견천에서 열반에 드는 자 c. 상류자가 아니지만 색구경행자인 자: 이 세계에서 바로 색구경천에 태어나 열반에 드는 자 d. 상류자도 아니고 색구경행자도 아닌 자: 아직 이 세계에 있거나 낮은 단계의 네 천계에서 열반에 드는 자가 있다]. 역자주: 구사론(俱舍論)의 해석: 화생하는 도중에 열반에 드는 님(中般涅槃者 : *sk.* antarāparinirvāyin), 화생하여 머지않아 완전한 열반에 드는 님(生般涅槃者 : *sk.* upapadyaparinirvāyin), 노력없이 완전한 열반에 드는 님(無行般涅槃者 : *sk.* anabhisaṅkhāraparinirvāyin), 노력하여 완전한 열반에 드는 님(有行般涅槃者 : sasaṅkhāraparinibbāyin), 상류자로서 궁극적인 미세한 물질로 이루어진 신들의 하느님의 세계로 가는 님(色究竟行者 : akaniṭṭhagāmin)]. * 주의: 상좌부 주석의 중반 이전에 열반에 드는 자(中般涅槃者 : antarāparinibbāyin)와 중반 이후에 열반에 드는 자(損般涅槃者 : upahaccaparinibbāyin = 또는 ≠ 生般涅槃者 [구사론] sk. upapadyaparinirvāyin)의 해석이 어원적인 의미와 일치하는 북방의 구사론(俱舍論)의 해석 즉, '화생하는 도중에 열반에 드는 님'과 '태어나서 머지않아 열반에 드는 님'과는 판이하게 다르다. 원래 초기경전 자체의 의도가 어떠한 것인지는 알기 어렵다.

426) It. 3 : 본사경47(대정17권 670)

427) sabba : ItA. I. 52에 따르면, 일체에는 네 가지 관점이 있다. ① 일체의 일체(sabbasabba): Pṭs. II. 194의 '일체법(一切法)은 일체의 형태로서 불세존의 앎의 경계에 마주하여 뚜렷해진다.' ② 부분적 일체(padesasabba): MN. I. 219의 '싸리뿟따여, 그대들 일체가 각자의 경지에 따라 잘 말하였다.' ③ 감역의 일체(āyatanasabba): SN. IV. 15의 '수행승들이여, 나는 그대들에게 일체에 관하여 설할 것이니 듣고 잘 새기도록 해라. 내가 설하겠다. 수행승들이여, 일체란 무엇인가? 시각과 형상, 청각과 소리, 후각과 냄새, 미각과 맛, 촉각과 감촉, 정신과 사실, 수행승들이여, 이것을 바로 일체라고 한다. 수행승들이여, 누군가 '나는 이러한 일체를 부인하고 다른 일체를 알려주겠다.'고 말한다면, 그것은 단지 공허한 말일 뿐이다.' ④ 개체의 일체(sakkāyasabba): MN. I. 1의 '나는 일체에 대한 근본법문을 설하겠다.'에서 경전은 개체로서의 땅, 물, 불, 바람을 비롯한 창조주, 하느님, 천신, 세계, 열반 등의 삼계의 개체를 일체로서 다룬다. 한편 Srp. II. 357은 광의의 일체에서 협의의 일체에 이르기까지 다음과 같이 네 가지로 구분하고 있다. ① 일체의 일체(sabbasabba) : 부처님의 전지성(全知性)으로 알려질 수 있는 모든 것 ② 감역의 일체(āyatanasabba) : 네 가지 영역 [三界와 涅槃]의 일체현상 ③ 개체의 일체(sakkāyasabba) : 욕계(欲界), 색계(色界), 무색계(無色界)의 현상 ④ 부분의 일체(padesasabba) : 다섯 가지 물질적 감각대상.

428) anabhijānan : ItA. I. 53에 따르면, 악하고 건전한 것이나 악하고 불건전한 것이나 비난

알지 못하고[429] 거기에서 마음을 사라지게 하지 못하고[430] 끊어버리지 못하는 자는[431] 괴로움을 부술 수가 없다. 그러나 [4] 수행승들이여, 일체를 곧바로 알고, 완전히 알고, 거기에서 마음을 사라지게 하고, 끊어버리는 자는 괴로움을 부술 수가 있다.”

2. 세존께서는 이와 같은 의취를 설하셨고 그와 관련하여 이와 같이 말씀하셨다.

[세존] “일체로부터 일체를 알고
일체의 대상에 탐착하지 않는 자,[432]
그는 일체를 완전히 알아
일체의 괴로움을 뛰어넘은 것이다.”[433]

세존께서는 이와 같은 의취도 역시 설하셨다고 나는 들었다.

받을 것이나 비난받지 않을 것과 다섯 가지 존재의 다발, 열두 가지 감역, 열여덟 가지 인식의 세계, 네 가지 거룩한 진리를 잘 알지 못하고 분별하여 알지 못하고 궁극적인 앎으로 알지 못하는 것이다.

429) aparijānan : 완전한 앎이 없다는 뜻이다. ItA. I. 53에 따르면, 세 가지 완전한 앎은 다음과 같다: ① 알려진 것에 대한 완전함 앎(ñātapariññā): 일체의 삼계의 명색을 특징과 기능과 출현과 토대를 통해 아는 것 또는 견해의 청정과 의혹의 청정을 통한 앎 ② 판단에 대한 완전한 앎(tīraṇapariññā): ‘무상하고, 괴롭고, 질병이다.’는 등의 42가지의 형태로 일체를 판단하는 것 또는 ‘길과 길이 아닌 길에 대한 앎과 봄’의 청정을 통한 깔라빠(kalāpa: 미립자적 최소단위)에 대한 이해로 귀결되는 지혜 ③ 버림에 대한 완전한 앎(pahānapariññā): 판단한 후에 최상의 길을 통해 일체의 욕망과 탐욕을 버리는 것 또는 고귀한 길(ariyamagga)을 통한 버림. 일체를 완전히 알지 못한다는 것은 이러한 세 가지 완전한 앎을 통해 완전히 알지 못한다는 뜻이다.

430) tattha cittaṁ avirājayan : ItA. I. 53-54에 따르면, ‘탐욕이 존재하지 않도록 자신의 상속하는 마음을 사라지게 하지 못하고’라는 뜻이다.

431) appajahan : ItA. I. 54에 따르면, ‘통찰의 지혜(vipasanāpaññā)와 길의 지혜(maggapaññā)를 통해서 버려져야 할 오염의 소용돌이를 남김없이 버리지 못한 것을 말한다.’

432) sabbatthesu na rajjati : ItA. I. 55에 따르면, 일체의 과거 세월에서 무수하게 나누어진 개체적인 사실에 탐착하지 않고, 고귀한 길의 획득을 통해 탐착을 일으키지 않는 자이다. 그에게 갈애에 의한 파악이 없다는 것을 나타내기 때문에, 그것에 따르는 잘못된 견해 ‘이것은 나의 것이고 이것은 나이고 이것은 나의 자아이다.’라는 세 가지 잘못된 파악이 없는 자를 뜻한다.

433) yo sabbaṁ sabbato ñatvā | sabbatthesu na rajjati | sa ve sabbaṁ pariññāya | so sabbadukkhamupaccagā'ti ||

8(1-1-8) 교만에 대한 완전한 앎의 경[Mānapariññāsutta][434)]

1. 이와 같이 세존께서 설하셨고 거룩한 님께서 설하셨다고 나는 들었다.

[세존] "수행승들이여, 교만을 곧바로 알지 못하고, 완전히 알지 못하고, 거기에서 마음을 사라지게 하지 못하고, 끊어버리지 못하는 자는 괴로움을 부술 수가 없다. 그러나 수행승들이여, 교만을 곧바로 알고, 완전히 알고, 거기에서 마음을 사라지게 하고, 끊어버리는 자는 괴로움을 부술 수가 있다."

2. 세존께서는 이와 같은 의취를 설하셨고 그와 관련하여 이와 같이 말씀하셨다.

[세존] "교만을 지니고 교만에 묶여
존재를 즐기는 뭇삶들,[435)]
교만을 완전히 알지 못하는 자들은
거듭 존재로 윤회[436)]한다.[437)]

교만을 [5] 끊어버리고
교만을 부수어 해탈한 자들,[438)]

---

434) It. 4 : 본사경45(대정17권 670)

435) mānupetā ayaṁ pajā, mānaganthā bhave ratā : ItA. I. 55에 따르면, 업에 의한 오염에 의해 생겨난 뭇삶들은 그 특징이 자만인 교만을 지니고 있어 교만에 묶여있다. 벌레, 곤충, 메뚜기 등의 존재도 교만을 지니고 교만의 결박에 묶여, 그것으로부터 오랜 세월 육성되어 자의식(自意識: ahaṅkāra)을 통해서 '이것은 나의 것이다.'라는 등의 성향에 익숙해졌다. 그래서 뭇삶들은 '영원하고 즐거운 자아' 등의 전도된 견해를 통해 감각적 쾌락의 욕망을 즐기는 자들을 말한다.

436) mānaṁ aparijānantā, āgantāro punabbhavaṁ : ItA. I. 55에 따르면, 세 가지 완전한 앎으로 알지 못해서, 거룩한 길에 의한 앎을 통해 뛰어넘지 못해서, 미래에 다시 태어남으로 재생하며 거듭 태어나는 존재들을 말한다.

437) mānupetā ayaṁ pajā | mānaganthā bhave ratā | mānaṁ aparijānantā | āgantāro punabbhavaṁ ‖

438) ye ca mānaṁ pahatvāna, vimuttā mānasaṅkhaye : ItA. I. 55에 따르면, 거룩한 길을

그들은 교만의 결박을 극복하여
일체의 괴로움을 뛰어넘은439) 것이다."440)

세존께서는 이와 같은 의취도 역시 설하셨다고 나는 들었다.

9(1-1-9) 탐욕에 대한 완전한 앎의 경[Lobhapariññāsutta]441)

1. 이와 같이 세존께서 설하셨고 거룩한 님께서 설하셨다고 나는 들었다.

[세존] "수행승들이여, 탐욕442)을 곧바로 알지 못하고, 완전히 알지 못하고, 거기에서 마음을 사라지게 하지 못하고, 끊어버리지 못하는 자는 괴로움을 부술 수가 없다. 그러나 수행승들이여, 탐욕을 곧바로 알고, 완전히 알고, 거기에서 마음을 사라지게 하고, 끊어버리는 자는 괴로움을 부술 수가 있다."

2. 세존께서는 이와 같은 의취를 설하셨고 그와 관련하여 이와 같이 말씀하셨다.

[세존] "탐욕스러운 뭇삶들은
탐욕으로 인해 나쁜 곳으로 간다.
그 탐욕을 올바로 알아서

따라 일체의 교만을 버리고 교만을 궁극적으로 부수어 그 속에 남은 일체의 오염에서 벗어남을 통해서 거룩한 님의 경지, 열반에 도달한 자를 말한다.

439) te mānaganthābhibhuno, sabbadukkhamupaccagum : ItA. I. 56에 따르면, 거룩한 님으로 존재와 결박을 완전히 부수고 일체의 교만의 계박, 교만의 결박을 끊어버리고, 없애버리고 남김없이 윤회의 괴로움을 뛰어넘었다는 뜻이다.

440) ye ca mānaṁ pahatvāna | vimuttā mānasaṅkhaye | te mānaganthābhibhuno | sabbadukkhamupaccagun'ti ||

441) It. 5 : 본사경35(대정17권 668)

442) lobha : ItA. I. 56에 따르면, 이 경의 주제는 새로운 것이 아니라 앞의 경 1과 같다. 앞에서 언급한 데로 이해해야 한다.

통찰하는 자는 끊어 버린다.
끊어버린 뒤에 이 세상으로
결코 그는 되돌아오지 않는다."443)

세존께서는 이와 같은 의취도 역시 설하셨다고 나는 들었다.

10(1-1-10) 성냄에 대한 완전한 앎의 경[Dosapariññāsutta]444)

1. 이와 같이 세존께서 설하셨고 거룩한 님께서 설하셨다고 나는 들었다.

[세존] "수행승들이여, 성냄445)을 곧바로 알지 못하고, 완전히 알지 못하고, 거기에서 마음을 사라지게 하지 못하고, 끊어버리지 못하는 자는 괴로움을 부술 수가 없다. 그러나 수행승들이여, 성냄을 곧바로 알고, 완전히 알고, 거기에서 마음을 사라지게 하고, 끊어버리는 자는 괴로움을 부술 수가 있다."

2. 세존께서는 이와 같은 의취를 설하셨고 그와 관련하여 이와 같이 말씀하셨다.

[세존] "성내는 [6] 뭇삶들은
성냄으로 인해 나쁜 곳으로 간다.
그 성냄을 올바로 알아서
통찰하는 자는 끊어 버린다.
끊어버린 뒤에 이 세상으로

---

443) yena lobhena luddhāse | sattā gacchanti duggatiṁ | taṁ lobhaṁ sammadaññāya | pajahanti vipassino | pahāya na punāyanti | imaṁ lokaṁ kudācanan'ti ||

444) It. 5 : 본사경36(대정17권 668)

445) dosa : ItA. I. 56에 따르면, 이 경의 주제는 새로운 것이 아니라 앞의 경 2와 같다. 앞에서 언급한 데로 이해해야 한다.

결코 그는 되돌아오지 않는다."446)

세존께서는 이와 같은 의취도 역시 설하셨다고 나는 들었다.

이로써 제1장 「하나모음」의 「제1품」이 끝났다. 그 내용은 차례로 '1. 탐욕의 경 2. 성냄의 경 3. 어리석음의 경 4. 분노의 경 5. 위선의 경 6. 교만의 경 7. 일체에 대한 완전한 앎의 경 8. 교만에 대한 완전한 앎의 경 9. 탐욕에 대한 완전한 앎의 경 10. 성냄에 대한 완전한 앎의 경'으로 이루어졌으며, 「제1품」이라고 불린다.

446) yena dosena duṭṭhāse | sattā gacchanti duggatiṁ | taṁ lobhaṁ sammadaññāya | pajahanti vipassino | pahāya na punāyanti | imaṁ lokaṁ kudācanan'ti ||

2. 제이품[Dutiyavagga]

11(1-2-1) 어리석음에 대한 완전한 앎의 경[Mohapariññāsutta][447)]

1. 이와 같이 세존께서 설하셨고 거룩한 님께서 설하셨다고 나는 들었다.

[세존] "수행승들이여, 어리석음[448)]을 곧바로 알지 못하고, 완전히 알지 못하고, 거기에서 마음을 사라지게 하지 못하고, 끊어버리지 못하는 자는 괴로움을 부술 수가 없다. 그러나 수행승들이여, 어리석음을 곧바로 알고, 완전히 알고, 거기에서 마음을 사라지게 하고, 끊어버리는 자는 괴로움을 부술 수가 있다."

2. 세존께서는 이와 같은 의취를 설하셨고 그와 관련하여 이와 같이 말씀하셨다.

[세존] "어리석은 뭇삶들은
어리석음으로 인해 나쁜 곳으로 간다.
그 어리석음을 올바로 알아서
통찰하는 자는 끊어 버린다.
끊어버린 뒤에 [7] 이 세상으로
결코 그는 되돌아오지 않는다."[449)]

세존께서는 이와 같은 의취도 역시 설하셨다고 나는 들었다.

---

447) It. 6 : 본사경37(대정17권 668)

448) moha : ItA. I. 56에 따르면, 이 경의 주제는 새로운 것이 아니라 앞의 경 3과 같다. 앞에서 언급한 데로 이해해야 한다.

449) yena mohena mūḷhāse | sattā gacchanti duggatiṁ | taṁ mohaṁ sammadaññāya | pajahanti vipassino | pahāya na punāyanti | imaṁ lokaṁ kudācanan'ti ||

12(1-2-2) 분노에 대한 완전한 앎의 경[Kodhapariññāsutta][450]

1. 이와 같이 세존께서 설하셨고 거룩한 님께서 설하셨다고 나는 들었다.

[세존] "수행승들이여, 분노[451]를 곧바로 알지 못하고, 완전히 알지 못하고, 거기에서 마음을 사라지게 하지 못하고, 끊어버리지 못하는 자는 괴로움을 부술 수가 없다. 그러나 수행승들이여, 분노를 곧바로 알고, 완전히 알고, 거기에서 마음을 사라지게 하고, 끊어버리는 자는 괴로움을 부술 수가 있다."

2. 세존께서는 이와 같은 의취를 설하셨고 그와 관련하여 이와 같이 말씀하셨다.

[세존] "분노하는 뭇삶들은
분노로 인해 나쁜 곳으로 간다.
그 분노를 올바로 알아서
통찰하는 자는 끊어 버린다.
끊어버린 뒤에 이 세상으로
결코 그는 되돌아오지 않는다."[452]

세존께서는 이와 같은 의취도 역시 설하셨다고 나는 들었다.

13(1-2-3) 위선에 대한 완전한 앎의 경[Makkhapariññāsutta][453]

---

450) It. 7 : 본사경40(대정17권 669)

451) kodha : ItA. I. 56에 따르면, 이 경의 주제는 새로운 것이 아니라 앞의 경 5와 같다. 앞에서 언급한 데로 이해해야 한다.

452) yena kodhena kuddhāse | sattā gacchanti duggatiṁ | taṁ kodhaṁ sammadaññāya | pajahanti vipassino | pahāya na punāyanti | imaṁ lokaṁ kudācanan'ti ||

453) It. 7 : 본사경38(대정17권 668)

1. 이와 같이 세존께서 설하셨고 거룩한 님께서 설하셨다고 나는 들었다.

[세존] "수행승들이여, 위선[454]을 곧바로 알지 못하고, 완전히 알지 못하고, 거기에서 마음을 사라지게 하지 못하고, 끊어버리지 못하는 자는 괴로움을 부술 수가 없다. 그러나 수행승들이여, 위선을 곧바로 알고, 완전히 알고, 거기에서 마음을 사라지게 하고, 끊어버리는 자는 괴로움을 부술 수가 있다."

2. 세존께서는 이와 같은 의취를 설하셨고 그와 관련하여 이와 같이 말씀하셨다.

[세존] "위선을 행하는 뭇삶들은
위선으로 인해 나쁜 곳으로 간다.
그 위선을 올바로 알아서
통찰하는 자는 끊어 버린다.
끊어버린 뒤에 이 세상으로
결코 그는 되돌아오지 않는다."[455]

세존께서는 이와 같은 의취도 역시 설하셨다고 나는 들었다.

14(1-2-4) 무명의 장애에 대한 경[Avijjanīvaraṇasutta][456]

1. 이와 같이 [8] 세존께서 설하셨고 거룩한 님께서 설하셨다고 나는 들었다.

---

454) makkha : ItA. I. 56에 따르면, 이 경의 주제는 새로운 것이 아니라 앞의 경 1-1-5와 같다. 앞에서 언급한 데로 이해해야 한다.

455) yena makkhena makkhāse | sattā gacchanti duggatiṁ | taṁ makkhaṁ sammadañ ñāya pajahanti vipassino | pahāya na punāyanti | imaṁ lokaṁ kudācanan'ti ||

456) It. 8 : 본사경1(대정17권 662)

[세존] "수행승들이여, 바로 그 장애에 덮여, 사람들이 오랜 세월 유전하고 윤회하는데, 그것과는 다른 어떠한 장애도 나는 장애로 여기지 않는다.457) 수행승들이여, 그것은 곧 무명의 장애458)이다. 수행승들이여, 바로 그 무명의 장애에 덮여, 사람들은 오랜 세월 유전하고 윤회하는 것이다."459)

2. 세존께서는 이와 같은 의취를 설하셨고 그와 관련하여 이와 같이 말씀하셨다.

[세존] "바로 어리석음의 장애에 덮여,460)

---

457) na … samanupassāmi : '여기지 않는다.'는 것은 ItA. I. 56에 따르면, 여김의 반대로 여기는 것에는 두 가지 여기는 것이 있다. 1. AN. II. 214에 따르면, ① 물질을 자아로 여기거나, 물질을 가진 것을 자아로 여기거나, 자아 가운데 물질이 있다고 여기거나, 물질 가운데 자아가 있다고 여기며, ② 느낌을 자아로 여기거나, 느낌을 가진 것을 자아로 여기거나, 자아 가운데 느낌이 있다고 여기거나, 느낌 가운데 자아가 있다고 여기며, ③ 지각을 자아로 여기거나, 지각을 가진 것을 자아로 여기거나, 자아 가운데 지각이 있다고 여기거나, 지각 가운데 자아가 있다고 여기며, ④ 형성을 자아로 여기거나, 형성을 가진 것을 자아로 여기거나, 자아 가운데 형성이 있다고 여기거나, 형성 가운데 자아가 있다고 여기며, ⑤ 의식을 자아로 여기거나, 의식을 가진 것을 자아로 여기거나, 자아 가운데 의식이 있다고 여기거나, 의식 가운데 자아가 있다고 여긴다. 2. Mrp. I. 31에 따르면, 무상한 것을 영원하다고 여기고, 괴로운 것을 즐겁다고 여기고, 실체가 없는 것을 실체가 있다고 여기고, 부정(不淨)한 것을 아름다운 것으로 여긴다.

458) avijjānīvaraṇa : ItA. I. 57에 따르면, 신체적 악행처럼 발견되지 않아야 할 것이 발견되거나, 신체적 선행처럼 반대로 발견되어야 할 것이 발견되지 않았기 때문에 무명이다. 또는 존재의 다발의 다발로서의 의미(khandhanam rasattham), 감역의 장으로서의 의미(ayatanam ayatanattham), 세계의 공으로서의 의미(dhatunam sunnatam), 감각능력의 영향력의 의미(indriyanam adhipateyyattham), 진리의 그러함의 의미(saccanam tathattham), 괴로움 등의 괴롭힘 등을 통한 의미가 알려지지 않기 때문에 무명이다. 또는 끝없는 윤회 속에서 뭇삶을 치닫게 하기 때문에 무명이다. 최상의 의미로는 존재하지 않는 여성이나 남성 등에서 전개되고, 실제 존재하는 존재의 다발 속에서 전개되지 않기 때문에 무명이다. 그리고 또한 시각의식 등의 토대와 대상을 조건으로 생겨나는 사실을 가리기 때문에 무명이다. 무명 자체가 장애이기 때문에 무명은 장애이다.

459) avijjānīvaraṇena … nivutā pajā dīgharattaṃ sandhāvanti saṃsarantī'ti : ItA. I. 56에 따르면, 방해는 본성을 지닌 장애로 가르침의 본질을 알거나 보거나 꿰뚫지 못하고, 가려지고, 뒤덮여, 어둠에 의해 둘러싸여, 뭇삶들은 시작도 없는 윤회 속에서 한량없는 겁의 세월을, 크고 작은 존재 등에서 반복적인 생성을 통해서 모든 방향으로 달리며 윤회한다.

460) yen'evaṁ nivutā pajā, saṁsaranti ahorattaṁ, yathā mohena āvutā : ItA. I. 58에 따르면, 무명의 장애라고 하는 어리석음에 싸이고 뒤덮여, 잘 알려진 것에 대해서도 알지

밤과 그리고 낮으로
사람들이 유전한다.
그것과는 다른 어떠한 장애도 없다.461)

어리석음을 끊어버리고
어둠의 다발을 부순 자들,462)
다시는 유전하지 않는다.463)
그들에게 그러한 원인이 존재하지 않기 때문이다."464)

세존께서는 이와 같은 의취도 역시 설하셨다고 나는 들었다.

15(1-2-5) 갈애의 결박에 대한 경[Taṇhāsaṁyojanasutta]465)

1. 이와 같이 세존께서 설하셨고 거룩한 님께서 설하셨다고 나는 들었다.

[세존] "수행승들이여, 바로 그 결박에 묶여, 사람들이 오랜 세월 유전하고 윤회하는데, 그것과는 다른 어떠한 결박도 나는 결박으로 여기지 않는다. 수행승들이여, 그것은 곧 갈애의 결박이다. 수행승들이여, 바로 그 갈애의 결박에 묶여,466) 사람들은 오랜 세월 유전

못하고 사람들은 윤회 속에서 유전한다.

461) natthañño ekadhammo'pi | yen'evaṁ nivutā pajā | saṁsaranti ahorattaṁ | yathā mohena āvutā ‖

462) ye ca mohaṁ pahatvāna, tamokkhandhaṁ padāḷayuṁ : ItA. I. 58에 따르면, 고귀한 제자들은 앞에서 언급한 그러한 요소들을 끊어버리고, 낮은 단계의 길로서 이러저러한 길을 죽이는 어리석음을 끊어버리고, 최상의 길로서 금강과 비교되는 궁극적인 앎을 통해서 어리석음이라고 불리는 어둠의 다발을 남김없이 끊어버리고 부수었다.

463) na te puna saṁsaranti : ItA. I. 58에 따르면, '그들'은 거룩한 님을 말하고 '유전하지 않는다'는 것은 '존재의 다발과 요소세계와 감각영역의 상속이 중단 없이 지속되는 것이 윤회인데, 그러한 윤회에서 유전하지 않고 방황하지 않는다는 뜻이다.

464) ye ca mohaṁ pahatvāna | tamokkhandhaṁ padāḷayuṁ | na te puna saṁsaranti | hetu tesaṁ na vijjatī'ti ‖

465) It. 9 : 본사경2(대정17권 662)

하고 윤회하는 것이다."

2. 세존께서는 이와 같은 의취를 설하셨고 그와 관련하여 이와 같이 말씀하셨다.

[세존] "갈애를 [9] 반려자로 삼고
오랜 세월 윤회하는 사람은[467]
이 세상의 존재, 저 세상의 존재로의
윤회를 벗어나기가 힘[468]들다.[469]

갈애가 괴로움의 원인이라는
이러한 위험을 알고[470]
갈애를 여의고 취착하지 않고

---

466) taṇhāsaṁyojena … saṃyuttā : ItA. I. 58에 따르면, '결박'은 그것이 있으면, 사람을 괴로움 즉, 업의 성숙을 통해서 존재, 모태, 운명의 갈래, 의식의 주처, 뭇삶들의 주처나 다른 존재 등에 결박되기 때문에 결박이다. '갈애'는 갈망하고 몹시 갈구하기 때문에 갈애이다. '묶여'라는 것은 시각 등의 집착토대(abhinivesavatthu)에 묶이는 것을 말한다. ItA. I. 59에 따르면, 여기서 특히 앞의 경의 무명이 장애이고 갈애가 결박인 이유는, 무명이 결박이고 갈애가 장애이기도 하지만, 보다 두드러진 것을 기준으로 한 것으로, 무명은 열반의 지복을 방해하고 갈애는 뭇삶을 윤회의 괴로움에 묶기 때문이다.

467) taṇhādutiyo puriso, dīgham addhānaṁ saṁsaraṁ : ItA. I. 59-60에 따르면, 갈애가 친구라는 뜻이다. 갈애는 물없는 사막에 신기루에 의해서 물이 있는 것처럼 갈증에 시달린, 치유될 수 없이 괴로움에 정복된 뭇삶에게 달콤한 맛의 유혹을 보여줌을 통해서 반려의 역할을 하며, 윤회의 세계에서 뭇삶을 지칠 줄 모르고 방황하게 한다. 다른 오염들도 다시 태어남의 조건이 되는 것은 사실이지만 갈애처럼 특별한 조건은 아니다. 갈애는 착하고 건전한 것이 없이, 악하고 불건전한 상태를 통해서, 존재의 생성의 특수한 조건이기 때문에 생성의 진리(samudayasacca)라고 한다.

468) itthabhāvaññathābhāvaṁ | saṁsāraṁ nātivattati : ItA. I. 60에 따르면, '이 세계의 존재'는 인간을 말하고, '저 세계의 존재'는 '다른 남은 세계의 존재'(육도윤회 가운데 다른 존재들의 세계)를 말한다. '이 세상의 존재, 저 세상의 존재로의 윤회를 벗어나기 어렵다'는 것은 존재의 다발, 인식의 세계, 감역의 상속을 벗어나기 어렵고 뛰어넘기 어렵다는 것을 의미한다.

469) taṇhādutiyo puriso | dīgham addhānaṁ saṁsaraṁ | itthabhāvaññathābhāvaṁ | saṁsāraṁ nātivattati ‖ AN. II. 10

470) evamādīnavaṁ ñatvā, taṇhaṁ dukkhassa sambhavaṁ : ItA. I. 60에 따르면, 일체의 괴로움의 원인인 갈애의 위험을 알고'라는 뜻이다.

수행승은 새김을 확립하여 유행해야[471] 하리."[472]

세존께서는 이와 같은 의취도 역시 설하셨다고 나는 들었다.

16(1-2-6) 학인의 경①[Paṭhamasekhasutta][473]

1. 이와 같이 세존께서 설하셨고 거룩한 님께서 설하셨다고 나는 들었다.

[세존] "수행승들이여, 수행승이 아직 배울 것이 남아 있는 학인,[474] 증득하지 못한 자로서 멍에로부터의 위없는 안온[475]을 열망하는데,[476] 이것을 제외하고는 다른 어떠한 요인도 도움이 되는

---

471) vītataṇho anādāno, sato bhikkhu paribbaje : ItA. I. 60에 따르면, 완전한 앎을 통해 알고 통찰을 키워서 길의 상속을 통해서 갈애를 없애, 최상의 길에 의해 일체의 갈애를 여의고, 갈애 없이 네 가지 집착 가운데 어느 하나도 존재하지 않게 하여, 미래에 결생으로 여겨지는 자양의 섭취의 결여에 의해서, 자양의 섭취가 없이, 새김을 키워서 일체에 새김을 확립한 오염을 부순 수행승이, 출가하고 유행하며 존재 다발의 완전한 소멸을 통해서, 형성의 생성을 여의어야 한다.

472) evamādīnavaṁ ñatvā | taṇhaṁ dukkhassa sambhavaṁ | vītataṇho anādāno | sato bhikkhu paribbaje'ti ‖

473) It. 9 : 본사경50(대정17권 670)

474) sekha : ItA. I. 61에 따르면, SN. V. 14에 학인의 정의가 나온다: "세존이시여, '학인, 학인'이라고 하는데, 세존이시여, 어떻게 학인이 됩니까? 수행승이여, 어떤 사람이 학인이 성취해야 할 올바른 견해를 갖추고, 학인이 성취해야 할 올바른 사유를 갖추고, 학인이 성취해야 할 올바른 언어를 갖추고, 학인이 성취해야 할 올바른 행위를 갖추고, 학인이 성취해야 할 올바른 생활을 갖추고, 학인이 성취해야 할 올바른 정진을 갖추고, 학인이 성취해야 할 올바른 새김을 갖추고, 학인이 성취해야 할 올바른 집중을 갖춘다. 수행승이여, 이와 같이 학인이 된다." 또한 AN. I. 231에 나온다: "세존이시여, '학인, 학인'이라고 하는데, 세존이시여, 어째서 학인이라고 합니까? 수행승이여, 아직 배우기 때문에 학인이라고 한다. 세존이시여, 무엇을 배웁니까? 수행승이여, 보다 높은 계행, 보다 높은 마음, 보다 높은 지혜를 배우기 때문에 수행승이여, 학인이라고 한다." 그는 선한 범부(kalyāṇaputhujjana)로서 순서대로 일을 완성하고 계행을 갖추고 감관의 문을 수호하고 식사에 알맞은 분량을 알고, 깨어있음을 닦고 언제나 깨달음에 도움이 되는 원리(bodhipakkhiyadhamma)를 닦는데 전념하기 때문에 학인이다.

475) anuttaraṃ yogakkhemaṃ : ItA. I. 61에 따르면, 네 가지 멍에(四軛 : cattāro yogā)[감각적 쾌락의 욕망의 멍에(欲軛 : kāmayoga), 존재의 멍에(有軛 : bhavayoga), 견해의 멍에(見軛 : diṭṭhiyoga), 무명의 멍에(無明軛 : avijjāyoga)]로부터 방해받지 않는 것, 곧, 거룩한 경지에 이른 것을 뜻한다.

것으로 나는 여기지 않는다. 수행승들이여, 그것은 곧 이치에 맞는 정신활동의 기울임이다.477) 수행승들이여, 이치에 맞게 정신활동을 기울이는 수행승은 악하고 불건전한 것을 끊어버리고 착하고 건전한 것을 닦는다."478)

2. 세존께서는 이와 같은 의취를 설하셨고 그와 관련하여 이와 같이 말씀하셨다.

[세존] "이치에 맞게 [10] 정신활동을 기울이는 것이
아직 배울 것이 남아있는 수행승479)의 원리이니,
최상의 목표에 이르는데,480)

---

476) patthayamānassa : ItA. I. 61에 따르면, 두 가지 열망(dve patthanā)이 있다. 갈애에 의한 열망(taṇhāpatthanā)과 의욕에 의한 열망(chandapatthanā)이 있다. '참으로 구하는 바가 있다면 욕망하고, 도모하는 바가 있을 때 두려워합니다.'(Stn. 902)에서 언급하는 것은 갈애에 의한 열망을 뜻하고, '악마의 흐름은 끊어져 부서지고 파괴되었다. 크게 환희하라. 수행승들이여, 그대들에게 안온이 이루어졌노라.'(MN. I. 227)라는 것은 착하고 건전한 것을 이루려는 의욕의 열망을 나타낸다.

477) yathayidaṃ … yoniso manasikāro : ItA. I. 62에 따르면, 이치에 맞는 정신활동에는 방편에 의한 정신활동(upāyamanasikāro)과 길에 의한 정신활동(pathamanasikāro)이 있다. 무상 등에 대하여 이치에 따라 정신활동을 기울이고, 진리의 차제에 따라(saccânulomikena) 마음을 기울이거나 전향하거나 관계하거나 집중하거나 정신활동을 기울이는 것이 '이치에 맞는 정신활동'이다. 즉, '이것은 괴로움이다. 이것은 괴로움의 발생이다. 이것은 괴로움의 소멸이다. 이것은 괴로움의 소멸로 이끄는 길이다'라고 네 가지 거룩한 진리(四聖諦)에 이치에 맞게 정신활동을 기울이는 것이다.

478) yoniso bhikkhave bikkhu manasikaronto akusalaṃ pajahati kusalaṃ bhāvetīti : ItA. I. 64에 따르면, 이치에 맞게 정신활동을 기울이는 수행승에게 다음과 같이 악하고 불건전한 것이 끊어진다: '그는 이와 같이 '이것은 괴로움이다.'라고 이치에 맞게 정신활동을 기울이고, '이것은 괴로움의 발생이다.'라고 이치에 맞게 정신활동을 기울이고, '이것은 괴로움의 소멸이다.'라고 이치에 맞게 정신활동을 기울이고, '이것은 괴로움의 소멸에 이르는 길이다.'라고 이치에 맞게 정신활동을 기울인다.'(MN. I. 9) '수행승들이여, 수행승이 이치에 맞게 정신활동을 일으키면, 여덟 가지 고귀한 길을 닦고 여덟 가지 고귀한 길을 익히리라는 것은 자명하다.'(SN. V. 31)

479) bhikkhu : ItA. I. 64에 따르면, 윤회에서 두려움(bhaya)을 보기(ikkhati) 때문에 수행승(bhikkhu)이다.

480) uttamatthassa pattiyā : ItA. I. 64에 따르면, 최상의 목표인 거룩한 경지에 도달하는 것을 말한다.

이것밖에 달리 도움이 되는 것은 없다.
이치에 맞게 노력하는 수행승은
괴로움의 소멸에 도달481)하는 것이다."482)

세존께서는 이와 같은 의취도 역시 설하셨다고 나는 들었다.

17(1-2-7) 학인의 경②[Dutiyasekhasutta]483)

1. 이와 같이 세존께서 설하셨고 거룩한 님께서 설하셨다고 나는 들었다.

[세존] "수행승들이여, 수행승이 아직 배울 것이 남아 있는 학인, 증득하지 못한 자로서 멍에로부터의 위없는 안온을 열망하는데, 이것을 제외하고 다른 어떠한 요인도 도움이 되는 것으로 나는 여기지 않는다. 수행승들이여, 그것은 곧 훌륭한 친구를 사귀는 것이다.484) 수행승들이여, 훌륭한 친구를 사귀는 수행승은 악하고 불건전한 것을 끊어버리고 착하고 건전한 것을 닦는다."485)

---

481) yoniso padahaṁ bhikkhū, khayaṁ dukkhassa pāpuṇe : ItA. I. 64에 따르면, 이치에 맞게 방편에 의한 정신활동을 선구로 하여 네 가지 올바른 노력을 기울여 오염의 소용돌이인 괴로움을 완전히 부수고 완전히 끝내는 열반을 획득하고 성취하는 것을 말한다.

482) yoniso manasikāro | dhammo sekhassa bhikkhuno | natthaññо evaṁ bahukāro | uttamatthassa pattiyā | yoniso padahaṁ bhikkhū | khayaṁ dukkhassa pāpuṇe'ti ||

483) It. 10 : 본사경49(대정17권 670)

484) kalyāṇamittatā : ItA. I. 64에 따르면, 계행 등의 덕성을 갖추고, 악의를 죽이고 안녕을 도모하고, 모든 일에서 도움을 주는 친구가 훌륭한 친구이다. 그러한 친구가 있는 것을 말한다. 이러한 친구는 '사랑스럽고, 성실하고, 공경받을 만하고, 가르침을 주고, 충고를 받아들이고, 심오한 대화로 이끌고, 타당하지 않은 것을 강요하지 않는다.'(AN. IV. 32)

485) kalyāṇamitto bhikkhave bikkhu akusalaṃ pajahati kusalaṃ bhāvetīti : Itv. 65-66에 따르면, 훌륭한 친구를 사귀는 수행승은 다음과 같이 악하고 불건전한 것을 끊어버리고 착하고 건전한 것을 닦는다: '메기야여, 착한 벗, 착한 친구, 착한 동료와 사귀는 자는 다음과 같은 것이 기대된다. 그는 계행을 지킬 것이고, 의무계율을 수호할 것이고 알맞은 행동과 행경을 갖출 것이고, 아주 작은 잘못에서 두려움을 보고 학습계율을 받아 배울 것이다. 메기야여, 착한 벗, 착한 친구, 착한 동료와 사귀는 자는 다음과 같은 것이 기대된다. 버리고 없애는 삶을 살고, 마음을 여는데 도움이 되고, 오로지 싫어하여 떠나고, 사라지고, 소멸하고,

2. 세존께서는 이와 같은 의취를 설하셨고 그와 관련하여 이와 같이 말씀하셨다.

[세존] "훌륭한 친구가 있는
수행승은 공손하고 공경하며486)
친구의 말을 행하고,487)
올바로 알아차리고
새김을 확립하여488) 점차적으로
일체 결박의 부숨을 얻489)으리."490)

적멸하여, 곧바로 알고, 올바로 깨닫고, 열반에 드는 데 도움이 되는 이야기, 예를 들어 소욕에 대한 이야기, 만족에 대한 이야기, 멀리 여읨에 대한 이야기, 사교의 여읨에 대한 이야기, 정진에 대한 이야기, 계행에 대한 이야기, 삼매에 대한 이야기, 지혜에 대한 이야기, 해탈에 대한 이야기, 해탈에 대한 앎과 봄의 이야기가 있는데, 그는 이러한 이야기를 원하는 대로 얻고 어렵지 않게 얻고 힘들이지 않고 얻을 것이다. 메기야여, 착한 벗, 착한 친구, 착한 동료와 사귀는 자는 다음과 같은 것이 기대된다. 그는 악하고 불건전한 원리를 제거하고 착하고 건전한 원리를 갖추기 위해 착하고 건전한 원리에 대하여 견고한 자이고, 확고하게 노력하는 자이고, 멍에를 내려놓지 않는 자로서, 열심히 정진할 것이다. 메기야여, 착한 벗, 착한 친구, 착한 동료와 사귀는 자는 다음과 같은 것이 기대된다. 그는 지혜로워 고귀한 꿰뚫음으로 올바른 괴로움의 소멸로 이끄는 생성과 소멸에 대한 지혜를 갖출 것이다.'(AN. IV. 357; Ud. 36-37) 이와 같이 일체의 소용돌이의 괴로움에서 해탈하기 위해서 훌륭한 친구와 사귀는 것이다.

486) sappatisso sagāravo : ItA. I. 66에 따르면, '공손하고'는 '공손으로 여겨지는 것과 함께, 공손에 의해서'라는 뜻이며, '공경하며'는 스승과 관련하여 존경의 마음을 갖고 있는 것으로 여섯 가지 존경(DN. III. 244)을 갖춘 것을 말한다.

487) karaṁ mittānaṁ vacanaṁ : ItA. I. 66에 따르면, 훌륭한 친구들이 권고를 하면, 권고대로 실천하는 것을 말한다.

488) sampajāno patissato : ItA. I. 66-67에 따르면, '올바로 알아차리는 것'은 일곱 가지 경우와 관련하여 올바로 알아차리는 것이고(MN. I. 57) '새김을 확립하는 것'은 명상수행의 주제가 확장될 수 있도록 새김을 확립하여 새김을 닦는 것이다.

489) pāpuṇe anupubbena, sabbasaññojanakkhayan : ItA. I. 67에 따르면, '점차적으로 즉, 계행 등의 청정의 실천을 통해서, 통찰의 실천을 통해서, 그리고 길의 실천을 통해서, 감각적 쾌락의 탐욕의 결박 등의 일체의 결박을 부수어, 일체 결박의 부숨이라고 여겨지는 고귀한 길의 절정을 이루는, 거룩한 경지를 구성하는 열반을 얻고 획득할 것이다.'라는 뜻이다.

490) kalyāṇamitto yo bhikkhu | sappatisso sagāravo | karaṁ mittānaṁ vacanaṁ | sampajāno patissato | pāpuṇe anupubbena | sabbasaññojanakkhayan'ti ||

세존께서는 이와 같은 의취도 역시 설하셨다고 나는 들었다.

18(1-2-8) 참모임의 분열에 대한 경[Saṅghabhedasutta][491]

1. 이와 같이 세존께서 설하셨고 거룩한 님께서 설하셨다고 나는 들었다.

[세존] "수행승들이여, 많은 사람의 불안과 많은 사람의 불행을 위하여,[492] 신들과 인간 가운데 많은 자들의 불익, 불안, 고통을 위하여[493] [11] 세상에 하나의 원리가 생겨난다. 하나의 원리란 무엇인가? 참모임의 분열이다.[494] 수행승들이여, 참모임이 분열하면,

---

491) It. 10 : 본사경9(대정17권 664)

492) bahujanāhitāya bahujanāsukhāya : ItA. I. 68에 따르면, 많은 사람의 선정, 길 등의 성취를 방해하기 때문에 불안이고, 천상에 태어나는 것을 방해하고, 괴로운 곳에 태어나게 하기 때문에 불행이다.

493) bahuno janassa anatthāya ahitāya dukkhāya devamanussānaṃ : ItA. I. 68에 따르면, 그것보다 위없는 이익이 없는, 궁극적인 이익인 최상의 이익이 열반인데, 그것을 부정하기 때문에 불익이고, 열반의 안녕에 도달하게 하는 길보다 더 높은 안녕이 없는데, 그 길을 부정하기 때문에 불안이고, 고귀한 님들의 행복보다 행복한 것이 없는데, 고귀한 님들의 행복을 벗어나게 하는 윤회의 괴로움 때문에 고통이다.

494) saṅghabheda : ItA. I. 67에 따르면, 이것과 관련된 일이 있다. 그 간략한 이야기는 다음과 같다. 데바닷따(Devadatta)가 아자따쌋뚜(Ajātasattu)로 하여금 부왕 빔비싸라(Bimbisāra)를 부당하게 가둔 뒤에 살해하게 하고, 자객을 사주하여 돌을 던져서 여래의 피를 흘리게 했음에도 그때까지 그는 발각되지 않았다. 그러나 코끼리 날라기리(Nāḷāgiri)를 풀어놓은 뒤에 그가 발각되었다. 그러자 많은 사람들이 '왕은 이처럼 악한 일을 손잡고 저지르고 있다'라고 큰 소란을 피웠고, 큰 소동이 있었다. 그것을 듣고 왕은 자신이 제공했던 오백 솥의 분량의 음식을 끊어버리고 시중을 들러도 나가지 않았다. 데바닷따는 시민들의 가정에 방문하더라도 한 숟갈의 밥도 얻을 수가 없었다. 이득과 명예를 잃자 그는 거짓으로 살기를 도모하여 스승에게 다가가서, 다섯 가지 사항을 요구하였으나, 세존께서는 '데바닷따여, 되었다. 원하는 자는 숲에 거주하라.'(Vin. II. 197)라는 등의 말씀을 하시면서 그의 요구를 거절하였다. 그러자 데바닷따는 그 다섯 가지 사항을 가지고 어리석은, 거친 고행적 삶을 사는 사람들을 설득하였다. 그는 오백 명의 밧지 족의 아들을 투표에 동원하여 참모임을 분열시키고 그들을 데리고 가야씨싸(Gayāsīsa)에 가서 지냈다. 그러자 두 최상의 제자들이 스승의 명령으로 그곳에 도착하여 가르침을 설했다. 그리고 그들이 고귀한 경지를 얻자 데리고 돌아왔다. 그러나 참모임의 분열을 도모했고, 참모임이 분열되자, 그 분열에 동조한 자들은 오랜 세월 불익과 고통을 겪었다. 데바닷따는 오래지 않아 병이 들었는데 중병이 들어 죽을 때가 되자 '스승께 예배를 올리고 싶다.'하였기 때문에 들것으로 제따 숲으로 옮겨졌다. 그러

상호 쟁론이 있게 되고, 상호 비난이 있게 되고, 상호 모욕이 있게 되고, 상호 단절이 있게 된다.495) 그 경우에 믿음이 없는 자들은496) 결코 믿음을 갖지 않게 되고, 믿음이 있는 자들도 변심하게 된다."

2. 세존께서는 이와 같은 의취를 설하셨고 그와 관련하여 이와 같이 말씀하셨다.

[세존] "참모임을 분열시키는 자
영겁을 괴로운 곳, 지옥에서 보낸다.497)
불화를 즐기고 비법에 머무는 자498)
멍에로부터의 안온과는 멀어져499)
참모임의 화합을 깨뜨리고500)
영겁을 지옥에서 시달린다."501)

나 제따 숲의 연못가에서 들것이 멈추자, 땅이 갈라졌고 그는 떨어져 지옥에 태어났다.

495) aññamaññaṃ bhaṇḍanāni ceva honti, aññamaññaṃ paribhāsā ca honti, aññamaññaṃ parikkhepā ca honti, aññamaññaṃ pariccajanā ca honti : ItA. I. 69에 따르면, '상호 쟁론'은 '이것은 가르침이다. 가르침이 아니다.'라고 싸우는 것이고, '상호 비난'은 '우리는 그대들에게 이러저러한 해로운 일을 하겠다.'라고 두려움을 일으켜 겁을 주는 것이고, '상호 모욕'은 열 가지 모욕의 조건(출생, 이름, 인종, 나이, 일, 기술, 질병, 성, 오염, 파계)으로 비웃거나 폄하하는 것이고, '상호 단절'은 죄악의 열거에 의한 형벌을 통해 추방하는 것이다.

496) appasannā: ItA. I. 69에 따르면, 삼보(三寶: ratanattaya)의 덕성에 대하여 잘 모르는 자들을 말한다.

497) āpāyiko nerayiko, kappaṭṭho saṅghabhedako : ItA. I. 70에 따르면, 참모임을 분열시키는 자는 참모임의 분열을 즐기는 자로 괴로운 곳에 태어나야 할 이유가 있는 자이기 때문에 괴로운 곳에서 보내는 자이고, 겁의 세월을 사는 아비지옥이라는 대지옥에서 태어난 자이기 때문에 지옥에서 보내는 자이다.

498) vaggārāmo adhammaṭṭho : ItA. I. 70에 따르면, 불화를 즐기는 자는 참모임의 분열을 즐기는 자이고 비법에 입각한 자는 참모임의 분열이라는 비법에 입각한 자를 말한다.

499) yogakkhemā viddhaṁsati : ItA. I. 70에 따르면, 멍에로부터의 안온은 네 가지 멍에 [It. 16의 주석을 보라]에 억눌리지 않는 것이고 거룩한 경지, 열반을 뜻한다. 그것에서 떨어졌다는 의미이다.

500) saṅghaṁ samaggaṁ bhetvāna : ItA. I. 70에 따르면, 견해와 계행이 일치하는 집회이기 때문에 참모임이고 거기서 하나의 동일한 일 등의 실천을 통해 함께 하기 때문에 화합이라고 한다. 이러한 화합을 깨뜨리고 한 겁 즉, 한 생애를 아비지옥이라는 대지옥에서 시달린다.

501) āpāyiko nerayiko | kappaṭṭho saṅghabhedako | vaggārāmo adhammaṭṭho | yogakkhemā vi

세존께서는 이와 같은 의취도 역시 설하셨다고 나는 들었다.

19(1-2-9) 참모임의 화합에 대한 경[Saṅghasāmaggisutta][502]

1. 이와 같이 세존께서 설하셨고 거룩한 님께서 설하셨다고 나는 들었다.

[세존] "수행승들이여, 많은 사람의 이익과 많은 사람의 행복을 위하여, 신들과 인간 가운데 많은 자들의 유익, 안녕, 행복을 위하여 세상에 하나의 원리가 생겨난다.[503] 하나의 원리란 무엇인가? 참모임의 [12] 화합이다. 수행승들이여, 참모임이 화합하면, 상호 쟁론이 없게 되고, 상호 비난이 없게 되고, 상호 모욕이 없게 되고, 상호 단절이 없게 된다. 그 경우에 믿음이 없는 자들은 믿음을 갖게 되고, 믿음이 있는 자들은 믿음이 더욱 깊어진다."

2. 세존께서는 이와 같은 의취를 설하셨고 그와 관련하여 이와 같이 말씀하셨다.

[세존] "화합하는 자들을 돕는
참모임의 화합은 행복이다.[504]
화합을 즐기고 정법에 머무는 자,

---

ddhaṁsati | saṅghaṁ samaggaṁ bhetvāna | kappaṁ nirayamhi paccatī'ti ||

502) It. 11 : 본사경10(대정17권 664)

503) ekadhammo bhikkhave loke uppajjamāno uppajjati pahujanāhitāya pahujanāsukhāya bahuno janassa anatthāya ahitāya dukkhāya devamanussānaṃ : ItA. I. 71에 따르면, 이 경의 의미는 바로 앞의 경(It. 19)의 반대로 그 의미를 파악해야 한다.

504) sukhā saṅghassa sāmaggi, samaggānañcanuggaho : ItA. I. 71에 따르면, 화합을 버리지 않도록 유지하고, 도덕적인 도움을 주어, 화합하는 자들의 화합을 기뻐하고 돕는, 화합에 어울리는 화합은 '깨달은 님의 출현도 행복이고, 올바른 가르침의 교시도 행복이고, 참모임의 화합도 행복이고, 화합한 님들의 수행도 행복이다.'(Dhp. 194)라는 이유에서 행복이다.

멍에로부터의 안온에서 멀어지지 않고
참모임의 화합을 이루어
영겁을 천상에서 기뻐[505]한다."[506]

세존께서는 이와 같은 의취도 역시 설하셨다고 나는 들었다.

20(1-2-10) 사악한 사람의 경[Paduṭṭhapuggalasutta][507]

1. 이와 같이 세존께서 설하셨고 거룩한 님께서 설하셨다고 나는 들었다.

[세존] "수행승들이여, 세상에서 어떤 사람들이 사악한 마음을 지니고 있다면,[508] 나의 마음으로 그들의 마음을 읽어[509] '이 세계에서 그 사람이 죽을 때, 그는 그것이 작용하는 대로 지옥에 떨어진다.'라고[510] 나는 분명히 안다. 그것은 무슨 까닭인가? 수행승들이

---

505) kappaṁ saggamhi modatī'ti : 여기서 역자는 겁(劫)을 영겁이라고 번역했는데, 지상보다 천상에서의 삶의 상대적으로 긴 한 생애를 말한다. ItA. I. 71에 따르면, 한 생애를 감각적 쾌락의 욕망계의 천상에서 지낸다. 다른 신들 보다 열 가지 상태(형상, 소리, 향기, 맛, 촉감, 용모, 수명, 행복, 명예, 주권)를 더 누리며 천상의 행복을 경험하면서 원했던 것의 성취를 통해서 기뻐하고 환호하고 환희한다.

506) sukhā saṅghassa sāmaggi | samaggānañcanuggaho | samaggarato dhammaṭṭho | yogakkhemā na dhaṁsati | saṅghaṁ samaggaṁ katvāna | kappaṁ saggamhi modatī'ti ‖

507) It. 12; AN. I. 8 : 본사경4(대정17권 663), 증일아함경권제4, 일자품5(대정2권 562)

508) ekaccaṃ puggalaṃ paduṭṭhacittaṃ : ItA. I. 72에 따르면, '한 어떤 뭇삶 즉, 조건에 따라, 착하고 건전한 것이나 악하고 불건전한 것의 그 성숙에 따라, 성장하여, 죽는 자가, 증오의 결과로서, 원한의 결과로, 마음속에 증오가 가득 찼거나, 탐욕 등에 의해서, 마음이 퇴락했을 때'라는 뜻이다.

509) cetasā ceto paricca : ItA. I. 72에 따르면, '나의 마음 즉, 나의 마음의 앎으로 그 사람의 마음을 잘 알아서'라는 뜻이다.

510) "imamhi cāyaṃ samaye puggalo kālaṃ kareyya, yathābhataṃ nikkhitto, evaṃnir aye" : 역자는 여기서 '옮겨진 대로(yathābhataṃ)'는 의미상 '그것(증오)이 작용하는 대로'라고 옮긴다. ItA. I. 72에 따르면, 조건이 화합하여 그 사람이 순간적인 포착의 인식과정을 통해서 다른 곳으로 죽을 때, 옮겨진 대로, 가져와져서 놓인 대로, 자신의 업에 의해 던져져서 지옥에 놓이게 된다.

여, 그의 마음이 사악하기 때문이다. 수행승들이여, 이와 같이 이 세계의 어떤 뭇삶이 마음이 사악하다면, 몸이 파괴되고 죽은 뒤에[511] 괴로운 곳, 나쁜 곳, 비참한 곳, 지옥에[512] 태어난다."

2. 세존께서는 이와 같은 의취를 설하셨고 그와 관련하여 이와 같이 말씀하셨다.

[세존] "세상에서 [13] 어떤 사람들이
사악한 마음을 지니고 있다는 것을 알고
깨달은 님은 수행승들에게
이러한 의취를 설명했다.[513]

바로 이러한 때에
사람이 죽음에 이르면,
그는 지옥에 태어날 것이니
마음이 사악하기 때문이다.[514]

그것이 작용하는 대로
그와 같이 운명이 그러하니

---

511) kāyassa bhedā parammaraṇā : ItA. I. 72에 따르면, '집착된 존재의 다발(upādiṇṇakkhanadha)이 포기되고 죽음의식(死心: cuticitta)의 이후에'라는 뜻이다.

512) apāyaṃ duggatiṃ vinipātaṃ nirayaṃ : ItA. I. 72에 따르면, 간단히 말하자면 이 모두가 지옥인데, '괴로운 곳'은 환영이 상실된 곳으로 천상세계나 해탈의 원인이 되는 덕성이 상실된 곳이고, '나쁜 곳'은 증오에 의해서 퇴락한 곳으로 고통스러운 곳이고, '비참한 곳'은 떨어져서 사지가 다 부러지는 곳으로 멸망하는 곳이고, '지옥'은 즐길만한 것으로 알려진 환대가 없어 즐길만한 것이 없는 곳이다. 축생은 예를 들어 용왕이 있기 때문에 '괴로운 곳'에 속하지만 '나쁜 곳'에 속하지는 않는다. 아귀는 '괴로운 곳'이자 '나쁜 곳'에 속한다. 아수라는 '괴로운 곳'이자 '나쁜 곳'이자 '비참한 곳'에 속한다. 지옥은 '괴로운 곳, 나쁜 곳, 비참한 곳, 지옥' 모두에 속한다.

513) paduṭṭhacittaṁ ñatvāna | ekaccaṁ idha puggalaṁ | etamatthañca vyākāsi | buddho bhikkhūna santike ||

514) imamhi cāyaṁ samaye | kālaṁ kayirātha puggalo | nirayaṁ upapajjeyya | cittañhi'ssa padūsitaṁ ||

마음이 사악하면
뭇삶들은 나쁜 곳으로 간다."515)

세존께서는 이와 같은 의취도 역시 설하셨다고 나는 들었다.

이로써 제1장 「하나모음」의 「제2품」이 끝났다. 그 내용은 차례로 '1. 어리석음에 대한 완전한 앎의 경 2. 분노에 대한 완전한 앎의 경 3. 위선에 대한 완전한 앎의 경 4. 무명의 장애에 대한 경 5. 갈애의 결박에 대한 경 6. 학인의 경① 7. 학인의 경② 8. 참모임의 분열에 대한 경 9. 참모임의 화합에 대한 경 10. 사악한 사람의 경.'으로 이루어졌으며, 「제2품」이라고 불린다.

515) yathā'haritvā nikkhipeyya | evameva tathāvidho | cetopadosahetu hi | sattā gacchanti duggatin'ti ||

3. 제삼품[Tatiyavagga]

21(1-2-1) 믿음에 찬 마음의 경[Pasannacittasutta][516]

1. 이와 같이 세존께서 설하셨고 거룩한 님께서 설하셨다고 나는 들었다.

[세존] "수행승들이여, 세상에서 어떤 사람들이 청정한 믿음으로 [14] 가득 찬 마음을 지니고 있다면,[517] 나의 마음으로 그들의 마음을 읽어 '이 세계에서 그 사람이 죽을 때, 그는 그것이 작용하는 대로 천상에 태어난다.'라고 나는 분명히 안다. 그것은 무슨 까닭인가? 수행승들이여, 그의 마음이 청정한 믿음으로 가득 찼기 때문이다. 수행승들이여, 이와 같이 이 세계의 어떤 뭇삶이 마음에 믿음을 품었다면, 몸이 파괴되고 죽은 뒤에 좋은 곳, 천상에[518] 태어난다."

2. 세존께서는 이와 같은 의취를 설하셨고 그와 관련하여 이와 같이 말씀하셨다.

[세존] "세상에서 어떤 사람들이
청정한 믿음으로 가득찬 마음을 지니고 있다는 것을 알고
깨달은 님은 수행승들에게
이러한 의취를 설명했다.[519]

---

516) It. 13; AN. I. 8-9 : 본사경5(대정17권 663) 증일아함경권제4일자품5(대정2권 563)

517) pasannacittaṃ : 이 경은 앞의 경(It. 20)에 준해서 이해해야 한다. ItA. I. 184에 따르면, '삼보에 대한 믿음과 업과 과보에 대한 믿음을 지니면'이라는 뜻이다.

518) sugatiṁ saggaṁ lokaṁ : ItA. I. 73에 따르면, '좋은 곳'은 천상세계와 인간계를 말한다. 천상은 천신들의 세계를 말한다.

519) pasannacittaṁ ñatvāna | ekaccaṁ idha puggalaṁ | etam atthañca vyākāsi | buddho bhikkhūnaṃ santike ||

바로 이러한 때에
사람이 죽음에 이르면,
그는 천상에 태어날 것이니
마음이 청정한 믿음으로 찼기 때문이다.[520]

그것이 작용하는 대로
그와 같이 운명이 그러하니
마음이 청정한 믿음에 가득 차서
뭇삶들은 좋은 곳으로 간다."[521]

세존께서는 이와 같은 의취도 역시 설하셨다고 나는 들었다.

22(1-2-2) 공덕을 두려워하지 말라의 경[Māpuññabhāyīsutta][522]

1. 이와 같이 세존께서 설하셨고 거룩한 님께서 설하셨다고 나는 들었다.

[세존] "수행승들이여, 공덕[523]을 두려워[524]하지 말라. [15] 공덕

---

520) imamhi cāyaṁ samaye | kālaṁ kayirātha puggalo | sugatiṁ upapajjeyya | cittañh i'ssa pasādikaṁ ‖

521) yathā'haritvā nikkhipeyya | evameva tathāvidho | cetopasādahetu hi | sattā gacc hanti suggatin'ti ‖

522) It. 14 : 중아함경권제22복경(대정1권 645); 증일아함제4호심품7(대정2권565)

523) puññā : ItA. I. 73에서는 다음과 같이 경전을 인용하고 있다. 공덕과 그 결과에 대하여 '수행승들이여, 착하고 건전한 것들을 계발함으로써 이러한 공덕이 성장하는 것이다.'(DN. III. 58)라고 언급하고 있다. 그리고 감각적 쾌락의 욕망계와 관련된 공덕과 재생의 과정과의 관계는 다음과 같다: '수행승들이여, 무명에 빠진 사람으로서 만약 공덕을 갖춘 형성을 도모하면, 그의 의식은 공덕으로 갖추어진다.'(SN. II. 82) 착하고 건전한 의도와 관련해서는 다음과 같다: '수행승들이여, 이와 같은 세 가지 공덕을 낳는 토대가 있다. 세 가지란 무엇인가? 보시로 이루어진 공덕을 낳는 토대, 계행으로 이루어진 공덕을 낳는 토대, 수행으로 이루어진 공덕을 낳는 토대가 있다.(AN. IV. 241)'

524) mā bhāyittha : 우선 두려움에는 ItA. I. 74에 따르면, 두 가지 두려움이 있다. 앎에서 오는 두려움: '수행승들이여, 저 장수하는 하늘사람들은 아름답고 지극히 행복하고 높은 궁전에 오래도록 살아도 여래의 설법을 듣고 대부분 '벗이여, 우리들은 영원하지 않은 것을

이라고 하는 것은 원하고, 사랑스럽고, 애정이 가고, 마음에 드는 행복과 동의어이다.525) 수행승들이여, 내가 오랜 세월 공덕을 닦으면서, 원하고, 사랑스럽고, 애정이 가고, 마음에 드는 행복의 과보를 경험한 것을 나는 알고 있다. 칠 년간 자애의 마음을 닦아서 일곱 번 세계가 괴멸되고 생성되는 시간 동안 다시는 이 세계로 돌아오지 않았다.526) 수행승들이여, 세계가 괴멸되는 시간에 빛이 흐르는 하

영원하다고 여겼다. 벗이여, 우리들은 견고하지 않은 것을 견고하다고 여겼다. 벗이여, 우리들은 상주하지 않는 것을 상주한다고 여겼다. 벗이여, 우리는 실로 영원하지 않고 견고하지 않고 상주하지 않지만 개체가 있다는 견해에 사로잡혀 있었다.'라고 두려움과 전율과 감동에 빠진다.(SN. III. 85=AN. II. 33) 생소함에서 오는 두려움: '바라문 마하고빈다는 두려워하고 전율하여 몸에 털이 곤두선 채, 하느님 싸낭꾸마라 앞에서 싯구를 읊었다.'(DN. II. 240) 여기서는 생소함에서 오는 두려움을 말한다. '두려워하지 말라'라는 것은 '신체적·언어적 자제와 같은 제어, 의무실천의 충족, 홀로 앉거나 홀로 누워 감관을 제어하고, 두타행의 원리로 마음을 제어하고, 새김을 확립하고 올바로 알아차리고 명상주제에 전념을 통해서 열심히 정진하는 등등 수행승에 의해서 간단없이 일어나는 공덕이 있는데, 그러므로 두려워하지 말라. 그 공덕은 현세에서의 행복을 보장하고 미래의 열반의 행복을 부여해 주기 때문이다.'라는 뜻을 함축하고 있다.

525) sukhassetaṃ bhikkhave adhivacanaṃ iṭṭhassa kantassa piyassa manāpassa yadidaṃ puññāni : 역자가 초역에서 '공덕이라는 것은 행복, 희망, 사랑, 애정, 유쾌와 동의어이다.'라고 했는데, 이것을 바꾼 것이다. 여기서 행복(sukha)는 ItA. I. 74에 따르면, 행복의 뿌리는 다음과 같다. '깨달은 님의 출현도 행복이고 올바른 가르침의 교시도 행복이고 참모임의 화합도 행복이고 화합한 님들의 수행도 행복이다.'(Dhp. 194) '세계에서 탐욕을 여의고 감각적 쾌락의 욕망을 뛰어넘음이 행복이다.'(Ud. 20) '공덕이 쌓이면 행복하다.'(Dhp. 118) 행복을 가져오는 대상과 관련하여 '마할리여, 만약 여기 이 물질이 즐거움(행복)에 영향받고 즐거움은 드러내지만 괴로움(고통)은 드러내지 않는 오로지 즐거운 것이라면, 뭇삶들은 물질을 싫어하여 떠나지 않을 것이다.'(SN. III. 69) 행복의 조건을 만드는 곳은 다음과 같다. '수행승들이여, '끝까지 원하고 끝까지 좋아하고 끝까지 마음에 드는 것'에 대하여 올바로 말한다면, 이와 같이 '끝까지 원하고 끝까지 좋아하고 끝까지 마음에 드는 것이 하늘나라.'라고 올바로 말해야 할 것이다. 수행승들이여, 어떠한 비유라도 하늘나라의 행복이 어떠한가를 설명하기가 쉽지 않다.'(MN. III. 172) 분노의 여읨과 관련된 행복은 다음과 같다. '이러한 상태(禪定)는 고귀한 님의 계율에서는 지금 여기에서의 행복한 삶이라고 부른다.'(MN. I. 40) 열반과 관련된 행복은 다음과 같다. '열반 곧, 위없는 지복을 얻는다.'(Dhp. 203) 평정과 관련된 행복은 다음과 같다. '괴로움도 즐거움도 없는 평정이 행복이라고 불린다.' 욕망과 관계된 행복(iṭṭhasukha)은 다음과 같다. '아난다여, 나는 두 가지 느낌, 즉, 행복의 느낌과 고통의 느낌에 대하여 설했다.'

526) satta vassāni mettacittaṃ bhāvetvā satta saṃvaṭṭavivaṭṭakappe nayimaṃ lokaṃ punarāgamāsiṃ : ItA. I. 76에 따르면, 자애는 친절하게 사랑한다는 것으로 애정을 느낀다라는 뜻이다. 그리고 친구인 것과 관련해서 일어나거나 친구의 편에서 일어나기 때문에 자애이다. 그 특징은 타인의 복지이고 기능은 복지의 제공이고, 그 표현은 원한의 제거이고,

느님의 세계에 태어났고 세계가 생성되는 시간에 텅 빈 하느님의 궁전에 태어났다.527) 수행승들이여, 그곳에서 나는 하느님, 위대한 하느님, 승리자, 불퇴전자, 일체를 보는 자, 자재자였다.528) 수행승들이여, 서른여섯 번이나 나는 신들의 제왕 제석천529)이었다. 나는 수백 번에 걸쳐 정의로운 법왕으로서530) 사방으로 정복하여 나라의 안전을 도모하는 칠보를 갖춘531) 전륜왕532)이었다. 그런데 지방의

그 토대는 뭇삶의 만족을 보여주는 것이다. 그 장점은 분노의 지멸이고 그 단점은 애정의 발생이다. 자애의 마음은 네 가지 하느님의 삶(brahmavihāra)의 하나인 자애를 수반하는 마음을 말한다. 칠 년간 이러한 자애의 마음을 닦아서 칠 괴겁성겁(壞劫成劫 : saṁvaṭṭavivaṭṭakappa : It. 90의 주석참조)의 기간 동안 다시는 이 세계로 돌아오지 않았다.

527) saṃvaṭṭamāne sudaṃ bhikkhave kappe ābhassarūpago homi, vivaṭṭamāne kappe suññaṃ brahmavimānaṃ upapajjāmi : '빛이 흐르는 하느님의 세계(Ābhāssarā devā : 極光天, 光音天)'에 대해서는 이 책의 부록 「존재의 세계」를 참조하라. ItA. I. 76에 따르면, 텅 빈 하느님의 궁전은 이곳으로 오는 뭇삶이 없기 때문에 텅 빈 첫 번째 선정의 영역으로 여겨지는 하느님의 궁전에 출현한다.

528) tatra sudaṃ bhikkhave brahmā homi mahābrahmā abhibhū anabhibhūto aññadatthudaso vasavattī : ItA. I. 76에 따르면, 하느님(梵天: brahmā)은 감각적 쾌락의 욕망계의 존재보다 우월하다는 의미와 하느님의 삶을 실천하는 자라는 의미를 갖고 있다. 위대한 하느님(大梵天: mahābrahmā)은 하느님의 권속인 하느님 세계의 신들(Brahmapārisajjā devā : 梵衆天)과 하느님을 보좌하는 하느님 세계의 신들(Brahmapurohitā devā : 梵輔天)보다 위대한 신들을 의미한다. 승리자(abhibhū)에 대한 설명은 누락되었으나, 불퇴전자(anabhibhūto)는 퇴전하지 않는 자를 의미하고, 일체를 보는 자(aññadatthudaso)는 과거와 현재와 미래를 보는 자를 의미하고, 자재자(vasavattī)는 신통과 수행의 힘으로 자신의 마음을 제어하는 자를 의미한다.

529) Sakka : ItA. I. 77에 따르면, 서른셋 신들의 하늘나라(Tāvatiṁsā devā : 三十三天=忉利天)의 제왕이다.

530) dhammiko dhammarājā : ItA. I. 77에 따르면, 원리에 따라 올바로 공평하게 행동하므로 정의로운 것이고, 그러한 원리에 일치하는 왕위를 얻어서 왕이 되었으므로 법왕이다.

531) satataratanasampanno : 전륜왕(轉輪王)의 칠보(七寶 : sataratanāni) 즉, 수레바퀴의 보물, 코끼리의 보물, 말의 보물, 구슬의 보물, 여자의 보물, 장자의 보물, 장군의 보물 등의 일곱 가지에 대하여 MN. 129에서 상세히 설명되고 있다.

532) cakkavattī : ItA. I. 77에 따르면, 전륜왕은 네 가지 놀라운 사실(acchariyahammā: Lp. I. 381에 따르면, 단정, 장수, 고뇌의 여읨, 바라문이나 수행자등이 보는 것만으로도 흡족: AN. II. 133 참조)로, 네 가지 섭수의 토대(四攝事 : cattāri saṅgahavatthūni)[보시하는 것(布施 : dāna), 사랑스럽게 말하는 것(愛語 : peyyavajja), 유익한 행위를 하는 것(利行 : atthacariya), 동등하게 배려하는 것(同事 : samānattatā)]로 세계를 매혹시키기 때문에 왕이다. 그는 수레바퀴의 보물을 굴리는데, 네 가지 번영의 수레바퀴(sampatticakkā : 알맞은 지역에 사는 것, 참사람과 사귀는 것, 자신의 바른 서원, 예전에 지은 공덕: AN. II. 32)를

왕위에 대해서 말해 무엇하랴? 수행승들이여, 그러한 나에게 이와 같이 '내가 지금 이와 같은 위대한 위력, 이와 같은 위대한 능력을 갖게 된 것은 어떠한 업의 결과, 어떠한 업의 과보 때문인가?'라는 생각이 떠올랐다. 수행승들이여, 그리고 그러한 나에게 이와 같이 '내가 지금 이와 같은 위대한 위력, 이와 같은 위대한 능력을 갖게 된 것은 세 가지 업의 결과, 세 가지 업의 과보 때문이다. 그것은 곧, 보시, 제어, 자제의 과보이다.'라는 생각이 떠올랐다."533)

2. 세존께서는 이와 같은 의취를 설하셨고 그와 관련하여 이와 같이 말씀하셨다.

[세존] "실로 멀리 미치는534)
행복을 낳는 공덕을 배우고,
보시와 [16] 평등행과535)
자애로운 마음을 닦아야하리.536)

세 가지 행복을 일으키는
이러한 원리를 닦은 뒤에,
폭력을 여읜 행복한 세계에

굴린다. 그리고 그것으로 타인을 굴러가게 하고, 타인의 복지를 위하여 위의로(威儀路 : iriyāpatha = 行住坐臥)의 수레바퀴를 굴리기 때문에 전륜왕이라고 한다.

533) seyyathīdaṃ dānassa damassa saññamassā'ti : ItA. I. 78에 따르면, '보시'는 음식 등과 같은 시물의 보시를, '제어'는 시각 등의 감각능력의 제어뿐만 아니라 수계(受戒)를 통한 탐욕 등과 같은 오염의 제어를, '자제'는 신체적 · 언어적 자제를 말한다.

534) āyat'aggaṁ : ItA. I. 78에 따르면, '광대한 과보가 있도록, 굉장한 과보가 있도록' 또는 '사랑스럽고 마음에 드는 과보가 있도록'의 뜻이거나 '최상의 과보가 있도록' 또는 '원천적으로 이치에 맞는 정신활동을 조건으로 최상으로'의 뜻이다.

535) samacariyañca : 평등행(平等行)은 침착한 행동을 말한다. ItA. I. 78에 따르면, 신체적·언어적·정신적인 사악한 행동 등을 피하고 신체적·언어적·정신적인 올바른 행동 등을 하는 것 즉, 청정한 계행을 뜻한다.

536) puññameva so sikkheyya | āyataggaṁ sukhudrayaṁ | dānañca samacariyañca | mettacittañca bhāvaye ||

현명한 자가 출현[537]한다."[538]

세존께서는 이와 같은 의취도 역시 설하셨다고 나는 들었다.

23(1-2-3) 두 가지 이익의 경[Ubhoatthasutta][539]

1. 이와 같이 세존께서 설하셨고 거룩한 님께서 설하셨다고 나는 들었다.

[세존] "수행승들이여, 하나의 원리를 닦고 익히면, 현세의 이익과 내세의 이익, 양자의 이익을 성취하는 것이다.[540] 하나의 원리란 무엇인가? 착하고 건전한 것에 방일하지 않는 것이다.[541] 수행

---

537) abyāpajjhaṁ sukhaṁ lokaṁ | paṇḍito upapajjatī'ti : ItA. I. 79에 따르면, '폭력이 없는, 곧, 괴로움이 없는 선정의 성취에서 얻어지는 하느님의 세계와 같은 행복한 세계에 현명한 자 즉, 통찰을 지닌 자가 태어난다.'는 뜻이다.

538) ete dhamme bhāvayitvā | tayo sukhasamuddaye | abyāpajjhaṁ sukhaṁ lokaṁ | paṇḍito upapajjatī'ti ‖

539) It. 16 : 본사경12(대정17권 664); 증일아함제4호심품1(대정2권 563)

540) ubho atthe samadhigayha tiṭṭhati, diṭṭhadhammikañceva atthaṃ samparāyikañca : ItA. I. 79에 따르면, '현세의 이익'은 '눈앞에 현존하는 자기존재의. 바로 이 세계에 속하는 이익'을 말하고, '내세의 이익'은 '이후에 발생하는, 내세에 속하는 이익'을 말한다. 현세의 이익은 현세에서의 행복이나 현세에 행복을 가져오는 것으로 예를 들어, 재가자에게는 행복에 도움이 되는 것, 일에 곤란이 없는 것, 건강을 갖춘 것, 몸 안팎의 토대에 대한 청결을 위한 방편을 제공하는 기술의 영역이나 지식의 분야를 갖추는 것, 호의적으로 시중을 받는 것 등이고, 출가자에게는 삶을 유지하기 위한 필수품, 의복, 음식, 처소, 필수의약품을 어려움 없이 구하고, 신중하게 실천하고, 신중하게 물러서고, 몸 안팎의 토대에 대한 청결, 소욕지족, 만족, 멀리 여윔, 교제의 여윔 등이다. '양자의 이익'은 '알맞은 장소에 살고, 참사람과 교류하고, 올바른 가르침을 듣고, 이치에 맞게 사유하는 것' 등이다.

541) appamādo kusalesu dhammesu : ItA. I. 80-81에 따르면, '방일이란 무엇인가? 신체적 악행이나 언어적 악행이나 정신적 악행이나 다섯 가지 감각적 쾌락의 대상에 마음을 놓아버리거나 방기하는 것, 착하고 건전한 원리의 계발에 대하여 부주의하게 하고 유지하지 않고 이따끔 하고 게을리 하고 의욕을 버리고 멍에를 지지 않고 추구하지 않고 닦지 않고 익히지 않고 다짐하지 않고 전념하지 않는 것을 방일이라고 한다.'(Vibh. 350) 따라서 방일하지 않는 것은 이러한 언급의 반대를 뜻한다. 삼장을 포함하는 부처님의 전체 말씀을 한 마디로 요약하자면, 방일하지 않는 것이다. 그 중요성 때문에 올바로 원만히 깨달은 님께서 꾸씨나라 시의 사라쌍수(沙羅雙樹)에서 완전한 열반에 드실 때에, 정각이후에 45년간 스스로 설한 가르침은 한마디 말로 종합하여 수행승들에게 '방일하지 말고 정진하라.'(DN. II. 156)라고 설했다. 그리고 이와 같이 '수행승들이여, 예를 들어 어떠한 걸어 다니는 뭇삶의 발자국이든

승들이여, 이러한 하나의 원리를 닦고 익히면, 현세의 이익과 내세의 이익, 양자의 이익을 성취하는 것이다.”

2. 세존께서는 이와 같은 의취를 설하셨고 그와 관련하여 이와 같이 말씀하셨다.

[세존] “현자는 공덕을 짓는데
방일하지 않음을 찬양한다.
방일하지 않은 님은 현자로서
양자의 이익을 성취한다.[542]

현세의 [17] 이익과
내세의 이익이 있으니,
이익을 꿰뚫어보는 자는[543]
현자라고 불린다.”[544]

세존께서는 이와 같은 의취도 역시 설하셨다고 나는 들었다.

24(1-2-4) 뼈 무더기의 경[Aṭṭhipuñjasutta][545]

지 그 모든 것들은 코끼리의 발자국에 들어가므로 그들 가운데 그 크기에 관한 한 코끼리의 발자국을 최상이라고 한다. 수행승들이여, 이와 같이 착하고 건전한 것들이 있지만 그 모든 것들은 방일하지 않음을 근본으로 하고 방일하지 않음을 귀결로 하므로, 그 모든 것들 가운데 방일하지 않음을 최상이라고 한다.'(SN. V. 43; AN. V. 21)라고 설했다.

542) appamādaṁ pasaṁsanti | puññakiriyāsu paṇḍitā | appamatto ubho atthe | adiganhāti paṇḍito ‖

543) atthābhisamayā : ItA. I. 81-82에 따르면, 이익을 꿰뚫어 보는 자에게 방일하지 않음의 그 출세간적 의미는 다음과 같다. '방일하지 않음이 불사의 길이고, 방일하는 것은 죽음의 길이니, 방일하지 않은 사람은 죽지 않으며, 방일한 사람은 죽은 자와 같다. 이러한 이치를 상세히 알아서, 슬기로운 님은 방일하지 않고, 방일하지 않음에 기뻐하고, 고귀한 님의 행경을 즐긴다. 선정에 들고 인내하고 언제나 확고하게 노력하는 님, 현명한 님은 열반, 위없는 안온을 경험한다.'(Dhp. 21-23).

544) diṭṭhevadhamme yo attho | yo cattho samparāyiko | atthābhisamayā dhīro | paṇḍito'ti pacūccatī'ti ‖

545) It. 17; SN. II. 185 : 본사경3(대정17권 662); 잡아함경제34, 947(대정2권 242)

1. 이와 같이 세존께서 설하셨고 거룩한 님께서 설하셨다고 나는 들었다.

[세존] "수행승들이여, 한 개인이[546] 일 겁을 유전하고 윤회한다면, 그의 해골, 뼈의 무더기, 뼈의 퇴적은 베뿔라 산과 같이 많을 것이다. 만약 그것을 모은 자가 있다면, 그 모은 것을 없앨 수 없을 것이다."

2. 세존께서는 이와 같은 의취를 설하셨고 그와 관련하여 이와 같이 말씀하셨다.

[세존] "위대한 선인께서는[547]
'단 한 사람만이
일 겁을 쌓은 뼈들도
그 더미가 산과 같다.'라고 말했다.[548]

그것은 참으로 마가다 국의
기릿바자[549]의 깃자꾸따[550] 산의 북쪽
베뿔라 산[551]보다

---

546) ekapuggalassa : ItA. I. 82에 따르면, 부처님은 세속적 가르침(sammatidesanā)과 궁극적 가르침(paramatthadesanā)의 두 가지 가르침으로 가르쳤다. 개인, 뭇삶, 여자, 남자, 왕족, 바라문, 천신과 같은 것은 세속적 가르침이고, 무상, 괴로움, 무아, 존재의 다발, 인식의 세계, 감각의 영역, 새김의 토대 등은 궁극적 가르침이다. 세존은 개인에 대한 이야기를 다음과 같은 여덟 가지 이유에서 말했다: 1. 부끄러움과 창피함을 알게 하기 위하여 2. 업이 자신의 것임을 알게 하기 위하여 3. 개별적 대리자를 알게 하기 위하여 4. 업보의 즉각성을 알게 하기 위하여 5. 하느님의 삶에 대해 알게 하기 위하여 6. 전생의 삶을 알게 하기 위하여 7. 보시의 청정을 알게 하기 위하여 8. 세상의 관습적인 사용을 포기하지 않기 위하여.

547) mahesinā : ItA. I. 84에 따르면, 선인은 세존을 지칭하며 '여래는 열 가지 힘(dasabala)을 갖추고 있다.'(SN. II. 27)

548) ekassekena kappena | puggalassaṭṭhisañcayo | siyā pabbatasamo | rāsi iti vuttaṁ mahesinā ||

549) Giribbaja : 라자가하 시 근처의 도시를 말한다.

550) Gijjhakūṭa : 영취산(靈鷲山)을 말한다.

크다고 사람들은 말한다.552)

누군가 올바른 지혜로써
거룩한 진리 즉, 괴로움, 괴로움의 발생,
괴로움의 초월, 괴로움의 소멸로 이끄는
고귀한 [18] 여덟 가지 길을 본다553)면,554)

그 사람은 최상으로
일곱 번 유전하다가555)
일체의 결박이 부서지는556)
괴로움의 종식을 이룬다."557)

세존께서는 이와 같은 의취도 역시 설하셨다고 나는 들었다.

---

551) vepullapabbato : ItA. I. 84에 따르면, 라자가하를 둘러싸 다섯 산이 있는데, 광대하다는 의미에서 베뿔라라고 한다.

552) so kho panāyaṁ akkhāto | vepullo pabbato mahā | uttaro gijjhakūṭassa | magadhānaṁ giribbaje ||

553) yato ariyasaccāni, sammappaññāya passati, dukkhaṁ dukkhasamuppādaṁ, dukkhassa ca atikkamaṁ, ariyañcaṭṭhaṅgikaṁ maggaṁ dukkhūpasagāminaṁ : 고귀한 진리(ariyasaccāni)는 곧이어 열거되는 네 가지 거룩한 진리(四聖諦 : cattāri ariyasaccāni)를 말한다. ItA. I. 85에 따르면, 괴로움의 초월은 열반(涅槃)을 말하고 괴로움의 소멸로 이끄는 여덟 가지 고귀한 길은 올바른 견해 등의 팔정도(八正道)를 말한다.

554) yato ariyasaccāni | sammappaññāya passati | dukkhaṁ dukkhasamuppādaṁ | dukkhassa ca atikkamaṁ | ariyañcaṭṭhaṅgikaṁ maggaṁ | dukkhūpasagāminaṁ ||

555) sattakkatturn paramañca | sandhāvitvāna puggalo : ItA. I. 85에 따르면, 네 가지 거룩한 진리를 본 고귀한 사람은 흐름에 든 님으로 모든 감각능력이 유연하여져서 최대한 일곱 번 존재 등으로 반복적으로 태어나며 유전하고 윤회하는 것을 의미한다. 이 흐름에 든 님은 감각능력의 예리-중간-유연(tikkha-majjha-mudu)의 정도에 따라 세 종류가 있다: '1. 세 가지 결박을 끊어 버린 뒤에 한번은 인간으로 다시 태어나는 님으로 인간으로 다시 한 번 태어나 괴로움의 종식을 이루는 님(一種者: ekabījī)이다. 2. 세 가지 결박을 끊어 버린 뒤에 고귀한 가문에서 고귀한 가문으로 태어나는 님으로 두 번이나 세 번 고귀한 가문으로 유전하고 윤회하면서 괴로움의 종식을 이루는 님(家家者 : kolaṁkola)이다. 3. 일곱 번 더 태어나 괴로움의 종식을 이루는 님(七有者: sattakkhattuparama)이다.'(AN. I. 232)

556) sabbasaṁyojana : 열 가지 결박(十結 : dasa saṁyojjanāni)을 의미한다. 이 책의 해제를 참조하라.

557) sattakkatturn paramañca | sandhāvitvāna puggalo | dukkhassantakaro hoti | sabbasaṁyojanakkhayā'ti ||

25(1-2-5) 고의적인 거짓말의 경[Sampajānamusāvādasutta][558]

1. 이와 같이 세존께서 설하셨고 거룩한 님께서 설하셨다고 나는 들었다.

[세존] "수행승들이여, 하나의 원리를[559] 어기는 인간에게는 행해지지 못할 어떠한 악업도 없다고 나는 말한다. 하나의 원리를 어긴다는 것은 무엇인가? 수행승들이여, 그것은 곧 고의적인 거짓말을 하는 것[560]이다."

2. 세존께서는 이와 같은 의취를 설하셨고 그와 관련하여 이와 같이 말씀하셨다.

[세존] "하나의 원리를 어겨
거짓말을 하는 사람에게,
내세를 포기하는 자에게[561]

---

558) It. 18; Dhp. 176 : 본사경54(대정17권 671); 중아함제3 도경(대정1권 435)

559) ekaṁ dhammaṁ : ItA. I. 86에 따르면, 언어적 진리라는 하나의 원리를 말한다.

560) sampajānamusāvādo : ItA. I. 86에 따르면, 세존의 수행승의 참모임은 커다란 이익과 명성이 생겨나고 이교도들은 쇠퇴했다. 그들의 이익과 명성은 타격을 입고 빛을 상실하고 위엄을 상실하고 질투로 가득 차 찐짜마나비까(Ciñcācāmaṇavikā)라는 유행녀를 '자매여, 그대는 가서 수행자 고따마를 거짓으로 모욕하라.'라고 파견했다. 그녀는 세존께서 사부대중 앞에서 가르침을 설할 때에 거짓으로 모욕했다. 그녀가 거짓으로 비난한 것이 드러나자 제석천과 대중들이 '부끄러워할지어다! 검은 귀를 지닌 자여!'라고 승원에서 끌어내자 땅이 갈라져서 활활 타오르는 아비지옥의 불길이 닿자 아비지옥에 떨어졌다. 이로서 이교도들의 이익과 명성은 더욱 쇠퇴해졌다. 역자주: 찐짜마나비까는 매우 미인이였고 간교했다. 이교도들은 그녀를 설득해서 제따 숲에 계신 부처님을 방문하는 척 하도록 했다. 그녀는 어느날 저녁 무렵 제따 숲을 향해 가서는 그 날 밤을 그 근처의 이교도의 야영지에서 보냈다. 그리고는 아침에 그녀는 사람들이 제따 숲에서 나오는 자신을 보도록 유도했다. 그리고 사람들이 질문하면, 부처님과 동침했다고 말했다. 그 후 몇 달이 지난 뒤에 그녀는 몸 주위에 통나무를 묶고는 임신한 척, 많은 대중 앞에서 설법하는 부처님 앞에 나타나서는 자신의 임신에 대해서 무책임하고 냉담하다고 부처님을 거짓으로 모함한 것이다. 부처님은 침묵을 지켰다. 그러나 제석천은 자신의 보좌가 뜨거워져 어떤 조치를 취하지 않을 수 없었다. 제석천은 생쥐로 하여금 뱃속에 감은 통나무의 줄을 끊게 만들자 그 통나무가 떨어지면서 찐짜마나비까의 발을 상하게 했다. 이로써 그녀의 거짓이 드러나 아비지옥에 떨어진 것이다.

561) vitiṇṇaparalokassa : ItA. I. 87에 따르면, 세 가지 성공적 성취(tisso sampattiyo) 즉,

행해지지 않을 악은 없다."562)

세존께서는 이와 같은 의취도 역시 설하셨다고 나는 들었다.

26(1-2-6) 보시와 나눔의 경[Dānasaṁvibhāgasutta]563)

1. 이와 같이 세존께서 설하셨고 거룩한 님께서 설하셨다고 나는 들었다.

[세존] "수행승들이여, 내가 알듯이, 뭇삶들이 보시와 나눔의 과보를 안다면, 그들은 보시하지 않고는 먹지 않을 것이고, 간탐의 티끌로 물든 마음을 붙잡고 있지 못할 것이다. 가령 최후의 한 입, 최후의 한 모금이라도, 그것을 수용하는 자들이 있다면, 나누지 않고는 먹지 않을 것이다. 수행승들이여, [19] 내가 알듯이, 뭇삶들이 보시와 나눔의 과보를 알지 못하므로, 그들은 보시하지 않고 먹고, 간탐의 티끌로 물든 마음을 붙잡고 있는 것이다."

2. 세존께서는 이와 같은 의취를 설하셨고 그와 관련하여 이와 같이 말씀하셨다.

[세존] "위대한 선인께서 선포했듯,564)

인간의 성공적 성취(manussasampatti), 천계의 성공적 성취(devalokasampatti), 열반의 성공적 성취(nibbānasampatti)를 보지 못하는 자를 말한다.

562) ekaṁ dhammaṁ atītassa | musāvādissa jantuno | vitiṇṇaparalokassa | natthi pāpaṁ akāriyan'ti ‖

563) It. 18 : 본사경51(대정17권 671)

564) yathāvuttaṁ mahesinā : ItA. I. 88에서는 '아난다여, 축생에게 보시한다면, 그 보시는 백 배의 갚음이 기대된다. 부도덕한 일반사람들에게 보시한다면, 그 보시는 천 배의 갚음이 기대된다. 도덕적인 일반사람들에게 보시한다면, 그 보시는 십만 배의 갚음이 기대된다. 감각적 쾌락에 대한 욕망에서 벗어난 외도의 사람에게 보시한다면, 그 보시는 천억 배의 갚음이 기대된다. 흐름에 든 경지를 실현하는 길에 들어선 님에게 보시한다면, 그 보시는 셀 수 없고 헤아릴 수 없는 갚음이 기대된다. 하물며 흐름에 든 님에게 보시한다면 말할 나위가 있겠는가? 하물며 한번 돌아오는 경지를 실현하는 길에 들어선 님에게 보시한다면 말할 나위가 있겠는가? 하물며 한번 돌아오는 님에게 보시한다면 말할 나위가 있겠는가? 하물며

나눔의 과보가
얼마나 큰 열매를 가져오는지
뭇삶들이 안다면,565)

간탐의 티끌을 없애고
청정한 마음으로 고귀한 님에게
알맞은 시간에 보시해야 한다.
그때 주어진 것은 큰 열매가 있566)으리.567)

많은 사람에게 음식을 주고
받을 가치가 있는 님에게 보시하고
이 세계에서 죽어서
시주들은 천상으로 간다.568)

그들은 천상에 가서
거기서 감관의 쾌락을 갖추고569)

돌아오지 않는 경지를 실현하는 길에 들어선 님에게 보시한다면 말할 나위가 있겠는가? 하물며 돌아오지 않는 님에게 보시한다면 말할 나위가 있겠는가? 하물며 거룩한 경지를 실현하는 길에 들어선 님에게 보시한다면 말할 나위가 있겠는가? 하물며 여래의 제자인 거룩한 님에게 보시한다면 말할 나위가 있겠는가? 하물며 연기법을 깨달은 님에게 보시한다면 말할 나위가 있겠는가? 하물며 이렇게 오신 님, 거룩한 님, 올바로 원만히 깨달은 님에게 보시한다면 말할 나위가 있겠는가?'(MN. III. 88)라는 경전구절을 인용하고 있다. 그러나 독일학자 노이만(K. E. Neumann)은 자신의 번역에서 이 구절은 부처님 말씀이 아니라고 생각하여 자신의 맛지마니까야 번역에서 누락시켰다.

565) evaṁ ce sattā jāneyyuṁ | yathāvuttaṁ mahesinā | vipākaṁ saṁvibhāgassa | yathā hoti mahapphalaṁ ||

566) vineyyuṁ maccheramalaṁ, vippasannena cetasā, dajjuṁ kālena ariyesu, yattha dinnaṁ mahapphalaṁ : ItA. I. 88에 따르면, 간탐의 티끌을 없애고 업보에 대한 믿음과 삼보에 대한 믿음을 가지고 특히 청정한 믿음을 가진 자가 오염을 멀리하고 고귀한 계행 등의 덕성을 갖춘 자에 주는 것은 많은 열매를 맺는다.

567) vineyyuṁ maccheramalaṁ | vippasannena cetasā | dajjuṁ kālena ariyesu | yattha dinnaṁ mahapphalaṁ ||

568) annaṁ ca datvā bahuno | dakkhiṇeyyesu dakkhiṇaṁ | ito cutā manussattā | saggaṁ gacchanti dāyakā ||

간탐을 벗어나
나눔의 과보를 즐긴다."[570]

세존께서는 이와 같은 의취도 역시 설하셨다고 나는 들었다.

27(1-2-7) 자애의 마음에 의한 해탈의 경[Mettācetovimuttisutta][571]

1. 이와 같이 세존께서 설하셨고 거룩한 님께서 설하셨다고 나는 들었다.

[세존] "수행승들이여, 다시 태어날 근거가 되는 공덕을 만드는 토대들은[572] 그것들이 어떠한 것이든 그 모든 것은 자애의 마음에 의한 해탈[573]의 십육 분의 일[574]에도 미치지 못하므로, 자애의 마음에 의한 해탈이야말로 그것들을 이기고 빛나고 환희 비추고 널리 비춘다.[575]

---

569) kāmakāmino : ItA. I. 89에 따르면, 바람직한 것들, 훌륭한 천상의 향수(享受), 업의 결과로서 굉장한 아름다움의 획득, 도착에 의한 환대라는 이유에서 감관의 쾌락을 갖춘 것으로 일체의 감관의 쾌락으로 좋아하는 대로 즐긴다.

570) te ca saggaṁ gatā tattha | modantī kāmakāmino | vipākaṁ saṁvibhāgassa | anu bhonti amaccharā'ti ||

571) It. 19 : 본사경48(대정17권 670)

572) opadhikāni puññakiriyavatthūni : ItA. I. 89에 따르면, 여기에는 간략하게 세 가지 종류가 있다: 1. 보시(布施)로 이루어진 것 2. 계행(戒行)으로 이루어진 것 3. 수행(修行)으로 이루어진 것이다.

573) mettācetovimutti : ItA. I. 89에 따르면, 자애의 수행(修行)을 통한 세 번째 선정이나 네 번 째 선정의 성취를 말한다. 자애는 근접선정(upacārajhāna)에서도 근본선정(appanājhāna)에서도 이루어지지만 마음의 해탈은 근본선정에서만 이루어진다.

574) kalam pi : 역자주: 1/16이란 뜻이다. 이것은 원래 베다시대의 제4장에게 딸린 16 제관이 있었는데, 그 하나의 제관과 관계가 있다. 그러나 후대에 와서 '조금'이라는 뜻으로 쓰이게 되었다.

575) mettā yeva tāni cetovimutti adhiggahetvā bhāsate ca tapate ca virocati ca : ItA. I. 90에 따르면, 왜 세존께서는 자애가 번뇌를 수반하는 유루법(有漏法)으로서 다시 태어날 근거가 되지만, 공덕의 토대 가운데 가장 탁월한 것이라고 했는가? 자애는 '최상의 의미에서, 잘못이 없다는 의미에서 뭇삶의 가장 좋은 실천이라는 의미에서'(Vism. 320) 가장 탁월한 것이다. 또한 자애는 나머지 하느님의 삶 [네 가지 하느님의 삶(cattāro brahmavihār

예를 들어, 수행승들이여, 별이 비추는 광명은 그것이 어떠한 것이든 그 모든 것은 달이 비추는 [20] 광명의 십육 분의 일에도 미치지 못하므로 달이 비추는 광명이야말로 그것을 이겨서 빛나고 환희 비추고 널리 비춘다. 수행승들이여, 이와 같이 다시 태어날 근거가 되는 공덕을 만드는 토대들은 그것들이 어떠한 것이든 그 모든 것은 자애의 마음에 의한 해탈의 십육 분의 일에도 미치지 못하므

ā : 四梵住) : 각각 ① 자애(mettā : 慈) ② 연민(karuṇā : 悲) ③ 기쁨(muditā : 喜) ④ 평정(upekkhā : 捨)을 말한다]의 토대가 될 뿐만 아니라 보시 등의 자애로운 삶의 토대가 되기 때문이다.'(Vism. 325) 자애는 그 특징으로 뭇삶의 이익의 발생, 그 기능으로 그러한 이익의 집적, 그 출현으로 원한의 제거를 지니며, 한량없이 닦고 익히면, 쉽게 연민 등의 수행도 이루어지기 때문에 나머지 하느님의 삶의 기초가 된다.(Vism. 311) ItA. I. 91에 따르면, 자애가 어떠한 다시 태어날 근거가 되는 공덕행위 보다도 막강하다는 것을 나타내기 위해서 벨라마의 경(Velāmasutta)이 설해졌다: '또한 장자여, 바라문 벨라마가 그 보시, 그 굉장한 보시를 행한 것이나, 한 사람의 견해를 갖춘 님에게 보시하는 것이나, 백 사람의 견해를 갖춘 님에게 보시하는 것이나, 한 사람의 한번 돌아오는 님에게 보시하는 것이나, 백 사람의 한번 돌아오는 님에게 보시하는 것이나, 한 사람의 돌아오지 않는 님에게 보시하는 것이나, 백 사람의 돌아오지 않는 님에게 보시하는 것이나, 한 사람의 거룩한 님에게 보시하는 것이나 백 사람의 거룩한 님에게 보시하는 것이나, 한 사람의 연기법을 깨달은 님에게 보시하는 것이나 백 사람의 연기법을 깨달은 님에게 보시하는 것이나, 한 사람의 이렇게 오신 님, 거룩한 님, 올바로 원만히 깨달은 님에게 보시하는 것이나, 깨달은 님 앞에서 수행승의 참모임에 공양하는 것이나, 사방의 참모임을 위해 승원을 세우는 것이나, 청정한 믿음의 마음으로 부처님과 가르침과 참모임에 귀의하는 것이나 청정한 믿음의 마음으로 살아있는 생명을 죽이는 것을 삼가고, 주지 않는 것을 빼앗는 것을 삼가고, 사랑을 나눔에 잘못을 범하는 것을 삼가고, 거짓말을 하는 것을 삼가고, 곡주나 과일주 등의 취기있는 것에 취하는 것을 삼가는 학습계율을 갖추는 것보다, 단지 스치는 향기처럼이라도 자애의 마음을 닦는다면, 그것이 더욱 커다란 과보를 가져올 것입니다.'(AN. IV. 394) 그리고 그 자애의 마음에 의한 해탈은 한계지어진 공덕을 넘어선다: '자애의 마음에 의한 해탈이 이와 같이 닦여지면, 한계지어진 활동은 거기에 남지 않고 거기에 아무 것도 없게 됩니다. 바라문 청년이여, 힘센 나팔수가 사방에 어려움 없이 소리를 알리듯, 자애의 마음에 의한 해탈이 이와 같이 닦여지면, 한계지어진 활동은 거기에 남지 않고 거기에 아무 것도 없게 됩니다.'(MN. II. 207; DN. I. 251; SN. IV. 322) Pps. III. 450에 따르면, 감각적인 쾌락의 영역(kāmāvacara)에 관련된 한계지어진 행위(pamāṇakataṃ kammaṃ)는 미세한 물질적인 세계의 선정이나 비물질적인 세계의 선정과 관계된 한계 없고 측량될 수 없는 행위와 대조가 된다. 이 경우에 선정의 단계까지 고양된 거룩한 삶을 말하는 것이다. 미세한 물질적인 세계나 비물질적인 세계와 관계된 선정이 성취되면, 감각적인 쾌락의 영역에 관련된 행위가 선정을 지배하지 못하고 그 업보를 낳을 기회를 얻지 못한다. 오히려 미세한 물질적인 세계나 비물질적인 세계와 관계된 행위가 감각적인 쾌락의 세계의 행위를 지배하여 그 결과를 낳는다. 감각적 쾌락의 세계의 행위의 결과를 차단하고, 그가 닦은 거룩한 삶이 그를 하느님 세계로 이끈다.

로, 자애의 마음에 의한 해탈이야말로 그것들을 이겨서 빛나고 환희 비추고 널리 비춘다.

예를 들어, 수행승들이여, 우기의 마지막 달의 가을에576) 하늘이 맑고 구름 한 점 없으면 하늘 높이 떠오르면서 태양은 모든 어둠을 허공에서 없애버려서 빛나고 환희 비추고 널리 비춘다. 수행승들이여, 이와 같이 다시 태어날 근거가 되는 공덕을 만드는 토대들은 그것들이 어떠한 것이든 그 모든 것은 자애의 마음에 의한 해탈의 십육 분의 일에도 미치지 못하므로, 자애의 마음에 의한 해탈이야말로 그것들을 이겨서 빛나고 환희 비추고 널리 비춘다.

예를 들어, 수행승들이여, 명성577)이 밤의 새벽녘에 빛나서 환희 비추고 널리 비춘다. 수행승들이여, 이와 같이 다시 태어날 근거가 되는 공덕을 만드는 토대들은 그것들이 어떠한 것이든 그 모든 것은 자애의 마음에 의한 해탈의 십육 분의 일에도 미치지 못하므로, 자애의 [21] 마음에 의한 해탈이야말로 그것들을 이겨서 빛나고 환희 비추고 널리 비춘다."

2. 세존께서는 이와 같은 의취를 설하셨고 그와 관련하여 이와 같이 말씀하셨다.

[세존] "방일을 떠나 새김을 확립하여
무한한 자애를 닦는 님,578)

---

576) massānaṃ pacchime māse saradasamaye : ItA. I. 90에 따르면, 우기의 마지막 달은 까띠까(Kattika)월이다. 한역에서는 가제월(迦提月)이라고 한다. 십일월(十一月 : 양력10월 16일~11월15일)[남방음력 7월 16일 ~ 8월 15일]을 말한다. 가을은 앗싸유자(Assayuja)월과 까띠까(Kattika)월을 말한다. 앗싸유자월은 시월(十月 : 양력 9월 16일 ~ 10월 15일)[남방음력 6월 16일 ~ 7월 15일]을 말한다.

577) osadhitārakā : ItA. I. 90에 따르면, 풍부한 빛을 포함하고 약초에 힘을 부여하기 때문에 명성(明星)이라고 불린다.

578) yo ca mettaṁ bhāvayati, appamāṇaṁ patissato : ItA. I. 92에 따르면, 무한(無限)은 수행을 통한 무한과 대상을 통한 무한이 있다. 부정(不淨)에 대한 수행 등과 같이 대상에서

다시 태어날 근거의 부서짐을[579] 보는 님에게
결박은 엷어[580]진다.[581]

원한의 마음을 여의고[582] 한 생명이라도 사랑하는 자는
그로 인해 착하고 건전해지리.[583]
더욱이 일체의 생명에 마음으로 연민을 품으면,
고귀한 님으로서 광대한 공덕을 이[584]루리.[585]

뭇삶으로 가득 찬 대지를 정복하고,
말의 희생제, 인간의 희생제, 막대를 던지는 제사,
쏘마를 마시는 제사, 아무에게나 공양하는 제사,[586]

하나로 국한 시키지 않고 남김 없는 편재를 통해서, 한량 없는 편재를 통해서 무한대상성에 의한 친숙성을 통한 것이다.

579) upadhikkhayaṁ : ItA. I. 92에 따르면, 열반을 말한다.

580) tanū saṁyojanā honti : ItA. I. 92에 따르면, 자애의 선정을 기초로 파악하여 낮은 단계의 고귀한 길을 성취한 자에게 쉽게 분노 등의 결박은 끊어지면서 엷어진다.

581) yo ca mettaṁ bhāvayati | appamāṇaṁ patissato | tanū saṁyojanā honti | passato upadhikkhayaṁ ||

582) aduṭṭhacitto : ItA. I. 93에 따르면, 자애의 힘으로 잘 원한이 억제되어 악의를 통한 분노를 여읜 마음을 말한다.

583) kusalo hoti : ItA. I. 93에 따르면, 아주 착하고 건전해져서 큰 공덕을 낳고, 분노 등의 무익한 것을 떠나 안온한 것을 말한다.

584) sabbe ca pāṇe manasānukampaṁ, pahūtam ariye pakaroti puññaṁ : ItA. I. 93에 따르면, 하나의 뭇삶이 대상이라도 자애는 커다란 착하고 건전한 것의 집적이므로, 일체의 뭇삶에게 자신의 사랑하는 자식에 대하듯, 안녕의 확장을 통해 마음으로 연민하면, 마음이 청정한 고귀한 님으로서, 많은, 적지 않은, 한량 없는 64겁의 우주기라도 자신의 과보를 누릴 수 있게 하는, 굉장한 공덕을 성취할 수 있다.

585) ekampi ce pāṇam aduṭṭhacitto | mettāyati kusalo tena hoti | sabbe ca pāṇe manasānukampaṁ | pahūtam ariye pakaroti puññaṁ ||

586) assamedhaṁ purisamedhaṁ sammāpāsaṁ vājapeyyaṁ niraggalaṁ : 주석서는 이것들에 대해서 유사언어학적인 해석을 통해 원래 잔인한 제사가 아니라 원래 훌륭한 풍속이었다고 해석하고 있다. 말의 희생제(assamedha)에 대해서 곡물제사(sassamedha), 쏘마를 마시는 제사(vājapeyya)는 친절한 언어(vācapeyya)라고 해석하고 있다. 인간의 희생제(purisamedha)에 대해서도 다른 해석을 내리고 있다. 막대를 던지는 제사 즉, 쌈마빠싸(sammāpāsa)와 아무에게나 공양하는 무차제(無遮祭) 즉, 니락갈라(niraggala)에 대해서도 다른 해석을 하고 있다. ItA. I. 93에 따르면, 원래는 왕들이 세계를 섭수하기 위한 네 가지 섭수의 토대(이 책 It. 15의 주석을 보라)였다. 곡물헌공은 잘 익은 곡식의 열 번째 부분을 취하

선인인 왕들은 그러한 제사를 바치곤 했다.[587]

그러나 그들은 자애의 마음을 잘 닦는 자의
십육 분의 일의 가치도 누리지 못한다.
일체 별들의 반짝임이
달이 비추는 광명에 미치지 못하는 것과 같다.[588]

죽이지 [22] 않고 죽이도록 하지 않고,
정복하지 않고 정복하게 하지 않고,
일체의 존재에 대하여 자애로운 님은

는 것으로 이루어졌고, 곡물생산의 성공을 위한 슬기로운 배려(sassasampādanamedhāvitā)였다. 인신공희는 육 개월마다 위대한 전사에게 음식과 보수를 지급하는 것으로 이루어졌고, 사람을 섭수하기 위한 슬기로운 배려(purisasaṅgahaṇamedhāvitā)였다. 쌈마빠싸는 가난한 사람의 손에서 지문을 채취하여 삼년 마다 이자가 없이 천 내지 이천 정도의 돈을 제공하는 것으로 사람을 적당하게 묶는다는 의미에서 쌈마빠싸(sammāpāsa)라고 부른다. 그리고 '아들아, 아저씨' 등의 다정한 말로 섭수하는 것은 친절한 언어(vācapeyya)라고 한다. 이와 같은 네 가지 섭수의 토대가 완성되면, 왕국은 집집마다 먹고 마시는 것이 풍부해지고 서로 안전하게 즐기는 빗장이 없는 상태 즉, 니락갈라(niraggala)가 된다. 그러나 후대에 옥까까(Okkaka) 왕 때에 와서 바라문의 타락으로 이러한 것이 희생제로 변질되었다: "그런데 하찮을 것 없는 것 속에서 하찮을 것 없는 것, 왕자의 영화로운 삶과 화려하게 단장한 부인들을 보고 나서, 그들에게 전도된 견해가 생겨났습니다. 잘 만들어지고 아름답게 수놓아진 준마가 이끄는 수레, 여러 방으로 나눠지고 잘 배치된 주택과 거처를 보고 나서입니다. 소들의 무리에 둘러싸이고 아름다운 미녀들이 뒤따르는 인간의 막대한 부를 누리고 싶은 열망에 바라문들은 사로잡히고 말았습니다. 그래서 그들은 베다의 진언들을 편찬하고, 저 옥까까 왕에게 가서 말했습니다. '당신은 재산도 곡식도 풍성합니다. 제사를 지내십시오, 당신은 재보가 많습니다. 제사를 지내십시오, 당신은 재물이 많습니다.' 그래서 수레 위의 정복자인 왕은 바라문들의 권유로 말의 희생제, 인간의 희생제, 말뚝을 던지는 제사, 쏘마를 마시는 제사, 아무에게나 공양하는 제사, 이러한 제사를 지내고, 바라문들에게 재물을 주었습니다." (Stn. 299-302) 여기서 말뚝을 던지는 제사는, 멍에의 구멍에 들어가는 막대기를 던져서 그 막대기가 떨어지는 곳에 제단을 만들고 움직일 수 있는 제사기둥 등으로 싸라쓰와띠(Sarasvati) 강의 가라앉은 곳에서 거슬러 행해지는 제사로, 일종의 쏘마제를 말한다. 이것은 쏘마(vāja)를 마시는 제사의 일종이다. 그리고 아무에게나 공양하는 제사는 일종의 말의 희생제로 변질되었다.

587) yo sattasaṇḍaṁ paṭhaviṁ vijetvā | rājisayo yajamānānupariyagā | assamedhaṁ purisamedhaṁ sammā- | pāsaṁ vājapeyyaṁ niraggalaṁ ||

588) mettassa cittassa subhāvitassa | kalampi te nānubhavanti soḷasiṁ | candappabhā tāragaṇā'ca sabbe ||

어떠한 누구에게도 원한이 없다."[589]

세존께서는 이와 같은 의취도 역시 설하셨다고 나는 들었다.

이로써 제1장 「하나모음」의 「제3품」이 끝났다. 그 내용은 차례로 '1. 믿음에 찬 마음의 경 2. 공덕을 두려워하지 말라의 경 3. 두 가지 이익의 경 4. 뼈 무더기의 경 5. 고의적인 거짓말의 경 6. 보시와 나눔의 경 7. 자애의 마음에 의한 해탈의 경'으로 이루어졌으며, 「제3품」이라고 불린다. 이것으로써 제1장 「하나모음」이 끝났다.

589) yo na hanti na ghāteti | na jināti na jāpaye | mettaṁso sabbabhūtesu | veraṁ tassa na kenaci'ti ||

제2장 둘모음

Dukanipāta

1. 제일품[Paṭhamavagga]

28(2-1-1) 수행승의 경①[Paṭhamabhikkhusutta][590]

1. 이와 같이 세존께서 설하셨고 거룩한 님께서 설하셨다고 나는 들었다.

[세존] "수행승들이여, 두 가지 원리를 갖춘 수행승은 현세에서 고통, 근심, 고뇌를 [23] 겪으며 괴롭게 지내고, 몸이 파괴되어 죽은 뒤에는 나쁜 곳이 그를 기다린다. 두 가지란 무엇인가? 감각능력의 문을 수호하지 않는 것과[591] 식사에 적당한 분량을 모르는 것이다.[592] 수행승들이여, 두 가지 원리를 갖춘 수행승은 현세에서 고

---

590) It. 22 : 본사경61(대정17권 673)

591) indriyesu aguttadvāratāya ca : ItA. I. 97에 따르면, 어떻게 감관의 문을 수호하지 않는 것이 이루어지고, 어떻게 감관의 문의 수호하는 것이 이루어지는가? Vism. 21에서 다음과 같이 설명한다. '시각능력(眼根)에는 수호하는 것도 수호하지 않는 것도 있지 않을지라도 – 시각감성(眼淨)에 의지하여 새김과 망념이 생겨나는 것은 아니다 – 대상으로서의 형상이 시각의 길에 나타날 때, 존재지속의 고리(有分: bhavaṅga)가 두 번 생멸한 뒤에, 작용적 정신세계(kiriyamanodhātu)가 전향작용(轉向作用)을 이루어 생멸한다. 그 다음에 시각의식(cakkhuviññāṇa)이 보는 작용을, 다음에 이숙적 정신세계(vipākamanodhātu)가 영수작용(領受作用)을, 이숙적・무인적 정신의식세계(vipākâhetukamanoviññāṇadhātu)가 판단작용(判斷作用)을, 다음에 작용적・무인적 정신의식세계(kiriyâhetukamanoviññāṇadhātu)가 확정작용(確定作用)을 성취하며 생멸한다. 그 직후에 통각(統覺 = 速行)이 이루어진다. 그 가운데에도 존재지속의 고리가 일어나는 때도 전향 등의 어떤 때도, 제어도 없고 비제어도 없다. 단지 통각의 찰나에 만약 악계나 망념이나 무지나 무인이나 해태가 일어나면, 비제어가 존재하게 되는 것이다. '시각능력을 제어하지 않는 것'이라고 말하는 것은 이와 같은 것이다.'

592) bhojane amattaññutāya ca : ItA. I. 98에 따르면, 식사에 적당한 양을 모르는 자가 되는가? 어떻게 적당한 양을 아는 자가 되는가? 사람이 욕심이 많아서 섭취에 적량을 모르는 사람은, 보부상이 장신구상품을 손에 들고, 옷주머니에도 넣기에 알맞은 것을 넣고, 많은 구경꾼들에게 '이러한 것을 가져오시오, 이러한 것을 가져오시오.'라고 입으로 외치는 것과 마찬가지로, 욕심이 많은 사람은, 아무리 사소한 것이라도, 자신의 계행이나 학식이나 두타행의 덕목이나 내지 숲속에서의 삶을 많은 사람에게 알리기 위해서, 수레분량을 가져와서 제공해도 '충분하다.'라고 말하지 않고 받는다. 세 가지, 불의 연료와 바다의 물과 욕심 많은 자를 채우는 것은 불가능하다. … 식사에 적량을 모르는 자는, 가르침에 일치하도록 얻더라도 음식에 묶여 새김을 잃고 위범하여 위험을 보지 못하고 여읨의 지혜가 없이 손에 음식을

통, 근심, 고뇌를 겪으며 괴롭게 지내고, 몸이 파괴되어 죽은 뒤에는 나쁜 곳이 그를 기다린다."

2. 세존께서는 이와 같은 의취를 설하셨고 그와 관련하여 이와 같이 말씀하셨다.

[세존] "시각, 청각, 후각, 미각,593)
촉각 그리고 정신의594)

취해서 과식하거나 거기서 뒹굴거나 까마귀가 입에 음식을 쪼듯 잔뜩 먹거나, 음식을 토하도록 먹거나, 쉽게 잠자고 쉽게 눕고, 쉽게 무기력해진다.

593) cakkhu sotañca ghānañca, jivhā : 시각에는 두 종류의 시각(dve cakkhu)이 있다. 지혜의 시각(慧眼 : paññācakkhu)과 육신의 시각(肉眼 : maṃsacakkhu)이다. 그런데 지혜의 시각에는 다섯 가지가 있다: 부처의 시각(佛眼 : Buddhacakkhu), 보편의 시각(普眼 : samantacakkhu), 궁극적 앎의 시각(智眼 : ñāṇacakkhu) 하늘의 시각(天眼 : dibbacakkhu), 진리의 시각(法眼 : dhammacakkhu)이 있다. 부처의 시각: '수행승들이여, 나는 깨달은 님의 눈으로 세계를 바라보면서 조금밖에 오염되지 않은 뭇삶, 많이 오염된 뭇삶, 예리한 감각능력을 지닌 뭇삶, 둔한 감각능력을 지닌 뭇삶, 아름다운 모습의 뭇삶, 추한 모습의 뭇삶, 가르치기 쉬운 뭇삶, 가르치기 어려운 뭇삶, 그리고 내세와 죄악을 두려워하는 무리의 뭇삶들을 보았다.'(MN. I. 169) 보편의 시각은 전지의 궁극적인 앎(sabbaññutāñāṇa)을 말한다. (Nidd. II. 360) 궁극적 앎의 시각은 '눈이 생겨났다.'(SN. V. 422; Vin. I. 11)의 그 눈을 말한다. 하늘의 시각은 '수행승들이여, 나는 청정해서 인간을 뛰어넘는 하늘눈으로 다섯 명의 수행승들이 바라나씨 시에 있는 이씨빠따나의 미가다야에서 지내는 것을 보았다.'(MN. I. 170)에서의 하늘눈을 말한다. 진리의 시각은 '장자 우빨리는 그 자리에서 '어떠한 것이든 생겨난 그 모든 것은 소멸하는 것이다.'라는 티끌 없고 때 묻지 않은 진리의 눈을 얻었다.'(MN. I. 380)의 진리의 눈을 말한다. 육신의 시각에는 두 가지 즉, 소재의 시각(種眼 : sasambhāracakkhu)과 감성의 시각(淨眼 : pasādacakkhu)이 있다. 소재의 시각은 눈구멍에 있는 육신의 덩어리를 말하는데, 이것은 열네 가지 요소 즉, 지·수·화·풍과 색깔, 향기, 맛, 자양, 성질, 모양, 생기, 상태, 신체감성, 시각감성으로 이루어졌다. 반면에 여기에 의존하고 여기에 묶인, 지·수·화·풍에서 파생된 감성이 있는데, 그것을 감성의 시각이라고 말한다. 그것은 바로 시각의식 등의 토대와 문으로서 작용하기 때문이다. 그리고 청각에는 하늘의 청각(天耳: dibbasota)과 육신의 청각(肉耳 : maṁsasota)이 있다. 하늘의 청각은 '청정해서 인간을 뛰어넘는 하늘귀로 멀고 가까운 하늘사람들과 인간의 두 가지 소리를 듣습니다.'(MN. I. 12)의 하늘귀를 말한다. 육신의 청각에는 두 가지 즉, 소재의 청각(種耳 : sasambhārasota)과 감성의 청각(淨耳 : pasādasota)이 있다. 후각(ghāna)과 미각(jivhā)도 마찬가지다.

594) kāyo atho mano : 역자는 인식론적 측면에서 시각 등과 동일한 차원에서 신체를 촉각이라고 번역한 것이다. 그러나 주석의 설명은 빠알리어의 관행적 사용에 초점을 맞추고 있다. ItA. I. 100-101에 따르면, 이 신체에는 여러 가지가 있다. 활동의 신체(copanakāya), 물질의 신체(karajakāya), 집합의 신체(samūhakāya), 감성의 신체(pasādakāya)이다. 활동의 신체는 '신체적으로 자제할 뿐 아니라 또한 언어적으로 자제하는 현자들, 또한 정신적으로

이러한 감각능력의 문을
수호하지 않는 수행승이 있다.595)

식사에 분량을 모르고
감관을 수호하지 않는 자,
몸의 고통과 마음의 고통596)
두 가지 고통을 겪는다.597)

신체적으로 불태워지고
정신적으로 불태워져598)
밤과 또한 낮으로
그러한 자는 괴로움을 겪는다."599)

세존께서는 이와 같은 의취도 역시 설하셨다고 나는 들었다.

자제하는 현자들은 참으로 완전히 자제된 님들이다.'(Dhp. 234)의 신체를 말한다. 물질의 신체는 '형상을 갖추고, 정신으로 만들어지고, 모든 사지를 갖추고, 감관이 결여되지 않은 다른 신체를 만듭니다.'(DN. I. 77)의 신체를 말한다. 집합의 신체는 '벗들이여, 그것들 가운데는 여섯 의식의 무리, 즉 시각의식, 청각의식, 후각의식, 미각의식, 촉각의식, 정신의식이 있습니다.'(MN. I. 53) 등에서 사용하는 무리를 말한다. 감성의 신체는 '촉각(身體)으로 감촉을 접촉하고'(DN. III. 244)의 촉각을 말하는데, 그것은 바로 촉각의식의 토대와 감각능력의 문으로서 작용한다. 그리고 정신은 일체의 의식(viññāṇa)을 말하지만, 여기서는 감각능력의 문으로 작용하기 때문에 '감각능력의 문으로 작용하는 전향의식을 수반하는 존재상속(dvārabhūtaṁ sāvajjanaṁ bhavaṅgaṁ)'으로 이해되어야 한다.

595) cakkhu sotañca ghānañca | jivhā kāyo atho mano | etāni yassa dvārāni | aguttānī dha bhikkhūno ||

596) kāyadukkhaṁ cetodukkhaṁ : ItA. I. 101에 따르면, 두 종류의 고통이 있다. 눈에 보이는 질병 등에 의해서 미래에 괴로운 운명과 관계되는 신체적 고통(kāyadukkha)과, 탐욕 등의 오염에서 유래하는 후회와 좌절된 욕망에 의한 정신적 고통(cetodukkha)이 있다.

597) bhojanamhi amattaññū | indriyesu asaṁvuto | kāyadukkhaṁ cetodukkhaṁ | dukkhaṁ so adhigacchati ||

598) ḍayhamānena kāyena, ḍayhamānena cetasā : ItA. I. 101에 따르면, 두 가지 고통 즉, 신체적 고통과 정신적 고통에 의해서 이 세계에서 불태워지고 저 세계에서 불태워진다.

599) ḍayhamānena kāyena | ḍayhamānena cetasā | divā vā yadi vā rattiṁ | dukkhaṁ viharati tādiso'ti ||

29(2-1-2) 수행승의 경②[Dutiyabhikkhusutta][600]

1. 이와 같이 세존께서 설하셨고 거룩한 님께서 설하셨다고 나는 들었다.

[세존] "수행승들이여, 두 가지 원리를 갖춘 수행승은 현세에서 고통, 근심, 고뇌를 겪지 않으며 즐겁게 지내고, 몸이 파괴되어 죽은 뒤에는 [24] 좋은 곳이 그를 기다린다. 두 가지란 무엇인가? 감각능력의 문을 수호하는 것과[601] 식사에 적당한 분량을 아는 것이다.[602] 수행승들이여, 두 가지 원리를 갖춘 수행승은 현세에서 고

---

600) It. 23 : 본사경62(대정17권 673) : 이 경은 앞의 경(It. 28)과 관련해서 이해해야 한다.

601) indriyesu guttadvāratāya ca : MN. I. 355에 따르면, 감각능력의 문은 이와 같이 수호한다. '마하나마여, 어떻게 고귀한 제자가 감각능력의 문을 수호합니까? ① 그는 시각으로 형상을 보지만 그 인상에 집착하지 않고 그 연상에 집착하지 않습니다. 만약 시각능력을 잘 다스리지 않으면, 탐욕과 근심, 그리고 악하고 불건전한 상태가 자신을 침범할 것이므로, 그는 절제의 길을 따르고, 시각능력을 보호하고, 시각능력을 수호합니다. ② 그는 청각으로 소리를 듣지만 그 인상에 집착하지 않고 그 연상에 집착하지 않습니다. 만약 청각능력을 잘 다스리지 않으면, 탐욕과 근심, 그리고 악하고 불건전한 상태가 자신을 침범할 것이므로, 그는 절제의 길을 따르고, 청각능력을 보호하고, 청각능력을 수호합니다. ③ 그는 후각으로 냄새를 맡지만 그 인상에 집착하지 않고 그 연상에 집착하지 않습니다. 만약 후각능력을 잘 다스리지 않으면, 탐욕과 근심, 그리고 악하고 불건전한 상태가 자신을 침범할 것이므로, 그는 절제의 길을 따르고, 후각능력을 보호하고, 후각능력을 수호합니다. ④ 그는 미각으로 맛을 맛보지만 그 인상에 집착하지 않고 그 연상에 집착하지 않습니다. 만약 미각능력을 잘 다스리지 않으면, 탐욕과 근심, 그리고 악하고 불건전한 상태가 자신을 침범할 것이므로, 그는 절제의 길을 따르고, 미각능력을 보호하고, 미각능력을 수호합니다. ⑤ 그는 촉각으로 감촉을 느끼지만 그 인상에 집착하지 않고 그 연상에 집착하지 않습니다. 만약 촉각능력을 잘 다스리지 않으면, 탐욕과 근심, 그리고 악하고 불건전한 상태가 자신을 침범할 것이므로, 절제의 길을 따르고, 촉각능력을 보호하고, 촉각능력을 수호합니다. ⑥ 그는 정신으로 사실을 인식하지만 그 인상에 집착하지 않고 그 연상에 집착하지 않습니다. 만약 정신능력을 잘 다스리지 않으면, 탐욕과 근심, 그리고 악하고 불건전한 상태가 자신을 침범할 것이므로, 절제의 길을 따르고, 정신능력을 보호하고, 정신능력을 수호합니다. 마하나마여, 이처럼 고귀한 제자가 감각능력의 문을 수호합니다.'

602) bhojane mattaññutāya ca : ItA. I. 99에 따르면, 이와 같이 식사의 알맞은 분량을 알아야 한다고 말한다. '마하나마여, 어떻게 고귀한 제자가 식사하는데 분량을 압니까? 마하나마여, 세계에서 고귀한 제자는 향락을 위한 것이 아니고, 취기를 위한 것이 아니고, 아름다움을 위한 것이 아니고, 매력을 위한 것이 아니라, 단지 이 몸을 지탱하고 건강을 지키고 상해를 방지하고 청정한 삶을 보존하기 위해서, 이와 같이 '나는 예전의 고통을 끊고 새로운 고통을 일으키지 않고 건강하고 허물없이 안온하리라.'라고 생각하며 성찰에 의해서 이치에

통, 근심, 고뇌를 겪지 않으며 즐겁게 지내고, 몸이 파괴되어 죽은 뒤에는 좋은 곳이 그를 기다린다."

2. 세존께서는 이와 같은 의취를 설하셨고 그와 관련하여 이와 같이 말씀하셨다.

[세존] "시각, 청각, 후각,
미각, 촉각 그리고 정신의
이러한 감각능력의 문을
잘 수호하는 수행승이 있다.603)

식사에 분량을 알고
감관을 잘 수호하는 자,
몸의 안락과 마음의 안락
두 가지 안락을 누린다.604)

신체적으로 불태워지지 않고
정신적으로 불태워지지 않아
밤과 또한 낮으로
그러한 자는 안락을 누린다."605)

세존께서는 이와 같은 의취도 역시 설하셨다고 나는 들었다.

맞게 음식을 수용합니다. 마하나마여, 이와 같이 고귀한 제자는 식사하는데 분량을 압니다.' (MN. I. 355; AN. I. 114) '탁발음식을 얻어도 거기에 묶이지 않고, 넋을 잃지 않고, 탐착하지 않고, 위험을 보고 그것을 시식한다.'(AN. II. 27)

603) cakkhu sotañca ghāṇañca | jivhā kāyo atho mano | etāni yassa dvārāni | suguttā nīdha bhikkhuno ||

604) bhojanamhi ca mattaññū | indriyesu ca saṁvuto | kāyasukhaṁ cetosukhaṁ | sukhaṁ so adhigacchati ||

605) aḍayhamānena kāyena | aḍayhamānena cetasā | divā vā yadi vā rattiṁ | sukaṁ viharati tādiso'ti ||

30(2-1-3) 가책으로 이끄는 것의 경[Tapanīyasutta][606]

1. 이와 같이 세존께서 설하셨고 거룩한 님께서 설하셨다고 나는 들었다.

[세존] "수행승들이여, 이러한 가책으로 이끄는 두 가지 원리가 있다. 두 가지란 [25] 무엇인가? 수행승들이여, 세계에서 어떤 자는 선을 짓지 않고, 건전한 것을 짓지 않고, 피난처를 만들지 않고, 악을 짓고, 잔혹한 짓을 하고, 죄악을 짓는다. 그는 '나는 선을 짓지 않았다.'라고 생각하여 가책하고[607] '나는 악을 지었다.'라고 생각하여 가책한다.[608] 수행승들이여, 이러한 가책으로 이끄는 두 가지 원리가 있다."

2. 세존께서는 이와 같은 의취를 설하셨고 그와 관련하여 이와 같이 말씀하셨다.

[세존] "신체적 악행을 짓고
언어적 악행을 짓고
정신적 악행을 짓고
다른 잘못을 짓는다.[609]

착하고 건전한 것을 행하지 않고
오히려 악하고 불건전한 것을 행하니,

---

606) It. 24 : 본사경63(대정17권 673)

607) so akataṃ me kalyāṇanti'pi tappati : ItA. I. 102에 따르면, 선한 것을 행하지 않았다는 것은 덕있고 공덕있는 것을 행하지 않았다는 뜻이다. 현재의 안녕과 미래의 행복과 관련하여 덕있고 공덕있는 것이기 때문에 선한 것이다.

608) kataṃ me pāpanti'pi tappati : ItA. I. 102에 따르면, 악을 행했다는 것은 악을 쌓았다는 뜻이다. 악은 악하고 불건전한 행위가 비열하다는 의미에서 악이고, 스스로 일어나는 순간과 성숙되는 순간에 공포스러운 것이 되기 때문에 잔혹한 것이고, 오염되는 것이기 때문에 추악한 것이다.

609) kāyaduccaritaṁ katvā | vacīduccaritāni ca | manoduccaritaṁ katvā | yañcaññaṁ dosasaṁhitaṁ ||

지혜롭지 못한 자는
몸이 파괴된 후 지옥에 태어난다."610)

세존께서는 이와 같은 의취도 역시 설하셨다고 나는 들었다.

31(2-1-4) 가책으로 이끌지 않는 것의 경[Atapanīyasutta]611)

1. 이와 같이 세존께서 설하셨고 거룩한 님께서 설하셨다고 나는 들었다.

[세존] "수행승들이여, 이러한 가책으로 이끌지 않는 두 가지 원리가 있다. 두 가지란 무엇인가? 수행승들이여, 세계에서 어떤 자는 선을 짓고, 건전한 것을 짓고, 피난처를 만들고, 악을 짓지 않고, 잔혹을 짓지 않고, 죄악을 짓지 않는다. 그는 '나는 선을 지었다.'라고 생각하여 가책하지 않고 '나는 악을 짓지 않았다.'라고 생각하여 가책하지 않는다.612) 수행승들이여, 이러한 가책으로 이

---

610) akatvā kusalaṁ dhammaṁ | katvānākusalaṁ bahuṁ | kāyassa bhedā duppañño | nirayaṁ so upapajjatī'ti ‖ ItA. I. 103에서는 신체적 악행으로 지옥에 떨어진 자로 야차 난다(Nanda: Ud. 33); 바라문 청년 난다(Nanda: Vin. III. 35), 소를 죽인 자 난다(Nanda: Pṭs. IV. 8)를 소개하고 있고, 언어적 악행으로 지옥에 떨어진 자로 쑵빠붓다(Suppabuddha: DhpA. III. 44), 고깔리까(Kokālika: SN. I. 149; AN. V. 170; Stn. 123; Jat. IV. 242)와 찐짜마나비까(Ciñcamāṇavikā: DhpA. III. 178; Jat. IV. 187)를 소개하고, 정신적인 악행으로 지옥에 떨어진 자로 옥깔라 지방 출신의 밧싸와 방냐(Vassa-Bhaññā: MN. III. 78; SN. III. 63; AN. II. 31)을 들고 있다. 이 가운데 소를 죽인 난다 형제에 대한 이야기는 아래와 같다. 그들은 황소를 죽여 고기를 두 조각으로 갈랐다. 그러자 동생이 형에게 말했다. '나는 아이들이 많으니 두 끝부분을 달라.' 그러자 형은 '고기는 두 조각으로 나누었는데, 더 무엇을 원하는가?'라고 하면서 때려서 죽게 만들었다. 나중에 그가 죽은 것을 알고 '내가 너무 심했다. 나는 이유 없이 그를 죽였다.'라고 생각했다. 그 후에 심한 자책이 일어났다. 그는 서나 앉으나 그 행위가 생각나서 마음이 편하지 않았다. 먹고 마시고 소화가 되어도 몸의 자양이 되지 못하고 뼈와 가죽만이 남았다. 그러자 한 장로가 그에게 물었다. '재가자여, 그대는 너무 말라서 뼈와 가죽만이 남았다. 그대는 어떤 병이 있는가? 또는 후회할 만한 일을 했는가?' 그는 '존자여, 그렇습니다.'라고 모든 것을 말했다. 그러자 그는 '그대는 실로 엄청난 일을 저질렀다. 죄가 없는 상황에서 죄를 저질렀다.'라고 말했다. 그 후 그는 죽어서 지옥에 태어났다.

611) It. 25 : 본사경64(대정17권 673)

끊지 않는 [26] 두 가지 원리가 있다."

2. 세존께서는 이와 같은 의취를 설하셨고 그와 관련하여 이와 같이 말씀하셨다.

[세존] "신체적 악행을 끊고
언어적 악행을 끊고
정신적 악행을 끊고
다른 잘못을 짓지 않는다.613)

악하고 불건전한 것을 행하지 않고
더욱 착하고 건전한 것을 행하니,
지혜로운 자는
몸이 파괴된 후 천상에 태어난다."614)

세존께서는 이와 같은 의취도 역시 설하셨다고 나는 들었다.

32(2-1-5) 악한 계행의 경[Papakasīlasutta]615)

1. 이와 같이 세존께서 설하셨고 거룩한 님께서 설하셨다고 나는 들었다.

[세존] "수행승들이여, 이와 같은 두 가지 원리를 갖춘 사람은 그것들이 작용하는 대로 지옥에 떨어진다. 두 가지란 무엇인가? 악한 계행과616) 악한 견해이다.617) 수행승들이여, 이와 같은 두 가지 원

612) so kataṃ me kalyāṇanti'pi tappati. akataṃ me pāpanti'pi tappati : ItA. I. 103에 따르면, 이 경은 앞의 경(It. 31)에 준해서 이해되어야 한다.

613) kāyaduccaritaṁ hitvā | vacīduccaritāni ca | manoduccaritaṁ hitvā | yañcaññaṁ dosasaṁhitaṁ ||

614) akatvā'kusalaṁ dhammaṁ | katvānākusalaṁ bahuṁ | kāyassa bhedā sappañño | saggaṁ so upapajjatī'ti ||

615) It. 26 : 본사경67(대정17권 674)

리를 갖춘 사람은 그것들이 작용하는 대로 지옥에 떨어진다."

2. 세존께서는 이와 같은 의취를 설하셨고 그와 관련하여 이와 같이 말씀하셨다.

[세존] "악한 계행과 악한 견해의
이러한 두 가지 원리를 갖춘 사람은
몸이 파괴되어
죽은 뒤에 지옥에 태어난다."618)

세존께서는 이와 같은 의취도 역시 설하셨다고 나는 들었다.

33(2-1-6) 선한 계행의 경[Bhaddakasīlasutta]619)

1. 이와 같이 세존께서 설하셨고 거룩한 님께서 설하셨다고 나는 들었다.

[세존] "수행승들이여, 이와 같은 두 가지 원리를 갖춘 사람은 그것들이 작용하는 대로 천상에 태어난다. 두 가지란 무엇인가? [27] 선한 계행과620) 선한 견해이다.621) 수행승들이여, 이와 같은 두 가지 원리

---

616) pāpakena ca sīlena : 악한 계행은 ItA. I. 104에 따르면, 계행을 파괴하는 것이나 계행이 없는 것을 뜻하거나 '건축사여, 그렇다면 악하고 불건전한 계행이란 어떠한 것입니까? 악하고 불건전한 신체적 행위, 악하고 불건전한 언어적 행위, 악하고 불건전한 정신적 행위, 악하고 불건전한 생활이 있는데, 건축사여, 이것들이 악하고 불건전한 계행이라고 불립니다.' (MN. II. 26)에 나오듯, 악하고 불건전한 신체적 · 언어적 · 정신적 행위를 뜻한다.

617) pāpikāya ca diṭṭhiyā : ItA. I. 104에 따르면, 악한 견해는 사견을 말하는데, 무인론의 견해(ahetukadiṭṭhi), 무작설의 견해(akiriyadiṭṭhi), 허무주의의 견해(natthikadiṭṭhi)와 같은 세 가지 견해를 말한다.

618) pāpakena ca sīlena | pāpikāya ca diṭṭhiyā | etehi dvīhi dhammehi | yo samannāgato naro | kāyassa bhedā duppañño | nirayaṁ so upapajjatī'ti ||

619) It. 26 : 본사경68(대정17권 674)

620) bhaddakena ca sīlena : ItA. I. 104에 따르면, '선한 계행을 갖춘다는 것'은 세 가지 선행(tīṇi sucaritāni) 곧, 신체적 선행(kāyasucarita), 언어적 선행(vacīsucarita), 정신적 선행(manosucarita)를 갖추고(It. 55) 네 가지 청정계행(四淨戒: catupārisuddhisīla) 즉, 계율수호적 계행(別解脫律儀戒 : pāṭimokkhasaṁvarasīla), 감관수호적 계행(根律儀戒 : indriyasa

를 갖춘 사람은 그것들이 작용하는 대로 천상에 태어난다."622)

2. 세존께서는 이와 같은 의취를 설하셨고 그와 관련하여 이와 같이 말씀하셨다.

[세존] "선한 계행과 선한 견해의
이러한 두 가지 원리를 갖춘 사람은
몸이 파괴되어
죽은 뒤에 천상에 태어난다."623)

세존께서는 이와 같은 의취도 역시 설하셨다고 나는 들었다.

34(2-1-7) 열심히 노력하지 않음의 경[Anātāpīsutta]624)

1. 이와 같이 세존께서 설하셨고 거룩한 님께서 설하셨다고 나는 들었다.

[세존] "수행승들이여, 열심히 노력하지 않고625) 부끄러움을 알지 못하는626) 수행승은 올바른 깨달음을 깨칠 수 없고, 열반에 들 수

ṁvarasīla), 생활청정적 계행(活命遍淨戒 : ājīvaparisuddhisīla), 필수자구의지적 계행(資具依止戒 : paccayasannissitasīla)을 갖춘 것(Vism. 22)을 말한다. 그것이 '계행인 것'은 균열되지 않은 등의 계행의 성질을 갖고 있기 때문이고 '선한 것'은 멈춤과 통찰 등의 선한 덕성을 가져오기 때문이다.

621) bhaddikāya ca diṭṭhiyā : ItA. I. 104에 따르면, '선한 견해를 갖는다는 것'은 업을 자신의 것으로 삼는 앎에 의해서 행위와 관련된 올바른 견해를 갖는 것을 말한다.

622) imehi kho bhikkhave dvīhi dhammehi samannāgato puggalo yathābhataṃ nikkhitto evaṃ sagge'ti : ItA. I. 104에 따르면, 선한 계행에 의해서 수단(payoga)의 성취가 있고, 선한 견해에 의해서 경향(āsaya)의 성취가 있다. 수단과 경향의 성취로 사람은 천상의 세계에 도달한다.

623) bhaddakena ca sīlena | bhaddikāya ca diṭṭhiyā | etehi dvīhi dhammehi | yo samannāgato naro | kāyassa bhedā sappañño | saggaṁ so upapajjatī'ti ‖

624) It. 27 : 본사경82(대정17권 679)

625) anātāpī : ItA. I. 105에 따르면, 오염을 불태운다는 의미에서 열중하고 노력하는 것을 노력하는 것이라고 하는데, 열중하지 않는 것은 노력하지 않는 것이다. 올바른 노력이 결여되어 게으른 것을 말한다.

없고, 멍에로부터의 위없는 안온을 이룰 수 없다. 수행승들이여, 열심히 노력하고[627] 부끄러움을 아는[628] 수행승은 올바른 깨달음을 깨칠 수 있고, 열반에 들 수 있고, 멍에로부터의 위없는 안온을 이룰 수 있다."

2. 세존께서는 이와 같은 의취를 설하셨고 그와 관련하여 이와 같이 말씀하셨다.

[세존] "열심히 노력하지 않고, 부끄러움을 모르고
게으르고, 정진이 모자라고,
혼침과 산란이 심하고
창피함을 모르고, 공손하지 못한
그러한 수행승은
최상의 올바른 깨달음을 깨칠 수 없다.[629]

그러나 [28] 새김을 확립하고, 슬기롭고, 선정에 들고
열심히 노력하고 부끄러움을 알고, 방일하지 않는 자는[630]

---

626) anottāpī : ItA. I. 105에 따르면, 악을 두려워하는 것을 부끄러움을 안다고 하는데, 그것이 없으면 부끄러움을 알지 못하는 것이고 부끄러움이 없는 것이다.

627) ātāpī : ItA. I. 105에 따르면, '노력하는 것'은 '악하고 불건전한 것을 끊어 버리고 착하고 건전한 것을 성취하기 위해, 견고하고 확고하게 노력하며 착하고 건전한 것에 멍에를 지는 것을 마다하지 않으며 열심히 정진한다.'(AN. III. 2)는 것을 뜻한다.

628) ottāpī : ItA. I. 105에 따르면, '부끄러움을 아는 것'은 '악하고 불건전한 것을 성취하는 것을 부끄러워하는 것'을 의미한다. AN. III. 2에 따르면, '신체적인 악행에 대하여 부끄러움을 알고 언어적인 악행에 대하여 부끄러움을 알고 정신적인 악행에 대하여 부끄러움을 알고, 악하고 불건전한 것들을 행한 것에 대하여 부끄러움을 안다.'는 것을 의미한다.

629) anātāpī anottāpī | kusīto hīnavīriyo | yo thīnamiddhabahulo | ahiriko anādaro | abhabbo tādiso bhikkhu | phuṭṭhuṁ sambodhim uttamaṁ ||

630) yo ca satimā nipako jhāyī, ātāpi ottāpī ca appamatto : ItA. I. 105에 따르면, 이러한 방법으로 오염이 완전히 불태운다는 것을 밝혀 멈춤과 통찰의 수행이 일어나는 것을 보여준 것이다. 앞에서 언급한 노력은 믿음, 새김, 집중, 지혜 없이는 일어나지 않는다. '새김을 확립하는 것'은 오래전 행한 것이나 오래전에 말한 것을 기억하는 능력의 새김과 분석적인 네 가지 새김의 토대(四念處)와 관련된 새김을 확립하는 것이다. '슬기로운 것'은 올바로 알아차리는 것이나 명상주제의 수호에 대한 지혜라고 하는 슬기를 갖춘 것을 말한다. '선정에

태어남과 늙음의 결박을 끊고[631]
이 세상에서 위없는 올바른 깨달음을[632] 얻는다."[633]

세존께서는 이와 같은 의취도 역시 설하셨다고 나는 들었다.

35(2-1-8) 사람들에 대한 기만의 경①[Paṭhamajanakuhanasutta][634]

1. 이와 같이 세존께서 설하셨고 거룩한 님께서 설하셨다고 나는 들었다.

[세존] "수행승들이여, 사람들을 기만하려고,[635] 사람들을 수근거리게 하려고,[636] 이익과 명예와 칭송을 얻으려고,[637] '이와 같이 나

드는 것'은 대상에 대한 명상을 통한 것과 특징에 대한 명상을 통한 것의 두 가지 명상방법을 지닌 것을 말한다. '방일하지 않는 것'은 '낮에는 거닐거나 앉아서 장애가 되는 것들로부터 마음을 정화시킨다. 밤의 초야에는 거닐거나 앉아서 장애가 되는 것들로부터 마음을 정화시킨다. 밤의 중야에는 오른쪽 옆구리를 밑으로 하여 사자의 형상을 취한 채, 한 발을 다른 발에 포개고 새김을 확립하여 올바로 알아차리며 다시 일어남에 주의를 기울여 눕는다. 밤의 후야에는 일어나 거닐거나 앉아서 장애가 되는 것들로부터 마음을 정화시킨다.'라고 이러한 방식으로 명상주제를 닦는 것을 말한다.

631) saṁyojanaṁ jātijarāya chetvā : ItA. I. 107에 따르면, 결박들이 끊어지지 않으면, 태어남과 죽음도 끊어지지 않고 근절되지 않는다. 그것들이 끊어져야 태어남과 죽음도 끊어지고 근절된다.

632) sambodhim anuttaraṁ : ItA. I. 107에 따르면, 최상의 거룩한 경지를 뜻한다.

633) yo ca satimā nipako jhāyī | ātāpi ottāpī ca appamatto | saṁyojanaṁ jātijarāya chetvā | idheva sambodhim anuttaraṁ phuse'ti ‖

634) It. 28 : 본사경74(대정17권 676)

635) janaguhanatthaṃ : ItA. I. 109에 따르면, "'과연 거룩하고 계행을 지키고 의례를 준수하고 욕망을 여의고 만족할 줄 알고 커다란 신통을 지니고 커다란 능력을 지녔다.'라는 식으로 사람들, 세계의 뭇삶들을 속이기 위하여"라는 뜻이다.

636) janalapanatthaṃ : ItA. I. 109에 따르면, "'그러한 거룩한 자에게 주어진 것은 커다란 과보가 있을 것이다.'라고 마음에 신심을 내어 '무엇이 필요하지. 무엇을 줄까.'라고 떠들며 사람들이 수군거리게 하기 위하여"라는 뜻이다.

637) lābhasakkārasilokānisaṃsatthaṃ : ItA. I. 109에 따르면, "계행 등에서 오는 공덕이라고 말해지는 네 가지 자구로 구성된 이익의 획득과 존경의 획득과 칭찬의 획득을 위하여"라는 뜻이다. 네 가지 자구가 계행 등에서 오는 공덕이라는 것은 다음과 같다. "만약 수행승이 '나는 의복, 음식, 처소, 필수약품을 얻는 것을 원한다.'라고 한다면, 그는 계행을 원만히 하고 안으로 마음의 멈춤을 유지하고 선정을 경시하지 않고 통찰을 갖추어 한가한 곳에 지내야 한다."(MN. I. 33)

에 대해 알아야 한다.'라고 하려고638) 이러한 청정한 삶639)을 사는 것이 아니다. 오히려 수행승들이여, 제어를 위하여,640) 끊어버림을 위하여,641) 이러한 청정한 삶을 사는 것이다."

---

638) 'iti maṃ jano jānātu'ti : ItA. I. 109에 따르면, 이와 같이 청정한 삶을 살면 '이 분은 계행을 잘 지키고 선한 원리를 지녔다.'라는 등, 나를 사람들이 알아 줄 것이다라는 뜻이다. 그러나 자신의 진실한 덕성을 통해서 그러는 것은 아니다.

639) brahmacariya : ItA. I. 107-108에 따르면, '청정한 삶'에 대하여 다음과 같이 인용한다. Jat. VI. 316에서 '그대에게 의무는 어떠한 것이고, 무엇이 청정한 삶인가? 어떠한 선행이 이러한 결과인가? 신통, 광명, 힘, 정진, 생기(生起)가 용왕이여, 그대의 대궁전인가? 인간세계에서 나와 아내는 모두 믿음을 지니고 보시의 주인이었다. 나의 집은 옹달샘이 되어 수행자들과 성직자들이 만족했다. 그것이 나의 의무였고 그것이 나의 청정한 삶이었다. 그러한 선행이 이러한 결과이다. 신통, 광명, 힘, 정진, 생기가 현자여, 나의 대궁전이다.' 그밖에 Pv. 24; Jat. I. 219에 등장하는 이야기를 소개하고 있다. 그리고 청정한 삶을 마하고빈다경(Mahāgovinda)의 '하느님과 함께 하는 삶(brahmavihāra)'와 동일한 것으로 설명하고 그에 이르는 길로 팔정도를 설한다: '빤짜씨카여, 반드시 싫어하여 떠남으로 이끌고, 사라짐으로 이끌고, 소멸로 이끌고, 적멸로 이끌고, 곧바른 앎으로 이끌고, 올바른 깨달음으로 이끌고, 열반으로 이끄는 하느님과 함께 하는 삶의 길이란 무엇입니까? 그것은 여덟 가지 고귀한 길 곧, 올바른 견해, 올바른 사유, 올바른 언어, 올바른 행위, 올바른 생활, 올바른 정진, 올바른 새김, 올바른 집중입니다.'(DN. II. 251) 버리고 없애는 삶의 경(Sallekkhasutta)에서 청정한 삶을 '다른 사람들이 순결을 지키지 않더라도 우리는 순결을 지킬 것이다.'(MN. I. 42)라고 성적으로 순결한 삶이라고 표현한다. 그리고 사자후에 대한 큰 경(Mahāsīhanādasutta)에서는 부처님이 겪었지만 부정했던 고행주의적 삶은 유사-청정한 삶이다. '그런데 싸리뿟따여, 나는 네 가지 범주의 청정한 삶을 실천했다. 나는 참으로 고통스런 삶을 살았는데, 극단적으로 고통스런 삶을 살았다. 나는 참으로 구차한 삶을 살았는데, 극단적으로 구차한 삶을 살았다. 나는 참으로 삼가는 삶을 살았는데, 극단적으로 삼가는 삶을 살았다. 나는 참으로 외로운 삶을 살았는데, 극단적으로 외로운 삶을 살았다.'(MN. I. 77) 그리고 청정한 믿음의 경(Pāsādikasutta)에서는 삼학과 관계된 일체의 가르침을 청정한 삶이라고 표현하고 있다: '쭌다여, '어떠한 방식에서도 성공적이고 어떠한 관점에서도 완전하게, 모자라거나 넘치지 않고, 오로지 충만한 청정한 삶을 잘 드러냈다.'라고 올바로 말하길 원한다면, 이와 같이 '어떠한 방식에서도 성공적이고 어떠한 관점에서도 완전하게, 모자라거나 넘치지 않고, 오로지 충만한 청정한 삶을 잘 드러냈다.'라고 올바로 말해야 한다.'(DN. III. 126)

640) saṃvaratthañca : ItA. I. 110에 따르면, 다섯 가지 제어(五種律儀: pañcavidha saṁvara)가 있다. 의무계율에 의한 제어(paṭimokkhasaṁvara: Vibh. 246), 새김에 의한 제어(satisaṁvara: MN. I. 180), 앎에 의한 제어(ñāṇasaṁvara: Stn. 1035), 인내에 의한 제어(khantisaṁvara: MN. III. 97), 정진에 의한 제어(viriyasaṁvara: AN. II. 16)이다.

641) pahānatthañca : ItA. I. 110에 따르면, 다섯 가지 끊어버림(五種捨斷: pañcavidha pahāna)이 있다. 관점에 의한 끊어버림(tadaṅgappahāna), 진압에 의한 끊어버림(vikkhambhanappahāna), 끊음에 의한 끊어버림(samucchedappahāna), 지멸에 의한 끊어버림(paṭippassaddhippahāna), 여읨에 의한 끊어버림(nissaraṇappahāna)이 있다. 역자주: 이 책의 주석서에서는 이것들에 대한 구체적 언급이 없지만 Pps. II. 67에 따르면, 그것들은 여섯 종류의 끊어버림에 포함되고 여섯 종류의 그 각각의 내용은 다음과 같다. ① 성찰에 의한 끊어버

2. 세존께서는 이와 같은 의취를 설하셨고 그와 관련하여 이와 같이 말씀하셨다.

[세존] "제어를 위하여, 끊어버림을 위하여,
재난을 제거하고[642]
열반의 확고한 바탕으로 이끄는 삶,[643]
세존은 이러한 청정한 삶을 가르쳤다.[644]

위대한 님, 위대한 선인이
이 길을 [29] 걸었다.
깨달은 님이 가르친 대로
그것을 실천하는 님들은
스승의 가르침의 실천자로서
괴로움의 종식을 이루리."[645]

세존께서는 이와 같은 의취도 역시 설하셨다고 나는 들었다.

림(paṭisaṅkhappahāna) ② 진압에 의한 끊어버림(vikkhambhanappahāna) : 팔성취(八成就)를 통한 진압에 의한 끊어버림 ③ 관점에 의한 끊어버림(tadaṅgappahāna) : 무상에 대한 통찰을 통해 그것의 반대 관념인 영원 등에서 벗어나게 되는 반대관념에 의한 끊어버림 ④ 끊음에 의한 끊어버림(samucchedappahāna) : 길의 닦음에 의한 끊어버림 ⑤ 지멸에 의한 끊어버림(paṭippassadhipahāna) : 경지의 도달에 의한 끊어버림 ⑥ 여읨에 의한 끊어버림(nissaraṇappahāna): 열반의 도달에 의한 끊어버림.

642) anītihaṁ : ItA. I. 111에 따르면, '재난을 죽이고(an-īti-haṁ)'를 구성하는 단어 '이띠요(ītiyo)'는 현세와 미래세의 '재난들(uppadavā)'을 의미하므로 그러한 재난을 죽이고 제거하고 끊어버리는 것을 의미한다. 그러나 '소문에 근거하지 않고(an-ītihā-ṁ)'라고 해석할 수도 있고, '불확실함이 없고(an-itiha-ṁ)'라고 해석할 수도 있다.

643) nibbānogadhagāminaṁ : ItA. I. 111에 따르면, '열반의 확고한 토대로 가는'의 의미뿐 아니라 '열반으로의 뛰어듬으로 이끄는' 또는 '열반의 안으로 이끄는'이라는 뜻을 지녔다.

644) saṁvaratthaṁ pahānatthaṁ | brahmacariyaṁ anītihaṁ | adesayi so bhagavā | nibbāṇogadhagāminaṁ ||

645) esa maggo mahantehi | anuyāto mahesihi | ye ye taṁ paṭipajjanti | yathā buddhena desitaṁ | dukkhassantaṁ karissanti | satthusāsanakārino'ti ||

36(2-1-9) 사람들에 대한 기만의 경②[Dutiyajanakuhanasutta][646]

1. 이와 같이 세존께서 설하셨고 거룩한 님께서 설하셨다고 나는 들었다.

[세존] "수행승들이여, 사람들을 기만하려고, 사람들을 수근거리게 하려고, 이익과 명예와 칭송을 위하려고, '이와 같이 나에 대해 알아야 한다.'라고 하려고 청정한 삶을 사는 것이 아니다. 오히려 수행승들이여, 곧바른 앎을 위하여,[647] 완전한 앎을 위하여,[648] 청정한 삶을 사는 것이다."

2. 세존께서는 이와 같은 의취를 설하셨고 그와 관련하여 이와 같이 말씀하셨다.

[세존] "곧바른 앎, 완전한 앎을 위하여
재난을 제거하고,
열반의 확고한 바탕으로 이끄는 삶,
그 청정한 삶을 세존은 가르쳤다.[649]

위대한 님, 위대한 선인이
이 길을 걸었다.
깨달은 님이 가르친 대로
그것을 실천하는 님들은

646) It. 29 : 본사경73(대정17권 676)

647) abhiññatthañceva : ItA. I. 113에 따르면, '착하고 건전한 것 등과 존재의 다발 등의 분류와 더불어 일체의 가르침을 분명한 앎으로 애매하지 않게 알기 위해서'라는 뜻이다. 더 상세한 것은 It. 53의 주석을 보라.

648) pariññatthañca : ItA. I. 113에 따르면, "삼계에 속하는 가르침에서 '이것은 괴로움이다.'는 등을 완전한 앎을 가지고 뛰어넘기 위해서"라는 뜻이다.

649) abhiññatthaṁ pariññatthaṁ | brahmacariyaṁ anītihaṁ | adesayī so bhagavā | nibbānogadhagāminaṁ ||

스승의 가르침의 실천자로서
괴로움의 종식을 이루리."650)

세존께서는 이와 같은 의취도 역시 설하셨다고 나는 들었다.

37(2-1-10) 만족의 경[Somanassasutta]651)

1. 이와 같이 세존께서 설하셨고 거룩한 님께서 설하셨다고 나는 들었다.

[세존] "수행승들이여, 이와 같은 두 가지 원리를 [30] 갖춘 수행승은 현세에서 많은 행복과 희열을 느끼며,652) 번뇌의 부숨을 위하여653) 근원적 노력을 시작한다.654) 두 가지란 무엇인가? 경외감을

---

650) esa maggo mahantehi | anuyāto mahesihi | ye ye taṁ paṭipajjanti | yathā buddhe na desitaṁ | dukkhassantaṁ karissanti | satthusāsanakārino'ti ‖

651) It. 29 : 한역에 해당경전이 없다.

652) sukhasomanassabahulo : ItA. I. 113에 따르면, 신체적 · 정신적 행복을 자주 느낀다는 뜻이다.

653) āsavānaṃ khayāya : ItA. I. 114-115에 따르면, 번뇌의 단어 아싸바(āsavā)는 흘러간다는 의미에서 아싸바이다. 시각 내지 정신으로부터 흐르고 나아간다. 참사람의 반열에 든 자(gotrabhū)가 되기까지 사실이나 공간과 관련해서 흐르기 때문에 아싸바이다. 또는 오랫동안 발효해서 만든 술, 마디라 열매로 만든 술과 같기 때문에 아싸바이다. 무명 이전에 아무 것도 없는 것이 아니라 무명도 번뇌에 의해서 조건지어진다. 네 가지 번뇌(四漏 : cattāro āsavā)에는 ① 감각적 쾌락의 욕망에 의한 번뇌(欲漏) ② 존재에 의한 번뇌(有漏) ③ 견해에 의한 번뇌(見漏) ④ 무명에 의한 번뇌(無明漏)가 있다.(Dhs. 1448; ※ SN. V. 256에서는 ③이 없는 세 가지 번뇌만 열거) Smv. 912에 따르면, 현세에서의 번뇌들은 이 세계에서의 필수품 때문에 일어나는 번뇌들이다. 내세에서의 번뇌들은 저 세계에 대한 논쟁을 원인으로 일어나는 번뇌들이다. '쭌다여, 나는 단지 현세의 번뇌만을 제어하기 위해 가르침을 설하지 않는다. 쭌다여, 나는 단지 미래의 번뇌만을 방어하기 위해 가르침을 설하지 않는다.'(DN. III. 129) 삼계에 속한 악하고 불건전한 것으로 남아있는 업은 번뇌로서 나타난다. '신으로 태어나거나 하늘을 나는 건달바가 되거나 야차의 세계로 가거나 인간으로 태어날 수 있겠지만, 그러나 나에게 그 모든 번뇌가 부서지고 파괴되고 멸진되었다.'(AN. II. 39) 이러한 번뇌를 부수는 방법은 아래와 같다 '수행승들이여, 세상에 수행승이 수호를 통해서 끊어야 할 번뇌가 있다면, 그 번뇌를 수호를 통해서 끊고, 수용을 통해서 끊어야 할 번뇌가 있다면, 그 번뇌를 수용을 통해서 끊고, 인내를 통해서 끊어야 할 번뇌가 있다면, 그 번뇌를 인내를 통해서 끊고, 회피를 통해서 끊어야 할 번뇌가 있다면, 그 번뇌를 회피를 통해서 끊고, 제거를 통해서 끊어야 할 번뇌가 있다면, 그 번뇌를 제거를 통해서 끊고, 계발을 통해서 끊어야 할

일으킬 수 있는 경우에 경외하는 것과[655] 경외하는 것에 자극받아 이치에 맞게 노력하는 것이다.[656] 수행승들이여, 이와 같은 두 가지 원리를 갖춘 수행승은 현세에서 많은 행복과 희열을 느끼며, 번뇌의 부숨을 위하여 근원적 노력을 시작한다."

2. 세존께서는 이와 같은 의취를 설하셨고 그와 관련하여 이와 같이 말씀하셨다.

[세존] "경외감을 일으킬 수 있는 경우에
현명한 자는[657] 경외한다.
부지런하고 슬기로운 수행승은
지혜로서 그처럼 관찰해야 하리.[658]

이와 같이 열심히 지내며
차분히 적멸의 삶을 사는 님은
마음의 멈춤에 도달하여

번뇌가 있다면, 그 번뇌를 계발을 통해서 끊는다.'(AN. III. 387) 그리고 모든 번뇌경(Sabbāsavasutta)에서는 모든 번뇌에서 자신을 수호하고 제어하는 방법을 상세히 설하고 있다.(MN. I. 6) 번뇌의 부숨은 수행자의 목표이다. '번뇌를 부수고 번뇌 없는 마음에 의한 해탈과 지혜에 의한 해탈을 지금 여기서 알고 깨닫고 성취한다면, 번뇌를 부순 수행자가 된다.'(MN. I. 284) 이것과 관련하여 '남의 잘못을 보고서 항상 혐책의 상념을 지니면, 그의 번뇌는 증가하니, 번뇌의 부숨과는 멀어지리.'(Dhp. 253)라는 설법이 있다.

654) yoni c'assa āraddhā hoti : 원래는 '그의 모태(yoni)가 시작된다.'라는 뜻이다.

655) saṃvejanīyesu ṭhānesu saṃvejanena : ItA. I. 115에 따르면, '경외감을 일으킬 수 있는 경우'란 태어남 등의 경외의 대상이 되는 경우를 말한다. 태어남, 늙음, 질병, 죽음, 괴로운 곳으로 태어나는 것, 윤회에 뿌리박은 과거의 괴로움, 윤회의 뿌리가 되는 미래의 괴로움, 현재의 음식을 구함에 뿌리박은 괴로움이 경외의 토대가 되어 경외감을 일으킬 수 있는 경우이다. 이러한 태어남 등의 경외의 토대를 조건으로 두려워하고 경외하는 것이 생겨난다.

656) saṃviggassa ca yoniso padhānena : ItA. I. 115에 따르면, 경외하는 것에 자극받아 방편에 맞게 노력하는 것이다. 악하고 불건전한 것들이 줄어들고 착하고 건전한 것들이 수행에 의해 완성되도록 노력하며 최상의 상태를 성취하기 때문에 노력하는 것이라고 한다.

657) paṇḍito : ItA. I. 117에 따르면, 지혜로운 자 즉, 세 가지 연결된 뿌리(無貪·無瞋·無痴)을 지닌 자(ahetukapaṭisandhi)이다.

658) saṁvejanīyaṭṭhānesu | saṁvijjateva paṇḍito | ātāpi nipako bhikkhu | paññāya samavekkhiya ||

괴로움의 종식을 얻으리."[659]

세존께서는 이와 같은 의취도 역시 설하셨다고 나는 들었다.

이로써 제2장 「둘모음」의 「제1품」이 끝났다. 그 내용은 차례로 '1. 수행승의 경① 2. 수행승의 경② 3. 가책으로 이끄는 것의 경 4. 가책으로 이끌지 않는 것의 경 5. 악한 계행의 경 6. 선한 계행의 경 7. 열심히 노력하지 않음의 경 8. 사람들에 대한 기만의 경① 9. 사람들에 대한 기만의 경② 10. 만족의 경'으로 이루어졌으며, 「제1품」이라고 불린다.

659) evaṁvihārī ātāpī | santavuttī anuddhato | cetosamatham anuyutto | khayaṁ dukkhassa pāpuṇe'ti ||

2. 제이품[Dutiyavagga]

38(2-2-1) 사유의 경[Vitakkasutta][660)]

1. 이와 같이 세존께서 설하셨고 거룩한 님께서 설하셨다고 나는 들었다.

[세존] "수행승들이여, 이렇게 오신 님,[661)] 거룩한 님,[662)] 올바로 원만히 깨달은 님[663)]에게는 두 가지 사유가 자주 일어난다. 안온에

---

660) It. 31 : 본사경86(대정17권 680)

661) tathāgata : 따타가따는 한역의 여래(如來)이다. 역자는 '이렇게 오신 님, 거룩한 님, 올바로 원만히 깨달은 님'이라는 일련의 동의어로 표현될 경우에 한해서 '이렇게 오신 님'이라고 번역했다. ItA. I. 117-120에 따르면, 다음과 같은 여덟 가지 이유에서 여래이다: ① 이렇게 오신 님(tathā āgato)이므로 따타가따이다: 여러 가지 바라밀을 닦고 많은 것을 버린 뒤에 비빳씨 부처님 이래로 올바로 원만히 깨달은 님으로 오신 님이다. ② 이렇게 가신 님(tathā gato)이므로 따타가따이다: 비빳씨 부처님 이래로 땅에 안착되는 발을 가지고 태어나자 북쪽으로 칠보를 걸어가신 님이다. ③ 이러한 특징으로 오신 님(tathālakkhaṇaṁ āgato)이므로 따타가따이다: 일체의 물질적 · 비물질적 사실의 개별적 · 일반적인 특징에 맞게, 다르지 않게, 앎의 행보(智趣: ñāṇagati)을 통해, 실패하지 않고 도착한 님이다. ④ 이렇게 사실에 맞게 올바로 원만히 깨달은 님(tathādhamme yathāvato āgato)이므로 따타가따이다: 네 가지 거룩한 진리(四諦)에 일치하도록 올바로 원만히 깨달은 님이다. ⑤ 이렇게 보는 님(tathādassita)이므로 따타가따이다: 천상계를 포함하는 신들과 인간의 한량 없는 세계에서 한량 없는 뭇삶의 시각 등의 범주에 들어오는 대상이 있는데, 그것을 세존은 일체의 형태로 알고 또한 보는 님이다. ⑥ 이렇게 말하는 님(tathāvādita)이므로 따타가따이다: 위없는 바르고 원만한 깨달음을 성취한 그날 밤부터 남김없는 완전한 열반에 든 그 날 밤까지 45년간의 세존께서 설한 경전과 게송 등이 일체가 청정하고 원만하고 탐욕의 도취 등을 떠나 한결 같고 틀리지 않는 님이다. ⑦ 이렇게 행하는 님(tathākārita)이므로 따타가따이다: 세존께서는 언어로 말하는 대로 몸으로 행하고 몸으로 행하는 대로 언어로 말하기 때문에 말하는 대로 행하고 행하는 대로 말하는 님이다. ⑧ 승리의 의미(abhbhavanaṭṭha)에서 따타가따이다: 세존은 최상의 세계에서 밑으로 지옥에 이르기까지 세계에서 그의 계행, 삼매, 지혜, 해탈, 해탈지견에서 그와 비견될 수 있는 어떠한 존재도 없으며 모든 뭇삶의 최상자이다. 그밖에도 ItA. I. 121-139에 이르기까지 여래론을 전개하고 있다.

662) arahant : ItA. I. 12의 설명을 보라.

663) sammāsambuddha : ItA. I. 139에 따르면, 완전히(sammā) 스스로(sāmaṁ) 일체의 사실(sabbadhamma)에 대해서 깨달은 님이므로 올바로 원만히 깨달은 님(正等覺者)이다. 그는 어떠한 알아야 할 것이든 그 일체를 일체의 형태로부터 분명하게 스스로 올바로 깨달은 사실 때문에 그렇게 불린 것이다. 이러한 방식으로 그의 '모든 것을 아는 지혜(一切智: sabbaññūtañāṇa)의 성취'는 '장애를 여읜 지혜(無碍智: anāvaraṇañāṇa)의 성취'로 여겨진다. It

입각한 사유664)와 멀리 여읨에 입각한 사유665)이다.

수행승들이여, 여래에게는 폭력을 여읜 희열과 폭력을 여읜 열락이 있다. 수행승들이여, 바로 그 폭력을 여읜 희열과 폭력을 여읜 열락이 있는 여래에게는 '어떠한 행동으로든 어떤 누구도 동물이건 식물이건 해치지 않을 것이다.'라는666) 이러한 사유가 자주 일어난다.

수행승들이여, 여래에게는 멀리 여읨의 희열과 멀리 여읨의 열락이 있다. 수행승들이여, 바로 그 멀리 여읨의 희열과 멀리 여읨의 열락이 있는 여래에게는 '악하고 불건전한 것은 끊어졌다.'라는667)

A. I. 140-142는 올바로 원만히 깨달은 님을 이러한 지혜와 관련하여 논하고 있다.

664) khemavitakka : ItA. I. 143-145에 따르면, '안온의 사유'는 특별히 연민, 자애와 기쁨과 관련하여 적용된 것이다. 그러므로 대자비의 성취와 자애 등의 성취의 선행(先行)과 관련하여 이해해야 한다. 그러므로 안온의 사유는 부처님의 대자비심과 관계되고 대자비심은 괴로움에 대한 이해에서 비롯된다. 괴로움에 대한 이해는 '세상의 함께 사는 뭇삶은 불타고 있다(āditto lokasannivāso).'라는 등의 '여든아홉 가지 괴로움의 명제'(ItA. I. 143-145)를 이해하는 것에서 비롯된다. '여든아홉 가지 괴로움의 명제'에 대해서는 이 책의 부록을 보라.

665) pavivekavitakka : 멀리 여읨은 독존(獨存)이라고 번역할 수 있다. ItA. I. 143에 따르면, '멀리 여읨의 사유'는 첫 번째 선정 등의 경지의 성취의 선행(先行)과 관련이 있는 것으로 천상의 삶 등에 적용된 것이다. 이러한 선정의 성취는 마하쌋짜까경(Mahāsaccakasutta)에서 세존께서 '악기베싸나여, 대화가 끝나면 나는 언제나 항상 닦는 이전과 같은 삼매의 인상에 안으로 마음을 정립하고 고요히 하고 하나로 하고 집중시킵니다.'(MN. I. 249)라고 말씀하신 것처럼 이해해야 한다. 멀리 여윔에는 다섯 가지 멀리 여윔(五種遠離: pañcavidha viveka)이 있다. 즉, ① 관점에 의한 멀리 여윔(tadaṅgaviveka), ② 진압에 의한 멀리 여윔(vikkhambhanaviveka), ③ 끊음에 의한 멀리 여윔(samucchedaviveka), ④ 안정에 의한 멀리 여윔(paṭippasaddhiviveka), ⑤ 여윔에 의한 멀리 여윔(nissaraṇaviveka)이 있다.

666) imāyāhaṃ irīyāya na kiñci vyābādhemi tasaṃ vā thāvaraṃ vā'ti : '어떠한 행동으로든'은 원래 '이러한 행동으로'라는 뜻인데 역자가 다소 의역한 것이다. 그리고 ItA. I. 147에 따르면, '신체적·언어적 적용의 행동에 의해서'라는 뜻이다. '동물이건 식물이건'이라는 것은 역자와 일부 스리랑카의 학자들의 해석인데 정통 주석에서는 '뭇삶이건 거룩한 님이건'이라는 의미로 해석하고 있다. 따라서 '동물이건 식물이건 해치지 않을 것이다.'라는 것은 ItA. I. 147에 따르면, 열등한 것이라도, 어떠한 것도, 갈애 속에서 두려워하는 뭇삶이나, 일체의 오염에 의한 동요를 떨쳐버린 두려움 없는 님이거나, 해치지 않겠다는 뜻이다.

667) yaṃ akusalaṃ taṃ pahīnan'ti : ItA. I. 147에 따르면, '1500 가지 오염이 다른 그것과 연결된 무한의 악하고 불건전한 것들이 모두 보리수좌에서 나에 의해서 버려지고 뿌리가 뽑혔다.'는 뜻이다.

이러한 사유가 자주 일어난다.

그러므로 수행승들이여, 그대들도 폭력을 여읜 희열과 폭력을 여읜 열락 속에서 살아라.668) 수행승들이여, [32] 바로 그 폭력을 여읜 희열과 폭력을 여읜 열락을 지닌 그대들에게는 '어떠한 행동으로든 어떤 누구도 식물이건 동물이건 해치지 않을 것이다.'라는 이러한 사유가 자주 일어날 것이다.

또한 수행승들이여, 그대들도 멀리 여읨의 희열과 멀리 여읨의 열락 속에서 살아라.669) 수행승들이여, 바로 그 멀리 여읨의 희열과 멀리 여읨의 열락을 지닌 그대들에게는 '악하고 불건전한 것은 끊어졌다.'라는 이러한 사유가 자주 일어날 것이다."

2. 세존께서는 이와 같은 의취를 설하셨고 그와 관련하여 이와 같이 말씀하셨다.

[세존] "참을 수 없는 것을 참아내는670)
이렇게 오신 님, 깨달은 님671)에게
이러한 두 가지 사유가 일어난다.

---

668) abyāpajjhārāmā viharatha abyāpajjharatā : ItA. I. 148에 따르면, '일체의 뭇삶에 대하여 자애의 삶, 연민의 삶으로 기뻐하며 살아라.'라는 뜻이다.

669) pavivekārāmā bhikkhave viharatha pavivekaratā : ItA. I. 148에 따르면, '신체적인 멀리 여읨뿐만 아니라 관점에 의한 여읨 등의 일체의 멀리 여읨에 대하여 기뻐하며 살아라.'라는 뜻이다.

670) asayhasāhinaṁ : ItA. I. 149에 따르면, 1. 참아내기 아주 힘든 깨달음을 위한 준비와 대자비를 통한 봉사를 인내했고, 참아냈기 때문에, 2. 다른 자들이 정복하기 아주 힘들기 때문에 패배시키기 힘든 다섯 악마를 패배시켰고 정복했기 때문에, 3. 의도와 경향과 행위와 결정 등의 분별에 대한 알아차림 덕분에, 알맞게 길들여진 것들의 현세와 내세의 궁극적 목표에 의해서 가르침(anusāsana)으로 여겨지는, 다른 사람이 감당할 수 없는 부처님의 의무를 짊어지고 실천하기 때문에, '참을 수 없는 것을 참아내는 님'이다.

671) buddha : ItA. I. 149에 따르면, 네 가지 거룩한 진리를 분명히 자신에게서 생겨난 지혜에 의해서 깨달았고 꿰뚫었기 때문에 깨달은 님이다. 이것에 대해서 세존께서는 '나는 곧바로 알아야 할 것을 곧바로 알았고, 닦아야 할 것을 이미 닦았으며, 버려야 할 것을 이미 버렸습니다. 그러므로 바라문이여, 나는 깨달은 님입니다.'(Stn. 558)라고 말했다.

첫 번째는 안온에 입각한 사유가 나타나고,
두 번째는 멀리 여읨에 입각한 사유가 나타난다.672)

어둠을 몰아내고 피안으로 간673) 위대한 선인
최상의 공덕을 얻고 번뇌를 여읜 자재자,674)
일체를 건너고675) 갈애를 부순676) 해탈자,
최후의 몸677)을 얻은 그 성자,
악마를 [33] 버리고 늙음의 피안에 이른 자라고 나는 부른다.678)

산꼭대기 위의 바위에 서서
사방의 사람을 내려다보듯,679)
그처럼 일체를 보는 눈을 지닌680) 현자,

---

672) tathāgataṁ buddham asayhasāhinaṁ | duve vitakkā samudācaranti naṁ | khemo vitakko paṭhamo udīrito | tato viveko dutiyo pakāsito ||

673) tamonudaṁ pāragataṁ : ItA. I. 149에 따르면, '상속(相續)하는 자신과 상속(相續)하는 타인(sakaparasantāna) 속에서 어둠이라고 명명된 어리석음의 어둠을 몰아내고, 궁극의 열반으로 간' 것을 뜻한다.

674) vasiman : ItA. I. 150에 따르면, 선정 등에서 의욕에 의존하여 최상의 주의기울임 등의 자재(自在)상태가 그에게 있기 때문에 자재자(自在者)이고, 고귀한 님의 능력이라고 여겨지는 타인과 공유할 수 없는 마음의 자재상태가 그에게 있기 때문에 자재자(自在者)이다.

675) vessantara : 이것에 대해서는 주석서는 유사언어학적 해석을 하고 있다. ItA. I. 150에 따르면, 신체 등의 삿된 것을 건넌 자(visantaro), 토해낸 자, 독(毒 : visa)을 건넌 자, 다른 사람을 건너게 한 자, 독으로 여겨지는 일체의 오염의 때를 건넌 자, 일체의 윤회의 괴로움이라는 독을 건넌 자이다.

676) taṇhakkhaye : ItA. I. 150에 따르면, 거룩한 경지에 의해 열반에 도달한 것을 뜻한다.

677) antimadeha : ItA. I. 150에 따르면, 미래에 다시 태어나지 않기 때문이다.

678) tamonudaṁ pāragataṁ mahesiṁ | taṁ pattipattaṁ vasimaṁ anāsavaṁ | vessantaraṁ taṇhakkhaye vimuttaṁ | taṁ ve muniṁ antimadehadhāriṁ | māraṁ jahaṁ brūmi jarāya pāraguṁ ||

679) sele yathā pabbatamuddhaniṭṭhito, yathā'pi passe jananaṁ samantato : ItA. I. 151에 따르면, 선을 행하고 길들여진 참사람은 멀리 있어도 시야에 들어오고 불꽃처럼 히말라야 산처럼 빛난다. '참사람은 멀리 있어도 히말라야의 산처럼 빛난다. 참사람이 아닌 자는 가까이 있어도 밤에 쏜 화살처럼 보이지 않는다.'(Dhp. 304)

680) samantacakkhu : It. 28의 주석에 언급한 다섯 가지 시각(눈) 가운데 '보편의 시각(눈)'을 말한다. ItA. I. 150에 따르면, 아름다운 지혜를 지닌 자(sundarapañña) 즉, 일체를 아는 지혜(一切智: sabbaññutañāṇa)의 눈을 지닌 자를 말한다.

진리의 전당에 올라
태어남과 늙음에 사로잡힌 슬픔에 빠진 사람을
슬픔을 여의고 바라본다."681)

세존께서는 이와 같은 의취도 역시 설하셨다고 나는 들었다.

39(2-2-2) 설법의 경[Desanāsutta]682)

1. 이와 같이 세존께서 설하셨고 거룩한 님께서 설하셨다고 나는 들었다.

[세존] "수행승들이여, 이렇게 오신 님, 거룩한 님, 올바로 원만히 깨달은 님께 서로 다른 두 가지 설법이 존재한다. 두 가지란 무엇인가? '그대들은 악을 악으로 보아야 한다.'라는683) 이것이 첫 번째 설법이다. '악을 악으로 보고 나서 그대들은 그것을 싫어하여 떠나서 벗어나야 한다.'라는684) 이것이 두 번째 설법이다. 수행승들이

---

681) sele yathā pabbatamuddhaniṭṭhito | yathā'pi passe jananaṁ samantato | tathūpamaṁ dhammamayaṁ sumedho | pāsādam āruyha samantacakkhu | sokāvatiṇṇaṁ janatam apetaseko | avekkhati jātijarābhibhūtan'ti ||

682) It. 33 : 본사경76(대정17권 676)

683) pāpaṃ pāpakato passathā'ti : ItA. I. 152에 따르면, "세존께서는 '수행승들이여, 신체적 행위 등에는 두 종류가 있다. 이를테면, 계발해야 할 것과 계발하지 말아야 할 것이 있다. 이것은 상호 상반되는 신체적 행위이다.'라고 말씀하셨습니다. 무엇과 관련해서 이와 같이 설해졌습니까? 세존이시여, 그것이 원인이 되어 악하고 불건전한 것들이 늘어나고 착하고 건전한 것들이 줄어들면 그러한 신체적 행위 등은 계발하지 말아야 할 것입니다. 그러나 세존이시여, 그것이 원인이 되어 악하고 불건전한 것들이 줄어들고 착하고 건전한 것들이 늘어나면 그러한 신체적 행위 등은 계발해야 할 것입니다."(MN. III. 45-61; SN. 106; AN. I. 194)라고 착하고 건전한 것과 악하고 불건전한 것을 분류하여 착하고 건전한 것과 악하고 불건전한 것을 혼동하지 않고 시설하므로 '악을 악으로 보라.'라는 것을 가르친 것이다.

684) pāpaṃ pāpakato disvā tattha nibbindatha virajjatha vimuccathā'ti : ItA. I. 152-153에 따르면, '수행승들이여, 살아있는 생명을 죽이는 것을 추구하고 실천하고 자주 실천하는 자는 지옥에 태어나고 축생에 태어나고 아귀에 태어난다. 그리고 살아있는 생명을 죽이는 것이 아주 경미한 자는 인간으로 태어나게 되지만 단명하게 태어난다.'라는 등의 재난을 드러내고 악을 멀리하는 등으로 설득하면서 '싫어하여 떠나서 벗어나야 한다.'라는 것을 가르친 것이다. 또는 악은 저열하기 때문에 악이다 - 이하에서 악(pāpa)은 유사언어학적으로

여, 이렇게 오신 님, 거룩한 님, 올바로 원만히 깨달은 님께는 이러한 서로 다른 두 가지 설법이 존재한다."

2. 세존께서는 이와 같은 의취를 설하셨고 그와 관련하여 이와 같이 말씀하셨다.

[세존] "일체의 존재를 불쌍히 여기는685)
이렇게 오신 님, 깨달은 님의686)
법문 가운데 말씀을 보라.687)
두 가지 원리가 설해진 것이다.688)

그대들은 [34] 악을 보아야 한다.
그리고 그때 그것을 떠나야 한다.
거기서 마음을 떠나면,
괴로움의 종식을 이루리."689)

세존께서는 이와 같은 의취도 역시 설하셨다고 나는 들었다.

도달하는 것, 또는 얻어진 것(pāpa)이라는 해석에 바탕을 둔 것임 – 그것은 무엇을 말하는가? 무상, 괴로움 등이기 때문에 경멸받는, 고귀한 님들이 싫어하는 윤회의 고통을 얻게 하기 때문에 악이다. 그것은 무엇인가 삼계에 생겨난 것들이다. 그러므로 '악을 악으로 보고 거기에서 싫어하여 떠난다.'라는 것은 이와 같이 '그 모든 것들은 무상한 것이고, 괴로운 것이고, 병든 것이고, 종기와 같고, 화살과 같고, 불행한 것이고, 고통스러운 것이고, 타자적인 것이고, 괴멸적인 것이고, 텅 빈 것이고, 실체가 없는 것이라는' 등 관찰을 키워서 싫어하여 떠나는 것이다.

685) sabbabhūtānukampino : ItA. I. 153에 따르면, '일체의 존재를 대자비로써 연민하는 본성을 지닌'이라는 뜻이다.

686) buddhassa : ItA. I. 153에 따르면, '일체지자(一切智者)로서의 부처님(sabaññūbhuddha)'을 뜻한다.

687) pariyāyavacanaṁ passa : ItA. I. 153에 따르면, 대중에게 설한 것으로 대중가운데 장로들에게 설한 것이다. 그러나 어떤 자들은 세존께서 자기 자신에게 '보라.'라고 말했다고 주장한다.

688) tathāgatassa buddhassa | sabbabhūtānukampino | pariyāyavacanaṁ passa | dve ca dhammā pakāsitā ||

689) pāpakaṁ passatha cetaṁ | tattha cāpi virajjatha | tato virattacittāse | dukkhassantaṁ karissathā'ti ||

40(2-2-3) 명지의 경[Vijjāsutta][690]

1. 이와 같이 세존께서 설하셨고 거룩한 님께서 설하셨다고 나는 들었다.

[세존] "수행승들이여, 무명이 앞서가면, 악하고 불건전한 상태의 위범,[691] 부끄러움을 알지 못하고 창피함을 알지 못하는 상태의 위범이 나중에 따라온다. 수행승들이여, 명지가 앞서 가면, 착하고 건전한 상태의 성취, 부끄러움을 알고 창피함을 아는 상태의 성취가 따라온다."

2. 세존께서는 이와 같은 의취를 설하셨고 그와 관련하여 이와 같이 말씀하셨다.

[세존] "이 세상이나 저 세상에서
어떠한 나쁜 곳에서든
일체의 욕망과 탐욕의 집적은
무명을 뿌리로 한다.[692]

부끄러움을 모르고
악을 원하고[693] 공손하지 못하면,[694]

---

690) It. 34 : 본사경90(대정17권 681)

691) avijjā bhikkhave pubbaṅgamā akusalānaṃ dhammānaṃ samāpattiyā : ItA. I. 153에 따르면, 무명은 악하고 불건전한 원리에 도달하는 것의 '선구이다'라는 것은 수반적 발생(併發: sahajāta)에 의해 지지 또는 조건(upanissaya)의 두 가지 형태에 의해서 선구라는 것이다. 거기서 악하고 불건전한 것의 전개의 위험의 덮음에 의해서 이치에 맞지 않는 정신활동의 기울임으로서 버려지지 않고 악하고 불건전한 것들의 조건들이 나타난다.

692) yā kācimā duggatiyo | asmiṁ loke pahamhi ca | avijjāmūlakā sabbā | icchālobhas amussayā ||

693) pāpiccho : ItA. I. 154에 따르면, 무명에 가리워져 악욕의 재난을 보지 못하고 참답지 않은 성품이 일어남으로써 속임수를 만드는 것이 '악을 원하는 것'이다.

694) anādaro : ItA. I. 154에 따르면, 세계의 영향에 대한 두려움이 없기 때문에 동료수행자를 공경하지 않는 것을 말한다.

그 때문에 악을 낳고
그것으로 괴로운 곳에 떨어진다.695)

그러므로 욕망과 탐욕과
무명을 사라지게 하여
명지를 일으키는696) 수행승은
일체의 나쁜 곳을 끊어버린다."697)

세존께서는 [35] 이와 같은 의취도 역시 설하셨다고 나는 들었다.

41(2-2-4) 지혜의 궁핍의 경[Paññāparihānisutta]698)

1. 이와 같이 세존께서 설하셨고 거룩한 님께서 설하셨다고 나는 들었다.

[세존] "수행승들이여, 아주 궁핍한 자들이란 고귀한 지혜가 궁핍한 뭇삶들이다.699) 그들은 현세에서 고통, 근심, 고뇌를 겪으며 괴롭게 지내고 몸이 파괴되어 죽은 뒤에 나쁜 곳이 그들을 기다린다. 수행승들이여, 궁핍하지 않은 자들이란 고귀한 지혜가 궁핍하지 않은 뭇삶들이다.700) 그들은 현세에서 고통, 근심, 고뇌를 겪지 않으

---

695) yato ca hoti pāpiccho | ahirīko anādaro | tato pāpaṁ pasavati | apāyaṁ tena gacchati ||

696) vijjaṁ uppādayaṁ : ItA. I. 154에 따르면, '통찰의 실천과 길의 실천을 열망하여 고귀한 경지에 이르는 길에 대한 명지를 상속(相續)하는 자신 가운데 일으키는'이라는 뜻이다.

697) tasmā chandañca lobhañca | avijjañca virājayaṁ | vijjaṁ uppādayaṁ bhikkhu | sabbā duggatiyo jahe'ti ||

698) It. 35: 한역에 해당경전이 없다.

699) ye ariyāya paññāya parihīnā : ItA. I. 154에 따르면, 다섯 가지 존재의 다발의 생성과 소멸을 꿰뚫고, 네 가지 진리를 꿰뚫음으로써, 오염에서 멀어져 있는, 고귀한 님의 청정한 통찰의 지혜(vipassanāpaññā)와 길의 지혜(maggapaññā)가 궁핍한 자들을 말한다.

700) ye ariyāya paññāya aparihīnā : ItA. I. 155에 따르면, 세 가지 장애를 극복하고 올바른 견해를 지니고 업을 자신으로 삼는 앎을 갖춘 자이다.

며 즐겁게 지내고 몸이 파괴되어 죽은 뒤에 좋은 곳이 그들을 기다린다."

2. 세존께서는 이와 같은 의취를 설하셨고 그와 관련하여 이와 같이 말씀하셨다.

[세존] "신들을 포함한 세상을 보라.
지혜의 궁핍으로 인해
명색에 사로잡혀[701]
'이것이 진리이다.'고 생각한다.[702]

꿰뚫음으로 이끄는[703]
지혜야말로 세상에서 최상이다.
그것을 통해 태어남과 존재의 부숨을
올바로 분명히 안다.[704]

그들 신들과 인간들은
올바로 깨달은 님, 새김을 확립한 님,
민첩한 지혜를 지닌 님, [36]
최후의 몸을 지닌 님을 부러워[705]한다."[706]

---

701) niviṭṭhaṁ nāmarūpasmiṁ : ItA. I. 155에 따르면, 명색(名色) 즉, 정신 · 신체적인 과정 가운데 다섯 가지 존재의 집착다발(五取蘊)에 대하여 '이것은 나의 것이다'는 등의 갈애에 매인 견해에 사로잡히고 집착된 것을 말한다.

702) paññāya parihānena | passa lokaṁ sadevakaṁ | niviṭṭhaṁ nāmarūpasmiṁ | idaṁ saccanti maññati ||

703) yāyaṁ nibbedhagāminī : ItA. I. 155에 따르면, 지혜가 '꿰뚫지 못하고 분쇄하지 못한 탐욕의 다발 등을 꿰뚫고 분쇄하러 간다.'라는 뜻이다.

704) paññā hi seṭṭhā lokasmiṁ | yāyaṁ nibbedhagāminī | yāya sammā pajānāti | jātib havaparikkhayaṁ ||

705) tesaṁ devā manussā ca, sambuddhānaṁ satīmataṁ, pihayanti hāsapaññānaṁ, sarīrantimadhārinan : ItA. I. 156에 따르면, 네 가지 거룩한 진리에 대한 올바른 깨달음을 이루었기 때문에 올바로 깨달은 님이고, 새김의 충만에의 도달했기 때문에 새김을 확립한 님이고, 미혹을 제거하여 지혜의 충만에 도달하였기 때문에 민첩한 지혜를 지닌 님이고, 또

세존께서는 이와 같은 의취도 역시 설하셨다고 나는 들었다.

42(2-2-5) 밝은 원리의 경[Sukkadhammasutta][707)]

1. 이와 같이 세존께서 설하셨고 거룩한 님께서 설하셨다고 나는 들었다.

[세존] "수행승들이여, 이와 같은 두 가지 밝은 원리가 세상을 수호한다. 두 가지란 무엇인가? 부끄러움을 아는 것과 창피함을 아는 것이다.[708)] 수행승들이여, 이와 같은 두 가지 밝은 원리가 세상을

는 예전에 계행 등을 성취하고 열반을 실현하기까지 민첩, 열정, 만족, 환호에 익숙하기 때문에 민첩한 지혜를 지닌 님이고, 일체의 존재의 결박이 부서진 까닭에 최후의 몸을 지닌 님 즉, 번뇌를 부순 님이다.

706) tesaṁ devā manussā ca | sambuddhānaṁ satīmataṁ | pihayanti hāsapaññānaṁ | sarīrantimadhārinan'ti ||

707) It. 36; AN. I. 51 : 본사경85(대정17권 680); 잡아함제47(대정2권 240); 증일아함제9참괴품1(대정2권 576)

708) hiri ca ottappañca : ItA. I. 156-159에 따르면, 부끄러움을 아는 것은 '부끄러워할 만한 것을 부끄러워하는 것으로 악하고 불건전한 상태의 위범에 대하여 부끄러워하는 것'(Dhs. 30; Pug.24)이다. 창피함을 아는 것은 '비난의 두려움을 받을 만한 것에 대하여 비난의 두려움을 아는 것으로 악하고 불건전한 것의 위범에 대하여 비난의 두려움을 아는 것'(Dhs. 31; Pug.24)이다. ① 여기서 부끄러움을 아는 것은 내적인 발생이고 창피함을 아는 것은 외적인 발생이다. 내적인 발생의 이유: 태생이나 나이나 용기나 배움으로 보아 나와 같은 자에게 이러한 행동은 어울리지 않는다고 생각하는 것에서, 외적인 발생의 이유: 악한 행동을 하면 사부대중이 비난할 것을 두려워하는 것에서. ② 부끄러움을 아는 것은 자신을 동기로 하는 것이고 창피함을 아는 것은 세상을 동기로 하는 것이다. 자신을 동기로 하는 것인 이유: 믿음으로 출가하거나 많이 배우거나 고행을 감수하거나 하는 등의 동기로 보아 나와 같은 자에게 이러한 행동은 어울리지 않는다고 생각하는 것에서, 세상을 동기로 하는 것의 이유: "이 인간 세상은 드넓다. 이 드넓은 인간 세상에는 신비한 능력과 하늘눈과 타인의 마음을 읽는 능력을 지닌 수행자들과 성직자들이 있다. 그들은 가까이 나타나지 않고 멀리서만 보아도 자신의 마음을 미루어 타자의 마음을 안다. 그들은 나에 관해서 이와 같이 '믿음으로 집에서 집없는 곳으로 출가한 양가의 아들에게 악하고 불건전한 것이 가득 찬 것을 보아라.' 라고 알 것이다. 또한 신비한 능력과 하늘눈과 타인의 마음을 읽는 능력을 지닌 신들이 있다. 그들도 가까이 나타나지 않고 멀리서만 보아도 자신의 마음을 미루어 타자의 마음을 안다. 그들도 나에 관해서 이와 같이 '믿음으로 집에서 집 없는 곳으로 출가한 양가의 아들에게 악하고 불건전한 것이 가득 찬 것을 보아라.'라고 알 것이다.' 그 때문에 그는 이와 같이 '나는 물러나지 않고 새김을 확립하고 혼미하지 않고 몸을 평안히 하고 격정이 없고 마음을 집중하고 통일하겠다.'라고 성찰하는 것"(AN. I. 148)에서. ③ 부끄러움을 아는 것은 수치의

수호할 수 없다면, 어머니나 이모나 외숙모나 선생의 부인이나 스승의 부인이 있다고 정의할 수 없을 것이고, 세상은 염소와 양과 닭과 돼지와 개와 승냥이가 뒤섞이는 것처럼 혼란에 빠질 것이다.709) 수행승들이여, 이와 같은 두 가지 밝은 원리가 세상을 수호하므로, 어머니나 이모나 외숙모나 선생의 부인이나 스승의 부인이 있다고 정의할 수 있는 것이다."

2. 세존께서는 이와 같은 의취를 설하셨고 그와 관련하여 이와 같이 말씀하셨다.

[세존] "부끄러움과 창피함을 아는 것이
결코 존재하지 않는다면,
그들은 밝음의 근원에서 벗어나710)
다시 태어남과 죽음에 들어선다.711)

부끄러움과 창피함을 아는 것이

성질에서 일어나는 것이고 창피함을 아는 것은 두려움의 성질에서 일어나는 것이다. ④ 부끄러움을 아는 것은 그 특징이 존경을 표하는 것이고 창피함을 아는 것은 그 특징이 잘못의 두려운 공포를 보는 것이다. 존경을 표하는 것인 이유: 태생이나 스승이나 유산이나 동료수행자의 위대성을 보고 악한 일을 하지 않는 것에서. 잘못의 두려운 공포를 보는 것인 이유: 자기의 비난의 두려움이나 타인의 비난의 두려움이나 처벌의 두려움이나 나쁜 곳에 태어남의 두려움 때문에 악한 일을 하지 않는 것에서.

709) ime kho bhikkhave dve sukkā dhammā lokaṃ na pāleyyuṃ, nayidha paññāyetha mātā'ti vā mātucchā'ti vā mātulānī'ti vā ācariyahariyā'ti vā garūnaṃ dārā'ti vā. sambhedaṃ loko agamissa yathā ajeḷakā kukkuṭasūkarā soṇasigālā : ItA. I. 159에 따르면, 두 가지 잘못이 없는 원리가 세상을 수호하지 못하고, 세상을 보호하지 못하면, 이 세계에서 생모를 보고도 '이 분이 나의 어머니이다.'라고 존중과 존경을 가지고 부를 수 없다. '이 분이 어머니이다.'라고 할 수 없고, 이모나 외숙모나 선생의 부인이나 스승의 부인이라고 부를 수 없고 동물처럼 혼란에 빠질 것이다.

710) vokkantā sukkamūlā te : 쑥까물라(sukkamūlā)는 '밝음의 근원으로부터'라는 뜻도 있으나 Itw. 142에서처럼 '정자(精子)의 근원이 되는 것 = 자궁으로부터'라는 뜻도 된다. ItA. I. 159에 따르면, '삶과 죽음의 본성이기 때문에(jāyanamīyanasabhāvattā) 그렇다.

711) yesaṁ ce hiriottappaṁ | sabbadā ca na vijjati | vokkantā sukkamūlā te | jātimaraṇāgāmino ||

항상 올바로 정립된다면,
그들은 청정한 삶을 [37] 성장시켜
적멸에 들어 다시 태어남을 부순다."[712]

세존께서는 이와 같은 의취도 역시 설하셨다고 나는 들었다.

43(2-2-6) 태어나지 않는 것의 경[Ajātasutta][713]

1. 이와 같이 세존께서 설하셨고 거룩한 님께서 설하셨다고 나는 들었다.

[세존] "수행승들이여, 태어나지 않고, 생겨나지 않고, 만들어지지 않고, 형성되지 않는 것이 있다.[714] 수행승들이여, 태어나지 않고, 생겨나지 않고, 만들어지지 않고, 형성되지 않는 것이 없다면, 이 세상에서 태어나고, 생겨나고, 만들어지고, 형성되는 것으로부터의 여읨이 시설되지 않는다.[715] 그러나 수행승들이여, 태어나지 않고,

712) yesañca hiriottappaṁ | sadā sammā upaṭṭhitā | virūḷhabrahmaciriyā | te santo khīṇapunabbhavā'ti ||

713) It. 37; Ud. 80; Nett. 62 참조; 한역에 해당 경전이 없다.

714) atthi bhikkhave, ajātaṃ abhūtaṃ akataṃ asaṅkhataṃ : ItA. I. 161; UdA. 395에 따르면, 태어나지 않는 것(不生 : ajātaṃ), 생겨나지 않는 것(不有 : abhūtaṃ), 만들어지지 않는 것(不作 : akataṃ), 형성되지 않는 것(無爲 : asaṅkhataṃ : 조건지어지지 않은 것)은 모두 서로 동의어이다. 느낌 등과는 달리 원인과 조건의 결합을 의미하는 원인들의 조화에 의해서 나타나지 않기 때문에 '태어나지 않는 것'이라고 한 것이다. 원인 없이 나타나지 않거나 스스로 나타나지 않는다는 의미에서 '생겨나지 않는 것'이라고 한 것이다. 원인에 의해서 만들어지지 않는다는 의미에서 '만들어지지 않는 것'이라고 한 것이다. 태어나고 생겨나고 만들어지는 것을 본질로 하는 명색 등은 형성된 것들인데, 형성되지 않은 것을 본질로 하는 열반을 보여주는 의미에서 '형성되지 않은 것'이라고 한 것이다.

715) no ce taṃ bhikkhave, abhavissā ajātaṃ abūtaṃ akataṃ asaṅkhataṃ, nayidha jātassa bhūtassa katassa saṅkhatassa nissaraṇaṃ paññāyetha : ItA. I. 162; UdA. 395에 따르면, 수행승들이여, 만약에 태어나지 않는 것 등을 본질로 하는 형성되지 않는 것(조건지어지지 않은 것)이 없다면, 세계에 태어나는 것 등을 본질로 하는 물질 등의 다섯 가지 존재의 다발(五蘊 : pañcakkhandha; 물질, 느낌, 지각, 형성, 의식)의 여읨, 남김 없는 지멸이 알려지지 않을 것이고 파악되지 않을 것이고 구현되지 않을 것이다. 열반을 대상으로 삼아 전개되는 올바른 견해 등을 지닌 고귀한 길의 원리들이 남김없이 오염을 제거하면 그 때에

생겨나지 않고, 만들어지지 않고, 형성되지 않는 것이 있으므로, 이 세상에서 태어나고, 생겨나고, 만들어지고, 형성되는 것으로부터의 여읨이 시설된다."716)

2. 세존께서는 이와 같은 의취를 설하셨고 그와 관련하여 이와 같이 말씀하셨다.

일체의 윤회의 고통의 미전개, 사라짐, 여읨이 알려진다.

716) yasmā ca kho bhikkhave, atthi ajātaṃ abhūtaṃ akataṃ asaṅkhataṃ, tasmā jātassa bhūtassa katassa saṅkhatassa nissaraṇaṃ paññāyatī ti : ItA. I. 162; UdA. 396에 따르면, 승의(勝義)의 의미에서 열반의 세계(nibbānadhātu)의 존재에 대하여 일체의 세계를 불쌍히 여겨 여러 경전에서 설하고 있다 : Dhs. 2에서는 '조건을 여읜 상태들(appaccayā dhammā), 조건지어지지 않은 상태들(asaṅkhatā dhammā)이 있다.'라고 설하고 Ud. 80에서는 '수행승들이여, 이러한 세계가 있는데, 거기에는 땅도 없고, 물도 없고, 불도 없고, 바람도 없다.'라고 설하고, SN. I. 136에서는, '이와 같은 도리, 즉 모든 형성의 멈춤, 모든 집착의 버림, 갈애의 부숨, 사라짐, 소멸, 열반은 보기 어렵다.'라고 설하고, SN. IV. 359에서는 이 조건지어지지 않은 것, 즉 무위에 대하여 다음과 같이 말하고 있다 : '무위란 무엇인가? 수행승들이여, 탐욕이 소멸하고 성냄이 소멸하고 어리석음이 소멸하면 그것을 수행승들이여, 무위라고 한다.' '수행승들이여, 태어나지 않는 것이 있다.'라고 하는 것은 현명한 사람으로 그것과 관련하여 의심이 없더라도 다른 사람의 지도에 의존하여 이해하는 개인의 경우에는 의심을 몰아내기 위해 암시의 성립과 더불어 열리는 논리적인 탐구가 있게 되고, 그것이 완전히 이해될 수 있다는 사실 때문에 그 반대되고 대조가 되는 존재들인 감각적 쾌락의 욕망과 형상 등으로부터의 여읨이 알려진다. 그러므로 일체의 조건지어진 것들과는 반대가 되고 대조가 되는 여읨을 닦아야한다. 여읨(nissaraṇa)은 조건지어지지 않은 세계(asaṅkhatadhātu)이다. 조건지어진 것을 대상으로 하는 통찰의 앎(vipassanāñāṇa)이라하더라도 단계의 앎(anulomañāṇa)이라면 끊음(samuccheda)을 통해서 오염을 여읠 수 없다. 마찬가지로 첫 번째 선정 등의 가운데 있는 속제(俗諦: sammtisacca)를 대상으로 하는 앎은 끊음을 통해서가 아니라 진압(vikkhambhana)을 통해서 오염을 여읜다. 조건지어진 것을 대상으로 하는 앎과 속제를 대상으로 하는 앎은 오염을 끊음을 통해서 제거하는 것이 불가능하므로, 오염을 끊음을 통해서 제거하는, 본질적으로 그 양자(兩者)와 반대가 되는, 고귀한 길에 대한 앎을 닦아야한다. 그것은 조건지어지지 않은 세계에 속한다. '태어나지 않고, 생겨나지 않고, 만들어지지 않고, 형성되지 않는 것'은 열반의 상태(涅槃句 : nibbānapada)에 대하여 승의의 의미에서(paramatthato) 그 있음의 존재에 빛을 던지는, 전도되지 않은 의미를 지닌 부처님의 말씀이다. 마치 '일체의 형성된 것은 무상하다. 일체의 형성된 것은 괴롭다. 일체의 사실은 실체가 없다.'(三法印 : tilakkhaṇa : Dhp. 277-279, sabbe saṅkhārā aniccā, sabbe saṅkhārā dukkhā, sabbe dhammā anattā)가 전도되지 않은 의미를 지닌 부처님의 말씀인 것과 같다. 마찬가지로 어떤 곳에서는 '열반'이라는 말은, 단지 은유로 사용되는 '호랑이'라는 말처럼, 사용된 말의 가능성 때문에, 있는 그대로의 것을 승의의 범주로 삼는다. 또는 승의의 의미에서 그 본성이 땅의 요소나 느낌 등과는 반대가 되고, 그것들을 여읜, 조건지어지지 않은 세계가 있다. 이와 같은 논리에 의해서 조건지어지지 않은 세계가 승의의 의미에서 '있음'의 존재로 밝혀진다.

[세존] "태어난 것, 생겨난 것, 함께 일어난 것,
만들어지는 것, 형성되는 것, 불안정한 것,
늙음과 죽음에 맞닥뜨리는 것,
질병의 소굴인 것, 자양의 안내로 생겨나는 것은[717]
쉽게 파괴되는 것이니,
그것을 즐겁다고 할 수는 없다.[718]

그것에서 벗어남이 적멸이니,
추론의 범위를 벗어난 것, 견고한 것,
태어남을 여읜 것, 함께 생겨남을 여읜 것,
슬픔을 여읜 것, 티끌을 여읜 것이다.
그 자취는 [38] 괴로운 것들의 소멸이니,
형성의 지멸이야말로 행복이다."[719]

세존께서는 이와 같은 의취도 역시 설하셨다고 나는 들었다.

44(2-2-7) 열반의 세계의 경[Nibbānadhātusutta][720]

1. 이와 같이 세존께서 설하셨고 거룩한 님께서 설하셨다고 나는 들었다.

[세존] "수행승들이여, 이와 같은 두 가지 열반의 세계, 잔여 있는 열반의 세계와 잔여 없는 열반의 세계가 있다.[721]

---

717) āhāranettippabhavaṁ : ItA. I. 164에 따르면, 네 가지 자양(四食: āhāra)이 있다. ① 거칠거나 미세한 물질의 자양 ② 접촉의 자양 ③ 의도의 자양 ④ 의식의 자양.

718) jātaṁ bhūtaṁ samuppannaṁ | kataṁ saṅkhatam addhuvaṁ | jarāmaraṇasaṅghātaṁ | roganiḍḍaṁ pabhaṅguraṁ | āhāranettippabhavaṁ | nālaṁ tadabhinandituṁ ||

719) tassa nissaraṇaṁ santaṁ | atakkāvacaraṁ dhūvaṁ | ajātaṁ asamuppannaṁ | asokaṁ virajaṁ padaṁ | nirodho dukkhadhammānaṁ | saṅkhārūpasamo sukho'ti ||

720) It. 38 : 본사경78(대정17권 678)

수행승들이여, 잔여 있는 열반의 세계는 어떠한 것인가?

수행승들이여, 세상에 수행승이 거룩한 님으로 번뇌를 부수고, 청정한 삶을 이루었고, 해야 할 일을 해 마쳤고, 짐을 내려 놓았고, 자신의 이상을 실현하였고, 존재의 결박을 끊었고, 올바른 궁극의 앎으로 해탈하였다.722) 그에게 다섯 가지 감관이 아직 존재하고,

---

721) saupādisesā ca nibbānadhātu anupādisesā ca nibbānadhātu : 주석서는 열반 즉, 닙바나(nibbāna)에 대해서 유사언어학적인 설명을 하고 있다. ItA. I. 164에 따르면, '바나(vāna: 숲)'는 갈애이다. '바나'를 벗어나 여기에 더 이상 '바나'가 없으면, 그렇게 되어 '바나'가 없는 것이 열반이다. 그것은 존재가 없고 생명이 없고 본성을 유지하므로 요소세계인데, 열반의 세계이다. 최상의 의미에서 차이가 없지만 문맥상의 차이에 관하여 '수행승들이여, 두 가지 열반의 세계가 있다.'라고 말하고 '잔여 있는 열반의 세계와 잔여 없는 열반의 세계가 있다.'라고 설한 것이다. 갈애 등의 결과로서 결과상태로 집착하기 때문에, 취착(upādi)이 있다. 이러한 취착의 잔여 있는 열반의 세계(有餘涅槃界 : saupādisesanibbānadhātu=kilesanibbāna)와 취착의 잔여 없는 열반의 세계(無餘涅槃界 : anupādisesanibbānadhātu =khandhanibbāna)가 있다.

722) idha bhikkhave bhikkhu arahaṃ hoti khīṇāsavo vusitavā katakaraṇīyo ohitabhāro anuppattasadattho parikkhīṇabhavasaññojano sammadaññā vimutto : ItA. I. 165-166에 따르면, '거룩한 님(arahaṃ)'은 오염을 여읜 님으로 악하고 불건전한 것들, 부패한 것들, 재생하는 것들, 불행한 것들, 괴로움을 결과로 하는 것들, 미래의 태어남과 늙음과 죽음을 여읜 님이다. '번뇌를 부수고(khīṇāsavo)'는 감각적 쾌락의 욕망의 번뇌 등의 네 가지 번뇌(四漏: cattaro āsavā)가 부서지고 끊어지고 버려지고 지멸되어 다시 일어나지 못하고, 궁극적 앎의 불로 태워진 자라는 뜻이다, '청정한 삶을 이루었고(vusitavā)'는 스승과 함께 살고 고귀한 길 위에 살고 열 가지 고귀한 삶의 방식(十聖居: dasa ariyavāsā) 가운데 살고 완성되고 과정이 완성되고 여행이 완성된 자를 뜻한다. '해야 할 일을 해 마치고(katakaraṇīyo)'는 선한 범부를 비롯해서 일곱 종류의 학인들이 네 가지 길(四道)을 통해서 해야 할 일을 해 마친 님을 말하고 번뇌가 부서진 자로서 일체 해야 할 일을 행하고 완성하고 더 이상 괴로움의 종식을 위해 해야 할 일이 없는 님을 말한다. '올바로 마음이 해탈되어 적멸에 든 수행승에게는 행해진 일에 덧붙여야 할 일이 없고 해야 할 일이 없다.'(AN. III. 378; Vin. I. 185) '짐을 내려놓고(ohitabhāro)'는 세 가지 짐(tayo bhārā) 즉, 존재의 다발의 짐(khandhabhāra)·오염의 짐(kilesabhāra)·형성의 짐(abhisaṅkhārabhara)을 버린 님이다. '자신의 이상을 실현하고(anuppattasadattho)'는 거룩한 경지(arahattaphala)의 실현한 님을 말하고, '윤회의 결박을 끊어 버리고(parikkhīṇabhavasaññojano)'는 결박에 묶인 존재를 얽어매는 그 열 가지 결박(十結: dasa saṁyojanāni)을 끊어 버린 님을 말한다. '올바른 궁극의 앎에 의해서 해탈한 것(sammadaññā vimutto)'이라는 것은 존재의 다발은 덩어리의 의미로, 감각영역은 확장의 의미로, 요소세계는 공(空)의 의미로, 괴로움은 고통의 의미로, 생성은 생산의 의미로, 소멸은 지멸의 의미로, 길은 보여줌의 의미로, '일체 형성된 것들은 무상하다.'는 등, 이와 같은 분별을 올바로 있는 그대로 알고, 판단하고, 측량하고, 분류하고, 설명하고 나서, 올바른 궁극의 앎으로써 두 가지 해탈(dve vimuttiyo) 즉, ① 마음에 의한 해탈(cittavimutti)과 ② 열반에 의한 해탈(nibbānavimutti)을 이룬 것을 말한다.

사라지지 않았으므로, 그는 쾌와 불쾌를 경험하고, 즐거움과 괴로움을 느낀다. 그에게는 탐욕이 부서지고, 성냄이 부서지고, 어리석음이 부수어진다. 수행승들이여, 그것을 잔여 있는 열반의 세계라고 말한다.

수행승들이여, 그렇다면 잔여 없는 열반의 세계란 어떠한 것인가?

수행승들이여, 세상에 수행승이 거룩한 님으로 번뇌를 부수고, 청정한 삶을 이루었고, 해야 할 일을 해 마쳤고, 짐을 내려 놓았고, 자신의 이상을 실현하였고, 존재의 결박을 끊었고, 올바른 궁극의 앎으로 해탈하였다. 수행승들이여, 그에게 모든 느껴진 것은 환희의 대상이 아닌 청량한 것이 된다. 수행승들이여, 이것을 잔여 없는 열반의 세계라고 한다."

2. 세존께서는 이와 같은 의취를 설하셨고 그와 관련하여 이와 같이 말씀하셨다.

[세존] "이러한 두 가지 열반의 세계는 눈 있는 자,[723]
의착하지 않는 자,[724] 여여한 자에 의해서[725] 밝혀진 것이다.
첫 번째가 이 세계에서 현세의
존재의 통로[726]가 부수어진 것이 잔여 있는 세계이다.
반면에 [39] 당래 일체의 존재들이
소멸된 것이 잔여 없는 세계이다.[727]

723) cakkhumatā : ItA. I. 167에 따르면, 다섯 가지 시각이 있는 자를 말한다. 부처의 시각(佛眼 : Buddhacakkhu), 보편의 시각(普眼 : samantacakkhu), 궁극적 앎의 시각(智眼 : ñāṇacakkhu) 하늘의 시각(天眼 : dibbacakkhu), 진리의 시각(法眼 : dhammacakkhu) 상세한 것은 It. 28의 주석을 보라.

724) anissitena : ItA. I. 167에 따르면, '갈애나 견해의 어떠한 것에도 의존하지 않고 탐욕의 속박 등에도 속박되지 않는 자'를 말한다.

725) tādinā : ItA. I. 167에 따르면, 여섯 가지 감관의 문을 통하여 일체의 원하고 원하지 않는 것에 대하여 어떠한 상황 하에서도 동일한 성질이라고 하는 항상적 특징을 지닌 자이다.

726) bhavanetti : ItA. I. 167에 따르면, 갈애를 말한다.

그 조건지어지지 않은 진리를 알고
존재의 통로를 부수고 마음을 해탈하여
진리의 핵심에 도달하여[728] 소멸을 즐기는 님들,
그 여여한 님들은 일체의 존재를 버린다."[729]

세존께서는 이와 같은 의취도 역시 설하셨다고 나는 들었다.

45(2-2-8) 홀로 명상의 경[Paṭisallānasutta][730]

1. 이와 같이 세존께서 설하셨고 거룩한 님께서 설하셨다고 나는 들었다.

[세존] "수행승들이여, 홀로 명상하는 것을 즐기고, 홀로 명상하는 것을 기뻐하고,[731] 텅 빈 장소를 자주 찾아[732] 안으로 마음의 멈춤을 닦아[733] 선정을 떠나지 말고 통찰을 성취하라.[734] 수행승

---

727) duve imā cakkhumatā pakāsitā | nibbānadhātu anissitena tādinā | ekā hi dhātu idha diṭṭhadhammikā | saupādisesā bhavanettisaṅkhayā | anupādisesā pana samparāyikā | yamhi nirujjhanti bhavāni sabbaso ||

728) dhammasārādhigamā : ItA. I. 167에 따르면, '해탈의 핵심이기 때문에 이 가르침과 계율에서 진리의 핵심을 구성하는 거룩한 경지의 성취를 통해서'라는 뜻이다.

729) ye etad aññāya padaṁ asaṅkhataṁ | vimuttacittā bhavanettisaṅkhayā | te dhammasārādhigamā khaye ratā | pahaṁsu te sabbabhavāni tādino'ti ||

730) It. 39 : 본사경81(대정17권 678)

731) paṭisallānārāmā bhikkhave viharatha paṭisallānaratā : ItA. I. 168에 따르면, '뭇삶과 형성된 것으로부터 돌아서서 홀로 있으면서 고독한 곳(ekamanta)에 자주 드는 것으로 신체적인 멀리 여읨(kāyaviveka)'을 즐기는 것을 말한다.

732) brūhetā suññāgārānaṃ : ItA. I. 168에 따르면, '텅빈 곳은 수행을 닦기에 적당한 빈 장소이다. 수행승은 멈춤(止 : samatha)과 통찰(觀 : vipassanā)에 관한 명상주제를 취해서 밤낮으로 텅빈 곳을 찾아서 수행을 닦는다.

733) ajjhattaṃ cetosamatham anuyuttā : ItA. I. 168에 따르면, '자신의 마음의 멈춤에 몰두하여'라는 뜻이다.

734) anirākatajjhāni vipassanāya samannāgatā : ItA. I. 168에 따르면, 선정(禪定)이 밖으로 던져지지 않고 선정이 폐기되지 않고, 통찰 즉, 일곱 종류의 관찰(sattavidhā anupassanā) 즉, 무상에 대한 관찰(aniccânupassanā), 괴로움에 대한 관찰(dukkhânupassanā), 실체없음에 대한 관찰(anattânupassanā), 싫어하여 떠남에 대한 관찰(nibbidânupassanā), 사

들이여, 홀로 명상하는 것을 즐기고, 홀로 명상하는 것을 기뻐하고, 텅 빈 장소를 자주 찾아 안으로 마음의 멈춤을 닦아 선정을 떠나지 말고 통찰을 성취한 님에게는 '현세에서의 궁극적 앎이나, 취착의 잔여가 있다면 돌아오지 않는 경지'의 두 가지 과보 가운데 하나가 기대된다."[735]

2. 세존께서는 이와 같은 의취를 설하셨고 그와 관련하여 이와 같이 말씀하셨다.

[세존] "마음이 고요하고, 사려가 깊고,
새김을 갖추고, 선정에 드는 님들은[736]
감각적 쾌락의 욕망을 [40] 떠나[737]
올바로 사실을 통찰한다.[738]

방일에서 두려움을 보고
방일하지 않음을 즐기는[739] 안온한 님이
열반을 실로 앞에 두고[740]

라짐에 대한 관찰(viragânupassanā), 소멸에 대한 관찰(nirodhânupassanā), 보내버림에 대한 관찰(paṭinissagânupassanā)을 통해서 관찰하는 것이다.

735) dvinnaṃ phalānaṃ aññataraṃ phalaṃ pāṭikaṅkhaṃ: diṭṭhe'va dhamme aññā, sati vā upādisese anāgāmitā'ti : ItA. I. 168에 따르면, '현세에서의 궁극적 앎' 즉, '거룩한 경지'와, 오염의 형태로 취착의 잔여가 남아있어 제거가 불가능할 경우의 '돌아오지 않는 경지'의 두 가지 경지를 말한다.

736) ye santacittā nipakā, satimanto ca jhāyino : ItA. I. 169에 따르면, 수행자(yogâvacara)로서 관점에 의해서 또는 진압에 의해서 오염이 지멸되어 마음이 고요한 자들, 지혜를 갖춘 자들, 서고 앉는 등의 명상주제를 버리지 않는 조건으로 이루어진 새김을 확립한 자들, 대상에 대하여 명상하고 특징에 대하여 명상하는 것에 의해서 명상하는 자들을 말한다.

737) kāmesu anapekkhino : ItA. I. 169에 따르면, '감각적 쾌락에 대한 욕망에 관해 해골의 비유' 등(MN. I. 130) 대상에서 생긴 욕망(vatthukāma)과 오염에서 생긴 욕망(kilesakāma)의 위험을 알고 거기에 관심을 갖지 않는 것이다.

738) ye santacittā nipakā | satimanto ca jhāyino | sammā dhammaṁ vipassanti | kāmesu anapekkhino ||

739) appamādaratā : ItA. I. 169에 따르면, 멈춤(samatha)과 통찰(vipassanā)의 수행에 의한 불방일을 즐기는 것을 의미한다.

퇴전하는 것은 불가능하다."741)

세존께서는 이와 같은 의취도 역시 설하셨다고 나는 들었다.

46(2-2-9) 배움의 공덕의 경[Sikkhānisaṁsasutta]742)

1. 이와 같이 세존께서 설하셨고 거룩한 님께서 설하셨다고 나는 들었다.

[세존] "수행승들이여, 배움을 공덕으로 삼고,743) 지혜를 최상으로 삼고,744) 해탈을 핵심으로 삼고,745) 새김을 주인으로 삼아라.746) 수행승들이여, 배움을 공덕으로 삼고, 지혜를 최상으로 삼고, 해탈을 핵심으로 삼고, 새김을 주인으로 삼는 님에게는 '현세에서의 궁극적 앎이나, 취착의 잔여가 있다면 돌아오지 않는 경지'의 두 가지 과보 가운데 하나가 기대된다."

2. 세존께서는 이와 같은 의취를 설하셨고 그와 관련하여 이와 같이

---

740) nibbānasse'va santike : ItA. I. 169에 따르면, '취착을 여읜 완전한 열반(anupādāparinibbāna)을 앞에 두고'라는 뜻이다.

741) appamādaratā santā | pamāde bhayadassino | abhabbā parihānāya | nibbānasse'va santike'ti ‖

742) It. 40 : 한역에 해당경전이 없다.

743) sikkhānisaṃsā : ItA. I. 170에 따르면, 세 가지 배움(三學 : tayo sikkhā)이 있다. 보다 높은 계행의 배움(增上戒學 : adhisīlasikkha), 보다 높은 마음의 배움(增上心學 : adhicitta sikkha), 보다 높은 지혜의 배움(增上慧學 : adhipaññasikkha)이 있다. 세 종류의 이러한 배움은 이득과 명예와 칭송보다 더 공덕이 있으므로 배움의 공덕이라고 한다.

744) paññuttarānaṃ : ItA. I. 170에 따르면, 세 가지 배움 가운데 '보다 높은 지혜의 배움'이 지혜이다.

745) vimuttisārānaṃ : ItA. I. 170에 따르면, 거룩한 지위의 경지(arahattaphala)라고 여겨지는 해탈이 그것들의 핵심이기 때문에 해탈을 핵심으로 삼는 자라고 한다.

746) satādhipateyyānaṃ : ItA. I. 170에 따르면, 네 가지 새김의 토대(四念處 : cattāro satipaṭṭhānā)로 마음을 확립한 자들이 ① 몸에 대한 관찰(身隨觀 : kāyānupassanā) ② 느낌에 대한 관찰(受隨觀 : vedanānupassanā) ③ 마음에 대한 관찰(心隨觀 : cittānupassanā) ④ 사실에 대한 관찰(法隨觀 : dhammānupassanā)을 통해 멈춤과 통찰의 수행에 전념하는 것을 의미한다.

말씀하셨다.

[세존] "배움이 원만하고 결코 동요하지 않고747)
최상의 지혜를 갖추고 태어남의 부서짐을 보고
자만을 끊고 늙음의 피안에 도달한 님,
그 성자를 두고 최후의 몸을 지닌 님이라 나는 부른다.748)

그래서 항상 선정을 즐기고 입정에 들어
열심히 [41] 정진하는 자는 태어남의 부서짐을 본다.
수행승들이여, 군대를 거느린 악마를 정복하고749)
태어남과 죽음을 뛰어넘는 님들이750) 되어라."751)

세존께서는 이와 같은 의취도 역시 설하셨다고 나는 들었다.

47(2-2-10) 깨어있음의 경[Jāgariyasutta]752)

1. 이와 같이 세존께서 설하셨고 거룩한 님께서 설하셨다고 나는 들

747) apahānadhamma : ItA. I. 171에 따르면, 동요하지 않는 것(akuppadhamma)를 뜻한다.

748) paripuṇṇasekhaṁ apahānadhammaṁ | paññuttaraṁ jātikhayantadassiṁ | taṁ ve muniṁ antimadehadhāriṁ | mānaṁ jahaṁ brūmi jarāya pāraguṁ ‖

749) māraṁ sasenaṁ abhibhuyya : ItA. I. 171-172에 따르면, '오염의 군대(kilesasena)와 손괴의 군대(anatthasena)로 이루어진 네 종류의 악마를 남김없이 정복하고'라는 뜻이다. 데바뿟따-악마는 좋은 성품을 죽이는 것에 연합하는 오염의 군대이고, 질병 등은 손괴의 군대이다. 오염의 군대: '그대의 첫 번째 군대는 욕망, 두 번째 군대는 혐오라 불리고, 그대의 세 번째 군대는 기갈, 네 번째 군대는 갈애라 불린다. 그대의 다섯 번째 군대는 권태와 수면, 여섯 번째 군대는 공포라 불리고, 그대의 일곱 번째 군대는 의혹, 여덟 번째 군대는 위선과 고집이라 불린다. 잘못 얻어진 이득과 명예와 칭송과 명성, 그리고 자기를 칭찬하고 타인을 경멸하는 것도 있다. 나무치여, 이것들이 그대의 군대, 검은 악마의 공격군인 것이다. 비겁한 자는 그를 이겨낼 수가 없으나 영웅은 그를 이겨내어 즐거움을 얻는다.'(Stn. 436-439) 손괴의 군대: '오늘 해야 할 일에 열중해야지 내일 죽을지 어떻게 알 것인가? 대군을 거느린 죽음의 신(악마) 그에게 결코 굴복하지 말라.'(MN. III. 187)

750) jātimaraṇassa pāragā : ItA. I. 172에 따르면, '태어남과 죽음을 뛰어넘어 열반으로 가는 자들'을 말한다.

751) tasmā sadā jhānaratā samāhitā | ātāpino jātikhayantadassino | māraṁ sasenaṁ abhibhuyya bhikkhavo | bhavātha jātimaraṇassa pāragā'ti ‖

752) It. 41 : 본사경80(대정17권 678)

었다.

[세존] "수행승들이여, 깨어서,[753] 새김을 확립하고, 올바로 알아차리고, 집중에 들고, 기쁨을 발견하고, 청정한 믿음을 지니고, 착하고 건전한 것과 관련하여 올바른 때에 통찰을 닦아라.[754] 수행승들이여, 깨어서, 새김을 확립하고, 올바로 알아차리고, 집중에 들고, 기쁨을 발견하고, 청정한 믿음을 지니고, 착하고 건전한 것과 관련하여 올바른 때에 통찰을 닦는 님에게는 '현세에서의 궁극적 앎이나, 취착의 잔여가 있다면 돌아오지 않는 경지'의 두 가지 과보 가운데 하나가 기대된다."

2. 세존께서는 이와 같은 의취를 설하셨고 그와 관련하여 이와 같이 말씀하셨다.

---

753) jāgaro : ItA. I. 172에 따르면, 잠을 떠나 깨어서 밤낮으로 명상주제에 정신활동을 기울이는 것을 뜻한다. '수행승들이여, 어떻게 깨어있음에 전념하는가? 수행승들이여, 세상에 수행승은 낮에는 거닐거나 앉아서 장애가 되는 것들로부터 마음을 정화시킨다. 밤의 초야에도 거닐거나 앉아서 장애가 되는 것들로부터 마음을 정화시킨다. 밤의 중야에는 오른쪽 옆구리를 밑으로 하여 사자의 형상을 취한 채, 한 발을 다른 발에 포개고 새김을 확립하여 올바로 알아차리며 다시 일어남에 주의를 기울여 눕는다. 밤의 후야에는 일어나 거닐거나 앉아서 장애가 되는 것들로부터 마음을 정화시킨다. 수행승들이여, 이와 같이 수행승은 깨어있음에 전념한다.'(AN. II. 39)

754) tattha kālavipassī ca kusalesu dhammesu : ItA. I. 172에 따르면, 명상주제의 전념에서 올바른 때에 통찰을 하는 것이다. 어떻게 올바른 때에 통찰하는가? '수행승들이여, 마음이 침체되었다면 그 때 안온의 깨달음 고리를 닦으면 옳지 않고, 집중의 깨달음 고리를 닦으면 옳지 않고, 평정의 깨달음 고리를 닦으면 옳지 않다. 그것은 어떠한 까닭인가? 수행승들이여, 마음이 침체되었다면 그것을 이러한 조건으로 고양시키기 어렵기 때문이다. 수행승들이여, 마음이 침체되었다면 그 때 탐구의 깨달음 고리를 닦으면 옳고, 정진의 깨달음 고리를 닦으면 옳고, 희열의 깨달음 고리를 닦으면 옳다. 그것은 어떠한 까닭인가? 수행승들이여, 마음이 침체되었다면 그것을 이러한 조건으로 고양시키기 쉽기 때문이다.'(SN. V. 113) '수행승들이여, 마음이 들떴다면 그 때 탐구의 깨달음 고리를 닦으면 옳지 않고, 정진의 깨달음 고리를 닦으면 옳지 않고, 희열의 깨달음 고리를 닦으면 옳지 않다. 그것은 어떠한 까닭인가? 수행승들이여, 마음이 들떴다면 그것을 이러한 조건으로 고요하게 하기 어렵기 때문이다. 수행승들이여, 마음이 들떴다면 그 때 안온의 깨달음 고리를 닦으면 옳고, 집중의 깨달음 고리를 닦으면 옳고, 평정의 깨달음 고리를 닦으면 옳다. 그것은 어떠한 까닭인가? 수행승들이여, 마음이 들떴다면 그것을 이러한 조건으로 들뜨게 하기 쉽기 때문이다.'(SN. V. 114) '수행승들이여, 새김을 확립하는 한, 그것은 모든 경우에 유익하다.'(SN. V. 115)

[세존] "깨어있는 자들은 이것을 들어라.
잠자는 자들은 깨어나라.
잠자는 것보다 깨어있음이 수승하다.
깨어있는 님에게 두려움은 없[755]다.[756]

깨어서, [42] 새김을 확립하고, 올바로 알아차리고,
집중에 들고, 기쁨을 발견하고, 청정한 믿음을 지닌 자,
그는 올바른 때에 올바로 원리를 성찰하며,[757]
전일성을 확립하여[758] 어둠을 제거[759]한다.[760]

그러므로 깨어있음을 확립하라.
열심히 애쓰고, 사려 깊은, 선정에 든 수행승은
태어남과 늙음의 결박을 끊고
이 세상에서 위없는 올바른 깨달음을 증득해야 하리."[761]

세존께서는 이와 같은 의취도 역시 설하셨다고 나는 들었다.

---

755) natthi jāgarato bhayaṁ : ItA. I. 174에 따르면, 믿음 등의 깨어있음의 원리를 갖추어 방일의 잠에 빠지지 않고 자신의 비난에 대한 두려움이나 타인의 비난에 대한 두려움, 처벌에 대한 두려움, 나쁜 곳에 태어남에 대한 두려움, 태어남 등의 특징을 갖는 일체의 윤회에 대한 두려움이 없다는 뜻이다.

756) jagarantā suṇāthetaṁ | ye sutta te pabujjhatha | suttā jāgariyaṁ seyyo | natthi jāgarato bhayaṁ ||

757) sammā dhammaṁ parivīmaṁsamāno : ItA. I. 175에 따르면, 통찰의 대상인 삼계의 원리를 올바로 앎으로서 싫어하여 떠나고 사라지는 등이 생겨나도록, 그러한 관점에서 일체에 형태에 따라 통찰한다는 뜻이다.

758) ekodibhuto : ItA. I. 175에 따르면, '홀로 동반자가 없이 일어난다.'는 의미로 길 위에서의 집중(道三昧: maggasamādhi)을 뜻한다.

759) vihane tamaṁ : ItA. I. 175에 따르면, 거룩한 길(阿羅漢道: arahattamagga)을 통해 무명의 어둠을 제거한다는 뜻이다.

760) yo jāgaro ca satimā sampajāno | samāhito pamudito vippasanno | kālena so sammā dhammaṁ parivīmaṁsamāno | ekodibhuto vihane tamaṁ so ||

761) tasmā have jāgariyaṁ bhajetha | ātāpī bhikkhu nipako jhānalābhī | saṁyojanaṁ jātijarāya chetvā | idheva sambodhim anuttaraṁ phūse'ti ||

48(2-2-11) 괴로운 곳의 경[Āpāyikasutta][762)]

1. 이와 같이 세존께서 설하셨고 거룩한 님께서 설하셨다고 나는 들었다.

[세존] "수행승들이여, 이러한 두 사람은 잘못을 버리지 못해 괴로운 곳, 지옥에 떨어지는 자이다.[763)] 두 사람은 누구인가? 청정하지 못한 자가 청정하다고 사칭하거나,[764)] 아주 깨끗한 청정한 삶을 사는 자를 근거 없이 부정한 삶을 사는 자라고 비방하는 사람이다.[765)] 수행승들이여, 이러한 두 사람은 잘못을 버리지 못해 괴로운 곳, 지옥에 떨어지는 자이다."

2. 세존께서는 이와 같은 의취를 설하셨고 그와 관련하여 이와 같이 말씀하셨다.

[세존] "일어나지 않은 것을 말하거나[766)]
했으면서 하지 않았다고 말하는 자는,[767)] 지옥으로 간다.
그 두 사람은 [43] 또한 죽어서 동일하게
저 세계에서도 비천한 업을 짓는다.[768)]

---

762) It. 42 : 본사경93(대정17권 682)

763) āpāyikā nerayikā : ItA. I. 175에 따르면, '괴로운 곳에 태어나는 자, 지옥에 태어나는 자'를 말한다.

764) yo abrahmacārī brahmacārīpaṭiñño : ItA. I. 175에 따르면, 계행을 지키지 않으면서도, 청정한 자인 척하는 청정한 것처럼 보이는 자가 '나는 청정한 자이다.'라고 말하는 것이다.

765) yo ca paripuṇṇaṃ parisuddhaṃ, brahmacariyaṃ carantaṃ amūlakena, abrahmacariyena anuddhaṃseti : ItA. I. 175에 따르면, '원만'은 균열되지 않은 것을 말하고, '청정'은 오염이 없는 것을 말하고, '근거 없이'는 보여진 것 등의 근거가 없는 것으로 보여지고 들려진 것이 의심스러워 비난의 근거가 없다는 것을 말한다. '청정하게 사는 자를 부정한 삶을 사는 자로 비방한다.'는 것은 '이 분은 청정하다.'라고 알면서도 승단추방죄를 근거로 대면서 비난하고 비방하고 꾸짖고 모욕하는 것을 말한다.

766) abhūtavādī : ItA. I. 175에 따르면, 다른 사람의 잘못을 보지 못했으면서도 진실 없이 허위로 거짓말을 하고 타인을 중상하는 것이다.

767) yo vā pi katvā na karomi : ItA. I. 175에 따르면, 악한 일을 하고서 하지 않았다고 하는 것이다.

목에 가사를 걸치고도,[769]
성품이 악하고 자제가 없는 자들이 많다.
악한 자들은 악업으로 인해
지옥에 다시 태어난다.[770]

계행을 지키지 않고 자제가 없는 자는
나라의 음식을 축내는 것보다,
차라리 불꽃처럼 뜨겁게 달아오른
철환을 삼키는 것이 낫다."[771]

세존께서는 이와 같은 의취도 역시 설하셨다고 나는 들었다.

49(2-2-12) 악견의 경[Diṭṭhigatasutta][772]

1. 이와 같이 세존께서 설하셨고 거룩한 님께서 설하셨다고 나는 들었다.

[세존] "수행승들이여, 두 가지 악견에 사로잡힌 신들과 인간 가운데 어떤 자들은 움츠러들고[773] 어떤 자들은 치닫는다.[774] 그러

---

768) abhūtavādī nirayaṁ upeti | yo vā pi katvā na karomi cāha | ubhopi te pecca samā bhavanti | nihīnakammā manuja parattha ‖

769) kāsāvakaṇṭhā : ItA. II. 115에 따르면, 그 괴로운 곳의 괴로운 운명의 존재를 보여줌으로써 계행을 지키지 않는 것의 위험을 보여주고 거기에서 뭇삶을 멀리 떠나게 하려고 '목에 가사를 걸치고도'이라는 등의 두 게송을 말했다.

770) kāsāvakaṇṭhā bahavo | pāpadhammā asaññatā | pāpā pāpehi kammehi | nirayaṁ te upapajjare ‖ PTS.본에는 이 시가 결여되어 있다.

771) seyyo ayogulo bhutto | tatto aggisikhūpamo | yañce bhuñjeyya dussīlo | raṭṭhapiṇḍaṁ asaññato'ti ‖

772) It. 43; Dhp. 306-308 참조 : 한역에 해당 경전이 없다.

773) oliyantī eke : ItA. I. 178에 따르면, 어떤 자는 '자아와 세계는 영원하다.'라고 존재 가운데 움츠러드는 경향이 있다. 영원(常住: sassata)의 존재에 어떤 신들이나 인간은 움츠러들고 퇴전하고 축소되고 그것에서 벗어나지 못한다.

774) atidhāvanti eke : ItA. I. 178에 따르면, 최상의 의미에서 '자아와 세계는 죽은 뒤에는

나 눈 있는 자들은 본다.775)

수행승들이여, 어떤 자들은 어떻게 움츠러드는가?

수행승들이여, 존재776)를 즐기고 존재를 기뻐하고 존재에 환희하는 신들과 인간들이 있다. 그들에게 존재의 소멸에 대한 가르침을 설하면 마음이 용약되지 않고 청정해지지 않고 확립되지 않고 신해로 이끌어지지 못한다. 수행승들이여, 이처럼 어떤 자들은 움츠러든다.

수행승들이여, 어떤 자들은 어떻게 치닫는가?

그러나 어떠한 자들은 존재에 곤혹스러워하며,777) 참괴하며, 싫어하여 떠나서 '이 자아는 몸이 파괴되고 죽은 뒤에 망실되고 파멸되어, 죽은 뒤에 존재하지 않게 된다. 이것이 적멸이고, 이것이 최상이고, 이것이 진실이다.'라고 하면서 비존재778)를 즐긴다. [44] 수행승들이여, 이와 같이 어떤 자들은 치닫는다.

수행승들이여, 눈있는 자들은 어떻게 보는가?

세상에 수행승은 존재하는 것을 존재한다고 본다.779) 존재하는

존재하지 않는다.'라고 존재의 소멸로 이끄는, 허무(斷滅: uccheda)라는 앎과는 반대되는 원리로 치닫는다.

775) cakkhumanto ca passanti : ItA. I. 178에 따르면, 이전의 명상의 성취로부터 앎의 성숙에 의해 지혜의 눈이 있는 신들과 인간이 있는데, 그 지혜의 눈으로 영원(常住)와 허무(斷滅)의 양극단에 다가가지 않고 중도를 본 결과로 눈앞에서 본다.

776) bhava : 존재에는 감각적 쾌락의 욕망계의 존재(kāmabhava), 미세한 물질계의 존재(rūpabhava), 비물질계의 존재(arūpabhava) 또는 지각 있는 존재(saññībhava), 지각 없는 존재(asaññībhava), 지각이 있는 것도 아니고 지각이 없는 것도 아닌 존재(saññīnâsaññībhava)가 있다. 그리고 한 다발의 존재(一蘊有: ekavokārabhava: 물질적인 다발) 네 다발의 존재(四蘊有: catuvokārabhava : 정신적인 다발) 다섯 다발의 존재(五蘊有: pañcavokārabhava: 모든 존재의 다발)가 있다. 지각이 없는 존재(無想有)는 물질만이 있는 한 다발의 존재(一蘊有)이고, 비물질계의 존재(無色有)는 네 다발의 존재(四蘊有)이고, 감각적 쾌락의 욕망계의 존재(欲有)와 미세한 물질계의 존재(色有)는 지각이 없는 존재(無想有)를 제외하고는 다섯 다발의 존재(五蘊有)이다.

777) aṭṭiyamānā : ItA. I. 178에 따르면, 늙음, 병듦, 죽음 등과 태형, 구속, 절단 등을 보고 쇼크를 받고 곤혹스러워하는 것이다.

778) vibhava : ItA. I. 178에 따르면, 단멸(斷滅: uccheda)을 의미한다.

것을 존재하는 것이라고 보고나서 존재를 싫어하여 떠나고 사라져서 적멸에 든다. 수행승들이여, 이와 같이 눈있는 자들은 본다."

2. 세존께서는 이와 같은 의취를 설하셨고 그와 관련하여 이와 같이 말씀하셨다.

[세존] "존재하는 것을 존재한다고 보고
존재를 뛰어넘는 자들은
존재에 대한 갈애를 부수어
여실한 것 가운데[780] 해탈한다.[781]

만약 존재하는 것을 완전히 알고
존재와 비존재의 갈애를 떠나면
수행승은 존재하는 것의 소멸로 인해
다시 태어남을 받지 않는다."[782]

세존께서는 이와 같은 의취도 역시 설하셨다고 나는 들었다.

이로써 제2장 「둘모음」의 「제2품」이 끝났다. 그 내용은 차례로 '1. 사유의 경 2. 설법의 경 3. 명지의 경 4. 지혜의 궁핍의 경 5. 밝은 원리의 경 6. 태어나지 않는 것의 경 7. 열반의 세계의 경 8. 홀로 명상의 경 9. 배움의 공덕의 경 10. 깨어있음의 경 11. 괴로운 곳의 경 12. 악견의 경'으로 이루어졌으며, 「제2품」이라고 불린다. 이것으로써 제2장 「둘모음」이 끝났다.

---

779) idha bhikkhu bhūtaṃ bhūtato passati : ItA. I. 178에 따르면, 존재하는 것(bhūta)은 존재의 다발(五蘊)을 뜻하고, 조건에서 생겨났기 때문에 최상의 의미에서 존재하는 것이라고 불린다. '존재하는 것을 존재하는 것이라고 본다.'라는 것은 '전도되지 않은 본성으로 본래의 특징으로 일반적 특징으로 본다.'라는 뜻이다. 다섯 가지 존재의 다발은 명색(名色)으로 그 가운데 땅 등은 물질이고, 접촉 등은 정신이다. '이것이 그것들의 특징이다.' '이 무지 등이 그것들의 조건이다.'라고 이와 같이 조건을 포함하는 명색을 봄으로써 일체의 이러한 것들이 없던 것이 있게 된다. 그러므로 '무상하고, 무상한 것은 괴롭고, 괴로운 것은 실체가 없다.'라고 무상에 대한 관찰 등으로 본다는 뜻이다.

780) yathābhute : ItA. I. 180에 따르면, '전도되지 않은 진리의 본성인 열반 가운데'라는 의미이다.

781) ye bhūtaṁ bhūtato disvā | bhūtassa ca atikkamā | yathābhute vimuccanti | bhavataṇhāparikkhayā ||

782) sace bhūtapariñño so | vītataṇho bhavābhave | bhūtassa vibhavā bhikkhu | nāgacchati punabbhavan'ti ||

제3장 셋모음

Tikanipāta

1. 제일품[Paṭhamavagga]

50(3-1-1) 악하고 불건전한 것의 뿌리의 경[Akusalamūlasutta][783)]

1. 이와 같이 세존께서 설하셨고 거룩한 님께서 설하셨다고 나는 들었다.

[세존] "수행승들이여, 세 가지 악하고 불건전한 것의 뿌리가 있다. 탐욕은 악하고 불건전한 것의 뿌리이다. 성냄은 악하고 불건전한 것의 뿌리이다. 어리석음은 악하고 불건전한 것의 뿌리이다. 수행승들이여, 이러한 세 가지가 악하고 불건전한 것의 뿌리이다."

2. 세존께서는 이와 같은 의취를 설하셨고 그와 관련하여 이와 같이 말씀하셨다.

[세존] "자신에서 생겨난 것으로
탐욕과 성냄과 어리석음은
악한 마음을 지닌 사람을 해친다.
대나무가 자신의 열매를 갖는 것과 같[784)]다."[785)]

세존께서는 이와 같은 의취도 역시 설하셨다고 나는 들었다.

51(3-1-2) 세계의 경[Dhātusutta][786)]

---

783) It. 45 : 한역에 해당경전이 없다.

784) tacasāraṁ'va samphalaṁ : ItA. II. 2에 따르면, '대나무가 자신의 열매를 갖는 것'을 뜻하며, 아카시아나 씽싸빠 나무 등처럼 내부에 나무심이 있는 것이 아니라 외부에 나무심이 있어 대나무(tacasāra)라고 이름을 얻었다. 그런데 그 대나무를 자신에게서 생겨난 열매가 죽이고 없애듯, 그처럼 내부에 계행 등의 핵심이 없는, 저열한 마음을 지닌 사람을, 그 자신에게서 생겨난 탐욕 등이 멸망시킨다.

785) lobho doso ca moho ca | purisaṁ pāpacetasaṁ | hiṁsanti attasambhūtā | tacasāraṁ'va samphalan'ti ‖ SN. I. 70; 98 : 잡아함제38(대정2권 277)

1. 이와 같이 세존께서 설하셨고 거룩한 님께서 설하셨다고 나는 들었다.

[세존] "수행승들이여, 세 가지 세계가 있다. 세 가지란 무엇인가? 미세한 물질의 세계,787) 비물질의 세계,788) 소멸의 세계이다.789) 수행승들이여, 이와 같은 세 가지 세계가 있다."

2. 세존께서는 이와 같은 의취를 설하셨고 그와 관련하여 이와 같이 말씀하셨다.

[세존] "미세한 물질의 세계를 완전히 알고
비물질의 세계에 정착하지 않고,
소멸 가운데 [46] 해탈한
그 사람들은 죽음을 여읜790)다.791)

몸으로 불사의 세계에 닿아서792)

---

786) It. 45 : 한역에 해당경전이 없다.

787) rūpadhātu : ItA. II. 3에 따르면, 미세한 물질계(色界)라는 것은, 아래로 하느님의 권속인 신들의 하느님 세계(梵衆天 : Brahmakāyikā devā)에서 위로 궁극적인 미세한 물질로 이루어진 신들의 하느님 세계(色究竟天=有頂天 : Akaniṭṭhā devā)까지의 세계를 말한다. 여기에는 한 다발의 존재(一蘊有 : ekavokārabhava)와 다섯 다발의 존재(五蘊有 : pañcavokārabhava)가 있다. 지각이 없는 존재(無想有)는 물질만이 있는 한 다발의 존재(一蘊有)이고, 그 밖의 존재는 다섯 다발의 존재(五蘊有)이다.

788) arūpadhātu : ItA. II. 3에 따르면, 비물질계(無色界)라는 것은 아래로 무한공간의 신들의 하느님 세계(空無邊處天 : Ākāsānañcāyatanūpagā devā)에서, 위로 지각하는 것도 아니고 지각하지 않는 것도 아닌 신들의 하느님 세계(非想非非想處天 : Nevasaññānāsaññāyatanūpagā devā)까지의 세계를 말한다. 여기에는 다섯 가지 존재의 다발 가운데 물질의 다발을 여읜 네 다발의 존재(四蘊有 : catuvokārabhava)가 있다.

789) nirodhadhātu : ItA. II. 3에 따르면, 열반(涅槃)을 말한다.

790) nirodhe ye vimuccanti, te janā maccuhāyino : ItA. II. 3에 따르면, 열반을 대상으로, 최상의 길과 경지를 통해서, 완전한 끊음과 지멸을 통해서, 남김 없이 해탈한, 번뇌를 부순 사람들은 죽음을 뛰어 넘는다.

791) rūpadhātupariññāya | arūpesu asaṇṭhitā | nirodhe ye vimuccanti | te janā maccuhāyino ||

792) kāyena amataṁ dhātuṁ phusayitvā : ItA. II. 3에 따르면, '정신의 몸(nāmakāya)으

취착을 여의고 취착을 버림을 실현했으니,[793]
번뇌를 여읜 올바로 원만히 깨달은 님은
슬픔 없이 티끌 없는 진리를[794] 가르친다."[795]

세존께서는 이와 같은 의취도 역시 설하셨다고 나는 들었다.

52(3-1-3) 느낌의 경①[Paṭhamavedanāsutta][796]

1. 이와 같이 세존께서 설하셨고 거룩한 님께서 설하셨다고 나는 들었다.

[세존] "수행승들이여, 이와 같은 세 가지 느낌[797]이 있다. 세 가지란 무엇인가? 즐거운 느낌[798]과 괴로운 느낌[799]과 즐겁지도 괴

로, 길과 경지를 통해서 불사의 세계에 이르러'라는 뜻이다.

793) nirūpadhiṁ upadhippaṭinissaggaṁ sacchikatvā : ItA. II. 3에 따르면, '취착의 여읨'은 길에 대한 앎을 통해서 열반을 실현하기 위하여 일체의 집착의 대상이 포기되는 것을 말한다. '실현하여'는 '경지의 성공적인 성취를 자신의 앞에 두고'라는 뜻이다.

794) asokaṁ virajaṁ padaṁ : ItA. II. 3에 따르면, 열반의 진리(nibbānapada)를 말한다.

795) kāyena amataṁ dhātuṁ | phusayitvā nirūpadhiṁ | upadhippaṭinissaggaṁ | sacchikatvā anāsavo | deseti sammāsambuddho | asokaṁ virajaṁ padan'ti ||

796) It. 46 : 한역에 해당경전이 없다.

797) vedanā : ItA. II. 4에 따르면, 대상의 맛을 경험하는 까닭에 느낌이다.

798) sukhā vedanā : 빠알리어에서 '즐거움'과 '행복'은 모두 같은 쑤카(sukha)라는 용어를 사용한다. ItA. II. 4에 따르면, It. 22의 주석(ItA. I. 74)에서 설명하고 있는 '행복(sukha)'을 의미한다.

799) dukkhā vedanā : ItA. II. 5에 따르면, 괴로움은 다음과 같다. 괴로움의 토대: '수행승들이여, 무엇이 괴로움인가? 태어남도, 늙음도, 병듦도, 죽음도 괴로움이고, 슬픔, 비탄, 고통, 근심, 절망도 괴로움이고, 원하는 것을 얻지 못하는 것도 괴로움이고, 간략히 말해서 다섯 가지 집착다발이 괴로움이다. 수행승들이여, 이것이 괴로움이다.'(AN. I. 176; MN. I. 185; DN. II. 305) 괴로움의 대상: '마할리여, 만약 여기 이 물질 등이 즐거움에 영향받고 즐거움은 드러내지만, 괴로움은 드러내지 않는 오로지 즐거운 것이라면, 뭇삶들은 물질 등을 싫어하여 떠나지 않을 것이다. 마할리여, 그러나 실로 이 물질 등이, 괴로움에 영향받고 괴로움은 드러내지만 즐거움은 드러내지 않는 괴로운 것일 수 있는 까닭에 뭇삶들은 물질 등에서 싫어하여 떠난다. 싫어하여 떠나 사라지고, 사라져서 청정해진다. 마할리여, 뭇삶들이 청정해지는 데는 이것이 원인이고 이것이 조건이다. 이와 같은 원인, 이와 같은 조건이 있기 때문에 뭇삶들은 청정해진다.'(SN. III. 70) 괴로움의 조건: '악행을 하면, 두 곳에서 괴로워하니 이 세계에서도 괴로워하고 저 세계에서도 괴로워한다. '내가 악을 지었다'고 후회하고 나

롭지도 않은 느낌이다.800) 수행승들이여, 이와 같은 세 가지 느낌

뿐 곳에 떨어져 한층 더 고통스러워한다.'(Dhp. 17) '그러나 수행승들이여, 지옥의 고통을 언설로 형언하는 것은 쉽지 않다.'(MN. III. 167) 그리고 선정과 관련하여 '벗들이여, 세상에 수행승이 행복과 고통이 버려지고 만족과 불만도 사라진 뒤, 괴로움도 없고 즐거움도 없는, 평정하고 새김이 있고 청정한 네 번째 선정에 든다.'(DN. III. 270)라고 괴로움이 언급된다.

800) adukkhamasukhā vedanā : ItA. II. 5-10에 따르면, 즐거움은 원하는 것을 체험하는 것이고 괴로움은 원하지 않는 것을 체험하는 것인데, 즐겁지도 괴롭지도 않은 것은 그 양자의 반대가 되는 것을 체험하는 것이다. 즐거움은 백번이나 그 즐거움이 정화된 버터를 먹는 것과 같고, 괴로움은 그 괴로움이 뜨거운 후라이팬에 들어가는 것과 같이 분명하지만, 즐겁지도 괴롭지도 않은 것은 분별하기 어렵고 드러나지 않고 어둡고 불분명하다. 그러나 그것은 즐겁거나 괴로운 것이 떠났을 때 쾌・불쾌와 대조되는 것을 통해서 중성적인 형태의 성질 속에서 파악될 때야 비로소 분명해진다. 그러나 이와 관련하여, 느낌은 세 가지이지만 두 가지라고 언급되기도 한다: '존자 우다인이여, 세존께서는 세 가지 느낌에 대하여 설하지 않고 두 가지 느낌 즉, 즐거운 느낌, 괴로운 느낌에 대하여 설했습니다. 존자여, 그 괴롭지도 즐겁지도 않은 느낌이라는 것은 고요함을 성취한 자에게 최상의 즐거움이라고 세존께서 설하신 것입니다.'(MN. I. 396-397) '벗이여 비싸카여, 즐거운 느낌은 자신이 유지되는 것을 즐거움으로 하고 변화를 괴로움으로 하고, 괴로운 느낌은 자신이 유지되는 것을 괴로움으로 하고 변화를 즐거움으로 하고, 괴롭지도 즐겁지도 않은 느낌은 앎을 즐거움으로 하고 알지 못함을 괴로움으로 합니다.'(MN. I. 303; SN. IV. 204) 그리고 세 가지 느낌은 하나로 귀결된다. '나는 세 가지의 느낌 곧 즐거운 느낌, 괴로운 느낌, 즐겁지도 괴롭지도 않은 느낌에 관하여 말했다. 나는 이러한 세 가지의 느낌에 관하여 말했다. 그런데 나는 어떠한 것이 느껴지든 그것은 괴로움 안에 있다고 했다.'(SN. IV. 216) 그 이유는 다음과 같다. '수행승이여, 어떠한 것이 느껴지든 그것은 괴로움 안에 있다는 사실은, 모든 형성된 것은 무상하다는 것에 관하여 말한 것이다. 수행승이여, 어떠한 것이 느껴지든 그것은 괴로움 안에 있다는 사실은, 모든 형성된 것은 파괴되고야 마는 것에 관하여 말한 것이다. 수행승이여, 어떠한 것이 느껴지든 그것은 괴로움 안에 있다는 사실은, 모든 형성된 것은 괴멸하고야 마는 것에 관하여 말한 것이다. 수행승이여, 어떠한 것이 느껴지든 그것은 괴로움 안에 있다는 사실은, 모든 형성된 것은 사라지고야마는 것에 관하여 말한 것이다. 수행승이여, 어떠한 것이 느껴지든 그것은 괴로움 안에 있다는 사실은, 모든 형성된 것은 소멸하고야 마는 것에 관하여 말한 것이다. 수행승이여, 어떠한 것이 느껴지든 그것은 괴로움 안에 있다는 사실은, 모든 형성된 것은 변화하고야 마는 것에 관하여 말한 것이다.'(SN. IV. 216) 모든 것이 괴롭다면, 세 가지 괴로움과 관련하여 다음과 같이 진술될 수 있다: 부드러운 괴로움의 느낌(mudukā dukkhā vedanā)은 즐겁고, 지나친 괴로움의 느낌(adhimattā dukkhā vedanā)은 괴롭고, 중간의 괴로운 느낌(majjhimā dukkhā vedanā)은 즐겁지도 괴롭지도 않다. 부드러운 괴로움은 미세한 물질계의 세 가지 선정과 관계되고, 중간의 괴로움은 네 번째 선정과 비물질계의 성취와 관계된다. 그리고 모든 형성된 것이 괴로움이라고 한다면, 괴로움의 종류에 세 가지가 있기 때문이다. '벗이여, 이와 같은 세 가지 괴로움이 있습니다. 고통의 괴로움(苦苦 : dukkhadukkhatā), 변화의 괴로움(壞苦 : vipariṇāmadukkhātā), 형성의 괴로움(行苦 : saṅkhāradukkhatā) 입니다.'(SN. IV. 259; Nett. 12) 그렇다면 왜 괴로운 것을 즐겁다고 아는가: '수행승들이여, 괴로움에 대하여 즐겁다고 여기는 지각의 전도, 마음의 전도, 견해의 전도가 있다.'(AN. II. 52) 이어서 주석서는 느낌은 홀로 일어나는 것이 아니라 접촉, 느낌, 지각, 의도, 의식과 더불어 일어나고, 그러한 정신적 요소들(nāma)은 다시 물질적인 것(rūpa)에 의존하고 거기에 묶여 있다. '이 몸은 네

이 있다."

2. 세존께서는 이와 같은 의취를 설하셨고 그와 관련하여 이와 같이 말씀하셨다.

[세존] "집중에 들고,801) 올바로 알아차리고,802)
새김을 확립하여,803)
느낌과 느낌의 발생에 대하여
깨달은 님의 제자는 분명히 안804)다.805)

가지 광대한 존재로 이루어지고, 부모에서 생겨나고, 밥과 죽으로 키워지는 이 몸은 무상하고, 떨어져 나가고, 닳아 없어지고, 부수어지고, 흩어지는 것이다. 그런데 나의 이 의식은 여기에 의존하고 여기에 묶여 있다.'(DN. I. 76) 이렇게 파악하여 명색의 근본 원인이 무명인 것을 깨닫고, 단지 조건지어진 것의 집적임을 알아서 통찰을 통해 그것들이 '무상하고 괴롭고 실체가 없는 것(aniccaṁ dukkhaṁ anattā)'임을 이해한다.

801) samāhito : ItA. II. 13에 따르면, 근접삼매와 본삼매에 의한 집중을 말한다.

802) sampajāno : ItA. II. 13에 따르면, 의미에 대한 올바른 알아차림 등의 네 가지 올바른 알아차림(catubbidhā sampajaññā)에 의해 올바로 알아차리는 것이다. 그 네 가지란 Smv. 184-186에 따르면, 의미에 대한 올바른 알아차림(sātthakasampajañña), 적절에 대한 올바른 알아차림(sappāyasampajañña), 행동범주에 대한 올바른 알아차림(gocarasampajañña), 미혹의 여읨에 대한 올바른 알아차림(asammohasampajañña)이 있다. ① 의미에 대한 올바른 알아차림이란 '나아가는 것'의 마음이 일어날 때에 마음에 따라 나아가지 않고 여기 '내가 나아가는 것에 의미가 있는 것인가 없는 것인가'라고 의미가 있는가 · 의미가 없는가를 포착하여 의미를 파악하는 것이다. 이를 테면 탑묘를 볼 때에, 부처님을 소연으로 거룩한 경지를 얻을 수 있다고 의미를 파악할 수가 있다. ② 적절에 대한 올바른 알아차림이란 '나아가는 것'에 대하여 적절한가 · 부적절한가를 포착하여 적절을 파악하는 것이다. 이를테면 탑을 보는데 탑에서 대공양이 있을 때에 남녀가 장식을 하고 탑돌이 할 때에, 마음에 드는 자에게 탐욕을 일으키거나 마음 들지 않는 자에게 분노를 일으키거나, 그렇지 않은 자에게 우치를 일으킨다면, 그것은 장애이고 장애가 생겨나면 적절하지 않은 것이다. 그러나 장애가 없다면 적절한 것이다. ③ 행동범주에 대한 올바른 알아차림이란, '나아가는 것'에 대하여 이를 테면 탁발식의 명상대상(業處 kammaṭṭhāna) 즉, 행동범주를 배워서 탁발식의 행동범주 안에서 '나아가는 것'을 파악하는 것을 말한다. ④ 미혹의 여읨에 대한 올바른 알아차림이란, '나아가는 것'에 미혹이 없는 것을 말한다. 이를테면, 미혹한 범부는 '나아가는 것'에 대하여 '내가 나아간다.'라고 생각한다. 미혹을 여읜 '나아가는 것'의 마음이 일어나면, 그 마음과 더불어 마음과 함께 일어나는 운동요소(風界)가 그것의 시설을 일으키는 것이다. 마음작용과 운동요소가 활동에 의해서 신체라고 생각되는 뼈의 집적이 나아가는 것이다.

803) sato : ItA. II. 13에 따르면, 새김을 확립하여 행하는 것으로, 그러한 멈춤과 통찰을 갖춘 수단을 통해서 수행의 완성에 이르는 것이다.

804) vedanā ca pajānāti, vedanānañca sambhavaṁ : ItA. II. 13에 따르면, 느낌은 '무상하고 괴롭고 변화하는 것'이라고 무상 등의 특징을 세 가지 완전한 앎을 통해 완전히 알고 통

또한 그는 이것들이 소멸하는
지멸로 이끄는 길을 분명히 안다.806)
느낌들을 부수어 수행승은
욕망을 여의고 완전한 열반에 든807)다."808)

세존께서는 이와 같은 의취도 역시 설하셨다고 나는 들었다.

53(3-1-4) 느낌의 경②[Dutiyavedanāsutta]809)

1. 이와 같이 [47] 세존께서 설하셨고 거룩한 님께서 설하셨다고 나는 들었다.

[세존] "수행승들이여, 이와 같은 세 가지 느낌이 있다. 세 가지란 무엇인가? 즐거운 느낌과 괴로운 느낌과 즐겁지도 괴롭지도 않은 느낌이다. 수행승들이여, 즐거운 느낌은 괴롭다고 보아야 한다.810) 괴로운 느낌은 화살처럼 보아야 한다.811) 즐겁지도 괴롭지도 않은

찰을 키워서 고귀한 길을 통해 완전한 앎을 꿰뚫어 분명히 아는 것이다. 그리고 느낌의 발생은 괴로움의 발생의 진리를 의미한다.

805) samāhito sampajāno | sato buddhassa sāvako | vedanā ca pajānāti | vedanānañca sambhavaṁ ||

806) yattha cetā nirujjhanti, maggañca khayagāminaṁ : ItA. II. 13에 따르면, '그것들이 지멸하는 것'은 '소멸의 진리'를 의미한다. '지멸로 이끄는 길'은 '느낌의 지멸로 이끄는 고귀한 길'을 뜻한다.

807) vedanānaṁ khayā bhikkhu, nicchāto parinibbuto : ItA. II. 13에 따르면, 네 가지 진리를 꿰뚫는 고귀한 길을 통해서 느낌이 일어나지 않고 소멸하면, 욕망 즉, 갈애가 끊어지고 갈애를 여의어 오염의 소멸에 의한 완전한 열반(kilesaparinibbāna)과 다발의 소멸에 의한 완전한 열반(khandhaparinibbāna)을 통해 완전한 열반에 든다.

808) yattha cetā nirujjhanti | maggañca khayagāminaṁ | vedanānaṁ khayā bhikkhu | nicchāto parinibbuto'ti ||

809) It. 47 : 한역에 해당경전이 없다.

810) sukhā bhikkhave. vedanā dukkhato daṭṭhabbā : ItA. II. 14에 따르면, 즐거운 느낌은 괴로운 것으로 변화하기 때문에 괴롭다고 지혜의 눈(ñāṇacakkhu)으로 보아야 한다. 이것으로 탐욕의 경향(rāgânusaya)이 제거된다.

811) dukkhā vedanā sallato daṭṭhabbā : ItA. II. 14에 따르면, 뽑기 어려워 안에 박혀 괴롭

느낌은 무상하다고 보아야 한다.[812] 수행승들이여, 즐거운 느낌은 괴롭다고 보고, 괴로운 느낌은 화살처럼 보고, 즐겁지도 괴롭지도 않은 느낌은 무상하다고 보는 수행승이 있다면, 수행승들이여, 그 수행승은 고귀한 님, 올바로 보는 님, 갈애를 끊은 님, 결박을 제거한 님, 올바로 자만을 꿰뚫은 님, 괴로움을 종식시킨 님[813]이라고 불린다."

2. 세존께서는 이와 같은 의취를 설하셨고 그와 관련하여 이와 같이 말씀하셨다.

[세존] "즐거움을 괴로움이라고 보고
괴로움을 화살이라고 보고
즐겁지도 괴롭지도 않은 것은
그것을 고요한 님은 무상하다고 본다.[814]

참으로 올바로 보는[815] 수행승은

히는 고통의 괴로움(苦苦性: dukkhadukkhatā: 육체적인 괴로움)의 괴로운 느낌은 화살처럼 보아야 한다. 이것으로 분노의 경향(dosânusaya)이 제거된다.

812) adukkhamasukhā vedanā aniccato daṭṭhabbā : ItA. II. 14에 따르면, 있다가도 없고 생멸하기 때문에, 잠시 유지되기 때문에, 항상한 것과는 반대가 되기 때문에, 무상하다고 보아야 한다. 이것으로 무지의 경향(avijjânusaya)이 제거된다.

813) ariyo sammaddaso acchecchi taṇhaṃ vāvattayi1 saṃyojanaṃ sammā mānābhisamayā antamakāsi dukkhassā : ItA. II. 15에 따르면, '고귀한 님'은 오염(kilesa)에서 벗어나 완전히 청정한 님을 말하고, '올바로 보는 님'은 모든 느낌을 네 가지 진리(四諦 : cattāri saccāni)에 입각해서 전도되지 않고 보는 님을 말하고, '갈애를 끊은 님'은 느낌을 뿌리로 하는 갈애를 최상의 길을 통해 남김없이 끊어버린 님을 말하고, '결박을 제거한 님'은 열 가지 결박(十結 : dasa saṁyojanāni)을 끊은 님을 말하고, '올바로 자만을 꿰뚫은 님'은 봄을 통한 자만의 꿰뚫음과 버림을 통한 자만의 꿰뚫음을 갖춘 님을 말하는데, 거룩한 길을 가는 자(arahattamagga)는, 해야 할 일을 통해서 자만을 보는 것이 '봄을 통한 자만의 꿰뚫음'이고, 죽을 정도의 독(毒)으로 칠해진 목숨처럼 보이면, 곧바로 버려지는 것이 '버림을 통한 자만의 꿰뚫음'이다. '괴로움을 종식시킨 님'은 거룩한 길을 통해 자만을 보고 버리기 때문에 일체의 윤회의 괴로움에서 궁극적인 종극, 종식을 이룬다.

814) yo sukhaṁ dukkhato'ddakkhi | dukkham addakkhi sallato | adukkhamasukhaṁ santaṁ | addakkhi naṁ aniccato ‖

815) sammaddaso : ItA. II. 16에 따르면, 올바로 보는 자는 세 가지 느낌을 올바로 괴로운

거기에서 해탈한다.[816]
곧바른 앎을 완성한[817] 고요한 님은
그야말로 멍에를 벗어난[818] 성자이다."[819]

세존께서는 이와 같은 의취도 역시 설하셨다고 나는 들었다.

54(3-1-5) 추구의 경①[Paṭhamaesanāsutta][820]

1. 이와 같이 [48] 세존께서 설하셨고 거룩한 님께서 설하셨다고 나는 들었다.

[세존] "수행승들이여, 이와 같은 세 가지 추구가 있다.[821] 세 가지란 무엇인가? 감각적 쾌락에 대한 욕망의 추구,[822] 존재의 추구,[823] (잘못된 견해에 의한) 청정한 삶의 추구가 있다.[824] 수행승

것이라고 보는 것을 의미한다.

816) yato tattha vimuccati : ItA. II. 16에 따르면, 즐거움 등을 괴로운 것으로 봄으로써 그것과 관련된 욕망과 탐욕을 끊어버림으로써 끊어버림을 통해 해탈한다는 뜻이다.

817) abhiññāvosito : ItA. II. 16에 따르면, 느낌과 관련하여 네 가지 진리의 명상대상을 닦아 여섯 가지 곧바른 앎(六神通 : chaḷabhiññā)[1. 세간적 곧바른 앎(lokiyā abhiññā) : 여덟 가지 종류의 초월적 능력(神足通 : iddhi), 멀고 가까운 소리를 들을 수 있는 하늘귀(天耳通 : dibbasota), 타인의 마음을 읽는 앎(他心通 : parassa cetopariyañāṇa), 자신의 전생에 대한 새김(宿命通 : pubbenivasānussati), 타인의 업과 과보를 아는 하늘눈(天眼通 : dibbacakkhu) 2. 출세간적 곧바른 앎(lokuttarā abhiññā) : 번뇌 부숨에 대한 궁극적인 앎(漏盡通 : āsavakkhayañāṇa)]에 의해 해야 할 일을 완성했다는 뜻이다.

818) yogātigo : ItA. II. 16에 따르면, 네 가지 멍에 [It. 16의 주석을 보라]를 뛰어넘은 자를 말한다.

819) sa ve sammaddaso bhikkhu | yato tattha vimuccati | abhiññāvosito santo | sa ve yogātigo munī'ti ‖

820) It. 48 : 한역에 해당경전이 없다.

821) tisso esanā : 한역에서는 삼구(三求) 또는 삼심멱(三尋覓)[감각적 쾌락의 욕망의 추구(欲求 : kāmesanā), 존재의 추구(有求 : bhavesanā), (잘못된 견해에 의한) 청정한 삶의 추구(梵行求 : brahmacariyesanā : 사견을 지닌 자가 숭배하는 청정한 삶의 추구)]이라고 한다.

822) kāmesanā : ItA. II. 16에 따르면, '감각적 쾌락에 대한 욕망의 추구란 어떠한 것인가? 감각적 쾌락에 대한 감각적 욕망, 감각적 탐욕, 감각적 환락, 감각적 사랑, 감각적 갈증, 감각적 혼미, 감각적 탐착이 감각적 쾌락에 대한 욕망의 추구이다.'(Vibh. 366)

823) bhavesanā : ItA. II. 17에 따르면, '존재의 추구란 어떠한 것인가? 존재에 대한 욕망, 존

들이여, 이와 같은 세 가지 추구가 있다."

2. 세존께서는 이와 같은 의취를 설하셨고 그와 관련하여 이와 같이 말씀하셨다.

[세존] "집중에 들고, 올바로 알아차리고,
새김을 확립하여,
추구와 추구의 발생에[825] 대하여
깨달은 님의 제자는 분명히 안다.[826]

또한 그는 이것들의 소멸과
소멸에 이르는 길을 분명히 안다.[827]
추구의 소멸을 통해 수행승은
욕망을 여의고 완전한 열반에 든다."[828]

재에 대한 탐욕, 존재에 대한 환락, 존재에 대한 사랑, 존재에 대한 갈증, 존재에 대한 혼미, 존재에 대한 탐착이 존재의 추구이다.'(Vibh. 366)

824) brahmacariyesanā : '청정한 삶에 대한 추구'인데, '하느님의 삶에 대한 추구, 성스러운 삶에 대한 추구'라고 번역할 수 있다. 그런데 오해의 소지가 있으므로 주석서의 입장을 반영한다. 청정한 삶의 추구는 미묘한 잘못이다. Srp. III. 136에 따르면, '사견에 의해 형성된 청정한 삶의 추구(micchādiṭṭhisaṅkhātassa brahmacariyassa esanā)'를 말한다. 청정한 삶(brahmacariya)이라는 말은 붓다고싸 당시(VibhA. 504)에는 '동정 [성적인 금욕 : Methunavirati]'과 일치하는 개념이었다. 그러나 ItA. II. 17; Vibh. 366에 따르면, 청정한 삶의 추구는 '사견에 의해 형성된 청정한 삶의 추구'로서 '세계는 영원하다.'라든가, '세계는 영원하지 않다.'라든가, '세계는 유한하다.'라든가, '세계는 유한하지 않다.'라든가, '영혼과 육체는 서로 같다.'라든가, '영혼과 육체는 서로 다르다.'라든가, '여래는 사후에 존재한다.'라든가 '여래는 사후에 존재하지 않는다.'라든가, '여래는 사후에 존재하기도 하고 존재하지 않기도 한다.'라든가, '여래는 사후에 존재하는 것도 아니고 존재하지 않는 것도 아니다.'라든가 하는 등과 같은 '전도된 견해를 고집하는 것(vipariyesagāho)'으로 정의된다.

825) esanānañca sambhavaṁ : ItA. II. 18에 따르면, 추구의 원인이 되는 무명과 갈애에 의해서 추구가 발생한다.

826) samāhito sampajāno | sato buddhassa sāvako | esanā ca pajānāti | esanānañca sambhavaṁ ||

827) yattha cetā nirujjhanti, maggañca khayagāminaṁ : ItA. II. 18에 따르면, (잘못된 견해에 의한) 청정한 삶의 추구는 흐름에 드는 길(sotāpattimagga)에서 제거된다. 감각적 쾌락의 욕망의 추구는 돌아오지 않는 길(anāgāmimagga)에서 제거된다. 존재의 추구는 거룩한 길(arahattamagga)에서 제거된다.

세존께서는 이와 같은 의취도 역시 설하셨다고 나는 들었다.

55(3-1-6) 추구의 경②[Dutiyaesanāsutta][829)]

1. 이와 같이 세존께서 설하셨고 거룩한 님께서 설하셨다고 나는 들었다.

[세존] "수행승들이여, 이와 같은 세 가지 추구가 있다. 세 가지란 무엇인가? 감각적 쾌락에 대한 욕망의 추구, 존재의 추구, (잘못된 견해에 의한) 청정한 삶의 추구가 있다. 수행승들이여, 이와 같은 세 가지 추구가 있다."

2. 세존께서는 이와 같은 의취를 설하셨고 그와 관련하여 이와 같이 말씀하셨다.

[세존] "감각적 쾌락에 대한 욕망의 추구, 존재의 추구,
(잘못된 견해에 의한) 청정한 삶의 추구와 더불어
관점의 축적을 통해서[830)]
'진리는 이와 같다.'라고 집착[831)]한다.[832)]

일체의 탐욕을 떠나

---

828) yattha cetā nirujjhanti | maggañca khayagāminaṁ | esanānaṁ khayā bhikkhu | nicchāto parinibbuto'ti ||

829) It. 48 : 한역에 해당경전이 없다.

830) diṭṭhiṭṭhānā samussayā : ItA. II. 18에 따르면, 여기서 관점은 단순히 잘못된 견해를 뜻한다. 그것은 모든 죄악의 근원이다: '수행승들이여, 나는 잘못된 견해를 갖는 것처럼 커다란 죄악이 되는 다른 하나의 원리를 보지 못했다. 수행승들이여, 잘못된 견해를 지니면, 커다란 죄악이 된다.'(AN. I. 33) 그리고 그러한 관점이 증가할 때에, 탐욕 등의 오염의 축적이 집적된다.

831) iti saccaparāmāso : ItA. II. 18에 따르면, '이것이야말로 진리이고 다른 것은 거짓이다.'라고 잘못 집착하는 것을 말한다.

832) kāmesanā bhavesanā | brahmacariyesanā saha | iti saccaparāmāso | diṭṭhiṭṭhānā samussayā ||

갈애의 멸진을 통해 해탈하여833)
추구를 [49] 버리고
관점에서 벗어나834)
추구의 소멸을 통해835) 수행승들은
갈망을 여의고 의심을 여읜다."836)

세존께서는 이와 같은 의취도 역시 설하셨다고 나는 들었다.

56(3-1-7) 번뇌의 경①[Paṭhamāsavasutta]837)

1. 이와 같이 세존께서 설하셨고 거룩한 님께서 설하셨다고 나는 들었다.

[세존] "수행승들이여, 이와 같은 세 가지 번뇌838)가 있다. 세 가지란 무엇인가? 감각적 쾌락에 대한 욕망의 번뇌,839) 존재의 번뇌,840) 무명의 번뇌가 있다.841) 수행승들이여, 이와 같은 세 가지

---

833) sabbarāgavirattassa, taṇhakkhayavimuttino : ItA. II. 18에 따르면, 일체의 감각적 쾌락에 대한 탐욕과 존재에 대한 탐욕을 떠나, 갈애의 멸진을 통해 해탈한, 즉, 갈애의 멸진이라고 불리는 열반 가운데 해탈한, 거룩한 님을 말한다.

834) esanā paṭinissaṭṭhā, diṭṭhiṭṭhānā samūhatā : ItA. II. 18에 따르면, 여기서 '추구'는 감각적 쾌락의 욕망의 추구와 존재의 추구를 말하고, '관점'은 (잘못된 견해에 의한) 청정한 삶의 추구를 말한다.

835) esanānaṁ khayā : ItA. II. 18에 따르면, '세 가지 추구의 소멸을 통해서'라는 뜻이다.

836) sabbarāgavirattassa | taṇhakkhayavimuttino | esanā paṭinissaṭṭhā | diṭṭhiṭṭhānā samūhatā | esanānaṁ khayā bhikkhu | nirāso akathaṁkathi'ti ‖

837) It. 49 : 한역에 해당경전이 없다.

838) tayo āsavā : 세 가지 번뇌의 한역은 삼루(三漏)[감각적 쾌락의 욕망에 의한 번뇌(欲漏 : kāmāsava), 존재에 의한 번뇌(有漏 : bhavāsava), 무명에 의한 번뇌(無明漏 : avijjāsava)]이다.

839) kāmāsavo : ItA. II. 19에 따르면, 형상 등의 다섯 가지 감각적 쾌락의 욕망의 대상에 대한 탐욕을 말한다.

840) bhavāsavo : ItA. II. 19에 따르면, 미세한 물질계와 비물질계를 포함하는, 욕망과 탐욕, 선정에 대한 열망, 영원주의를 수반하는 존재에 대한 탐욕을 말한다.

841) avijjāsavo : ItA. II. 18에 따르면, 괴로움 등을 모르는 무명을 말한다.

번뇌가 있다."

2. 세존께서는 이와 같은 의취를 설하셨고 그와 관련하여 이와 같이 말씀하셨다.

[세존] "집중에 들고, 올바로 알아차리고,
새김을 확립하여,
번뇌와 번뇌의 발생에 대하여[842]
깨달은 님의 제자는 분명히 안다.[843]

또한 그는 이것들의 소멸과
소멸에 이르는 길을 분명히 안다.[844]
번뇌의 소멸을 통해 수행승은
욕망을 여의고 완전한 열반에 든다."[845]

세존께서는 이와 같은 의취도 역시 설하셨다고 나는 들었다.

57(3-1-8) 번뇌의 경②[Dutiyāsavasutta][846]

---

842) āsavānañca sambhavaṁ : ItA. II. 18에 따르면, 이치에 맞지 않는 정신활동을 기울이면, 번뇌가 생겨난다: '수행승들이여, 이치에 맞지 않게 정신활동을 기울이면 아직 생겨나지 않은 번뇌가 생겨나고 이미 생겨난 번뇌는 더욱 증가한다.'(MN. I. 7) '수행승들이여, 무명을 선구로 해서 악하고 불건전한 것들이 나타나고 부끄러움을 모르고 창피함을 모르는 것이 수반된다.'(AN. V. 214)

843) samāhito sampajāno | sato buddhassa sāvako | āsave ca pajānāti | āsavānañca sambhavaṁ ||

844) yattha cetā nirujjhanti, maggañca khayagāminaṁ : '이것들의 소멸'은 '거기서 이것들이 소멸하는 곳'을 의역한 것이다. '소멸에 이르는 길'은 ItA. II. 19에 따르면, 번뇌의 소멸로 이끄는 고귀한 길을 말한다. 여기서 감각적 쾌락의 욕망의 번뇌는 돌아오지 않는 길(anāgāmimagga)에서 제거된다. 존재의 번뇌와 무명의 번뇌는 거룩한 길(arahattamagga)에서 제거된다.

845) yattha cetā nirujjhanti | maggañca khayagāminaṁ | āsāvānaṁ khayā bhikkhu | nicchāto parinibbuto'ti ||

846) It. 49 : 한역에 해당경전이 없다.

1. 이와 같이 세존께서 설하셨고 거룩한 님께서 설하셨다고 나는 들었다.

[세존] "수행승들이여, 이와 같은 세 가지 번뇌[847]가 있다. 세 가지란 무엇인가? 감각적 쾌락에 대한 욕망의 번뇌, 존재의 번뇌, 무명의 번뇌가 있다. 수행승들이여, 이와 같은 세 가지 번뇌가 있다."

2. 세존께서는 이와 같은 의취를 설하셨고 그와 관련하여 이와 같이 말씀하셨다.

[세존] "감각적 욕망의 번뇌가 부서지고
무명이 [50] 사라지고
존재의 번뇌가 파괴되고,
취착 없이 해탈한 님은
악마와 그의 군대를 이기고
최후의 몸을[848] 얻는다.[849]

세존께서는 이와 같은 의취도 역시 설하셨다고 나는 들었다.

58(3-1-9) 갈애의 경[Taṇhāsutta][850]

1. 이와 같이 세존께서 설하셨고 거룩한 님께서 설하셨다고 나는 들었다.

[세존] "수행승들이여, 이와 같은 세 가지 갈애[851]가 있다. 세 가

---

847) tayo āsavā : 이 경의 내용에 대해서는 앞의 경을 참조하라.
848) antimaṁ dehaṁ : It. 38의 주석을 보라.
849) yassa kāmāsavo khīṇo | avijjā ca varājitā | bhavāsavo parikkhīno | vippamutto nirūpadhi | dhareti antimaṁ dehaṁ | jetvā māraṁ savāhinin'ti ||
850) It. 50 : 한역에 해당경전이 없다.
851) tisso taṇhā : 세 가지 갈애는 한역에서 삼애(三愛)[감각적 쾌락에 대한 갈애(欲愛 : kām

지란 무엇인가? 감각적 쾌락의 욕망에 대한 갈애,852) 존재에 대한 갈애,853) 비존재에 대한 갈애854)가 있다. 수행승들이여, 이와 같은 세 가지 갈애가 있다."

2. 세존께서는 이와 같은 의취를 설하셨고 그와 관련하여 이와 같이 말씀하셨다.

[세존] "갈애의 멍에에 묶이고,
존재와 비존재로 마음이 오염되고,855)
악마의 멍에에 묶여856)
멍에로부터의 안온이 없는 사람들,857)

---

ataṇhā), 존재에 대한 갈애(有愛 : bhavataṇhā), 비존재에 대한 갈애(無有愛 : vibhavataṇhā)]라고 한다. ItA. II. 20에 따르면, 이 세 가지 갈애에 여섯 가지 외경(visaya : 색·성·향·미·촉·법)×내·외×과거·미래·현재를 하면, 백팔 갈애가 된다.

852) kāmataṇhā : ItA. II. 19에 따르면, 다섯 가지 감각적 쾌락에 대한 욕망의 대상(五欲樂)[시각에 의해서 인식되는, 원하는 것이고 사랑스럽고 마음에 들고 아름답고 감각적 쾌락을 유발하고 탐욕을 야기하는 형상(色 : rūpa), 청각에 의해서 인식되는, 원하는 것이고 사랑스럽고 마음에 들고 아름답고 감각적 쾌락을 유발하고 탐욕을 야기하는 소리(聲 : sadda), 후각에 의해서 인식되는, 원하는 것이고 사랑스럽고 마음에 들고 아름답고 감각적 쾌락을 유발하고 탐욕을 야기하는 냄새(香 : gandha), 미각에 의해서 인식되는, 원하는 것이고 사랑스럽고 마음에 들고 아름답고 감각적 쾌락을 유발하고 탐욕을 야기하는 맛(味 : rasa), 촉각에 의해서 인식되는, 원하는 것이고 사랑스럽고 마음에 들고 아름답고 감각적 쾌락을 유발하고 탐욕을 야기하는 감촉(觸 : phoṭṭhabba)]에 대한 갈애를 말한다.

853) bhavataṇhā : ItA. II. 19에 따르면, 미세한 물질계와 비물질계를 포함하는 욕망과 탐욕, 선정에 대한 열망, 영원주의(常見: sassatadiṭṭhi)를 수반하는 존재에 대한 갈애를 말한다.

854) vibhavataṇhā : ItA. II. 19에 따르면, 허무주의(斷見: ucchedadiṭṭhi)를 수반하는 비존재에 대한 갈애를 말한다.

855) rattacittā bhavābhave : ItA. II. 20에 따르면, 크고 작은 존재에 마음이 묶인 것 또는 존재는 영원주의, 비존재는 허무주의에 마음이 묶인 것을 뜻한다.

856) te yogayuttā mārassa : ItA. II. 20에 따르면, 악마의 멍에에 묶인 것은 악마의 올가미라고 불리는 멍에에 묶인 것을 뜻한다. 탐욕은 악마의 멍에이자 악마의 올가미이다: '허공 가운데 움직이는 생각이라는 올가미, 내가 그것으로 그대를 묶으리. 수행자여, 내게서 벗어나지 못하리.'(SN. I. 111; Vin. I. 21)

857) ayogakkhemino janā : ItA. II. 20에 따르면, 네 가지 멍에 [It. 16의 주석을 보라]로부터의 방해받지 않는 것이 멍에로부터의 안온이고 열반이고 거룩한 경지인데, 거기에 도달하지 못한 자들을 의미한다.

태어남과 죽음으로 향하는[858] 뭇삶들은
윤회에 든다.[859]

갈애를 끊고
존재와 비존재의 갈애를 여읜 자들은
번뇌를 부수고
세상에서 피안에 도달한 님이다."[860]

세존께서는 이와 같은 의취도 역시 설하셨다고 나는 들었다.

59(3-1-10) 악마의 영역의 경[Māradheyyasutta][861]

1. 이와 같이 세존께서 설하셨고 거룩한 님께서 설하셨다고 나는 들었다.

[세존] "수행승들이여, 세 가지 원리를 갖춘 수행승은 [51] 악마의 영역[862]을 뛰어넘어 태양처럼 빛난다.[863] 세 가지란 무엇인가? 수행승들이여, 세상에 수행승은 더 이상 배울 것이 없는[864] 계행의

---

858) jātimaraṇagāmino : ItA. II. 21에 따르면, '거듭해서 태어남과 죽음을 반복하는'의 의미이다.

859) taṇhāyogena saṁyuttā | rattacittā bhavābhave | te yogayuttā mārassa | ayogakkhemino janā | sattā gacchanti saṁsāraṁ | jātimaraṇagāmino ||

860) ye ca taṇhaṁ pahatvāna | vītataṇha bhavābhave | te ca pāraṁgatā loke | ye pattā āsavakkhayan'ti ||

861) It. 50 : 본사경121(대정17권 693)

862) māradheyya : ItA. II. 21에 따르면, 악마의 영역으로 악마의 권력이 미치는 장소이다.

863) ādicco'va virocati : ItA. II. 21에 따르면, 태양이 구름 등의 오염을 벗어나 자신의 위력과 능력과 위세의 세 가지 성질을 갖추고, 허공으로 솟아오르면서 일체의 허공의 어둠을 초월하고 뛰어넘어, 정복하고 쳐부수어 빛나고 작열하고 광명을 놓듯, 번뇌를 부순 수행승은 세 가지 원리를 갖추고 일체의 번뇌를 벗어나, 악마의 영토라고 불리는 삼계의 법유전(法流轉: dhammapavatta)을 정복하고 빛난다는 뜻이다.

864) asekha : ItA. II. 21에 따르면, 학인에는 배움 가운데 태어난 자, 일곱 종류의 학인 [사쌍팔배(四雙八輩 : cattāri purisayugāni aṭṭha purisapuggalā) 가운데 더 이상 배울 필요가 없는 무학(無學)의 거룩한 님(阿羅漢)을 제외한 일곱 학인]에 의해 구성된 자, 그의 배움이 완성되지 않았기 때문에 그 본성이 배움인 자를 의미한다. 배움이 완성되지 않았으므로 스

다발[865]을 갖추고, 더 이상 배울 것이 없는 삼매의 다발을 갖추고, 더 이상 배울 것이 없는 지혜의 다발을 갖춘다.[866] 수행승들이여, 이와 같은 세 가지 원리를 갖춘 수행승은 악마의 영역을 뛰어넘어 태양처럼 빛난다."

2. 세존께서는 이와 같은 의취를 설하셨고 그와 관련하여 이와 같이 말씀하셨다.

[세존] "계행과 삼매와 지혜,
이것들을 잘 닦은 님은
악마의 영역을 뛰어넘어
실로 태양처럼 빛난다."[867]

스로 배우기 때문에 학인이다. 그러나 더 이상 배울 것이 없으면, 무학(無學)이다. 배움이 거룩한 경지에서 일어날 때에는 배움의 기능은 완전히 정지하기 때문에 배움은 위와 같은 의미에서 학인에게만 일어난다. 그러나 낮은 단계의 경지에서 배움은 한 번 돌아오는 길 등과 관련하여, 통찰 등에 대한 결정적인 지지로서 배움의 역할을 하기 때문에 배움이라는 용어가 사용된 것이다.

865) khandha : 상세한 것은 이 책의 해제를 보라. ItA. 22에 따르면, 이 말은 더미(rāsi), 시설(paññatti), 범주(rūḷhi), 덕성(guṇa)와 관련하여 쓰인다. '그 거대한 물의 더미는 헤아릴 수가 없고 측량할 수가 없는 것으로 묘사가 될 뿐이다.'(SN. V. 400)와 '수행승들이여, 그대들은 저 커다란 통나무더미가 갠지스 강의 흐름을 따라 떠내려가는 것을 분명히 보고 있는가?'(SN. IV. 179)에서는 더미의 의미로, '마음, 정신, 정신상태, 심장, 자명, 의식, 의식의 범주'(Vibh. 144)에서의 범주의 의미로, '벗이여 비싸카여, 여덟 가지 고귀한 길이 세 가지 다발에 포함되지, 세 가지 덕성이 여덟 가지 고귀한 길에 포함되는 것이 아닙니다. 벗이여 비싸카여, 올바른 언어, 올바른 행위, 올바른 생활, 이러한 현상들은 계행의 다발에 포함되고, 올바른 정진, 올바른 새김, 올바른 집중은 삼매의 다발에 포함됩니다. 올바른 견해와 올바른 사유는 지혜의 다발에 포함됩니다.'(MN. I. 301)에서는 다발이 덕성의 의미로 쓰인 것이다.

866) asekhena sīlakkhandhena samannāgato hoti, asekhena samādhikkhandhena samannāgato hoti. asekhena paññākkhandhena samannāgato hoti : ItA. 22에 따르면, ① 계행의 다발(戒蘊 sīlakkhandha)은 올바른 언어, 올바른 행위, 올바른 생활을 의미하고 ② 집중의 다발(定蘊 samādhikkhandha)은 올바른 정진, 올바른 새김, 올바른 집중을 의미하고 ③ 지혜의 다발(慧蘊 paññakkhandha)은 올바른 견해, 올바른 사유를 의미한다. 이러한 여덟 가지 거룩한 경지에 이르는 원리는 세 가지 다발로 이루어져 있다.

867) sīlaṁ samādhi paññā ca | yassa ete subhāvitā | atikkamma māradheyyaṁ | ādicco'va virocati'ti ||

세존께서는 이와 같은 의취도 역시 설하셨다고 나는 들었다.

이로써 제3장 「셋모음」의 「제1품」이 끝났다. 그 내용은 차례로 '1. 악하고 불건전한 것의 뿌리의 경 2. 세계의 경 3. 느낌의 경① 4. 느낌의 경② 5. 추구의 경① 6. 추구의 경② 7. 번뇌의 경① 8. 번뇌의 경② 9. 갈애의 경 10. 악마의 영역의 경'으로 이루어졌으며, 「제1품」이라고 불린다.

2. 제이품[Dutiyavagga]

60(3-2-1) 공덕행의 토대에 대한 경[Puññakiriyavatthusutta][868]

1. 이와 같이 세존께서 설하셨고 거룩한 님께서 설하셨다고 나는 들었다.

[세존] "수행승들이여, 이러한 세 가지 공덕행의 토대[869]가 있다. 세 가지란 무엇인가? 보시로 이루어진 공덕행의 토대,[870] 계행으로 이루어진 공덕행의 토대,[871] 수행으로 이루어진 공덕행의 토대가 있다.[872] 수행승들이여, 이러한 세 가지 공덕행의 토대

868) It. 51 : 본사경134(대정17권 696)

869) tīṇi puññakiriyavatthūni : 한역의 삼복업사(三福業事)로 ItA. II. 23에 따르면, 존경할 가치가 있는 열매를 가져오고 자신의 상속을 청정하게 하므로 공덕이라고 한다. 그 조건에 의해서 행해져야 하기 때문에 행위라고 하여 공덕행이라고 한다. 그러한 행위의 토대가 됨으로써 공덕행의 토대라고 한다.

870) dānamayaṃ puññakiriyavatthu : ItA. II. 24에 따르면, 존재의 뿌리를 자르지 않고, 도움에 의해서나 존경에 의해서 스스로 줄 수 있는 것을 주거나 타인에게 기증할 의도로 주어지는 것이 보시이다. 이러한 보시로 이루어진 것을 말한다. 의복 등의 네 가지 필수품이나, 음식 등의 열 가지 보시의 토대나, 형상 등의 여섯 가지 대상 가운데, 이러저러한 것을 보시할 때, 그것들이 일어나기 전의 때와 실제 보시할 때와 나중에 흡족한 마음을 기억할 때의 세 가지 때에, 언급된 방식으로 전개된 의도를 '보시로 이루어진 공덕행의 토대'라고 한다.

871) sīlamayaṃpuññakiriyavatthu : ItA. II. 24에 따르면, 일정한 계행과 선택적 포살 등과 관련된 계행을 통한, 다섯이나 여덟이나 열 가지 계행을 수지하는 자가, 계행을 완성하기 위해 나는 출가하겠다고 승원으로 가서 출가하여, 최상의 마음의 즐거움을 얻어 나는 출가를 정말 잘했다고 정신활동을 일으키고, 믿음으로 의무계율을 원만히 하고, 지혜로써 의복 등을 성찰하고 새김으로써, 감역에 나타나는 형상 등에 대하여 시각문 등을 수호하거나, 정진으로써 생활을 청정하게 하는데 일어나는 의도를 강화시키는 것이 '계행으로 이루어진 공덕행의 토대'이다.

872) bhāvanāmayaṃ puññakiriyavatthu : ItA. II. 24에 따르면, 통찰의 길을 따라 '시각 등, 형상 등, 시각접촉 등, 시각접촉 등에서 생겨나는 느낌, 형상 등에 대한 지각, 늙고 죽음 등은 무상하고 괴롭고 실체가 없다고 통찰하는 자의 의도나, 땅에 대한 두루채움(地遍處 : paṭhavīkasiṇa) 등의 서른여덟 가지 대상 가운데 일어나는 의도나, 허물이 없는 행위의 영역과 기술의 영역에 대한 앎의 경우에, 경험과 정신활동 등을 통해서 일어나는 의도의 그 모든 의도의 수행이 '수행으로 이루어진 공덕행의 토대'이다.

가 있다."

2. 세존께서는 이와 같은 의취를 설하셨고 그와 관련하여 이와 같이 말씀하셨다.

[세존] "미래에 안락을 가져오는
공덕을 [52] 배우고,
보시와 평등행873)과
자애의 마음을 닦아라.874)

세 가지 안락을 일으키는
이러한 원리를 닦아
폭력을 여읜 세계에
현명한 님은 태어난다."875)

세존께서는 이와 같은 의취도 역시 설하셨다고 나는 들었다.

61(3-2-2) 눈의 경[Cakkhusutta]876)

1. 이와 같이 세존께서 설하셨고 거룩한 님께서 설하셨다고 나는 들었다.

[세존] "수행승들이여, 이러한 세 가지 눈877)이 있다. 세 가지란

---

873) samacariyañca : 이 책 It. 22의 주석을 보라.

874) puññameva so sikkheyya | āyataggaṁ sukhudrayaṁ | dānañca samacariyañca | mettacittañca bhāvaye ||

875) ete dhamme bhāvayitvā | tayo sukhasamuddaye | abyāpajjhaṁ sukhaṁ lokaṁ | paṇḍito upapajjatī'ti ||

876) It. 52 : 한역에 해당경전이 없다.

877) tīṇi cakkhūni : 한역의 삼안(三眼)으로 ItA. II. 26에 따르면, 보기 때문에 눈이다. 유사하고 유사하지 않은 것을 알리도록, 일어난다는 의미이다. 또는 맛보기 때문에 눈이다. 맛본다는 것은 무엇인가? 풍미를 말한다. '달콤한 것을 맛본다, 특색을 맛본다.'라고 말하는 것과 같다. 이러한 대상의 맛을 경험하고 맛보기 때문에 맛보기라고 하는 것이다. 이것들에는 간

무엇인가? 신체의 눈,[878] 하늘의 눈,[879] 지혜의 눈[880]이 있다. 수

략하게 앎의 눈(智眼: ñāṇacakkhu)과 신체의 눈(肉眼: maṁsacakkhu)의 두 가지가 있는데, 앎의 눈에는 하늘의 눈(天眼 : dibbacakkhu)과 지혜의 눈(慧眼: paññācakkhu)이 있다. 한편 쑷따니빠따의 주석서(Prj. II. 42)에 따르면, 부처님에게는 다섯 가지의 눈이 있다. ① 자연의 눈(肉眼 : pakaticakkhu), ② 하늘의 눈(天眼 : dibbacakkhu), ③ 지혜의 눈(慧眼 : paññācakkhu, ④ 보편의 눈(普眼 : samantacakkhu), ⑤ 부처의 눈(佛眼 : buddhacakkhu)이다.

878) maṃsacakkhū : ItA. II. 27에 따르면, 신체의 눈(肉眼)은 한계지어진 것이고, 물질로 구성되었고, 세간적이고, 번뇌를 수반하고, 물질적 대상을 갖고 있고, 선악에 속하지 않는 무기이고, 감각적 쾌락의 욕망계에 속한다.

879) dibbacakkhu : ItA. II. 27에 따르면, 천신들은 선행의 업으로 생겨나고, 담즙이나 침이나 혈액 등에 방해받지 않는, 오염에서 벗어나 멀리 있는 대상도 파악할 수 있는 천상의 감각적 눈을 갖고 있다. 정진수행의 힘으로 생겨난 앎의 눈도 이와 같은 성질을 지니고 있어 하늘의 눈이라고 불리고, 하늘에 삶으로 얻어지므로, 천상의 삶에 의존하므로, 빛을 감싼 결과로써 광대한 빛 때문에, 담을 넘어 볼 수 있는 형상의 광대함 때문에 하늘의 눈(天眼)이라고 불린다. 하늘의 눈은 광대하고, 비물질적인 것으로 구성되었고, 세간적이고, 번뇌를 수반하고, 물질적 대상을 갖고 있고, 선한 것에 속하거나 선악에 속하지 않는 무기일 수 있고, 미세한 물질계에 속한다.

880) paññācakkhū : ItA. II. 27에 따르면, 분명히 알기 때문에 지혜이다. 무엇을 분명히 아는 것인가. 네 가지 거룩한 진리(四聖諦)를 분명히 아는 것이다: "벗이여, '분명히 안다. 분명히 안다.'고 하므로 벗이여, 지혜가 있다고 말하는 것입니다. 무엇을 분명히 압니까? '이것은 괴로움이다.'고 분명히 알고, '이것은 괴로움의 발생이다.'고 분명히 알고, '이것은 괴로움의 소멸이다.'고 분명히 알고, '이것은 괴로움의 소멸로 이끄는 길이다.'고 분명히 아는 것입니다." (MN. I. 292) "*1)* 수행승들이여, 이와 같이 '이것이 괴로움의 거룩한 진리이다.'라고 예전에 들어보지 못한 것에 관하여 나에게 눈이 생겨났고, 앎이 생겨났고, 지혜가 생겨났고, 명지가 생겨났고, 광명이 생겨났다. *2)* 수행승들이여, 이와 같이 '이 괴로움의 거룩한 진리는 상세히 알려져야 한다.'라고 예전에 들어보지 못한 것에 관하여 나에게 눈이 생겨났고, 앎이 생겨났고, 지혜가 생겨났고, 명지가 생겨났고, 광명이 생겨났다. *3)* 수행승들이여, 이와 같이 '이 괴로움의 거룩한 진리가 상세히 알려졌다.'라고 예전에 들어보지 못한 것에 관하여 나에게 눈이 생겨났고, 앎이 생겨났고, 지혜가 생겨났고, 명지가 생겨났고, 광명이 생겨났다." *1)* "수행승들이여, 이와 같이 '이것이 괴로움의 발생의 거룩한 진리이다.'라고 예전에 들어보지 못한 것에 관하여 나에게 눈이 생겨났고, 앎이 생겨났고, 지혜가 생겨났고, 명지가 생겨났고, 광명이 생겨났다. *2)* 수행승들이여, 이와 같이 '이 괴로움의 발생의 거룩한 진리는 제거되어야 한다.'라고 예전에 들어보지 못한 것에 관하여 나에게 눈이 생겨났고, 앎이 생겨났고, 지혜가 생겨났고, 명지가 생겨났고, 광명이 생겨났다. *3)* 수행승들이여, 이와 같이 '이 괴로움의 발생의 거룩한 진리가 제거되었다.'라고 예전에 들어보지 못한 것에 관하여 나에게 눈이 생겨났고, 앎이 생겨났고, 지혜가 생겨났고, 명지가 생겨났고, 광명이 생겨났다." *1)* "수행승들이여, 이와 같이 '이것이 괴로움의 소멸의 거룩한 진리이다.'라고 예전에 들어보지 못한 것에 관하여 나에게 눈이 생겨났고, 앎이 생겨났고, 지혜가 생겨났고, 명지가 생겨났고, 광명이 생겨났다. *2)* 수행승들이여, 이와 같이 '이 괴로움의 소멸의 거룩한 진리는 실현되어야 한다.'라고 예전에 들어보지 못한 것에 관하여 나에게 눈이 생겨났고, 앎이 생겨났고, 지혜가 생겨났고, 명지가 생겨났고, 광명이 생겨났다. *3)* 수행승들이여, 이와 같이 '이 괴로움의 소

행승들이여, 이러한 세 가지 눈이 있다."

2. 세존께서는 이와 같은 의취를 설하셨고 그와 관련하여 이와 같이 말씀하셨다.

[세존] "신체의 눈과 하늘의 눈과
최상의[881] 지혜의 눈,
이러한 세 가지 눈에 대하여
위없는 님은[882] 설했다.[883]

신체의 눈이 생겨나자
하늘의 눈의 길이 열렸고,[884]

멸의 거룩한 진리는 실현되었다.'라고 예전에 들어보지 못한 것에 관하여 나에게 눈이 생겨났고, 앎이 생겨났고, 지혜가 생겨났고, 명지가 생겨났고, 광명이 생겨났다. *1)* "수행승들이여, 이와 같이 '이것이 괴로움의 소멸로 이끄는 길의 거룩한 진리이다.'라고 예전에 들어보지 못한 것에 관하여 나에게 눈이 생겨났고, 앎이 생겨났고, 지혜가 생겨났고, 명지가 생겨났고, 광명이 생겨났다. *2)* 수행승들이여, 이와 같이 '이 괴로움의 소멸로 이끄는 길의 거룩한 진리는 닦여져야 한다.'라고 예전에 들어보지 못한 것에 관하여 나에게 눈이 생겨나고 앎이 생겨나고 지혜가 생겨나고 명지가 생겨나고 광명이 생겨났다. *3)* 수행승들이여, 이와 같이 '이 괴로움의 소멸로 이끄는 길의 거룩한 진리가 닦여졌다.'라고 예전에 들어보지 못한 것에 관하여 나에게 눈이 생겨났고, 앎이 생겨났고, 지혜가 생겨났고, 명지가 생겨났고, 광명이 생겨났다."(SN. V. 421) 한역으로는 삼전십이행상(三轉十二行相: tiparivaṭṭadvādasākāra)이라고 한다. ① 시전(示轉) : '이것은 괴로움이다.' 등의 네 가지 거룩한 진리를 나타내는 것, 진리에 대한 앎(saccañāṇa)이라고 한다. ② 권전(勸轉) : '괴로움은 알아야 할 것이다.' 등으로 네 가지 거룩한 진리에 대한 수행을 권하는 것, 해야 할 일에 대한 앎(kiccañāṇa)이라고 한다. ③ 증전(證轉) : '괴로움을 스스로 알았다.' 등으로 네 가지 거룩한 진리를 깨닫는 것, 한 일에 대한 앎(katañāṇa)이라고 한다. 지혜의 눈은 이와 같이 네 가지 거룩한 진리에 대하여 '눈이 생겨났고, 앎이 생겨났고, 지혜가 생겨났고, 명지가 생겨났고, 광명이 생겨났다.'라는 것과 관련하여 말해진 것이다. 지혜의 눈(慧眼)은 한계가 없고 비물질적인 것으로 구성되었고, 출세간적이고 번뇌를 여의어 네 가지 거룩한 진리를 대상으로 하고, 선한 것으로 무기일 수 있고, 세간에 속하지 않는 출세간적인 눈이다.

881) anuttaraṁ : ItA. II. 28에 따르면, 지혜의 눈과 관련하여 언급된 것으로 번뇌의 지멸에 대한 궁극의 앎의 상태이기 때문에 최상이라고 하는 것이다.

882) purisuttamo : ItA. II. 28에 따르면, 올바로 원만히 깨달은 님을 말한다.

883) maṁsacakkhu dibbacakkhu | paññācakku anuttaraṁ | etāni tīni cakkhūni | akkhāsi purisuttamo ||

884) maṁsacakkhussa uppādo, maggo dibbassa cakkhuno : ItA. II. 28에 따르면, 빛의 두루채움을 증가시켜 하늘의 눈에 대한 앎이 생겨나기 때문에 자연의 눈으로부터 하늘의

궁극적 앎이[885] 생겨났으니
위없는 지혜의 눈이 열렸다.
그 눈을 얻음으로써
일체의 괴로움에서 벗어난다."[886]

세존께서는 이와 같은 의취도 역시 설하셨다고 나는 들었다.

62(3-2-3) 능력의 경[Indriyasutta][887]

1. 이와 같이 [53] 세존께서 설하셨고 거룩한 님께서 설하셨다고 나는 들었다.

[세존] "수행승들이여, 이러한 세 가지 능력[888]이 있다. 세 가지란 무엇인가? 아직 알지 못하는 것을 알게 되는 능력,[889] 궁극적인 앎을 향한 능력,[890] 궁극적인 앎을 갖춘 능력이 있다.[891] 수행승들이

눈이 생겨난다.

885) ñāṇa : ItA. II. 28에 따르면, 번뇌의 지멸에 대한 궁극의 앎을 말한다.

886) maṁsacakkhussa uppādo | maggo dibbassa cakkhuno | yato ñāṇaṁ udapādi | paññācakkhu anuttaraṁ | tassa cakkhussa paṭilābhā | sabbadukkhā pamuccatī'ti ||

887) It. 53 : 본사경130(대정17권 695)

888) tīṇi indriyāni : 한역의 삼근(三根)을 말한다. 능력은 ItA. II. 28에 따르면, 지배적인 힘(adhipateyya)이라는 의미에서 능력(根)이다. 수반적 발생의 사실들(倂發法: sahajātadhammā) 가운데 지배자들처럼 행하고 수행(遂行)하는 것들을 능력들이라고 한다. 또한 제왕(inda)인 세존은 가르침의 지배자(issara)로서 최상의 마음에 대한 제어를 갖추고, 그 제어를 통해 비로소 일체를 보고 파악하고, 다른 사람을 위해서 행경(行境: gocara)의 계발과 적용을 통해 드러낸 것들이기 때문에 능력들이다. 또는 지배자로써 길의 획득의 기초를 구성하는 공덕행이 있는데, 그 특징들이 능력들이다.

889) anaññātaññassāmitindriya : '알려지지 않은 것을 알게 되는 능력'의 한역은 미지당지근(未知當知根)이다. ItA. II. 29에 따르면, '수행승이여, 이 윤회는 시작을 알 수 없다. 무명에 덮인 뭇삶들은 갈애에 속박되어 유전하고 윤회하므로 그 최초의 시작을 알 수 없다.'라고(SN. V. 178) 했는데, '나는 알려지지 않은 윤회의 시작, 불사(不死)의 자취, 네 가지 진리를 알고 싶다.'라고 기대를 통해 실천하는 자에게 생겨나는 능력으로 흐름에 드는 길을 가는 님의 앎을 말한다.

890) aññindriya : '궁극적 앎을 향한 능력'의 한역은 이지근(已知根)으로 ItA. II. 29에 따르면, 궁극적 앎을 향한 이해의 능력으로 첫 번째 길인 흐름에 든 님 이상의 여섯 단계의 앎을

여, 이러한 세 가지 능력이 있다.”

2. 세존께서는 이와 같은 의취를 설하셨고 그와 관련하여 이와 같이 말씀하셨다.

[세존] “아직 배우고 있는 학인,
곧바른 길을 따르는 자에게[892]
지멸에 대한 앎이 비로소 생겨나면,[893]
그 직후가 곧 궁극적 앎[894]이다.[895]

그 후 그 궁극적인 앎의 해탈자에게[896]
존재의 결박이 부서져
나의 해탈은 흔들림이 없다는
여여한 앎이 분명해[897] 진다.[898]

말한다.

891) aññātāvindriya : ‘궁극적 앎을 갖춘 능력’의 한역은 구지근(具知根)으로, ItA. II. 29에 따르면, 네 가지 진리에 대해서 궁극적인 앎을 갖추고, 앎의 작용이 완료되고, 번뇌가 부서진 자에게 생겨난 능력으로 거룩한 님의 능력을 말한다.

892) ujumaggānusārino : ItA. II. 29에 따르면, 곧바른 길은 양변을 여읜 중도의 고귀한 길을 가는 자를 말한다. 또는 게으름과 들뜸, 고착과 애씀 등을 버리고 멈춤과 통찰을 쌍으로 묶어 수행함으로써 일어나는 기대의 길을 따르는 자를 말한다.

893) khayasmiṁ paṭhamaṁ ñāṇaṁ : ItA. II. 29에 따르면, 남김없이 오염을 버리기 때문에 지멸이라고 여겨지는 최상의 길과 관련된 앎이 비로소 일어난다. 또는 참사람의 반열에 든 님(種姓者: gotrabhū) – 감각적 쾌락의 욕망계에서 미세한 물질계에 들면서, 고귀한 마음의 혈통에 든 자이거나, 범부의 혈통에서 성인의 혈통으로 바뀐 자로, 네 쌍으로 여덟이 되는 참사람의 무리(四雙八配)가 되기 직전의 지위 – 의 앎 직후에 보여진, 단 한 경우의 오염이 버려진 것 때문에, 흐름에 드는 길에서의 첫 번째 앎에서의 지멸은 궁극적인 앎을 향한 능력이 생겨나는 것을 말한다.

894) tato aññā anantarā : ItA. II. 29에 따르면, 그러한 길의 앎 직후에 거룩한 경지(arahatta)가 생겨난다. 또는 첫 번째 앎에서 비롯해서 최상의 앎에 이르는 궁극적인 앎을 향한 능력을 말한다.

895) sekhassa sikkhamānassa | ujumaggānusārino | khayasmiṁ paṭhamaṁ ñāṇaṁ | tato aññā anantarā ‖

896) tato aññā vimuttassa : ItA. II. 30에 따르면, 궁극적인 앎을 향한 능력이 생겨난 후에 거룩한 길에 대한 앎의 직후에, 거룩한 경지와 더불어 지혜에 의한 해탈의 궁극적인 앎을 갖춘 능력에 의한 해탈을 말한다.

그 능력을 갖춘[899] 고요한 님은
적멸의 진리를 즐기고[900]
악마와 그의 군대를 부수고
최후의 몸을 성취한다."[901]

세존께서는 이와 같은 의취도 역시 설하셨다고 나는 들었다.

63(3-2-4) 시간의 경[Addhāsutta][902]

1. 이와 같이 세존께서 설하셨고 거룩한 님께서 설하셨다고 나는 들었다.

[세존] "수행승들이여, 이러한 세 가지 시간[903]이 있다. 세 가지란 무엇인가? 과거의 시간,[904] 미래의 시간,[905] 현재의 시간[906]이 있

897) ñāṇaṁ ve hoti tādino : ItA. II. 30에 따르면, 거룩한 경지에 도달하여 원해진 것과 원해지지 않는 것과 관련하여 여여한 특징에 도달한, 번뇌를 부순 자의 성찰의 앎이 일어나는 것을 의미한다.

898) tato aññā vimuttassa | ñāṇaṁ ve hoti tādino | akuppā me vimuttīti | bhavasaññoj anakkhayā ‖

899) indriyasampanno : ItA. II. 30에 따르면, 앞에서 언급한 세 가지 출세간적인 능력을 갖춘 것을 말한다.

900) santipade rato : ItA. II. 30에 따르면, 열반을 즐기고 열반에 몰입하는 것을 말한다.

901) save indriyasampanno | santo santipade rato | dhāreti antimaṁ dehaṁ | jetvā māraṁ savāhinin'ti ‖

902) It. 53 : 한역에 해당경전이 없다.

903) tayo addhā : 한역의 삼시(三時)로서 ItA. II. 30에 따르면, 시간을 의미하며, 여기에는 두 가지 방식이 있다. 경전의 방식과 아비담마의 방식이다. 그리고 ItA. II. 30에 따르면, 기간·지속·때·순간에 의한 네 가지 분류방식이 있다. 경전의 방식은 기간에 속하고, 아비담마의 방식은 순간에 속한다.

904) atīto addhā : ItA. II. 30에 따르면, 경전의 방식으로 결생 이전이고, 아비담마의 방식으로 생성·유지·파괴의 세 가지 순간에 도달한 후에 소멸한 상태를 말한다. 그리고 지속의 분류방식으로는 유사하지 않은 온도와 자양에 의한 발생 이전을 말한다. 그리고 때의 분류방식으로는 한 순간, 아침, 저녁, 밤, 낮 등의 지속을 통해서 일어나는 그때그때의 이전을 말한다.

905) anāgato addhā : ItA. II. 30에 따르면, 경전의 방식으로 죽음 이후이고, 아비담마의 방식

다. 수행승들이여, 이러한 세 가지 시간이 있다."

2. 세존께서는 이와 같은 의취를 설하셨고 그와 관련하여 이와 같이 말씀하셨다.

[세존] "표현될 수 있는 것을 지각하는 뭇삶은907)
표현될 수 있는 것에 지지된다.908)
표현될 수 있는 것을 [54] 충분히 알지 못해909)
그러므로 죽음의 멍에에 종속910)된다.911)

으로 생성·유지·파괴의 세 가지 순간에 아직 도달하지 않은 상태를 말한다. 그리고 지속의 분류방식으로는 유사하지 않은 온도와 자양에 의한 발생 이후를 말한다. 그리고 때의 분류방식으로는 한 순간, 아침, 저녁, 밤, 낮 등의 지속을 통해서 일어나는 그때그때의 이후를 말한다.

906) paccuppanno addhā : ItA. II. 30에 따르면, 경전의 방식으로 결생과 죽음의 사이이고, 아비담마의 방식으로 생성·유지·파괴의 세 가지 순간을 갖춘 상태를 말한다. 그리고 지속의 분류방식으로는 유사한 온도와 자양에 의한 발생 – 이전이후를 통해 존재하더라도 – 을 말한다. 그리고 때의 분류방식으로는 한 순간, 아침, 저녁, 밤, 낮 등의 지속을 통해서 일어나는 그때그때를 말한다.

907) akkheyyasaññino : ItA. II. 31에 따르면, 물질 등의 다섯 가지 존재의 다발과 관련하여 다음과 같이 "수행승들이여, 이미 지나갔고 소멸되었고 괴멸된 물질 등은 '있었다'라고 언표되고, '있었다'라고 표현되고, '있었다'라고 시설된다. 그것에 대하여 '있다'라고 정의되지 않고, '있을 것이다'라고도 정의되지 않는다. … 수행승들이여, 아직 생겨나지 않고 나타나지 않은 물질 등은 '있을 것이다'라고 언표되고, '있을 것이다'라고 표현되고, '있을 것이다'라고 시설된다. 그것에 대하여 '있었다'라고 정의되지 않고, '있다'라고도 정의되지 않는다. … 수행승들이여, 이미 생겨났고 나타나 있는 물질 등은 '있다'라고 언표되고, '있다'라고 표현되고, '있다'라고 시설된다. 그것에 대하여 '있었다'라고 정의되지 않고, '있을 것이다'라고도 정의되지 않는다."(SN. III. 71)라고 설명되는데, 이 다섯 가지 존재의 다발에 대하여 나 또는 나의 것 또는 천신·인간·여자·남자 등으로 지각이 일어나는 것을 통해서 '표현될 수 있는 것을 지각하는 것'이다.

908) akkheyyasmiṁ patiṭṭhitā : ItA. II. 31에 따르면, 갈애 등을 받아들임으로써 탐욕 등의 여덟 가지 형태에 의해 지지된다: ① 탐닉은 탐욕에 의해 지지되고, ② 사악은 성냄에 의해 지지되고, ③ 혼미는 어리석음에 의해 지지되고, ④ 집착은 견해에 의해 지지되고, ⑤ 완고는 경향에 의해 지지되고, ⑥ 속박은 교만에 의해 지지되고, ⑦ 미결정은 의심에 의해 지지되고, ⑧ 산란은 흥분에 의해 지지된다.

909) akkheyyaṁ apariññāya : ItA. II. 31에 따르면, '그 표현 될 수 있는 삼계의 원리에 대하여 세 가지 완전한 앎을 통해서 충분히 알지 못함으로써'라는 뜻이다.

910) yogam āyanti maccuno : ItA. II. 31에 따르면, 죽음의 멍에, 그것과의 결합에 이르고 분리에 이르지 않는다는 뜻이다. 또는 멍에는 방편으로, 악마에 의해서 놓아지고 펼쳐진 악마의 군대로 대변되는 불익의 그물, 오염의 그물에 다가간다고 말해진 것이다. 그러므로 '대

표현될 수 있는 것을 충분히 앎으로써912)
표현하는 자에 관해 망상하지 않으면,913)
정신적으로 해탈하여
위없는 적멸의 진리에 닿914)는다.915)

표현될 수 있는 것을 성취한916)
고요한 님은 적멸의 진리에 기뻐한다.
가르침에 입각하여 성찰하는917)
지혜에 통달한 님918)은 헤아림을 벗어난다."919)

세존께서는 이와 같은 의취도 역시 설하셨다고 나는 들었다.

군을 거느린 죽음의 신, 그와 결코 타협하지 말라.'(MN. III. 187)

911) akkheyyasaññino sattā | akkheyyasmiṁ patiṭṭhitā | akkheyyaṁ apariññāya | yogam āyanti maccuno ‖

912) akkheyyañca pariññāya : 표현 할 수 있는 것에 대하여 ItA. II. 32에 따르면, '통찰을 수반하는 길의 지혜로 괴로운 것이라고 알거나 그것과 묶인 오염을 버리거나 그것을 뛰어넘어 세 가지 완전한 앎의 기능을 최상으로 얻은 뒤에'라는 뜻이다.

913) akkhātāraṁ na maññati : ItA. II. 32에 따르면, 일체의 개념을 버렸기 때문에 번뇌가 부서진 자는 표현하는 자를 망상하지 않는다. 행위자 등의 자성을 지닌 어떠한 자아(自我)[또는 실체(實體)]로도 돌아가지 않는다.

914) phūṭṭho vimokkho manasā, santipadamanuttaraṁ : ItA. II. 33에 따르면, 일체 조건 지어진 것에서 해탈하여 해탈된 것이고, 일체의 오염의 괴로움이 지멸된 까닭에 적멸이고 적멸의 진리는 열반의 상태를 의미한다.

915) akkheyyañca pariññāya | akkhātāraṁ na maññati | phūṭṭho vimokkho manasā | santipadamanuttaraṁ ‖

916) akkheyyasampanno : ItA. II. 33에 따르면, '표현할 수 있는 인상, 다양한 잘못으로 괴롭혀진 세계와 관련된 전도된 것을 끊어버리고, 거기에서 완전히 벗어나, 표현할 수 있는 것에 대한 완전한 앎을 통한 성취를 갖추고'라는 뜻이다.

917) saṅkhāya sevī dhammaṭṭho : ItA. II. 33에 따르면, 더 이상 배울 것이 없는 가르침에 입각하여, 열반의 진리에 입각하여, 지혜의 광대함에 도달하기 때문에 의복 등의 필수품을 성찰하고 평가하고 상용하는 습관을 지닌 것을 말한다.

918) vedagū : ItA. II. 33에 따르면, 알려져야 하는 네 가지 거룩한 진리의 궁극에 간 자를 뜻한다.

919) sa ve akkheyyasampanno | santo santipade rato | saṅkhāya sevī dhammaṭṭho | saṅkhyaṁ nopeti vedagū'ti ‖

64(3-2-5) 악행의 경[Duccaritasutta][920]

1. 이와 같이 세존께서 설하셨고 거룩한 님께서 설하셨다고 나는 들었다.

[세존] "수행승들이여, 이러한 세 가지 악행[921]이 있다. 세 가지란 무엇인가? 신체적 악행,[922] 언어적 악행,[923] 정신적 악행[924]이 있다. 수행승들이여, 이러한 세 가지 악행이 있다."

2. 세존께서는 이와 같은 의취를 설하셨고 그와 관련하여 이와 같이 말씀하셨다.

[세존] "신체적인 악행을 하고
언어적인 악행을 하고
정신적인 악행을 하고
다른 잘못도 함께 저지른[925]다.[926]

착하고 [55] 건전한 업을 짓지 않고
악하고 불건전한 업을 많이 지어,

---

920) It. 54; AN. I. 49 : 본사경69(대정17권 674)

921) tīṇi duccaritāni : 한역의 삼악행(三惡行)으로 ItA. II. 34에 따르면, 악행은 시설에 의해서 정의될 수 있거나 행위의 과정에 의해 정의될 수 있다.

922) kāyaduccaritaṃ : ItA. II. 34에 따르면, 시설에 의한 정의는 '신체적 악행은 신체적 문과 관련해서 학습계율의 조항을 어기는 것'이고, 행위의 과정에 의한 정의는 '살아있는 생명을 죽이는 것 등의 신체적 문에 생겨나는 세 가지 의도와 연관된 상태'이다.

923) vacīduccaritaṃ : ItA. II. 34에 따르면, 시설에 의한 정의는 '언어적 악행은 언어적 문과 관련해서 학습계율의 조항을 어기는 것'이고, 행위의 과정에 의한 정의는 '거짓말을 하는 것 등의 언어적 문에 생겨난 네 가지 의도와 연관된 상태'이다.

924) manoduccaritaṃ : ItA. II. 34에 따르면, 시설에 의한 정의는 '정신적 악행은 양자 ─신체적 문과 언어적 문의 두 문 ─ 와 관련해서 학습계율의 조항을 어기는 것'이고, 행위의 과정에 의한 정의는 '탐욕과 분노와 잘못된 견해의 세 가지 의도와 연관된 상태'이다.

925) yañcaññaṁ dosasaṁhitaṁ : ItA. II. 34에 따르면, 다른 잘못의 수반은 탐욕 등의 오염(kilesa)을 수반한다는 것이다.

926) kāyaduccaritaṁ katvā | vacīduccaritāni ca | manoduccaritaṁ katvā | yañcaññaṁ dosasaṁhitaṁ ||

몸이 파괴된 후에
어리석은 자, 그는 지옥에 태어난다."927)

세존께서는 이와 같은 의취도 역시 설하셨다고 나는 들었다.

65(3-2-6) 선행의 경[Sucaritasutta]928)

1. 이와 같이 세존께서 설하셨고 거룩한 님께서 설하셨다고 나는 들었다.

[세존] "수행승들이여, 이러한 세 가지 선행929)이 있다. 세 가지란 무엇인가? 신체적 선행,930) 언어적 선행,931) 정신적 선행932)이 있다. 수행승들이여, 이러한 세 가지 선행이 있다."

2. 세존께서는 이와 같은 의취를 설하셨고 그와 관련하여 이와 같이 말씀하셨다.

[세존] "신체적인 악행을 끊고
언어적인 악행을 끊고

927) akatvā kusalaṁ kammaṁ | katvānākusalaṁ bahuṁ | kāyassa bhedā duppañño | nirayaṁ so'papajjatī'ti ||

928) It. 55; AN. I. 49 : 본사경70(대정17권 674)

929) tīṇi succaritāni : 한역의 삼선행(三善行)으로 ItA. II. 34에 따르면, 선행은 시설에 의해서 정의될 수 있거나 행위의 과정을 통해서 정의될 수 있다.

930) kāyasuccarita : ItA. II. 34에 따르면, 시설에 의한 정의는 '신체적 선행은 신체적 문과 관련해서 학습계율의 조항을 어기지 않는 것'이고, 행위의 과정에 의한 정의는 '살아있는 생명을 죽이는 것을 삼가는 것 등의 신체적 문에 생겨난 세 가지 의도와 연관된 상태'이다.

931) vacīsuccarita : ItA. II. 34에 따르면, 시설에 의한 정의는 '언어적 선행은 언어적 문과 관련해서 학습계율의 조항을 어기지 않는 것'이고, 행위의 과정에 의한 정의는 '살아있는 거짓말을 삼가는 것 등의 언어적 문에 생겨난 네 가지 의도와 연관된 상태'이다.

932) manosuccarita : ItA. II. 34에 따르면, 시설에 의한 정의는 '정신적 선행은 양자 ― 신체적 문과 언어적 문의 두 문 ― 와 관련해서 학습계율의 조항을 어기지 않는 것'이고, 행위의 과정에 의한 정의는 '탐욕의 여윔과 분노의 여윔과 올바른 견해의 세 가지 의도와 연관된 상태'이다.

정신적인 악행을 끊고
다른 잘못을 함께 저지르지 않는다.[933]

악하고 [55] 불건전한 업을 짓지 않고
착하고 건전한 업을 많이 지어,
몸이 파괴된 후에
지혜로운 자, 그는 하늘에 태어난다."[934]

세존께서는 이와 같은 의취도 역시 설하셨다고 나는 들었다.

66(3-2-7) 청정의 경[Soceyyasutta][935]

1. 이와 같이 세존께서 설하셨고 거룩한 님께서 설하셨다고 나는 들었다.

[세존] "수행승들이여, 이러한 세 가지 청정[936]이 있다. 세 가지란 무엇인가? 신체적 청정, 언어적 청정, 정신적 청정[937]이 있다. 수행승들이여, 이러한 세 가지 청정이 있다."

2. 세존께서는 이와 같은 의취를 설하셨고 그와 관련하여 이와 같이 말씀하셨다.

[세존] "신체적 청정, 언어적 청정과

---

933) kāyaduccaritaṁ hitvā | vacīduccaritāni ca | manoduccaritaṁ hitvā | yañcaññaṁ dosasaṁhitaṁ ||

934) akatvā'kusalaṁ kammaṁ | katvāna kusalaṁ bahuṁ | kāyassa bhedā sappañño | saggaṁ so upapajjatī'ti ||

935) It. 55 : 한역에 해당경전이 없다.

936) tīṇi soceyyāni : 한역의 삼정행(三淨行)으로 ItA. II. 35에 따르면, 청정은 깨끗한 상태를 말한다.

937) kāyasoceyyaṃ, vacīsoceyyaṃ. manosoceyyaṃ : ItA. II. 35에 따르면, 일체의 악행 등을 끊음으로써 청정행이 성립한다. 따라서 앞의 경에서 언급한 신체적 선행, 언어적 선행, 정신적 선행과 동일한 내용을 지닌다.

정신적 청정을 갖추고 번뇌를 여읜
순결한 [56] 청정을 갖춘 님을[938]
일체를 버린 님이라 부른다."[939]

세존께서는 이와 같은 의취도 역시 설하셨다고 나는 들었다.

67(3-2-8) 성자적 삶의 경[Moneyyasutta][940]

1. 이와 같이 세존께서 설하셨고 거룩한 님께서 설하셨다고 나는 들었다.

[세존] "수행승들이여, 이러한 세 가지 성스러운 삶[941]이 있다. 세 가지란 무엇인가? 신체적인 성스러운 삶,[942] 언어적인 성스러운 삶,[943] 정신적인 성스러운 삶[944]이 있다. 수행승들이여, 이러한 세

---

938) soceyyasampannaṁ : ItA. II. 35에 따르면, 오염이 지멸되어 지극히 청정해진 상태를 갖추었다는 뜻이다.

939) kāyasuciṁ vācāsuciṁ | cetosucim anāsavaṁ | suciṁ soceyyasampannaṁ | āhu s abbappahāyinan'ti ||

940) It. 56 : 한역에 해당경전이 없다.

941) tīṇi moneyyāni : 한역의 삼정묵(三寂默)으로 ItA. II. 35에 따르면, 이 세계와 저 세계에서 자신을 위하고 타인을 위하는데 현명하기 때문에 성자(muni)이다. 선한 일반사람과 일곱 학인과 거룩한 님을 말한다. 그러나 여기서는 거룩한 님만을 의미한다. 성스러운 삶(mon eyya)은 성자의 속성이다. 거기에는 신체적인 성스러운 삶, 언어적인 성스러운 삶, 정신적인 성스러운 삶이 있다.

942) kāyamoneyyaṃ : ItA. II. 35; Nidd. I. 57; Smv. 1004에 따르면, 신체적인 성스러운 삶(身寂默)은 세 가지 신체적인 악행을 끊는 것, 세 가지 신체적인 선행을 닦는 것, 신체적 대상에 대한 앎, 신체에 대한 완전한 앎, 신체에 대한 완전한 앎을 수반하는 길, 신체에 대한 탐욕의 제거, 신체적 형성의 멸진에 의한 네 번째 선정(四禪)의 성취를 말한다.

943) vacīmoneyyaṃ : ItA. II. 35; Nidd. I. 57; Smv. 1004에 따르면, 언어적인 성스러운 삶(口寂默) : 네 가지 언어적인 악행을 끊는 것, 네 가지 언어적인 선행을 닦는 것, 언어적 대상에 대한 앎, 언어에 대한 완전한 앎, 언어에 대한 완전한 앎을 수반하는 길, 언어에 대한 탐욕의 제거, 언어적 형성의 멸진에 의한 두 번째 선정(二禪)의 성취를 말한다.

944) manomoneyyaṃ : ItA. II. 35; Nidd. I. 57; Smv. 1004에 따르면, 정신적인 성스러운 삶(意寂默) : 세 가지 정신적인 악행을 끊는 것, 세 가지 정신적인 선행을 닦는 것, 정신적 대상에 대한 앎, 정신에 대한 완전한 앎, 정신에 대한 완전한 앎을 수반하는 길, 정신에 대한 탐욕의 제거, 정신적 형성의 멸진에 의한 지각과 느낌의 소멸(想受滅)의 성취를 말한다.

가지 성자적 삶이 있다."

2. 세존께서는 이와 같은 의취를 설하셨고 그와 관련하여 이와 같이 말씀하셨다.

[세존] "신체의 관점에서의 성자,
언어의 관점에서의 성자, 정신의 관점에서의 성자,
번뇌를 여읜 성스러운 삶을 갖춘 성자를
죄악을 씻어버린 님[945]이라 부른다."[946]

세존께서는 이와 같은 의취도 역시 설하셨다고 나는 들었다.

68(3-2-9) 탐욕의 경①[Paṭhamarāgasutta][947]

1. 이와 같이 세존께서 설하셨고 거룩한 님께서 설하셨다고 나는 들었다.

[세존] "수행승들이여, 누구든지 탐욕을 끊지 못하고, 성냄을 끊지 못하고, 어리석음을 끊지 못하면,[948] 수행승들이여, 그는 악마에 묶인 자,[949] 악마의 밧줄에 감긴 자,[950] 악마가 원하는 대로 하는

---

945) niddhotapāpaka : ItA. II. 36에 따르면, 악의 오염을 최상의 길인 물로 완전히 씻어낸 것을 말한다.

946) kāyamuniṁ vācāmuniṁ | manomunim anāsavaṁ | muniṁ moneyyasampannaṁ | āhu niddhotapāpakan'ti ||

947) It. 56 : 한역에 해당경전이 없다.

948) rāgo appahīno doso appahino moho appahīno : ItA. II. 36에 따르면, 괴로운 곳으로 이끄는 탐욕과 성냄과 어리석음은 첫 번째 길에서 제거되고, 거친 감각적 쾌락의 욕망에 대한 탐욕과 성냄은 두 번째 길에서 제거되고, 이러한 것들이 남김없이 세 번째 길에서 제거되고, 존재에 대한 탐욕과 남은 어리석음은 네 번째 길에서 제거된다. 이처럼 이러한 것들이 제거되면, 그것과 연관된 모든 오염이 제거된다. 그러나 여기서는 어떠한 수행승이든, 수행녀이든, 재가의 남자신도이든, 재가의 여자신도이든, 탐욕 등을 길을 통해 끊지 못한 자를 말한다.

949) baddho mārassa, pamukkassa mārapāso, yathākāmakaraṇīyo ca pāpimato : ItA. II. 36에 따르면, 오염의 악마(kilesamāra)에 묶인 자를 말한다. 오염의 악마에 묶인 자라는

자라고 불린다. 수행승들이여, 누구든지 탐욕을 끊고, 성냄을 끊고, 어리석음을 끊으면, 수행승들이여, 그는 악마에 묶이지 않은 자, 악마의 밧줄에서 풀린 자,951) 악마가 원하는 대로 하지 못하는 자라고 불린다."

2. 세존께서는 이와 같은 의취를 설하셨고 그와 관련하여 이와 같이 말씀하셨다.

[세존] "탐욕과 [57] 성냄과 무명이
제거된 님이 있다면,952) 그는
자아가 닦여진 자 가운데 어떤 님,953)
가장 뛰어난 존재,954) 이렇게 오신 님,955)
원한과 두려움을 뛰어넘은 님,956) 깨달은 님,957)

것은 어떤 점에서는 의도적 조작의 악마(abhisaṅkhāramāra)에 묶인 것을 말한다.

950) paṭimukkassa mārapāso : ItA. II. 36에 따르면, 오염이 끊어지지 않아 악마의 밧줄이라고 불리는 오염(kilesa)이 자신의 상속하는 마음을 감아 들어가 그것으로 스스로 결박되는 것을 의미한다.

951) omukkassa mārapāso : ItA. II. 36에 따르면, 그 악마로부터 풀리고 벗어나고 제거된 자를 말한다.

952) yassa rāgo ca doso ca avijjā ca virājitā : ItA. II. 36에 따르면, 이것들은 최상의 길에서 제거된 고귀한 참사람(ariyapuggala)을 말한다.

953) taṁ bhāvitattaññataraṁ : ItA. II. 36에 따르면, 몸과 계행과 마음과 지혜가 닦여진 자 즉, 거룩한 님 가운데 어떤 자를 의미한다.

954) brahmabhūtaṁ : ItA. II. 36에 따르면, 거룩한, 최상의 뛰어난 거룩한 경지에 도달한 자를 말한다.

955) tathāgataṁ : '따타가따'는 '이렇게 오신 님' 또는 '이렇게 가신 님'으로 모두 번역할 수 있다. ItA. II. 37에 따르면, 번뇌가 부서진 님이 이전의 조건을 성취하여 왔듯이, 양변을 여의고 계행과 삼매와 지혜의 다발을 갖춘 중도로써 열반으로 가듯이, 또는 존재의 다발 등의 일치하는 특징을 있는 그대로 꿰뚫듯이, 괴로움 등과 일치하는 상태를 전도되지 않고 곧바로 알듯이, 형상 등의 경계에 대하여 보이는 것일 뿐 등이라고 보듯이, 여덟 가지 고귀하지 못한 언설을 피하고 고귀한 언설을 통하여 언어적으로 표명하면서 언어에 일치하도록 신체적으로 행동하고 신체에 일치하도록 언어를 말하듯이, 이런 고귀한 참사람을 '따타가따'라고 한다.

956) verabhayātītaṁ : ItA. II. 37에 따르면, 개인에 의한 원한(puggalavera)과 오염에 의한 원한(kilesavera)과 자신에 대한 비난 등의 두려움을 뛰어넘은 자를 말한다.

일체를 끊어버린 님이라 불린다."[958]

세존께서는 이와 같은 의취도 역시 설하셨다고 나는 들었다.

69(3-2-10) 탐욕의 경②[Dutiyarāgasutta][959]

1. 이와 같이 세존께서 설하셨고 거룩한 님께서 설하셨다고 나는 들었다.

[세존] "수행승들이여, 누구든지

탐욕을 끊지 못하고, 성냄을 끊지 못하고, 어리석음을 끊지 못한 수행승이나 수행녀가 있다면, 수행승들이여, 그는 파도가 있고,[960] 소용돌이가 있고,[961] 상어가 있고, 나찰이 있는[962] 바다[963]를 건너지 못한[964] 자라고 불린다. 수행승들이여, 누구든지 탐욕을 끊고, 성냄을 끊고, 어리석음을 끊은 수행승이나 수행녀가 있다면, 수행승들이여, 그는 파도가 있고, 소용돌이가 있고, 악어가 있고, 나찰

957) buddhaṁ : ItA. II. 37에 따르면, 네 가지 진리(四諦: cattāri saccāni)를 깨달은 님을 말한다.

958) yassa rāgo ca doso ca | avijjā ca virājitā | taṁ bhāvitattaññataraṁ | brahmabhūtaṁ tathāgataṁ | buddhaṁ verabhayātītaṁ | āhu sabbappahāyinan'ti ||

959) It. 57 : 한역에 해당경전이 없다.

960) savīci : ItA. II. 37에 따르면, 분노의 고뇌의 파도를 의미한다: '수행승들이여, 파도는 곧 분노의 고뇌(kodhūpāyāsa)를 의미한다.'(MN. I. 460; AN. II. 124)

961) sāvaṭṭa : ItA. II. 37에 따르면, 다섯 가지 감각적 쾌락의 대상의 소용돌이를 의미한다. '수행승들이여, 소용돌이는 곧 다섯 가지 감각적 쾌락의 대상(pañca kāmaguṇā)을 의미하는 것이다.'(MN. I. 461; AN. II. 125)

962) sagaha, sarakkhasa : ItA. II. 37에 따르면, 자신의 활동역역에 들어오는 자에게 불익을 주기 때문에 잔혹한 바다괴물이나 물고기나 물귀신과 유사한 성적인 상대를 상징한다: '수행승들이여, 상어는 곧 여인을 의미하는 것이다.'(MN. I. 462; AN. II. 126).

963) samudda : ItA. II. 37에 따르면, 바다는 윤회의 바다 또는 시각영역 등의 바다를 말한다. 그 양자는 채우기 어려운 까닭에 바다라고 불린다.

964) na atari : ItA. II. 37에 따르면, 길에 대한 통찰의 배로 바다를 건너는데, 여기서는 건너지 못한 것을 의미한다.

이 있는 바다를 건너, 피안에 도달하여 대지 위에 선[965] 바라문이라고 불린다."

2. 세존께서는 이와 같은 의취를 설하셨고 그와 관련하여 이와 같이 말씀하셨다.

[세존] "탐욕과 성냄과 무명이
제거된 님이 있다면, 그는
악어가 있고, 나찰이 있고
파도와 두려움이 있는
건너기 어려운 바다를 건넌 자로서
집착을 초월하여 [58] 죽음을 버리고 취착없이
다시 태어남의 괴로움을 버린 것이다.
그는 사라져서 헤아려질 수 없다.[966]
그는 죽음의 신을 곤혹스럽게 한다."[967]

세존께서는 이와 같은 의취도 역시 설하셨다고 나는 들었다.

이로써 제3장 「셋모음」의 「제2품」이 끝났다. 그 내용은 차례로 '1. 공덕행의 토대에 대한 경 2. 눈의 경 3. 능력의 경 4. 시간의 경 5. 악행의 경 6. 선행의 경 7. 청정의 경 8. 성자적 삶의 경 9. 탐욕의 경① 10. 탐욕의 경②'으로 이루어졌으며, 「제2품」이라고 불린다.

---

965) tiṇṇo pāragato, thale tiṭṭhati : ItA. II. 38에 따르면, 바다의 저편, 피안, 지멸에 도달하여 윤회의 거대한 거센 흐름, 감각적 쾌락의 욕망 등의 거센 흐름을 뛰어넘어 육지의 피안에, 즉, 열반에 선 바라문을 의미한다.

966) atthaṁ gato so na pamāṇam eti : ItA. II. 38에 따르면, 그는 거룩한 님으로 계행 등의 다발을 원만히 하여, 탐욕 등의 한정짓는 것을 뛰어넘어 끝냈기 때문에, 사라져서, 그를 두고 '계행과 삼매와 지혜가 이러하다.'라고 헤아리는 것이 불가능하므로 헤아려질 수 없는 것이다. 또는 잔여 없는 열반의 세계로 사라진 그 거룩한 님은 이러한 운명의 상태에서 '성과 이름이 이와 같다.'라고 추측하는 것이 불가능하기 때문에 헤아려질 수 없는 것이다.

967) yassa rāgo ca doso ca | avijjā ca virājitā | so'maṁ samuddaṁ sagahaṁ | sarakkhasaṁ | saūmibhayaṁ duttaramaccatārī | saṅgātigo maccujaho nirūpadhi | pahāsi dukkhaṁ apunabbhavāya | atthaṁ gato so na pamāṇam eti | amohayī maccurājanti brūmī'ti ||

3. 제삼품[Tatiyavagga]

70(3-3-1) 잘못된 견해의 경[Micchādiṭṭhisutta][968]

1. 이와 같이 세존께서 설하셨고 거룩한 님께서 설하셨다고 나는 들었다.

[세존] "수행승들이여, 나는 신체적 악행을 갖추고, 언어적 악행을 갖추고, 정신적 악행을 갖춘 자, 고귀한 님들을 비난하고,[969] 잘못된 견해를 품고,[970] 잘못된 견해에 입각한 업을 짓는 자[971]를 보았다. 그들은 몸이 파괴되고 죽은 뒤에 괴로운 곳, 나쁜 곳, 타락한 곳, 지옥에 태어난다.

수행승들이여, 나는 다른 수행자나 바라문으로부터 그것에 대하여 들어서 말하는 것이 아니다.

수행승들이여, 나는 신체적 악행을 갖추고, 언어적 악행을 갖추고, 정신적 악행을 [59] 갖춘 자, 고귀한 님들을 비난하고, 잘못된 견해를 품고, 잘못된 견해에 입각한 업을 짓는 자를 보았다. 그들은 몸

---

968) It. 58 : 한역에 해당경전이 없다.

969) ariyānaṃ upavādakā : ItA. II. 39에 따르면, 부처님 등의 고귀한 님을 비롯하여 재가의 흐름에 든 님에 이르기까지 덕성의 파괴를 통해서, 실제 일어나지 않은 것을 가지고 비난하고 매도하고 비판하는 것이다.

970) micchādiṭṭhikā : ItA. II. 39에 따르면, 전도된 관점을 지닌 자를 말한다.

971) micchādiṭṭhikammasamādānā : ItA. II. 39에 따르면, 잘못된 견해를 원인으로 여러 가지 업을 짓는데, 그것들은 다른 사람들로 하여금 또한 잘못된 견해에 뿌리를 둔 신체적인 업 등을 짓도록 한다. 이것과 관련하여 언어적·정신적 악행이 포함됨으로써, 고귀한 님들을 비난하고 잘못된 견해를 받아들이는 것에 대해 거듭 언급하는 것은, 큰 잘못임을 보여주기 위한 것이다: "싸리뿟따여, 예를 들어 계율을 갖추고, 삼매를 갖추고, 지혜를 갖춘 수행승은 지금 여기에서 궁극적인 앎을 성취할 것이다. 그와 마찬가지로 나는 이와 같이 '그 말을 버리지 않고 그 마음을 버리지 않고 그 견해를 놓아버리지 않으면, 던져지듯 지옥에 떨어질 것이다.'라고 말한다."(MN. I. 71) "수행승들이여, 나는 잘못된 견해를 갖는 것처럼 커다란 죄악이 되는 다른 하나의 원리를 보지 못했다. 수행승들이여, 잘못된 견해를 지니면, 커다란 죄악이 된다."(AN. I. 33)

이 파괴되고 죽은 뒤에 괴로운 곳, 나쁜 곳, 타락한 곳, 지옥에 태어난다.

수행승들이여, 스스로 알고 스스로 보고 스스로 인지한 것을 나는 말하는 것이다.

수행승들이여, 나는 신체적 악행을 갖추고, 언어적 악행을 갖추고, 정신적 악행을 갖춘 자, 고귀한 님들을 비난하고, 잘못된 견해를 품고, 잘못된 견해에 입각한 업을 짓는 자를 보았다. 그들은 몸이 파괴되고 죽은 뒤에 괴로운 곳, 나쁜 곳, 타락한 곳, 지옥에 태어난다."

2. 세존께서는 이와 같은 의취를 설하셨고 그와 관련하여 이와 같이 말씀하셨다.

[세존] "삿되게 정신을 지향하고972)
삿되게 언어를 말하고973)
신체적으로 또한
삿되게 업을 짓는974) 사람이 있다.975)

세상에서 짧은 삶을 살며976)

972) micchā manaṁ paṇidhāya : ItA. II. 39에 따르면, 탐욕 등을 통해서 마음을 이치에 맞지 않게 확립시키는 것을 의미한다. 또는 잘못된 견해를 통해서 전도된 마음을 확립시키는 것을 말한다.

973) micchā vācaṁ ca bhāsiya : ItA. II. 40에 따르면, 거짓말 등을 통해서 말하는 것이다. 또는 잘못된 견해를 통해서 전도된 언어를 확립시키는 것을 말한다.

974) micchā kammāni katvāna kāyena : ItA. II. 40에 따르면, 살아있는 생명을 죽이는 등을 통해서 업을 짓는 것이다. 또는 잘못된 견해를 통해서 전도된 신체를 확립시키는 것을 말한다.

975) micchā manaṁ paṇidhāya | micchā vācaṁ ca bhāsiya | micchā kammāni katvāna | kāyena idha puggalo ||

976) appasmiṁ idha jivite : ItA. II. 40에 따르면, 이 인간 세계에서의 삶이 짧은 것을 말한다: "수행승들이여, 사람의 목숨은 짧다. 저 피안은 도달되어야 하고 착함은 행해져야 하며 깨끗한 삶은 닦아져야 한다. 태어나서 죽지 않는 것은 없다. 수행승들이여, 오래 산다고 하

배움이 적고,[977] 악덕을 짓는[978]
어리석은 자는 몸이 파괴된 뒤에
바로 지옥에 태어[979]난다."[980]

세존께서는 이와 같은 의취도 역시 설하셨다고 나는 들었다.

71(3-3-2) 올바른 견해의 경[Sammādiṭṭhisutta][981]

1. 이와 같이 세존께서 설하셨고 거룩한 님께서 설하셨다고 나는 들었다.

[세존] "수행승들이여, 나는 신체적 선행을 갖추고, 언어적 선행을 갖추고, 정신적 선행을 갖추고, 고귀한 님들을 비난하지 않고, 올바른 [60] 견해를 갖고, 올바른 견해에 입각한 업을 짓는 자를 보았다.[982] 그들은 몸이 파괴되고 죽은 뒤에 좋은 곳, 천상에 태어난다.

수행승들이여, 나는 다른 수행자나 바라문으로부터 그것에 대하여 들어서 말하는 것이 아니다.

수행승들이여, 나는 신체적 선행을 갖추고, 언어적 선행을 갖추고,

여도 백 년이나 그 남짓일 것이다."(SN. I. 108)

977) appassuto : ItA. II. 40에 따르면, 자신과 타인을 위한 이익을 가져오는 배움이 없다는 뜻이다.

978) apuññakaro : ItA. II. 40에 따르면, 고귀한 진리에 대하여 잘 알지 못함으로써 죄악을 짓는 것을 말한다.

979) kāyassa bhedā duppañño, nirayaṁ so upapajjati : ItA. II. 40에 따르면, 그러므로 많이 배운 자, 지혜로운 자들은 서둘러 공덕을 쌓고 천상세계로 가거나 열반에 도달한다. 그러나 배우지 못한 자들은 공덕을 짓지 않아 몸이 파괴되어 죽은 후에 지혜가 모자라 지옥에 태어난다.

980) appassuto' puññakaro | appasmiṁ idha jivite | kāyassa bhedā duppañño | nirayaṁ so upapajjatī'ti ||

981) It. 59 : 한역에 해당경전이 없다.

982) ariyānaṃ anupavādakā, sammādiṭṭhi sammādiṭṭhikammasamādānā : ItA. II. 40에 따르면, 앞의 법문에서 그 의미가 알려질 수 있다.

정신적 선행을 갖추고, 고귀한 님들을 비난하지 않고, 올바른 견해를 갖고, 올바른 견해에 입각한 업을 짓는 자를 보았다. 그들은 몸이 파괴되고 죽은 뒤에 좋은 곳, 천상에 태어난다.

수행승들이여, 또한 스스로 알고 스스로 보고 스스로 인지한 것을 나는 말하는 것이다.

수행승들이여, 나는 신체적 선행을 갖추고, 언어적 선행을 갖추고, 정신적 선행을 갖추고, 고귀한 님들을 비난하지 않고, 올바른 견해를 갖고, 올바른 견해에 입각한 업을 짓는 자를 보았다. 그들은 몸이 파괴되고 죽은 뒤에 좋은 곳, 천상에 태어난다."

2. 세존께서는 이와 같은 의취를 설하셨고 그와 관련하여 이와 같이 말씀하셨다.

[세존] "바르게 정신을 지향하고
바르게 언어를 말하고
신체적으로 또한
바르게 업을 짓는 사람이 있다.983)

세상에서 짧은 삶을 살며
배움이 많고, 공덕을 짓는
지혜로운 님은 몸이 파괴된 뒤에
바로 천상에 태어난다."984)

세존께서는 이와 같은 의취도 역시 설하셨다고 나는 들었다.

---

983) sammā manaṁ panidhāya | sammāvācāṁ ca bhāsiya | sammā kammāni katvāna | kāyena idha puggalo ||

984) bahussuto puññakaro | appasmiṁ idha jivite | kāyassa bhedā sappañño | saggaṁ so upapajjatī'ti ||

72(3-3-3) 여읨의 경[Nissaraṇiyasutta][985]

1. 이와 같이 [61] 세존께서 설하셨고 거룩한 님께서 설하셨다고 나는 들었다.

[세존] "수행승들이여, 이와 같은 세 가지 여읨의 세계[986]가 있다. 세 가지란 무엇인가? 감각적 쾌락에 대한 욕망의 여읨이 출리이다.[987] 미세한 물질계의 여읨이 무색이다.[988] 어떠한 것이든 존재하고 형성되고 조건적으로 생겨난 것의 여읨이 소멸이다.[989] 수행승들이여, 이와 같은 세 가지 여읨의 세계가 있다."

2. 세존께서는 이와 같은 의취를 설하셨고 그와 관련하여 이와 같이 말씀하셨다.

[세존] "감각적 욕망의 여읨을 알고
미세한 물질계를 뛰어넘어

---

985) It. 61 : 한역에 해당경전이 없다.

986) tisso nissaraṇiyā dhātuyo : ItA. II. 40에 따르면, 여읨의 세계에서 여읨은 여읨과 연관된 것을 말하고 세계는 본성상 존재의 텅 빈 것을 말한다.

987) kāmānametaṃ nissaraṇaṃ yadidaṃ nekkhammaṃ : ItA. II. 40-41에 따르면, 감각적 쾌락의 욕망에는 두 가지가 있다. 오염에서 생긴 욕망(kilesakāma)과 대상에서 생긴 욕망(vatthukāma)이 있다. 이러한 욕망이 없는 것을 뜻한다. 이 두 가지를 여의었거나, 정신적 욕망을 여의었기 때문에 물질적 욕망도 여의게 된다. 그 욕망에 관해 이와 같이 서술된다: '세계 만물이 감각적 욕망이 아니라 의도된 탐욕이 감각적 쾌락의 욕망이다. 세계에 참으로 그렇듯 갖가지가 있지만, 여기 슬기로운 님이 욕망을 이겨낸다.'(SN. I. 22) 그 욕망을 여의는 출리(出離)는 첫 번째 선정에서 일어난다. 특별히 부정(不淨)을 대상으로 보아야 한다. 그러나 선정을 토대로 하여 형성을 이해하고 세 번째 길에 도달하여 돌아오지 않는 길에서 열반을 깨닫는 자는, 그의 마음이 궁극적으로 감각적 쾌락의 욕망에서 벗어난다고, 그 감각적 쾌락의 욕망의 출리에 대하여 최대한 이해하여야 한다.

988) rūpānametaṃ nissaraṇaṃ yadidaṃ āruppaṃ : ItA. II. 41에 따르면, 물질적 현상 또는 미세한 물질계를 여읜 것이 비물질적인 선정이라는 뜻이다.

989) yaṃ kho pana kiñci bhūtaṃ saṅkhataṃ paṭiccasamuppannaṃ, nirodho tassa nissaraṇaṃ : ItA. II. 41에 따르면, '존재하는 것'은 생겨난 것이고, '형성된 것'은 함께 모여 공존하는 조건에 의해 만들어 진 것을 뜻하고 '조건적으로 생겨난 것'은 원인의 결과로써 나타난 것을 뜻한다. 그리고 '소멸'은 열반을 뜻한다.

열심히 정진하는 님은 언제나
일체의 형성의 멈춤[990]을 경험한다.[991]

실로 올바로 보는 수행승은
거기에서 해탈한다.
곧바른 앎으로 완성된 고요한 님
그는 참으로 멍에를 극복한 성자이다."[992]

세존께서는 이와 같은 의취도 역시 설하셨다고 나는 들었다.

73(3-3-4) 더욱 고요함의 경[Santatarasutta][993]

1. 이와 같이 [62] 세존께서 설하셨고 거룩한 님께서 설하셨다고 나는 들었다.

[세존] "수행승들이여, 미세한 물질계보다 비물질계가 더욱 고요하고,[994] 비물질계보다 소멸이 더욱 고요하다."[995]

2. 세존께서는 이와 같은 의취를 설하셨고 그와 관련하여 이와 같이 말씀하셨다.

---

990) sabbasaṅkhārasamatha : ItA. II. 41에 따르면, 열반을 의미한다.

991) kāmanissaraṇaṁ ñatvā | rūpānañca atikkamaṁ | sabbasaṅkhārasamathaṁ | phusaṁ ātāpi sabbadā ||

992) sa ve sammaddaso bhikkhu | yato tattha vimuccati | abhiññā vosito santo | sa ve yogātigo munī'ti ||

993) It. 62 : 한역에 해당경전이 없다.

994) rūpehi arūpā santatarā : ItA. II. 42에 따르면, 미세한 물질계의 현상들은 오염이 진압되어 사유 등의 거친 구성요소가 버려지고 집중의 경지에 있기 때문에 고요한 것이다. 그러나 비물질계는 그것보다 구성요소에 있어서 고요하고, 대상에 있어서도 고요하므로 더욱 고요하다고 불린다.

995) arūpehi nirodho santataro : ItA. II. 42에 따르면, 남아 있는 형성들의 미세한 상태에 도달한 네 번째 비물질적 선정보다 경지의 성취가 더욱 고요한 것은 오염과 관련된 고뇌를 진압하고, 열반을 대상으로 하기 때문이다. 하물며 일체의 형성의 멈춤이 열반이 아닌가. 그러므로 비물질계보다 소멸이 더욱 고요하다.

[세존] "미세한 물질계에 든[996] 뭇삶과
비물질계에 거처하는 뭇삶은
소멸을 알지 못하고
다시 태어남으로 돌아[997]온다.[998]

미세한 물질계를 완전히 알고
비물질계에도 거처하지 않고[999]
소멸 가운데 해탈한 뭇삶들,
그들은 죽음을 끊어버린 님들이다.[1000]

몸으로 불사의 세계에 닿아서
취착을 여의고 취착의 버림을 실현했으니,
번뇌를 여읜 올바로 원만히 깨달은 님은
슬픔 없이 티끌 없는 진리를 가르친다."[1001]

세존께서는 이와 같은 의취도 역시 설하셨다고 나는 들었다.

74(3-3-5) 아들의 경[Puttasutta][1002]

---

996) rūpūpagā : ItA. II. 42에 따르면, 미세한 물질계의 존재로 간 자를 말한다.

997) nirodhaṁ appajānantā, āgantāro punabbhavaṁ : ItA. II. 42에 따르면, 이것으로서 미세한 물질계와 비물질계의 현상들과 관련하여 소멸의 적멸성을 보여준다.

998) ye ca rūpūpagā sattā | ye ca āruppaṭhāyino | nirodhaṁ appajānantā | āgantāro punabbhavaṁ ||

999) arūpesu asaṇṭhitā : ItA. II. 42에 따르면, '비물질계에 대한 탐욕을 지니고 비물질계의 존재 가운데 확립되지 않고'라는 뜻이다.

1000) ye ca rūpe pariññāya | arūpesu asaṇṭhitā | nirodhe ye vimuccanti | te janā maccūhāyino ||

1001) kāyena amataṁ dhātuṁ | phusayitvā nirūpadhiṁ | upadhippaṭinissaggaṁ | sacchikatvā anāsavo | deseti sammāsambuddho | asokaṁ virajaṁ padan'ti || 이 시에 대한 주석은 It. 46의 주석을 참조하라.

1002) It. 62 : 본사경124(대정17권 694); 잡아함제3(대정2권 220)

1. 이와 같이 세존께서 설하셨고 거룩한 님께서 설하셨다고 나는 들었다.

[세존] "수행승들이여, 세계에는 이러한 세 종류의 아들[1003]이 있다는 것이 알려져 있다. 세 종류란 [63] 무엇인가? 탁월한 아들,[1004] 동등한 아들,[1005] 저열한 아들[1006]이다.

수행승들이여, 어떻게 탁월한 아들이 되는가? 수행승들이여, 세계에 아들의 어머니와 아버지가 깨달은 님[1007]에게 귀의[1008]하지 않고, 가르침[1009]에 귀의하지 않고, 참모임[1010]에 귀의하지 않고, 살아있는 생명을 죽이는 것을 삼가지 않고, 주지 않는 것을 빼앗는

1003) puttā : ItA. II. 42에 따르면, 아들은 적자와 양자 등의 아들을 말한다.

1004) atijāto : ItA. II. 42에 따르면, 자신의 덕성의 관점에서 부모를 뛰어넘어 태어난 자, 그들보다 우월한 덕성을 지닌 자를 말한다.

1005) anujāto : ItA. II. 43에 따르면, 덕성의 관점에서 부모를 따라서 태어난 자, 그들과 동등한 덕성을 지닌 자를 말한다.

1006) avajāto : ItA. II. 43에 따르면, 덕성의 관점에서 부모보다 하열하게 태어난 자, 그들보다 하열한 덕성을 지닌 자를 말한다.

1007) buddha : ItA. II. 43에 따르면, 일체의 현상에 대하여 방해받지 않는 앎을 지녔고, 최상의 특징을 지녔고, 해탈을 성취한, 존재의 다발의 상속으로 가득한 존재로, 일체지의 앎의 토대를 구성하는, 진리에 대한 바르고 원만한 깨달음에 의해서 시설된 최상의 존재이다.

1008) saraṇagamana : ItA. II. 45에 따르면, 두 가지 귀의가 있다. 세간적인 귀의(lokiyasaraṇagamana)와 출세간적인 귀의(lokuttarasaraṇagamana)이다. 출세간적인 귀의는 진리를 본 자들이 길에 드는 순간에 귀의에 의한 오염이 끊어지고, 대상으로는 열반을 대상으로 하게 되고, 기능으로는 일체의 삼보를 성취함으로 성립한다. 세간적인 귀의는 일반적인 사람들이 귀의에 의한 오염을 진압함으로써, 대상으로서 깨달은 님 등의 덕성을 상대로 하여 성취된다. 의미로서는 깨달은 님 등의 대상에 대한 믿음의 획득이다. 그리고 믿음을 뿌리로 한 올바른 견해는 열 가지 공덕행의 토대와 관련하여 견해의 조정(diṭṭhujukamma)이라고 불린다. 또한 귀의는 네 가지 방식으로 일어난다: 자신을 넘겨주는 것(attasanniyyātana)과 그것을 구경으로 삼는 것(tapparāyana)과 학인의 상태가 되는 것(sissabhāvupagamana)과 엎드려 예배하는 것(paṇipāta)이다. 이것들에 대한 상세한 내용은 ItA. II. 45-48을 보라.

1009) dhamma : ItA. II. 44에 따르면, 길을 획득하고 소멸을 깨닫고 가르친 대로 실천하는 자들을 네 가지 나쁜 곳에 떨어지지 않도록 지탱하는 까닭에 가르침이다.(이것은 담마 또는 다르마에 대한 유사언어학적 해석이다.)

1010) saṅgha : ItA. II. 44에 따르면, 올바른 견해와 계행의 축적에 의해서 밀집되었기 때문에 참모임이다.(이것은 상가 또는 쌍가에 대한 유사언어학적 해석이다.)

것을 삼가지 않고, 사랑을 나눔에 잘못을 범하고, 거짓말을 하는 것을 삼가지 않고, 곡주와 과일주 등의 취기있는 것에 취하는 것을 삼가지 않고, 계행을 지키지 않고 악한 성품을 지녔지만, 그들의 아들이 깨달은 님에게 귀의하고, 가르침에 귀의하고, 참모임에 귀의하고, 살아있는 생명을 죽이는 것을 삼가고, 주지 않는 것을 빼앗는 것을 삼가고, 사랑을 나눔에 잘못을 범하는 것을 삼가고, 거짓말을 하는 것을 삼가고, 곡주와 과일주 등의 취기있는 것에 취하는 것을 삼가고, 계행을 지키고 선한 성품을 지닌다면, 수행승들이여, 이와 같이 그는 탁월한 아들이 된다.

수행승들이여, 어떻게 동등한 아들이 되는가? 수행승들이여, 세계에 아들의 어머니와 아버지가 깨달은 님에게 귀의하고, 가르침에 귀의하고, 참모임에 귀의하고, 살아있는 생명을 죽이는 것을 삼가고, 주지 않는 것을 빼앗는 것을 삼가고, 사랑을 나눔에 잘못을 범하는 것을 삼가고, 거짓말을 하는 것을 삼가고, 곡주와 과일주 등의 취기있는 것에 취하는 것을 삼가고, 계행을 지키고 선한 성품을 갖고 있는데, 그들의 아들도 깨달은 님에게 귀의하고, 가르침에 귀의하고, 참모임에 귀의하고, 살아있는 생명을 죽이는 것을 삼가고, 주지 않는 것을 빼앗는 것을 삼가고, 사랑을 나눔에 잘못을 범하는 것을 삼가고, 거짓말을 하는 것을 삼가고, 곡주와 과일주 등의 취기있는 것에 취하는 것을 삼가고, 계행을 지키고 선한 성품을 지닌다면, 수행승들이여, 이와 같이 그는 동등한 아들이 된다.

수행승들이여, 어떻게 저열한 아들이 되는가? 수행승들이여, 세계에 아들의 어머니와 아버지가 깨달은 님에게 귀의하고, 가르침에 귀의하고, 참모임에 귀의하고, 살아있는 생명을 죽이는 것을 삼가고, 주지 않는 것을 빼앗는 것을 삼가고, 사랑을 나눔에 잘못을 범하는 것을 삼가고, 거짓말을 하는 것을 삼가고, 곡주와 과일주 등의 취기있는 것에 취하는 것을 삼가고, 계행을 지키고 선한 성품을 갖고 있지만, 그들의 아들은 깨달은 님에게 귀의하지 않고, 가르침에 귀의하지 않고, 참모임에 귀의하지 않고, 살아있는 생명을 죽이는 것을 삼가지 않고, 주지 않는 것을 빼앗는 것을 삼가지 않고, 사랑을 나눔에 잘못을 범하고, [64] 거짓말을 하는 것을 삼가지 않고, 곡주와 과일주 등의 취기있는 것에 취하는 것을 삼가지 않고, 계행을 지키지 않고 악한 성품을 지닌다면, 수행승들이여, 이와 같이 그는 저열한 아들이 된다."

2. 세존께서는 이와 같은 의취를 설하셨고 그와 관련하여 이와 같이 말씀하셨다.

[세존] "현명한 님들은 탁월한 아들,
동등한 아들을 원하고
가정을 파탄시키는[1011]
저열한 아들을 원하지 않는다.[1012]

이 세계의 아들이[1013]
믿음이 있고, 계행을 갖추고
관대하고, 간탐이 없는
재가의 신도가 되면,

1011) yo hoti kulagandhano : ItA. II. 57에 따르면, 가정을 끊어버리고 가정을 망하게 하는 자를 말한다.

1012) atijātaṁ anujātaṁ | puttam icchanti paṇḍitā | avajātaṁ na icchanti | yo hoti kulagandhano ||

1013) ete kho puttā lokasmiṁ : ItA. II. 57에 따르면, 이러한 탁월한 아들 등의 세 아들이 이 뭇삶의 세계의 아들이고 여기에서 벗어나지 못했다. 그러나 재가신자가 되어 귀의하여 업이 자신이 만든 것이라는 앎을 갖고 업에 밝은 현자로서 오계나 십계 등을 갖춘다.

달이 구름에서 벗어난 듯,
대중 가운데 빛난다."[1014]

세존께서는 이와 같은 의취도 역시 설하셨다고 나는 들었다.

75(3-3-6) 비의 경[Vuṭṭhisutta][1015]

1. 이와 같이 세존께서 설하셨고 거룩한 님께서 설하셨다고 나는 들었다.

[세존] "수행승들이여, 세계에 이러한 세 종류의 사람들이 존재한다. 세 종류란 무엇인가? 비를 내리지 않는 자,[1016] 한 곳에만 비를 내리는 자,[1017] 모든 곳에 비를 내리는 자[1018]이다.

수행승들이여, 사람이 어떻게 비를 내리지 않는 자가 되는가? 수행승들이여, 세계에 어떤 사람은 수행자, 성직자, 극빈자, 노숙자, 유랑자, 구걸자[1019]에 대하여, 먹을 것, 마실 것, 의복, 탈 것, 화환,

---

1014) ete kho puttā lokasmiṁ | ye bhavanti upāsakā | saddhā sīlena sampannā | vadaññū vītamaccharā | cando abbhaghanā mutto | parisāsu virocare'ti ||

1015) It. 64; AN. IV. 239; II. 85 참조.

1016) avuṭṭhikasamo : ItA. II. 58에 따르면, 비를 내리지 않는 구름과 같은 자를 말한다. 어떤 구름은 백 겹, 천 겹으로 겹쳐 일어나 소리내며 굉음을 울리고 번개를 쳐대도 한 방울의 비도 내리지 않듯이, 이와 같이 어떤 사람은 비를 내리지 않는다는 뜻이다.

1017) padesavassī : ItA. II. 58에 따르면, 한 지방에 비를 내리는 자를 말한다. 어떤 한 지방에 비를 내리는 구름과 같은 자를 말한다. 어떤 비는 한 지방에서, 사람이 한 장소에 머물면, 어떤 자는 적시고 어떤 자는 적시지 않듯이, 이와 같이 어떤 사람은 한 지방에 비를 내리는 자라는 뜻이다.

1018) sabbatthābhivassī : ItA. II. 58에 따르면, 일체의 대지와 산과 바다의 세계의 모든 지방에 비를 내리는 구름과 같은 자를 말한다. 어떤 비는 일체의 철위산의 동굴에 퍼져나가 모든 장소에 내리듯, 그 사방의 큰 구름을 한 사람에 비유하자면 모든 곳에 비를 내리는 자라는 뜻이다.

1019) samaṇabrāhmaṇakapaṇaddhikavaṇibbakayācakāna : ItA. II. 58에 따르면, 수행자는 악을 그만 둔 수행자뿐만 아니라 단지 출가한 수행자를 의미하고, 성직자는 단지 악을 짓지 않는 성직자뿐만 아니라 출생에 의한 성직자를 의미하고, 극빈자는 헐벗은 가난한 자를 말하고, 노숙자는 길거리에서 지내며 벌이를 하지 않는 자를 말하고, 유랑자는 '바람직하고 원하는 것이고 마음에 드는 것을 제 때에 비난 없이 믿음의 마음으로 주면, 천상의 하느

향료, 크림, [65] 침대, 주거, 등불과 관련해서, 그들 일체의 사람들에게 보시하지 않는다. 수행승들이여, 사람이 이렇게 비를 내리지 않는 자가 된다.

수행승들이여, 사람이 어떻게 한 곳에만 비를 내리는 자가 되는가? 수행승들이여, 세계에 어떤 사람은 수행자, 성직자, 극빈자, 노숙자, 유랑자, 구걸자에 대하여, 먹을 것, 마실 것, 의복, 탈 것, 화환, 향료, 크림, 침대, 주거, 등불과 관련해서, 그들 일부의 사람들에게는 보시하고 일부의 사람들에게는 보시하지 않는다. 수행승들이여, 사람이 이렇게 한 곳에만 비를 내리는 자가 된다.

수행승들이여, 사람이 어떻게 모든 곳에 비를 내리는 자가 되는가? 수행승들이여, 세계에 어떤 사람은 수행자, 성직자, 극빈자, 노숙자, 유랑자, 구걸자에 대하여, 먹을 것, 마실 것, 의복, 탈 것, 화환, 향료, 크림, 침대, 주거, 등불과 관련해서, 그들 일체의 사람들에게 보시한다. 수행승들이여, 사람이 이렇게 모든 곳에 비를 내리는 자가 된다."

2. 세존께서는 이와 같은 의취를 설하셨고 그와 관련하여 이와 같이 말씀하셨다.

[세존] "수행자, 성직자, 극빈자,
노숙자, 유랑자에게
얻은 바, 먹을 것과 [66] 마실 것과
식사를 나누지 않는다.
그는 비가 내리지 않는 자와 같은 자로서

님 세계에 간다.'라는 방식으로 보시를 유도하고 보시를 찬탄하며 돌아다니는 자이다. 구걸자는 오로지 '한 주먹만 주십시오. 한 홉만 주십시오. 한 잔만 주십시오.'라고 조금만 구걸하며 돌아다니는 자이다.

저열한 사람이라고 부른다.1020)

일부의 사람들에게는 보시하고
일부의 사람들에게는 보시하지 않는다.
슬기로운 사람들은
그를 한 곳에만 비를 내리는 자라고 부른다.1021)

일체의 존재를 가엾게 여기는 님,
음식을 잘 조달하는 님은
기뻐서 용약하며
'보시하라. 보시하라.'라고 말한다.1022)

구름이 천둥을 치고
우르릉거리며 비를 내려,
높고 낮은 곳을 채우고
물이 넘쳐흐르는 것과 같다.1023)

이와 같이 세계에
어떤 사람은 그러하니,
노력을 기울여
정의롭게 재화를 얻어,
먹을 것과 마실 것으로
궁핍한 [67] 자들이 오면, 기쁘게 한다."1024)

1020) na samaṇe naṁ brahmaṇe | na kapaṇaddhikavaṇibbake | laddhāna saṁvibhajati | annaṁ pānañca bhojanaṁ | taṁ ve avuṭṭhikasamo'ti | āhu naṁ purisādhamaṁ ||

1021) ekaccānaṁ na dadāti | ekaccānaṁ pavecchati | taṁ ve padesavassīti | āhu medhāvino janā ||

1022) subhikkhavāco puriso | sabbabhūtānukampako | āmodamāno pakireti | detha dethā'ti bhasati ||

1023) yathāpi megho thanayitvā | gajjayitvā pavassati | ṭhalaṁ ninnañca pūreti | abhisandanto'va vārinā ||

세존께서는 이와 같은 의취도 역시 설하셨다고 나는 들었다.

76(3-3-7) 행복의 열망에 대한 경[Sukhapatthanāsutta][1025]

1. 이와 같이 세존께서 설하셨고 거룩한 님께서 설하셨다고 나는 들었다.

[세존] "수행승들이여, 현자라면 이러한 세 가지 행복을 바라면서 계행[1026]을 지켜야 한다. 세 가지란 무엇인가? '나에게 명예가 다가올 것이다.'라고[1027] 생각하며 계행을 지켜야 한다. '나에게 재산이 생겨날 것이다.'라고[1028] 생각하며 계행을 지켜야 한다. '몸이

1024) evameva idhekacco | puggalo hoti tādiso | dhammena saṁharitvāna | uṭṭhānādhigataṁ dhanaṁ | tappeti annapānena | sammā patte vaṇibbake'ti ||

1025) It. 67 : 본사경122(대정17권 693)

1026) sīla : ItA. II. 60에 따르면, 재가의 계행(gahaṭṭhasīla)과 출가의 계행(pabbajitasīla)이 있다. 재가자는 재가의 계행을 지키고, 출가자는 네 가지 청정한 계행(四淨戒 : catupārisuddhisīla)[의무계율을 수호하는 계행(別解脫律儀戒 : pāṭimokkhasaṁvarasīla), 감관을 수호하는 계행(根律儀戒 : indriyasaṁvarasīla), 생활을 청정하게 하는 계행(活命遍淨戒 : ājīvaparisuddhisīla), 규정된 생필품만 사용하는 계행(資具依止戒 : paccayasannissitasīla)]을 지켜야 한다.

1027) pasaṃsā me āgacchatu'ti : ItA. II. 60에 따르면, '훌륭한 명성이 다가올 것이다.'라고 바라면서 계행을 지켜야 한다. 재가자라면 '아무개의 가문의 아들은 성품이 훌륭하고 믿음이 있고 청정하고 베푸는 자이고 실천하는 자이다.'라고 대중가운데 훌륭한 명성을 드날린다. 출가자라면 '아무개 수행승은 계행을 지키고 의무를 준수하고 헌신적이고 함께 지내기 쉽고 존경할 만하고 공손하다.'라고 대중가운데 훌륭한 명성을 드날린다. 그래서 이렇게 말해진다. '장자들이여, 세계에 계행을 지키고 계행을 갖춘 자는 선한 명성을 드날린다.'(DN. II. 86) "수행승들이여, 만약 수행승이 '나는 동료 수행자를 사랑하고 좋아하고 그들로부터 존경받고 인정받는 것을 원한다.'라고 한다면, 그는 계행을 원만히 하고 안으로 마음의 멈춤을 유지하고 선정을 경시하지 않고 통찰을 갖추어 한가한 곳에 지내야 한다."(MN. I. 33)

1028) bhogā me uppajjantu'ti : ItA. II. 60에 따르면, 재가자가 계행을 지니고 훌륭한 성품을 지녔으면, 그때그때 기술을 적용하여 농부나 상인이나 공무원으로 생계를 도모하면, 그때그때 적당한 시간에 적당한 방식으로 극도로 부지런하여 지금까지 생겨나지 않은 재산이 생겨나고 생겨난 재산은 불어난다. 그러나 출가자가 계행을 갖추고 방일하지 않음을 닦고 새김을 확립하면, 계행을 갖추고 계행을 구족한 욕망을 여읜 성품을 지닌 사람들은 고귀한 필수품을 가져온다. 이처럼 아직 생겨나지 않은 재물이 생겨나고 생겨난 재물은 견고해 진다. 그래서 이와 같이 말해진다. '장자들이여, 세계에 계행을 지키고 계행을 갖춘 자는 커다란 재산을 획득한다.'(DN. II. 86) "그리고 만약 수행승이 '나는 의복, 음식, 처소, 필수약품

파괴되고 죽은 뒤에 좋은 곳, 천상세계에 태어날 것이다.'라고 생각하며 계행을 지켜야 한다. 수행승들이여, 현자라면 이러한 세 가지 행복을 바라면서 계행을 지켜야 한다."

2. 세존께서는 이와 같은 의취를 설하셨고 그와 관련하여 이와 같이 말씀하셨다.

[세존] "세 가지 행복을 바라면서
슬기로운 자는 계행을 지켜야 한다.
명예를 얻고 재산을 얻는 것과
죽어서 천상에서 기뻐하는 것이다.1029)

악을 짓지 않더라도
악을 짓는 사람을 섬기면,
악에 관련된 것으로 의심받고
그에게 비난이 자라난다.1030)

이와 같은 자를 친구로 삼아
이와 같은 자를 사귀면,
그는 [68] 실로 그와 같이 된다.
함께 사는 것도 마찬가지다.1031)

악한 친구와 사귀는 자를 사귀고

을 얻는 것을 원한다.'라고 한다면, 그는 계행을 원만히 하고 안으로 마음의 멈춤을 유지하고 선정을 경시하지 않고 통찰을 갖추어 한가한 곳에 지내야 한다."(MN. I. 33)

1029) sīlaṁ rakkheyya medhāvī | patthayāno tayo sukhe | pasaṁsaṁ vittalābhañca | pecca sagge pamodanaṁ ||

1030) akaronto'pi ce pāpaṁ | karontam upasevati | saṅkiyo hoti pāpasmiṁ | avaṇṇo cassa rūhati ||

1031) yādisaṁ kurute mittaṁ | yādisaṁ cūpasevati | sa ve tādisako hoti | sahavāso'pi tādiso ||

접촉하는 자와 접촉하는 것은
독 묻은 화살이
깨끗한 화살묶음을 오염시키는 것과 같다.
현명한 자라면 오염을 두려워하여
악한 친구와 함께 하지 않으리.[1032]

악취가 나는 물고기를
길상초의 잎사귀 끝으로 닿게 하면,
길상초 또한 악취를 풍긴다.
어리석은 자를 섬김은 이와 같다.[1033]

어떤 사람이 목향수를
잎사귀들로 감싸게 하면,
잎사귀들이 향기를 풍긴다.
슬기로운 자를 섬김은 이와 같다.[1034]

동일한 잎사귀들의 바구니에서,[1035]
그러므로 자신의 성숙을 알아서[1036]
참사람이 아닌 자들을 섬기지 말고

1032) sevamāno sevamānaṁ | samphuṭṭho samphusaṁ paraṁ | saro diddho kalāpaṁ'va | alittam upalimpati | upalepabhayā dhīro | neva pāpasakhā siyā ||

1033) pūtimacchaṁ kusaggena | yo naro upanayhati | kusā'pi pūtī vāyanti | evaṁ bālū pasevanā ||

1034) tagarañca palāsena | yo naro apanayhati | pattā'pi surabhi vāyanti | evaṁ dhīrū pasevanā ||

1035) tasmā pattapuṭasseva : ItA. II. 63에 따르면, '악한 친구를 섬김에는 위험이 있고 선한 친구를 섬김에는 공덕이 있으므로, 잎들의 바구니, 잎사귀들의 바구니에서처럼 악취와 향기의 대상이 섞이고, 악하고 선한 사람이 섞였으므로'라는 뜻이다.

1036) ñatvā sampākam attano : ItA. II. 63에 따르면, 자신의 고통을 가져오고 행복을 가져오는 결과의 완성을 알고 참사람이 아닌 악한 친구를 사귀지 말고, 참사람으로서 고요하고 잘못을 토해내고 ― 제거할 줄 알고 ― 칭찬받는 현명한 자를 사귀어야 한다.

현자라면 참사람들을 [69] 섬겨야 하리.
참사람이 아닌 자들은 지옥으로 이끌고
참사람들은 천상세계로 이끈다."[1037]

세존께서는 이와 같은 의취도 역시 설하셨다고 나는 들었다.

77(3-3-8) 부서지기 쉬움에 대한 경[Bhidurasutta][1038]

1. 이와 같이 세존께서 설하셨고 거룩한 님께서 설하셨다고 나는 들었다.

[세존] "수행승들이여, 이 몸은 부서지기 쉬운 것이다.[1039] 의식은 사라지고야 마는 것이다.[1040] 일체의 집착대상은 무상하고 괴롭고 변화하고야 마는 것이다."[1041]

2. 세존께서는 이와 같은 의취를 설하셨고 그와 관련하여 이와 같이 말씀하셨다.

1037) tasmā pattapuṭasseva | ñatvā sampākam attano | asante nopaseveyya | sante seveyya paṇḍito | asanto nirayaṁ nenti | santo pāpenti suggatin'ti ||

1038) It. 69 : 한역에 해당경전이 없다.

1039) bhidurāyaṃ kāyo : ItA. II. 63에 따르면, 이 신체적인 몸은 부서지기 쉽다. 크고 작은 지체와 머리카락의 집합에 의해서 경멸스럽고 혐오스러운 것들이 생겨나는 입구가 몸이다. 이 몸은 네 가지 광대한 존재(四大: cattāri mahābhūtāni)[땅의 광대한 존재(地大 : paṭhavīmahābhūta), 물의 광대한 존재(水大 : āpomahābhūta), 불의 광대한 존재(火大 : tejomahābhūta), 바람의 광대한 존재(風大 : vāyomahābhūta)]로 이루어진 물질적 몸이라서 부서지기 쉽고 부서지는 성질을 가지고 있고 순간순간 해체되는 성질을 갖고 있다.

1040) viññāṇaṃ virāgadhammaṃ : ItA. II. 64에 따르면, 의식(識: viññāṇa)은 삼계에 속하는, 착하고 건전한 것 등의 마음이다. 용어의 의미는 이러저러한 대상을 분별하므로(알아채는) 의식이다. 지각하거나 분명히 아는(이해하는) 것이 아닌 대상에 대해 분별하는(알아채는) 인식이 의식이다. 이 의식은 사라지게 마련이고 파괴되는 성질을 지녔다.

1041) sabbe upadhi aniccā dukkhā vipariṇāmadhammā'ti : ItA. II. 64에 따르면, '일체의 집착대상'은 존재의 다발의 집착대상, 오염의 집착대상, 유위적 조작의 집착대상, 다섯 가지 감각적 쾌락의 집착대상을 말한다. 그것들은 여기에 괴로움이 기초하고 있는 까닭에 집착대상이라고 지각된 것이다. 즉, 일체의 집착대상은 존재하다가 존재하지 않게 되므로 무상하고, 생멸의 핍박당하므로 괴롭고, 늙음과 죽음의 양자에 의해 변화의 성질에 종속되므로 원래의 본성을 버리기 때문에 변화하고야 마는 것이다.

[세존] "몸은 부서지기 쉬운 것,
의식도 부서지기 쉬운 것이라고 알고
집착대상에서 두려움을 보고[1042]
태어남과 죽음을 뛰어넘어[1043]
최상의 적멸에 도달하여[1044]
자신을 극복한 자는 열반의 때를 기다[1045]린다."[1046]

세존께서는 이와 같은 의취도 역시 설하셨다고 나는 들었다.

78(3-3-9) 세계의 사귐에 대한 경[Dhātusaṁsandanāsutta][1047]

1. 이와 같이 [70] 세존께서 설하셨고 거룩한 님께서 설하셨다고 나는 들었다.

[세존] "수행승들이여, 세계에 따라[1048] 뭇삶들은 뭇삶들과 함께 사귀고[1049] 어울린다.[1050] 저열한 경향의[1051] 뭇삶들은 저열한 경

1042) upadhīsu bhayaṁ disvā : ItA. II. 64에 따르면, '세 가지 집착대상에서 두려움의 현상에 대한 앎을 통해 두려움을 보고 두려워해야 한다는 사실을 보고'라는 뜻이다. 그는 이러한 강력한 통찰을 보여준다. 그리고 위험에 대한 관찰과 싫어하여 떠남의 관찰이 수반되어야 한다.

1043) jātimaraṇamaccagā : ItA. II. 64에 따르면, 이와 같이 철저히 알고, 통찰의 앎을 길에 적용하여, 길을 거쳐서 거룩한 경지에 이르러 늙음과 죽음을 뛰어넘는다.

1044) sampatvā paramaṁ santiṁ : ItA. II. 65에 따르면, '궁극의 최상의 위없는 적멸, 일체의 형성의 지멸, 열반에 도달하여'라는 뜻이다.

1045) kālaṁ kaṅkhati bhāvitatto : ItA. II. 65에 따르면, 네 가지 고귀한 길을 통해 존재에 대한 꿰뚫음의 완성을 통해서, 신체와 관련하여 계행, 마음과 관련하여 지혜를 닦아 자아를 극복하고, 늙고 죽음을 즐기지 않고, 오로지 자신의 존재의 다발의 소멸에 의한 열반의 때를 기다리고 기대한다.

1046) kāyaṁ ca bhiduraṁ ñatvā | viññāṇaṁ ca pabhaṅguraṁ | upadhīsu bhayaṁ disvā | jātimaraṇamaccagā | sampatvā paramaṁ santiṁ | kālaṁ kaṅkhati bhāvitatto'ti ||

1047) It. 70 : 본사경111(대정17권 689)

1048) dhātuso : ItA. II. 65에 따르면, 경향의 세계(ajjhāsayadhātu)를 의미한다.

1049) saṃsandanti : ItA. II. 65에 따르면, 세계에 공존하면서 세계에 따라, 경향에 따라, 들러붙어 하나가 된다는 것이다.

향의 뭇삶들과 함께 사귀고 어울린다. 탁월한 경향의[1052] 뭇삶들은 탁월한 경향의 뭇삶들과 함께 사귀고 어울린다.[1053]

수행승들이여, 과거세에도 세계의 뭇삶들은 뭇삶들과 함께 사귀고 교제했다. 저열한 경향의 뭇삶들은 저열한 경향의 뭇삶들과 함께 사귀고 교제했다. 탁월한 경향의 뭇삶들은 탁월한 경향의 뭇삶들과 함께 사귀고 교제했다.

수행승들이여, 미래세에도 세계의 뭇삶들은 뭇삶들과 함께 사귀고 교제할 것이다. 저열한 경향의 뭇삶들은 저열한 경향의 뭇삶들과 함께 사귀고 교제할 것이다. 탁월한 경향의 뭇삶들은 탁월한 경향의 뭇삶들과 함께 사귀고 교제할 것이다.

수행승들이여, 지금 현세에도 세계의 뭇삶들은 뭇삶들과 함께 사

1050) samenti : ItA. II. 65에 따르면, 동일한 성향을 지닌 한 마음이 되어 모여서 서로 사귀고 접근하거나 또는 자신의 기호・이해・견해를 이러저러한 것에 맞추어 나아가는 것이다.

1051) hīnādhimuttikā : ItA. II. 65에 따르면, 저열한 감각적 쾌락에 대한 욕망의 대상 등을 지향하는 경향을 말한다.

1052) kalyāṇādhimuttikā : ItA. II. 65에 따르면, 훌륭한 욕망의 여읨 등을 지향하는 탁월한 성향을 말한다.

1053) hīnādhimuttikā sattā hīnādhimuttikehi sattehi saddhiṃ saṃsandanti samenti. kalyāṇādhimuttikā sattā kalyāṇādhimuttikehi sattehi saddhi saṃsandanti samenti : ItA. II. 65-66에 따르면, 만약에 스승과 친교사가 계행을 지니지 않고 제자와 동거수행자가 계행을 지니면, 그들은 스승과 친교사에게 접근하지 않고 자신들과 동등한 수행승들에게 접근한다. 또한 스승과 친교사가 계행을 지니고 제자와 동료수행자가 계행을 지니지 않으면, 그들은 스승과 친교사에게 접근하지 않고 자신들과 동등한 저열한 자들에게 접근한다. 이러한 접근은 현재에만 그러한 것이 아니라 과거와 미래에도 마찬가지이다. 간단히 말해서 오염된 상태를 지향하는 자들이 저열한 경향을 지닌 자들이고 청정한 상태를 지향하는 자들이 수승한 경향을 지닌 자들이다. 이러한 것과 관련하여 세존께서는 라자가하 시의 깃자꾸따 산에 계실 때, 병상에 누워 있던 세존께서는, 자신을 수호할 목적으로 둘러싸고 지내던 싸리뿟따와 목갈라나 등이 각각 자신의 무리들을 데리고 걷고 있는 것을 보고 수행승들에게 말했다: "'수행승들이여, 그대들은 싸리뿟따가 많은 수행승들과 함께 거니는 것을 보았는가?' '세존이시여, 그렇습니다.' '수행승들이여, 그 모든 수행승들은 위대한 지혜를 지닌 자들이다.' '수행승들이여, 그대들은 목갈라나가 많은 수행승들과 함께 거니는 것을 보았는가?' '세존이시여, 그렇습니다.' '수행승들이여, 그 모든 수행승들은 위대한 신통을 지닌 자들이다.' '수행승들이여, 그대들은 데바닷따가 많은 수행승들과 함께 거니는 것을 보았는가?' '세존이시여, 그렇습니다.' '수행승들이여, 그 모든 수행승들은 사악한 욕망을 지닌 자들이다.'"(SN. II. 159)

귀고 어울린다. 저열한 경향의 뭇삶들은 저열한 경향의 뭇삶들과 함께 사귀고 어울린다. 탁월한 경향의 뭇삶들은 탁월한 경향의 뭇삶들과 함께 사귀고 어울린다."

2. 세존께서는 이와 같은 의취를 설하셨고 그와 관련하여 이와 같이 말씀하셨다.

[세존] "교제를 통해 덤불이 생겨나고1054)
교제를 여의면 덤불이 잘린다.1055)
작은 [71] 통나무에 올라탄 사람이
큰 바다에서 가라앉는 것처럼,1056)
이처럼 올바로 사는 자라도
나태한 자를 가까이하면 가라앉는다.1057)
그러므로 정진하지 않는
게으른 자를 멀리 해야 하리.1058)

1054) saṁsaggā vanatho jāto : ItA. II. 66에 따르면, 교제 즉, 함께 지내는 것 등에 의한 부패에 의해서 길을 통해 제거되지 않았기 때문에 덤불 즉, 오염이 생겨난다는 의미이다. 교제에는 다섯 가지 종류의 교제(pancavidhā saṁsaggā)가 있다. 보는 것에 의한 교제(dassanasaṁsagga), 듣는 것에 의한 교제(savanasaṁsagga), 대화에 의한 교제(samullāpanasaṁsagga), 즐김에 의한 교제(sambhogasaṁsagga), 신체에 의한 교제(kāyasaṁsagga)가 있다.

1055) asaṁsaggena chijjati : ItA. II. 66에 따르면, 교제를 끊음에 의해서 신체적 멀리 여읨 등에 의해서 이전의 단계에서 끊어버리고, 궁극적인 무교제에 의해서, 끊어버림을 통한 멀리 여읨에 의해서, 끊고 버린다는 뜻이다.

1056) parittaṁ dārum āruyha, yathā sīde mahaṇṇave : ItA. II. 66에 따르면, 작은 통나무로 된 뗏목을 가져와 큰 바다를 건너려고 하는 자는 저 언덕에 도달하지 못하고 바다 가운데 가라 앉아 떨어져서 물고기와 거북이의 밥이 된다.

1057) evaṁ kusitamāgamma, sādhujivīpi sīdati : ItA. II. 67에 따르면, 게으르고 열심히 정진하는 것이 없어 오염 속에서 사는 사람에 의존해서 교제를 일삼는 사람은 올바른 삶을 지니고 청정한 삶을 살고 청정한 계행을 지니더라도 저열한 교제를 통해서 생겨난 감각적 쾌락의 욕망 에 대한 사유 등에 잡아먹혀진 바가 되어, 피안으로 가지 못하고, 큰 바다에 가라앉는다.

1058) saṁsaggā vanatho jāto | asaṁsaggena chijjati | parittaṁ dārum āruyha | yathā sīde mahaṇṇave | evaṁ kusitamāgamma | sādhujivīpi sīdati | tasmā taṁ parivajjey

멀리 떠나 스스로 노력하고
선정에 드는 고귀한 님,
항상 열심히 정진하는
현명한 님과 함께 지내야 하리."1059)

세존께서는 이와 같은 의취도 역시 설하셨다고 나는 들었다.

79(3-3-10) 퇴전의 경[Parihānasutta]1060)

1. 이와 같이 세존께서 설하셨고 거룩한 님께서 설하셨다고 나는 들었다.

[세존] "수행승들이여, 이러한 세 가지 원리가 학인인 수행승을 퇴전으로 이끈다.1061) 세 가지란 무엇인가? 수행승들이여, 세상에 학인인 수행승이 세속적인 일을 즐기고 세속적인 일을 기뻐하고 세속적인 일의 즐김에 몰두하고,1062) 잡담을 즐기고 잡담을 기뻐하고 잡담의 즐김에 몰두하고,1063) 수면을 즐기고 수면을 기뻐하고

---

ya | kusītaṁ hīnavīriyaṁ ||

1059) pavivittehi ariyehi | pahitattehi jhāyibhi | niccaṁ āraddhaviriyehi | paṇḍitehi sahā vase'ti ||

1060) It. 71 : 본사경127(대정17권 694)

1061) parihānāya saṃvattanti : ItA. II. 67에 따르면, 성장하지 못하게 하고 길의 성취를 방해하게 한다는 뜻이다. 길을 성취하면 퇴전은 없다.

1062) kammārāmo hoti kammarato kammārāmatamanuyutto : ItA. II. 67에 따르면, 세속적인 일은 할 일거리를 말하는데, 세속적인 일을 즐기고 세속적인 일을 기뻐하고 세속적인 일의 즐김에 몰두하는 것을 말한다. 일은 예를 들어 옷을 잰다던가 옷을 만든다던가 안감을 댄다던가 등, 승원에서의 세속적인 일을 말한다.

1063) bhassārāmo hoti bhassarato bhassārāmatamanuyutto : ItA. II. 68에 따르면, 잡담은 세존께서 금한 왕에 대한 이야기 등을 통해서 밤낮을 보내는 것을 말한다. 반면에 밤낮으로 가르침을 말하고 질의응답하는 자는 잡담이 없고 대화의 한계를 안다: "수행승들이여, 믿음으로써 집에서 집 없는 곳으로 출가한 그대들 훌륭한 가문의 자제들이 법담을 위하여 모였다는 것은 훌륭한 일이다. 수행승들이여, 모임은 두 종류로 이루어져야 한다. 가르침에 대해 이야기하거나 고귀한 침묵을 지키는 일이다."(MN. I. 161)

수면의 즐김에 몰두한다.1064) 수행승들이여, 이러한 세 가지 원리가 학인인 수행승을 퇴전으로 이끈다.

수행승들이여, 이러한 세 가지 원리가 학인인 수행승을 불퇴전으로 이끈다. 세 가지란 무엇인가? 수행승들이여, 세상에 학인인 수행승이 세속적인 일을 즐기지 않고 세속적인 일을 기뻐하지 않고 세속적인 일의 즐김에 몰두하지 않고, 잡담을 즐기지 않고 잡담을 기뻐하지 않고 잡담의 즐김에 몰두하지 않고, 수면을 즐기지 않고 수면을 기뻐하지 않고 [72] 수면의 즐김에 몰두하지 않는다. 수행승들이여, 이러한 세 가지 원리가 학인인 수행승을 불퇴전으로 이끈다."

2. 세존께서는 이와 같은 의취를 설하셨고 그와 관련하여 이와 같이 말씀하셨다.

[세존] "세속적 일을 즐기고, 잡담을 즐기고
수면을 즐기는, 마음이 들떠있는1065)
그러한 수행승은 참으로
최상의 원만한 깨달음에 닿을 수가 없다.1066)

그러므로 할 일이 없고1067)

1064) niddārāmo hoti niddārato niddārāmatamanuyutto : ItA. II. 68에 따르면, 배불리 먹고 눕는 즐거움, 횡와(橫臥)의 즐거움, 잠의 즐거움을 누리는 자, 누워서 혼침과 산란에 정복되어 잠자는 것을 즐기는 자를 말한다. 그러나 신체적인 몸이 불편하여 마음이 존재상속(潛在意識: bhavaṅga)의 상태에 들어간 자는 잠자는 것을 즐기는 자가 아니다. 이것과 관련하여 이와 같이 말해진다: '악기베싸나여, 나는 여름의 마지막 달에 식사를 마친 뒤, 탁발에서 돌아와 큰 옷을 네 겹으로 깔고 오른쪽 옆구리를 아래로 하고 누워 새김을 확립하고 올바로 알아차리며 수면에 든 것을 기억합니다.'(MN. I. 249)

1065) uddhato : ItA. II. 68에 따르면, 마음의 혼란에 의해, 들뜸으로서, 균형을 잃어, 고요함이 없는 것을 말한다.

1066) kammārāmo bhassarato | niddārāmo ca uddhato | abhabbo tādiso bhikkhu | phuṭṭhuṁ sambodhim uttamaṁ ||

1067) appakicca : ItA. II. 68에 따르면, 허락된 의무를 알맞고 적절한 시간에 실천하기 때문

혼침이 없고,1068) 마음이 들떠있지 않은1069)
그러한 수행승이야말로 참으로
최상의 원만한 깨달음에 닿을 수 있다."1070)

세존께서는 이와 같은 의취도 역시 설하셨다고 나는 들었다.

이로써 제3장 「셋모음」의 「제3품」이 끝났다. 그 내용은 차례로 '1. 잘못된 견해의 경 2. 올바른 견해의 경 3. 여읨의 경 4. 더욱 고요함의 경 5. 아들의 경 6. 비의 경 7. 행복의 열망에 대한 경 8. 부서지기 쉬움에 대한 경 9. 세계의 사귐에 대한 경 10. 퇴전의 경'으로 이루어졌으며, 「제3품」이라고 불린다.

에 일이 없는 것을 뜻한다.

1068) appamiddho : ItA. II. 68에 따르면, 낮에 경행하면서 앉는 것 등의 언급된 깨어있음에 대한 실천 등으로 잠이 없는 것을 말한다.

1069) anuddhato : ItA. II. 68에 따르면, 잡담을 즐겨 일어나는 마음의 동요를 피함으로써 고요한, 마음이 집중된 상태를 지닌 것을 말한다.

1070) tasmā hi appakicc'assa | appamiddho anuddhato | bhabbo so tādiso bhikkhū | phuṭṭhuṁ sambodhim uttaman'ti ||

4. 제사품[Catutthavagga]

80(3-4-1) 사유의 경[Vitakkasutta][1071]

1. 이와 같이 세존께서 설하셨고 거룩한 님께서 설하셨다고 나는 들었다.

[세존] "수행승들이여, 이러한 세 가지 악하고 불건전한 사유[1072]가 있다. 세 가지란 무엇인가? 체면에 묶인 사유,[1073] 이익과 명예와 칭송에 묶인 사유,[1074] 타인의 배려에 묶인 사유[1075]이다. 수행승들이여, 이러한 세 가지 악하고 불건전한 사유가 있다."

2. 세존께서는 이와 같은 의취를 [73] 설하셨고 그와 관련하여 이와 같이 말씀하셨다.

[세존] "체면에 묶이고,
이익과 명예와 칭송에 묶여,
동료들과 쾌락을 추구하는 자는
결박의 부숨과는 거리가 멀다.[1076]

1071) It. 72 : 본사경126(대정17권 694)

1072) tayo akusalavitakkā : ItA. II. 69에 따르면, 잘못된 사유를 뜻한다.

1073) anavaññattipaṭisaṃyutto vitakko : ItA. II. 69에 따르면, 체면은 경멸당하지 않는 것이고, 다른 사람에 의해서 자신이 적대당하지 않고 무시당하지 않는 것으로, '오 나를 다른 사람이 무시하지 않을 것이다.'라고 바라는 습관인데, 그 경멸당하지 않음과 관계되고 결합되고 그것과 관계되어 일어난 사유를 말한다.

1074) lābhasakkārasilokapaṭisaṃyutto vitakko : ItA. II. 69에 따르면, 옷 등을 이익에 의해서뿐만 아니라 명성과 칭송과 관계된 사유를 말한다.

1075) parānuddayatāpaṭisaṃyutto vitakko : ItA. II. 69에 따르면, 다른 사람에 대한 배려라는 가명 아래 세속적 애정(gehasitapema)에 묶인 사유를 말한다. 이것에 관해 이와 같이 말해진다: '세상에 수행승이 세속인과 뒤섞여 살면서, 기쁨을 같이하고 슬픔을 같이 하며, 즐거운 사람 가운데 즐거워하고 괴로운 사람 가운데 괴로워하고 일거리가 있을 때마다 스스로 모든 일에 관여한다면, 수행승이여, 이것을 인간에게 탈취되는 것이라고 한다.'(SN. IV. 180)

자식과 가축을 버리고
신부들이기[1077]와 재산[1078]을 버린다면,
그러한 수행승이야말로 참으로
최상의 원만한 깨달음에 닿을 수 있다."[1079]

세존께서는 이와 같은 의취도 역시 설하셨다고 나는 들었다.

81(3-4-2) 공경의 경[Sakkārasutta][1080]

1. 이와 같이 세존께서 설하셨고 거룩한 님께서 설하셨다고 나는 들었다.

[세존] "수행승들이여, 나는 공경에 의해 정복되어 마음을 빼앗긴[1081] 뭇삶들이 몸이 파괴되어 죽은 뒤에 괴로운 곳, 나쁜 곳, 비참한 곳, 지옥에 태어나는 것을 본다. 수행승들이여, 나는 불공경에 의해 정복되어 마음을 빼앗긴[1082] 뭇삶들도 몸이 파괴되어 죽은

1076) anavaññattisaṁyutto | lābhasakkāragāravo | sahanandi amaccehi | ārā saṁyoja nakkhayā ||

1077) vivāhe : ItA. II. 70에 따르면, 신부를 집으로 데려오는 것을 말한다.

1078) saṅgahāni : ItA. II. 70에 따르면, 소유물을 말한다.

1079) yo ca puttapasuṁ hitvā | vivāhe saṅgahāni ca | bhabbo so tādiso bhikkhu | phuṭ ṭhuṁ sambodhim uttaman'ti ||

1080) It. 73 : 한역에 해당경전이 없다.

1081) sakkārena abhibhūtā pariyādinnacittā : ItA. II. 70에 따르면, 공경에 의해서 이 세상의 어떤 사람들은 악을 원하고, 욕망에 의해서 행하고, 욕망의 실현에 입각하여, 공경을 생겨나게 하리라고, 여러 가지로 부적당하고 부적절한 것에 빠져, 죽어서 괴로운 곳에 태어난다. 반면에 다른 사람들은 공경을 얻어, 그것에 소속되는 교만에 의한 도취와 간탐 등을 통해서 방일에 빠져, 이 세계에서 죽어, 괴로운 곳에 태어난다. 그래서 공경에 의해 정복되어 마음을 빼앗긴 것이라고 한다. 공경에 정복되어 마음을 빼앗긴 자로서는 데바닷따(Devadat ta)가 있다: '파초와 대나무와 갈대는 자신의 열매가 자신을 죽인다. 수태가 노새를 죽이듯, 공경이 악인을 죽인다.'(SN. I. 71, II. 241; Vin. II. 188; AN. II. 73)

1082) asakkārena abhibhūtā pariyādinnacittā : ItA. II. 70에 따르면, 공경받지 못하고, 경멸당하여 다른 사람에 의해서 자신에게 일어난 불공경의 원인을 통해서, 또는 불공경의 원인이 되는 교만 등에 의해서 정복되어, 마음을 빼앗긴 것을 말한다. 불공경에 정복되어 마음

뒤에 괴로운 곳, 나쁜 곳, 비참한 곳, 지옥에 태어나는 것을 본다. 수행승들이여, 나는 공경에 의해, 불공경에 의해, 그 양자에 의해서[1083] 정복되어 마음을 빼앗긴 뭇삶들이 몸이 파괴되어 죽은 뒤에 괴로운 곳, 나쁜 곳, 비참한 곳, [74] 지옥에 태어나는 것을 본다.

수행승들이여, 그런데 나는 다른 수행자나 성직자에게 들어서 말하는 것이 아니다. 수행승들이여, 실로 나는 스스로 알고 스스로 보고 스스로 이해하여 말하는 것이다.

수행승들이여, 나는 공경에 의해 정복되어 마음을 빼앗긴 뭇삶들이 몸이 파괴되어 죽은 뒤에 괴로운 곳, 나쁜 곳, 비참한 곳, 지옥에 태어나는 것을 본다. 수행승들이여, 나는 불공경에 의해 정복되어 마음을 빼앗긴 뭇삶들도 몸이 파괴되어 죽은 뒤에 괴로운 곳, 나쁜 곳, 비참한 곳, 지옥에 태어나는 것을 본다. 수행승들이여, 나는 공경에 의해, 불공경에 의해, 그 양자에 의해서 정복되어 마음을 빼앗긴 뭇삶들이 몸이 파괴되어 죽은 뒤에 괴로운 곳, 나쁜 곳, 비참한 곳, 지옥에 태어나는 것을 본다."

2. 세존께서는 이와 같은 의취를 설하셨고 그와 관련하여 이와 같이 말씀하셨다.

[세존] "공경받거나 공경받지 못해도,
양자에 의해서도
삼매가 흔들리지 않고[1084]

을 빼앗긴 자로서는 단다낀(Daṇḍakin: Jat. V. 143) 왕. 깔링가(Kaliṅga: Jat. V. 267, IV. 389) 왕, 밋자(Mijjha: Jat. II. 262, III. 126) 왕 등이 있다.

1083) sakkārena ca asakkārena ca : ItA. II. 70에 따르면, '어떤 자에 의한 공경에 의해서, 어떤 자에 의한 불공경에 의해서'라는 뜻이다.

1084) samādhi na vikampati : ItA. II. 70에 따르면, 심일경성(心一境性: ekaggabhava)에 의해서 흔들리지 않는다는 뜻이다.

방일을 여의고 지내는 님이[1085] 있으니.[1086]

항상 노력하는 선정을 닦는 님
섬세한 관찰로 통찰하는 님,[1087] [75]
집착의 부숨을 즐기는 그 님을[1088]
진실로 참사람이라고 부른다."[1089]

세존께서는 이와 같은 의취도 역시 설하셨다고 나는 들었다.

82(3-4-3) 천신의 목소리의 경[Devasaddasutta][1090]

1. 이와 같이 세존께서 설하셨고 거룩한 님께서 설하셨다고 나는 들었다.

[세존] "수행승들이여, 때때로 천상에서[1091] 이러한 세 가지 천신의 목소리[1092]가 들린다. 세 가지란 무엇인가?

수행승들이여, 거룩한 제자가 머리와 수염을 깎고 가사를 걸치고 집에서 집없는 곳으로 출가하려고 생각할 때에,[1093] 그 때에 수행

1085) appamādavihārino : ItA. II. 70에 따르면, 방일을 야기하는 원리인 탐욕 등을 완전히 버렸기 때문에 불방일하게 지내는 거룩한 님을 말한다.

1086) yassa sakkariyamānassa | asakkārena cūbhayaṁ | samādhi na vikampati | appamādavihārino ‖

1087) sukhumadiṭṭhivipassakaṁ : ItA. II. 70에 따르면, 경지의 성취를 위하여 섬세한 관찰, 지혜에 의해서 항상 일어나는 것을 통찰하기 때문에, 섬세한 관찰로 통찰하는 님이다.

1088) upādānakkhayārāmaṁ : ItA. II. 70에 따르면, 네 가지 집착(四取: cattāro upādānāni)[감각적 쾌락의 욕망에 대한 집착(欲取 : kāmûpādāna), 견해에 대한 집착(見取 : diṭṭhûpādāna), 규범과 금계에 대한 집착(戒禁取 : sīlabbatûpādāna), 자아이론에 대한 집착(我語取 : attavādûpādāna)]을 부수고 그 결과가 된 거룩한 경지를 즐기는 님을 말한다.

1089) taṁ jhāyinaṁ sātatikaṁ | sukhumadiṭṭhivipassakaṁ | upādānakkhayārāmaṁ | āhu sappuriso itī'ti ‖

1090) It. 75 : 본사경137(대정17권 698)

1091) devesu : ItA. II. 72에 따르면, 비물질계의 천상(arūpâvacaradevā)과 지각을 여읜 천상(asaññīdevā)를 말한다.

1092) devasaddā : ItA. II. 72에 따르면, 신들의 희열에서 발성되는 소리이다.

승들이여, '이 고귀한 제자는 악마와 전쟁하려고 생각한다.'라고[1094] 천상에서 천신의 목소리가 들린다. 수행승들이여, 이것이 때때로 천상에서 들리는 목소리가운데 첫 번째 천신의 목소리이다.

또한 수행승들이여, 고귀한 제자가 일곱 가지 깨달음에 도움이 되는 원리들에 대한[1095] 수행을 적용하여 실천할 때에, 그 때에 수행승들이여, '이 고귀한 제자는 악마와 전쟁하고 있다.'라고 천상에서 천신의 목소리가 들린다. 수행승들이여, 이것이 때때로 천상에서 들리는 목소리가운데 두 번째 천신의 목소리이다.

또한 수행승들이여, 고귀한 제자가 번뇌를 부수고[1096] 번뇌 없이 마음에 의한 해탈과 지혜에 의한 해탈[1097]을 현세에서 스스로 알

1093) yasmiṃ bhikkhave samaye ariyasāvako kesamassuṃ ohāretvā kāsāyāni vatthāni accādetvā agārasmā anagāriyaṃ pabbajjāya ceteti : ItA. II. 73에 따르면, '세존께서는 감각적 쾌락에 대한 욕망에는 즐거움은 적고 괴로움이 많고 근심이 많으며, 위험은 더욱 많다고 설했다.'(MN. I. 130) 그리고 '집에서 사는 것은 번잡하고 티끌로 가득 차 있지만 출가는 자유로운 공간과 같다. 집에서 사는 자는 지극히 원만하고 오로지 청정한, 소라껍질처럼 잘 연마된 거룩한 삶을 살기가 어렵다. 자, 나는 머리를 깎고 가사를 입고 집에서 집없는 곳으로 출가하여 수행승이 되는 것이 어떨까?'라고 생각하여 나중에 작은 재물을 버리고, 또는 큰 재물을 버리고, 그리고 적은 친지를 버리고, 또는 많은 친지를 버리고, 집에서 집없는 곳으로 출가하여 수행승이 된다.

1094) 'eso ariyasāvako mārena saddhiṃ saṅgāmāya cetetī'ti : ItA. II. 73에 따르면, 악마를 정복하기 위해 무장을 한다는 뜻이다. 이와 같이 나아가는 사람을 천신으로서의 악마는 방해하기 위하여 공격하는데, 그러므로 악마이다. 악마는 그의 의도를 해칠 것이다. 그는 출가한 날부터 삭발하는 날부터 계행을 지키고 정화하고 멈춤과 통찰 가운데 할 일을 하고 적당하게 반대관점에 의한 끊어버림과 진압에 의한 끊어버림을 통해서 육체적인 때림이 없어 전투는 아니지만, 오염의 악마를 넘어뜨리기 때문에 악마와 전쟁을 하려고 생각한다고 한 것이다.

1095) sattannaṃ bodhipakkhiyānaṃ dhammānaṃ : ItA. II. 73에 따르면, 일곱 가지 깨달음에 도움이 되는 원리는 분석하자면, 서른일곱 가지 깨달음에 도움이 되는 원리(三十七助道品 또는 三十七菩提分法: sattatiṁsa bodhipakkhiyadhammā)[네 가지 새김의 토대(四念處 : catāro satipaṭṭhānā), 네 가지 올바른 노력(四正勤 : catāro sammappadhānā), 네 가지 신통의 기초(四神足 : catāro iddhipādā), 다섯 가지 능력(五根 : pañca indriyāni), 다섯 가지 힘 (五力 : pañca balāni) 일곱 가지 깨달음의 고리(七覺支 : satta bojjhaṅgā) 여덟 가지 고귀한 길(八聖道 : ariya aṭṭhaṅgika magga)]을 말한다. '깨달음에 도움이 되는 것'이란 이해라는 의미의 깨우침을 얻는, 고귀한 참사람의 길에 대한 앎의 고리를 말한다.

1096) āsavānaṃ khayā : ItA. II. 74에 따르면, 감각적 쾌락에 대한 욕망의 번뇌 등의 일체의 번뇌의 부숨를 통해서 오염이 지멸된다. 이것으로서 거룩한 길을 언급한 것이다.

고 깨달아 성취하는 때에, 그 때에 수행승들이여, '이 고귀한 제자는 전쟁에서 승리하여 전선을 쳐부순다.'라고[1098] 천상에서 천신의 목소리가 들린다. 수행승들이여, 이것이 때때로 천상에서 들리는 목소리가운데 세 번째 천신의 목소리이다.

수행승들이여, 때때로 천상에서 이러한 세 가지 천신의 목소리가 들린다."

2. 세존께서는 이와 같은 의취를 설하셨고 그와 관련하여 이와 같이 말씀하셨다.

[세존] "전쟁에서 승리한 [76]
깨달은 님의 제자를 보고,
천신들도 두려움을 여읜 님,[1099]
그 위대한 님[1100]에게 귀의한다.[1101]

비할 데 없는 죽음의 군대를[1102]

1097) cetovimuttiṃ paññāvimuttaṃ : ItA. II. 74에 따르면, 마음은 거룩한 경지의 삼매를 의미하고 지혜는 그것과 관련된 지혜를 말한다. 여기서 삼매는 탐욕으로부터의 해탈이므로 마음에 의한 해탈이고, 지혜는 무명으로부터의 해탈이므로 지혜에 의한 해탈이라고 알아야 한다. 이것과 관련하여 이와 같이 말해진다: '수행승들이여, 탐욕이 사라지면, 마음에 의한 해탈이 이루어지고 무명이 사라지면, 지혜에 의한 해탈이 이루어진다.'(AN. I. 61)

1098) 'eso ariyasāvako vijitasaṅgāmo tameva saṅgāmasīsaṃ abhivijiya ajjhāvasatī't i : ItA. II. 74에 따르면, 악마를 정복하고 승리가 획득되고, 고귀한 길의 머리를 구성하는 거룩한 경지의 성취인 자재의 영역을 얻는다. 여기서 천신들의 소리는 특별히 다섯 가지 청정한 하느님 세계(五淨居天: pañca suddhāvasā)[성공으로 타락하지 않는 신들의 하느님 세계(Avihā devā : 無煩天), 타는 듯한 고뇌를 여읜 신들의 하느님 세계(Atappā devā : 無熱天), 선정이 잘 이루어지는 신들의 하느님 세계(Sudassā devā : 善現天), 관찰이 잘 이루어지는 신들의 하느님 세계(Sudassī devā : 善見天), 궁극적인 미세한 물질로 이루어진 신들의 하느님 세계(Akaniṭṭhā devā : 色究竟天=有頂天)] 가운데 신들임을 알아야한다.

1099) vītasāradaṁ : ItA. II. 75에 따르면, 두려움을 만들어내는 오염이 없어 두려움을 여읜, 도덕적 나약함을 떠난 자를 말한다.

1100) mahantaṁ : ItA. II. 74에 따르면, 계행 등의 덕행이 크므로 위대한 자이다.

1101) disvā vijitasaṅgāmaṁ | sammāsambuddhasāvakaṁ | devatā'pi namassanti | ma hantaṁ vītasāradaṁ ||

1102) maccuno senaṁ … anāvaraṁ : ItA. II. 75에 따르면, 삼계에 퍼져 있고, 천오백으로

해탈을 통해[1103] 쳐부수고
이기기 어려운 것을 이긴[1104]
사람가운데 준마여,[1105] 그대에게 귀의하니.[1106]

이와 같이 천신들이
마음이 성취된[1107] 그에게 귀의하니,
죽음의 지배를 이겨낸 님을
그들도 보지 못했기 때문이리라."[1108]

세존께서는 이와 같은 의취도 역시 설하셨다고 나는 들었다.

83(3-4-4) 징조의 경[Pubbanimittasutta][1109]

1. 이와 같이 세존께서 설하셨고 거룩한 님께서 설하셨다고 나는 들었다.

[세존] "수행승들이여, 천신[1110]이 자신의 하늘 몸에서 죽을

분류되고 저항하기 어렵고 막아내기 불가능한 자이기 때문에 비길 데 없는 죽음의 군대라고 한다.

1103) vimokkhena : ItA. II. 75에 따르면, 고귀한 길을 통해서라는 뜻이다.

1104) dujjayamajjhabhū : ItA. II. 75에 따르면, 일반사람이 승리하기 어려운 오염의 군대를 정복하고 지배하는 것을 뜻한다.

1105) purisājañña : ItA. II. 75에 따르면, 말들 가운데 준마인 것처럼 인간 가운데 최상자라는 뜻이다.

1106) namo te purisājañña | yo tvaṁ dujjayamajjhabhū | jetvāna maccuno senaṁ | vimokkhena anāvaraṁ ‖

1107) etaṁ … pattamānasaṁ : ItA. II. 75에 따르면, 거룩한 경지에 이르러 번뇌를 부순 님을 말한다.

1108) iti hetaṁ namassanti | devatā pattamānasaṁ | tañhi tassa na passanti | yena maccuvasaṁ vaje'ti ‖

1109) It. 76 : 잡아함제26 견품3(대정2권 693)

1110) devo : ItA. II. 75에 따르면, 세 가지 천신들이 있다. 인습에 의한 천신(sammutideva), 출생에 의한 천신(uppattideva), 청정에 의한 천신(visuddhideva)이다. 왕족계급의 왕은 인습에 의한 천신이다. 사천왕은 출생에 의한 천신이다. 번뇌를 부순 님은 청정에 의한 천신이다. 그러나 여기서는 감각적 쾌락의 욕망계의 천신을 의미한다.

때[1111] 다섯 가지 징조[1112]가 나타난다. 그의 화환이 시들고,[1113] 그의 의복이 바래고,[1114] 그의 겨드랑이에서 땀이 흐르고,[1115] 그의 몸이 추악해지고,[1116] 자신의 하늘보좌를 더 이상 기뻐하지 않는다.[1117] 수행승들이여, 천신들은 '이 천신은 죽을 것이다.'라고[1118] 알고 '존자여, 좋은 곳으로 가라. 좋은 곳으로 가서 [77] 행복을 성취하라. 행복을 성취해서 안착하라.'라고 세 가지 말로 그를 고무한다.

이와 같이 말하자 어떤 수행승이 세존께 '세존이시여, 천신들이 좋은 곳이라고 일컫는 것은 어떤 것입니까? 세존이시여, 천신들이 행복이라고 일컫는 것은 어떤 것입니까? 세존이시여, 천신들이 안착이라고 일컫는 것은 어떤 것입니까?'라고 이와 같이 말했다.

수행승이여, 인간의 상태가 천신들이 좋은 곳이라고 일컫는 것이

1111) cavanadhammo : ItA. II. 76에 따르면, 죽어야만 할 때, 목숨의 파괴에 의해서 공덕의 파괴에 의해서 죽음이 성립한다는 뜻이다.

1112) pañca pubbanimittāni : ItA. II. 76에 따르면, 죽어야 하는 하늘아들에게 다섯 가지 죽음의 징조가 생겨나고 나타난다.

1113) mālā milāyanti : ItA. II. 76에 따르면, 장식된 화환이 대낮에 태양열에 던져진 것처럼 시들어 광채를 잃어버린다.

1114) vatthāni kilissanti : ItA. II. 76에 따르면, 가을에 구름 한 점 없는 하늘에 높이 솟아오른 태양과 같은 광채처럼 다양한 색깔에 물든 그러한 의복이 착용의 그 순간에 진흙에 던져져 짓밟혀 광채를 잃고 얼룩지는 것과 같다.

1115) kacchehi sedā muccanti : ItA. II. 76에 따르면, 청정한 천연보석처럼, 잘 배운 기술자에 의해서 만들어진 황금상처럼, 전에 땀자국과 때가 없는 몸에, 이 순간에는 양쪽의 겨드랑이에 의해서 땀이 흐르고 새어나온다. 단지 겨드랑이에서만이 아니라 온 몸에서 땀이 흘러나온다.

1116) kāye dubbaṇṇiyaṃ okkamati : ItA. II. 76에 따르면, 예전에는 결생한 이래로 능력에 따라 일 요자나, 이 요자나, 십이 요자나의 지방을 광명으로 밝히며 빛났고, 이빨이 빠지거나 머리가 백발이 되는 것이 없었으며, 추위나 더위에 해를 입지 않았다. 천녀는 16살의 모습과 같았고, 천자는 20살의 모습과 같았다. 그러나 그 순간 몸은 빛을 잃고 위광을 잃자 추악한 상태에 들어섰다.

1117) sake devo devāsane nābhiramatī : ItA. II. 76에 따르면, 자신의 요정들의 무리와 놀고 유희하는 천상의 보좌를 즐기지 못하고 마음의 만족을 얻지 못한다.

1118) cavanadhammo ayaṃ devaputto'ti : ItA. II. 76에 따르면, 인간의 계산으로 칠일 후에 죽을 것이라는 이와 같은 징조가 나타난 것이다.

다.1119) 수행승이여, 인간으로 있으면서 여래가 설한 가르침과 계율에 믿음을 성취한다면, 그것이 천신들이 행복이라고 일컫는 것이다.1120) 수행승이여, 믿음을 확립하여 뿌리가 생겨나 확립되어 수행자나 성직자나 악마나 하느님이나 세계의 어떠한 자에 의해서도 견고하여 흔들리지 않는다면, 그것이 천신들이 안착이라고 일컫는 것이다."1121)

2. 세존께서는 이와 같은 의취를 설하셨고 그와 관련하여 이와 같이 말씀하셨다.

1119) manussattaṃ kho bhikkhu devānaṃ sugatigamanasaṅkhātaṃ : ItA. II. 78에 따르면, 믿음 등의 덕성의 탁월성을 얻을 수가 있고 천신으로 태어나는 원인을 얻을 수 있으므로, 인간의 상태를 신들이 좋은 곳이라고 찬양한다.

1120) yaṃ manussabhūto samāno tathāgatappavedite dhammavinaye saddhaṃ paṭilabhati, idaṃ kho pana bhikkhave devānaṃ suladdhalābhasaṅkhātaṃ : ItA. II. 78-79에 따르면, 천상에 태어나면, 인간의 경우와는 달리 여래의 가르침에 거의 귀를 기우릴 수가 없다. 그러므로 인간으로 있으면서 여래가 가르친 세 가지 배움의 가르침과 안내의 역할로서의 계율에 대해서 들으면, 믿음이 생겨난다. 믿음이 이 가르침과 계율 안에서 가르쳐진 바에 따라 실천되면, 현세와 내세에서의 최상의 목표를 이룰 수 있다. 돈이나 황금이나 밭이나 옷 등의 획득이 뭇삶의 향유의 행복을 가져오고, 굶주림과 목마름 등의 고통을 감소시키고 재산의 결핍을 잠재우고, 진주 등의 보석을 획득하는 원인으로서 세계를 지속시키듯, 이와 같이 세간적 출세간적 믿음도 각각 세간적 출세간적 성숙과 관계된 축복을 가져온다. 믿음의 멍에를 통해서 태어남, 늙음 등의 괴로움을 감소시키고 덕성의 결핍을 잠재우고, 새김의 깨달음 고리 등의 보물을 얻는 원인으로서 세계를 지속시킨다. 믿음은 모든 성공적인 성취의 원인으로서 여러 가지 이유에서 찬양된다: '믿음이 있고 계행을 갖추고 명예와 재물을 갖춘 자는 어떠한 지역으로 가든지 가는 곳마다 섬김을 받는다.'(Dhp. 303) '믿음이 노잣돈이다'(SN. I. 44) '믿음은 인간의 참다운 벗'(SN. I. 25) '믿음이 세계에서 으뜸가는 재산'(SN. I. 214) '위대한 코끼리는 믿음이 코이고 흰 이빨이 평정이다.'(AN. III. 346) '믿음이 씨앗이고 감관의 제어가 빗물이며'(SN. I. 172; Stn. 77) '믿음으로 거센 흐름을 건넌다'(SN. I. 214) '수행승들이여, 고귀한 제자는 믿음의 망루를 가지고 있어, 악하고 불건전한 것을 버리고 착하고 건전한 것을 닦고, 허물을 버리고 허물없음을 닦고, 자신의 청정을 수호한다.(AN. IV. 109)

1121) sā kho panassa saddhā niviṭṭhā hoti mūlajātā patiṭṭhitā daḷhā asaṃhāriyā samaṇena vā brāhmaṇena vā devena vā mārena vā brahmunā vā kena ci vā lokasmiṃ. Idaṃ kho bhikkhave devānaṃ suppatiṭṭhitasaṅkhātanti : ItA. II. 79에 따르면, 믿음의 뿌리라는 것은 도대체 무엇인가? 믿을만한 대상에 대한 신뢰의 원인이 되는 수단에 대한 정신활동이다. 또는 참사람과의 사귐, 정법의 청취, 이치에 맞는 정신활동, 여법한 실천(AN. II. 245)의 네 가지 흐름에 듦의 고리가 뿌리라고 알아야 한다. 그리고 고귀한 길의 성취를 통해서, 누구에 의해서도, 흔들리지 않는 존재로 안착된다.

[세존] "천신이 목숨을 다하여[1122]
천신의 몸에서 죽을 때에,
천신들은 그 천신을
세 가지 말로 고무한다.[1123]

존자여, 여기서 가라.
인간의 동료가 되어[1124] 좋은 곳으로
인간이 되어 올바른 가르침에
위없는 믿음을 성취하라.[1125]

믿음이 확립되고
뿌리가 생겨나 안착되면
목숨이 다하도록 [78]
잘 설해진 가르침에 흔들리지 않는다.[1126]

신체적 악행도 버리고
언어적 악행도 버리고
정신적 악행도 버리고,
다른 악의와 관계된 것을 버린다.[1127]

1122) cavati āyusaṅkhayā : ItA. II. 80에 따르면, 공덕의 소멸에 의한 죽음으로 명근이 끊어지게 된 것을 의미한다.

1123) yadā devo devakāyā | cavati āyusaṅkhayā | tayo saddā niccharanti | devānaṁ anumodataṁ ||

1124) manussānaṁ sahavyataṁ : ItA. II. 80에 따르면, 인간과 함께 행하고 함께 나아가는 동료를 말한다.

1125) ito bho sugatiṁ gaccha | manussānaṁ sahavyataṁ | manussabhuto saddhamme | labha saddhaṁ anuttaraṁ ||

1126) sā te saddhā niviṭṭhassa | mūlajātā patiṭṭhitā | yāvajīvaṁ asaṁhīrā | saddhamme suppavedite ||

1127) kāyaduccaritaṁ hitvā | vacīduccaritāni ca | manoduccaritaṁ hitvā | yañcaññaṁ dosasaṁhitaṁ ||

신체적으로 착하고 건전한 것을 행하고
언어적으로 착하고 건전한 것을 행하고
정신적으로 착하고 건전한 것을 행하고,
실로 취착을 여읜, 무량한 것을 행1128)한다.1129)

그래서 보시로써, 생의 성취로 이끄는1130)
공덕을 많이 쌓아서
다른 사람들을 올바른 가르침에 입각한
청정한 삶에 들게 하라.1131)

천신도 죽는다는 것을 알 때에,
천신들은 이러한 연민을 통해서
함께 기쁘게 인사한다.1132)
'천신이여, 또 거듭해서 오시오.'1133)라고."1134)

1128) appamāṇaṁ nirūpadhiṁ : ItA. II. 80에 따르면, 무량한 것은 한계를 짓고 사견에 입각한 거친 감각적 쾌락의 탐욕 등의 오염을 끊어버렸기 때문이고, 취착이 없는 것은 존재의 다발의 취착, 유위적 조작의 취착, 이러저러한 길에서 제거되는 오염의 취착이 버려지고, 그것들이 다시 생겨나지 않아 취착의 여읨이라고 여겨지는 열반에 의존하기 때문이다.

1129) kāyena kusalaṁ katvā | vācāya kusalaṁ bahuṁ | manasā kusalaṁ katvā | appamāṇaṁ nirūpadhiṁ ||

1130) opadhikaṁ : '취착으로 이끄는 것'이라는 뜻인데, 의미상 주석에 따라 다소간 의역을 한다. ItA. II. 80-81에 따르면, 그 결과로서 취착하는 것으로 존재와 관련된 성취(attabhāvasampatti)와 소유와 관계된 성취(bhogasampatti)를 낳는 것이라는 의미를 지니고 있다. 인간의 즐거움과 괴로움, 존재와 감각적 쾌락의 대상도 여기에 기초한다: '사람의 슬픔은 취착에서 생겨나니, 취착하지 않는 자는 슬퍼할 것도 없으리.'(SN. I. 6)

1131) tato opadhikaṁ puññaṁ | katvā dānena taṁ pahuṁ | aññe'pi macce saddhamme | bahmacariye nivesaya ||

1132) imāya anukampāya, devā devaṁ yadā vidū, cavantaṁ anumodanti : ItA. II. 81에 따르면, 천신들은 이러한 연민을 통해서 천신의 괴로움을 없애주기 위해, 함께 기쁘게 인사한다.

1133) ehi deva punappunan : '신이여, 천신들의 무리 안에 거듭해서 출현하는 것을 통해 오라.'는 뜻이다.

1134) imāya anukampāya | devā devaṁ yadā vidū | cavantaṁ anumodanti | ehi deva punappunan'ti ||

세존께서는 이와 같은 의취도 역시 설하셨다고 나는 들었다.

84(3-4-5) 많은 사람의 이익의 경[Bahujanahitasutta][1135]

1. 이와 같이 세존께서 설하셨고 거룩한 님께서 설하셨다고 나는 들었다.

[세존] "수행승들이여, 많은 사람의 이익과 많은 사람의 행복을 위하여, 세상[1136]을 불쌍히 여겨,[1137] 신들과 인간들의 유익, 안녕, 행복을 위하여 이러한 세 부류의 사람이 세상에 출현한다.

수행승들이여, 세상에 거룩한 님, 올바로 원만히 깨달은 님, 명지와 덕행을 갖춘 님, 올바른 길로 잘 가신 님, 세상을 아는 님, 위없이 높으신 님, [79] 사람을 길들이는 님, 하늘사람과 인간의 스승이신 님, 깨달은 님, 세상의 존귀한 님인 여래가 출현한다. 그가 처음도 훌륭하고, 중간도 훌륭하고, 끝도 훌륭하고,[1138] 의미와 표현이

1135) It. 78 : 본사경136(대정17권 697)

1136) loka : ItA. II. 81에 따르면, 여기 세 가지 세계(tayo lokā)가 있다. 뭇삶의 세계(sattaloka), 형성의 세계(saṅkhāraloka), 현상의 세계(okāsaloka)가 있다. 감관에 묶인 물질적 현상과 비물질적인 현상과 물질적 현상과 비물질적인 현상의 지속에 의해서 지탱하는 집합이 뭇삶의 세계이고, 땅과 산 등의 구분이 허용된 것이 현상의 세계이고, 양자를 합한 다발이 형성의 세계이다. 여기서는 뭇삶의 세계를 의미한다.

1137) lokānukampāya : ItA. II. 83에 따르면, '뭇삶의 세계에 대한 연민을 조건으로'라는 뜻이다. 어떠한 뭇삶의 세계인가? 여래가 교시한 가르침, 즉 세존의 '가르침의 수레바퀴의 굴림에 대한 경'(轉法輪經: SN. V. 420)을 듣고 진리를 꿰뚫고 불사(不死)의 음료를 마신 자를 말한다.

1138) ādikalyāṇaṃ majjhekalyāṇaṃ pariyosānakalyāṇaṃ : ItA. II. 85에 따르면, 일체의 가르침이 길상이기 때문에 하나의 시라도 첫 번째 시행이 '처음도 훌륭하고'이고, 두 번째 세 번째 시행이 '중간도 훌륭하고'이고, 네 번째 시행이 '끝도 훌륭하고'이다. 하나의 순차적인 경에서는 인연담이 '처음도 훌륭하고'이고, 결론이 '끝도 훌륭하고'이고, 나머지가 '중간도 훌륭하고'이다. 다양한 순차적인 경에서 첫 번째 순차가 '처음도 훌륭하고'이고, 마지막 순차가 '끝도 훌륭하고'이고, 나머지가 '중간도 훌륭하고'이다. 또는 일체의 가르침은 진리이기 때문에, 자기 자신을 위한 계행이 '처음도 훌륭하고'이고, 멈춤과 통찰과 길과 경지가 '중간도 훌륭하고'이고, 열반이 '끝도 훌륭하고'이다. 계행과 삼매가 '처음도 훌륭하고'이고, 통찰과 길이 '중간도 훌륭하고'이고, 경지와 열반이 '끝도 훌륭하고'이다. 부처님이 진정하게 깨

일치하는[1139] 가르침을 설하고, 완전히 원만하고[1140] 청정한[1141] 거룩한 삶[1142]을 드러낸다. 수행승들이여, 그가 많은 사람의 이익과 많은 사람의 행복을 위하여, 세상을 불쌍히 여겨, 신들과 인간들의 유익, 안녕, 행복을 위하여 세상에 출현하는 첫 번째 사람이다.

또한 수행승들이여, 그 스승의 제자가 거룩한 님으로서, 번뇌를 부수고, 청정한 삶을 성취하고, 해야 할 일을 해 마치고, 짐을 내려놓고, 자신의 이상을 실현하고, 윤회의 결박을 끊어 버리고, 올바른 궁극의 앎에 의해서 해탈한다. 그가 처음도 훌륭하고, 중간도 훌륭

달은 님이므로 '처음도 훌륭하고'이고, 가르침이 진정한 가르침이므로 '중간도 훌륭하고'이고, 참모임이 진정하게 실천하므로 '끝도 훌륭하고'이다. 듣고 여실하게 실천하여 얻은 완전한 깨달음에 의해서 '처음도 훌륭하고'이고, 연기법을 홀로 깨달은 님의 깨달음에 의해서 '중간도 훌륭하고'이고, 학인으로서의 깨달음에 의해서 '끝도 훌륭하고'이다. 들려지는 것으로 장애가 진압되기 때문에, 들음에 의해서 선한 것을 가져오기 때문에 '처음도 훌륭하고'이고, 실천되는 것으로써 멈춤과 통찰과 관련된 행복을 가져오기 때문에, 실천을 통해 행복을 가져오기 때문에 '중간도 훌륭하고'이고, 실천의 결과가 성취될 때에 일정한 경지를 가져오기 때문에, 그러한 방식의 실천이 실천의 경지를 통해 선한 것을 가져오기 때문에 '끝도 훌륭하고'이다. 피난처를 산출하고, 그 산출의 청정 때문에 '처음도 훌륭하고'이고, 목표의 청정 때문에 '중간도 훌륭하고'이고, (오염을 포기하고 열반을 대상으로 취하는) 기능의 청정 때문에 '끝도 훌륭하고'이다.

1139) sātthaṃ sabyajjhanaṃ : ItA. II. 86에 따르면, 의미의 성취와 표현의 성취를 말한다. 설명, 해명, 공개, 분석, 전시, 서술의 의미를 나타내는 단어와의 결합을 통해서 의미의 성취이고, 문자, 단어, 표현, 형태, 언어, 구별의 성공적인 성취를 통해서 표현의 성취이다. 또는 의미의 심오성과 꿰뚫음의 심오성을 통해서 의미의 성취이고, 가르침의 심오성과 교시의 심오성을 통해서 표현의 성취이다. 또는 의미와 사변에 대한 분석적인 앎을 대상으로 하기 때문에 의미의 성취이고, 현상과 언어에 대한 분석적인 앎을 대상으로 하기 때문에 표현의 성취이다. 또는 현명한 자에게 알려지는 것으로, 분별력 있는 사람들이 선호하는 경향이기 때문에 의미의 성취이고, 믿어야 할 가치가 있는 것으로 세속적인 사람들이 선호하는 경향이기 때문에 표현의 성취이다. 심오한 암시를 나타내기 때문에 의미의 성취이고, 단어의 분명성을 나타내기 때문에 표현의 성취이다. 실천의 획득의 숙달 때문에 의미의 성취이고, 경전을 통한 전승의 숙달 때문에 표현의 성취이다.

1140) kevalaparipuṇṇaṃ : ItA. II. 86에 따르면, 덧붙여져야 할 것이 없으므로 전체적이고 완전한 것으로 계행 등의 다섯 가지 가르침의 다발이 충족된 것을 뜻한다.

1141) parisuddhaṃ : ItA. II. 86에 따르면, 제거되어야 할 것이 없는, 잘못을 여읜 상태를 뜻한다. 장애가 없기 때문에, 도탈(度脫)을 위해 존재하기 때문에, 세계의 미끼에 기대하지 않기 때문에 청정한 것이다.

1142) brahmacariyaṃ : ItA. II. 86에 따르면, 세 가지 배움에 몰두하기 때문에, 거룩한 존재로서 최상의 존재로서 실천하기 때문에 거룩한 삶이다.

하고, 끝도 훌륭하고, 의미와 표현이 일치하는 가르침을 설하고, 완전히 원만하고 청정한 거룩한 삶을 드러낸다. 수행승들이여, 그가 많은 사람의 이익과 많은 사람의 행복을 위하여, 세상을 불쌍히 여겨, 신들과 인간들의 유익, 안녕, 행복을 위하여 세상에 출현하는 두 번째 사람이다.

또한 수행승들이여, 그 스승의 제자가 학인으로서 길을 닦고 많이 배우고 계행을 갖춘다. 그가 처음도 훌륭하고, 중간도 훌륭하고, 끝도 훌륭하고, 의미와 표현이 일치하는 가르침을 설하고, 완전히 원만하고 청정한 거룩한 삶을 드러낸다. 수행승들이여, 그가 많은 사람의 이익과 많은 사람의 행복을 위하여, 세상을 불쌍히 여겨, 신들과 인간들의 유익, 안녕, 행복을 위하여 세상에 출현하는 세 번째 사람이다."

2. 세존께서는 이와 같은 의취를 설하셨고 그와 관련하여 이와 같이 말씀하셨다.

[세존] "스승은 세상에서 제일의 위대한 선인이다.
그를 따르는[1143] 제자는 자기를 닦은 자이고,
또한 [80] 학인은 길을 가는 자로,
많이 배우고, 계행과 맹세를 갖춘 자이다.[1144]

이러한 세 분의 광명을 비추는 님들,[1145]
신들과 인간의 최상자들로서 가르침을 선포하는 자들[1146]

1143) tass'anvayo : ItA. II. 87에 따르면, 그 스승의 실천과 진리의 가르침을 따르므로, 그를 따르는 자라고 한다.

1144) satthā hi loke paṭhamo mahesī | tass'anvayo sāvako bhāvitatto | athāparo pāṭipado'pi sekho | bahussuto sīlavatupapanno ||

1145) pabhaṅkarā : ItA. II. 87에 따르면, 그들은 무명의 어둠을 흩어지게 함으로써 지속하는 자신과 지속하는 타인 가운데 가르침의 빛으로 여겨지는 광명을 만들어내므로 광명을 비추는 님들이다.

그들은 불사의 문을[1147] 열고
많은 사람들을 멍에에서[1148] 해탈시킨다.[1149]

위없는 카라반의 지도자에 의해[1150]
잘 설해진 길을 여행하며[1151]
행복하신 님의 가르침에 방일하지 않는 자들
그들은 세상에서 괴로움의 종식을 이룬다."[1152]

세존께서는 이와 같은 의취도 역시 설하셨다고 나는 들었다.

85(3-4-6) 부정관의 경[Asubhānupassīsutta][1153]

1. 이와 같이 세존께서 설하셨고 거룩한 님께서 설하셨다고 나는 들었다.

[세존] "수행승들이여, 몸에 대하여 부정관[1154]을 닦아라. 호흡새

1146) dhammam udīrayantā : ItA. II. 86에 따르면, 네 가지 진리의 가르침을 선포하는 것을 말한다.

1147) amatassa dvāraṁ : ItA. II. 86에 따르면, 불사 즉, 열반에 이르는 고귀한 길을 말한다.

1148) yogā : ItA. II. 86에 따르면, 감각적 쾌락의 욕망의 멍에 등의 멍에에서의 해탈을 의미한다.

1149) ete tayo devamanussaseṭṭhā | pabhaṅkarā dhammam udīrayantā | apāpuranti amatassa dvāraṁ | yogā pamoventi bahujjane te ||

1150) satthavāhena : ItA. II. 86에 따르면, 안내하는 카라반의 지도자로 존재의 황야를 건너는 세존을 뜻한다.

1151) sudesitaṁ maggam anukkamanti : ItA. II. 86에 따르면, 그에 의해서 가르쳐진 고귀한 길을 따르거나 가르침에 따라 실천하는 자를 말한다.

1152) ye satthavāhena anuttarena | sudesitaṁ maggam anukkamanti | idheva dukkhassa karonti antaṁ | ye appamattā sugatassa sāsane'ti ||

1153) It. 80 : 본사경132(대정17권 696)

1154) asubhānupassanā : ItA. II. 87에 따르면, 부정하다고 관찰하는 것으로 서른두 가지의 몸의 구성요소(三十二身分: dvattiṁsākāra)[피부-오개조(tacapañcaka : 1. 머리카락 kesā 2. 몸털 lomā 3. 손발톱 nakhā 4. 이빨 dantā 5. 피부 taca), 신장-오개조(vakkapañcaka : 6. 살 maṁsa 7. 근육 nahāru 8. 뼈 aṭṭhī 9. 골수 aṭṭhimiñjā 10. 신장 vakka), 폐-오개조(papphāsapañcaka : 11. 심장 hadaya 12. 간장 yakana 13. 늑막 kilomaka 14. 비장 pihaka 15. 폐 papphāsa), 뇌수-오개조(matthaluṅgapañcaka : 16. 창자 anta 17. 장간막 anta

김을 내적으로 두루 잘 정립하라.1155) 일체의 형성된 것들에 대해

guṇa 18. 위장 udariya 19. 배설물 karīsa 20. 뇌수 matthaluṅga), 지방-오개조(medachakka : 21. 담즙 pitta 22. 가래 semha 23. 고름 pubba 24. 피 lohita 25. 땀 seda 26. 지방 meda), 오줌-오개조(muttachakka : 27. 눈물 assu 28. 임파액 vasā 29. 침 khela 30. 점액 siṅghānikā 31. 관절액 lasikā 32. 오줌 mutta)] 뿐만 아니라 열 가지 부정에 대한 지각(十不淨想: dasa asubhasaññā)[1. 부풀어 오른 시체에 대한 지각(膨脹想 : uddhumātakasaññā), 2. 푸른 어혈을 지닌 시체에 대한 지각(靑瘀想 : vinīlakasaññā), 3. 곪아서 터진 시체에 대한 지각(膿爛想 : vipubbakasaññā), 4. 단편으로 절단된 시체에 대한 지각(斷壞想 : vicchiddakasaññā), 5. 동물이 뜯고 남은 시체에 대한 지각(食殘想 vikkhāyitakasaññā), 6. 사지가 흩어진 시체에 대한 지각(散亂想 : vikkhittakasaññā), 7. 난도되어 갈라진 시체에 대한 지각(斬斫離散想 : hatavikkhittakasaññā), 8. 피가 흐르는 시체에 대한 지각(血塗想 : lohitakasaññā), 9. 벌레가 우글거리는 시체에 대한 지각(蟲聚想 : puḷuvakasaññā), 10. 해골만 남은 시체에 대한 지각(骸骨想 : aṭṭhikasaññā)]과 관련된 인상 등의 비교를 통해서 몸에 대한 부정, 더러운 형태를 관찰하는 것이다. 이러한 종류의 부정관을 통해서 첫 번째 선정에 도달한다.

1155) ānāpānasati ca vo ajjhattaṃ parimukhaṃ sūpaṭṭhitā hotu : ItA. II. 87에 따르면, 호흡에 관한 새김은 그것과 관련되어 일어나는 새김으로 들숨과 날숨을 포함하는 새김이다. 이것과 관련하여 말해진다: '들숨은 들숨이고 날숨이 아니고, 날숨은 날숨이고 들숨은 아니다.'(Pṭs. I. 172) '호흡새김이 명상의 활동범주 안에서 현전(現前)하도록 정립되어야 한다.'는 뜻이다. '호흡새김은 그대들의 명상수행의 주제와 맞닥뜨려 잘 정립되어야 한다.'는 뜻이다. 여기서 '두루(parimukhaṁ)'는 '대면하여'의 뜻을 지닌다. 그리고 네 가지 새김의 토대와 관련된 열여섯 가지 구분의 호흡새김에 대한 명상주제의 수행(soḷasappabhedā ānāpānasatikammaṭṭhānabhāvanā)이 제시된 것을 알아야 한다: '수행승들이여, 세상에 수행승은 숲으로 가고 나무 밑으로 가고 빈 집으로 가서 가부좌를 한 채 몸을 곧게 세우고 주의를 기울이며 새김을 확립하고, 진실로 새김을 확립하여 숨을 들이쉬고 새김을 확립하여 숨을 내쉰다. *1)* 길게 숨을 들이쉴 때는 나는 길게 숨을 들이쉰다고 분명히 알고 길게 숨을 내쉴 때는 나는 길게 숨을 내쉰다고 분명히 안다. *2)* 짧게 숨을 들이쉴 때는 나는 짧게 숨을 들이쉰다고 분명히 알고 짧게 숨을 내쉴 때는 나는 짧게 숨을 내쉰다고 분명히 안다. *3)* 신체의 전신을 경험하면서 나는 숨을 들이쉰다고 전념하고 신체의 전신을 경험하면서 나는 숨을 내쉰다고 전념한다. *4)* 신체의 형성을 그치면서 나는 숨을 들이쉰다고 전념하고 신체의 형성을 그치면서 나는 숨을 내쉰다고 전념한다. *5)* 희열을 경험하면서 나는 숨을 들이쉰다고 전념하고 희열을 경험하면서 나는 숨을 내쉰다고 전념한다. *6)* 행복을 경험하면서 나는 숨을 들이쉰다고 전념하고 행복을 경험하면서 나는 숨을 내쉰다고 전념한다. *7)* 마음의 형성을 경험하면서 나는 숨을 들이쉰다고 전념하고 마음의 형성을 경험하면서 나는 숨을 내쉰다고 전념한다. *8)* 마음의 형성을 그치면서 나는 숨을 들이쉰다고 전념하고 마음의 형성을 그치면서 나는 숨을 내쉰다고 전념한다. *9)* 마음을 경험하면서 나는 숨을 들이쉰다고 전념하고 마음을 경험하면서 나는 숨을 내쉰다고 전념한다. *10)* 마음을 기쁘게 하면서 나는 숨을 들이쉰다고 전념하고 마음을 기쁘게 하면서 나는 숨을 내쉰다고 전념한다. *11)* 마음을 집중시키면서 나는 숨을 들이쉰다고 전념하고 마음을 집중시키면서 나는 숨을 내쉰다고 전념한다. *12)* 마음을 해탈시키면서 나는 숨을 들이쉰다고 전념하고 마음을 해탈시키면서 나는 숨을 내쉰다고 전념한다. *13)* 무상함을 관찰하면서 나는 숨을 들이쉰다고 전념하고 무상함을 관찰하면서 나는 숨을 내쉰다고 전념한다. *14)* 사라짐을 관찰하면서 나는 숨을 들이쉰다고 전념하고 사라짐을 관찰하면서 나는 숨을 내쉰다고 전념한다. *15)* 소멸함을 관찰하면서 나는 숨을 들

서는 무상관1156)을 닦아라.

수행승들이여, 몸에 대하여 부정관을 닦으면, 아름다운 세계에 대한 탐욕의 성향1157)이 버려진다. 호흡새김을 내적으로 두루 잘 정립하면, 고뇌와 한편이 되는 [81] 외부지향적 사유의 성향이 없어진다.1158) 일체의 형성된 것들에 대해서는 무상관을 닦으면, 무명이 버려지고 명지가 생겨난다."1159)

2. 세존께서는 이와 같은 의취를 설하셨고 그와 관련하여 이와 같

이쉰다고 전념하고 소멸함을 관찰하면서 나는 숨을 내쉰다고 전념한다. *16)* 완전히 버림을 관찰하면서 나는 숨을 들이쉰다고 전념하고 완전히 버림을 관찰하면서 나는 숨을 내쉰다고 전념한다.'(SN. V. 311) 이러한 호흡새김이 네 번째 선정을 성취하게 한다.

1156) aniccānupassanā : ItA. II. 88에 따르면, 무상, 무상의 특징, 무상관, 무상관을 하는 자의 네 가지로 살펴보아야 한다. 있다가 없어지고, 생멸에 묶여있고, 시간적으로 존재하고, 항상의 반대가 되는 다섯 가지 존재의 다발이 무상이고, 있다가 없어지는 양상이 무상의 특징이고, 그것에 관하여 작용하는 통찰이 무상관이고, 그것은 무상하다고 통찰하는 자가 무상관을 하는 자이다.

1157) yo subhāya dhātuyā rāgānusayo so pahīyati : ItA. II. 88에 따르면, 아름다운 세계는 아름다운 존재, 아름다운 인상을 말하며, 아름다운 대상에서 생겨나는 감각적 쾌락에 대한 탐욕의 경향이 버려진다는 뜻이다. 부정관을 닦는 자는 부정상을 파악하여 첫 번째 선정이 생겨나게 하여 그것을 기초로 통찰을 일으켜 돌아오지 않는 길을 통해 탐욕의 경향을 끊어버린다.

1158) ye bāhirā vitakkāsayā vighātapakkhikā te na honti : ItA. II. 89에 따르면, 괴로움에 속하고 원하는 것을 좌절시키는 작용을 하며, 외부의 감각영역에 속하고 불익을 가져오는 것으로 밖의 외부에 존재하는, 감각적 쾌락에 대한 욕망에 매인 사유 등의 잘못된 사유들이 있는데, 그것들이 버려지지 않고 성향이 되면, 조건이 결합되면 생겨나기 때문에 사유의 성향이라고 불린다. 커다란 (잘못된) 사유에는 감각적 쾌락에 대한 욕망에 매인 사유, 분노에 매인 사유, 폭력에 매인 사유, 친지에 매인 사유, 지방에 매인 사유, 회의에 묶인 사유, 체면에 묶인 사유, 이득과 명예와 칭송에 묶인 사유, 타인의 호의에 묶인 사유가 있다. 호흡에 대한 새김과 집중과 그것과 관련된 통찰로 길의 성취 이전에 진압되어, 그것을 기초로 얻어진 고귀한 길을 통해서 적절하게 남김없이 버려진다. '사유를 제거하기 위해 호흡새김을 닦아야 한다.'(AN. IV. 353)

1159) yā avijjā sā pahīyati, yā vijja sā uppajjati : ItA. II. 89에 따르면, 진리의 본성을 가리어 일체의 불익을 가져오는 모든 윤회의 고통의 뿌리가 되는 무명이 있는데, 그것은 무상관을 닦는 자에게 끊어진다. 이것은 세존께서 무상의 양상에서 유래된 마른 통찰에 의한 번뇌의 부숨이라고 언급한 것이다. 간략하게 그 의미는 다음과 같다: 삼계의 모든 형성된 것이 무상 등이라고 성찰을 확립하여 통찰이 진행되면, 길과 결합하여 차례로 거룩한 길이 나타나, 무상관을 하는 자에게 무명이 남김없이 끊어지고 거룩한 길의 명지(arahattamaggavijjā)가 나타난다.

이 말씀하셨다.

[세존] "항상 언제나 열심히
몸에 대한 부정관을 닦고,
호흡에 대한 새김을 닦고,
일체 형성된 것의 지멸을 본[1160]다.[1161]

오로지 올바로 보는 수행승이
노력하는 자로서, 거기에서 해탈한다.[1162]
곧바른 앎으로 완성된 고요한 님
멍에를 뛰어넘은 님, 성자이리."[1163]

세존께서는 이와 같은 의취도 역시 설하셨다고 나는 들었다.

86(3-4-7) 가르침에 대한 여법한 실천의 경[Dhammānudhammapaṭipannasutta][1164]

1. 이와 같이 세존께서 설하셨고 거룩한 님께서 설하셨다고 나는 들었다.

[세존] "수행승들이여, 가르침을 여법하게 실천하는[1165] 수행승

1160) sabbasaṅkhārasamathaṁ passaṁ : ItA. II. 90에 따르면, 번뇌를 부순 앎의 눈으로 형성된 것들의 지멸인 열반을 본다는 뜻이다.

1161) asubhānupassī kāyasmiṁ | ānāpāne patissato | sabbasaṅkhārasamathaṁ | passaṁ ātāpi sabbadā ||

1162) yato tattha vimuccati : ItA. II. 90에 따르면, 정진하며 자제하는 자는 올바름에 의한 결정을 통해서 일체의 형성된 것들의 지멸인 열반 가운데 거룩한 경지에 의한 해탈을 통해서 해탈한다.

1163) sa ve sammaddaso bhikkhu | yato tattha vimuccati | abhiññāvosito santo | sa ve yogātigo munī'ti ||

1164) It. 81 : 본사경125(대정17권 694)

1165) dhammānudhammapaṭipannassa : ItA. II. 90에 따르면, 여기서 가르침은 아홉 가지 출세간의 가르침(九出世間法 : navalokuttaradhamma)[네 가지 길과 네 가지 경지(四向四果)와 열반(涅槃)]인데, 여기서 여법은 계행의 청정을 위한, 길의 성취 이전의 앞 단계의 가르침이 있는데, 그 가르침에 따라 실천하는 자를 말한다.

에게 이것이 가르침에 대한 여법한 실천이라는 말을 설명하기 위한 적당한 방법이다. 그는 설법하면서 가르침만을 설법하지 가르침이 아닌 것을 설법하지 않는다.1166) 그는 사유하면서 가르침에 입각한 사유만을 사유하지 가르침에 입각하지 않은 사유는 사유하지 않는다.1167) 그리고 그는 그 양자를 제거하고 새김을 확립하고 올바로 알아채며 평정하게 지낸다."1168)

2. 세존께서는 이와 같은 의취를 설하셨고 그와 관련하여 이와 같이 말씀하셨다.

[세존] "가르침을 즐기고 [82] 가르침에 기뻐하고1169)
수행승이 가르침을 사유하고
가르침을 새길 때에1170)

1166) bhāsamāno dhammaññeva bhāsati no adhammaṃ : ItA. II. 90에 따르면, 열 가지 이야기의 토대가 되는 가르침(dasa kathāvatthudhamma)을 말하고 그 반대가 되는 대욕 등을 말하지 않는 것이다. 이것에 대하여 이와 같이 말해진다: '버리고 없애는 삶을 살고 마음을 여는데 도움이 되고, 오로지 싫어하여 떠나고, 사라지고, 소멸하고, 적멸하여, 곧바로 알고, 올바로 깨닫고, 열반에 드는 데 도움이 되는 이야기가 있다. 예를 들어, 소욕에 대한 이야기, 만족에 대한 이야기, 멀리 여윔에 대한 이야기, 사교의 여윔에 대한 이야기, 정진에 대한 이야기, 계행에 대한 이야기, 삼매에 대한 이야기, 지혜에 대한 이야기, 해탈에 대한 이야기, 해탈에 대한 앎과 봄의 이야기가 있다.'(Ud. 35)

1167) vitakkayamāno vā dhammavitakkaññeva vitakketi no adhammavitakkaṃ : ItA. II. 91에 따르면, 가르침에 입각한 사유는 욕망을 여읜 사유 등 [세 가지 착하고 건전한 사유(三善尋: tayo kusalavitakkā): 감각적 쾌락의 욕망을 여읜 사유(出離尋 : nekkhammavitakka), 분노를 여읜 사유(無恚尋 : abyāpādavitakka), 폭력을 여읜 사유(無害尋 : avihiṁsāvitakka)]를 말하고, 가르침에 입각하지 않은 사유는 감각적 쾌락의 욕망에 매인 사유 등 [세 가지 악하고 불건전한 사유(三不善尋: tayo akusalavitakkā)[감각적 쾌락의 욕망에 매인 사유(欲尋 : kāmavitakka), 분노에 매인 사유(瞋恚尋 : byāpādavitakka), 폭력에 매인 사유(害尋 : vihiṁsāvitakka)]를 말한다.

1168) tadubhayaṃ abhinivajjetvā upekkhako viharati sato sampajāno'ta : ItA. II. 91에 따르면, 다른 사람을 위해 가르침을 설법하는 것과 자신을 위해 가르침을 사유하는 것의 양자를 버리면, 이러한 실천과 관계하여 멈춤과 통찰이 증가한다. 또는 멈춤의 실천만으로 평정하게 되고 나서, 통찰을 통해 활동을 하면, 통찰을 고무시켜 거기서 형성과 관계된 평정에 대한 앎을 통해서 평정하게 된다.

1169) dhammārāmo dhammarato : ItA. II. 91에 따르면, 멈춤과 통찰의 가르침에 대하여 즐거워하고 기뻐한다는 뜻이다.

올바른 가르침1171)은 퇴전하지 않는다.1172)

만약 가거나 서있거나
앉거나 누워도
그는 안으로 마음을 고요하게 하여1173)
오로지 적멸에 든1174)다."1175)

세존께서는 이와 같은 의취도 역시 설하셨다고 나는 들었다.

87(3-4-8) 암흑을 만드는 것의 경[Andhakaraṇasutta]1176)

1. 이와 같이 세존께서 설하셨고 거룩한 님께서 설하셨다고 나는 들었다.

[세존] "수행승들이여, 이러한 세 가지 악하고 불건전한 사유는 암흑을 만들고, 맹목을 만들고, 무지를 만들고, 지혜를 부수고, 고뇌에 매임을 촉진하고, 열반의 곁여로 이끈다.1177) 세 가지란 무엇

1170) dhammaṁ anussaraṁ : ItA. II. 91에 따르면, 감각적 쾌락의 욕망에 매인 사유 등에 기회를 주지 않고 욕망을 여읜 사유 등의 가르침을 새기며, 그러나 그 양자가 거칠다고 성찰하여 멈춤과 통찰의 가르침을 더욱 수행을 통해서 새기며 증진시킨다.

1171) saddhammā : ItA. II. 91에 따르면, 서른일곱 가지 깨달음에 도움이 되는 원리(It. 82의 주석을 보라)와 아홉 가지 출세간의 가르침(It. 91의 주석을 보라)을 말한다.

1172) dhammārāmo dhammarato | dhammaṁ anuvicintayaṁ | dhammaṁ anussaraṁ bhikkhu | saddhammā na parihāyati ||

1173) ajjhattaṁ samayaṁ cittaṁ : ItA. II. 91에 따르면, 앞에서 언급한 명상주제라고 여겨진 활동범주 안에서, 자신의 마음을 탐욕 등의 오염의 지멸을 통해서, 끊어버림을 통해서 마음을 고요하게 하는 것을 뜻한다.

1174) santim evādhigacchati : ItA. II. 91에 따르면, 궁극적 적멸인 열반에 든다.

1175) caraṁ vā yadi vā tiṭṭhaṁ | nisinno uda vā sayaṁ | ajjhattaṁ samayaṁ cittaṁ | santim evādhigacchatī'ti ||

1176) It. 82 : 본사경100-101(대정17권)에서 동일법수를 설하는 것이 유사.

1177) tayo'me bhikkhave akusalavitakkā andhakaraṇā acakkhukaraṇā aññāṇakaraṇā paññānirodhikā vighātapakkhikā anibbānasaṃvattanikā : ItA. II. 92에 따르면, 착하고 건전한 것의 곁여로 생겨나는 사유는 보는데 장애가 되는 어둠을 만들고, 지혜의 시각(눈)을 만들지 못하고, 무지를 만들어내고, 자신이 행한 업에 대한 지혜(kammassakatapaññā), 선

인가?

수행승들이여, 감각적 쾌락의 욕망에 매인 사유[1178]는 암흑을 만들고, 맹목을 만들고, 무지를 만들고, 지혜를 부수고, 고뇌에 매임을 촉진하고, 열반의 결여로 이끈다. 수행승들이여, 분노에 매인 사유[1179]는 암흑을 만들고, 맹목을 만들고, 무지를 만들고, 지혜를 부수고, 고뇌에 매임을 촉진하고, 열반의 결여로 이끈다. 수행승들이여, 폭력에 매인 사유[1180]는 암흑을 만들고, 맹목을 만들고, 무지를 만들고, 지혜를 부수고, 고뇌에 매임을 촉진하고, 열반의 결여로 이끈다.

수행승들이여, 이러한 세 가지 악하고 불건전한 사유는 암흑을 만들고, 맹목을 만들고, 무지를 만들고, 지혜를 부수고, 고뇌에 매임을 촉진하고, 열반의 결여로 이끈다.

수행승들이여, 이러한 세 가지 착하고 건전한 사유는 밝음을 만들고, 눈을 만들고, 앎을 만들고, 지혜를 키우고, 고뇌의 여읨을 촉진하고, 열반으로 이끈다. 세 가지란 무엇인가?

수행승들이여, 감각적 쾌락의 욕망을 여읜 사유[1181]는 밝음을 만

정에 대한 지혜(jhānapaññā), 통찰에 대한 지혜(vipassanāpaññā)의 세 가지 지혜(tisso paññā)를 활동하지 못하게 하여 부수고, 원하지 않는 결과를 주기 때문에 고통이라고 불리는 고뇌에 매임을 촉진하고, 오염의 소멸에 의한 열반(kilesanibbāna)으로 이끌지 못한다.

1178) kāmavitakka : ItA. II. 92-93에 따르면, 감각적 쾌락의 욕망에 묶인 사유로 오염에서 생긴 욕망(kilesakāma)과 더불어 대상에서 생긴 욕망(vatthukāma) 속에서 일어나는 것으로 사랑스럽거나 마음에 드는 뭇삶들이나 형성된 것들에 대하여 사유하는 자에게서 일어나는 것이다.

1179) vyāpādavitakka : ItA. II. 92-93에 따르면, 분노에 묶인 사유로 사랑스럽지 않거나 마음에 들지 않는 뭇삶들이나 형성된 것들에 대하여 화를 내고 관찰하는 시간부터 사라질 때까지 일어나는 것이다.

1180) vihiṃsāvitakka : ItA. II. 93에 따르면, 폭력에 묶인 사유로 뭇삶을 대상으로 하지 단지 형성된 것들에 대해서 일어나지 않는다. 고통을 받을 수 있는 형성은 없기 때문이다. 그것은 뭇삶과 관련하여 일어난다.

1181) nekkhammavitakko : ItA. II. 93에 따르면, 욕망의 여읨에 관계된 사유이다. 그것은 부정(不淨)과 관련된 수행 전단계의 감각적 쾌락의 욕망계와 부정과 관련된 선정 속의 미세한

들고, 눈을 만들고, 앎을 만들고, 지혜를 키우고, 고뇌의 여윔을 촉진하고, 열반으로 이끈다. 수행승들이여, 분노를 여읜 사유1182)는 밝음을 만들고, 눈을 만들고, 앎을 만들고, 지혜를 키우고, 고뇌의 여윔을 촉진하고, 열반으로 이끈다. 수행승들이여, 폭력을 여읜 사유1183)는 밝음을 만들고, 눈을 만들고, 앎을 만들고, 지혜를 키우고, 고뇌의 여윔을 촉진하고, 열반으로 이끈다. [83]

수행승들이여, 이러한 세 가지 착하고 건전한 사유는 밝음을 만들고, 눈을 만들고, 앎을 만들고, 지혜를 키우고, 고뇌의 여윔을 촉진하고, 열반으로 이끈다."

2. 세존께서는 이와 같은 의취를 설하셨고 그와 관련하여 이와 같이 말씀하셨다.

[세존] "세 가지 착하고 건전한 사유를 사유해야 하고,
그러나 세 가지 악하고 불건전한 것은 피해야 하리,1184)
비가 쌓인 먼지를 그렇게 하듯,1185)
그는 실로 사유와 사유된 것을 제어하여,
사유가 고요해진 마음으로
세상에서 적멸의 진리1186)에 도달한 것이다."1187)

물질계와 관계된 것이다. 그 선정을 기초로 해서 길과 경지가 생겨날 때 출세간적이 된다.

1182) avyāpādavitakka : ItA. II. 93-94에 따르면, 악의의 여윔과 관계된 사유이다. 그것은 자애와 관련된 수행 전단계의 감각적 쾌락의 욕망계와, 자애와 관련된 선정 속의 미세한 물질계와 관계된 것이다. 그 선정을 기초로 해서 길과 경지가 생겨날 때 출세간적이 된다.

1183) avihiṃsāvitakka : ItA. II. 94에 따르면, 상해의 여윔과 관계된 사유이다. 그것은 연민과 관련된 수행 전단계의 감각적 쾌락의 욕망계와, 연민과 관련된 선정 속의 미세한 물질계와 관계된 것이다. 그 선정을 기초로 해서 길과 경지가 생겨날 때 출세간적이 된다.

1184) nirākare : ItA. II. 94에 따르면, '자신의 지속성에서 거부하고 제거하고 끊어버리면'이라는 뜻이다.

1185) sa ve vitakkāni vicāritāni, sameti vuṭṭhiva rajaṁ samūhataṁ : ItA. II. 94에 따르면, '여름의 마지막 달에 땅위에 쌓인 사방에서 내려진 먼지를, 커다란 때 아닌 구름이 비를 내릴 때, 즉시 제거하는 것처럼, 사유와 숙고를 제거한다는 뜻이다.

세존께서는 이와 같은 의취도 역시 설하셨다고 나는 들었다.

88(3-4-9) 내적인 티끌의 경[Antaramalasutta][1188]

1. 이와 같이 세존께서 설하셨고 거룩한 님께서 설하셨다고 나는 들었다.

[세존] "수행승들이여, 이러한 세 가지 내적인 티끌,[1189] 내적인 적대자, 내적인 필적자, 내적인 살해자, 내적인 반대자가 있다. 세 가지란 무엇인가?

수행승들이여, 탐욕은 내적인 티끌, 내적인 적대자, 내적인 필적자, 내적인 살해자, 내적인 반대자이다.[1190] 수행승들이여, 성냄은

1186) santipada : ItA. II. 94에 따르면, 열반을 말한다.

1187) tayo vitakke kusale vitakkaye | tayo pana akusale nirākare | sa ve vitakkāni vicāritāni | sameti vuṭṭhiva rajaṁ samūhataṁ | sa ve vitakkūpasamena cetasā | idheva so santipadaṁ samajjhagā'ti ||

1188) It. 83 : 한역에 해당경전이 없다.

1189) tayo antarāmalā : ItA. II. 95에 따르면, 티끌에는 두 가지 종류가 있는데, 몸의 티끌과 마음의 티끌이다. 이 가운데 몸의 티끌은 땀과 때 등의, 몸에 생겨나 거기에 들러붙어 있는 먼지를 말하고, 그것은 정신적 오염과는 달리 물로 제거된다. 그러나 탐욕 등의 마음의 때는 고귀한 길에서만 제거된다. 이것과 관련해서 언급된다: '수행승들이여, 마음이 오염되므로 뭇삶이 오염되고 마음이 청정해지는 까닭으로 뭇삶이 청정해진다.'(SN. III. 151) 여기서는 이러한 마음의 티끌을 청정하게 하기 위해서 세 가지 '내적인' 티끌에 대해서 가르친다.

1190) lobhā bhikkhave antarāamitto antarāsapatto antarāvadhako antarāpaccatthiko : ItA. II. 96에 따르면, 탐욕 등이 뭇삶의 마음에 생겨나 티끌을 만들고 여러 다양한 오염을 야기하는 티끌인 것처럼, 함께 먹고 함께 눕는 기회를 추구하는 가짜 친구인 적으로서 뭇삶에게 생겨나서, 여러 가지 불익을 가져오고 여러 다양한 고통을 일으키는 자라는 것을 알려주기 위해 내적인 적대자라고 한 것이다. 그것들은 친구의 반대이기 때문에 적대자이고, 경쟁하기 때문에 경쟁자이고, 살해하기 때문에 살해자이고, 반대하기 때문에 반대자이다. 여기서 탐욕 등은 적대자 등이라는 것은 두 가지 방식으로 이해되어야 한다. 원한 있는 사람이 실로 기회를 얻어 자신의 적대자에게 칼로 머리를 자르거나 다른 수단으로 큰 손해를 끼친다. 그런데 이러한 탐욕 등이 지혜의 머리를 떨어뜨리는 것과 자궁에 떨어뜨리는 것을 통해서 그 보다 더 막강한 불익을 끼친다. 어떻게? 시각의 문에서 원하는 것 등의 대상에 보이는 것들에 따라, 그것들에 관해서 탐욕 등이 일어난다. 이렇게 지혜의 머리가 떨어진다. 청각의 문 등에 대해서도 마찬가지이다. 이와 같이 지혜의 머리가 떨어지는 한, 탐욕 등은 적대자 등과 같다고 알아야 한다. 그런데 탐욕 등은 업의 토대가 되어 난생 등으로 구분되는 네 가

내적인 티끌, 내적인 적대자, 내적인 필적자, 내적인 살해자, 내적인 반대자이다. 수행승들이여, 어리석음은 내적인 티끌, 내적인 적대자, 내적인 필적자, 내적인 살해자, 내적인 반대자이다.

수행승들이여, 이러한 세 가지 내적인 티끌, 내적인 적대자, 내적인 필적자, 내적인 살해자, 내적인 반대자가 있다."

2. 세존께서는 이와 같은 의취를 설하셨고 그와 관련하여 이와 같이 말씀하셨다.

[세존] "탐욕은 불익을 낳고1191)
탐욕은 마음을 교란시킨다.1192)
그 내부로부터 일어나는 두려움을
사람들은 알지 못한다.1193)

탐욕스러운 자는 [84] 유익을 알지 못하고

지 출생으로 이끈다. 그 자궁에 드는 것을 원인으로 스물다섯 가지의 커다란 공포(AN. III. 121)와 서른두 가지 형벌(MN. I. 87)이 도래한다. 이와 같이 자궁에 들게 하는 한, 탐욕 등은 적대자 등과 같다고 알아야 한다. 이것과 관련하여 이와 같이 언급된다: '적이 적을 대하고 원적이 원적에게 대하는 것보다 잘못 지향된 마음이 자신을 대하는 것은 더욱 나쁘다.'(Dhp. 42)

1191) anatthajanano lobho : ItA. II. 96-97에 따르면, 탐욕은 자신에게나 타인에게 불익을 낳는다: '수행승들이여, 탐욕이라는 것은 언제나 악하고 불건전한 것이고, 탐욕스러운 자가 신체적으로나 언어적으로 정신적으로 의도하는 것도 언제나 악하고 불건전한 것이고, 탐욕스러운 자가 탐욕에 정복되고 마음이 사로잡혀, 스스로 힘을 지녔다고 생각하고 힘을 행사하려고 생각해서, 처형하거나 투옥하거나 약탈하거나 견책하거나 추방하는 등, 타인에게 부당하게 고통을 가하는 것도 악하고 불건전한 것의 뿌리이다. 이와 같이 탐욕을 발생으로 하고, 탐욕을 토대로 하고, 탐욕을 원인으로 하고, 탐욕을 조건으로 하여, 이러한 다양한 악하고 불건전한 것들이 생겨난다.'(AN. I. 201) '바라문이여, 탐욕으로 인해 애착하고, 탐욕에 정복되고, 마음이 사로잡히면, 스스로를 해치는 사유를 하고, 남을 해치는 사유를 하고, 양자를 해치는 사유를 하며, 마음으로 괴로움과 근심을 경험합니다.'(AN. I. 156)

1192) lobhā cittappakopano : ItA. II. 97에 따르면, 탐욕은 탐욕의 대상과 관련하여 일어나면서, 마음을 흔들고 자극하고 변하게 하고 달라지게 하고 적정(寂靜) 등의 지속을 허락하지 않는다.

1193) anatthajanano lobho | lobhā cittappakopano | bhayam antarato jātaṁ | taṁ jano nāvabujjhati ||

탐욕스러운 자는 진리를 보지 못하고[1194]
탐욕이 사람을 정복하면,
맹목의 어둠이 생겨난다.[1195]

탐욕을 끊어버리고[1196]
탐욕스러운 것에 탐착하지 않으면,
그것으로써 탐욕은 버려진다.[1197]
연잎에서 떨어지는 물방울처럼.[1198]

성냄은 불익을 낳고[1199]
성냄은 마음을 교란시킨다.

1194) dhammaṁ na passati : ItA. II. 97에 따르면, 탐욕스러운 자는 탐욕에 정복되고 마음이 사로잡혀 열 가지 착하고 건전한 행위의 길 [十善業道 : dasakusalakammapatha]을 알지 못한다는 뜻이다. 이와 관련하여 이렇게 언급된다: '바라문이여, 탐욕으로 인해 애착하고, 탐욕에 정복되고, 마음이 사로잡히면, 스스로를 해치는 사유를 하고 남을 해치는 사유를 하고 양자를 해치는 사유를 하며 마음으로 괴로움과 근심을 경험합니다.'(AN. I. 158)

1195) luddho atthaṁ na jānāti | luddho dhammaṁ na passati | andhan tamaṁ tadā hoti | yaṁ lobho sahate naraṁ ||

1196) yo ca lobhaṁ pahatvāna : ItA. II. 98에 따르면, 성취 이전단계에서 특수한 관점이나 진압에 의존해서 적절하게 멈춤과 통찰을 통해서 탐욕을 제거하고, 그렇게 끊어버리면, 탐욕의 대상이 되는 천상의 미세한 물질계 등이 나타났을 때에 강력한 통찰의 힘으로 탐착하지 않는다.

1197) lobho pahīyate tamhā : ItA. II. 98에 따르면, 고귀한 참사람들은 고귀한 길을 통해 탐욕을 끊어버리고 아주 궁극적으로 포기한다.

1198) yo ca lobhaṁ pahatvāna | lobhaneyye na lubbhati | lobho pahīyate tamhā | udabindūva pokkharā ||

1199) anatthajanano doso : ItA. II. 98에 따르면, 성냄은 불익을 낳는데, 이와 같이 언급된다: '수행승들이여, 성냄이라는 것도 언제나 악하고 불건전한 것이고, 성내는 자가 신체적으로나 언어적으로 정신적으로 의도하는 것도 언제나 악하고 불건전한 것이고, 성내는 자가 성냄에 정복되고 마음이 사로잡혀, 스스로 힘을 지녔다고 생각하고 힘을 행사하려고 생각해서, 처형하거나 투옥하거나 약탈하거나 견책하거나 추방하는 등, 타인에게 부당하게 고통을 가하는 것도 악하고 불건전한 것의 뿌리이다. 이와 같이 성냄을 발생으로 하고, 성냄을 토대로 하고, 성냄을 원인으로 하고, 성냄을 조건으로 하여, 이러한 다양한 악하고 불건전한 것들이 생겨난다.'(AN. I. 201) '바라문이여, 성냄으로 인해 분노하고, 성냄에 정복되고, 마음이 사로잡히면, 자신의 이익도 있는 그대로 분명히 알지 못하고, 타인의 이익도 있는 그대로 분명히 알지 못하고, 그 양자의 이익도 있는 그대로 분명히 알지 못한다.'(AN. I. 158)

그 내부로부터 일어나는 두려움을
사람들은 알지 못한다.1200)

성내는 자는 유익을 알지 못하고
성내는 자는 진리를 보지 못하고
성냄이 사람을 정복하면,
맹목의 어둠이 생겨난다.1201)

성냄을 버리고
성내게 하는 것에 탐착하지 않으면,
그것으로써 성냄은 버려진다
나뭇가지에서 떨어지는 야자처럼.1202)

어리석음은 불익을 낳고1203)
어리석음은 마음을 교란시킨다.
그 내부로부터 일어나는 어리석음을
사람들은 알지 못한다.1204)

1200) anatthajanano doso | doso cittappakopano | bhayam antarato jātaṁ | taṁ jano nāvabujjhatī ‖

1201) duṭṭho atthaṁ na jānātī | duṭṭho dhammaṁ na passati | andhan tamaṁ tadā hoti | yaṁ doso sahate naraṁ ‖

1202) yo ca dosaṁ pahatvāna | dosaneyye na dussati | doso pahīyate tamhā | tālapakkaṁva pandhanā ‖

1203) anatthajanano moho : ItA. II. 98에 따르면, 어리석음은 불익을 낳는데, 이와 같이 언급된다: '수행승들이여, 어리석음이라는 것도 언제나 악하고 불건전한 것이고, 성내는 자가 신체적으로나 언어적으로 정신적으로 의도하는 것도 언제나 악하고 불건전한 것이고, 성내는 자가 어리석음에 정복되고 마음이 사로잡혀, 스스로 힘을 지녔다고 생각하고 힘을 행사하려고 생각해서, 처형하거나 투옥하거나 약탈하거나 견책하거나 추방하는 등, 타인에게 부당하게 고통을 가하는 것도 악하고 불건전한 것의 뿌리이다. 이와 같이 어리석음을 발생으로 하고 어리석음을 토대로 하고 어리석음을 원인으로 하고 어리석음을 조건으로 하여, 이러한 다양한 악하고 불건전한 것들이 생겨난다.'(AN. I. 201) '바라문이여, 어리석음으로 인해 분노하고, 어리석음에 정복되고, 마음이 사로잡히면, 자신의 이익도 있는 그대로 분명히 알지 못하고, 타인의 이익도 있는 그대로 분명히 알지 못하고, 그 양자의 이익도 있는 그대로 분명히 알지 못합니다.'(AN. I. 158)

어리석은 자는 유익을 알지 못하고
어리석은 자는 진리를 보지 못하고
어리석음이 사람을 정복하면,
맹목의 어둠이 생겨난다.[1205]

어리석음을 [85] 버리고
어리석게 하는 것에 탐착하지 않으면,
그것으로써 어리석음은 버려진다.
태양이 떠오르면 어둠이 사라지듯."[1206]

세존께서는 이와 같은 의취도 역시 설하셨다고 나는 들었다.

89(3-4-10) 데바닷따의 경[Devadattasutta][1207]

1. 이와 같이 세존께서 설하셨고 거룩한 님께서 설하셨다고 나는 들었다.

[세존] "수행승들이여, 이러한 세 가지 악한 상태[1208]에 정복되어 마음이 사로잡힌 데바닷따[1209]는 치유될 수 없는[1210] 괴로운 곳,

---

1204) anatthajanano moho | moho cittappakopano | bhayam antarato jātaṁ | taṁ jano nāvabujjhati ||

1205) mūḷho atthaṁ na jānāti | mūḷho dhammaṁ na passati | andhan tamaṁ tadā hoti | yaṁ moho sahate naraṁ ||

1206) yo ca mohaṁ pahatvāna | mohaneyye na muyhati | mohaṁ vihanti so sabbaṁ | ādicco v'udayaṁ taman'ti ||

1207) It. 85 : 한역에 해당경전이 없다.

1208) tīṇi asaddhammā : ItA. II. 99에 따르면, 세 가지 불선한 사람의 상태를 말한다.

1209) Devadatta : It. 18의 주석의 데바닷따와 승단의 분열에 대한 이야기를 참조하라. ItA. II. 99에 따르면, 데바닷따는 아비지옥에 들어가자, 데바닷따의 추종자들과 이교도의 무리들은 수행자 고따마의 저주를 받아서 데바닷따가 땅속으로 들어갔다고 모함했다. 그 소식을 듣고 가르침에 회의적이던 사람들이 그 말대로 그럴지도 모른다고 의심했다. 수행승들은 그 정황을 세존께 알렸다. 그러자 세존께서는 '수행승들이여, 여래는 누구도 저주하지 않는다. 그러므로 데바닷따를 내가 저주한 것이 아니다. 자신의 업에 의해서 지옥에 들어간 것이다.'

지옥에 떨어져, 일 겁을 지낼 운명이다. 세 가지란 어떠한 것인가? 수행승들이여, 악한 욕망에 정복되어1211) 마음이 사로잡힌 데바닷따는 치유될 수 없는 괴로운 곳, 지옥에 떨어져, 일 겁을 지낼 운명이다. 수행승들이여, 악한 우정에 정복되어1212) 마음이 사로잡힌 데바닷따는 치유될 수 없는 괴로운 곳, 지옥에 떨어져, 일 겁을 지낼 운명이다. 또한 그는 더욱 해야 할 일이 있음에도 사소한 성취에 교만하여 중도에 그만 두게 되었다.1213)

수행승들이여, 이러한 세 가지 악한 상태에 정복되어 마음이 사로잡힌 데바닷따는 치유될 수 없는 괴로운 곳, 지옥에 떨어져 일 겁을 지낼 운명이다."

2. 세존께서는 이와 같은 의취를 설하셨고 그와 관련하여 이와 같이 말씀하셨다.

[세존] "누구도 악한 욕망을 품고
세상에 태어나지 말아야 한다.
그러한 악한 욕망을 품은 자의
그와 같은 운명을 알게 되리라.1214)

라고 말하고 그들의 잘못된 파악을 그치고, 해명하기 위하여, 이 경을 설했다.

1210) atekiccho : ItA. II. 99에 따르면, 부처님에 의해서도 막는 것이 불가능하므로, 지옥에 태어나는 데는 치유가 없기 때문에 치유할 수 없다는 뜻이다.

1211) pāpicchāya abhibhūto : ItA. II. 99에 따르면, '내가 부처님이 되어 승단을 이끌겠다.'라는 악한 욕망에 정복된 것을 말한다.

1212) pāpamittatāya abhibhūto : ItA. II. 99에 따르면, '꼬깔리까(Kokālika)와 같은 악하고 저열한 친구가 있는 상태, 친구가 악한 상태에 정복되어'라는 뜻이다.

1213) sati ko pana uttarīkaraṇiye oramattakena visesādhigamena antarā vosānaṃ āpādi : ItA. II. 99에 따르면, 선정과 곧바른 앎 등의 더욱 해야 할 일이 있음에도, 성취해야 할 길과 경지를 얻지 못했음에도, 선정과 곧바른 앎을 통해 얻은 초인간적 상태의 사소한 성취를 통해서 중도에 그만 두게 되었다.

1214) mā jātu koci lokasmiṁ | pāpiccho upapajjatu | tadamināpi jānātha | pāpicchānaṁ yathā gati ||

현자라고 [86] 여겨지고
자기를 닦은 자라고 간주되어,
데바닷따는 그 명성으로 인해
불타오르듯, 널리 유명해1215)졌다.1216)

그는 여래를 모욕하고
동등하다고 맞서1217)
두려운 아비지옥의
네 문에 들어섰1218)다.1219)

악업을 짓지 않고
미움을 여읜 님을 해치려는 자는
마음을 증오로 채우고

1215) jalaṁ'va yasasā aṭṭhā, devadatto'ti vissuto : ItA. II. 100에 따르면, 데바닷따는 자신의 명성과 추종자들 때문에 작열하듯, 불타오르듯, 널리 유명해졌다.

1216) paṇḍito'ti samaññāto | bhāvitatto'ti sammato | jalaṁ'va yasasā aṭṭhā | devadatto'ti vissuto ||

1217) so samānam anuciṇṇo, āsajja naṁ tathāgataṁ : ItA. II. 100에 따르면, 데바닷따는 '부처님도 싸끼야 족의 아들이고, 나도 싸끼야 족의 아들이다. 부처님도 수행자이고, 나도 수행자이다. 부처님도 신통력을 지닌 자이고, 나도 신통력을 지닌 자이다. 부처님도 하늘눈을 지닌 자이고, 나도 하늘눈을 지닌 자이다. 부처님도 하늘귀를 지닌 자이고, 나도 하늘귀를 지닌 자이다. 부처님도 타인의 마음을 읽는 자이고, 나도 타인의 마음을 읽는 자이다. 부처님도 과거와 매래와 현재의 상태를 아는 자이고, 나도 과거와 매래와 현재의 상태를 아는 자이다.'라고 자신의 분수를 알지 못하고 올바로 원만히 깨달은 님을 자신과 동일시하여 방일에 빠져 부처님이 되고자 했다.

1218) avīcinirayaṁ patto, catudvāraṁ bhayānakaṁ : ItA. II. 101에 따르면, 불꽃과 거기에 태어난 뭇삶이, 간격 없기 때문에 아비지옥이라는 이름을 얻은, 대지옥은 사면에 네 개의 대문과 연결된 지옥이고, 아주 공포스러운 대지옥으로, 그가 결생의 획득을 통해서 도달한 곳이다. 그것에 관해서는 이와 같이 언급된다: '대지옥은 사각으로 되어 있고 각각의 변에 세워진 네 문이 있고 철벽으로 둘러싸여 있고, 쇠지붕으로 덮혀 있다. 그 바닥도 쇠로 되어 있는데 시뻘겋게 달궈질 때까지 데워진다. 그 경계가 백 요자나에 이르며, 어느 때나 존속한다.'(MN. III. 167; AN. I. 141)

1219) so samānam anuciṇṇo | āsajja naṁ tathāgataṁ | avīcinirayaṁ patto | catudvāraṁ bhayānakaṁ ||

존경을 잃고 악에 떨어진다.1220)

바다를 독이 든 단지로
더럽히려고 생각한다면,
그렇게 할 수는 없다.
그것보다 바다가 크기 때문이다.1221)

여래, 올바로 가신 님,
고요한 님을
그릇된 [87] 주장으로1222) 해치고자 하여도
그 주장이 영향을 미치지 못한다.1223)

그 님을 벗으로 삼아1224)
현자라면 그를 섬기리.
수행승은 그의 길을 따라
괴로움의 소멸1225)을 얻는다."1226)

세존께서는 이와 같은 의취도 역시 설하셨다고 나는 들었다.

이로써 제3장 「셋모음」의 「제4품」이 끝났다. 그 내용은 차례로 '1. 사유의 경 2. 공경의 경

1220) aduṭṭhassa hi yo dubbhe | pāpakammaṁ akubbato | tameva pāpaṁ phūsati | duṭ ṭhacittaṁ anādaraṁ ||

1221) samuddaṁ visakumbhena | yo maññeyya padūsituṁ | na so tena padūseyya | y asmā hi udadhī mahā ||

1222) vādena : ItA. II. 101에 따르면, '증오에 의해서'라는 뜻이다.

1223) evameva tathāgataṁ | yo vādena vihiṁsati | samaggataṁ santacittaṁ | vādo ta mhi na rūhati ||

1224) tādisaṁ mittaṁ kubbetha : ItA. II. 102에 따르면, 깨달은 님이나 깨달은 님의 제자를 친구로 삼는다는 뜻이다.

1225) khayaṁ dukkhassa : ItA. II. 102에 따르면, 일체의 윤회의 괴로움의 종식을 뜻한다.

1226) tādisaṁ mittaṁ kubbetha | tañca seveyya paṇḍito | yassa maggānugo bhikkhu | khayaṁ dukkhassa pāpuṇe'ti ||

3. 천신의 목소리의 경 4. 징조의 경 5. 많은 사람의 이익의 경 6. 부정관의 경 7. 여법한 가르침의 경 8. 암흑을 만드는 것의 경 9. 내적인 티끌의 경 10. 데바닷따의 경'으로 이루어졌으며, 「제4품」이라고 불린다.

5. 제오품[Pañcamavagga]

90(3-5-1) 최상의 믿음의 경[Aggappasādasutta][1227)]

1. 이와 같이 세존께서 설하셨고 거룩한 님께서 설하셨다고 나는 들었다.

[세존] "수행승들이여, 이와 같은 세 가지 최상의 믿음[1228)]이 있

1227) It. 87; AN. II. 34-35; III. 35-36 : 본사경135(대정17권 697)

1228) tayo aggappasādā : ItA. II. 102-103에 따르면, 최상의 믿음에서 '최상'은 부처님 등의 삼보와 관련해서 언급된 것이다. 최상은 유일한 것을 의미한다. "수행승들이여, 많은 사람의 이익과 많은 사람의 행복과 신들과 인간들의 유익, 이익, 행복을 위하여 세계에 태어난 유일한 사람이 있다. 그 유일한 사람은 누구인가? 이렇게 오신 님, 거룩한 님, 올바로 원만히 깨달은 님이다. … 수행승들이여, 세계에 출현한 발견하기 어려운 유일한 사람이 있다. 그 유일한 사람은 누구인가? 이렇게 오신 님, 거룩한 님, 올바로 원만히 깨달은 님이다. … 수행승들이여, 세계에 출현한 불가사의한 유일한 사람이 있다. 그 유일한 사람은 누구인가? 이렇게 오신 님, 거룩한 님, 올바로 원만히 깨달은 님이다. … 수행승들이여, 그의 죽음이 많은 사람의 슬픔이 되는 유일한 사람이 있다. 그 유일한 사람은 누구인가? 이렇게 오신 님, 거룩한 님, 올바로 원만히 깨달은 님이다. … 수행승들이여, 유일무이한 유일한 사람이 있다. 그 유일한 사람은 누구인가? 이렇게 오신 님, 거룩한 님, 올바로 원만히 깨달은 님이다. … 수행승들이여, 동등한 자가 없는 유일한 사람이 있다. 그 유일한 사람은 누구인가? 이렇게 오신 님, 거룩한 님, 올바로 원만히 깨달은 님이다. … 수행승들이여, 상대가 없는 유일한 사람이 있다. 그 유일한 사람은 누구인가? 이렇게 오신 님, 거룩한 님, 올바로 원만히 깨달은 님이다. … 수행승들이여, 대등한 자가 없는 유일한 사람이 있다. 그 유일한 사람은 누구인가? 이렇게 오신 님, 거룩한 님, 올바로 원만히 깨달은 님이다. … 수행승들이여, 필적할 자가 없는 유일한 사람이 있다. 그 유일한 사람은 누구인가? 이렇게 오신 님, 거룩한 님, 올바로 원만히 깨달은 님이다. … 수행승들이여, 비교할 자가 없는 유일한 사람이 있다. 그 유일한 사람은 누구인가? 이렇게 오신 님, 거룩한 님, 올바로 원만히 깨달은 님이다. … 수행승들이여, 비길 자가 없는 유일한 사람이 있다. 그 유일한 사람은 누구인가? 이렇게 오신 님, 거룩한 님, 올바로 원만히 깨달은 님이다. … 수행승들이여, 견줄 자가 없는 유일한 사람이 있다. 그 유일한 사람은 누구인가? 이렇게 오신 님, 거룩한 님, 올바로 원만히 깨달은 님이다. … 수행승들이여, 인간 가운데 최상자인 유일한 사람이 있다. 그 유일한 사람은 누구인가? 이렇게 오신 님, 거룩한 님, 올바로 원만히 깨달은 님이다. … 수행승들이여, 위대한 눈과 함께 출현한 유일한 사람이 있다. 그 유일한 사람은 누구인가? 이렇게 오신 님, 거룩한 님, 올바로 원만히 깨달은 님이다. … 수행승들이여, 위대한 빛과 더불어 출현한 유일한 사람이 있다. 그 유일한 사람은 누구인가? 이렇게 오신 님, 거룩한 님, 올바로 원만히 깨달은 님이다. 수… 수행승들이여, 위대한 광명과 더불어 출현한 유일한 사람이 있다. 그 유일한 사람은 누구인가? 이렇게 오신 님, 거룩한 님, 올바로 원만히 깨달은 님이다."(AN. I. 22) 그리고 이어서 가르침과 참모임에 대해서도 그 최상의 유일성에 대해 언급된다.(AN. I. 23-

다. 세 가지란 무엇인가? 수행승들이여, 다리가 없는 뭇삶, 두 다리를 지닌 뭇삶, 네 다리를 지닌 뭇삶, 많은 다리를 지닌 뭇삶, 미세한 물질계의 뭇삶, 비물질계의 뭇삶, 지각을 지닌 뭇삶, 지각을 여읜 뭇삶, 지각을 지닌 것도 지각을 여읜 것도 아닌 뭇삶들이 있는데,[1229] 그들 가운데, 바로 거룩한 님, 올바로 원만히 깨달은 님이신 [88] 여래가 최상이라고 설해진다. 수행승들이여, 그 깨달은 님에게 믿음을 갖는 자들이 최상의 믿음을 갖는 것이다. 최상의 믿음을 갖는 자들에게 최상의 과보[1230]가 있다.

---

25)

1229) sattā apadā vā dīpadā vā catuppadā vā bahuppadā vā rūpino vā arūpino vā saññino vā asaññino vā nevasaññināsaññino vā : ItA. II. 104에 따르면, 법왕(Dhammarājan)은 전체 아홉 종류의 뭇삶에 대하여 남김없이 가르쳤다: 감각적 쾌락의 욕망계의 존재(kāmabhava), 미세한 물질계의 존재(rūpabhava), 비물질계의 존재(arūpabhava), 한 가지 구성요소의 존재(ekavokārabhava), 네 가지 구성요소의 존재(catuvokārabhava), 다섯 가지 구성요소의 존재(pañcavokārabhava), 지각을 지닌 존재(saññībhava), 지각을 여읜 존재(asaññībhava), 지각을 지닌 것도 지각을 여읜 것도 아닌 존재(nevasaññīnâsaññībhava)가 있다. 여기서 물질을 포함하고 있는 존재로서 감각적 쾌락의 욕망계의 존재, 미세한 물질계의 존재, 한 가지 구성요소의 존재, 다섯 가지 구성요소의 존재가 있고, 비물질을 포함한 존재로서 비물질계의 존재, 네 가지 구성요소의 존재가 있다. 그런데 지각을 지닌 존재 등은 동일하게 표현되고, 다리가 없는 것 등을 포함하고 있는 존재는 감각적 쾌락의 욕망계의 존재, 다섯 가지 구성요소의 존재, 지각을 지닌 존재의 일부가 표현된 것이다.

1230) aggo vipāko : ItA. II. 105-106에 따르면, 최상의 올바로 원만히 깨달은 님에게 믿음을 갖는 것이 최상이고 최승이고 최고이고 최극이다. 여기에는 세간적인 믿음과 출세간적인 믿음이 있다. 세간적인 믿음은 다음과 같다: '누구라도 깨달은 님께 귀의하면 비천한 존재로 떨어지지 않는다. 죽어서 사람의 몸을 버리면, 하늘사람의 몸을 성취하리라.'(SN. I. 27; DN. II. 255) "야차 씨바까가 말했다. '백 마리의 코끼리와 백 마리의 말과 백 마리의 노새가 끄는 수레, 보석 귀고리를 장식한 십만 명의 처녀도 여기 내딛는 한 발자국의 십육 분의 일에도 못 미친다. 장자여, 앞으로 나아가라. 장자여, 앞으로 나아가라. 앞으로 나아가면 좋고 뒤로 물러서면 좋지 않다.' 그러자 장자 아나타삔디까에게 어둠이 사라지고 밝음이 나타났다. 그에게 두려움과 전율과 공포가 없어졌다. 그래서 장자 아나타삔디까는 세존께서 계시는 씨따 숲으로 찾아왔다."(SN. I. 211) "하늘아들이여, 이와 같이 부처님께 '님은 참으로 거룩한 님, 올바로 원만히 깨달은 님, 명지와 덕행을 갖춘 님, 올바른 길로 잘 가신 님, 세상을 아는 님, 위없이 높으신 님, 사람을 길들이는 님, 하늘사람과 인간의 스승이신 님, 깨달은 님, 세계의 존귀한 님입니다.'라고 흔들리지 않는 청정한 믿음을 갖추는 것은 훌륭합니다. 하늘아들이여, 부처님께 흔들리지 않는 청정한 믿음을 갖추어, 이 세계의 뭇삶들은 몸이 파괴되어 죽은 뒤에 좋은 곳, 하늘나라에 태어나고, 하늘아들이여, 부처님께 흔들리지 않는 청정한 믿음을 갖추어, 이 세계의 뭇삶들은 몸이 파괴되어 죽은 뒤에 좋은 곳, 하늘나라에 태어나는데,

수행승들이여, 조건지어진 것이건 조건지어지지 않은 것이건[1231] 그들 가운데 사라짐이 최상이라고 설해진다.[1232] 그것은 곧, 자만을 부수고 갈증을 제거하고 애착의 경향을 버리고 유전을 끊고 갈애를 부수고 사라지고 소멸하고 열반에 드는 것이다.[1233] 수행승들이여, 그 사라짐이라는 가르침에 믿음을 갖는 자들이 최상의 믿음을 갖는 것이다. 최상의 믿음을 갖는 자들에게 최상의 과보가 있다.[1234]

다른 신들보다 열 가지 경우에, 즉 하늘수명, 하늘용모, 하늘안락, 하늘명예, 하늘주권, 하늘형상, 하늘소리, 하늘향기, 하늘맛, 하늘감촉의 경우에 우월하게 태어납니다."(SN. IV. 274) 그러므로 세간적인 믿음은 나쁜 운명과 결합된 괴로움을 제거하고 행복한 성취의 결과를 가져다준다는 것을 의미한다. 반면에 출세간적인 믿음은 수행자의 경지를 성숙시켜 윤회의 괴로움을 제거한다.

1231) dhammā saṅkhatā vā asaṅkhatā vā : ItA. II. 106에 따르면, 함께 만나서 존재하게 되어 조건에 의해서 만들어진 것이라서 조건지어진 것(有爲法)이고, 원인과 조건 어떠한 것에 의해서도 만들어지지 않은 것이 조건지어지지 않은 것(無爲法)로서 열반이다.

1232) virāgo tesaṃ aggamakkhāyati : ItA. II. 106에 따르면, 조건지어진 것과 조건지어지지 않은 것 가운데 사라짐이라는 것은 조건지어지지 않은 것이라고 불린다. 그것은 본성적으로 부드럽고 미세한 것이고 보다 고요하고 보다 수승한 것이고 심오함 등의 것이고, 자만을 부순 것이기 때문에, 조건지어진 것과 조건지어지지 않은 것 가운데 최상, 최승, 최고, 최극이라고 불린다.

1233) yadidaṃ madanimmadano pipāsavinayo ālayasamugghāto raṭṭupacchedo taṇhakkhayo virāgo nirodho nibbāṇaṃ : ItA. II. 106에 따르면,이 모든 것은 열반의 동의어이다. 예를 들어 인간의 교만과 관계되는 자만과 같은, 자만 등의 일체의 자만(Pup. 319; N. 71)이 파괴되고, 부서지고, 감각적 쾌락의 욕망에 대한 갈증 등의 일체의 갈증이 제거되고, 감각적 쾌락의 욕망에 대한 애착 등의 일체의 애착이 제거되고, 업에 의한 유전(kammavaṭṭa)과 오염에 의한 유전(kilesavaṭṭa)과 이숙의 유전(vipākavaṭṭa)이 끊어지고, 백팔 개로 구분되는 갈애가 파괴되고, 일체의 오염이 사라지고, 일체의 괴로움이 소멸한다.

1234) aggo vipāko hoti : 이것과 관련해서 이렇게 언급된다: "누구든지 가르침에 귀의하는 자는 '가르침'이라고 찬양하면 그의 몸에 기쁨이 생겨난다."(Jat. I. 97) "하늘아들이여, 이와 같이 가르침에 '세계의 존귀한 님께서 잘 설하신 가르침은 현세의 삶에서 유익한 가르침이며, 시간을 초월하는 가르침이며, 와서 보라고 할 만한 가르침이며, 최상의 목표로 이끄는 가르침이며, 슬기로운 자라면 누구나 알 수 있는 가르침입니다.'라고 흔들리지 않는 청정한 믿음을 갖추는 것은 훌륭합니다. 하늘아들이여, 가르침에 흔들리지 않는 청정한 믿음을 갖추어, 이 세계의 뭇삶들은 몸이 파괴되어 죽은 뒤에 좋은 곳, 하늘나라에 태어나고, 하늘아들이여, 가르침에 흔들리지 않는 청정한 믿음을 갖추어, 이 세계의 뭇삶들은 몸이 파괴되어 죽은 뒤에 좋은 곳, 하늘나라에 태어나는데, 다른 신들보다 열 가지 경우, 즉 하늘수명, 하늘용모, 하늘안락, 하늘명예, 하늘주권, 하늘형상, 하늘소리, 하늘향기, 하늘맛, 하늘감촉의 경우에 우월하게 태어납니다."(SN. IV. 275) "수행승들이여, 조건지어진 것이나 조건지어지지

수행승들이여, 모임이건 회중이건1235) 그들 가운데 여래의 제자의 참모임1236)이 최상이라고 설해진다.1237) 그것은 곧, 네 쌍으로 여덟이 되는 참사람으로1238) 이루어졌으니, 그 세존의 제자들의 모임은 공양받을 만하고 대접받을 만하며 보시받을 만하고 존경받을 만하며 세상의 위없는 복밭이다.1239) 수행승들이여, 그 참모임에 믿음을 갖는 자들이 최상의 믿음을 갖는 것이다. 최상의 믿음을 갖는 자들에게 최상의 과보가 있다.1240)

않은 사실에 관한 한, 이른바 여덟 가지 고귀한 길이 그것들 가운데 최상이다."(AN. II. 34)

1235) saṅghā vā gaṇā : ItA. II. 107에 따르면, 사람의 모임을 뜻한다.

1236) tathāgatasāvakasaṅgho : ItA. II. 107에 따르면, 여덟 분의 고귀한 참사람으로 바른 견해와 계행을 갖춘 덕분에 '조밀(saṁhata: 유사언어학적 해석)'이라고 불리는 여래의 제자의 참모임이다.

1237) tesaṃ aggamakkhāyati : ItA. II. 107에 따르면, 계행, 삼매, 지혜, 해탈 등의 덕성의 탁월함에 의해서 모임 가운데 최상, 최승, 최고이다.

1238) cattāri purisayugāni aṭṭhapurisapuggalā : ItA. II. 107-108에 따르면, 네 쌍으로 여덟이 되는 참사람(四雙八輩)은 흐름에 드는 길을 가는 님(預流向 : sotāpattimagga)과 흐름에 든 경지에 도달한 님(預流果 : sotāpattiphala) = 흐름에 든 님(預流者 : sotāpattipanna)의 한 쌍, 한 번 돌아오는 길을 가는 님(一來向 : sakadāgāmimagga)과 한 번 돌아오는 경지에 도달한 님(一來果 : sakadāgāmiphala) = 한 번 돌아오는 님(一來者 : sakadāgāmin)의 한 쌍, 돌아오지 않는 길을 가는 님(不還向 : anāgamī magga)과 돌아오지 않는 경지에 도달한 님(不還果 : anāgamīphala) = 돌아오지 않는 님(不還者 : anāgamin)의 한 쌍, 거룩한 길을 가는 님(阿羅漢向 : arahattamagga)과 거룩한 경지에 도달한 님(阿羅漢果 : arahattaphala) = 거룩한 님(阿羅漢 : arahant)의 한 쌍을 말한다.

1239) āhuneyyo pāhuneyyo dakkhiṇeyyo añjalikaraṇīyo anuttaraṃ puññakkhettaṃ lokassa : ItA. II. 108-109에 따르면, '공양받을 만하고(āhuneyyo)'는 공양물을 가져와서 바치는 것의 가치가 있는 것을 말하고, 멀리서 가져와서 계행을 갖춘 자에게 준다는 의미를 지닌다. '대접받을 만하며(pāhuneyyo)'는 사방사유에서 온 사랑스럽고 마음에 드는 친지와 친구를 위해서 정중하게 준비된 손님의 식사가 있는데, 그것을 마련해서 그러한 환대를 받을 만한 참모임에 준다는 의미이다. '보시받을 만하고(dakkhiṇeyyo)'는 저 세상를 믿어서 주어지는 시물이 있는데, 그것을 받을 가치가 있는 것은 위대한 경지를 얻음으로써 청정하게 하기 때문이다. '존경받을 만하며'는 합장공경을 받을 만하다는 뜻이고, '세상의 위없는 복밭'이라는 것은 세상에서 비교할 수 없는 공덕이 일어나는 장소라는 뜻이다.

1240) aggo vipāko hoti : 이것과 관련해서 이렇게 언급된다: "누구든지 참모임에 귀의하는 자는 '참모임'이라고 찬양하면 그의 몸에 기쁨이 생겨난다."(Jat. I. 97) "신들의 제왕이여, 이와 같이 참모임에 '님의 가르침을 따르는 사람의 참모임은 훌륭하게 실천합니다. 님의 가르침을 따르는 사람의 참모임은 정직하게 실천합니다. 님의 가르침을 따르는 사람의 참모임은 현명하게 실천합니다. 님의 가르침을 따르는 사람의 참모임은 조화롭게 실천합니다. 이

수행승들이여, 이와 같은 세 가지 최상의 믿음이 있다."

2. 세존께서는 이와 같은 의취를 설하셨고 그와 관련하여 이와 같이 말씀하셨다.

[세존] "믿음을 최상으로 하고,[1241]
최상의 가르침을 알고,
최상의 깨달은 님을 믿는 자들에게
위없는 님은 공양을 받을 만하다.[1242]

최상의 가르침을 믿고
참모임을 믿는 자들에게
사라짐과 적멸의 안락은
위없는 공덕의 밭이다.[1243]

최상의 것을 [89] 보시하면
최상의 것을 얻는다.
최상의 수명, 피부, 명예,
칭송, 행복, 힘을 얻[1244]는다.[1245]

와 같이 님의 가르침을 따르는 사람의 참모임은 네 쌍으로 여덟이 되는 참사람들로 이루어졌으니 공양받을 만하고, 대접받을 만하고, 선물받을 만하고, 존경받을 만하고, 세계에 가장 훌륭한 복밭입니다.'라고 흔들리지 않는 청정한 믿음을 갖추는 것은 훌륭합니다. 신들의 제왕이여, 참모임에 흔들리지 않는 청정한 믿음을 갖추어, 이 세계의 뭇삶들은 몸이 파괴되어 죽은 뒤에 좋은 곳, 하늘나라에 태어납니다."(SN. IV. 275)

1241) aggato ve pasannānaṁ : ItA. II. 109에 따르면, 삼보는 최상의 존재이므로 삼보에 대한 믿음을 최상으로 한다는 뜻이다.

1242) aggato ve pasannānaṁ | aggaṁ dhammaṁ vijānataṁ | agge buddhe pasannānaṁ | dakkhiṇeyye anuttare ‖

1243) agge dhamme pasannānaṁ | virāgupasame sukhe | agge saṅghe pasannānaṁ | puññakkhette anuttare ‖

1244) aggaṁ āyu va vaṇṇo ca | yaso kitti sukhaṁ balaṁ : ItA. II. 109에 따르면, '수명'은 '천상과 인간에서 최상의 광대한 수명을 갖춘 것'을 뜻하고, '피부'는 '아름다움을 갖춘 것'을 뜻하고, '명예'는 '추종자를 갖춘 것'을 뜻하고, '칭송'은 '덕행의 명성을 갖춘 것'을 뜻하고, '행복'은 '정신적인 행복과 신체적인 행복을 갖춘 것'을 뜻하고, '힘'은 '신체의 힘과 앎

슬기로운 자는 최상의 것을 주고
최상의 가르침 가운데 선정에 들어,[1246]
신으로서 또는 인간으로서
최상에 도달하여 기뻐[1247]한다."[1248]

세존께서는 이와 같은 의취도 역시 설하셨다고 나는 들었다.

91(3-5-2) 삶의 경[Jīvikāsutta][1249]

1. 이와 같이 세존께서 설하셨고 거룩한 님께서 설하셨다고 나는 들었다.

[세존] "수행승들이여, 이 탁발이라는 것은 삶의 끝이다. 세상에는 '손에 발우나 들고 돌아다녀라!'라는 저주가 있다.[1250] 그러나 수행승들이여, 훌륭한 아들들은 타당하고 합리적인 이유가 있어 그러한 삶을 선택한 것이다. 결코 왕이 강요한다고 그런 것이 아니고,

---

의 힘을 갖춘 것'을 뜻한다.

1245) aggasmiṁ dānaṁ dadataṁ | aggaṁ puññaṁ pavaḍḍhati | aggaṁ āyu va vaṇṇo ca | yaso kitti sukhaṁ balaṁ ||

1246) aggadhammasamāhito : ItA. II. 111에 따르면, 최상의 믿음의 실천에 의해서, 보시 등의 실천에 의해서, 선정에 들어 부동의 믿음을 갖춘 것을 뜻한다.

1247) aggappatto pamodati : ItA. II. 111에 따르면, 뭇삶의 무리 가운데 태어날 때마다 그때 그때 최상의 존재, 최승의 존재를 얻거나, 최상의 상태나 출세간적 길과 경지를 획득하여 기뻐하고 즐거워한다.

1248) aggassa dātā medhāvi | aggadhammasamāhito | devabhūto manusso vā | aggappatto pamodatī'ti ||

1249) It. 89; SN. III. 93 : 본사경92(대정17권 682); 중아함140 지변경(대정1권 647); 잡아함 제10(대정2권 71); 이 경에 대한 SN. III. 91-93에는 이 경의 인연담이 상세히 설해져 있다.

1250) antamidaṁ bhikkhave, jīvikānaṁ yadidaṁ piṇḍolyaṁ. abhisāpoyaṁ lokasmiṁ piṇḍolo vicarasi pattapāṇī ti : '끝(antaṁ)'이란 말은 '끝, 한계'란 뜻인데, Srp. II. 301에서는 '최후의, 가장 낮은(pacchima)', 또는 '하찮은, 형편없는, 나쁜(lāmaka)'의 동의어로 취급하고 있다. ItA. II. 112에 따르면, 여기서 저주라고 한 것은 예를 들어 세상 사람들이 분노하면, '중옷이나 입고, 그릇을 들고 밥이나 빌러 돌아다녀라!'라고 그들의 적을 공격하였기 때문에 사용된 것이다.

강도가 강요한다고 그런 것이 아니고, 빚을 졌기 때문에 그런 것도 아니고, 두려움 때문에 그런 것도 아니고, 목숨을 연명하기 위해 그런 것도 아니다. 그러나 그들은 '나는 태어남, 늙음, 죽음, 우울, 슬픔, 고통, 근심, 절망에 떨어졌다. 괴로움에 떨어져 괴로움에 둘러싸여 있다. 적어도 괴로움의 다발들이 종식되어야 한다.'고 생각해서 그렇게 한 것이다.

수행승들이여, 이와 같이 출가한 훌륭한 아들이 탐욕 [90] 스럽고, 감각적 쾌락의 욕망에 자극되고, 마음에 분노가 넘치고, 정신적으로 사유가 퇴락하고, 새김을 잃고, 올바로 알아차리지 못하고, 올바로 집중하지 못하고, 마음이 산란해지고, 감각능력을 통제하지 못하고 있다. 수행승들이여, 마치 쇠똥을 가운데 바르고, 양쪽 끝이 타다 남은 태워진 화장용 장작더미는 마을에서 목재로 사용할 수 없고 숲에서도 목재로 사용할 수 없는 것처럼, 수행승들이여, 이와 같은 사람은 재가자로서의 즐거움도 누리지 못하고, 수행자의 목적도 성취할 수 없다[1251]고 나는 말한다."

2. 세존께서는 이와 같은 의취를 설하셨고 그와 관련하여 이와 같이 말씀하셨다.

[세존] "집과 재산을 여읜
불운한 자, 그가
수행자의 목적[1252]을 부수고 흩뜨려서,

1251) sāmaññatthañca na paripūreti : ItA. II. 114에 따르면, 스승과 친교사의 교훈 안에서 경전과 꿰뚫음을 통해서 도달되는 수행자의 목표를 완성하지 못한 것을 뜻한다. 스승은 단순히 계행을 지키지 않는 자를 통해서 이러한 비유를 인용한 것이 아니라, 청정한 계행(淨戒: Parisuddhasīla)을 지키지 않는, 게으르고 마음이 탐욕 등의 악한 오염된 마음을 지닌 자를 통해서, 이러한 비유를 인용한 것이다.

1252) sāmaññattha : ItA. II. 114에 따르면, 꿰뚫음을 통한 배움과 경전을 통한 배움을 말한다.

화작용 장작더미처럼 멸망한다.[1253]

목에 가사를 걸치고도
악한 성품을 지니고 자제되지 않는 자들이 많다.
악한 행위의 결과로
그 악한 자들은 지옥에 태어난다.[1254]

계행을 지키지 않고 자제가 없는 자는
나라의 음식을 축내는 것보다,
차라리 불꽃처럼 뜨겁게 달아오른
철환을 삼키는 것이 낫다."[1255]

세존께서는 이와 같은 의취도 역시 설하셨다고 나는 들었다.

92(3-5-3) 쌍가띠 옷의 자락의 경[Saṅghāṭikaṇṇasutta][1256]

1. 이와 같이 [91] 세존께서 설하셨고 거룩한 님께서 설하셨다고 나는 들었다.

[세존] "수행승들이여, 만약 수행승이 쌍가띠[1257] 옷의 자락을 붙잡고 따라 다니며 자신의 발로 나의 발자취를 밟더라도, [91] 그가 탐욕스럽고, 감각적 쾌락의 욕망에 자극되고, 마음에 분노가 넘치고, 정신적으로 사유가 퇴락하고, 새김을 잃고, 올바로 알아차리지

1253) gihībhogā ca parihīno | sāmaññatthañca dubbhago | paridhaṁsamāno pakireti | chavālātaṁ va nassati ||

1254) kāsāvakaṇṭhā pahavo | pāpadhammā asaññatā | pāpā pāpehi kammehi | nirayaṁ te upapajjare ||

1255) seyyo ayoguḷo bhutto | tatto aggīsukhūpamo | yañce bhuñjeyya dussīlo | raṭṭhapiṇḍaṁ asaññato'ti ||

1256) It. 91 : 한역에 해당경전이 없다.

1257) saṅghāṭi : 불교 승려의 웃옷으로 가사(袈裟)를 말하는데, 한역으로 법복(法服) 중의(重衣) 대의(大衣) 승가리(僧伽梨)라고도 한다.

못하고, 올바로 집중하지 못하고, 마음이 산란해지고, 감각 능력이 통제되지 못하면, 나는 그에게서 멀고 그는 나에게서 멀다. 그것은 무슨 까닭이냐? 수행승들이여, 그 수행승은 진리를 보지 못하기 때문이다. 진리를 보지 못하면, 나를 보지 못하는 것이다.[1258]

수행승들이여, 만약 그 수행승이 일백 요자나 떨어져 살더라도, 그가 탐욕스럽지 않고, 감각적 쾌락의 욕망에 자극되지 않고, 마음에 분노가 넘치지 않고, 정신적으로 사유가 퇴락하지 않고, 새김을 잃지 않고, 올바로 알아차리고, 올바로 집중하고, 마음이 통일되고, 감각 능력이 통제되면, 나는 그에게서 가깝고 그는 나에게서 가깝다. 그것은 무슨 까닭이냐? 수행승들이여, 그 수행승은 진리를 보기 때문이다. 진리를 보면, 나를 보는 것이다."

2. 세존께서는 이와 같은 의취를 설하셨고 그와 관련하여 이와 같이 말씀하셨다.

[세존] "뒤를 따른다고 하더라도
욕심이 많고,[1259] 고뇌가 많고,[1260]

1258) atha kho so ārakā'va mayhaṃ, ahaṃ ca tassa. taṃ kissa hetu? dhammaṃ hi so bhikkhave bhikkhu na passati dhammaṃ apassanto na maṃ passati : ItA. II. 115에 따르면, 그 수행승이 나의 가르침대로 실천을 하지 않으면, 그는 나로부터 멀고, 나는 그로부터 멀다는 뜻이다. 이것으로 육체적인 눈(肉眼 : maṁsacakkhu)으로 여래를 보고 물질적인 몸(肉身: rūpakāya)으로 여래를 보는 것이 아니라, 앎의 눈(智眼 : ñāṇacakkhu)으로 여래를 보고 진리의 몸(法身: dhammakāya)으로 여래를 보는 것이라는 사실을 나타낸다: '진리를 보는 자는 나를 보고 나를 보는 자는 진리를 본다.(yo kho dhammaṁ passati, so maṁ passati. yo maṁ passati, so dhammaṁ passati: SN. III. 120)' "바쎗타여, 여래에게는 '진리의 몸[法身]'이라든가 '하느님의 몸[梵身]'이라든가 '진리의 존재[法性]'라든가 '하느님의 존재[梵性]'라든가 하는 명칭이 있기 때문이다.(tathāgatassa hetaṃ vāseṭṭhā, adhivacanaṃ dhammakāyo itipi, brahmakāyo itipi, dhammabhūto iti pi, brahmabhūto iti pi: DN. III. 84)"

1259) mahiccho : ItA. II. 116에 따르면, 감각적 쾌락의 욕망에 대하여 심하게 애착하는 자를 의미한다.

1260) vighātavā : ItA. II. 116에 따르면, 사악한 마음의 의도 때문에 뭇삶에 대한 원한을 갖거나 욕심이 많기 때문에 원하던 것을 얻지 못해서 고뇌가 많은 자이다.

동요가 있는 자는[1261] 동요가 없는 자로부터,
열반을 얻지 못한 자는[1262] 열반을 얻은 자로부터,
탐욕이 있는 자는 탐욕을 여읜 자로부터,
멀리 있다고 보아야[1263] 하리.[1264]

현자는 가르침을 곧바로 알고[1265]
가르침을 이해하여[1266]
동요하지 않는 자로서 [92] 적멸에 든다.
바람 없는 호수처럼.[1267]

동요를 여읜 자는[1268] 동요가 없는 자와,
열반을 얻은 자는 열반에 든 자와,
탐욕을 여읜 자는 탐욕이 없는 자와,
가까이 있다고 보아야 하리."[1269]

1261) ejānugo : ItA. II. 116에 따르면, 갈애가 있는 자를 뜻한다.

1262) anibbuto : ItA. II. 116에 따르면, 갈애의 노예가 되어 그것을 따라가서 탐욕 등의 오염의 열뇌에 정복된 자를 뜻한다.

1263) passa yāvañca ārakā : ItA. II. 116에 따르면, 어리석은 일반사람들은 진리의 본성으로부터 그만큼 멀리 있어 그 먼 정도를 말하기가 쉽지 않다: '하늘과 땅은 실로 서로 아주 먼 거리에 있고, 태양이 빛나며 떠오르는 곳과 태양이 지는 곳도, 바다의 양 해안도 마찬가지다. 그러나 참된 가르침과 삿된 가르침은 그 보다 훨씬 참으로 먼 거리에 있다.'(AN. II. 51)

1264) anubaddho'pi ce assa | mahiccho ca vighātavā | ejānugo anejassa | nibbutassa anibbuto | giddho so vītagedhassa | passa yāvañca ārakā ||

1265) dhammam abhiññāya : ItA. II. 117에 따르면, '네 가지 진리를 곧바로 알아, 길의 앎을 통해서, 알려진 것에 대한 완전한 앎(知遍知 : ñātapariññā)과 건너 벗어남에 대한 완전한 앎(度遍知 : tīraṇapariññā)을 통해서 적절하게 성취의 전단계를 알고'라는 뜻이다.

1266) dhammamaññāya : ItA. II. 117에 따르면, '그 가르침을 나중의 단계에서 길의 앎을 통해서, 완전한 앎 등을 통해서 한계에 따라 알고'라는 뜻이다.

1267) so ca dhammam abhiññāya | dhammamaññāya paṇḍito | rahado'va nivāto ca | anejo vūpasammati ||

1268) anejo : ItA. II. 117에 따르면, 오염(kilesa)의 동요가 그친 자를 말한다.

1269) anejo so anejassa | nibbutassa nibbuto | agiddho vītagedhassa | passa yāvañca santike'ti ||

세존께서는 이와 같은 의취도 역시 설하셨다고 나는 들었다.

93(3-5-4) 불꽃의 경[Aggisutta][1270]

1. 이와 같이 세존께서 설하셨고 거룩한 님께서 설하셨다고 나는 들었다.

[세존] "수행승들이여, 이와 같은 세 가지 불꽃[1271]이 있다. 세 가지란 무엇인가? 탐욕의 불꽃,[1272] 성냄의 불꽃,[1273] 어리석음의 불꽃[1274]이다. 수행승들이여, 이와 같은 세 가지 불꽃이 있다."

2. 세존께서는 이와 같은 의취를 설하셨고 그와 관련하여 이와 같이

1270) It. 92 : 한역에 해당경전이 없다.

1271) tayo aggī : 세 가지 불꽃(三火)에서 불꽃은 ItA. II. 117에 따르면, 반복적으로 불타오르기 때문에 불꽃이다.

1272) rāgaggi : ItA. II. 117에 따르면, 탐욕은 일어나서 반복적으로 뭇삶을 불태우고 연소시키기 때문에 불꽃이라고 한다. 불꽃이 연료에 의존해서 일어나 그것을 소모하며 큰 열기를 내듯, 탐욕은 스스로 일어나 자신의 지속성 속에서 연소되어 소멸시키기 힘든 큰 열뇌를 일으킨다. 탐욕의 열뇌에 의해서 데워진 심장을 지닌, 원하는 것을 얻지 못하는 고통으로 죽음에 이르는 뭇삶들을 측량할 수가 없다.

1273) dosaggi : ItA. II. 117에 따르면, 성냄도 일어나서 반복적으로 뭇삶을 불태우고 연소시키기 때문에 불꽃이라고 한다. 불꽃이 연료에 의존해서 일어나 그것을 소모하며 큰 열기를 내듯, 성냄도 스스로 일어나 자신의 지속성 속에서 연소되어 소멸시키기 힘든 큰 열뇌를 일으킨다. 그런데 이러한 성냄의 반복적인 불타오름의 특수한 예가 마노빠도씨까 신들[의미상 마음의 퇴락을 겪는 자를 말한다. 그들은 오랜 세월 서로 질시하며 지낸다. Smv. 114에 따르면, 욕계의 여섯 하늘나라에서 가장 하층의 네 위대한 왕들의 하늘나라의 신들(Cātummahārājikā devā : 四王天)을 말한다. DN. I. 20 참조]이다.

1274) mohaggi : ItA. II. 117에 따르면, 어리석음도 일어나서 반복적으로 뭇삶을 불태우고 연소시키기 때문에 불꽃이라고 한다. 불꽃이 연료에 의존해서 일어나 그것을 소모하며 큰 열기를 내듯, 어리석음도 스스로 일어나 자신의 지속성 속에서 연소되어 소멸시키기 힘든 큰 열뇌를 일으킨다. 그런데 이러한 어리석음의 반복적인 불타오름에 특수한 예가 킷다빠도씨까 신들[Kiḍḍāpadosika : 의미상 유희의 퇴락을 겪는 자를 뜻한다. 오랜 세월 웃고 놀고 쾌락을 즐기는데 빠져 지냈다. 그들은 오랜 세월 웃고 놀고 쾌락을 즐기는데 빠져 지내면서 새김을 잃어버린다. Smv. 114에 따르면, 욕계의 여섯 하늘나라 가운데 다섯 번째 창조하고 기뻐하는 하늘나라의 신들(Nimmānaratī devā : 化樂天)과 여섯 번째의 다른 신들이 만든 존재를 향유하는 하늘나라의 신들(Paranimmitavasavattino devā : 他化自在天)을 말한다. DN. I. 29 참조]이다.

말씀하셨다.

[세존] "감각적 쾌락의 욕망에 물들어
혼미해진 자들은[1275] 탐욕의 불꽃이 태운다.
살생의 악의를 품은 자들은
성냄의 불꽃이 태워버린다.[1276]

미혹한 자, 고귀한 진리를 알지 못하는 자들은[1277]
어리석음의 불꽃이 태워버린다.
자신의 몸에 환희하는 자들은[1278]
이러한 불꽃들에 대해 알지 못한다.[1279]

그들은 지옥,[1280] 축생,
아수라, [93] 아귀의 경계를 증대시킨다.[1281]
악마의 속박에서
그들은 벗어나지 못한다.[1282]

올바로 원만히 깨달은 님의

1275) macce ratte kāmesu mucchite : ItA. 117에 따르면, 대상에서 생긴 욕망(vatthukāma) 가운데 떨어짐을 통해서 혼미하고 어리석고 방일하여 잘못을 저지르는 자들을 말한다.

1276) rāgaggi dahati macce | ratte kāmesu mucchite | dosaggi pana byāpanne | nare pāṇānipātino ||

1277) ariyadhamme akovide : ItA. 118에 따르면, 존재의 다발, 감각영역 등의 일체로서 일체에 대하여 파악하고 질문하는 정신활동이 없어서, 고귀한 가르침에 밝지 못해, 어리석음에 정복되어, 혼미한 자들을 말한다.

1278) sakkāyābhiratā pajā : ItA. 118에 따르면, 자신의 몸, 즉 다섯 가지 집착다발(五取蘊: pañca upādānakkhandhā)에 대하여 갈애와 견해와 교만을 통해서 환희하는 자들을 말한다.

1279) mohaggi pana sammūḷhe | ariyadhamme akovide | ete aggī ajānanti | sakkāyābhiratā pajā ||

1280) niraya : ItA. 118에 따르면, 여덟 가지 대지옥(mahāniraya)과 열여섯 가지 돌기지옥(ussadaniraya)이 있다.

1281) vaḍḍhayanti : ItA. 118에 따르면, 자꾸 반복해서 태어남으로써 증대시킨다.

1282) te vaḍḍhayanti nirayaṁ | tiracchānañca yoniyo | asuraṁ pettivisayaṁ | amuttā mārabandhanā ||

가르침에 밤낮 전념하는 자들은
언제나 부정관을 닦으며[1283]
탐욕의 불꽃을 끈다.[1284]

최상의 님들은 자애관으로[1285]
분노의 불꽃을 끄고
꿰뚫음으로 이끄는 지혜로써[1286]
어리석음의 불꽃을 끈다.[1287]

그것들을 소멸시켜
밤낮으로 피곤을 모르는 현자들은
남김없이 완전한 열반에 들어[1288]
남김없이 괴로움을 뛰어넘는다.[1289]

1283) asubhasaññino : 부정관(不淨觀)에 대해서는 이 책(It. 85)의 주석을 보라.

1284) ye ca rattindivā yuttā | sammāsambuddhasāsane | te nibbāpenti rāgaggiṁ | niccaṁ asubhasaññino ‖

1285) mettāya : ItA. II. 119에 따르면, 자애관(慈愛觀)은 네 가지 한량없는 마음(四無量心: cattāri appamāṇacittāni) 가운데 한량없는 자애의 마음(慈無量心 : mettāppamāṇacitta)을 뜻한다: '수행승들이여, 세상에 수행승이 자애의 마음으로 동쪽 방향을 가득 채우고, 자애의 마음으로 남쪽 방향을 가득 채우고, 자애의 마음으로 서쪽 방향을 가득 채우고, 자애의 마음으로 북쪽 방향을 가득 채우고, 자애의 마음으로 위와 아래와 옆과 모든 곳을 빠짐없이 가득 채워서, 광대하고 멀리 미치고 한량 없고 원한 없고 악의 없는 자애의 마음으로 일체의 세계를 가득 채운다.'(AN. II. 184)

1286) paññāya : ItA. II. 119에 따르면, 통찰의 지혜(vipassanāpaññā)를 수반하는 길의 지혜를 의미한다.

1287) dosaggiṁ pana mettāya | nibbāpenti naruttamā | mohaggiṁ pana paññāya | yāyaṁ nibbedhagāminī ‖

1288) asesaṁ parinibbanti : ItA. II. 119에 따르면, 거룩한 길을 통해 남김없이 탐욕의 불꽃 등을 꺼서 잔여가 있는 열반의 세계에서 광대한 지혜에 도달한 현자들은 이전의 올바른 노력에 의해서 일체의 나태함을 버렸다. 그래서 경지의 성취와 피곤함이 없는 성질에 의해서 밤낮으로 피곤을 모르며, 최후의 마음의 소멸에 의해서, 잔여가 없는 열반의 세계에 남김없이 열반에 든다.

1289) te nibbāpetvā nipakā | rattindivamatanditā | asesaṁ parinibbanti | asesaṁ dukkham accaguṁ ‖

고귀한 통찰자,[1290] 천계의 정통자[1291]인
현자들은 올바른 궁극의 앎으로
태어남의 부서짐을 곧바로 알아
다시는 태어남을 받지 않는다."[1292]

세존께서는 이와 같은 의취도 역시 설하셨다고 나는 들었다.

94(3-5-5) 성찰의 경[Upaparikkhasutta][1293]

1. 이와 같이 [94] 세존께서 설하셨고 거룩한 님께서 설하셨다고 나는 들었다.

[세존] "수행승들이여, 수행승은 [94] 성찰할 때에 의식이 밖으로 산란하지 않고 흩어지지 않고,[1294] 안으로 고착되지 않고,[1295] 집착을 여의고 혼란을 여의도록,[1296] 그와 같이 성찰해야 한다.[1297]

1290) ariyaddasā : ItA. II. 119에 따르면, 고귀한 부처님 등으로 보아야 한다. 오염에서 멀어져서 거룩한 열반, 네 가지 거룩한 진리를 본 자를 말한다.

1291) vedaguno : ItA. II. 119에 따르면, 천계(天啓)의 길을 아는 자로 그 천계에 의해서 윤회를 끝낸 자를 말한다.

1292) ariyaddasā vedaguno | sammadaññāya paṇḍitā | jātikkhayamabhiññāya | nāgacchanti punabbhavanti ||

1293) It. 94 : 한역에 해당경전이 없다.

1294) bahiddhā cassa vīññāṇaṃ avikkhittaṃ avisaṭaṃ : ItA. II. 120에 따르면, 밖으로 형상 등의 대상에 일어나는 어떠한 흩어짐도 없어서 흩어지지 않고 집중되어, 퍼져나가지 않는다는 뜻이다.

1295) ajjhattaṃ asaṇṭhitaṃ : ItA. II. 120에 따르면, 정진이 약하게 진행되면, 집중이 활력을 잃어 나태에 정복되어, 내적인 활동영역이라고 여겨지는 명상주제의 대상이 동요를 통해서 성립되었기 때문에 고착화되는 것인데, 정진의 정상상태와 연결되면, 고착화되지 않고 인식과정이 닦여진다. 성찰에 따라 내적 의식이 고착화되지 않아야 한다.

1296) anupādāya na paritasseyya : ItA. II. 120에 따르면, 성찰하면서 '이것이야말로 나의 것이고 이것이 나의 자아이다.'라고 갈애와 견해에 의한 집착을 통해 형상 등의 어떠한 형성도 붙잡지 않아서, 갈애와 견해에 의한 집착을 통한 혼란 즉, 두려움에 매이지 말아야 한다.

1297) tathā tathā bhikkhave bhikkhū upaparikkheyya : ItA. II. 119에 따르면, 여기서 '성찰'은 탐구하고 평가하고 파악하는 것이다. ItA. II. 120에 따르면, 어떻게 성찰해야 세 가지가 되는가? 들뜸에 속하거나 나태에 속하는 현상을 피하고, 정진과 정상상태와 연결되어 이

수행승들이여, 그의 의식이 밖으로 산란하지 않고 흩어지지 않고, 안으로 약화되지 않고 집착을 여의고, 혼란을 여의면, 미래의 태어남, 늙음, 죽음의 괴로움의 원인이 생겨나지 않는다."[1298]

2. 세존께서는 이와 같은 의취를 설하셨고 그와 관련하여 이와 같이 말씀하셨다.

[세존] "수행승이 일곱 가지 집착[1299]을 끊고
존재의 통로를 부수었다면,[1300]
그에게 생의 윤회는 부수어진 것이고
다시 태어남은 없는 것이다."[1301]

세존께서는 이와 같은 의취도 역시 설하셨다고 나는 들었다.

95(3-5-6) 감각적 쾌락의 욕망의 생겨남의 경[Kāmūpapattisutta][1302]

전의 단계의 통찰에 대한 오염으로부터 마음을 정화한다. 그래서 올바로 통찰에 대한 앎과 통찰의 인식과정을 실천하는 대로 이해한다.

1298) bahiddhā cassa bhikkhave viññāṇe avikkhitte avisaṭe sati ajjhattaṃ asaṇṭhite anupādāya aparitassato āyatiṃ jāti jarāmaraṇa dukkhasamudayasambhavo na hotī't i : ItA. II. 120에 따르면, 세존께서 네 가지 진리를 명상의 주제로 삼은 수행승들이 차례로 과정에 대한 앎과 봄의 청정을 비롯해서, 너무 긴장하여 정진하거나 너무 느슨하게 정진하는 것으로서의 통찰의 오염으로부터 마음을 정화시키고, 지금 이와 같이 통찰의 앎이 청정해지자, 곧바로 통찰이 길과 결합하여, 일체의 윤회의 고통을 뛰어넘게 한다는 것을 보여주면서, "수행승들이여, 수행승이 성찰하면서 의식이 밖으로 산란하지 않고 흩어지지 않고, 안으로 약화되지 않고, 집착을 여의고 혼란을 여의도록, 그와 같이 성찰해야 한다. 그의 의식이 밖으로 산란하지 않고 흩어지지 않고, 안으로 약화되지 않고, 집착을 여의고 혼란을 여의도록, 그와 같이 성찰하면, 그에게 미래의 태어남, 늙음, 죽음의 괴로움의 원인이 생겨나지 않는다."(MN. III. 223)라고 말한 것이다.

1299) sattasaṅga : ItA. II. 120에 따르면, 일곱 가지 집착에는 갈애에 의한 집착, 견해에 의한 집착, 교만에 의한 집착, 분노에 의한 집착, 무지에 의한 집착, 오염에 의한 집착, 악행에 의한 집착이 있다.

1300) nettichinnassa : ItA. II. 120에 따르면, 통로는 윤회하는 존재의 통로(bhavanetti)를 말한다.

1301) sattasaṅgapahīṇassa | nettichinnassa bhikkhuno | vikkhīṇo jātisaṁsāro | natthi tassa punabbhavo'ti ||

1. 이와 같이 세존께서 설하셨고 거룩한 님께서 설하셨다고 나는 들었다.

[세존] "수행승들이여, 이와 같은 세 종류의 감각적 쾌락의 욕망을 지닌 자들1303)이 있다. 세 가지란 무엇인가? 현전의 감각적 쾌락의 욕망계의 욕망을 지닌 자들,1304) 자신이 만들어낸 것을 즐기려는 욕망을 지닌 자들,1305) 타자가 만들어낸 것을 누리려는 욕망을 지닌 자들이 있다.1306) 수행승들이여, 이와 같은 세 종류의 감각

1302) It. 94 : 본사경114(대정17권 690)

1303) tisso kāmūpapattiyo : 세 가지 감각적 쾌락의 욕망의 생겨남(三欲生)으로 ItA. II. 121에 따르면, 감각적 쾌락의 욕망의 획득 또는 감각적 쾌락의 욕망의 전념을 뜻한다.

1304) paccupaṭṭhitakāmā : 현전(現前)의 감각적 쾌락의 욕망계의 욕망 [現欲]은 ItA. II. 121-122에 따르면, 감각적 쾌락의 욕망계의 고착화된 욕망으로, 대상이 고착화된 것, 인간의 경우, 거기에 마음이 종속된 고착화된 대상을 지배하듯, 백량이고 천량이고 주어서 여인을 데려와, 고착화된 향락을 즐기려는 것과 같다. 어떤 하늘사람들, 네 하늘나라의 거주자들(catuddevalokavāsino)도 고착화된 대상을 지배한다. 빤짜씨카(Pañcasikhā: DN. II. 263)의 이야기는 이것과 관련하여 특별한 예를 구성한다. 마찬가지로 어떤 지옥의 괴로운 곳에 처한 자를 제외하고, 남은 괴로운 곳의 뭇삶들은 고착화된 대상을 지배한다. 물고기가 자신의 암물고기와, 거북이가 자신의 암거북이와 그런 것처럼, 모든 동물과 악귀와 타락한 곳의 뭇삶들이 그러하다. 그러므로 지옥의 뭇삶들은 제외하고, 나머지의 괴로운 곳의 뭇삶들을 비롯해서 도솔천의 뭇삶들에게 이르기까지가 고착화된, 즉 현전의 감각적 쾌락의 욕망을 지닌 자들이다.

1305) nimmānaratino : ItA. II. 122에 따르면, 자신이 만든 환상에 기뻐하는 자들을 말한다. 푸른 색 노란 색 등을 통해서 그들이 원하는 형상을 만들어내어 즐긴다. 아누룻다(Anuruddha) 앞에서 나타난 마음에 드는 몸을 지닌 하늘사람들(manāpakāyikānaṃ devānaṃ : Mrp. III. 248에 따르면, 창조하고 기뻐하는 하늘나라의 신들 [Nimmānaratī devā : 化樂天]과 같다: "그 때 존자 아누룻다는 홀로 떨어져 대낮을 보내고 있었다. 마침 많은 마음에 드는 몸을 지닌 하늘사람들이 존자 아누룻다가 있는 곳으로 찾아왔다. 가까이 다가와서 존자 아누룻다에게 인사하고 한쪽으로 물러나 섰다. 한쪽으로 물러나 서서 그들 하늘사람들은 존자 아누룻다에게 이와 같이 말했다. 존자여 아누룻다여, 우리는 마음에 드는 몸을 지닌 하늘사람들인데, 이와 같은 세 가지 경우를 주재하고 지배합니다. 존자여 아누룻다여, 우리가 어떠한 색깔을 원하면, 그 색깔을 즉시 얻을 수 있고, 우리가 어떠한 소리를 원하면, 그 소리를 즉시 얻을 수 있고, 우리가 어떠한 즐거움을 원하면, 그 즐거움을 즉시 얻을 수 있습니다. 존자여 아누룻다여, 우리는 마음에 드는 몸을 지닌 하늘사람들인데, 이와 같은 세 가지 경우를 주재하고 지배합니다. 그러자 존자 아누룻다는 이와 같이 '이 하늘사람들이 모두 푸르게 되어 푸른 용모, 푸른 옷, 푸른 모습을 띠기를!'라고 생각했다. 그러자 그 하늘사람들은 존자 아누룻다의 마음을 알아채고 모두 푸르게 되어 푸른 용모, 푸른 옷, 푸른 모습을 띠었다."(AN. IV. 262)

적 쾌락의 욕망이 있는 자들이 있다."

2. 세존께서는 이와 같은 의취를 설하셨고 그와 관련하여 이와 같이 말씀하셨다.

[세존] "현전의 감각적 쾌락의 욕망을 지닌 자들과
자신이 창조한 것을 즐기는 신들,
감각적 쾌락의 욕망을
타자로 인해 누리는 신들이 있다.1307)

이 세상의 존재, 저 세상의 존재이건,1308)
윤회를 뛰어넘지 못한다.
현자는 욕망을 누리는 한,
그것이 재난임을 알고
천상에 속하든 인간에 속하든
일체의 욕망을 끊는1309)다.1310)

사랑스러운 것의 [95] 즐거움에 대한 애착,1311)

1306) paranimmitavasavattino : ItA. II. 121에 따르면, 다른 신들이 만든 감각적 쾌락의 욕망의 대상을 지배하는 자들이다. 다른 신들이 그들의 마음을 알아서 원하는 대로 감각적 쾌락의 욕망의 향수를 만들어내면, 그들은 그것을 지배한다. 그들은 어떻게 타자의 마음을 아는가? 교감하기 때문이다. 예를 들어 능숙한 요리사가 왕이 식사를 할 때에 어떠한 것이 알맞은지를 아는 것과 같다.

1307) paccupaṭṭhitakāmā ca | ye devā masavattino | nimmānaratino devā | ye caññe kāmabhogino ||

1308) itthabhāvaññathābhāvaṁ : ItA. II. 122에 따르면, 획득된 존재뿐만 아니라 다시 태어난 존재를 의미한다.

1309) sabbe pariccaje kāme : ItA. II. 122에 따르면, 천상에 속하든 인간에 속하든 대상에서 생긴 욕망(vatthukāma)과 오염에서 생긴 욕망(kilesakāma)의 일체를 끊는다는 뜻이다. 이러한 욕망은 돌아오지 않는 길에서 끊어진다.

1310) itthabhāvaññathābhāvaṁ | saṁsāraṁ nātivattare | etamādīnavaṁ ñatvā | kāmabhogesu paṇḍito | sabbe pariccaje kāme | ye dibbā ye ca mānusā || PTS.본에는 2행과 3행이 누락되어 있다.

1311) piyarūpasātagadhitaṁ : ItA. II. 122에 따르면, 사랑스러운 형상 등에 대한 즐거운 느

건너기 힘든 흐름을 끊고[1312]
남김없이 완전한 열반에 들어
남김없이 괴로움을 뛰어넘는다.[1313]

고귀한 통찰자, 최상의 지혜자인
현명한 님들은
태어남이 부서진 것을 곧바로 알아
다시 태어남에 이르지 않는다."[1314]

세존께서는 이와 같은 의취도 역시 설하셨다고 나는 들었다.

96(3-5-7) 감각적 쾌락의 욕망의 멍에의 경[Kāmayogasutta][1315]

1. 이와 같이 세존께서 설하셨고 거룩한 님께서 설하셨다고 나는 들었다.

[세존] "수행승들이여, 감각적 쾌락의 욕망의 멍에에 묶이고,[1316] 존재의 멍에에 묶여서[1317] 돌아오는 님, 이 상태로 돌아오는 님[1318]이 된다. 수행승들이여, 감각적 쾌락의 욕망의 멍에에 묶이

낌의 쾌감에 의해서 묶인 갈망을 뜻한다.

1312) chetvā sotaṁ duraccayaṁ : ItA. II. 123에 따르면, 건너기 힘든 갈애의 흐름을 거룩한 길을 통해서 끊는다.

1313) piyarūpasātagadhitaṁ | chetvā sotaṁ duraccayaṁ | asesaṁ parinibbanti | asesaṁ dukkham accaguṁ ‖

1314) ariyaddasā vedaguno | sammadaññāya paṇḍitā | jātikkhayamabhiññāya | nāgacchanti punabbhavan'ti ‖

1315) It. 95 : 한역에 해당경전이 없다.

1316) kāmayogayutto : ItA. II. 123에 따르면, 다섯 가지 감각적 쾌락에 대한 욕망의 종류에 대한 탐욕에 묶인 것을 말한다.

1317) bhavayogayutto : ItA. II. 123에 따르면, 미세한 물질계의 존재・비물질계의 존재에 대한 욕망과 탐욕이 존재에 대한 탐욕이고, 마찬가지로 선정에 대한 욕망과 영원주의를 수반하는 탐욕이 존재에 대한 탐욕인데, 그것에 묶인 것을 말한다.

1318) āgāmī, āgantā itthattaṃ : ItA. II. 123에 따르면, 하느님의 세계에 있더라도 결생(結生)을 취함으로써 이 인간의 세계로 되돌아오는 성향을 지닌 자를 말한다.

지 않았으나, 존재의 멍에에 묶여서[1319] 돌아오지 않는 님, 이 상태로 돌아 오지 않는 님[1320]이 된다. 수행승들이여, 감각적 쾌락의 욕망의 멍에에 묶이지 않을 뿐만 아니라 존재의 멍에에도 묶이지 않아 거룩한 님, 번뇌를 부순 님이 된다."[1321]

2. 세존께서는 이와 같은 의취를 설하셨고 그와 관련하여 이와 같이 말씀하셨다.

[세존] "감각적 쾌락의 욕망의 멍에와
존재의 멍에, 이 두 가지에 묶여
뭇삶들은 [96] 생사로 이끄는
윤회 가운데로 들어간[1322]다.[1323]

1319) kāmayogavisaññūtto, bhavayogayutto : ItA. II. 123에 따르면, 여기서 부정(不淨)에 의한 선정(禪定)에 드는 것도 감각적 쾌락의 욕망의 멍에에서 벗어나는 것이며, 그것을 기초로 돌아오지 않는 길을 따라가면, 반드시 감각적 쾌락의 욕망의 멍에에서 벗어난다. 그러므로 세 번째 길에 선 성자가 감각적 쾌락의 욕망의 멍에에서 벗어난 님이다. 그러나 미세한 물질계의 존재・비물질계의 존재에 대한 욕망과 탐욕은 돌아오지 않는 길에서 버려지지 않으므로, 그 버려지지 않은 존재에 대한 욕망과 탐욕 때문에 존재의 멍에에 묶여있다고 한다.

1320) anāgāmī, anāgantā itthattaṃ : ItA. II. 123에 따르면, 감각적 쾌락의 욕망계로 결생의 파지를 통해서 돌아오지 않는 자로, 감각적 쾌락의 욕망의 멍에에서 벗어남과 더불어 남김 없이 낮은 단계의 결박을 제거함으로써 내부의 결박의 여읨의 성취로 인해 이러한 상태로 되돌아오지 않는 님이 되어 되돌아오지 않고 완전한 열반에 든다.

1321) kāmayogavisaññūtto, bhavayogavisaññutto arahaṃ hoti khīṇāsavo'ti : ItA. II. 123에 따르면, 존재의 멍에가 완전히 버려진 자에게는 무명의 멍에 등의 남은 오염도, 그것이 존재의 멍에와 하나로 연결되었으므로, 버려진다. 존재의 멍에가 부서진 자가 거룩한 님, 번뇌를 부순 님이라고 불린다.

1322) sattā gacchanti saṁsāraṁ, jātimaraṇagāmino : ItA. II. 123에 따르면, 범부와 흐름에 든 님과 한번 돌아오는 님의 세 종류의 뭇삶은, 감각적 쾌락의 욕망의 멍에와, 존재의 멍에를 버리지 않기 때문에 윤회, 생사 가운데로 들어간다. 이 흐름에 든 님에는 ① 세 가지 결박을 끊어 버린 뒤에 한번은 인간으로 다시 태어나는 님으로 인간으로 다시 한 번은 태어나며 괴로움의 종식을 이루는 님(一種者: ekabījī) ② 세 가지 결박을 끊어 버린 뒤에 고귀한 가문에서 고귀한 가문으로 태어나는 님으로, 두 번이나 세 번 고귀한 가문으로 유전하고 윤회하면서 괴로움의 종식을 이루는 님(家家者 : kolaṁkola) ③ 일곱 번 더 태어나 괴로움의 종식을 이루는 님(七有者: sattakkhattuparama)의 세 종류가 있는데, 가장 둔한 자도 일곱 번 더 태어나고 여덟 번 태어나지 않는다. 한 번 돌아오는 님은 이 세계에서 한 번 돌아오는 길에 도달하여, 천상의 세계에 태어났다가 이 세계에 태어나는 자신의 고유한 태어남을 통해 윤회한다. 그러나 한 번 돌아오는 님은 혼합적인 방법이 아니라 그때그때 천상

감각적 쾌락의 욕망들을 버렸으나[1324]
번뇌의 부숨을 이루지 못하여
존재의 멍에에 묶인 자들은
돌아오지 않는 자라고 불린다.[1325]

참으로 의심을 끊고
자만과 다시 태어남을 부수고[1326]
번뇌의 부숨에 이른 자들은
세상에서 피안에 도달한 님들이다."[1327]

세존께서는 이와 같은 의취도 역시 설하셨다고 나는 들었다.

97(3-5-8) 훌륭한 계행의 경[Kalyāṇasīlasutta][1328]

1. 이와 같이 세존께서 설하셨고 거룩한 님께서 설하셨다고 나는 들었다.

[세존] "수행승들이여, 훌륭한 계행을 지니고,[1329] 훌륭한 원리를

이나 인간으로 태어나, 보다 높은 길을 성취하여 감각능력의 성숙에 이르기까지 윤회한다. 범부에 대해서는 어떠한 존재의 결박도 끊어진 것이 없으므로 언급할 것이 없다.

1323) kāmayogena saṁyuttā | bhavayogena cūbhayaṁ | sattā gacchanti saṁsāraṁ | jātimaraṇagāmino ||

1324) kāme pahātvāna : ItA. II. 124에 따르면, '감각적 쾌락의 탐욕이라 여겨지는 오염에서 생긴 욕망(kilesakāma)을 돌아오지 않는 길에서 끊어버리고'라는 뜻이다.

1325) ye ca kāme pahātvāna | appattā āsavakkhayaṁ | bhavayogena saṁyuttā | anāgāmī'ti vuccare ||

1326) khīṇasaṁsayā khīṇamānapunabbhavā : ItA. II. 124에 따르면, '의심을 끊고'는 의혹을 끊어버린 것으로 흐름에 드는 길에 의해서 끊어진 것이지만, 네 번째 길을 찬탄하기 위해 언급된 것이다. 즉, 거룩한 님들과 관련된 것이다. 그래서 '자만과 다시 태어남을 부수고'라고 말한 것이다.

1327) ye ca kho khīṇasaṁsayā | khīṇamānapunabbhavā | te ve pāraṁ gatā loke | ye pattā āsavakkhayan'ti ||

1328) It. 96 : 한역에 해당경전이 없다.

1329) kalyāṇasīlo : ItA. II. 124에 따르면, 아름다운 계행, 칭찬받는 계행, 원만한 계행을 말한

지니고,1330) 훌륭한 지혜를 지닌1331) 수행승은 이 가르침과 계율에서 홀로 있는 님, 청정한 삶을 완성한 님, 사람 가운데 최상의 님1332)이라고 불린다.

수행승들이여, 어떻게 수행승이 훌륭한 계행을 지니는가? 수행승들이여, 세상에 수행승이 계행을 지키고1333) 의무계율을 수호하고1334) 올바른 행위의 경계를 갖추고,1335) 사소한 잘못에서도 두려

다. 계행의 원만성은 두 가지 이유 바로, 계행에서의 잘못의 위험을 보는 것과 계행에서의 공덕을 보는 것에 의해서 생겨난다. 그러나 여기서 그 훌륭함은 모든 속박에서 벗어나는 길의 덕성과, 모든 형태를 완성하는 경지의 덕성을 통해서 훌륭한 것이라고 이해되어야 한다.

1330) kalyāṇadhammo : ItA. II. 124에 따르면, 새김의 토대 등의 일체의 깨달음에 도움이 되는 가르침을 의미한다.

1331) kalyāṇapañño : ItA. II. 124에 따르면, 길과 경지의 지혜를 통해서 훌륭한 지혜를 지닌 자가 된다. 출세간적인 계행 등의 상태가 오로지 훌륭한 것인 것은 부동의 본성을 지녔기 때문이다. 어떤 자는 '네 가지 청정한 계행(四淨戒: catupārisuddhisīla: It. 33의 주석을 보라)을 통해서 훌륭한 계행을 지닌 자가 되고, 통찰의 길의 원리를 통해서 훌륭한 가르침을 지닌 자가 되고, 길과 경지의 지혜를 통해서 훌륭한 지혜를 지닌 자'가 된다고 말한다. 기타 다양한 견해가 ItA. II. 124-126에 묘사되어 있다.

1332) kevalī vūsitavā uttamapuriso : ItA. II. 124에 따르면, 홀로 있는 것으로 어떤 것과도 혼합되지 않아 모든 조건지어진 것과 분리된 열반을 말하며, 그것을 얻음으로써 거룩한 님, 홀로 있는 님이 된다. 또는 끊어버림의 수행을 완성하여 잘못 없는 상태의 성취를 완성하여, 훌륭함은 손상되지 않았기 때문에 홀로 있음의 거룩한 경지를 뜻하며, 그것을 획득함으로써 홀로 있는 님, 번뇌를 부순 님이 된다. 그리고 길인 청정한 삶을 살고 끝냈기 때문에 청정한 삶을 완성한 님이 된다. 최상의 최상자인 더 이상 배울 것이 없는 상태를 갖추었기 때문에 사람 가운데 최상의 님이라고 한다.

1333) sīlavā : ItA. II. 124에 따르면, 강화하기 때문에 계행이다. 이 강화란 무엇인가? 올바로 집중시키는 것으로 신체적인 행위 등을 잘 강화시키고, 탕진하지 않는 것이다. 또는 유지하는 것으로 선정 등의 숙련된 원리의 확립을 통해서 지탱하는 것이다. 계행을 지키는 것은 네 가지 청정한 계행(四淨戒: catupārisuddhisīla) 즉, 의무계율을 수호하는 계행(別解脫律儀戒 : pāṭimokkhasaṁvarasīla), 감관을 수호하는 계행(根律儀戒 : indriyasaṁvarasīla), 생활을 청정하게 하는 계행(活命遍淨戒 : ājīvaparisuddhisīla), 규정된 생필품만 사용하는 계행(資具依止戒 : paccayasannissitasīla)을 통해서 계행을 갖춘 것을 의미한다.

1334) pātimokkhasaṃvarasaṃvuto : ItA. II. 124에 따르면, 의무계율은 배움의 기초가 되는 계행이다. 그것을 지키고 수호하면, 괴로운 곳 등의 고통에서 벗어난다는 의미에서 빠띠목카(別解脫)라고 한다. 의무계율을 수호한다는 것은 신체적으로나 언어적으로나 어긋나지 않게 한다는 것을 뜻한다.

1335) ācāragocarasampanno : 여기서 경계라고 번역한 고짜라(gocara)는 원래 소가 풀을 뜯는 장소(牧草地)를 의미한다. ItA. II. 124에 따르면, 의무계율을 통한 제어의 위에 있는 특별한 실천에 도움을 주는 원리에 대한 해명이다. ItA. II. 129-130에 따르면, 신체적인 위

움을 보고,1336) 지켜야 할 학습계율을 수용하여 배운다.1337) 수행승들이여, 이와 같이 수행승이 훌륭한 계행을 지닌다. 훌륭한 계행은 이와 같다.

수행승들이여, 어떻게 수행승이 훌륭한 원리를 지니는가? 수행승들이여, 세상에 수행승이 일곱 가지 깨달음에 도움이 되는 원리를1338) 닦는 수행을 행한다. 수행승들이여, 이와 같이 수행승이 훌륭한 원리를 지닌다. 훌륭한 계행은 이와 같고, 훌륭한 원리는 이와

범이 없고 언어적인 위범이 없는 수행승과 관련된 알맞은 행위의 성취로 창녀촌 등의 바른 경계가 아닌 것을 피하고, 탁발 등을 위해 다가가는데 알맞은 곳으로 여겨지는 바른 경계를 갖춘 자를 말한다. 그리고 수행승으로서 스승에 대하여 존경하고 순종하고 동료수행자에게 존경하고 순종하고 부끄러움과 창피함을 알고, 잘 가사를 착의하고, 잘 옷매무새를 단정히 하고, 외관상으로 나아가거나 물러서거나 바라보거나 쳐다보거나 굽히거나 펴거나 시선을 아래로 하고 자세를 가다듬고, 감관의 문을 수호하고, 식사에 알맞은 분량을 알고, 깨어있음을 닦고, 새김과 알아차림을 갖추고, 욕망을 여의고, 만족하여, 한거하며, 교제를 여의고, 사소한 계율도 실천하며, 공손하게 행동하며, 스승을 크게 존경한다면, 그것이 바른 행위의 성취(ācārasampanna)이다. 그런데 경계(境界 : gocara)에는 후원의 경계(upanissagocara), 수호의 경계(ārakkhagocara), 정착의 경계(upanibandhagocara)의 세 가지가 있다. 그 가운데 열 가지 이야기의 토대(dasakathāvatthu: 욕망의 여읨, 만족을 아는 것, 멀리 여읨, 사교의 여읨, 정진, 계행, 삼매, 통찰, 해탈, 해탈에 대한 앎과 봄)의 덕성을 갖춘 훌륭한 친구(善知識: kalyāṇamitta)가 있는데, 그에게 의존하여 배우지 못한 것을 배우고, 배운 것을 순화하고, 의혹을 제거하고, 견해를 바르게 하고, 마음을 정화하고, 그의 밑에서 수행하여 믿음이 증진하고 계행과 배움과 보시와 지혜가 증진한다면, 그것이 후원의 경계이다. 그리고 수행승이 마을에 들려 길을 가면서 코끼리를 쳐다보거나 말이나 수레나 행인이나 여자나 남자나 사방이나 사유를 쳐다보지 않고, 눈을 아래로 하고 수레의 멍에만큼 앞을 보며 자제하며 간다면, 그것이 수호의 경계이다. 그리고 수행승이 자신의 마음을 정착시키는 네 가지 새김의 토대가 있는데, 그것이 정착의 토대이다: '수행승들이여, 어떠한 것이 세상에서 수행승이 풀 뜯는 장소(行境 : gocara)에 능숙하지 못하는 것인가? 수행승들이여, 세상에서 수행승이 네 가지 새김의 토대에 관하여 있는 그대로 알지 못하는 것이다.'(MN. I. 221)

1336) anumattesu vajjesu bhayadassāvī : ItA. II. 124에 따르면, 의무계율에서 쇠망하지 않는 원리의 해명이다. ItA. II. 129에 따르면, 사소한 것이라도, 극미의 크기이더라도, 무의식적이라도, 학습계율을 실천하는 과정에서라도, 악하고 불건전한 마음의 발생 등의 잘못에서 두려움을 보는 것이 계행인 것을 의미한다. 수행승은 극미와 같은 아주 작은 크기의 잘못이라도 산의 제왕 수메루 산처럼 보아야 한다.

1337) samādāya sikkhati sikkhāpadesu : ItA. II. 124에 따르면, 의무계율의 남김 없는 수용에 대한 설명이다. ItA. II. 129에 따르면, 어떠한 학습계율도 배워야 할 것이면, 그것을 일체 어떠한 방식으로든 남김없이 수용하여 배운다는 뜻이다.

1338) sattannaṃ bodhipakkhiyānaṃ dhammānaṃ : It. 82의 주석을 보라.

같다.

수행승들이여, 어떻게 수행승이 훌륭한 지혜를 지니는가? [97] 수행승들이여, 세상에 수행승이 번뇌를 부수고, 번뇌 없이 마음에 의한 해탈과 지혜에 의한 해탈을 스스로 알고 깨달아 성취한다. 수행승들이여, 이와 같이 수행승이 훌륭한 지혜를 지닌다.

수행승들이여, 이와 같이 훌륭한 계행을 지니고, 훌륭한 원리를 지니고, 훌륭한 지혜를 지닌 수행승은 이 가르침과 계율에서 홀로 있는 님, 삶을 완성한 님, 사람 가운데 최상의 님이라고 불린다."

2. 세존께서는 이와 같은 의취를 설하셨고 그와 관련하여 이와 같이 말씀하셨다.

[세존] "신체적으로 언어적으로
정신적으로 잘못이 없고
부끄러움을 아는[1339] 그 수행승을
훌륭한 계행을 지닌 님이라고 부른다.[1340]

원리를 잘 지키고
올바른 깨달음에 도달한,
돌기(突起)를 여읜[1341] 그 수행승을
훌륭한 원리를 지닌 님이라고 부른다.[1342]

1339) hirīmata : ItA. II. 130에 따르면, 부끄러움을 수반하는 마음으로 일체의 악한 일의 발생을 혐오하는 상태를 의미한다. 또한 부끄러움을 파지하면 창피함도 파지할 수 있다. 부끄러움과 창피함을 파지함으로써 악행이 사라지는 원인을 보여주고 훌륭한 계행을 그 원인으로 설명한다.

1340) yassa kāyena vācāya | manasā natthi dukkaṭaṁ | taṁ ve kalyāṇasīlo'ti | āhu bhikkhuṁ hirīmataṁ ||

1341) anussadaṁ : ItA. II. 131에 따르면, 탐욕의 돌기(突起) 등이 없는 것을 말한다.

1342) yassa dhammā subhāvitā | satta sambodhagāmino | taṁ ve kalyāṇadhammo'ti | āhu bhikkhuṁ anussadaṁ ||

바로 여기에서 자신의
괴로움의 소멸에 대해 분명히 알고[1343]
번뇌를 여읜 그 수행승을
훌륭한 지혜를 지닌 님이라고 부른다.[1344]

그러한 원리를 갖추고[1345]
동요하지 않고 의심을 끊고
일체의 세계에 집착하지 않는 님을[1346]
일체를 끊어버린 님이라 부른다."[1347]

세존께서는 이와 같은 의취도 역시 설하셨다고 나는 들었다.

98(3-5-9) 보시의 경[Dānasutta][1348]

1. 이와 같이 세존께서 설하셨고 거룩한 님께서 설하셨다고 나는 들었다.

[세존] "수행승들이여, 이와 같은 두 가지 보시[1349] [98] 즉, 재물에

1343) yo dukkhassa pajānāti, idheva khayam attano : ItA. II. 131에 따르면, 번뇌의 부숨의 획득을 통해서, 자신의 윤회의 괴로움의 원인이 되는 오염의 무리(kilesagaṇa)를 바로 여기 자신의 존재에서 부수어 생겨나지 않게 한다. 또는 윤회의 괴로움을 바로 여기 최후의 마음의 소멸(carimakacittanirodha)을 통해서 부서짐, 존재의 소멸을 분명히 아는 것이다.

1344) yo dukkhassa pajānāti | idheva khayam attano | taṁ ve kalyāṇapañño'ti | āhu bhikkhuṁ anāsavaṁ ‖

1345) tehi dhammehi sampannaṁ : ItA. II. 131에 따르면, '설해진 대로의 계행 등의 가르침을 갖추고'라는 뜻이다.

1346) asitaṁ sabbalokassa : ItA. II. 131에 따르면, 일체의 뭇삶의 세계에서 갈애와 견해에 의존하는 것을 버렸기 때문에 어떠한 것에도 의존하지 않는 것을 말한다.

1347) tehi dhammehi sampannaṁ | anīghaṁ chinnasaṁsayaṁ | asitaṁ sabbalokassa | āhu sabbappahāyinan'ti ‖

1348) It. 97; AN. I. 91-92 : 본사경97(대정17권 683); 증일아함제7 유무품3-5(대정2권 577).

1349) dve dānāni : ItA. II. 131에 따르면, 여기서 보시는 '주어지기에 적당한 것, 또는 토대를 지닌 의도(savatthukā cetanā: It. 64: '먹을 것, 마실 것, 의복, 탈 것, 화환, 향료, 크림, 침대, 주거, 등불'의 열 가지 토대와 관련해서 보시하는 의도), 또는 탁월한 것의 완전한 포기(s

의한 보시[1350]와 가르침에 의한 보시[1351]가 있다. 수행승들이여, 이와 같은 두 가지 보시 가운데 가르침에 의한 보시가 제일 훌륭하다.[1352]

수행승들이여, 이와 같은 두 가지 나눔 즉, 재물에 의한 나눔[1353]과 가르침에 의한 나눔[1354]이 있다. 수행승들이여, 이와 같은 두 가지 나눔 가운데 가르침에 의한 나눔이 제일 훌륭하다.

수행승들이여, 이와 같은 두 가지 도움 즉, 재물에 의한 도움[1355]과 가르침에 의한 도움[1356]이 있다. 수행승들이여, 이와 같은 두 가지

---

ampattipariccāga)를 말한다.

1350) āmisadāna : ItA. II. 131에 따르면, 네 가지 필수품(cattāro paccayā: 四資具)[의복(cīvara), 발우(鉢盂 : piṇḍapatta), 깔개 또는 처소(臥坐具 : senāsana), 의약자구(醫藥資具 : gilānapaccayabhesajjaparikkāra)].이 주어지기에 알맞은 성질 덕분에 물질적 보시이다. 그것들은 갈애 등에 의해서 포착되기(āmisitabba) 때문에 물질적인 것(āmisa)이라고 불린다. 그것들의 완전한 포기의 의도가 물질의 보시(財施)이다.

1351) dhammadāna : ItA. II. 131에 따르면, '이것들은 악하고 불건전한 것이고, 이것들은 비난받을 만한 것이고, 이것들은 식자에게 책망 받을 만한 것이고, 이것들은 착수되고 실천되면 불익과 고통으로 이끈다. '이것들은 착하고 건전한 것이고, 이것들은 비난받을 수 없는 것이고, 이것들은 식자에게 책망 받을 만한 것이 없고, 이것들은 착수되고 실천되면 이익과 행복으로 이끈다.'(AN. I. 192)라고 착하고 건전한 것과 악하고 불건전한 것들의 행위의 길을 분류하며, 업과 업의 성숙을 이 세계와 저 세계에서 성찰하면서, 악하고 불건전한 것들은 멈추게 하고, 착하고 건전한 것들은 확립시켜 진리를 보여준다. 이것이 가르침의 보시이다. 또는 '이 진리는 알려져야 한다, 이 진리는 제거되야 한다, 이 진리는 깨달아져야 한다, 이 진리는 닦여져야 한다.'라고 진리들, 불사의 성취를 위한 실천적 진리를 가르친다. 이것이 최상에 도달한 가르침의 보시(法施)이다.

1352) etadaggaṃ bhikkhave imesaṃ dvinnaṃ dānānaṃ yadidaṃ dhammadānaṃ : ItA. II. 132에 따르면, 윤회의 여윔으로 이끄는 가르침의 보시에 의존하여, 일체의 불이익으로부터 벗어나서 일체의 윤회의 괴로움을 뛰어넘는다: '가르침의 보시는 일체의 보시를 이기고 가르침의 맛은 일체의 맛을 이긴다. 가르침의 즐거움은 일체의 즐거움을 이기고 갈애의 부숨은 일체의 괴로움을 이긴다.'(Dhp. 354)

1353) āmisasaṃvibhāga : ItA. II. 132에 따르면, 공통적인 향수의 영향으로 자신에 의해서 향수되어어야 할 네 가지 필수품이 자신에 의해 향수하지 못하더라도, 그것을 타자들에게 나누어주는 것이 재물에 의한 나눔이다.

1354) dhammasaṃvibhāga : ItA. II. 132에 따르면, 공통적인 향수의 영향으로 자신에 의해서 알려지고 획득된 가르침이 관심을 끌지 못하더라도, 다른 사람에게 가르치는 것이 가르침에 의한 나눔이다.

1355) āmisānuggaha : ItA. II. 132에 따르면, 네 가지 필수품에 의해서 네 가지 섭수의 토대(이 책 It. 22의 주석을 보라)로 다른 사람을 돕고 연민하는 것이 재물에 의한 도움이다.

지 도움 가운데 가르침에 의한 도움이 제일 훌륭하다."

2. 세존께서는 이와 같은 의취를 설하셨고 그와 관련하여 이와 같이 말씀하셨다.

[세존] "이른바 최상의 위없는 것이 보시이니,1357)
존귀한 님이 칭찬하신 나눔,1358)
최상의 밭에 청정한 믿음의 마음을 내어,1359)
양식있는 자로서 분명히 안다면,1360)
누가 때맞춰 행하지 않겠1361)는가?1362)

그것을 듣는 자, 그것을 말하는 자, 양자가
행복한 님의 가르침에 청정한 믿음의 마음을 내어,
그 가운데 그들의 궁극의 목표가 정화되니,1363)

1356) dhammānuggaha : ItA. II. 132에 따르면, 이미 언급된 방식으로 다른 사람을 돕고 연민하는 것이 가르침에 의한 도움이다.

1357) yam āhu dānaṁ paramaṁ anuttaraṁ : ItA. II. 132에 따르면, 보시는 마음과 복전(福田)과 시물의 고상한 성질 때문에 최상이자 제일 훌륭하다. 그것은 재산의 성취를 완성하고, 다른 탐욕이나 간탐 등의 그것과 반대되는 것은 분쇄하고 죽이기 때문에 최상이다.

1358) bhagavā avaṇṇayī : ItA. II. 132에 따르면, '수행승들이여, 음식을 보시하면 보시하는 자는 보시 받는 자에게 다섯 가지 좋은 점을 베푸는 것이다. 다섯 가지란 무엇인가? 수행승들이여, 그는 수명을 베풀고, 용모를 베풀고, 행복을 베풀고, 기력을 베풀고, 총명을 베푸는 것이다.'(AN. III. 42)라는 등으로 찬양하고, '수행승들이여, 내가 알듯이, 뭇삶들이 보시와 나눔의 과보를 안다면, 그들은 보시하지 않고는 먹지 않을 것이고, 간탐의 티끌로 물든 마음을 붙잡고 있지 못할 것이다.'(It. 26)라는 등으로 칭찬했다.

1359) aggamhi khettamhi pasannacitto : ItA. II. 133에 따르면, 계행 등의 수승한 것과 관련하여, 최상이고 위없는 성취의 밭인 올바로 원만히 깨달은 님과 고귀한 참모임에 청정한 믿음의 마음 즉, 업의 결과와 관련하여, 삼보와 관련하여, 청정한 믿음의 마음을 내어 신뢰하는 것이다.

1360) viññū pajānaṁ : ItA. II. 133에 따르면, 슬기로운 자가 올바로 보시의 결과와 보시의 공덕을 아는 것을 뜻한다.

1361) ko na yajetha kāle : ItA. II. 133에 따르면, '적당한 때에 왜 보시를 하지 않겠는가.'라는 뜻이다. 믿음과 시물과 수용자의 세 가지가 현존하는 때에 보시가 가능하지 그렇지 않으면 불가능하다.

1362) yam āhu dānaṁ paramaṁ anuttaraṁ | yaṁ saṁvibhāgaṁ bhagavā avaṇṇayī | aggamhi khettamhi pasannacitto | viññū pajānaṁ ko na yajetha kāle ||

누가 행복한 님의 가르침에 방일할 것[1364]인가?"[1365]

세존께서는 이와 같은 의취도 역시 설하셨다고 나는 들었다.

99(3-5-10) 세 가지 명지(明智)의 경[Tevijjasutta][1366]

1. 이와 같이 세존께서 설하셨고 거룩한 님께서 설하셨다고 나는 들었다.

[세존] "수행승들이여, 나는, 성직자에 관한 한, 단지 중얼거리는 것 때문에 그렇게 불리는 이교도가 아니라, 법다운 증득으로 세 가지 명지의 소유자가 된다고 정의한다.[1367] 수행승들이여, 어떻게 나는 성직자에 관한 한, 단지 중얼거리는 것 때문에 그렇게 불리는 이교도가 아니라, 법다운 증득으로 세 가지 명지[1368]의 소유자가

1363) tesaṁ so attho paramo visujjhati : ItA. II. 133에 따르면, 거룩한 경지의 청정에 의해서 정화된다는 뜻이다.

1364) ye appamattā sugatassa sāsane : 여기서 행복한 님은 선서(sugata)를 번역한 것이다. 그리고 앞의 시에 준하여 역자가 의문사를 사용하여 반어법으로 의역을 하였다. ItA. II. 133에 따르면, '모든 죄악을 짓지 않고 모든 착하고 건전한 것들을 성취하고 자신의 마음을 깨끗이 하는 것, 이것이 모든 깨달은 님들의 가르침이다.'(Dhp. 183)라고 간략하게 설명된, 올바로 원만히 깨달은 님의 가르침에, 교훈에, 충고에 방일하지 않고, 보다 높은 계행의 배움 등을 가지고 신중하게 노력하는 것을 뜻한다.

1365) ye ceva bhāsanti suṇanti cūbhayaṁ | pasannacittā sugatassa sāsane | tesaṁ so attho paramo visujjhati | ye appamattā sugatassa sāsane'ti ||

1366) It. 98 : 한역에 해당경전이 없다.

1367) dhammenāhaṃ bhikkhave tevijjaṃ brāhmaṇaṃ paññāpemi nāññaṃ lapitalāpana mattena : 번역하기가 난해한 구절이라 학자들마다 번역이 다르다. 역자는 우드워드의 번역을 따른다: 石黑彌致(남전23, 349): '수행승들이여, 나는 오로지 입으로만이 아니라 법에 의해서 삼명을 증득한 성직자를 안다.'라고 번역하고 있다. 우드워드(F. L. Woodward)는 Minor Anthologies of Pali Canon II. 186에서 '수행승들이여, 나는 성직자는, 단지 중얼거리는 것 때문에 그렇게 불리는 이교도가 아니라, 법다운 획득으로 삼명의 소유자가 된다고 선언한다.'라고 번역하고 있다. ItA. II. 134에 따르면, '단지 중얼거리는 것 때문에 그렇게 불리는 이교도'는 곧, 태생에 의해 바라문이 되어 단지 베다-경전을 외우기만 하는 자를 말한다.

1368) tevijjā(*sk.* traividdya) : 세 가지 명지로 한역에서는 삼명 [三明]이라고 한다. 여섯 가지 곧바른 앎 [六神通 : chaḷabhiññā] 가운데, 전생의 삶을 기억에 대한 앎의 명지(宿命通 :

된다고 정의하는가?

수행승들이여, 세상에 수행승이 전생의 여러 가지 삶[1369]에 [99] 관하여 예를 들어 '한 번 태어나고 두 번 태어나고 세 번 태어나고 네 번 태어나고 다섯 번 태어나고 열 번 태어나고 스무 번 태어나고 서른 번 태어나고 마흔 번 태어나고 쉰 번 태어나고 백 번 태어나고 천 번 태어나고 십만 번 태어나고, 수많은 세계가 괴멸되고 수많은 세계가 생성되고 수많은 세계가 괴멸되고 생성되는 시간[1370]을 지나면서, 당시에 나는 이러한 이름과 이러한 성을 지니

---

pubbenivāsānussatiñāṇavijjā), 뭇삶의 생사에 대한 앎의 명지(天眼通 : dibbacakkhu : sattānaṁ cutūpapātañāṇavijjā), 번뇌를 부숨에 대한 앎의 명지(漏盡通 : āsavakhayañāṇavijjā)를 말하며, 한역에서는 숙명명(宿命明), 천안명(天眼明), 누진명(漏盡明)이라고도 한다.

1369) anekavihitaṃ pubbenivāsaṃ : 이하는 전생의 삶을 기억에 대한 앎의 명지(宿命通 : pubbenivāsānussatiñāṇavijjā)에 관해 서술한 것이다. ItA. II. 134-135에 따르면, 무수하게 많은 종류 무수하게 많은 형태로 발생하고 묘사되는 것으로 간격없는 선행의 존재에서 비롯하여 여기저기 주거하는 존재의 다발의 지속을 말한다.

1370) saṁvaṭṭavivaṭṭakappa : 한역의 각각 괴겁(壞劫 : saṁvaṭṭakappa)과 성겁(成劫 : vivaṭṭakappa)을 말한다. 이것은 네 가지 우주적 주기를 압축한 것이다. ItA. II. 135에 따르면, 네 가지 우주적 주기는 아래와 같다. ① 우주괴멸기(壞劫 : saṁvaṭṭakappa) ② 우주혼돈기(空劫 : saṁvaṭṭaṭṭhāyikappa) ③ 우주생성기(成劫 : vivaṭṭakappa) ④ 우주유지기(住劫 : vivaṭṭaṭṭhāyikappa) 네 가지 우주적 주기는 헤아릴 수 없다: '수행승들이여, 이와 같은 네 가지 헤아릴 수 없는 우주기가 있다. 네 가지란 무엇인가? 수행승들이여, 우주괴멸기가 얼마나 걸릴지 몇 해라든가 몇백 년이라든가 몇 천 년이라든가 몇 십만 년이라든가 쉽게 헤아릴 수가 없다. 수행승들이여, 우주혼돈기가 얼마나 걸릴지 몇 해라든가 몇 백 년이라든가 몇 천 년이라든가 몇 십만 년이라든가 쉽게 헤아릴 수가 없다. 수행승들이여, 우주생성기가 얼마나 걸릴지 몇 해라든가 몇 백 년이라든가 몇 천 년이라든가 몇 십만 년이라든가 쉽게 헤아릴 수가 없다. 수행승들이여, 우주유지기가 얼마나 걸릴지 몇 해라든가 몇 백 년이라든가 몇 천 년이라든가 몇 십만 년이라든가 쉽게 헤아릴 수가 없다. 수행승들이여, 이와 같은 네 가지 헤아릴 수 없는 겁이 있다.'(AN. II. 142) 그런데 세 가지 우주괴멸이 있다. 불에 의한 괴멸, 물에 의한 괴멸, 바람에 의한 괴멸이 있다. 세 가지 괴멸의 경계는 각각 빛이 흐르는 신들의 하느님 세계(Ābhāssarānā devā : 極光天, 光音天), 영광으로 충만한 신들의 하느님 세계(Subhakiṇṇā devā : 遍淨天), 위대한 과보로 얻은 신들의 하느님 세계(Vehapphalā devā : 廣果天)이다. 우주기가 불에 의해서 괴멸할 때에는, 빛이 흐르는 신들의 하느님 세계의 아래로부터 불에 의해 태워진다. 우주기가 물에 의해서 괴멸할 때에는 영광으로 충만한 신들의 하느님 세계의 아래로부터 물에 의해 용해된다. 우주기가 바람에 의해서 괴멸할 때에는 위대한 과보로 얻은 신들의 하느님 세계의 아래로부터 바람에 의해서 흩어져버린다. 역자주: 각각의 우주적 주기에서 우주기(劫: kappa)는 가로・세로・높이가 각각 1요자나(=약 14km)의 간극이나 구멍이 없는 단단한 바위를 사람이 100년에 한 번 베나레스 산

고 이러한 용모를 지니고 이러한 음식을 먹고 이러한 괴로움과 즐거움을 맛보고[1371] 이러한 목숨을 지녔었고, 나는 그 곳에서 죽은 뒤에 다른 곳에 태어났는데,[1372] 거기서 나는 이러한 이름과 이러한 성을 지니고 이러한 용모를 지니고 이러한 음식을 먹고 이러한 괴로움과 즐거움을 맛보고 이러한 목숨을 지녔었다. 그 곳에서 죽은 뒤에 여기에 태어났다.'라고 기억한다.

이것이 그의 첫 번째 명지의 증득이다. 방일하지 않고 열심히 노력하고 스스로 정진하는 자에게 그러하듯, 무명이 부서져 명지가 생겨나고, 어둠이 부서져 빛이 생겨난다.[1373]

또한 수행승들이여, 수행승이 인간을 뛰어넘는 청정한 하늘눈으로[1374] 뭇삶들을 관찰하여, 죽거나 다시 태어나거나 천하거나 귀하

비단으로 닿게 하여, 그 일로 바위가 마멸하여도 충분하지 않을 정도의 긴 시간을 말한다.

1371) evaṃsukhadukkhapaṭisaṃvedī : ItA. II. 136에 따르면, 무수한 겁의 세월을 살면서 신체적으로나 정신적으로(sāmisanirāmisa) 등으로 구분하여 즐거움과 괴로움을 경험하거나 또는 천상의 즐거움을 경험하거나 인간의 즐거움과 괴로움을 경험한 것을 뜻한다.

1372) so tato cuto amutra upapādiṃ : ItA. II. 136에 따르면, 내가 이쪽의 존재, 태생, 운명, 의식의 주처, 뭇삶의 주처, 뭇삶의 집단에서 죽어서 다시 저쪽의 존재, 태생, 운명, 의식의 주처, 뭇삶의 주처, 뭇삶의 집단에 태어나는 것을 말한다.

1373) avijjā vihatā vijjā uppannā, tamo vihato āloko uppanno : ItA. II. 136에 따르면, 전생의 삶에 대한 무지를 원인으로 덮여있는 어리석음인 무명 즉, 어둠이 사라지고 그 반대로 명지, 즉, 빛이 생겨났다는 뜻이다.

1374) dibbena cakkhunā visuddhena atikkantamānusakena : 이하는 뭇삶의 생사에 대한 앎의 명지(天眼通 : dibbacakkhu : sattānaṁ cutūpapātañāṇavijjā)에 관해 서술한 것이다. ItA. II. 136에 따르면, 하늘눈에 대해서는 이미 설명했고, 죽는 것과 생겨나는 것을 관찰하기 때문에 견해의 청정의 원인이 되므로 청정한 것이다. 죽는 것만 보고 생겨나는 것을 보지 못하면, 허무주의적 견해(斷見)에 떨어진다. 생겨나는 것만 보고 죽는 것을 보지 못하면, 새로운 존재가 나타난다는 견해(navasattapātubhāvadiṭṭhi)에 떨어진다. 그러나 양자를 보면 두 가지 견해를 뛰어넘게 되는데, 그것이 견해의 청정의 원인이 된다. 또는 열한 가지 오염을 여읜 것이 청정한 것이다: "그래서 아누룻다여, 나는 '의혹은 마음의 오염이다.'라고 알고 마음의 오염인 의혹을 버렸다. 나는 '부주의는 마음의 오염이다.'라고 알고 마음의 오염인 부주의를 버렸다. 나는 '해태와 혼침은 마음의 오염이다.'라고 알고 마음의 오염인 해태와 혼침을 버렸다. 나는 '두려움은 마음의 오염이다.'라고 알고 마음의 오염인 두려움을 버렸다. 나는 '고양된 기분은 마음의 오염이다.'라고 알고 마음의 오염인 고양된 기분를 버렸다. 나는 '침체된 기분은 마음의 오염이다.'라고 알고 마음의 오염인 침체된 기분을 버렸다. 나는 '지나친 정진은 마음의 오염이다.'라고 알고 마음의 오염인 지나친 정진을 버렸다. 나는

거나 아름답거나 추하거나 행복하거나 불행하거나 업보에 따라서 등장하는 뭇삶들에 관하여 '어떤 뭇삶들은 신체적으로 악행을 저지르고 언어적으로 악행을 저지르고 정신적으로 악행을 저지르고 고귀한 님들을 비난하고 잘못된 견해를 지니고 잘못된 견해에 따라 행동했다. 그래서 그들은 몸이 파괴되고 죽은 뒤에 괴로운 곳, 나쁜 곳, 비참한 곳, 지옥에1375) 태어난 것이다. 그러나 다른 뭇삶들은 신체적으로 선행을 하고 언어적으로 선행을 하고 정신적으로 선행을 하고 고귀한 님들을 [100] 비난하지 않고 올바른 견해를 지니고 올바른 견해에 따라 행동했다. 그래서 그들은 몸이 파괴되고 죽은 뒤에 좋은 곳, 하늘나라에 태어난 것이다.'라고 분명히 안다. 이와 같이 수행승은 마음이 삼매에 들어 청정해지고 고결해지고 티끌없이 오염을 여의어 유연해지고 유능해져서 부동에 도달하여, 뭇삶들의 생사에 대한 앎으로 마음을 지향하게 하고 기울게 하여, 인간을 뛰어넘는 청정한 하늘눈으로 뭇삶들을 관찰하여, 죽거나 다시 태어나거나 천하거나 귀하거나 아름답거나 추하거나 행복하거나 불행하거나 업보에 따라서 등장하는 뭇삶들에 관하여 분명히 안다.

이것이 그의 두 번째 명지의 증득이다. 방일하지 않고 열심히 노

'느슨한 정진은 마음의 오염이다.'라고 알고 마음의 오염인 느슨한 정진을 버렸다. 나는 '갈망은 마음의 오염이다.'라고 알고 마음의 오염인 갈망을 버렸다. 나는 '다양한 것에 대한 지각은 마음의 오염이다.'라고 알고 마음의 오염인 다양한 것에 대한 지각을 버렸다. 나는 '형상에 대한 지나친 관찰은 [161] 마음의 오염이다.'라고 알고 마음의 오염인 형상에 대한 지나친 관찰을 버렸다." 이러한 청정한 하늘눈으로 인간의 육체적인 눈을 뛰어넘기 때문에 인간을 뛰어넘는 청정한 하늘눈이라고 한다.

1375) apāya, duggati, vinipāta, niraya : Mrp. I. 57에 따르면, 각각 괴로운 곳(苦處 : apāya), 나쁜 곳(惡趣 : duggati), 타락한 곳(墮處 : vinipāta), 지옥(地獄 : niraya)은 모두 지옥의 동의어이다. 그러나 Las. I. 51에 따르면, 이 말들은 각각 서로 다른 네 가지 하층의 세계를 의미한다. 즉, 차례로 축생(畜生 : tiracchāna), 아귀의 세계(餓鬼 : pettivisaya), 아수라의 무리(阿修羅 : asuranikāya), 지옥(地獄 : niraya)을 의미한다. 지옥은 어원적으로 '산산조각난 것'이라는 뜻이 있다. 그런데 경전상에서는 네 가지는 동의어로서 네 가지 하층의 세계를 모두 지칭하는 것으로 사용되는 것 같다.

력하고 스스로 정진하는 자에게 그러하듯, 무명이 부서져 명지가 생겨나고, 어둠이 부서져 빛이 생겨난다.1376)

또한 수행승들이여, 수행승이 번뇌를 부수어 번뇌 없이 마음에 의한 해탈과 지혜에 의한 해탈을 지금 여기에서 스스로 증득하고 깨달아 성취한다.1377)

이것이 그의 세 번째 명지의 증득이다. 방일하지 않고 열심히 노력하고 스스로 정진하는 자에게 그러하듯, 무명이 부서져 명지가 생겨나고, 어둠이 부서져 빛이 생겨난다.1378)

수행승들이여, 이와 같이 나는 성직자에 관한 한, 단지 중얼거리는 것 때문에 그렇게 불리는 이교도가 아니라, 법다운 증득으로 세 가지 명지의 소유자가 된다고 정의한다."

2. 세존께서는 이와 같은 의취를 설하셨고 그와 관련하여 이와 같이 말씀하셨다.

[세존] "전생의 삶을 알고
천상과 악취를 본다.1379)

1376) avijjā vihatā, vijjā uppannā, tamo vihato, āloko uppanno : ItA. II. 139에 따르면, 여기서 명지와 빛은 하늘눈에 의한 앎의 명지이고, 무명과 어둠은 뭇삶의 죽음과 결생(結生)을 은폐하는 것이다.

1377) āsavānaṁ khayā anāsavaṁ cetovimuttiṁ paññāvimuttiṁ diṭṭheva dhamme sayaṁ abhiññā sacchikatvā upasampajja viharati : 번뇌를 부숨에 대한 앎의 명지(漏盡通 : āsavakhayañāṇavijjā)에 관해 서술한 것이다. Pps. I. 164에 따르면, 마음과 지혜는 각각 거룩한 경지와 연관된 삼매와 지혜를 의미한다. 삼매를 통해 탐욕에서 벗어나기 때문에 '마음에 의한 해탈(cetovimutti)'이라고 불리고, 지혜를 통해서 무지로부터 벗어나기 때문에 '지혜에 의한 해탈(paññāvimutti)'이라고 불린다. 마음에 의한 해탈은 멈춤(samatha)에서 오고 지혜에 의한 해탈은 통찰(vipassanā)에서 온다.

1378) avijjā vihatā, vijjā uppannā, tamo vihato, āloko uppanno : ItA. II. 139에 따르면, 여기서 명지와 빛은 거룩한 길의 앎의 명지이고 무명과 어둠은 네 가지 거룩한 진리(四聖諦)의 은폐이다.

1379) saggāpāyañca passati : ItA. II. 139에 따르면, 스물여섯 개로 여겨지는 천상(sagga)과 네 가지 악취(나쁜 곳: apāya)를 하늘눈으로 관찰하는 것이다.

마침내 태어남의 부서짐에 도달하여
곧바른 앎이 완성된 자가 성자이다.1380)

이러한 [101] 세 가지 명지로
세 가지 명지의 성직자가 된다.
단지 입으로만 중얼거리는 이교도가 아니라1381)
나는 그를 세 가지 명지를 지닌 자라고 부른다."1382)

세존께서는 이와 같은 의취도 역시 설하셨다고 나는 들었다.

이로써 제3장 「셋모음」의 「제5품」이 끝났다. 그 내용은 차례로 '1. 최상의 믿음의 경 2. 삶의 경 3. 쌍가띠 옷의 자락의 경 4. 불꽃의 경 5. 성찰의 경 6. 감각적 쾌락의 욕망의 생겨남의 경 7. 감각적 쾌락의 욕망의 멍에의 경 8. 훌륭한 계행의 경 9. 보시의 경 10. 세 가지 명지(明智)의 경'으로 이루어졌으며, 「제5품」이라고 불린다. 이것으로써 제3장 「셋모음」이 끝났다.

1380) pubbenivāsaṁ yo vedi | saggāpāyañca passati | atho jātikkhayaṁ patto | abhiññā vosito muni ||

1381) nāññaṁ lapitalāpanan : ItA. II. 139에 따르면, 야주르 베다 등의 진언 구절을 외우는 세 가지 베다의 성직자를 말하는 것이 아니다라는 뜻이다.

1382) etāhi tīhi vijjāhi | tevijjo hoti brāhmaṇo | tam ahaṁ vadāmi tevijjaṁ | nāññaṁ lapitalāpanan'ti ||

제4장 넷모음

Catukkanipāta

1. 제일품[Paṭhamavagga]

100(4-1-1) 바라문의 경[Brāhmaṇasutta][1383]

1. 이와 같이 세존께서 설하셨고 거룩한 님께서 설하셨다고 나는 들었다.

[세존] "수행승들이여, 나는 바라문,[1384] 걸식자에게 응하는 자,[1385] 항상 청정한 손을 지닌 자,[1386] 최후의 몸을 지닌 자,[1387] 화살을 뽑아버리는 위없는 의사이다.[1388] 그대들은 나의 적자이며,[1389] 입에서 생겨난 자이며,[1390] 가르침에서 생겨난 자이며,[1391]

1383) It. 101 : 한역에 해당경전이 없다.

1384) brāhmaṇo : ItA. II. 141; ItA. II. 146에 따르면, 악을 몰아냈기 때문에 바라문이고, 브라흐마를 소리에서 압축하기 때문에 바라문이다. 이와 관련해서 의미는 다음과 같다: '수행승들이여, 나는 최상의 의미에서 바라문이다.' '수행승들이여, 바라문이라고 하는 것도 이렇게 오신 님, 거룩한 님, 올바로 원만히 깨달은 님을 두고 하는 말이다.'(AN. IV. 340)

1385) yācayogo : ItA. II. 142에 따르면, 걸식자와 관계된 자로, 걸식자들은 세존에게 접근해서 가르침을 구걸한다: '세존이시여, 세계의 존귀한 님께서는 진리를 가르쳐 주십시오. 올바른 길로 잘 가신 님께서는 진리를 가르쳐 주십시오.'(DN. II. 37)

1386) sadā payatapāṇī : ItA. II. 143에 따르면, '항상'은 '언제나'이며 정법의 위대한 보시가 중단없이 일어나는 것을 뜻한다. 보시를 지향하고, 물질적 보시를 하고, 정중하게 자신의 손으로 시물을 주기 위해 항상 깨끗한 손을 지닌다면, 그는 청정한 손을 지닌 자라고 불린다.

1387) antimadehadharo : ItA. II. 143에 따르면, 청정한 삶(brahmacariya)을 통해서 성직자를 만드는 원리들의 완성에 기인하는 최종적인 존재를 말한다.

1388) anuttaro bhisakko sallakatto : ItA. II. 143; ItA. II. 146에 따르면, 치유하기 어려운 윤회라는 괴로움의 질병을 치유하는 최상의 의사로서, 다른 사람에 의해서 제거될 수 없는 탐욕 등의 화살을 자르고 제거하고 뽑아내기 때문에, 화살을 뽑아버리는 위없는 의사이다: '화살을 뽑아버리는 의사는 이렇게 오신 님, 거룩한 님, 올바로 완전히 깨달은 님을 말합니다.'(MN. II. 260)

1389) orasā : ItA. II. 143에 따르면, 적자란 가슴과 연결된 자로 자신에게서 태어난 자이고 특히 아버지의 재산인 유산을 부여받는 자인데, 이와 마찬 가지로 고귀한 참사람들은, 올바로 원만히 깨달아진 가르침을 듣고 고귀한 탄생을 통해 새로 태어난 자로, 그의 재산인 해탈의 행복과 고귀한 가르침의 보물을 부여받는 자를 말한다.

1390) mukhato jātā : ItA. II. 143-144에 따르면, 입에서 생겨난 진리에 대한 가르침을 통해서 고귀한 태생으로 태어난 자를 말한다.

1391) dhammajā : ItA. II. 144에 따르면, 세 가지 배움으로 구성된 교시의 가르침과 고귀한

가르침에 의해 만들어진 자로서,1392) 가르침의 상속자이지 재산의 상속자가 아니다.1393)

수행승들이여, 이와 같은 두 가지 보시, 재물에 의한 보시와 가르침에 의한 보시가 있다. [102] 수행승들이여, 이와 같은 두 가지 보시 가운데 가르침에 의한 보시가 제일 훌륭하다.

수행승들이여, 이와 같은 두 가지 나눔, 재물에 의한 나눔과 가르침에 의한 나눔이 있다. 수행승들이여, 이와 같은 두 가지 나눔 가운데 가르침에 의한 나눔이 제일 훌륭하다.

수행승들이여, 이와 같은 두 가지 도움, 재물에 의한 도움과 가르침에 의한 도움이 있다. 수행승들이여, 이와 같은 두 가지 도움 가

길의 가르침에서 생겨난 자이다.

1392) dhammanimmitā : ItA. II. 144에 따르면, 그 가르침에 의해서 화작(化作)된, 만들어진 자란 뜻이다.

1393) dhammadāyādā no āmisadāyādā : ItA. II. 144에 따르면, 새김의 가르침과 탐구 등의 가르침의 상속자이지 이익과 칭송 등과 관계되는 재산의 상속자가 아니다. 가르침에는 절대적 의미의 가르침과 상대적 의미의 가르침이 있고, 재산에도 절대적 의미의 재산과 상대적 의미의 재산이 있다. 길과 경지와 열반으로 구분되는 아홉 가지 출세간적 원리는, 상대나 이유나 구실에서 유래하지 않는 절대적 의미의 가르침이다. 그러나 윤회의 벗어남에 의존한 착하고 건전한 것들, 이를테면, 세계에 어떤 사람은 윤회에서 벗어남을 기대하여 보시하고, 계행을 지키고, 포살의 의례를 행하고, 향과 화환 등으로 스승에게 공양을 올리고 가르침을 듣고, 가르치고, 선정의 성취가 생겨나게 하고, 이와 같이 하면서 점차적으로 절대적인 불사의 열반을 얻는다. 이것이 상대적 의미의 가르침이다. 마찬가지로 의복 등의 네 가지 필수품은, 상대나 이유나 구실에서 유래하지 않는 절대적 의미의 재산이고, 그러나 윤회로 이끄는 착하고 건전한 것들, 이를테면, 세계에 어떤 사람은 윤회를 바라면서 성공적인 존재를 바라면서 보시를 행하고, 성공이 생겨나게 하고, 이와 같이 하면서 점차로 신들과 인간의 성공을 얻는다. 이것이 상대적 의미의 재산이다. 여기서 절대적 의미의 가르침도 세존의 속성일 수 있다. 왜냐하면, 세존에 의해서 설해졌기 때문에 수행승들이 길과 경지와 열반을 성취하기 때문이다. '바라문이여, 세존께서는 일어나지 않은 길을 일으켰으며, 생겨나지 않은 길을 생겨나게 했으며, 선포되지 않은 길을 선포했습니다. 그 분은 길을 아는 님이었고 길을 발견한 님이었고 길에 통달한 님이었습니다. 그러나 그 분의 제자들은 그 길을 따라 나중에 그 길을 성취하는 것입니다.'(MN. III. 8) '세존께서는 참으로 눈이 있는 님, 앎이 있는 님, 진리가 있는 님, 거룩한 님, 설하는 님, 가르치는 님, 궁극으로 이끄는 님, 불사를 주는 님, 가르침의 주인, 여래로서 아는 것을 안다고 하고 보는 것을 본다고 합니다.'(MN. I. 111) 마찬가지로 ItA. II. 144-145에 따르면, 상대적의 의미의 가르침도, 절대적 의미의 재산도, 상대적 의미의 재산도 세존의 속성일 수 있다.

운데 가르침에 의한 도움이 제일 훌륭하다.

수행승들이여, 이와 같은 두 가지 제사, 재물에 의한 제사와 가르침에 의한 제사1394)가 있다. 수행승들이여, 이와 같은 두 가지 제사 가운데 가르침에 의한 제사가 제일 훌륭하다."

2. 세존께서는 이와 같은 의취를 설하셨고 그와 관련하여 이와 같이 말씀하셨다.

[세존] "여래는 일체 존재를 어여삐 여겨1395)
간탐을 여의고1396) 가르침에 의한 제사를 지냈다.

1394) āmisayāgo ca dhammayāgo : 제사적 행위라고 언급되는 것으로 큰 제사, 큰 보시란 의미이다. 재물의 제사에는 벨라마(Velāma)의 큰 보시가 있다 : "장자여, 옛날에 벨라마라는 바라문이 살았는데, 그는 이와 같은 보시, 굉장한 보시를 했습니다. 그는 팔만사천 개의 황금 그릇을 보시했는데 그 속에 은이 가득했고, 그는 팔만사천 개의 은 그릇을 보시했는데 그 속에는 금이 가득했고, 그는 팔만사천 개의 동 그릇을 보시했는데 그 속에는 황금이 가득했고, 그는 팔만사천 마리의 코끼리를 보시했는데 그들은 금치장을 하고 금 깃발을 달고 금 그물을 덮었고, 그는 팔만사천 대의 수레를 보시했는데 그것들은 사자 가죽을 깔고 호랑이 가죽을 깔고 표범의 가죽을 깔고 황모포를 깔고 금 치장을 하고 금 깃발을 달고 금 그물을 덮었고, 그는 팔만사천 마리의 암소를 보시했는데 황마포로 치장하고 동 그릇의 착유통을 차고 있었고, 그는 팔만사천 명의 소녀를 보시했는데 그녀들은 보석이 박힌 귀고리를 하고 있었고, 그는 팔만사천 개의 침대를 보시했는데 그것들은 긴 털의 흑색 양모를 깔고 백색 양모를 깔고 꽃무늬의 양모포를 깔고 값비싼 카달리 사슴의 가죽을 깔았고 그 위에 차양을 하고 양쪽으로는 붉은 베개가 있었고, 그는 팔만사천 꼬띠의 옷을 보시했는데 그것들은 섬세한 아마, 섬세한 비단, 섬세한 모직, 섬세한 면직으로 이루어졌습니다. 하물며 누가 씹을 만하고 삼킬 만하고 맛볼 만하고 마실만한 음식에 대해서 말할 수 있겠습니까! 생각건대 강물들이 흘러넘치는 듯했습니다. 장자여, 그대는 이와 같이 '그 당시에 그 보시, 그 굉장한 보시를 행한 바라문 벨라마는 누군가 다른 사람일 것이다.'라고 생각할 것입니다. 그러나 장자여. 그렇게 보아서는 안 됩니다. 그 당시에 그 보시, 그 굉장한 보시를 행한 바라문 벨라마는 바로 나였습니다."(AN. IV. 392) 그리고 베싼따라(Vessantara)의 큰 보시(Jat. IV. 479), 마하비지따(Mahāvijitā)의 제사(DN. I. 127) 등의 재물의 보시가 있다. 그러나 가르침의 제사로는 광대한 모임의 경(DN. II. 253), 행복의 경(Stn. 46), 라훌라에 대한 가르침의 작은 경(MN. III. 277) 등이 있다.

1395) tathāgato sabbabhūtānukampī : ItA. II. 146에 따르면, 커다란 연민으로 일체의 뭇삶을 사랑하는 아들처럼 섭수하는 덕성을 지닌 것을 의미한다: '살인자 데바닷따와 강도 앙굴리말라에 대하여, 그리고 다나빨라와 라훌라에 대하여 위대한 성자는 평등한 마음을 지녔다.'(Mil. 410)

1396) amaccharī : ItA. II. 146에 따르면, 보리수좌에서 일체의 이기심이 완전히 버려진 것을 뜻한다.

이러한 신들과 인간의 최승자,
존재의 피안에 도달한 님께 뭇삶들은 귀의합니다."1397)

세존께서는 이와 같은 의취도 역시 설하셨다고 나는 들었다.

101(4-1-2) 네 가지 허물없음의 경[Caturanavajjasutta]1398)

1. 이와 같이 세존께서 설하셨고 거룩한 님께서 설하셨다고 나는 들었다.

[세존] "수행승들이여, 이와 같은 네 가지 사소하지만, 쉽게 얻을 수 있는, 허물없는 것들이 있다. 네 가지란 어떠한 것인가?

수행승들이여, 옷으로서 분소의1399)는 사소하고도 쉽게 얻을 수 있는, 허물없는 것이다. 수행승들이여, 음식으로서 탁발식1400)은 사소하고도 쉽게 얻을 수 있는, 허물없는 것이다. 수행승들이여, 처소로서 [103] 나무 아래1401)는 사소하고도 쉽게 얻을 수 있는, 허물없는 것이다. 수행승들이여, 의약으로서 진기약1402)은 사소하고도 쉽게 얻을 수 있는, 허물없는 것이다.

수행승들이여, 이와 같은 네 가지 사소하고도 쉽게 얻을 수 있는,

1397) yo dhammayāgaṁ ayaji amaccharī | tathāgato sabbabhūtānukampī | taṁ tādisaṁ devamanussaseṭṭhaṁ | sattā namassanti bhavassa pāragun'ti ||

1398) It. 102; AN. II. 26-27

1399) paṃsukūla : ItA. II. 147에 따르면, 거리나 화장터나 쓰레기장 등에 여기저기 흙먼지 위에 놓여 있었기 때문에 분소의(糞掃依)라고 불린다.

1400) piṇḍiyālopa : ItA. II. 147에 따르면, 장딴지의 힘으로 걸어 다니며, 집집마다 한 주먹씩의 음식을 얻은 것을 말한다.

1401) rukkhamūla : ItA. II. 147에 따르면, 떨어진 어떤 나무의 근처를 말한다.

1402) pūtimutta : 한역에서는 진기약(陳棄藥) 이외에 부란약(腐爛藥), 황용탕(黃龍湯)이라고도 한다. 소의 오줌에 미로발란 나무(아시아산 자두)의 쓰디쓴 열매를 재어서 썩힌 것으로 치료제나 강화제로 쓰인다. ItA. II. 147에 따르면, 소의 오줌이다. 황금색의 몸이라도 악취나는 몸이듯, 신선한 오줌도 악취나는 오줌일 뿐인데, 어떤 자는 소의 오줌에 미로발란 나무(아시아산 자두)의 열매를 재어서 썩힌 것이라고 하고, 어떤 자는 썩은 상태이기 때문에 시장 등에서 퇴출되어 구할 수 없는 의약이라고 주장한다.

허물없는 것들이 있다.

수행승들이여, 수행승은 사소하고도 쉽게 얻을 수 있는 것에 만족해야 한다. 나는 그것을 수행자의 삶의 한 고리[1403]라고 말한다."

2. 세존께서는 이와 같은 의취를 설하셨고 그와 관련하여 이와 같이 말씀하셨다.

[세존] "허물없고 사소하고
쉽게 얻을 수 있는 것에 만족하는 자는
처소[1404]와 의복과
마실 것과 먹을 것에 대하여
마음의 번민이 없고[1405]
어디를 가더라도 걱정이 없[1406]다.[1407]

만족을 아는

1403) aññataraṃ sāmaññaṅganti : ItA. II. 147에 따르면, '수행자라는 지위의 근거(samaṇa bhāvakaraṇa)'를 말한다. 왜냐하면, 만족한 자에게는 네 가지 청정한 계행(四淨戒: catupār isuddhisīla: It. 33의 주석을 보라)이 원만하게 되고 멈춤과 통찰을 닦아 원만하게 되기 때문이다. 또는 수행자의 삶은 고귀한 길인데, 간략히 두 가지 고리가 있다. 외적인 것과 내적인 것이다. 외적인 것은 참사람에 의지하고 올바른 가르침을 배우는 것이고, 내적인 것은 이치에 맞게 사유하고 여법하게 실천하는 것이다. 이것들 가운데 여법하게 실천하는 것이 근본적인 가르침이다. 즉, 욕망을 여의고, 만족하고, 멀리 여의고, 교제하지 않고, 열심히 정진하는 것 등이다. 그래서 수행자의 한 고리라고 한 것이다.

1404) senāsana : ItA. II. 148에 따르면, 승원 등과 침대와 의자 등의 처소를 말한다.

1405) vighāto hoti cittassa : ItA. II. 148에 따르면, 마음의 괴로움이 없다는 뜻이다. 이것에 대하여 간략한 그 의미는 이와 같다: 어떤 집에서는 필수품을 쉽게 얻는다고 생각하여, 얻을 수 있는 장소로 가거나, '나는 얻고 그대는 얻지 못한다.'라고 논쟁하거나, 수리 등을 통해서 처소 등을 구하는 불만족한 자들은 원하는 것을 얻지 못하여 번민하지만, 만족하는 자에게는 마음의 번민이 없다.

1406) disā nappaṭihaññati : 원래는 '방향들이 그를 격퇴하지 않는다.'라는 뜻인데 역자가 의역한 것이다. 방향들이 그를 격퇴하지 않는 것은 네 가지 무량한 마음을 닦았기 때문이다. ItA. II. 148에 따르면, 만족의 결과로써 네 방향에 편재하는 것 덕분에 방향이 그를 격퇴하지 않는다. 이와 같이 언급된다: '네 방향을 닦아 적의가 없이 무엇이나 얻은 것으로 만족하고, 온갖 위험을 극복하여 두려움 없이, 무소의 뿔처럼 혼자서 가라."(Stn. 42)

1407) anavajjena tuṭṭhassa | appena sulabhena ca | na senāsanam ārabbha | cīvaraṁ pānabhojanaṁ | vighāto hoti cittassa | disā nappaṭihaññati ||

방일하지 않는 수행승이
이겨낸 것들은
수행자가 따라야 할 것들1408)이라고 나는 선언한다."1409)

세존께서는 이와 같은 의취도 역시 설하셨다고 나는 들었다.

102(4-1-3) 번뇌의 소멸의 경[Āsavakkhayasutta]1410)

1. 이와 같이 세존께서 설하셨고 거룩한 님께서 설하셨다고 나는 들었다.

[세존] "수행승들이여, 나는 알지 못하고 보지 못하는 자를 위해서가 아니라,1411) 알고 또한 보는 자를 위해서,1412) 번뇌의 소멸1413)을 설한다. 수행승들이여, 어떻게 알고 어떻게 보는 자에게

1408) sāmaññassānulomikā : ItA. II. 148에 따르면, 수행자의 원리인 멈춤과 통찰의 수행 또는 욕망의 여읨 등의 고귀한 길을 말한 것이다.

1409) ye cassa dhammā akkhātā | sāmaññassānulomikā | adhiggahītā tuṭṭhassa | appamattassa bhikkhuno ||

1410) It. 103 : 한역에 해당경전이 없다.

1411) no ajānato apassato : ItA. II. 150에 따르면, 알지 못하고 보지 못하는 자에게 설하지 않는다는 뜻이다. 이것으로서 그는 알지 못하고 보지 못하는 자들에게 윤회로부터의 청정(saṁsārasuddhi)을 설하는 자들을 부정한다. 또는 알고 또는 보는 것은 번뇌의 부숨의 수단인데, 알지 못하고 보지 못하는 것은 그 수단이 없다는 것을 뜻한다.

1412) jānato passato : ItA. II. 149에 따르면, 이해의 앎(anubodhañāṇa)을 통해서 아는 것과 꿰뚫음의 앎(paṭivedhañāṇa)을 통해서 보는 것을 말한다. 또는 역순으로 관찰의 길(dassanamagga)을 통해서 보는 것과 수행의 길(bhāvanāmagga)을 통해서 아는 것을 말한다.

1413) āsavānaṃ khayo : 번뇌의 부숨이라고도 번역할 수 있다. ItA. II. 149에서는 다음과 같은 경전을 인용하고 있다: '수행승들이여, 나는 번뇌의 소멸에 대하여 앎과 봄이 없어서가 아니라 번뇌의 소멸에 대하여 알고 또한 보기 때문에 말한다. 수행승들이여, 어떻게 번뇌의 소멸에 대하여 알고 또한 보는가? 이치에 맞게 정신활동을 기울이는 것과 이치에 맞지 않게 정신활동을 기울이는 것이 있는데, 수행승들이여, 이치에 맞지 않게 정신활동을 기울이면 아직 생겨나지 않은 번뇌가 생겨나고 생겨난 번뇌는 더욱 증가한다.'(MN. I. 7) '수행승들이여, 왕족들이 집에서 집없는 곳으로 출가하여, 그가 번뇌를 부수고 번뇌 없는 마음에 의한 해탈과 지혜에 의한 해탈을 지금 여기서 알고 깨닫고 성취한다면, 번뇌를 부순 수행자가 된다.'(MN. I. 284) '남의 잘못을 보고서 항상 혐책의 상념을 지니면, 그의 번뇌는 증가하니, 번뇌의 부숨과는 멀어지리.'(Dhp. 253) "바른 길을 추구하는 사람, 열심히 배우는 학인에게

번뇌의 소멸이 이루어지는가?

수행승들이여, '이것이 괴로움이다.'라고 알고 또한 보는 자에게, 번뇌의 소멸이 [104] 이루어진다. 수행승들이여, '이것이 괴로움의 발생이다.'라고 알고 또한 보는 자에게, 번뇌의 소멸이 이루어진다. 수행승들이여, '이것이 괴로움의 소멸이다.'라고 알고 또한 보는 자에게, 번뇌의 소멸이 이루어진다. 수행승들이여, '이것이 괴로움의 소멸에 이르는 길이다.'라고 알고 또한 보는 자에게, 번뇌의 소멸이 이루어진다.1414)

비로소 소멸에 대한 앎이 오고, 즉시 궁극의 앎이 따른다. 궁극의 앎으로 해탈한 님에게는 '나는 해탈은 흔들림이 없고 존재의 속박은 끊어졌다'라고 참으로 궁극의 앎이 생겨난다."(AN. I. 231) "수행승들이여, 고귀한 제자는 이러한 다섯 가지 능력의 유혹과 위험과 여읨을 있는 그대로 알아 집착 없이 해탈하면, 수행승들이여, 이러한 이는 거룩한 님, 번뇌를 부순 님, 청정한 삶을 성취한 님, 해야 할 일을 해 마친 님, 짐을 내려놓은 님, 자신의 이상을 실현한 님, 윤회의 결박을 끊어 버린 님, 올바른 궁극의 앎에 의해서 해탈한 님이라고 한다."(SN. V. 193) ItA. II. 150에 따르면, 네 가지 번뇌(四漏 : cattāro āsavā)가 있는데, 그 가운데 첫 번째 길에서 견해의 번뇌가 소멸하고, 세 번째 길에서 감각적 쾌락의 번뇌가 소멸한다. 네 번째 길에서 존재의 번뇌와 무명의 번뇌가 소멸한다.

1414) idaṃ dukkhanti … ayaṃ dukkhasamudayoti … ayaṃ dukkhanirodho'ti … ayaṃ dukkhanirodhagāminī paṭipadā'ti bhikkhave jānato passato āsavānaṃ khayo hoti : ItA. II. 150에 따르면, 네 가지 거룩한 진리(四聖諦)의 명상주제를 언급한 것이다. ItA. I. 63에 따르면, 잘못이 갈애인 삼계의 존재의 다발이 괴로움이고, 갈애가 괴로움의 발생이고, 그 양자가 일어나지 않는 것이 소멸이고, 소멸로 이끄는 것이 길이다. 통찰의 길에 들어서서 삼계에 속하는 이들 존재의 다발을 이것이 괴로움이라고 이치에 맞게 주의를 기울여 방편과 길을 통해서 통찰한다. 통찰은 세계에서 정신활동의 극치라고 불린다. 괴로움을 일으키기 이전에 존재했던 갈애인 것이 괴로움의 발생이라고, 이치에 맞게 주의를 기울여 방편과 길을 통해서 통찰한다. 이러한 괴로움, 이러한 발생, 이러한 상태에 도달하여 소멸하여 다시는 일어나지 않는다면, 그는 '이것이 괴로움의 소멸이다.'라고 열반으로 알려진 것에 이치에 맞게 정신활동을 기울여 방편과 길을 통해서 통찰한다. 열반으로 이끄는 여덟 가지 길을 '이것이 괴로움의 소멸로 이끄는 길이다.'라고 이치에 맞게 정신활동을 기울여 방편과 길을 통해서 통찰한다. 그는 존재의 다발의 그 원인과 조건을 조사하기 위하여 명색 즉 물질적 정신적 두 부분으로 구성된 것을 알고, 무지와 갈애를 근본원인으로 하고 자양을 조건으로 하는 것을 이해하고, 그리고 나서 그것의 무상을 '예전에 존재하지 않았지만 지금 존재한다. 생겨난 것은 소멸한다. 그러므로 그것들은 무상하다.'라고 무상의 특징을 파악한다. '그 생성과 소멸에 핍박을 받기 때문에 괴로운 것이다.'라고 괴로움의 특징을 파악한다. '그러한 과정이 통제되지 않기 때문에, 자아(또는 실체)가 없다.'라고 무아의 특징을 파악한다. 이와 같이 세 가지 특징을 파악하고 나서 통찰하면서 생성과 소멸에 대한 앎을 일으킨 결과로 생겨나는 빛 등의 통찰의 오염은 길이 아니고, 오직 그 전 단계의 생성과 소멸에 대한 앎만이 고귀

수행승들이여, 이렇게 알고 이렇게 보는 자에게, 번뇌의 소멸이 이루어진다."

2. 세존께서는 이와 같은 의취를 설하셨고 그와 관련하여 이와 같이 말씀하셨다.

[세존] "바른 길을 따르는
아직 배우는 학인에게는
소멸할 때, 앎이 비로소 생겨나고
곧이어 궁극의 앎이 생겨난다.1415)

궁극의 앎에 따라 해탈한 자에게
최상의 해탈에 대한 앎이 생겨난다.1416)
'결박이 부수어졌다.'라는
소멸에 대한 궁극의 앎1417)이 생겨난다.1418)

한 길임을 알고, 길과 길이 아닌 것을 구별함으로써 생성과 소멸에 대한 앎을 따라 괴멸에 대한 앎 등을 일으켜, 그는 흐름에 든 길 등을 획득한다. 그 순간에 네 가지 거룩한 진리가 한 번의 꿰뚫음에 의해서 꿰뚫어지고, 한 번의 관통에 의해서 관통된다. 그때 괴로움은 완전한 앎을 통한 꿰뚫음에 의해서 꿰뚫어진다. 그때 괴로움이 완전한 앎을 통한 꿰뚫음에 의해서 꿰뚫어지면, 발생을 끊어버림의 꿰뚫음을 통해서 이치에 맞게 꿰뚫려, 모든 악하고 불건전한 것이 끊어진다. 소멸을 깨달아져야 할 것의 꿰뚫음을 통한 꿰뚫림에 의해서 꿰뚫어지면서, 일체의 착하고 건전한 것이 닦여진다. 고귀한 길은 절대적으로 악한 것의 동요를 가져오기 때문에 착하고 건전한 것이다. 그것을 닦으면 일체의 착하고 건전하고, 허물없는 깨달음에 도움이 되는 원리가 닦여져 원만하게 된다. 이와 같이 이치에 맞게 정신활동을 기울여 악하고 불건전한 것을 버리고 착하고 건전한 것을 닦는다.

1415) sekhassa sukkhamānassa | ujumaggānusārino | khayasmiṁ paṭhamaṁ ñāṇaṁ | tato aññā anantarā ||

1416) vimuttiñāṇam uttamaṁ uppajjati : ItA. II. 150에 따르면, 가르침 가운데 최상인 해탈, 열반, 경지와 관계된 성찰의 앎의 생겨남을 말한다.

1417) khaye ñāṇaṁ : ItA. II. 150에 따르면, 번뇌와 결박의 부숨을 가져오는 고귀한 길과 관련된 앎이다. 그런데 여기서는 '결박이 끊어졌다.'라는 앎을 가져와 관련시킨 것이다. 이것으로 그러한 오염은 끊어졌다는 성찰을 보여주고 있다. 거룩한 경지에 들었으므로 남은 오염은 여기서 존재하지 않는다.

1418) tato aññā vimuttassa | vimuttiñāṇam uttamaṁ | uppajjati khaye ñāṇaṁ | khīṇā saṁyojanā iti ||

진실로 게으른 자나 어리석은 자나
무지한 자에 의해서
일체의 계박으로부터의 해탈인[1419]
열반이 획득되어질 수는 없다."[1420]

세존께서는 이와 같은 의취도 역시 설하셨다고 나는 들었다.

103(4-1-4) 수행자와 성직자의 경[Samaṇabrāhmaṇasutta][1421]

1. 이와 같이 [105] 세존께서 설하셨고 거룩한 님께서 설하셨다고 나는 들었다.

[세존] "수행승들이여, 어떠한 수행자나 성직자이든지 '이것은 괴로움이다.'라고 있는 그대로 분명히 알지 못하고,[1422] '이것은 괴로움의 발생이다.'라고 있는 그대로 분명히 알지 못하고, '이것은 괴로움의 소멸이다.'라고 있는 그대로 분명히 알지 못하고, '이것은 괴로움의 소멸에 이르는 길이다.'라고 있는 그대로 분명히 알지 못하면, 나는 그 수행자들이나 성직자들을 수행자들 가운데 수행자,

---

1419) sabbaganthappamocanaṁ : ItA. II. 151에 따르면, 이것은 배울 것이 남아 있는 학인의 길이나, 배울 것이 더 이상 없는 무학의 길을 통해 도달하는 탐욕 등에 의한 정신·신체적 계박 등의 일체의 계박 [이 책의 부록「여든아홉 가지 괴로움의 명제」 64) 참조] 으로부터의 해탈과 같다. 해탈의 특징을 구성하는 열반은, '이것은 괴로움이다.'라는 등의 네 가지 거룩한 진리를 있는 그대로 알지 못하는 자에 의해서는, 그래서 어리석은 자에 의해서, 총명하지 못한 자에 의해서, 도달할 수가 없고, 게으른 자, 정진하지 않는 자에 의해서도 도달할 수 없다. 그러므로 열심히 정진하여 수행해야 한다: '힘써 노력하고 정진하라. 부처님의 가르침에 몰두하라. 코끼리가 갈대 오두막을 휩쓸듯, 죽음의 군대를 쳐부수어라.'(SN. I. 156)

1420) na tvevidaṁ kusītena | bālena avijānatā | nibbānaṁ adhigantabbaṁ | sabbagant happamocanan'ti ||

1421) It. 105 : 한역에 해당경전이 없다.

1422) idaṃ dukkhanti yathābhūtaṃ nappajānanti : ItA. II. 151에 따르면, '이것은 괴로움이다. 이 정도의 괴로움이지 그 보다 더한 괴로움은 아니다.'라고 전도되지 않고, 고유한 본성과 특징에 맞게 통찰의 지혜(vipassanāpaññā)와 더불어 길의 지혜(maggapaññā)를 통해서, 괴로움의 진리를 알지 못하고 꿰뚫지 못하는 것을 말한다.

성직자들 가운데 성직자들이라고 여기지 않을 뿐만 아니라, 그들 존자들 또한 수행자의 의의나 성직자의 의의를 현세에서 스스로 곧바로 알고 깨달아 성취하지 못한 것이 된다.

수행승들이여, 어떠한 수행자나 성직자이든지 [105] '이것은 괴로움이다.'라고 있는 그대로 분명히 알고, '이것은 괴로움의 발생이다.'라고 있는 그대로 분명히 알고, '이것은 괴로움의 소멸이다.'라고 있는 그대로 분명히 알고, '이것은 괴로움의 소멸에 이르는 길이다.'라고 있는 그대로 분명히 알면, 나는 그 수행자들이나 성직자들을 수행자들 가운데 수행자, 성직자들 가운데 성직자들이라고 여길 뿐만 아니라, 그들 존자들 또한 수행자의 의의나 성직자의 의의를 현세에서 스스로 곧바로 알고 깨달아 성취한 것이 된다."

2. 세존께서는 이와 같은 의취를 설하셨고 그와 관련하여 이와 같이 말씀하셨다.

[세존] "괴로움과 [106] 괴로움의 원인을
분명히 알지 못하고
일체의 괴로움이
남김없이 그치는 것과,
괴로움의 소멸로 이끄는 길을
알지 못하는 자들이 있다.1423)

마음에 의한 해탈을 이루지 못하고
또한 지혜에 의한 해탈을 이루지 못한 자들은
종식을 이룰 수 없으니,

1423) ye dukkhaṁ nappajānanti | atho dukkhassasambhavaṁ | yattha ca sabbaso dukkhaṁ | asesaṁ uparujjhati | tañca maggaṁ na jānanti | dukkhūpasamagāminaṁ ||

태어남과 늙음에 도달한다.1424)

괴로움과 괴로움의 원인을
분명히 알고
일체의 괴로움이
남김없이 그치는 것과,
괴로움의 소멸로 이끄는 길을
분명히 아는 자들이 있다.1425)

마음에 의한 해탈을 이루고
또한 지혜에 의한 해탈을 이룬 자들은
종식을 이룰 수 있으니,
태어남과 늙음에 도달하지 않는다."1426)

세존께서는 이와 같은 의취도 역시 설하셨다고 나는 들었다.

104(4-1-5) 계행을 갖춤의 경[Sīlasampannasutta]1427)

1. 이와 같이 [107] 세존께서 설하셨고 거룩한 님께서 설하셨다고 나는 들었다.

[세존] "수행승들이여, 수행승들이 계행을 갖추고 삼매를 갖추고 지혜를 갖추고 해탈을 갖추고 해탈에 대한 앎과 봄을 갖추면,1428)

1424) cetovimuttihīnā te | atho paññāvimuttiyā | abhabbā te antakiriyāya | te ve jātijar ūpagā ||

1425) ye ca dukkhaṁ pajānanti | atho dukkhassa sambhavaṁ | yattha ca sabbaso duk khaṁ | asesaṁ uparujjhati | tañca maggaṁ pajānanti | dukkhūpasamagāminaṁ ||

1426) cetovimuttisampannā | atho paññāvimuttiyā | bhabbā te antakiriyāya | na te jāti jarūpagā'ti ||

1427) It. 107 : 한역에 해당경전이 없다.

1428) sīlasampannā samādhisampannā paññāsampannā vumuttisampannā vimuttiñāṇa

그들은 훈계하는 자,[1429] 알려주는 자,[1430] 보여주는 자,[1431] 인도하는 자,[1432] 격려하는 자,[1433] 기쁘게 하는 자[1434]로서 올바른 가르침의 유능한 교수자[1435]가 된다.

수행승들이여, 이러한 수행승들에 대한 친견[1436]은 커다란 도움이 된다고 나는 말한다.

수행승들이여, 이러한 수행승들에 대한 경청[1437]은 커다란 도움

---

dassanasampannā : ItA. II. 152에 따르면, 번뇌를 부순 자에게 세간적・출세간적 계행이 있는데, 그것을 갖춘 자를 말한다. 삼매와 지혜에 관해서도 마찬가지다. 그러나 해탈은 경지에 의한 해탈이다. 해탈에 대한 앎과 봄은 성찰의 앎이다. 이와 같이 여기서 계행 등의 세 가지는 세간적・출세간적인 것이고 해탈은 출세간적인 것이고, 해탈에 대한 앎과 봄은 세간적인 것이다.

1429) ovādakā : ItA. II. 152에 따르면, 현세와 내세의 궁극적 목표와 관련하여 적절하게 타인에게 충고하고 가르치는 자를 말한다.

1430) viññāpakā : ItA. II. 152에 따르면, 업과 업의 결과를 알려주는 자로서, '이러한 것들은 착하고 건전한 것이고, 이러한 것들은 악하고 불건전한 것들이고, 이러한 것들은 잘못이 있고 이러한 것들은 잘못이 없다.'라는 등의 착하고 건전한 것 등의 분별에 의해서, 다발 등의 분별에 의해서, 자신의 특징과 공통의 특징에 의해서라는 세 가지 방식으로 가르침들을 알려주는 자, 이해시키는 자를 말한다.

1431) sandassakā : ItA. II. 152에 따르면, 가르침을, 마치 손으로 붙잡아 보여주는 것처럼 타인에게 분명하게 보여주는 자를 말한다.

1432) samādapakā : ItA. II. 152에 따르면, 계행 등을 떠맡지 않은 자들을 그것들을 떠맡도록 정립시키는 자를 말한다.

1433) samuttejakā : ItA. II. 152에 따르면, 이와 같이 착하고 건전한 가르침에 정립된 위에 보다 높은 마음에 전념하도록 설득하는 자, 마음을 올바로 설득시키는 자, 탁월한 성취에 도달하도록 성찰을 통해 정화시키는 자를 뜻한다.

1434) sampahaṃsakā : ItA. II. 152에 따르면, 얻은 것에 따르고, 얻어질 수 있는 결과에 따른 덕성의 탁월함에 의해 마음을 올바로 기쁘게 하는 자로, 이미 얻은 낙미(樂味: assāda)를 통해서 아주 기쁘게 하는 자이다.

1435) alaṃ samakkhātāro saddhammassa : ItA. II. 152에 따르면, 언급된 대로의 학습된 것들을 버리지 않고 올바로 섭수하는 의미로 설명하는 자를 말한다.

1436) dassanam : ItA. II. 153에 따르면, 친견에는 눈에 의한 친견과 앎에 의한 친견의 두 가지가 있다. 여기서 청정한 믿음의 눈으로 고귀한 님들을 바라보는 것이 눈에 의한 친견이다. 고귀한 님의 상태를 만드는 그러한 상태의 성취와 고귀한 님의 원리에 대한 통찰과 길과 경지가 앎에 의한 친견이다.

1437) savaṇam : ItA. II. 153에 따르면, 어떤 번뇌를 부순 자로부터 어떤 왕국이나, 지방이나, 마을이나, 도시나, 승원이나, 동굴에서 사는 아무개가 그가 말하는 것을 듣는 것을 경청이라고 한다.

이 된다고 나는 말한다.

수행승들이여, 이러한 수행승들에 대한 섬김1438)은 커다란 도움이 된다고 나는 말한다.

수행승들이여, 이러한 수행승들에 대한 공경1439)은 커다란 도움이 된다고 나는 말한다.

수행승들이여, 이러한 수행승들에 대한 기억1440)은 커다란 도움이 된다고 나는 말한다.

수행승들이여, 이러한 수행승들에 대한 출가1441)는 커다란 도움이 된다고 나는 말한다.

그것은 무슨 까닭인가?

수행승들이여, 이러한 수행승들에 대하여 섬기고 봉사하고 공경하는 자는,1442) 계행의 다발을 완성하지 못하였더라도 닦음을 통해 완성하게 되고, 삼매의 다발을 완성하지 못하였더라도 닦음을 통해 완성하게 되고, 지혜의 다발을 [108] 완성하지 못하였더라도 닦음을 통해 완성하게 되고, 해탈의 다발을 완성하지 못하였더라도 닦

1438) upasaṅkamanam : ItA. II. 153에 따르면, '보시를 하겠다, 질문을 하겠다, 가르침을 듣겠다, 경의를 표하겠다.'라는 마음으로 고귀한 님들에게 접근하는 것을 말한다.

1439) payirupāsanam : ItA. II. 153에 따르면, 고귀한 님들의 덕성에 대해 듣고, 그들에게 가까이 가서 초청하여 보시를 하고, 의무를 행하고, '존자여, 착하고 건전한 것이란 무엇입니까?'라는 등의 방식으로 질문을 하는 것을 뜻한다.

1440) anussaraṇam : ItA. II. 153에 따르면, 밤의 처소나 낮의 처소에 앉아 있을 때, '지금 고귀한 님들이 총림이나 동굴이나 천막의 선정과 통찰과 길과 경지의 행복 속에서 보낸다.'라는 등의 천상에 머묾 등에 대하여, 특별한 특성의 구별을 대상으로 갖는 기억을 말한다. 또는 그들의 앞에서 얻은 교훈을 지향해서 이번에 계행이, 이번에 삼매가, 이번에 통찰이, 이번에 길이, 이번에 경지가 논해졌다고 이와 같이 기억하는 것을 말한다.

1441) anupabbajjam : ItA. II. 153에 따르면, 고귀한 님들에게 마음에 청정한 믿음을 내어 집에서 나와 그들의 앞으로 출가하는 것을 말한다.

1442) tathārūpe bhikkhave bhikkhū sevako bhajato payirupāsato : ItA. II. 153에 따르면, 이와 같이 해서 계행 등을 갖춘 고귀한 님들에게 때때로 여러 가지 의무를 행하기 위해 자주 접근하고, 친애와 헌신으로 봉사하고, 질문하고 수행을 따라하면서 공경하여 앉아 있는 것을 뜻한다.

음을 통해 완성하게 되고, 해탈에 대한 앎의 다발을 완성하지 못하였더라도 닦음을 통해 완성하게 된다.

수행승들이여, 이와 같은 수행승들은, 스승이라고[1443] 불리고, 카라반의 지도자[1444]라고 불리고, 전투의 승리자[1445]라고 불리고, 어둠의 추방자[1446]라고 불리고, 빛의 창조자[1447]라고 불리고, 광명의 창조자[1448]라고 불리고, 광채의 창조자[1449]라고 불리고, 횃불의 봉송자[1450], 광휘의 발현자[1451]라고 불리고, 고귀한 님[1452]이라고 불리고, 눈있는 님[1453]이라고 불린다."

2. 세존께서는 이와 같은 의취를 설하셨고 그와 관련하여 이와 같이 말씀하셨다.

1443) satthāro : ItA. II. 153에 따르면, 현세 등의 이익을 위해 뭇삶들을 몰아대기 때문에 스승이다.

1444) satthavāha : ItA. II. 153에 따르면, 태어남의 황야 등을 건너기 때문에 캐러반의 지도자이다.

1445) raṇañjaha : ItA. II. 153에 따르면, 탐욕 등의 전투에서 승리하기 때문에 전투의 승리자이다.

1446) tamonuda : ItA. II. 153에 따르면, 무명의 어둠을 제거하고 제거시키기 때문에 어둠의 추방자이다.

1447) ālokakara : ItA. II. 153에 따르면, 자신과 타인의 존재 가운데 지혜의 빛을 만들어내므로 빛의 창조자이다.

1448) obhāsakara : ItA. II. 153에 따르면, 자신과 타인의 존재 가운데 지혜의 광명을 만들어내므로 광명의 창조자이다.

1449) pajjotakara : ItA. II. 153에 따르면, 자신과 타인의 존재 가운데 지혜의 광채를 만들어내므로 광채의 창조자이다.

1450) ukkādhāra : ItA. II. 153에 따르면, 앎의 횃불, 가르침의 횃불을 들기 때문에 횃불의 봉송자이다.

1451) pabhaṅkara : ItA. II. 153에 따르면, 앎의 광휘, 가르침의 광휘를 들기 때문에 횃불의 봉송자이다.

1452) ariya : 주석서는 다음과 같은 유사언어학적 해석을 하고 있다. ItA. II. 153에 따르면, 오염에서 멀리 있기 때문에, 불운을 향해 나가지 않기 때문에, 행운을 향해 나아가기 때문에, 신들을 포함하는 세계에 의해서 접근될 수 있기 때문에 고귀한 님이다.

1453) cakkhumanta : ItA. II. 153에 따르면, 지혜의 눈(慧眼: paññācakkhu)과 진리의 눈(法眼 : dhammacakkhu)의 탁월한 획득에 의해서 눈있는 님이다.

[세존] "이것이 열락을 만드는 조건1454)이다.
자기를 완성한 님들,1455)
고귀한 님들,
가르침에 따라 사는 님들1456)이 안1457)다.1458)

그들은 광명의 창조자, 빛의 창조자
견고한 자, 눈있는 자,
전투의 승리자로서
정법의 광명을 들어 빛나게 한1459)다.1460)

그들의 가르침을 들으면,
현명한 님들은 올바로 이해한 뒤에,
태어남의 [109] 부서짐을 곧바로 알아
다시 태어남에 이르지 않는다."1461)

세존께서는 이와 같은 의취도 역시 설하셨다고 나는 들었다.

1454) pāmojjakaraṇaṭṭhānaṁ : ItA. II. 155에 따르면, 자양을 여읜 희열(nirāmisapamoda)을 만들어내는 조건을 뜻한다.

1455) bhāvitattānaṁ : ItA. II. 155에 따르면, 자신의 본성을 닦은 자로 신체적인 수행 등을 통해서 상속되는 자신이 닦여진 자들을 말한다.

1456) dhammajīvinaṁ : ItA. II. 155에 따르면, 잘못된 삶을 버림으로써 법답게 올바른 방식으로 삶을 도모하기 때문에, 또는 법답게 올바른 방식으로 자신의 존재를 이끌기 때문에, 또는 성공적인 성취의 풍요에 기인하는 최상의 결과와 관련된 상태에 의해서 삶을 살기 때문에 가르침에 따라 사는 님들이다.

1457) vijānataṁ : 원래 현재분사(*ppr. pl. gen.*)의 단어를 다소간 의역을 했다. ItA. II. 155에 따르면, 오염의 제거를 자각하는 자들을 말한다.

1458) pāmojjakaraṇaṭṭhānaṁ | etaṁ hoti vijānataṁ | yadidaṁ bhāvitattānaṁ | ariyānaṁ dhammajīvinaṁ ‖

1459) jotayanti saddhammaṁ bhāsayanti : ItA. II. 156에 따르면, 정법의 빛으로 세계를 밝게 한다는 것으로 가르침을 설한다는 뜻이다.

1460) te jotayanti saddhammaṁ | bhāsayanti pabhaṅkarā | ālokakaraṇā dhīrā | cakkhumanto raṇañjahā ‖

1461) yesaṁ ce sāsanaṁ sutvā | sammadaññāya paṇḍitā | jātikkhayam abhiññāya | nāgacchanti punabbhavanti ‖

105(4-1-6) 갈애의 발생원인의 경[Taṇhuppādasutta][1462]

1. 이와 같이 세존께서 설하셨고 거룩한 님께서 설하셨다고 나는 들었다.

[세존] "수행승들이여, 수행승에게 갈애가 일어나게 되는, 이와 같은 네 가지 갈애의 발생원인이 있다. 네 가지란 무엇인가?

수행승들이여, 의복을 원인으로 수행승에게 갈애가 일어나게 된다. 수행승들이여, 탁발음식을 원인으로 수행승에게 갈애가 일어나게 된다. 수행승들이여, 처소를 원인으로 수행승에게 갈애가 일어나게 된다.[1463] 수행승들이여, 보다 좋거나 나은 것을 원인으로[1464] 수행승에게 갈애가 일어나게 된다.

수행승들이여, 수행승에게 갈애가 일어나게 되는, 이와 같은 네 가지 갈애의 발생원인이 있다."

2. 세존께서는 이와 같은 의취를 설하셨고 그와 관련하여 이와 같이 말씀하셨다.

[세존] "갈애를 벗으로 삼는 사람은
오랜 세월 윤회하며[1465]
이러한 존재 저러한 존재로의

1462) It. 109 : 한역에 해당경전이 없다.

1463) cīvarahetu … piṇḍapātahetu … senāsanahetu … : ItA. II. 156에 따르면, '나는 마음에 드는 옷을 갖고 싶다.'라는 등으로 의복을 원인으로 삼는 것 등이 일어난다.

1464) itibhavābhavahetu : ItA. II. 156에 따르면, 'iti'는 비교의 의미를 나타내는 분사로서 '좋거나 나은 것을 원인으로'라는 뜻이다. 또는 여기서 'bhava'는 성공, 'abhava'는 실패를, 'bhava'는 증가를, 'abhava'는 감소를 나타낸다.

1465) taṇhādutiyo puriso, dīgham addhānaṁ saṁsaraṁ : ItA. II. 156에 따르면, 뭇삶이 시작을 알수 없는 윤회의 소용돌이 속에서 유전하면서 홀로 윤회하는 것이 아니라 갈애를 벗으로 삼아 친구로 삼아 윤회한다. 왜냐하면 벼랑에 떨어질 것을 생각하지 않고 꿀을 따 모으는 사냥꾼처럼, 갈애는 헤아릴 수 없는 위험에 사로잡힌 존재 가운데에서 이익만을 보여줌으로써 불행의 그물(anatthajāla) 속에서 사냥꾼을 방황하게 하기 때문이다.

윤회를 벗어나기 어렵다.1466)

갈애가 괴로움을 일으키는1467)
이러한 위험을 알아서
갈애를 여의고1468) 집착 없이 새김을 확립하여
수행승은 유행해야 하리."1469)

세존께서는 이와 같은 의취도 역시 설하셨다고 나는 들었다.

106(4-1-7) 하느님과 함께의 경[Sabrahmakasutta]1470)

1. 이와 같이 세존께서 설하셨고 거룩한 님께서 설하셨다고 나는 들었다.

[세존] "수행승들이여, 자신의 집에서 부모가 자식들로부터 존경받는 그 가정은 하느님들과 함께 하는1471) 가정이다. 수행승들이

1466) taṇhādutiyo puriso | dīgham addhānaṁ saṁsaraṁ | itthambhāvaññathābhāvaṁ | saṁsāraṁ nātivattati ||

1467) taṇhaṁ dukkhassa sambhavaṁ : ItA. II. 157에 따르면, 갈애가 윤회의 괴로움을 일으키는 원인이라는 뜻이다.

1468) vītataṇho : ItA. II. 157에 따르면, '번뇌를 부순 자'를 뜻한다.

1469) evamādīnavaṁ ñatvā | taṇhaṁ dukkhassa sambhavaṁ | vītataṇho ānādāno | sato bhikkhu paribbaje'ti ||

1470) It. 109; AN. I. 132; AN. II. 70

1471) sabrahmakāni : ItA. II. 157-158에 따르면, 하느님은 네 가지 수행 즉, '네 가지 청정한 삶' 또는 '네 가지 하느님과 함께 하는 삶'(四梵住)[자애(mettā : 慈) ② 연민(karuṇā : 悲) ③ 기쁨(muditā : 喜) ④ 평정(upekkhā : 捨)]과 불가분리의 관계인 것처럼, 부모의 자식에 대한 네 가지 수행은 불가분리의 관계에 있다. 이것들은 그때그때의 상황과 관련하여 이해되어야 한다. 자식이 자궁 속에 있을 때, '언젠가 건강하고 사지와 마디가 온전한 자식을 볼 것이다.'라고 부모의 마음에 자애가 일어난다. 그가 연약하거나, 누워 있거나, 벼룩이나 벌레에 물렸거나, 넘어져 자빠져서 괴로워하면서 울고 부르짖는다면, 그 소리를 듣고 부모에게 연민이 일어난다. 반면에 자식이 여기저기 달리면서 놀고 있을 때나 청년의 나이에 도달하였을 때에, 자식을 쳐다보는 부모의 마음에는 버터크림 속에 던져진 백번 타작된 목화의 피막처럼 부드러운 기쁨이 생겨난다. 그리고 자식이 아내를 거느리고 별도의 집에서 살 때에 부모에게는 '이제 우리 자식은 자신의 힘으로 살고 있다.'라고 중립적인 상태인 평정이 생겨난다. 이처럼 부모에게는 자식에 관하여 때때로 네 가지 하느님과 함께 하는 삶이 생겨난다.

여, 자신의 집에서 [110] 부모가 자식들로부터 존경받는 그 가정은 최초의 천신들과 함께 하는1472) 가정이다. 수행승들이여, 자신의 집에서 부모가 자식들로부터 존경받는 그 가정은 최초의 스승들과 함께 하는1473) 가정이다. 수행승들이여, 자신의 집에서 부모가 자식들로부터 존경받는 그 가정은 공양받을 만한 님과 함께 하는1474) 가정이다.

수행승들이여, 하느님들이란 부모를 지칭하는 것이다. 수행승들이여, 최초의 천신들도 부모를 지칭하는 것이다. 수행승들이여, 최초의 스승들도 부모를 지칭하는 것이다. 수행승들이여, 공양받을 만한 님들도 부모를 지칭하는 것이다. 그것은 무슨 까닭인가?

1472) sapubbadevakāni : ItA. II. 158에 따르면, 천신들에는 세 가지가 있다. 관습에 의한 천신, 태생에 의한 천신, 청정에 의한 천신이다. 태생에 의한 천신은 왕이나 왕족을 의미한다. 세상 사람들이 그들을 천자라고 부르기 때문이다. 태생에 의한 천신은 네 하늘나라의 대왕을 비롯한 최상의 존재로 태어난 뭇삶을 뜻한다. 청정에 의한 천신은 번뇌를 부수어 일체의 오염에서 청정해진 자를 뜻한다. 용어의 의미로는 '스스로 즐기고 놀고 유희하고 빛나고 적을 쳐부순다.'라고 [유사언어학적 해석] 하기 때문에 천신이다. 이들 가운데 최상자는 청정에 의한 천신이다. 그들은 어리석은 사람들이 저지른 죄악을 나열하지 않고 오로지 그들의 불익을 줄이고 이익의 발생을 바라며 언급한 대로의 하느님과 함께 하는 삶을 닦음으로서 이익과 안녕과 행복을 도모하여, 보시받을 가치가 있기 때문에 그들의 행위는 위대한 결과, 위대한 공덕을 가져온다. 마찬가지로 부모는 자식의 죄악을 나열하지 않고 오로지 그들의 불익을 줄이고 이익의 발생을 바라며 언급한 대로의 하느님과 함께 하는 삶을 닦음으로서 이익과 안녕과 행복을 도모하여, 최상으로 보시받을 가치가 있기 때문에 그들의 행위는 위대한 결과, 위대한 공덕을 가져온다. 천신들 가운데 부모는 최초의 천신이다.

1473) sapubbācariyakāni : ItA. II. 159에 따르면, 첫 번째의 스승을 말한다. 부모가 자식을 훈련시키면서, 아주 어릴 때부터 '이와 같이 앉아라. 이와 같이 가라. 이와 같이 서라. 이와 같이 누워라. 이와 같이 씹어라. 이와 같이 먹어라.'라고, 그리고 '이 분이 아버지이다. 이 자가 형제이다. 이 자가 자매이다.'라고, 그리고 '이것은 해야 한다. 이것은 하지 말아야 한다. 이것은 접근할 수 있다. 저것은 접근할 수 없다.'라고 파악하게 하고, 훈련시킨다. 그 다음 단계에서는 다른 스승들이 기술과 행동과 산술과 같은 것을 가르친다. 다른 자들은 피난처를 제공하고 계행을 확립시키고, 출가시키고, 가르침을 배우게 하고, 구족계를 주고, 흐름에 드는 길 등을 얻게 한다. 이 모든 스승은 후대의 스승이지만 최초의 스승은 부모이다.

1474) sāhuneyyakāni : ItA. II. 159에 따르면, 공물을 가져와서 받쳐야 하는 가치 있는 자를 말한다. 멀리서 가져와서 특별한 결과를 기대하면서 덕있는 자들에게 주어져야 하는 것이 공물인데, 음식과 음료와 의복과 덮개 등을 말한다. 부모는 봉사자의 복전(upakārakakkhetta)이기 때문에 그러한 것을 공양받을 만한 님이다.

수행승들이여, 부모는 자식들을 크게 돕는 자, 보호하는 자, 양육하는 자, 세상을 보여주는 자이기 때문이다."1475)

2. 세존께서는 이와 같은 의취를 설하셨고 그와 관련하여 이와 같이 말씀하셨다.

[세존] "부모는 하느님들,
최초의 스승들이라 일컬어진다.
자손을 불쌍히 여기는,
자식들에게 공양받을만한 님들이다.1476)

현명한 자라면 그래서
존경을 표하고 [111] 섬겨야 하리.
음식과 음료를 제공하고
의복과 침대를 제공하여
크림을 바르고 목욕을 시켜드리고

1475) bahūpakārā bhikkhave mātāpitaro puttānaṃ āpādakā posakā imissa lokassa dassetāro : ItA. II. 159에 따르면, 부모가 하느님 등의 역할을 하면서 '자식들을 크게 돕는 자, 보호하는 자, 양육하는 자, 세상을 보여주는 자'로서 자식을 키웠으므로 자식은 세속적인 도움이나 어떠한 수단으로도 그 은혜를 갚기란 불가능하지만, 믿음 등을 권유하여 그 은혜를 갚을 수 있다: "수행승들이여, 두 분에 대하여는 은혜를 갚기가 쉽지 않다. 두 분이란 어떠한 분인가? 어머니와 아버지이다. 수행승들이여, 한쪽 어깨에 어머니를 이고 한쪽 어깨에 아버지를 이고 백년을 지내고 백년을 살면서, 향료를 바르고 안마를 해주고 목욕시키고 맛사지를 해드리며 간호하는데, 그들이 어깨 위에서 똥오줌을 싸더라도 수행승들이여, 어머니와 아버지의 은혜를 갚지 못한다. 수행승들이여, 어머니와 아버지로 하여금 이 칠보로 가득한 대륙의 지배자로서 왕위에 취임하도록 하여도, 어머니와 아버지의 은혜를 갚지 못한다. 그것은 무슨 까닭인가? 수행승들이여, 어머니와 아버지는 아이들을 낳고 양육하며 세상에 내보내는 많은 일을 행했기 때문이다. 수행승들이여, 그러나 믿음이 없는 어머니와 아버지에게 믿음을 권하고, 믿음에 들게 하여 믿음을 확고하게 하고, 계행이 없는 어머니와 아버지에게 계행을 권하고, 계행에 들게 하여 계행을 확고하게 하고, 간탐이 있는 어머니와 아버지에게 보시를 권하고, 보시에 들게 하고 보시를 확고하게 하고, 지혜가 없는 어머니와 아버지에게 지혜를 권하고, 지혜에 들게 하고 지혜를 확고하게 하면, 어머니와 아버지의 은혜를 갚는 것이며, 넘치게 갚는 것이다."(AN. I. 61-62)

1476) brahmā'ti mātāpitaro | pubbācariyā'ti vuccare | āhuneyyā ca puttānaṁ | pajāya anukampakā ||

발을 씻어드리며 섬겨야 하리.[1477)]

그와 같이 부모를 섬기면[1478)]
이 세상에 현명한 님들이
그를 칭찬하고
사후에 저 세상에서는
하늘나라에서 기쁨을 누린다."[1479)]

세존께서는 이와 같은 의취도 역시 설하셨다고 나는 들었다.

107(4-1-8) 커다란 도움의 경[Bahukārasutta][1480)]

1. 이와 같이 세존께서 설하셨고 거룩한 님께서 설하셨다고 나는 들었다.

[세존] "수행승들이여, 바라문들과 장자들은 그대들에게 커다란 도움을 준다.[1481)] 그들은 그대들에게 의복과 탁발음식과 처소와 필

1477) tasmā hi ne namasseyya | sakkareyyātha paṇḍito | annena atha pānena | vatthena sayanena ca | ucchādanena nahāpanena | pādānaṁ dhovanena ca ||

1478) tāya naṁ pāricariyāya : ItA. II. 159에 따르면, 앞에 언급한 배려나 '봉양하고 의무를 행하고 가문의 전통을 잇는 것' 등의 다섯 가지 경우를 통해서 섬겨야 한다: "장자의 아들이여, 자식은 이러한 다섯 가지 경우를 통하여 동쪽 방향인 부모를 섬겨야 합니다. '① 나는 양육되었으므로 그분들을 봉양하리라. ② 나는 그분들에게 의무를 다하리라. ③ 나는 가문의 전통을 이으리라. ④ 나는 상속을 잘 승계하리라, ⑤ 돌아가신 다음에는 그분들을 위해 공양을 올리리라.'라고 부모를 섬겨야 합니다. 장자의 아들이여, 자식은 이러한 다섯 가지 경우를 통하여 동쪽 방향인 부모를 섬겨야 합니다. 그리고 부모는 이러한 다섯 가지 경우를 통하여 자식을 잘 돌보아야 합니다. ① 악한 것으로부터 보호하고, ② 선한 것을 확립하게 하고, ③ 기술을 배우게 하고, ④ 어울리는 아내와 맺어주고, ⑤ 적당한 때에 유산을 물려줍니다. 장자의 아들이여, 자식은 이러한 다섯 가지 경우를 통하여 동쪽 방향인 부모를 섬겨야 하고, 부모는 이러한 다섯 가지 경우를 통하여 자식을 잘 돌보아야 합니다. 이렇게 해서 동쪽 방향은 안온하게 두려움 없이 수호됩니다."(DN. III. 189)

1479) tāya naṁ pāricariyāya | mātāpitusu paṇḍitā | idheva naṁ pasaṁsanti | pecca sagge ca medatī'ti ||

1480) It. 111 : 한역에 해당경전이 없다.

1481) bahūpakārā bhikkhave brāhmaṇagahapatikā tumhākaṃ : ItA. 162에 따르면, 바라문들과 재가자들은 '그대들이야말로 우리의 복전이라고 생각하고 우리가 성장하는, 천상의

수약품을 제공한다.

수행승들이여, 그대들은 바라문들과 장자들에게 커다란 도움을 준다.1482) 그대들은 그들에게 처음도 훌륭하고 중간도 훌륭하고 마지막도 훌륭한, 내용을 갖추고 형식이 완성된 가르침을 설하고 지극히 원만하고 오로지 청정한 거룩한 삶을 보여준다.1483)

수행승들이여, 거센 흐름을 건너고 올바로 괴로움의 종식을 이루기 위하여 이와 같이 서로 의지하여 청정한 삶을 영위한다."

2. 세존께서는 이와 같은 의취를 설하셨고 그와 관련하여 이와 같이 말씀하셨다.

[세존] "집있는 님과 집없는 님,
양자가 서로 의지하여1484)
멍에로부터의 위없는 안온,1485)
참다운 진리를 성취한다.1486)

집있는 님으로부터 [112]

가치가 있는, 행복한 결과를 가져오는, 천상으로 이끄는 보시를 확립한다.'라고 생각하여 의복 등의 필수품으로 큰 도움을 준다. 이와 같이 물질적인 보시, 물질적인 나눔, 물질적인 도움으로써 재가자들은 수행승들을 돕는다는 사실을 보여주고, 이제 가르침의 보시, 가르침의 나눔, 가르침의 도움으로써 수행승들이 그들에게 도움을 준다고 가르친다.

1482) tumhe'pi bhikkhave bahūpakārā brāhmaṇagahapatikānaṃ : ItA. 162에 따르면, 바라문들과 재가자들은 그대들의 친지도 아니고, 친구도 아니고, 빚을 진 자도 아니지만, '이 수행자들은 진리를 따르고, 올바로 실천하니, 여기 우리의 행동은 큰 과보와 큰 공덕이 있을 것이다.'라고 특별한 과보를 기대하면서 그대들에게 의복 등을 보시한다. 그러므로 그들의 그러한 의도를 충족시키려는 자들은 방일하지 않게 성취시켜야 한다.

1483) yaṃ nesaṃ dhammaṃ desetha ādikalyāṇaṃ majjhekalyāṇaṃ pariyesānakalyāṇaṃ sātthaṃ sabyañjanaṃ kevalaparipuṇṇaṃ parisuddhaṃ brahmacariyaṃ pakāsetha : It. 84의 주석을 보라.

1484) ubho aññoññanissitā : ItA. II. 163에 따르면, 집있는 자는 집없는 자로부터 가르침의 보시에 의지하고, 집없는 자는 집있는 자로부터 필수품의 보시에 의지한다.

1485) yogakkhemaṁ anuttaraṁ : ItA. II. 163에 따르면, 거룩한 경지와 열반을 말한다.

1486) sāgārā anagārā ca | ubho aññoññanissitā | ārādhayanti saddhammaṁ | yogakkhemaṁ anuttaraṁ ||

집없는 님들은
위난을 제거하는[1487]
의복, 필수품,[1488] 처소를 받는다.[1489]

집있는 님, 재가자들은
행복하신 님에게 의지하여[1490]
거룩한 님을 믿고
고귀한 지혜로써 선정에 든다.[1491]

세상에서 행복하신 님의 길인
가르침을 닦아
감각적 쾌락의 욕망을 원하는 자들은
천계에서[1492] 환희하며 기뻐한다."[1493]

세존께서는 이와 같은 의취도 역시 설하셨다고 나는 들었다.

108(4-1-9) 기만의 경[Kuhasutta][1494]

1. 이와 같이 세존께서 설하셨고 거룩한 님께서 설하셨다고 나는 들

1487) parissayavinodanaṁ : ItA. II. 163에 따르면, 열기 등의 위험을 제거하면서 승원 등에서 지내는 것을 말한다.

1488) paccayaṁ : ItA. II. 163에 따르면, 여기서는 탁발음식과 의약자구의 두 가지를 말한다,

1489) sāgāresu ca cīvaraṁ | paccayaṁ sayanāsanaṁ | anāgārā paṭicchanti | parissaya vinodanaṁ ||

1490) sugataṁ pana nissāya : ItA. II. 163에 따르면, 올바로 실천하는 선한 범부와 더불어 여덟 종류의 참사람으로, 여기서 행복한 님은 제자를 뜻한다.

1491) sugataṁ pana nissāya | gahaṭṭhā gharamesino | saddahāno arahataṁ | ariyapañ ñāya jhāyino ||

1492) devalokasmiṁ : ItA. II. 164에 따르면, 감각적 쾌락의 욕망계의 여섯 하늘나라를 의미한다.

1493) idha dhammaṁ caritvana | maggaṁ sugatigāminaṁ | nandino devalokasmiṁ | modanti kāmakāmino'ti ||

1494) It. 112 : 한역에 해당경전이 없다.

었다.

[세존] "수행승들이여, 어떠한 수행승들이든지 기만하고, 고집부리고, 요설하고, 사특하고, 교만하고, 산란한 자들1495)이 있다면, 수행승들이여, 그들은 나의 수행승들이 아니며,1496) 수행승들이여, 그들은 이 가르침과 계율에서 벗어난 것이며,1497) 수행승들이여, 그들은 이 가르침과 계율에서 성장, 발전, 번영을 이루지 못한다.1498)

수행승들이여, 어떠한 수행승들이든지 기만을 여의고, 고집을 부리지 않고, 요설하지 않고, 슬기롭고, 완고하지 않고, 집중하는 자들이 있다면, 수행승들이여, 그들은 나의 수행승들이며, 수행승들이여, 그들은 이 가르침과 계율에서 벗어나지 않은 것이며, 수행승들이여, 그들은 이 가르침과 계율에서 [113] 성장, 발전, 번영을 이룬다."

1495) kuhā thaddhā lapā siṅgī unnaḷā asamāhitā : ItA. II. 164-165에 따르면, '기만'은 실제 존재하지 않는 좋은 덕성을 가진 것처럼 생각하도록 이끌 욕망에서, 기만으로 다른 사람을 속이는 것, '고집'은 성냄과 교만에 의해 마음이 완고한 것, '요설'은 수작을 걸고 잘못된 삶을 통해 종족에게 호의를 보이는 것 또는 응원을 위하거나 멸시를 위한 잡담, '사특'은 점잖빼거나 천박한 것으로 가식(假飾)에 의한 명백한 오염을 갖춘 것, '교만'은 크게 자란 갈대와 같은 공허한 교만을 들어 올려 배회하는 것, '산란'은 마음의 통일성을 얻지 못한 것을 의미한다.

1496) na me te bhikkhave bhikkhū māmakā : ItA. II. 165에 따르면, 여기서 '나의 수행승'이라는 것은 자신의 가르침과 관련하여 출가한 것 때문에 세존에 의해서 그렇게 불린 것인데, 그러나 기만 등에 관계되어 올바로 실천하지 못하기 때문에 나의 수행승이 아니라고 한 것이다.

1497) apagatā ca te bhikkhave bhikkhū imasmā dhammavinayā : ItA. II. 165에 따르면, 나의 가르침에 출가했으면서도 가르친 대로 실천하지 않기 때문에 가르침과 계율에서 벗어난 것이다: '하늘과 땅은 실로 서로 아주 먼 거리에 있고, 태양이 빛나며 떠오르는 곳과 태양이 지는 곳도 바다의 양 해안도 마찬가지다. 그러나 참된 가르침과 삿된 가르침은 그 보다 서로 참으로 먼 거리에 있다.'(AN. II. 165)

1498) na ca te bhikkhave bhikkhū imasmiṃ dhammavinaye vuddhiṃ virūḷhiṃ vepullaṃ āpajjanti : ItA. II. 165에 따르면, 성장은 계행 등의 특수한 덕성의 성장을 뜻하고, 발전은 그것과 관련해서 흔들림이 없는 것을 뜻하고, 번영은 그것이 모든 곳으로 퍼져나가는 것을 뜻하는데, 여기서 성장, 발전, 번영을 이루지 못한다는 것은 그 반대를 의미한다.

2. 세존께서는 이와 같은 의취를 설하셨고 그와 관련하여 이와 같이 말씀하셨다.

[세존] "기만하고, 고집부리고, 요설하고,
사특하고, 교만하고, 산란한 자들,
그들은 올바로 원만히 깨달은 님이 가르친
가르침에서 성장하지 못한다.1499)

기만을 여의고, 고집을 부리지 않고,
요설하지 않고, 슬기롭고, 집중하는 자들,
그들은 올바로 원만히 깨달은 님이 가르친
가르침에서 참으로 성장한다."1500)

세존께서는 이와 같은 의취도 역시 설하셨다고 나는 들었다.

109(4-1-10) 사람의 희희낙낙의 경[Purisapiyarūpasutta]1501)

1. 이와 같이 [114] 세존께서 설하셨고 거룩한 님께서 설하셨다고 나는 들었다.

[세존] "수행승들이여, 예를 들어 어떤 사람이 희희낙낙하면서 강의 흐름을 따라 옮겨갈 때에,1502) 눈 있는 자가 언덕에 서 있다가 이와 같이 '이보게, 어째서 그대는 희희낙낙하면서 강의 흐름을 따

1499) kuhā thaddhā lapā siṅgī | unnaḷā asamāhitā | na te dhamme virūhanti | sammāsambuddhadesite ‖

1500) nikkuhā nillapā dhīrā | atthaddhā susamāhitā | te ve dhamme virūhanti | sammāsambuddhadesite'ti ‖

1501) It. 114 : 한역에 해당경전이 없다.

1502) nadiyā sotena ovuyheyya piyarūpalātarūpena : ItA. II. 165에 따르면, '사랑스러움의 성질에 의해서, 유쾌함의 성질에 의해서'라는 뜻으로 '강이나 저 언덕에 어떤 보석이나 황금이나 다른 재복에 도움이 되는 사랑스러운 대상이 있으니, 그것을 잡아야겠다.'라고 강에 들어가 흐름을 따라 아래로 옮겨지는 것을 말한다.

라 옮겨가는가? 하구에는 파도가 있고[1503] 소용돌이가 있고[1504] 악어가 살고[1505] 나찰이 출몰하는[1506] 호수[1507]가 있다. 여보게, 그대가 그곳에 도착하면 죽음이나 죽음에 이를 정도의 고통을 겪는다.'라고[1508] 말했다고 하자. 수행승들이여, 그러면 그 사람은 그의 소리를 듣고 두 손과 두 발로 흐름을 거슬러 가려고 노력할 것이다. 수행승들이여, 내가 설한 이러한 비유는 의미를 알려 주기 위한 것이다. 그것에 대한 의미는 이와 같다.

수행승들이여, '강의 흐름'이라는 것은 곧, 갈애를 지칭하는 것이다.[1509] 수행승들이여, '희희낙낙'이라는 것은 곧, 여섯 가지 내적

1503) saūmī : ItA. II. 165에 따르면, 호수에 사방에서 바람이 불어 닥쳐 일어나는, 보석으로 만들어진 산과 같은, 거대한 파도, 수파가 치는 것을 말한다.

1504) sāvaṭṭo : ItA. II. 165에 따르면, 평평하지 않은 땅위를 빠르게 달리는 강물의 거센 흐름의 결과로 이곳 저곳에 광대한 물의 소용돌이가 있는 것을 뜻한다.

1505) sagaho : ItA. II. 166에 따르면, 포악한 물고기나 바다괴물(海獸)이 사는 것을 뜻한다.

1506) sarakkhaso : ItA. II. 166에 따르면, 호수 속에 사는 뭇삶을 먹이터로 삼아, 아주 무서운 모습을 한 마음에 공포를 불러일으키는 물속의 악마를 뜻한다.

1507) rahado : ItA. II. 166에 따르면, 강 하구에 아주 깊고 넓은 호수가 있다.

1508) maraṇaṃ vā nigacchasi maraṇamattaṃ vā dukkhanti : ItA. II. 166에 따르면, 파도에 솟구쳤다가 소용돌이에 떨어져 머리를 바로 세우기가 불가능해지고 그 포악한 물고기나 바다괴물 등의 아가리에 떨어져 물귀신의 손에 들어가 죽을 것이거나, 목숨이 남아있다면, 거기에서 벗어나 파도 등에서 생겨난 충격에 의해서 죽을 정도의 고통을 겪을 것이다라는 뜻이다.

1509) nadiyā soto'ti kho bhikkhave, taṇhāyetaṃ adhivacanaṃ : ItA. II. 167에 따르면, 이와 관련해서 네 가지 점에서 즉, 점차적인 증가에서, 지속적인 점에서, 가라앉는 점에서, 건너기 힘든 점에서 갈애가 흐름과 동일한 것이라고 알아야 한다. 큰 구름이 비를 퍼부어 물이 산꼭대기에서 밑으로 흘러내리면서 산의 협곡과 계곡과 지류를 채우고 흘러서, 작은 못을 채우고 흘러서 작은 강을 채우고, 큰 강을 채우고, 거센 흐름이 되어 강의 흐름이라고 불리듯, 이와 마찬가지로 내적·외적의 무수한 구분의 물질 등의 대상에 탐욕을 일으켜 점차적으로 증가하는 갈애가 흐름이라고 불린다. 강의 흐름은 바다에 도착할 때까지 끊김의 조건이 없이 지속해서 흐르듯, 갈애의 흐름도 도착을 향해서 끊김의 조건이 없이 괴로운 곳(苦處)의 바다를 향해서 지속해서 흐른다. 강의 흐름이 뭇삶을 흐름의 안쪽에 가라앉혀 머리를 세울 수 없게 하고, 죽게 하거나 죽을 만큼의 고통을 주듯, 이와 같이 갈애도 뭇삶을 자신의 흐름의 안쪽에 가라앉혀 지혜의 머리를 세울 수 없게 하고, 착하고 건전한 것의 뿌리를 끊어서 오염의 상태에 빠뜨려 죽게 하거나 죽을 만큼의 고통을 준다. 강의 흐름은 커다란 거센 흐름의 존재에 의해서 진행하며, 뗏목이나 배를 엮어서 숙련된 사람에 의존해서 저 언덕으로 건너가기 위해 일치하는 노력을 기울여야 건널 수 있지, 그렇지 않다면 건너기 어렵

감역을 지칭하는 것이다.1510) 수행승들이여, '하구의 호수'라는 것은 곧 다섯 가지 낮은 단계의 결박을 지칭하는 것이다.1511) 수행승들이여, '파도'라는 것은 곧, 절망적 분노를 지칭하는 것이다.1512)

듯, 갈애의 흐름도 감각적 쾌락의 욕망의 거센 흐름, 존재의 거센 흐름이 있어 계행에 의한 수호를 원만히 하고, 멈춤과 통찰의 명상을 행하고, 현명한 자를 통해서 '거룩한 경지를 얻어야 하겠다.'라고 의도를 일으켜 선한 친구에게 의존하여 멈춤과 통찰의 배를 타고, 올바른 노력을 기울여 건널 수 있지만, 그렇지 않으면 건너기가 어렵다.

1510) piyarūpasātarūpanti kho bhikkhave channetaṃ ajjhattikānaṃ āyatanānaṃ adhivacanaṃ : ItA. II. 168에 따르면, 내적인 것에는 '행경에 의한 내적인 것', '자신에 의한 내적인 것', '대상에 의한 내적인 것', '내부에 의한 내적인 것'의 네 가지 내적인 것이 있다. '안으로 희열이 가득한 삼매에 들어'(SN. V. 263)에서 말하는 것은 '행경에 의한 내적인 것'을 말한다. '내적인 평온'(SN. II. 263)에서 말하는 것은 '자신에 의한 내적인 것'을 말한다. '일체의 인상에 정신활동을 기울이지 않음으로써 내적으로 공(空)을 성취한다.'(MN. III. 111)에서 말하는 것은 '대상에 의한 내적인 것'을 말한다. '내적인 상태, 외적인 상태'(Dhs. 5)에서 말하는 내적인 상태는 '내부에 의한 내적인 것'을 말한다. 시각 등의 여섯 가지 내적 감역이 내적인 이유는 네 번째의 '내부에 의한 내적인 것'에 해당한다. 그리고 감역(āyatana)이 감역인 이유는 활동적이기 때문에, 근원의 확장이 되기 때문에, 이끄는 것이 오래 지속되기 때문이다. 시각 등의 감관의 문 가운데, 이러저러한 문의 토대를 갖는 정신과 정신적인 것의 상태들이, 스스로 경험 등의 작용에 의해서 확장이 되고 활동하고 분투하고 고투한다. 그 감역들이 근원으로서 전개될 때(āyabhūte), 시작도 끝도 알 수 없는 윤회 속에서 전개되는, 극단적으로 확장되는, 윤회의 괴로움이 오래 지속되는 것이다. 또한 처소이기 때문에, 광산(鑛山)이기 때문에, 만남의 장소이기 때문에, 출생지이기 때문에, 원인이기 때문에 감역이다. 시각 등은 정신과 정신적인 상태가 거기에 의존해서 삶을 영위하여 사는 처소이고, 그것들이 거기에 의존해서 흩어져 있기 때문에 광산이고, 토대와 감각문의 존재로 인해서 만나기 때문에 만남의 장소이고, 거기에 의존해서 발생하기 때문에 출생지이고, 그것이 없으면 그것들도 없기 때문에 원인이다. 이러한 속성을 지닌 시각 등은 '나의 눈, 나의 귀' 등을 통해서 대단한 애착의 토대가 되기 때문에 '희희낙낙'이라는 것은 곧, 여섯 가지 내적 감역을 지칭하는 것이다.

1511) heṭṭhāharado'ti kho bhikkhave, pañcannaṃ orambhāgiyānaṃ saṃyojanānaṃ adhivacanaṃ : ItA. II. 169에 따르면, 여기서 낮은 단계란 감각적 쾌락의 세계(kāmadhātu)에 속하는, 또는 그것을 조건으로 하는 단계를 말한다. 결박은 그의 안에 그것이 존재하는 개인을 윤회에 묶고 속박하기 때문에 결박이다. 그것은 다섯 가지 낮은 단계의 결박 [五下分結 : orambhāgiyāni saṁyojjanāni], 즉 ① 개체가 있다는 견해 [有身見 : sakkāyadiṭṭhi] ② 회의적 의심 [疑 : vicikicchā] ③ 규범과 금기에 대한 집착 [戒禁取 : sīlabhatapatāmāsa] ④ 감각적 쾌락에 대한 탐욕 [欲貪 : kāmarāga] ⑤ 분노 [有對 : byāpāda]을 지칭한다. 이것들은 감각적 쾌락의 욕망의 존재로 이끄는 형성을 조건으로 성립하는 것이다. 그래서 미세한 물질계와 비물질계의 아래에 존재하여 열등하기 때문에, 낮은 단계의 존재로서 감각적 쾌락의 욕망의 존재를 통해서 뭇삶을 묶어버린다. 이것으로서 그것들이 하구의 호수와 같은 것이라고 설명된다고 보아야 한다.

1512) saūmīti kho bhikkhave, kodhūpāyāsassetaṃ adhivacanaṃ : ItA. II. 169에 따르면, 파도는 공포의 파도를 말하며, 그것은 절망적 분노를 지칭하는 것으로 화내는 것이 분노이

수행승들이여, '소용돌이'라는 것은 곧, 다섯 가지 감각적 쾌락의 욕망의 종류를 지칭하는 것이다.1513) 수행승들이여, '악어와 나찰'이라는 것은 곧 여인을 지칭하는 것이다.1514) 수행승들이여, '흐름을 거슬러'라는 것은 [115] 곧 욕망의 여읨를 지칭하는 것이다.1515) 수행승들이여, '두 손과 두 발로 하는 노력'이라는 것은 곧, 열심히 정진하는 것을 지칭하는 것이다.1516) 수행승들이여, '언덕에 서있는 눈 있는 자'라는 것은 곧 이렇게 오신 님, 거룩한 님, 올바로 원만히 깨달은 님을 지칭하는 것이다."1517)

고, 정신적・신체적 억압과 공포로 생겨나는 강한 장애의 의미가 절망이다. 여기서 여러 번 일어나서 스스로 힘으로 뭇삶이 공격받아 머리를 쳐들 수가 없어서, 불행과 재난에 의해서 절망적 분노라는 파도와 같은 상태가 된다고 보아야 한다.

1513) sāvaṭṭo'ti kho bhikkhave, pañcannetaṃ kāmaguṇānaṃ adhivacanaṃ : ItA. II. 170에 따르면, 다섯 가지 감각적 쾌락의 욕망의 종류는, 뭇삶이 오염에 정복되어, 여기에서 저기로 저기에서 여기로 마음에 드는 형상 등, 대상으로 여겨지는 것들로, 자신 안에서 유전하면서, 외적으로 욕망의 여읨 등에 관해 마음을 일으키지 않는 방식으로, 소용돌이치면서 곤경에 빠지게 함으로써, 소용돌이가 된다고 보아야 한다.

1514) sagaho sarakkhaso'ti kho bhikkhave mātugāmuditassetaṃ adhivacanaṃ : ItA. II. 170에 따르면, 악어나 나찰은 보호가 없이 자신의 영역에 들어온 사람을 정복하고 붙잡고 영역 밖에 있더라도, 나찰의 환력(幻力)으로 영역 안으로 끌어 들여 그에게 바이라바 형상(시바 신의 두려운 모습)을 보여줌으로써, 무력하여 자신을 돕는 것이 불가능하게 만들어, 손에 넣은 뒤에 용모, 힘, 재산, 명성, 행복을 빼앗음으로써, 그들에게 커다란 불행과 재난을 야기시킨다. 이와 마찬가지로 여인도, 이치에 맞는 정신활동이 없는 용기 없는 남자를, 여인의 교태를 구성하는 미소와 매력으로 정복하고 붙잡고, 영웅의 태생이라도 여인의 아름다움 등으로 유혹하여, 여자의 환력으로 손아귀에 넣은 뒤에, 자신을 돕는 계행 등을 지키는 것이 불가능하게 만들어, 덕성과 용모 등을 빼앗음으로써, 그들에게 커다란 불행과 재난을 야기시킨다.

1515) paṭisoto'ti kho bhikkhave, nekkhammassetaṃ adhivacānaṃ : ItA. II. 169에 따르170에 따르면, 욕망의 여읨이란 '출가와 근접선정(近接禪定)과 본선정(本禪定), 통찰의 지혜와 열반과 일체의 착하고 건전한 상태를 말한다. 또한 흐름을 거스른다는 것은 갈애의 흐름과 반대가 되는 것이다. 일반적으로 가르침과 계율이 여읨을 구성하고, 출가가 그 실천이다. 가르침과 계율이 갈애의 흐름인 흐름을 거스르는 것이다: '흐름을 거슬러가는, 심오하고, 보기 어렵고, 미묘한 진리를 어둠에 뒤덮이고 탐욕에 불붙은 자들은 보지 못한다.'(SN. I. 136; Vin.I. 5; DN. II. 36; MN. I. 168)

1516) hatthehi ca pādehi ca vāyāmo'ti kho bhikkhave, viriyārambhassetaṃ adhivacanaṃ : ItA. II. 169에 따르면, 두 손과 두 발의 사지로 강의 흐름을 건너려고 노력하는 것의 비유는 감각적 쾌락의 거센 흐름 등의 구분에 의한 갈애의 흐름을 건너는 것과 같다는 것은 명백하다.

2. 세존께서는 이와 같은 의취를 설하셨고 그와 관련하여 이와 같이 말씀하셨다.

[세존] "미래에 멍에로부터의 안온을 원한다면,1518)
괴롭더라도 감각적 욕망을 버려야 하리.1519)
올바른 알아차림이 있고1520) 마음이 잘 벗어난 자1521)는
그때마다 해탈에 이르리.1522)
그는 곧 궁극의 앎을 지닌 님,1523) 청정한 삶을 완성한 님,
세계의 끝을 아는 님, 피안에 이른 님이라고 불린다."1524)

세존께서는 이와 같은 의취도 역시 설하셨다고 나는 들었다.

110(4-1-11) 걸음의 경[Carasutta]1525)

1517) cakkhumā puriso tīre ṭhito'ti kho bhikkhave, tathāgatassetaṃ adhivacanaṃ arahato sammāsambuddhassāti : ItA. II. 169에 따르면, 강의 흐름의 언덕에 서있는 눈있는 자는 감각적 쾌락의 욕망 등의 네 가지 거센 흐름을 건너 그 반대편의 열반의 언덕에 서있는 다섯 가지 눈을 갖춘 눈 있는 님인 세존을 비유한 것이다.

1518) yogakkhemaṁ āyatiṁ patthayāno : ItA. II. 172에 따르면, 미래에 거룩한 경지를 원하고 바라는 것을 뜻한다.

1519) sahāpi dukkhena jaheyya kāme : ItA. II. 172에 따르면, 선정과 길을 획득한 목적으로 멈춤과 통찰을 수행할 때, 수행승은 괴롭더라도 첫 번째 선정에서 억압되고, 세 번째 선정에서 제거되는 오염에 의한 감각적 쾌락의 욕망(kilesakāma)을 버려야 한다.

1520) sammappajāno : ItA. II. 172에 따르면, 통찰을 수반하는 길의 지혜로 올바로 알아차리는 자를 말한다.

1521) suvimuttacitto : ItA. II. 172에 따르면, 고귀한 길을 획득하자마자 곧바로 이어지는 경지의 해탈에 의해서 잘 마음이 해탈한 자를 말한다.

1522) vimuttiyā phassaye tattha tattha : ItA. II. 172에 따르면, '해탈에 접촉한다.'는 것은 해탈, 열반을 증득한다는 것 또는 경지의식에 도달한다는 뜻이다. '그때마다'는 길과 경지를 획득할 시점을 말한다.

1523) vedagū : ItA. II. 173에 따르면, 베다(Veda : 天啓)에 이른 자를 뜻하는데, 베다로 여겨지는 길의 지혜로써 네 가지 진리(四諦)를 꿰뚫은 자를 말한다.

1524) sahāpi dukkhena jaheyya kāme | yogakkhemaṁ āyatiṁ patthayāno | sammappajāno suvimuttacitto | vimuttiyā phassaye tattha tattha | sa vedagū vusitabrahmacariyo | lokantagu pāragato'ti vuccatī'ti ||

1525) It. 115 : 한역에 해당경전이 없다.

1. 이와 같이 세존께서 설하셨고 거룩한 님께서 설하셨다고 나는 들었다.

[세존] "수행승들이여, 걷고 있을 때에 수행승에게 감각적 욕망에 매인 사유[1526]가 생겨나고 성냄에 매인 사유[1527]가 생겨나고 폭력에 매인 사유[1528]가 생기는데, 수행승들이여, 수행승들이 그것을 견지하여, 끊지 않고 제거하지 않고 폐기하지 않고 없애버리지 않는다면, 수행승들이여, 그 수행승은 걷고 있어도 이처럼 노력이 없고, 창피를 모르고, 언제나 [116] 항상 권태롭고, 정진이 결여된 자라고 불린다.

수행승들이여, 서 있을 때에 수행승에게 감각적 욕망에 매인 사유가 생겨나고 성냄에 매인 사유가 생겨나고 폭력에 매인 사유가 생기는데, 수행승들이여, 수행승들이 그것을 견지하여, 끊지 않고 제거하지 않고 폐기하지 않고 없애버리지 않는다면, 수행승들이여, 그 수행승은 서 있어도 이처럼 노력이 없고, 창피를 모르고, 언제나 항상 권태롭고, 정진이 결여된 자라고 불린다.

수행승들이여, 앉아 있을 때에 수행승에게 감각적 욕망에 매인 사유가 생겨나고 성냄에 매인 사유가 생겨나고 폭력에 매인 사유가 생기는데, 수행승들이여, 수행승들이 그것을 견지하여, 끊지 않고 제거하지 않고 폐기하지 않고 없애버리지 않는다면, 수행승들이여, 그 수행승은 앉아 있어도 이처럼 노력이 없고, 창피를 모르고, 언제나 항상 권태롭고, 정진이 결여된 자라고 불린다.

1526) kāmavitakko : ItA. II. 173에 따르면, 대상에서 생긴 욕망(vatthukāma)에서 벗어나지 못하기 때문에 그것을 조건으로 감각적 쾌락의 욕망에 묶인 사유가 생겨난다.

1527) vyāpādavitakko : ItA. II. 173에 따르면, 원한의 인상에 의해 분노에 묶인 사유를 말한다.

1528) vihiṃsāvitakko : ItA. II. 173에 따르면, 흙덩이나 몽둥이 등으로 타인을 가해하는 것이기 때문에 폭력에 묶인 사유이다.

수행승들이여, 누워 있을 때에 수행승에게 감각적 욕망에 매인 사유가 생겨나고 성냄에 매인 사유가 생겨나고 폭력에 매인 사유가 생기는데, 수행승들이여, 수행승들이 그것을 견지하여, 끊지 않고 제거하지 않고 폐기하지 않고 없애버리지 않는다면, 수행승들이여, 그 수행승은 누워 있어도 이처럼 노력이 없고, 창피를 모르고, 언제나 항상 권태롭고, 정진이 결여된 자라고 불린다.

수행승들이여, 걷고 있을 때에 수행승에게 감각적 욕망에 매인 사유가 생겨나고 성냄에 매인 사유가 생겨나고 폭력에 매인 사유가 생기는데, 수행승들이여, 수행승들이 그것을 견지하지 않고, 끊고 제거하고 폐기하고 없애버린다면, 수행승들이여, 그 수행승은 걷고 있어도 이처럼 부지런하고, 창피함을 알고, 언제나 항상 노력하고, 스스로 정진하는 자라고 불린다.

수행승들이여, 서 있을 때에 수행승에게 감각적 욕망에 매인 사유가 생겨나고 성냄에 매인 사유가 생겨나고 폭력에 매인 사유가 생기는데, 수행승들이여, 수행승들이 그것을 견지하지 않고, 끊고 제거하고 폐기하고 없애버린다면, 수행승들이여, 그 수행승은 서 있어도 이처럼 부지런하고, 창피함을 알고, [117] 언제나 항상 노력하고, 스스로 정진하는 자라고 불린다.

수행승들이여, 앉아 있을 때에 수행승에게 감각적 욕망에 매인 사유가 생겨나고 성냄에 매인 사유가 생겨나고 폭력에 매인 사유가 생기는데, 수행승들이여, 수행승들이 그것을 견지하지 않고, 끊고 제거하고 폐기하고 없애버린다면, 수행승들이여, 그 수행승은 앉아 있어도 이처럼 부지런하고, 창피함을 알고, 언제나 항상 노력하고, 스스로 정진하는 자라고 불린다.

수행승들이여, 누워 있을 때에 수행승에게 감각적 욕망에 매인 사유가 생겨나고 성냄에 매인 사유가 생겨나고 폭력에 매인 사유가 생기는데, 수행승들이여, 수행승들이 그것을 견지하지 않고, 끊고 제거하고 폐기하고 없애버린다면, 수행승들이여, 그 수행승은 누워 있어도 이처럼 부지런하고, 창피함을 알고, 언제나 항상 노력하고, 스스로 정진하는 자라고 불린다."

2. 세존께서는 이와 같은 의취를 설하셨고 그와 관련하여 이와 같이 말씀하셨다.

[세존] "걷거나 혹은 서있거나
앉아 있거나 또는 누워 있거나
세속과 관련된1529)
악한 사유를 품는 자가 있다.1530)

그는 삿된 길을 걸어1531)
혼미 속에서 어리석음에 빠진다.1532)
위없는 올바른 깨달음에1533)
그러한 수행승은 도달할 수는 없다.1534)

걷거나 혹은 서있거나
앉아 있거나 또는 누워 있거나

1529) gehanissitaṃ : ItA. II. 173에 따르면, 가정의 삶을 완전히 포기하지 못하고, 가정의 삶의 본성을 지니고, 가정의 삶의 원칙을 지녔기 때문에, 대상에서 생긴 욕망(vatthukāma)과 관련된 것을 말한다.

1530) caraṁ vā yadi vā tiṭṭhaṁ | nisinno uda vā sayaṁ | yo vitakkaṁ vitakketi pāpakā gehanissitaṁ ||

1531) kummaggaṁ paṭipanno : ItA. II. 175에 따르면, 고귀한 길에서 벗어나 탐욕 등과 그것과 결합한 상태가 삿된 길이고, 감각적 쾌락의 욕망 등이 많은 사람들이 삿된 길을 걷는 자이다.

1532) mohaneyyesu mucchito : ItA. II. 175에 따르면, 어리석음에서 생겨나는 형상 등에 미혹하여 취한 상태를 말한다.

1533) sambodhim : ItA. II. 175에 따르면, 고귀한 길에 대한 앎(ariyamaggañāṇa)을 말한다.

1534) kummaggaṁ paṭipanno so | mohaneyyesu mucchito | abhabbo tādiso bhikkhu | phuṭṭhuṁ sambodhim uttamaṁ ||

사유를 여의고[1535]
사유의 적멸을 [118] 즐긴다면,[1536]
위없이 올바른 깨달음에[1537]
그러한 수행승은 도달할 수 있다."[1538]

세존께서는 이와 같은 의취도 역시 설하셨다고 나는 들었다.

111(4-1-12) 계행의 갖춤의 경[Sampannasīlasutta][1539]

1. 이와 같이 세존께서 설하셨고 거룩한 님께서 설하셨다고 나는 들었다.

[세존] "수행승들이여, 계행을 지키고,[1540] 의무계율을 수호하고,[1541] 올바른 행위의 경계를 갖추고,[1542] 사소한 잘못에서 두려움을 보고,[1543] 지켜야 할 학습계율을 수용하여[1544] 배워야 한다.

1535) vitakkaṁ samayitvāna : 첫 번째 선정에서 생겨난 사유를 두 번째 선정에서 뛰어넘는 것을 뜻한다고 보아야 하는데, 주석서는 다음과 같이 해석하고 있다: ItA. II. 175에 따르면, 잘못된 사유를 성찰과 수행의 힘으로 제거시킨다는 뜻이다.

1536) vitakkūpasame rato : ItA. II. 175에 따르면, 거룩한 경지 또는 열반에 기뻐하는 것을 말한다.

1537) sambodhimuttamam : ItA. II. 175에 따르면, 언급했듯이 올바로 실천하는 사람은 성취이전에 멈춤과 통찰의 힘으로, 일체의 사유를 적절하게 대치하여 제거하고 통찰을 일으켜, 길의 실천을 통하여 거룩한 경지의 길에 대한 앎으로 여겨지고, 열반으로 여겨지는 위없는 깨달음을 말한다.

1538) yo caraṁ vā'tha tiṭṭhaṁ vā | nisinno uda vā sayaṁ | vitakkaṁ samayitvāna | vitakkūpasame rato | bhabbo so tādiso bikkhū | phuṭṭhuṁ sambodhim uttaman'ti ||

1539) It. 118 : 한역에 해당경전이 없다.

1540) sampannasīlā : 상세한 것은 이 책의 It. 97의 주석을 보라. ItA. II. 175에 따르면, 계행을 지키는 이유에는 계행의 실패에서 오는 위험을 보고, 계행의 성취에서 오는 공덕을 보는 것의 두 가지 이유가 있다.

1541) pātimokkhasaṁvarasaṁvuto : 역자가 의무계율이라고 한 것은 계본(戒本) 또는 별해탈(別解脫)이라고 한역하는 것으로, 수행승이 될 때에 받아 지켜야만 하는 의무계율들을 말한다. 상세한 것은 이 책의 It. 97의 주석을 보라.

1542) ācāragocarasampannā : 이 책의 It. 97의 주석을 보라.

1543) anumattesu vajjesu bhayadassāvī : 이 책의 It. 97의 주석을 보라.

수행승들이여, 계행을 지키고, 의무계율을 수호하고, 올바른 행위의 경계를 갖추고, 사소한 잘못에서 두려움을 보고, 지켜야 할 학습계율을 수용하여 배운 자가 수행승들이여, 그 위에 해야 할 일은 무엇인가?

수행승들이여, 걷고 있을 때에 수행승에게 탐욕이 사라지고, 분노가 사라지고, 혼침과 산란이 사라지고, 흥분과 회한이 [119] 사라지고, 회의적 의심이 버려져서,1545) 열심히 노력하고, 정진하고, 퇴전

1544) samādāya sikkhāpadesu : 상세한 것은 이 책의 It. 97의 주석을 보라.

1545) abhijjhā vigatā hoti, vyāpādo vigato hoti, thīnamiddhaṃ vigataṃ hoti, uddhacca kukkuccaṃ vigataṃ hoti, vicikicchā pahīṇā hoti : 다섯 가지 장애(五障 : pañca nīvaraṇāni)의 사라짐을 말한다. 다섯 가지 장애란 ItA. II. 177에 따르면, 다음과 같다: ① 탐욕(貪欲 : abhijjhā 또는 kāmacchanda): 다른 사람의 재물을 탐내는 것, 또는 감각적 쾌락에 대한 열망 · 갈증 · 고뇌 · 미혹 · 애착 ② 분노(瞋恚 : vyāpāda): 원한의 토대로서 부패한 상태의 마음, 또는 증오, 미움, 사악, 악의, 갈등, 적대, 포악, 성냄, 불만족을 뜻한다. ③ 해태와 혼침(惛眠 : thīnamiddha) : 해태는 마음 즉, 의식의 불활성(不活性)을 말하고, 혼침은 느낌 등의 세 가지 존재의 다발의 불활성을 말한다. ④ 흥분과 회한(掉悔 : uddhaccakukkucca): 흥분은 마음의 들뜸을 말하고 회한은 선을 행하지 않고 악을 행하여 그것으로 후회하는 것을 말한다. ⑤ 회의적 의심(疑惑 : vicikicchā)은 부처님 등에 대한 의혹을 말한다. 이러한 다섯 가지 장애는 이치에 맞지 않는 정신활동을 기울이는데서 비롯된다: '*1)* 수행승들이여, 아직 생겨나지 않은 감각적 쾌락에 대한 탐욕을 생겨나게 하거나, 이미 생겨난 감각적 쾌락에 대한 탐욕을 증가시키고 확대시키는 자양은 무엇인가? 수행승들이여, 매혹적인 인상이 있는데, 그것에 대하여 자주 이치에 맞지 않게 정신활동을 일으키는 것이 아직 생겨나지 않은 감각적 쾌락에 대한 탐욕을 생겨나게 하거나, 이미 생겨난 감각적 쾌락에 대한 탐욕을 증대시키거나 광대하게 만드는 자양이다. *2)* 수행승들이여, 아직 생겨나지 않은 악의를 생겨나게 하거나, 이미 생겨난 악의를 증가시키고 확대시키는 자양은 무엇인가? 수행승들이여, 혐오적인 인상이 있는데, 그것에 대하여 자주 이치에 맞지 않게 정신활동을 일으키는 것이 아직 생겨나지 않은 악의를 생겨나게 하거나, 이미 생겨난 악의를 증대시키거나 광대하게 만드는 자양이다. *3)* 수행승들이여, 아직 생겨나지 않은 해태와 혼침을 생겨나게 하거나, 이미 생겨난 해태와 혼침을 증가시키고 확대시키는 자양은 무엇인가? 수행승들이여, 불쾌, 권태, 하품, 식후의 포만, 무기력이 있는데, 그것에 대하여 자주 이치에 맞지 않게 정신활동을 일으키는 것이 아직 생겨나지 않은 해태와 혼침을 생겨나게 하거나, 이미 생겨난 해태와 혼침을 증대시키거나 광대하게 만드는 자양이다. *4)* 수행승들이여, 아직 생겨나지 않은 흥분과 회한을 생겨나게 하거나, 이미 생겨난 흥분과 회한을 증가시키고 확대시키는 자양은 무엇인가? 수행승들이여, 마음의 불안이 있는데, 그것에 대하여 자주 이치에 맞지 않게 정신활동을 일으키는 것이 아직 생겨나지 않은 흥분과 회한을 생겨나게 하거나, 이미 생겨난 흥분과 회한을 증대시키거나 광대하게 만드는 자양이다. *5)* 수행승들이여, 아직 생겨나지 않은 회의적 의심을 생겨나게 하거나, 이미 생겨난 회의적 의심을 증가시키고 확대시키는 자양은 무엇인가? 수행승들이여, 회의적 의심이 있는데 그것에 대하여 자주 이치에 맞지 않게 정신활동을

하지 않고, 새김을 확립하고, 미혹을 여의고, 몸은 격정을 여의고, 마음은 집중되어 통일되면, 수행승들이여, 그 수행승은 걷고 있어도 이처럼 부지런하고, 창피함을 알고, 언제나 항상 노력하고, 스스로 정진하는 자라고 불린다.

수행승들이여, 서 있을 때에 수행승에게 탐욕이 사라지고, 분노가 사라지고, 혼침과 산란이 사라지고, 흥분과 회한이 사라지고, 회의적 의심이 버려져서, 열심히 노력하고, 정진하고, 퇴전하지 않고, 새김을 확립하고, 미혹을 여의고, 몸은 격정을 여의고, 마음은 집중되어 통일되면, 수행승들이여, 그 수행승은 서 있어도 이처럼 부지

일으키는 것이 아직 생겨나지 않은 회의적 의심을 생겨나게 하거나, 이미 생겨난 회의적 의심을 증대시키거나 광대하게 만드는 자양이다.'(SN. V. 103) 따라서 다섯 가지 장애가 사라지게 하려면, 다음과 같은 이치에 맞는 정신활동을 기울여야 한다: '수행승들이여, 아직 생겨나지 않은 감각적 쾌락에 대한 탐욕을 생겨나지 않게 하고, 이미 생겨난 감각적 쾌락에 대한 욕망을 증가시키지 않고 확대시키지 않는 자양은 무엇인가? 수행승들이여, 부정(不淨)의 인상이 있는데, 그것에 대하여 이치에 맞게 정신활동을 일으키는 것이 아직 생겨나지 않은 감각적 쾌락에 대한 탐욕을 생겨나지 않게 하고, 이미 생겨난 감각적 쾌락에 대한 욕망을 증가시키지 않고 확대시키지 않는 자양이다. *2)* 수행승들이여, 아직 생겨나지 않은 악의를 생겨나지 않게 하고, 이미 생겨난 악의를 증가시키지 않고 확대시키지 않는 자양은 무엇인가? 수행승들이여, 자애의 마음에 의한 해탈이 있는데, 그것에 대하여 이치에 맞게 정신활동을 일으키는 것이 아직 생겨나지 않은 악의를 생겨나지 않게 하고, 이미 생겨난 악의를 증가시키지 않고 확대시키지 않는 자양이다. *3)* 수행승들이여, 아직 생겨나지 않은 해태와 혼침을 생겨나지 않게 하고, 이미 생겨난 해태와 혼침을 증가시키지 않고 확대시키지 않는 자양은 무엇인가? 수행승들이여, 시작의 요소가 있고, 노력의 요소가 있고, 용맹의 요소가 있는데, 그것에 대하여 이치에 맞게 정신활동을 일으키는 것이 아직 생겨나지 않은 해태와 혼침을 생겨나지 않게 하고, 이미 생겨난 해태와 혼침을 증가시키지 않고 확대시키지 않는 자양이다. *4)* 수행승들이여, 아직 생겨나지 않은 흥분과 회한을 생겨나지 않게 하고, 이미 생겨난 흥분과 회한을 증가시키지 않고 확대시키지 않는 자양은 무엇인가? 수행승들이여, 마음의 안정이 있는데, 그것에 대하여 이치에 맞게 정신활동을 일으키는 것이 아직 생겨나지 않은 흥분과 회한을 생겨나지 않게 하고, 이미 생겨난 흥분과 회한을 증가시키지 않고 확대시키지 않는 자양이다. *5)* 수행승들이여, 아직 생겨나지 않은 회의적 의심을 생겨나지 않게 하고, 이미 생겨난 회의적 의심을 증가시키지 않고 확대시키지 않는 자양은 무엇인가? 수행승들이여, 착하고 건전한 것과 악하고 건전하지 못한 것이 있고, 비난받아야 할 것과 비난받을 수 없는 것이 있고 열등한 것과 수승한 것이 있고 어두운 것과 밝은 것의 대조가 있는데, 그것에 대하여 이치에 맞게 정신활동을 일으키는 것이 아직 생겨나지 않은 회의적 의심을 생겨나지 않게 하고, 이미 생겨난 회의적 의심을 증가시키지 않고 확대시키지 않는 자양이다.'(SN. V. 103)

런하고, 창피함을 알고, 언제나 항상 노력하고, 스스로 정진하는 자라고 불린다.

수행승들이여, 앉아 있을 때에 수행승에게 탐욕이 사라지고, 분노가 사라지고, 혼침과 산란이 사라지고, 흥분과 회한이 [119] 사라지고, 회의적 의심이 버려져서, 열심히 노력하고, 정진하고, 퇴전하지 않고, 새김을 확립하고, 미혹을 여의고, 몸은 격정을 여의고, 마음은 집중되어 통일되면, 수행승들이여, 그 수행승은 앉아 있어도 이처럼 부지런하고, 창피함을 알고, 언제나 항상 노력하고, 스스로 정진하는 자라고 불린다.

수행승들이여, 누워 있을 때에 수행승에게 [120] 탐욕이 사라지고, 분노가 사라지고, 혼침과 산란이 사라지고, 흥분과 회한이 사라지고, 회의적 의심이 버려져서, 열심히 노력하고, 정진하고, 퇴전하지 않고, 새김을 확립하고, 미혹을 여의고, 몸은 격정을 여의고, 마음은 집중되어 통일되면, 수행승들이여, 그 수행승은 누워 있어도 이처럼 부지런하고, 창피함을 알고, 언제나 항상 노력하고, 스스로 정진하는 자라고 불린다."

2. 세존께서는 이와 같은 의취를 설하셨고 그와 관련하여 이와 같이 말씀하셨다.

[세존] "정진하며 걷고,[1546] 정진하며 서고,
정진하며 앉고, 정진하며 누어야 하리.
수행승은 정진하며 굽히고,
또한 정진하며 펴야[1547] 하리.[1548]

1546) yataṁ care : ItA. II. 183에 따르면, '노력하면서 가야 할 것이다.'라는 뜻으로 걷기 등을 통해서 가면서 의도하되, '아직 생겨나지 않은 악하고 불건전한 상태가 생겨나지 않도록 의욕을 내고 노력한다.'(DN. II. 312)는 등의 방식으로 올바른 노력의 정진을 통해서 노력을 기울이고, 정근하고, 정진하면서, 악하고 불건전한 상태가 버려지고, 착하고 건전한 상태가 수행에 의해서 원만해지듯, 이와 같이 움직임이 의도되어야 한다는 뜻이다.

위로 옆으로 아래로1549)
땅위를 갈 때에
존재의 다발의 생성과 소멸,1550)
그 현상을 본다.1551)

이와 같이 [121] 열심히 정진하며
고요한 적정의 삶을 살며
마음의 멈춤에 대한 올바른 과정을 배우며1552)
항상 새김을 확립하는 님1553)
그러한 종류의 수행승을
항상 스스로 정진하는 님이라고 부른다."1554)

세존께서는 이와 같은 의취도 역시 설하셨다고 나는 들었다.

1547) yataṁ sammiñjaye bhikkhu, yatamenaṁ pasāraye : ItA. II. 184에 따르면, '정진하며 손발을 굽히고 정진하며 손발을 펴야 한다.'라는 뜻이다.

1548) yataṁ care yataṁ tiṭṭhe | yataṁ acche yataṁ saye | yataṁ sammiñjaye bhikkhu | yatamenaṁ pasāraye ||

1549) uddhaṁ tiriyaṁ apācīnaṁ : ItA. II. 184에 따르면, '위로, 동쪽 등의 방향의 사방으로, 아래로'라는 뜻이다.

1550) khandhānaṁ udayabbayaṁ : ItA. II. 184에 따르면, 물질 등의 다섯 가지 존재의 다발(五蘊: pañcakkhandha)의 생성과 소멸을 뜻한다.

1551) uddhaṁ tiriyaṁ apācīnaṁ | yāvatā jagato gati | samavekkhitā ca dhammānaṁ | khandhānaṁ udayabbayaṁ ||

1552) cetosamathasāmīciṁ : ItA. II. 184-185에 따르면, 마음의 오염에 대한 궁극적 제거를 통해서 성립하는 마음의 멈춤이라고 불리는, 고귀한 길에 알맞은 과정인 앎과 봄의 청정을 말한다.

1553) sadā sataṁ : 모든 시간에, 밤낮으로 네 가지 올바른 알아차림(四正知: catusampajañña)을 갖춘 새김을 통한 새김의 확립을 말한다. Srp. III. 182에 따르면, 다음과 같은 네 가지 올바른 알아차림이 있다: ① 목표에 대한 올바른 알아차림(sātthakasampajañña) : 자신이 의도한 행위에 대한 가치에 관한 올바른 알아차림 ② 적응에 대한 올바른 알아차림(sappāyasampajañña) : 목표를 성취하기 위한 적당한 수단에 대한 올바른 알아차림 ③ 행경에 대한 올바른 알아차림 : 다양한 행위에 종사하는 명상주제에 대한 올바른 알아차림 ④ 어리석음의 여읨에 대한 올바른 알아차림(asammohasampajañña) : 실체적인 자아가 없는 조건적 과정으로서의 행위에 관한 올바른 알아차림.

1554) evaṁ vihārim ātāpiṁ | santavuttim anuddhataṁ | cetosamathasāmīciṁ | sikkhamānaṁ sadā sataṁ | satataṁ pahitatto'ti āhu | bhikkhuṁ tathāvidhan'ti ||

112(4-1-13) 세계에 대한 이해의 경[Lokāvabodhasutta][1555]

1. 이와 같이 세존께서 설하셨고 거룩한 님께서 설하셨다고 나는 들었다.

[세존] "수행승들이여, 세계는[1556] 여래에 의해서 올바로 원만히 깨달아졌으며,[1557] 여래는 세계에서 벗어났다.[1558] 수행승들이여, 세계의 발생은 여래에 의해서 올바로 원만히 깨달아졌으며, 여래는 세계의 발생을 끊어버렸다.[1559] 수행승들이여, 세계의 소멸은 여래에 의해서 올바로 원만히 깨달아졌으며, 여래는 세계의 소멸을 실

1555) It. 121 : 한역에 해당경전이 없다.

1556) loka : ItA. II. 185에 따르면, 파괴되고 괴멸되기 때문에 세계이다. 그 의미상 그것은 앞의 두 가지 거룩한 진리(괴로움의 진리와 괴로움의 발생의 진리)를 말한다. 그러나 여기서는 괴로움의 거룩한 진리라고 알아야 한다. 세계는 무수한 방식으로 정의될 수 있다: '존재의 다발로서의 세계(khandhaloka), 요소세계로서의 세계(dhātuloka), 감역으로서의 세계(āyatanaloka), 일탈존재로서의 세계(vipattibhavaloka), 일탈에서 생겨난 세계(vipattisambhavaloka), 성취존재로서의 세계(sampattibhavaloka), 성취에서 생겨난 세계(sampattisambhavaloka), 일체 존재가 자양에 의해 유지되는 하나의 세계, 정신과 물질(名과 色)의 두 가지 세계, 세 가지 느낌의 세 가지 세계, 네 가지 자양의 네 가지 세계, 다섯 가지 집착다발의 다섯 가지 세계, 여섯 가지 내적 감역의 여섯 가지 세계, 일곱 가지 의식의 주처의 일곱 가지 세계. 여덟 가지 세속적 원리의 여덟 가지 세계, 아홉 가지 뭇삶의 주처의 아홉 가지 세계, 열두 가지 감역의 열두 가지 세계, 열여덟 가지 인식의 세계의 열여덟 가지 세계' (Paṭis. I. 122) 등으로, 무수하게 분류되는 세계는 다섯 가지 집착다발에 섭수되고 합류된다. 집착다발이 괴로움의 거룩한 진리이다: '수행승들이여, 괴로움의 거룩한 진리란 이와 같다. 태어남도 괴로움이고 늙는 것도 병드는 것도 괴로움이고 죽는 것도 괴로움이고 슬픔, 비탄, 고통, 근심, 절망도 괴로움이다. 사랑하지 않는 사람과 만나는 것도 괴로움이고 사랑하는 사람과 헤어지는 것도 괴로움이고 원하는 것을 얻지 못하는 것도 괴로움이다. 줄여서 말하자면 다섯 가지 존재의 집착다발이 모두 괴로움이다.'(SN. V. 421)

1557) abhisambuddho : ItA. II. 185에 따르면, 곧바로 알려지고 완전히 알려지는 것과 관련해서, 이전에 말해진 분류를 통해서 특별하지 않은 방식으로 편견과 경향, 행위와 결정 등의 분류에 대하여, 또는 특별한 방식으로 '이것은 영원주의의 편견이고, 이것은 허무주의의 편견이다' 등으로, '땅의 세계는 단단한 것을 특징으로 하고, 물의 세계는 흘러나오는 것이 특징이다.' 등으로, 두드러지게 스스로 생겨난 앎에 의해서 올바로 전도되지 않게, 의미가 이해되는 대로 깨달아지고 알려지고 목격되는 것이 올바로 원만히 깨닫는 것이다.

1558) visaññūtto : ItA. II. 186에 따르면, 세계에 묶인 일체의 결박이 올바로 제거되었기 때문에 벗어난 것이다.

1559) pahīno : ItA. II. 185에 따르면, 대보리좌(大菩提座)에서의 거룩한 길에 대한 앎을 통해서, 끊음에 의한 버림을 통해서 버리는 것을 뜻한다.

현했다.1560) 수행승들이여, 세계의 소멸에 이르는 길1561)은 여래에 의해서 올바로 원만히 깨달아졌으며, 여래는 세계의 소멸에 이르는 길을 닦았다.

수행승들이여, 신들의 세계, 악마들의 세계, 하느님들의 세계, 성직자들과 수행자들, 그리고 왕들과 백성들과 그 후예들의 세계에서 보여지고, 들려지고, 감지되고, 의식되고, 파악되고, 탐구되고, 정신으로 고찰된 것은1562) 여래에 의해서 올바로 원만히 깨달아졌다.1563) 그러므로 여래라고 한다.1564)

1560) sacchikato : ItA. II. 185에 따르면, '목격했다.'는 뜻이다.

1561) lokanirodhagāminī paṭipadā : ItA. II. 185에 따르면, 계행 등의 세 가지 다발을 포함하는 고귀한 여덟 가지 길을 의미한다.

1562) diṭṭhaṃ sutaṃ mutaṃ viññātaṃ pattaṃ pariyesitaṃ anuvicaritaṃ manasā : ItA. II. 185에 따르면, '보여진 것'은 형상의 영역에 속하고, '들려진 것'은 소리의 영역에 속하고, '감지된 것'은 맛의 영역과 감촉의 영역에 속한다. '의식된 것'은 즐거움과 괴로움 등의 상태의 대상에 속한다. '파악된 것'은 탐구되거나 탐구되지 않거나 도달된 것을 뜻하고, '탐구된 것'은 파악되거나 파악되지 않거나 탐구된 것을 뜻하고, '정신으로 고찰된 것'은 '마음으로 숙고된 것'을 뜻한다.

1563) yasmātaṃ tathāgatena abhisambuddhaṃ : ItA. II. 185에 따르면, 무한한 세계의 요소세계(lokadhātu)에서 이 신들을 포함한 세계의 푸른색, 노란색 등의 형상의 대상이 시각의 감각문의 길에 들어오면, 그 일체에 대하여 '이 뭇삶은 이 순간에 이와 같은 특정한 형상의 대상을 보고 나서 기쁘거나 슬프거나 그 중간이 되었다.'라고 여래의 입장에서 올바로 원만히 깨닫는 것이다. 또한 무한한 세계의 요소세계에서 이 신들을 포함한 세계의 북소리, 장구소리 등의 소리의 대상이 청각의 감각문의 길에 들어오면, 그 일체에 대하여 '이 뭇삶은 이 순간에 이와 같은 특정한 소리의 대상을 듣고 나서, 기쁘거나 슬프거나 그 중간이 되었다.'라고 여래의 입장에서 올바로 원만히 깨닫는 것이다. 또한 무한한 세계의 요소세계에서 이 신들을 포함한 세계의 뿌리냄새, 껍질냄새 등의 냄새의 대상이 후각의 감각문의 길에 들어오면, 그 일체에 대하여 '이 뭇삶은 이 순간에 이와 같은 특정한 냄새의 대상을 냄새맡고 나서 기쁘거나 슬프거나 그 중간이 되었다.'라고 여래의 입장에서 올바로 원만히 깨닫는 것이다. 또한 무한한 세계의 요소세계에서 이 신들을 포함한 세계의 뿌리맛, 줄기맛 등의 냄새의 대상이 미각의 감각문의 길에 들어오면, 그 일체에 대하여 '이 뭇삶은 이 순간에 이와 같은 특정한 맛의 대상을 맛보고 나서, 기쁘거나 슬프거나 그 중간이 되었다.'라고 여래의 입장에서 올바로 원만히 깨닫는 것이다. 또한 무한한 세계의 요소세계에서 이 신들을 포함한 세계의 단단한 것, 부드러운 것 등의 땅의 세계, 불의 세계, 바람의 세계의 접촉대상이 촉각의 감각문의 길에 들어오면, 그 일체에 대하여 '이 뭇삶은 이 순간에 이와 같은 특정한 감촉의 대상을 접촉하고 나서 기쁘거나 슬프거나 그 중간이 되었다.'라고 여래의 입장에서 올바로 원만히 깨닫는 것이다. 마찬가지로 무한한 세계의 요소세계에서 이 신들을 포함한 세계의 즐거움 등으로 구분되는 정신적 사실의 대상이 정신적 문의 길에 들어오면, 그 일체

수행승들이여, 여래는 위없이 바르고 원만한 깨달음을 올바로 원만히 깨달은 밤부터,1565) 잔여 없는 열반의 세계로 완전한 열반에 든 밤1566)에 이르기까지, 그 사이에1567) 대화하고 말하고 설한 모든 것이 [122] 이와 같고, 다른 것과 같지 않다.1568) 그러므로 여래라고 한다.

수행승들이여, 여래는 설한 것과 같이 행하고, 행한 것과 같이 설하고,1569) 이와 같이 설한 것과 같이 행하고, 행한 것과 같이 설한

에 대하여 '이 뭇삶은 이 순간에 이와 같은 특정한 정신적 사실의 대상을 알고 나서 기쁘거나 슬프거나 그 중간이 되었다.'라고 여래의 입장에서 올바로 원만히 깨닫는 것이다. 이와 같이 이 신들을 포함한 세계에서 보여지고 들려지고 감지되고 인식된 것이 여래에 의해서 보여지지 못하고, 들려지지 못하고, 감지되지 못하고, 인식되지 못한 것은 없다.

1564) tasmā tathāgato'ti vuccati : ItA. II. 189에 따르면, 경에서 세존은 이와 같이 말했다: '수행승들이여, 신들의 세계, 악마들의 세계, 하느님들의 세계, 성직자들과 수행자들, 그리고 왕들과 백성들과 그 후예들의 세계에서 보여 지고 들려지고 감지되고 인식되고 파악되고 탐구되고 정신으로 고찰된 것은 어떠한 것이든 나는 알고 있다. 수행승들이여, 신들의 세계, 악마들의 세계, 하느님들의 세계, 성직자들과 수행자들, 그리고 왕들과 백성들과 그 후예들의 세계에서 보여지고 들려지고 감지되고 인식되고 파악되고 탐구되고 정신으로 고찰된 것은 어떠한 것이든 나는 곧바로 알았지만, 여래에게 알려진 그것을 여래는 가까이 하지 않는다.'(AN. II. 25)

1565) yañca bhikkhave rattiṃ tathāgato anuttaraṃ sammāsambodhiṃ abhisambujjhati : ItA. II. 190에 따르면, 비싸카 월(毘舍佉月: 양력 4월 15일~ 5월 15일; 남방음력 1월 16일 ~ 2월 15일)의 보름날 이렇게 오신 님 등이란 의미의 여래이신 세존께서 보리좌에서 불패의 가부좌를 하고 세 악마를 쳐부수고, 그 보다 위가 없기 때문에 위없는 올바른 깨달음을 번뇌의 부숨에 대한 앎과 더불어 일체지에 도달했다.

1566) yañca rattiṃ anupādisesāya nibbānadhātuyā parinibbāyati : ItA. II. 190에 따르면, 비싸카 월의 보름날, 꾸씨나라 시의 우빠밧따나에 있는 말라 족의 싸라쌍수 사이에서 잔여가 없는 열반의 세계로 완전한 열반에 들었다.

1567) yaṃ etasmiṃ antare : ItA. II. 190에 따르면, 그 사이에 이 두 가지 즉 잔여가 있는 열반의 세계와 잔여가 없는 열반의 세계 사이의 사십오 년을 헤아리는 시간에 초기 깨달음의 기간, 중기의 깨달음의 기간, 말기의 깨달음의 기간에 경과 게송으로 구분되는 법문을 설했다.

1568) bhāsati lapati niddisati, sabbaṃ taṃ tatheva hoti. no aññathā : ItA. II. 190에 따르면, 그 사이에 가르친 일체의 경과 게송 등의 아홉 가지 부처님의 가르침(九分敎: navaṅgabuddhasāsana)[경(經 : sutta), 응송(應頌 : geyya), 수기(授記 : veyyākaraṇa), 게송(偈頌 : gāthā), 감흥어(感興語 : udāna), 여시어(如是語 : itivuttaka), 전생담(前生談 : jātaka), 미증유법(未曾有法 : abbhutadhamma), 교리문답(敎理問答 : vedalla)]의 부처님 말씀은 의미상으로 형식상으로 비난의 여지가 없고, 모자라거나 넘치는 것이 없으며 일체의 형태를 갖추고, 탐욕의 광기, 성냄의 광기, 어리석음의 광기를 쳐부수고, 털끝만큼도 잘못도 없이, 설해진 목적과 완전히 일치하고, 그것과 완전히 일치하기 때문에 다른 것은 아니다.

다. 그러므로 여래라고 불린다.

수행승들이여, 신들의 세계, 악마들의 세계, 하느님들의 세계, 성직자들과 수행자들, 그리고 왕들과 백성들과 그 후예들의 세계에서 여래는 승리자이지 패배자가 아니며,1570) 분명하게 보는 자재자이다.1571) 그러므로 여래라고 한다."

2. 세존께서는 이와 같은 의취를 설하셨고 그와 관련하여 이와 같이 말씀하셨다.

[세존] "일체의 세계를 곧바로 알고
일체의 세계에서 여실히 알아1572)
일체의 세계에서 벗어나1573)
일체의 세계에 집착하지 않1574)는다.1575)

1569) yathāvādī bhikkhave tathāgato tathākārī. yathākārī tathāgato tathāvādī : ItA. II. 190-191에 따르면, 세존께서는 어떠한 원리이든지 '이 원리는 악하고 불건전한 것으로 잘못을 수반하고 식자에게 비난을 받고, 수용하고 성취하면, 불익과 고통을 야기한다.'라고 타인에게 가르치는 그러한 원리는 반드시 끊어버린다. 그러나 어떠한 원리이든지 '이 원리는 착하고 건전한 것으로 잘못을 수반하지 않고 식자에게 비난을 받지 않고, 수용하고 성취하면, 이익과 행복을 가져온다.'라고 타인에게 가르치는 그러한 원리는 반드시 갖춘다.

1570) abhibhū anabhibhuto : ItA. II. 191에 따르면, 위로 최상의 존재에서부터 아래로 아비지옥에 이르기까지 횡으로 무한한 세계에 있는 일체의 뭇삶을 계행, 삼매, 지혜, 해탈, 해탈에 대한 앎과 봄을 통해서 지배한다. 거기에는 그와 비교할 자가 없고, 그와 비견될 자가 없고, 그와 동등한 자도 없고, 그와 일치하는 자도 없고, 그와 경쟁자도 없고, 그와 상대자도 없고, 그와 적대자도 없고, 그와 측량할 자도 없고, 그와 측정할 자도 없고, 위없는 자, 가르침의 제왕, 신들 가운데 신, 신들의 제왕, 하느님들 가운데 하느님으로 스스로 그 어떠한 것에도 정복되지 않는 자이다.

1571) aññadatthudaso : ItA. II. 191에 따르면, 어떠한 것이라도 알려질 수 있는 것은 그 일체를 손바닥에 있는 자두처럼 본다라는 뜻이다.

1572) sabbalokaṁ abhiññāya sabbaloke yathātathaṁ : ItA. II. 192에 따르면, '삼계로 이루어진 세계에 함께 사는 자들에 대해 알고, 삼계로 이루어진 세계에 함께 살 때에 어떠한 것이 알려지더라도, 그 모든 것에 대하여 있는 그대로 전도되지 않게 알고'라는 뜻이다.

1573) sabbalokavisaṁyutto : ItA. II. 192에 따르면, 네 가지 멍에 [It. 16의 주석을 보라]를 남김없이 끊어버림으로써 일체의 세계에서 벗어난다.

1574) sabbaloke anūpayo : ItA. II. 192에 따르면, 갈애와 견해에 의한 집착에서 벗어난다.

1575) sabbalokaṁ abhiññāya | sabbaloke yathātathaṁ | sabbalokavisaṁyutto | sabbal

현명한 자로서 일체에서 승리하고
일체의 계박을 풀고[1576]
그는 최상의 적멸,[1577]
두려움 없는 열반을 얻는다.[1578]

번뇌가 [123] 부서지고 고뇌가 없고
의혹을 끊은 그 깨달은 님은
일체의 업의 소멸에 이르러
취착이 완전히 파괴되어 해탈했다.[1579]

그 분이 세존이신 깨달은 님,
바로 위없는 사자,[1580]
천상과 더불어 세계를 위해
하느님의 수레바퀴[1581]를 굴린다.[1582]

이처럼 신들과 인간이
깨달은 님에게 피난처를 찾고

---

oke anūpayo ‖

1576) sabbaganthappamocano : ItA. II. 192에 따르면, 탐욕 등에 의한 정신 · 신체적 계박 등의 일체의 계박 즉, 여든아홉 가지 괴로움에서 벗어나는 것을 뜻한다. 이 책의 부록 「여든아홉 가지 괴로움의 명제」를 참조하라.

1577) paramā santi : ItA. II. 192에 따르면, 최상의 적멸은 열반을 뜻한다.

1578) sabbe sabbâbhibhū dhīro | sabbaganthappamocano | phuṭṭhassa paramā santi | nibbānaṁ akutobhayaṁ ‖

1579) esa khīṇāsavo buddho | anīgho chinnasaṁsayo | sabbakammakkhayaṁ patto | vimutto upadhisaṅkhaye ‖

1580) sīho anuttaro : ItA. II. 192에 따르면, 재난(parissaya)을 정복하고 오염(kilesa)을 쳐부수었기 때문에 여래는 위없는 사자이다.

1581) brahmacakka : ItA. II. 192에 따르면, 최상의 가르침의 수레바퀴(法輪 : dhammacakka)를 뜻한다.

1582) esa so bhagavā buddho | esa sīho anuttaro | sadevakassa lokassa | brahmacakkaṁ pavattayī ‖

위대한 두려움 없는 자에게
무리지어 귀의한다.1583)

길들여진 자로서 길들여진 자 가운데 최상자
고요한 자로서 고요한 자 가운데 선인.
해탈한 자로서 해탈한 자 가운데 위없는 자
건넌 자로서 건넌 자 가운데 최승자이다.1584)

그러므로 이러한 위대한
두려움 없는 님에게 귀의하니,
천상을 포함한 세계에서
그와 비교될 만한 자는 없다."1585)

세존께서는 이와 같은 의취도 역시 설하셨다고 나는 들었다.

이로써 제4장 「넷모음」의 「제1품」이 끝났다. 그 내용은 차례로 '1. 바라문의 경[124] 2. 네 가지 허물없음의 경 3. 번뇌의 소멸의 경 4. 수행자와 성직자의 경 5. 계행을 갖춤의 경 7. 하느님과 함께의 경 8. 커다란 도움의 경 9. 기만의 경 10. 사람의 희희낙낙의 경 11. 걸음의 경 12. 계행의 갖춤의 경 13. 세계에 대한 이해의 경'으로 이루어졌으며, 「제1품」이라고 불린다. 이로써 제4장 「넷모음」이 끝났다.

이 경전에 포함된 것은 다음과 같다. 27 개가 한 개의 주제로 구성된 제1장을 구성하고, 22 개가 두 개의 주제로 구성된 제2장을 구성하고, 50 개가 세 개의 주제로 구성된 제3장을 구성하고, 13 개가 네 개의 주제로 구성된 제4장을 구성하고 있다. 이처럼 112 개의 경전을 모아 예전의 거룩한 님들이 결집하여 오래도록 보존하기 위해 그것을 『이띠붓따까』라고 불렀다. 이로써 『이띠붓따까』 경전이 끝났다.

1583) iti devā manussā ca | ye buddhaṁ saraṇaṁ gatā | saṁgamma taṁ namassanti | mahantaṁ vītasāradaṁ ||

1584) danto damayataṁ seṭṭho | santo samayataṁ isi | mutto mocayataṁ aggo | tiṇṇo tārayataṁ varo ||

1585) iti hetaṁ namassanti | mahantaṁ vītasāradaṁ | sadevakasmiṁ lokasmiṁ | natthi te paṭipuggalo'ti ||

이띠붓따까-여시어경

부 록

약 어 표

AN.	Aṅguttara Nikāya
It.	Itivuttaka
ItA.	Itivuttakaṭṭhakathā
Itw.	Itivuttaka tr. by F. L. Woodward
Dhp.	Dhammapada
DhpA.	Dhammapada-Aṭṭhakathā
DN.	Dīgha Nikāya
MN.	Majjhima Nikāya
Mrp.	Manorathapūraṇī(Aṅguttara-Aṭṭhakathā)
Nett.	Nettippakaraṇa
Nidd. I.	Mahāniddesa
Nidd. II.	Cūḷaniddesa
Pe.	Peṭakopadesa
Pv.	Petavatthu
Ppn.	Dictionary of Pāli Proper Names
Pps.	Papañcasūdani(Majjhimanikāya-Aṭṭhakathā)
Prj.	Paramatthajotikā(Suttanipāta-Aṭṭhakathā)
PTS.	Pali Text Society, London
SN.	Saṁyutta Nikāya
Srp.	Sāratthappakāsinī(Saṁyutta-Aṭṭhakathā)
Stn.	Suttanipāta
StnA.	Suttanipāta-Aṭṭhakathā
Smv.	Sumaṅgalavilāsinī(Dighanikāya-Aṭṭhakathā)
Thag.	Theragathā
ThagA.	Theragathā-Aṭṭhakathā
Thig.	Therīgātha
ThigA.	Therīgathā-Aṭṭhakathā
Ud.	Udāna
UdA.	Udānaṭṭhakathā
Uv.	Udānavarga
Vin.	Vinaya Piṭaka
Vism.	Visuddhimagga

참 고 문 헌

● 이띠붓따까와 이띠붓따까의석의 빠알리원전

『Itivuttaka』 ed. by E. Windish(London : PTS, 1889)

『Itivuttaka』 ed. by Burmese Chaṭṭhasaṅgāyana(Rangoon. 1972)

『Itivuttaka』(Devanāgarī-Pāli Texts Series No. 14) ed. by N. K. Bhagavat, M. A.(Bombay. 1962)

『Paramattha-Dīpanī; Itivuttakaṭṭhakathā I. II.』 of Dhammapālâcariya. ed. by E. M. M. Bose(London : PTS, 1934-1936)

● 이띠붓따까의 근현대적 번역 및 저술

『The Minor Anthologies of the Pali Canon; Udāna: Verses of Uplift & Itivuttaka: As It Was Said』 tr. by F. L. Woodward(London: PTS 1935)

『The Udāna & Itivuttaka; The Buddha's Sayings』 tr. by John D. Ireland(Kandy, 1997)

『The Commentary on the Itivuttaka I. II. ; The Itivuttakaṭṭhakathā (Paramattha-dīpanī II.』 tr. by E. Peter Masefield(Oxford : PTS, 2008)

● 기타 참고문헌 원전류

『Aṅguttara Nikāya』 ed. by R. Moms & E. Hardy, 5vols(London : PTS, 1885-1900) tr. by F. L. Woodward & E. M. Hare,

『The Book of the Gradual Sayings(Aṅguttara Nikāya)』5vols(London : PTS, 1932-1936), trans. by F. L. Woodward, M. A./Mrs. Rhys Davids D.Litt., M. A.

『Buddhist Legends』 trs. by Eugene Watson Burlingame, from original Pali Text of Dhammapada Commentary. (London : PTS, 1995)

『Die Lehrreden des Buddha aus Angereihten Sammlung : Aṅguttara Nikāya』 übersetzt von Nyanatiloka. 5vols (Braunschweig Aurum Verlag : 1993),

『Numerical Discourses of The Buddha』(An Anthology of Suttas from Aṅgut-taranikāya) tr. by Nyanaponika & Nhikkhu Bodhi. (Vistaar Publications. New Dhelhi 2000)

『Manorathapūraṇī』 ed. by M. Walleser & H. Kopp, 5vols(London : PTS, 1924-1926)

『Abhidhammatthasaṅgaha(Comprehensive Manual of Abhidhamma)』 tr.by Bodhi Bhikkhu.(Kandy : Buddhist Publication Society, 1993)
『Abhidharmakośabhasyam of Vasubandhu』 ed. by Pradhan, P.(Patna : K. P. Jayaswal Research Institute, 1975) tr. by Louis de la Vallée Poussin, 4vols, eng. tr. by Pruden, L. M.(Berkeley : Asian Humanities Press, 1988)
『Abhidharmasamuccayabhāṣya』 ed. by Tatia, N. Tibetan Sanskrit Works Series, 17(Patna : 1976)
『Avadānaśataka 2vols.』 Bibliotheca Buddhica 3. ed. by Speyer, J. S.(St. Petesburg : PTS, 1902-1909)
『Āyuṁparyantasūtra』 ed. by Enomoto, F. Hartman, J-U. and Matsumura, H. Sanskrit-Texte aus dem buddhistischen Kanon : Neuentdeckungen und Neueditionen, 1.(Göttingen : 1989)
『Catuṣpariṣatsūtra』(Abhandlung der Deutschen Akademie der Wissenschaften zu Berlin, Kalsse für Sprachen, Literatur, und Kunst) ed. and tr. by Waldschmidt, E.(Berlin : 1952-1962)
『Chandrasūtra-Buddha Frees the Disc of the Moon』 ed. and tr. by Waldschmidt, E. (Bulletin of the School of Oriental and African Studies. 33 : 1 1976)
『Dhammapada(法句經)』 ed. by Sūriyagoḍa Sumangala(London : PTS, 1914)
『Dhammapada(法句經)[Khuddakanikāya vol. I.』 ed. by J. Kashyap. Nālandā-Devanāgarī Pali Series.
『Dhamapadaṭṭhakathā(法句義釋)』 The Commentary of Dhammapada, 4vols. ed. by H. C. Norman, M. A.(London : PTS, 1906-1915; 1993)
『Dīgha Nikāya』 ed. by T. W. Rhys Davids & J. E. Carpenter, 3vols(London : PTS, 1890-1911) tr. by T. W. & C. A. F. Rhys Davids, 『Dialogues of the Buddha』 3vols(London : PTS, 1899-1921)
『Divyāvadāna』 ed. by Cowell. E. B. and R. A. Neil. (London : PTS, 1914)
『The Gilgit Manuscript of Saṅghabhedavastu』 ed. Gnoli, R. Serie Orientale Roma, 49 2parts. (Rome : 1077-1978)
『Gāndhārī Dhammapada』 ed. by Brough. John(London : Oxford University, 1962)
『The Jātakas or Stories of the Buddha's Former Births 6vols.』 ed. by Cowell. E. B.(London : PTS, 1969)
『Khuddakanikāya』 vol. 1. Chaṭṭhasaṅgāyana ed. of Tipitaka 1956.
『Majjhima Nikāya』 ed. by V. Trenckner & R. Chalmers, 3vols(London : PTS,

1887-1901) tr. I. B. Homer, 『Middle Length Sayings』 3vols(London : PTS, 1954-1959), tr. by Bhikkhu Ñāṇamoli and Bhikkhu Bodhi 『The Middle Length Discourse of the Buddha』(Massachusetts : Wisdom Publication 1995)
『Mahāvastu』 ed. by Senart, E. 3 parts. (Paris 1882-1897); tr. by John, J. J., 3vols(London : Luzac, 1949-1956)
『Maha Pirit Pota(The Great Book of Protection)』 tr. by Lokuliyana, Lionel.(Colombo : Mrs. H. M. Gunasekera Trust, n.d)
『Mahāparinirvāṇasūtra』(Abhandlungen der Deutschen Akademie der Wissenschaften zu Berlin, Kalsse für Sprachen, Literatur, und Kunst) ed. and tr. by Waldschmidt, E.(Berlin : 1950-1951)
『Mahāsamājasūtra』 inclided in 『Central Asian Sūtra Fragments and their Relations to the Chinese Āgamas』 in Bechert 1980.
『Milindapañha』 ed. by V Trenckner(London : PTS, 1928) tr. by I. B. Horner, 『Milinda's Questions』 2vols(London : PTS, 1963-1964)
『Mūlasarvāstivādavinayavastu』 Part III of Gilgit Manuscript. ed. by Dutt, Nalinaksha.(Calcutta, Srinagar : 1939-1959)
『Niddesa I = Mahāniddesa I. II』 ed. by De La Vallée Poussin and E. J. Thomas (London : PTS, 1916, 1917)
『Niddesa II = Cullaniddesa』 ed. by W. Stede (London : PTS, 1918)
『On a Sanskrit Version of the Verahaccāni Sutta of the Saṁyuttanikāya』 (Nachrichten der Akademie der Wissenschaften in Göttingen : Vandenhoeck and Ruprecht, 1980)
『Papañcasūdanī』 ed. by J. H. Woods, D. Kosambi & I. B. Horner, 5vols (London : PTS, 1922-1938)
『Paramatthajotikā I.(= The Khuddakapāṭha)』 ed. by Helmer Smith (London : PTS, 1978)
『Paramatthajotikā II.』 ed. by Helmer Smith vols. I. II. III(London : PTS, 1989)
『Patna-Dhammapada』 ed. by Cone, Margaret. Journal of the Pali Text Society 13 : 101-217(London : PTS, 1989)
『Paṭisambhidāmagga I. II』 ed. by Taylor. (London : PTS, 1905-1907)
『Saṁyutta Nikāya』 ① Roman Script. ed. by L. Feer, 6vols(Ee4 : London : PTS, 1884-1904; Ee2 : 1998) ② Burmese Script. Chaṭṭhasaṅgāyana-edition, 3 vols. Ranggoon : Buddhasāsana Samiti, 1954.
『The Connected Discourse of the Buddha(A New Translation of the Saṁyutta-nikāya)2vols.』 tr. by Bodhi Bhikkhu, (Boston : Wisdom Publication, 2000)

『The Book of the Kindered Sayings, 5vols.』 tr. by C. A. F. Rhys Davids & F. L. Woodward, (London : PTS, 1917-1930)

『Die in Gruppen geordnete Sammlung(Saṁyuttanikāya) aus dem Pāli-Kanon der Buddhisten. 2vols.』 übersetzt von W. Geiger. (Munich-Neubiberg. Oskar Schloss Verlag. 1925)

『Die Reden des Buddha-Gruppierte Sammlung aus dem Pāli-Kanon』 übersetzt von W. Geiger, Nyāponika Mahāthera, H. Hecker. (Herrnschrott. Verlag Beyerlein & Steinschulte 2003)

『On a Sanskrit Version of the Verahaccāni Sutta of the Saṁyuttanikāya』 by E. Waldschmidt. Nachrichiten der Akademie der Wissenschaften in Göttingen Philologisch-Historische Klasse. Göttingen : Vandenhoeck and Ruprecht, 1980.

『Nidāna Saṁyutta』 edited by Myanmar Pitaka Association, Yangon, 1992.

『相應部經典(南傳大藏經 第12-17卷)』 赤沼智善 外 譯 (大正新修大藏經刊行會 昭和 12年)

『Paramatthadīpanī』 ed. by Frank L. Woodward.(London : PTS, 1977)

『Sanskithandschriften aus den Turfanfunden』(Verzeichnis der Orientalischen Handschriften in Deutschland, 10)(Wiesbaden, Stuttgart : 1965)

『Sāratthappakāsinī : Saṁyuttanikāyaṭṭhakathā』 ed. by Woodward, F. L. 3vols.(London : PTS, 1977)

『Sputārthā Abhidharmakośavākhyā』 ed. by Wogihara und Yaśomitra 2parts.(Tokyo : 1032-1936)

『Sumaṅgalavilāsini』 ed. by T. W. Rhys Davids, J. E. Carpenter & W. Stede, 3vols(London : PTS, 1886-1932)

『Suttanipata』 ed. by Andersen, D. & Smith, H.(London : PTS, 1984)

『Suttanipāta Aṭṭhakathā』 ed. by H. Smith, 2vols(London : PTS, 1916-1917)

『Suttanipāta』, edited by Dines Andersen& Helmer Smith. first published in 1913. published for PTS. by Routledge & Kegan Paul. 1965. London.

『Suttanipāta』, edited by Ven. Suriya Sumangala P. V. Bapat, Devanagari characters. Bibliotheca Indo Buddhica 75, Sri Satguru Publications, Poona 1924, Delhi, 1990.

『Suttanipāta』 Pali Text with Translation into English and notes by N. A. Jayawickrama Post-Graduate Institute of Pali & Buddhist Studies. University of Kelaniya, Srilanka. 2001.

『The Suttanipāta』. tr. by Saddhatissa Ven. H. Curzon Press Ltd. London 1985.

『Śrāvakabhūmi』 ed. by Shukla, K. Tibetan Sanskrit Works Series, 14(Patna : 1973)
『Thera-Theri-Gathā』 tr. by A. F. Rhys Davids, 『Psalms of the Early Buddhists』 2vols(London : PTS, 1903-1913); tr. by Norman. K. P. 『Elders' Verses I. II』(London : PTS, 1969-1971)
『Śarīrārthagāthā of the Yogācārabhūmi』 in F. Enomoto, J-U Hartman, and Matsumura, Sanskrit Texte aus dem buddhistischen Kanaon : Neuentdeckung und Neuedition, 1. (Göttingen. 1989)
『Vimānavatthu』 ed. by Jayawickrama, N. A.(London : PTS, 1977)
『Visuddhimagga of Buddhaghosa』 ed. by Rhcys Davids, C. A. F.(London : PTS, 1975)
『Vibhaṅga』 tr. by Thittila, Ashin 『The Book of Analysis』(London : PTS, 1969)
『Upanisads』 ed. & tr. by S. Radhakrishnan, 『The Principal Upaniṣads』 2nd ed.(London : George Allen & Unwin, 1953) : tr. by R. E. Hume, 『The Thirteen Principal Upaniṣads』 2nd ed.(London : Oxford University Press, 1934)
『Udāna』 ed. by Steinthal, P.(London : PTS, 1885)
『The Udāna』(The solemn Utterances of the Buddha) tr. by D. M. Strong (London : Luzac 1902)
『Das Udāna』(Eine kanonische Schrift des Pāli-Buddhismus) von Karl Seidenstücker(Leipzig : 1913)
『The Udāna』 tr. by Frank L. Woodward. in Monor Anthologies of Pali Canon II. Sacred Books of the Buddhists. Vol.8(London : PTS, 1935)
『The Udāna』 tr. by John D. Irland(Kandy : Budddhist Publication Society 1990)
『The Udāna』 tr. by Masefield, P.(Oxford, London : PTS, 1994)
『The Udāna commentary』(Paramatthadīpanī nāma Udānaṭṭhakathā) by Dhammapāla, translated from the Pāli by Peter Masefield ; vol. 1. 2.(Oxford : PTS, 1994-1995)
『自說經』 增永靈鳳譯, 南傳大藏經23卷小部經典(東京 : 大正新修藏經刊行會 1937)
『如是語經』 石黑彌致譯, 南傳大藏經23卷小部經典(東京 : 大正新修藏經刊行會 1937)
『진리의 언어, 기쁨의 언어』 이미령 역(서울 : 민족사 1991)
『長阿含經』 22권 大正新修大藏經 一卷
『中阿含經』 60권 大正新修大藏經 一卷
『雜阿含經』 50권 大正新修大藏經 二卷

『增一阿含經』 51권 大正新修大藏經 二卷
『別譯雜阿含經』 16권 大正新修大藏經 二卷
≪쌍윳따니까야≫ 개정판 전7권 전재성역, 한국빠알리성전협회(서울: 2006-2007)
≪맛지마니까야≫ 전5권 전재성역, 한국빠알리성전협회(서울: 2002-2003)
≪앙굿따라니까야≫ 전11권 전재성역, 한국빠알리성전협회(서울: 2007- 2008)
≪디가니까야≫ 전재성역, 한국빠알리성전협회(서울: 2011)
『숫타니파타』 전재성역, 한국빠알리성전협회(서울: 2004)
『법구경-담마파다』 전재성역, 한국빠알리성전협회(서울: 2008)
『우다나-감흥어린 싯구』 전재성역, 한국빠알리성전협회(서울: 2009)

● 기타 불교학일반참고문헌

Barua, D. K. 『An Analytical Study of Four Nikāyas』(Delhi : Munshiram Manoharlal Publisher. 2003)
Basham, A. L. 『History and Doctrine of the Ājīvikas』(Delhi : Motilal Banarsidass. 1981)
Bodhi Bhikkhu. 『The Noble Eightfold Path』(Kandy : Buddhist Publication Society, 1984)
Bodhi Bhikkhu. 『Transcendental Dependent Arising』(Kandy : Buddhist Publication Society, 1980)
Bechert, Heinz. 『Buddhism in Ceylon and Studies in Religious Syncretism in Buddist Countries』 (Göttingen : Vandenhoeck and Ruprecht, 1978)
Bunge, M. 『Causality and Modern Science』(New York : Dover Publications Inc., 1986)
Enomoto, Fumio. A Comprehensive Study of the Chinese Saṁyuktāgama (Kyoto 1994)
Fahs, A. 『Grammatik des Pali』(Leipzig : Verlag Enzyklopädie, 1989)
Frauwallner, E. 『Die Philosophie des Buddhismus』(Berlin : Akademie Verlag, 1958)
Gethin, R. M. L. 『The Buddhist Path to Awakening : A Study of the Bodhipakkhiyā Dhammā』 Leiden : Brill, 1992.
Gombrich, Richard F. 『How Buddhism Began : The Conditioned Genesis of the Early Teachings』 (Athlone : London & Atlantic Highlands, N. J. 1996.)
Glasenapp, H. V. 『Pfad zur Erleuchtung(Das Kleine, das Grosse und das

Diamant-Fahrzeug)』(Köln : Eugen Diederichs Verlag, 1956)
Goleman, D. 『The Buddha on Meditation and Higher States of Consciousness』 The Wheel Publication no.189/190(Kandy : Buddhist Publication Society, 1980)
Hamilton, Sue. 『Identity and Experience : The Constitution of the Human Being according to Early Buddhism』(London : Luzac, 1996)
Hinüber, Oskar von. 『A Handbook of Pāli Literature』(Berlin,New York : Walter de Guyter, 1996)
Hiriyanna, M. 『Outlines of Indian Philosophy』(London : George Allen &Unwin, 1932)
Hoffman, F. J. 『Rationality and Mind in Early Buddhism』(Delhi : Motilal Banarsidass, 1987)
Htoon, U. C. 『Buddhism and the Age of Science』 『The Wheel』 Publication no.36/37(Kandy : Buddhist Publication Society, 1981)
Jayatilleke, K. N. 『Early Buddhist Theory of Knowlege』(Delhi : Motilal Banarsidass, 1963)
Jayatilleke, K. N. etc, 『Buddhism and Science』 『The Wheel』 Publication no.3(Kandy : Buddhist Publication Society, 1980)
Johansson, R. E. A. 『The Dynamic Psychology of Early Buddhism』(London : Curzon Press Ltd., 1979)
Johansson, R. E. A. 『The Psychology of Nirvana』(London : George Allen & Unwin Ltd., 1969)
Kalupahana, D. J. 『Causality : The Central philosophy of Buddhism』(Honolul u : The University Press of Hawai, 1975)
Kalupahana, D. J. 『Buddhist Philosophy, A Historical Analysis』(Honolulu : The University Press of Hawaii, 1976)
Karunaratne, W. S. 『The Theory of Causality in Early Buddhism』(Colombo : Indumati Karunaratne, 1988)
Kim, Jaegwon. 『Supervenience and Mind』(New York : Cambridge Press, 1933)
Kirfel, W. 『Die Kosmographie der Inder』(Bonn : Schroeder, 1920)
Knight, C. F. etc, 『Concept and Meaning』 『The Wheel』 Publication no.250(Kandy : Buddhist Publication Society, 1977)
Malalasekera, G. P. & Jayatilleke, K. N. 『Buddhism and Race Question』(Pari s : UNESCO, 1958)

Macdonell, A. A. 『A Vedic Reader for Students』(Oxford : Oxford University Press, 1917)
Macy, J. 『Mutual Causality in Buddhism and General Systems Theory』(New York : State University of New York Press, 1992)
Narada, Maha Thera. 『The Buddha and His Teaching』(Kuala Lumpur : Buddhist Missionary Society, 1964)
Murti, T. R. V. 『The Central Philosophy of Buddhism』(London : George Allen & Unwin Ltd., 1955)
Nyanoponika Thera, 『The Heart of Buddhist Meditation』(London : Rider, 1962)
Nyanaponika. 『The Five Mental Hindrances and their Conquest』 Wheel no. 26(Kandy : Buddhist Publication Society, 1961)
Nyanaponika. 『The Four Nutritments of Life』 Wheel no. 105/106 (Kandy : Buddhist Publication Society, 1961)
Nyanaponika Thera & Helmut Hecker. 『Great Disciples of the Buddha : Their Lives, Their Works, Their Legacy』 (Boston : Wisdom Publication, 1997)
Norman, K. R. 『Pāli Literature, including the Canonical Literature in Prakrit and Sanskrit of the Hīnayāna Schools of Buddhism』(Wiesbaden : Otto Harrassowitz, 1983)
Norman, K. R. 『The Group of Discourses』 - Revised Translation with Introduction and Notes. PTS. London. 1992
Oldenberg, H. 『Buddha : sein Leben, seine Lehre, seine Gemeinde』 (Stuttgart : Magnus Verlag, 1881)
Oldenberg, H. 『Religion des Veda』 3Aufl. (Stuttgart und Berlin : Magnus Verlag. 1923)
Oliver Abeynayake. 『A Textual and Historical Analysis of the Khuddakani-kāya』 (Colombo : Tisara Press. 1984)
Chakravarti, U. 『The Social Dimensions of Early Buddhism』(Oxford : Oxford University Press, 1987)
Ñāṇamoli, Bhikkhu. 『The Life of Buddha according to the Pāli Canon』 (Kandy : Buddhist Publication Society, 1992)
Ñāṇananda, Bhikkhu. 『Concept and Reality in Early Buddhist Thought』 (Kandy : Buddhist Publication Society, 1971)
Pande, G. C. 『Studies in the Origins of Buddhism』(Allahabad : University of Allahabad, 1957)

Piyananda, D. 『The Concept of Mind in Early Buddhism』(Cathoric University of America, 1974)

Rahula, W. S. 『What the Buddha Taught』(London & Bedford : Gardon Fraser, 1978)

Rahula, W. S. 『History of Budddism in Ceylon』 (Colombo, 1956)

Sayādaw, Mahāsi, 『The Great Discourse on the Wheel of Dhamma』 tr. by U Ko Lay(Rangoon : Buddhasāsana Nuggaha Organization, 1981)

Sayādaw, Mahāsi, 『Pāticcāsamuppāda(A Discourse)』 tr. by U Aye Maung(Rangoon : Buddasāsana Nuggaha Organization, 1982)

Schumann, H. W. 『The Historical Buddha』 tr. by M. O'C Walshe Arkana(London : Penguin Group, 1989)

Stebbing, L. S. 『A Modern Introduction to Logic』(London : Metuen & Co, 1962)

Soma Thera, 『The Way of Mindfulness : The Satipaṭṭhāna Sutta and its Commentary』(Kandy : BPS, 1975)

Story, F. 『Dimensions of Buddhist Thought』 『The Wheel』 Publication no.212/213/214(Kandy : Buddhist Publication Society)

Varma, V. P. 『Early Buddhism and It's Origin』(Delhi : Munshiram Monoharlal, 1973)

Watanabe, F. 『Philosophy and Its Development in the Nikāyas and Abhidhamma』(Delhi : Motilal Banarsidass, 1983)

Wettimuny, R. G. de S. 『The Buddha's Teaching』(Colombo : M. D. Gunasena & Co. Ltd., 1977)

Wettimuny, R. G. de S. 『The Buddha's Teaching and the Ambiguity of Existence』(Colombo : M. D. Gunasena & Co. Ltd., 1977)

Wijesekera, O. H. 『Knowledge & Conduct : Buddhist Contributions to Philosophy and Ethics』(Kandy : Buddhist Publication Society, 1977)

Wijesekera, O. H. 『Buddhist and Vedic Studies』(Delhi : Motilal Banarsidass, 1994)

Wittgenstein, L. 『Philosophische Untersuchungen』 『Ludwig Wittgenstein Werkausgabe』 Band,I (Frankfurt am Main, 1984)

Winternitz, M. 『History of Indian Literature』 vol.2(Dheli : Motilal Banarsidass, 1963)

● 일반단행본(한국, 일본)

김동화, 『원시불교사상』(서울 : 보련각, 1988)
김재권 외, 『수반의 형이상학』(서울 : 철학과 현실사, 1994)
김재권, 『수반과 심리철학』(서울 : 철학과 현실사, 1994)
길희성, 『인도철학사』(서울 : 민음사, 1984)
원의범, 『인도철학사상』(서울 : 집문당, 1980)
이중표, 『아함의 중도체계』(서울 : 불광출판부, 1991)
전재성, 『범어문법학』(서울 : 한국빠알리성전협회, 2002)
정태혁, 『인도철학』(서울 : 학연사, 1988)
정태혁, 『인도종교철학사』(서울 : 김영사, 1985)
中村元, 『原始佛教の思想』上,下(東京 : 春秋社, 昭和45)
中村元, 『原始佛教の生活倫理』(東京 : 春秋社, 昭和47)
中村元, 『ブッダの ことば』, 東京 岩波書店, 1981年
和什哲郎, 『原始佛教の實踐哲學』(東京 : 岩波書店, 昭和15)
木村泰賢, 『原始佛教思想論』(東京 : 大法倫閣, 昭和43)
木村泰賢, 『印度六派哲學』『木村泰賢全集』第2巻(昭和43)
舟橋一哉, 『原始佛教思想の研究』(京都 : 法藏館, 昭和27)
水野弘元, 『原始佛教』(京都 : 平樂寺書店, 1956)

● 논문잡지류(동서양)

Buddhist Studies Review 9. 1(1992)
Chatallian, G., 「Early Buddhism and the Nature of Philosophy」『Journal of Indian philosophy』 vol.11 no.2(1983)
Franke, R. O., 「Das einheitliche Thema des Dighanikāya : Gotama Buddha ist ein Tathāgata」「Die Verknüpfung der Dīghanikāya-Suttas untereinander」「Majjhimanikāya und Suttanipāta, Die Zusammenhänge der Majjhimanikāya-suttas」「Der einheitliche Grundgedanke des Majjhimanikāya : Die Erziehung gemass der Lehre (Dhamma-Vinaya)」「Der Dogmatische Buddha nach dem Dīghanikāya」「Die Buddhalehre in ihrer erreichbarältesten Gestalt im Dīghanikāya」「Die Buddhlehre in ihrer erreichbarältesten Gestalt」『Kleine Schliften』(Wiesbaden : Franz Steiner Verlag, 1978)
Fryba, M., 「Suññatā : Experience of Void in Buddhist Mind Training」 SJBS. vol.11(1988)
Geiger, W., 「Pāli Dhamma」『Kleine Schriften』(Wiesbaden : Franz Steiner

Verlag, 1973)
Gethin, R., 「The Five Khandhas : Their Treatment in the Nikāyas and Early Abhidhamma」『Journal of Indian Philosophy』 vol.14 no.1(1986)
Heimann, B., 「The Significance of Prefixes in Sanskrit Philosophical Terminology」 RASM vol.25(1951)
Hoffman, E. J., 「Rationablity in Early Buddhist Four Fold Logic」『Journal of Indian Philosophy』 vol.10 no.4(1982)
Karunadasa, Y., 「Buddhist Doctrine of Anicca」『The Basic Facts of Existence』(Kandy : Buddhist Publication Society, 1981)
Premasiri, P. D., 「Early Buddhist Analysis of Varieties of Cognition」 SJBS vol.1(1981)
Wijesekera, O. H. de A., 「Vedic Gandharva and Pali Gandhabba」 『Ceyron University Review』 vol.3 no.1(April, 1945)

● 사전류

Childers, R. C., 『A Dictionary of the Pali Language』(London : 1875)
Anderson, D., 『A Pāli Reader with Notes and Glossary』 2parts(London & Leipzig : Copenhagen, 1901-1907)
Rhys Davids, T. W. and Stede, W., 『Pali-English Dictionary』(London : PTS, 1921-1925)
Buddhadatta, A. P., 『Concise Pāli-English Dictionary』(Colombo : 1955)
Malalasekera, G. P., 『Dictionary of Pāli Proper Names』 vol.1, 2 (London : PTS, 1974)
雲井昭善, 『巴和小辭典』(京都 : 法藏館, 1961)
水野弘元, 『パーリ語辭典』(東京 : 春秋社, 1968, 二訂版 1981)
全在星, 『빠알리어사전』(서울 : 한국빠알리성전협회, 2012)
Bothlingk, O. und Roth, R., 『Sanskrit-Wörterbuch』 7Bande(St. Petersburg : Kaiserischen Akademie der Wissenschaften, 1872-1875)
Monier Williams, M., 『A Sanskrit-English Dictionary』(Oxford, 1899)
Uhlenbeck, C. C., 『Etymologisches Wörterbuch des Alt-Indischen Sprache』(Osnabrück, 1973)
Edgerton, F., 『Buddhist Hybrid Sanskrit Grammar and Dictionary』 2vols(New Haven : Yale Univ., 1953)
V. S. Apte, 『The Practical Sanskrit-English Dictionary』(Poona : Prasad

Prakshan, 1957)
鈴木學術財團, 『梵和大辭典』(東京 : 講談社, 1974, 增補改訂版 1979)
織田得能, 『佛教大辭典』(東京 : 大藏出版株式會社, 1953)
耘虛龍夏, 『佛教辭典』(서울 : 東國譯經院, 1961)
中村元, 『佛教語大辭典』(東京 : 東京書籍, 1971)
弘法院 編輯部, 『佛教學大辭典』(서울 : 弘法院, 1988)
Nyanatiloka, 『Buddhistisches Wörterbuch』(Konstanz : Christiani Konstanz, 1989)
Malalasekera, G. P. 『Encyclopadia of Buddhism』 (Ceylon : The Government of Sri Lanka, 1970-)
Glare 『Oxford Latin Dictionary』 (Oxford : The Clarendon Press, 1983)
Hermann Krings usw. 『Handbuch Philosophischer Grundbegriffe』 (Münche n : Kösel Verlag, 1973)

● 문법류

Buddhadatta, A P. : The New Pali Course I, II, Colombo, 1974
Buddhadatta, A P. : Aids to Pali Conversation and Translation, Colombo, 1974
Childers, R. C. A : Dictionary of the Pali Language, London 1875
Anderson, D. A : Pāli Reader with Notes and Glossary, 2 parts, London and Leipzig. Copenhagen, 1901-1907
Rhys Davids, T. W. and Stede, W. : Pali-English Dictionary, P.T.S London , 1921-1925
Buddhadatta, A. P. : Concise Pāli-English Dictionary, Colombo 1955.
Malalasekera, G. P. : Dictionary of Pāli Proper Names Vol. I. II, London P.T.S. 1974.
Fahs, A. : Grammatik des Pali, Verlag Enzyklopädie, Leipzig, 1989 1989
Allen, W. S. : Phonetic in Ancient India, Oxford University Press, London, 1965
Oskar von Hinüber : Das Buddhistische Recht und die Phonetik, Studien zur Indologie und Iranistik Heft 13-14. Reinbek, 1987
Allen, W. S. : The Theoretica Phonetic and Historical Bases of Wordjuntion in Sanskrit : The Hague, Paris, 1965
Whitney, W. D. : Indische Grammatik, übersetzt von Heinlich Zimmer : Leipzig, 1979

Weber, A. : Pāṇiniyaśikṣā, Indische Studien IV. pp. 345-371, 1858
Weber, A. : Vājasaneyiprātiśākhya, Indische Studien IV. pp. 65-171, pp. 177-331, 1858
Franke, A. D. : Sarvasammataśikṣā, Göttingen, 1866
Böthlingk, O. : Pāṇini's Grammatik. Georg Olms Verlagsbuchhanddun, Hildesheim, 1964
Warder, A.K. : Introduction to Pali, PTS. London. 1963
Geiger, W. : Pali Literatur und Sprache, Straßburg. 1916.

빠알리어 한글표기법

빠알리어는 구전되어 오다가 각 나라 문자로 정착되었으므로 고유한 문자가 없다. 그러므로 일반적으로 빠알리성전협회(Pali Text Society)의 표기에 따라 영어 알파벳을 보완하여 사용한다. 빠알리어의 알파벳은 41개이며, 33개의 자음과 8개의 모음으로 되어 있다.

자음(子音)	폐쇄음(閉鎖音)				비음(鼻音)
	무성음(無聲音)		유성음(有聲音)		
	무기음	대기음	무기음	대기음	무기음
① 후음(喉音)	ka 까	kha 카	ga 가	gha 가	ṅa 나
② 구개음(口蓋音)	ca 짜	cha 차	ja 자	jha 자	ña 냐
③ 권설음(捲舌音)	ṭa 따	ṭha 타	ḍa 다	ḍha 다	ṇa 나
④ 치음(齒音)	ta 따	tha 타	da 다	dha 다	na 나
⑤ 순음(脣音)	pa 빠	pha 파	ba 바	bha 바	ma 마
⑥ 반모음(半母音)	ya 야, 이야 va 바, 와				
⑦ 유활음(流滑音)	ra 라 la ㄹ라 ḷa ㄹ라				
⑧ 마찰음(摩擦音)	sa 싸				
⑨ 기식음(氣息音)	ha 하				
⑩ 억제음(抑制音)	ṁ -ㅇ, -ㅁ, -ㄴ				

모음에는 단모음과 장모음이 있다. a, ā, i, ī, u, ū, e, o 모음의 발음은 영어와 같다. 단 단음은 영어나 우리말의 발음보다 짧고, 장음은 영어나 우리말보다 약간 길다. 단음에는 a, i, u가 있고, 장음에는 ā, ī, ū, e, o가 있다. 유의할 점은 e와 o는 장모음이지만 종종 복자음 앞에서 짧게 발음된다 : metta, okkamati.

자음의 발음과 한글표기는 위의 도표와 같다.

ka는 '까'에 가깝게 발음되고, kha는 '카'에 가깝게 소리나므로 그대로 표기한다. ga, gha는 하나는 무기음이고 하나는 대기음이지만 우리말에는 구별이 없으므로 모두 '가'으로 표기한다. 발음에서 특히 유의해야 할 것은 aṅ은 '앙'으로, añ은 '얀'으로, aṇ은 '안, 언'으로, an은 '안'으로, aṁ은 그 다음에 오는 소리가 ① ② ③ ④ ⑤일 경우에는 각각 aṅ, añ, aṇ, an, am으로 소리나며, 모음일 경우에는 '암', 그 밖의 다른 소리일 경우에는 '앙'으로 소리난다. 그리고 y와 v일 경우에는 일반적으로 영어처럼 발음되지만 그 앞에 자음이 올 경우와 모음이 올 경우 각각 발음이 달라진다. 예를 들어 aya는 '아야'로 tya는 '띠야'로 ava는 '아바'로 tva는 '뜨와'로 소리난다. 또한 añña는 어원에 따라 '앙냐' 또는 '안냐'로 소리난다. 예를 들어 sk. saṁjñā에서 유래한 saññā는 쌍냐로 sk. prajñā에서 유래한 paññā는 '빤냐'로 읽는 것이 좋다. yya는 '이야'로 소리난다. 폐모음 ② ③ ④가 묵음화되어 받침이 될 경우에는 ㅅ, ①은 ㄱ ⑤는 ㅂ으로 표기한다.

글자의 사전적 순서는 위의 모음과 자음의 왼쪽부터 오른쪽으로의 순서와 일치한다. 단지 ṁ은 항상 모음과 결합하여 비모음에 소속되므로 해당 모음의 뒤에 배치된다.

불교의 세계관

불교의 세계관은 일반적으로 알려진 것처럼 단순히 신화적인 비합리성에 근거하는 것이 아니라 인간의 정신세계인 명상 수행의 차제에 대응하는 방식으로 합리적으로 조직되었다. 물론 고대 인도의 세계관을 반영하고 있는 것은 사실이지만 언어의 한계를 넘어선다면 보편적인 우주의 정신세계를 다루고 있다고 볼 수 있다.

여기서 세계의 존재(有 : bhavo)라고 하는 것은, 엄밀히 말하면 육도윤회하는 무상한 존재를 의미하며, 감각적 쾌락의 욕망의 세계(欲界), 미세한 물질의 세계(色界), 비물질의 세계(無色界)라는 세 가지 세계의 존재가 언급되고 있다. 감각적 쾌락의 욕망의 세계, 즉 감각적 욕망계의 존재(欲有 : kāmabhava)는 지옥, 축생, 아귀, 수라, 인간뿐만 아니라 욕계의 하늘에 사는 거친 신체를 지닌 존재들을 의미한다.

미세한 물질의 세계, 즉 색계에 사는 존재(色有 : rūpabhava)는 하느님 세계의 하느님의 권속인 신들의 하느님 세계(梵衆天)에서 궁극적인 미세한 물질로 이루어진 신들의 하느님 세계(色究竟天=有頂天)에 이르기까지 첫 번째 선정에서 네 번째 선정에 이르기까지 명상의 깊이를 조건으로 화생되는 세계를 말한다. 따라서 이 세계들은 첫 번째 선정의 하느님 세계(初禪天)에서부터 청정한 삶을 사는 신들의 하느님 세계(Suddhāvāsakāyikā devā : 淨居天은 無煩天, 無熱天, 善現天, 善見天, 色究竟天)까지의 이름으로도 불린다. 첫 번째 선정의 하느님 세계부터는 하느님 세계에 소속된다.

가장 높은 단계의 세계인 비물질의 세계, 즉 무색계에 사는 존재(無色有 : arūpabhava)에는 '무한공간의 하느님 세계의 신들'(空無邊處天), '무한의식의 하느님 세계의 신들'(識無邊處天), '아무 것도 없는 하느님 세계의 신들'(無所有處天), '지각하는 것도 아니고 지각하지 않는 것도 아닌 하느님 세계의 신들'(非想非非想處天)이 있다. '무한공간의 신들의 하느님 세계'에서 '지각하는 것도 아니고 지각하지 않는 것도 아닌 신들의 하느님 세계'에 이르기까지는 첫 번째 비물질계의 선정에서 네 번째의 비물질계의 선정에 이르기까지의 명상의 깊이를 조건으로 화현하는 비물질의 세계이다.

이들 하늘나라(天上界)나 하느님 세계(梵天界)에 사는 존재들은 화생, 인간은 태생, 축생은 태생 · 난생 · 습생 · 화생의 발생방식을 일반적으로 택하고 있다.

그것들의 형성조건은 윤리적이고 명상적인 경지를 얼마만큼 성취했는지에 달려 있다.

하늘나라의 감각적 쾌락의 욕망의 세계에 태어나려면 믿음과 보시와 지계와 같은 윤리적인 덕목을 지켜야 한다. 인간으로 태어나기 위해서는 오계에 대한 인식이 있어야 한다. 그리고 아수라는 분노에 의해서, 축생은 어리석음과 탐욕에 의해서, 아귀는 간탐과 집착에 의해서, 지옥은 잔인함과 살생을 저지르는 것에 의해서 태어난다.

미세한 물질의 세계에 속해 있는 존재들은 첫 번째 선정 [初禪]에서부터 네 번째 선정 [四禪]에 이르기까지 명상의 깊이에 따라 차별적으로 하느님 세계에 태어난다. 미세한 물질의 세계의 최상층에 태어나는 존재들은 돌아오지 않는 님 [不還者]의 경지를 조건으로 한다. 물질이 소멸한 비물질적 세계의 존재들은 '무한공간의 신들의 하느님 세계'에서 '지각하는 것도 아니고 지각하지 않는 것도 아닌 신들의 하느님 세계'에 이르기까지 비물질적 세계의 선정의 깊이에 따라 차별적으로 각각의 세계에 태어난다.

불교에서 여섯 갈래의 길(六道)은 천상계, 인간, 아수라, 아귀. 축생, 지옥을 말하는데, 이 때 하늘나라(天上界)는 감각적 쾌락의 욕망이 있는 하늘나라(欲界天)와 하느님 세계(梵天界)로 나뉘며, 하느님 세계는 다시 미세한 물질의 세계와 비물질의 세계로 나뉜다. 그리고 부처님은 이러한 육도윤회의 세계를 뛰어넘어 불생불멸하는 자이다. 여기 소개된 천상의 세계, 즉. 하늘의 세계에 대하여 이 책에서는 다음과 같이 번역한다.

1) 감각적 쾌락의 욕망의 세계의 여섯 하늘나라

① 네 위대한 왕들의 하늘나라(Cātummahārājikā devā : 四王天) ② 서른셋 신들의 하늘나라(Tāvatiṁsā devā : 三十三天=忉利天) ③ 축복 받는 신들의 하늘나라(Yāmā devā : 夜摩天) ④ 만족을 아는 신들의 하늘나라(Tusitā devā : 兜率天) ⑤ 창조하고 기뻐하는 신들의 하늘나라(Nimmānaratī devā : 化樂天) ⑥ 다른 신들이 만든 존재를 향유하는 신들의 하늘나라(Paranimmitavasavattino devā : 他化自在天),

2) 첫 번째 선정의 세계의 세 하느님 세계

⑦ 하느님의 권속인 신들의 하느님 세계(Brahmapārisajjā devā : 梵衆天) ⑧ 하느님을 보좌하는 신들의 하느님 세계(Brahmapurohitā devā : 梵輔天) ⑨ 위대한 신들의 하느님 세계(Mahābrahmā devā : 大梵天) 그리고 이들 ⑦ ─ ⑨ 하느

님 세계를 '하느님의 무리인 신들의 하느님 세계(Brahmakāyikā devā : 梵身天)' 라고 한다.

3) 두 번째 선정의 세계의 세 하느님 세계
⑩ 작게 빛나는 신들의 하느님 세계(Parittābhā devā : 小光天) ⑪ 한량없이 빛나는 신들의 하느님 세계(Appamāṇābhā devā : 無量光天) ⑫ 빛이 흐르는 신들의 하느님 세계(Ābhāssarā devā : 極光天, 光音天)

4) 세 번째 선정의 세계의 세 하느님 세계
⑬ 작은 영광의 신들의 하느님 세계(Parittasubhā devā : 小淨天) ⑭ 한량없는 영광의 신들의 하느님 세계(Appamāṇasubhā devā : 無量淨天) ⑮ 영광으로 충만한 신들의 하느님 세계(Subhakiṇṇā devā : 遍淨天)

5) 네 번째 선정의 세계의 아홉 하느님 세계
⑯ 번뇌의 구름이 없는 신들의 하느님 세계(Anabbhakā devā : 無雲天「大乘佛教」) ⑰ 공덕이 생겨나는 신들의 하느님 세계(Puññappasavā devā : 福生天「大乘佛教」) ⑱ 탁월한 과보로 얻은 신들의 하느님 세계(Vehapphalā devā : 廣果天) ⑲ 지각을 초월한 신들의 하느님 세계(Asaññasattā devā : 無想有情天) = 승리하는 신들의 하느님 세계(Abhibhū devā : 勝者天) ⑳ 성공으로 타락하지 않는 신들의 하느님 세계(Avihā devā : 無煩天) ㉑ 타는 듯한 고뇌를 여읜 신들의 하느님 세계(Atappā devā : 無熱天) ㉒ 선정이 잘 이루어지는 신들의 하느님 세계(Sudassā devā : 善現天) ㉓ 관찰이 잘 이루어지는 신들의 하느님 세계(Sudassī devā : 善見天) ㉔ 궁극적인 미세한 물질로 이루어진 신들의 하느님 세계(Akaniṭṭhā devā : 色究竟天=有頂天) 그리고 이 가운데 ⑳-㉔의 다섯 하느님 세계는 청정한 삶을 사는 신들의 하느님 세계(Suddhāvāsā devā : 淨居天) 이라고도 한다.

6) 비물질적 세계에서의 네 하느님 세계
㉕ 무한공간의 세계의 하느님 세계(Ākāsānañcāyatanabrahmaloka : 空無邊處天) ㉖ 무한의식의 세계의 하느님 세계(Viññāṇañcāyatanabrahmaloka : 識無邊處天) ㉗ 아무 것도 없는 세계의 하느님 세계(Ākiñcaññāyatanabrahmaloka : 無所有處天) ㉘ 지각하는 것도 아니고 지각하지 않는 것도 아닌 세계의 하느님 세계(Nevasaññānāsaññāyatanabrahmaloka : 非想非非想處天).

<table>
<tr><th>형성조건</th><th>발생방식</th><th colspan="2">명 칭(漢譯 : 수명)</th><th colspan="4">분 류</th></tr>
<tr><td>無形象</td><td>化生</td><td colspan="2">nevasaññanāsaññāyatana(非想非非想處天 : 84,000劫)
akiñcaññāyatana (無所有處天 : 60,000劫)
viññāṇañcāyatana(識無邊處天 : 40,000劫)
ākāsānañcāyatana(空無邊處天 : 20,000劫)</td><td rowspan="7">梵
天
界</td><td>無
色
界</td><td rowspan="9">天
上
界</td><td rowspan="10">善
業
報
界</td></tr>
<tr><td colspan="4">형 상 또는 물질의 소 멸</td><td></td></tr>
<tr><td>不還者의
淸淨
(四禪)</td><td>化生</td><td>akaniṭṭha(色究竟天=有頂天 : 16000劫)
sudassin(善見天 : 8,000劫)
sudassa(善現天 : 4,000劫)
atappa(無熱天 : 2,000劫)
aviha(無煩天 : 1,000劫)</td><td>suddhāvāsa
(淨居天)</td><td rowspan="5">色
界</td></tr>
<tr><td>四禪</td><td>化生</td><td colspan="2">asaññasatta(無想有情天)=abhibhū(勝者天 : 500劫)
vehapphala(廣果天 : 500劫)
puññappasava(福生天 : 大乘佛敎에서)
anabhaka(無雲天 : 大乘佛敎에서)</td></tr>
<tr><td>三禪</td><td>化生</td><td colspan="2">subhakiṇṇa(遍淨天 : 64劫)
appamāṇasubha(無量淨天 : 32劫)
parittasubha(小淨天 : 16劫)</td></tr>
<tr><td>二禪</td><td>化生</td><td colspan="2">ābhassara(極光天 : 8劫)
appamāṇābha(無量光天 : 4劫)
parittābha(小光天 : 2劫)</td></tr>
<tr><td>初禪</td><td>化生</td><td colspan="2">mahābrahmā(大梵天 : 1劫)
brahmapurohita(梵輔天 : 1/2劫)
brahmapārisajja(梵衆天 : 1/3劫)</td></tr>
<tr><td colspan="6">다섯 가지 장애(五障)의 소멸</td></tr>
<tr><td>信
布施
持戒</td><td>化生</td><td colspan="2">paranimmitavasavattī
(他化自在天 : 16,000天上年=9,216百萬年)
nimmāṇarati(化樂天 : 8,000天上年=2,304百萬年)
tusita(兜率天 : 4,000天上年=576百萬年)
yāma(耶麻天 : 2,000天上年=144百萬年)
tāvatiṁsa(三十三天 : 1,000天上年=36百萬年)
cātumāharājikā(四天王 : 500天上年=9百萬年)</td><td>天
上
의
欲
界</td><td rowspan="6">欲
界</td></tr>
<tr><td>五戒</td><td>胎生</td><td colspan="3">manussa(人間 : 非決定)</td><td>人間</td></tr>
<tr><td>瞋恚</td><td>化生</td><td colspan="3">asura(阿修羅 : 非決定)</td><td>修羅</td><td rowspan="5">惡
業
報
界</td></tr>
<tr><td>慳貪
執著</td><td>化生</td><td colspan="3">peta(餓鬼 : 非決定)</td><td>餓鬼</td></tr>
<tr><td>愚癡
貪欲</td><td>胎生
卵生
濕生
化生</td><td colspan="3">tiracchāna(畜生 : 非決定)</td><td>畜生</td></tr>
<tr><td>殘忍
殺害</td><td>化生</td><td colspan="3">niraya(地獄 : 非決定)</td><td>地獄</td></tr>
<tr><td colspan="8">※ 天上의 欲界의 하루는 四天王부터 他化自在天까지 각각 인간의 50년, 100년, 200년, 400년, 800년, 1,600년에 해당하고 人間이하의 수명은 결정되어 있지 않다.</td></tr>
</table>

여든아홉 가지 괴로움의 명제

1) 이 세상의 함께 사는 뭇삶들은 불타고(āditto) 있다.
2) 그들은 바쁘(uyyotto)다.
3) 그들은 치닫고(payāto) 있다.
4) 그들은 나쁜 길(kumaggo)을 간다.
5) 이 세상은 불안정하여(addhuvo) 사라진다.(MN. II. 68)
6) 이 세상은 피난처가 없고(attaṇo) 보호자가 없(anissaro)다.(MN. II. 68)
7) 이 세상에는 나의 것이 없고(assako) 모든 것은 버려져야 한다.(MN. II. 68)
8) 이 세상은 불완전하며(uṇo) 불만족스럽고(atitto) 갈애의 노예상태(taṇhā-dāso)이다.(MN. II. 68)
9) 이 세상의 함께 사는 뭇삶들에게 보호가 없(atāno)다.
10) 피신처가 없(aleṇo)다.
11) 피난처가 없(asaraṇo)다.
12) 피난처를 만들지 못(asaraṇībhūto)한다.
13) 이 세상은 혼란스러워(uddhaṭo) 고요하지 못(avūpasantho)하다.
14) 이 세상의 함께 사는 뭇삶들은 화살(sallo)를 지니고 있고 수많은 화살에 꿰뚫린다.
15) 무지의 어둠에 의한 장애(avijj'andhakārāvaraṇo)와 오염의 철장 가운데 속박(kilesapañjaraparikkhitto)에 종속되어 있다.
16) 무지에 빠진 이 세상의 함께 사는 뭇삶들은 눈멀었고, 갇혀 있고(Vin. III. 3) 방치된 편물처럼 뒤죽박죽이 되고 실타래처럼 엉키고 잘못 배열된 갈대나 골풀과 같아 괴로운 곳, 나쁜 곳, 비참한 곳으로 태어나는 윤회(apāyaṁ duggatiṁ vinipātaṁ saṁsāraṁ)를 벗어나기 어렵다.(DN. II. 55; SN. II. 92; AN. II. 211)
17) 무지의 독(avijjāvisadoso)으로 물든, 오염의 수렁(kilesakalali)이 되었다.
18) 탐욕과 분노와 어리석음의 얽힘(jaṭā)에 얽혀 있다.
19) 갈애의 족쇄(taṇhāsaṅghāṭa)에 사로잡혀 있다.(MN. I. 271)
20) 갈애의 그물(taṇhājāla)에 걸려 있다.
21) 갈애의 흐름(taṇhāsota)에 떠내려가고 있다.
22) 갈애의 결박(taṇhāsaṁyojana)에 묶여 있다.

23) 갈애의 경향(taṇhânusaya)이 끈질기다.
24) 갈애의 고통(taṇhāsantāpa)에 괴로워한다.
25) 갈애의 열뇌(taṇhāpariḷāha)로 완전히 불탄다.
26) 견해의 족쇄(diṭṭhisaṅghāṭa)에 사로잡혀 있다.
27) 견해의 그물(diṭṭhijāla)에 걸려 있다.
28) 견해의 흐름(diṭṭhisota)에 떠내려가고 있다.
29) 견해의 결박(diṭṭhisaṁyojana)에 묶여 있다.
30) 견해의 경향(diṭṭhânusaya)이 끈질기다.
31) 견해의 고통(diṭṭhisantāpa)에 괴로워한다.
32) 견해의 열뇌(diṭṭhipariḷāha)로 완전히 불탄다.
33) 태어남에 의해서 조달되어(anugato) 있다.
34) 늙음에 의해서 끌려다니고(anusaṭo) 있다.
35) 질병에 의해서 정복되어(abhibhūto) 있다.
36) 죽음에 의해서 꼬꾸라지고(abbhāhaṭo) 있다.
37) 괴로움에 의해서 넘어졌(patito)다.
38) 갈애에 의해서 묶여(oḍḍito) 있다.
39) 늙음의 벽(jarāpākāra)에 포위되어 있다.
40) 죽음의 올가미(maccupāsa)에 묶여 있다.
41) 대속박(mahābandhana)에 묶여 있다.
42) 탐욕, 성냄, 어리석음의 속박(bandhana)과 자만, 사견, 오염, 악행의 속박에 묶여 있다.
43) 큰 혼잡(mahāsambādha)에[1586] 들어와 있다.
44) 큰 장애(mahāpalibodha)에 방해받고 있다.
45) 큰 벼랑(mahāpapāta)[1587] 아래로 떨어져 있다.
46) 큰 황무지(mahākantāra)에 들어서 있다.
47) 큰 윤회(mahāsaṁsāra)에 들어서 있다.
48) 큰 난관(mahāvidugga)에 봉착하여 몸부림치고 있다.[1588]
49) 큰 수렁(mahāpalipa)에 빠졌다.
50) 이 세상의 함께 사는 뭇삶들은 연약하(abbhāhato)다.[1589]

1586) mahāsambādha : 냐나몰리(Ñāṇamoli)는 '크게 붐비는 터널'이라고 번역했다.
1587) SN. III. 109에 따르면, 분노와 절망(kodhūpāyāso)을 상징한다.
1588) mahāvidugge samparivattati : 냐나몰리는 '큰 협곡에 갇혀있다,'라고 번역했다. Suv. 829에서 nadīvigugga는 강의 이름 '걸어서 건널 수 없는 강'이다.

51) 이 세상의 함께 사는 뭇삶들은 태어남, 늙음, 죽음, 슬픔, 비탄, 고통, 근심, 절망을 통해 탐욕, 성냄, 어리석음의 불꽃에 불타고(āditto) 있다.
52) 이 세상의 함께 사는 뭇삶들은 영원히 보호자도 없이 처벌받은 죄수(pattadaṇḍo)처럼 끌려가 살해되고 있다.
53) 죄악의 사슬(vattabandhana)에 묶여 처벌받고 있다.
54) 이 세상의 함께 사는 뭇삶들은 구원자도 없이 최상의 비참한 상태(parama-ruññatā)에 있다.
55) 오랜 세월 고통을 당해(cirarattapīḷito) 괴로움으로 가득 차 있다.
56) 항상 배고프고(niccagathito) 항상 목마르(niccapipāsito)다.
57) 눈멀고 맹목적(acakkhuko)이다.
58) 안내자를 잃었고(hatanetto) 충고자도 없(apariṇāyako)다.
59) 길을 벗어나(vipathapakkanto) 지름길을 잃었다(añjasāparaddho).
60) 큰 거센 흐름(mahogha)에 뛰어들어 있다.
61) 두 가지 견해에 갇혀 있다.[1590](It. 43)
62) 세 가지 악행[1591]을 통해 잘못 실천하고 있다.
63) 네 가지 멍에[1592]에 멍에지워져 있다.(DN. III. 230)
64) 네 가지 계박[1593]에 계박되어 있다.(DN. III. 230)
65) 네 가지 집착[1594]에 집착되어 있다.(DN. III. 230)

1589) abbhāhato : 메스필드(P. Masefield)는 '공격받아 쓰러진다.'라고 번역했다.

1590) dve diṭṭhigatā : ① 영원주의(常見 : sassatadiṭṭhi) ② 허무주의(斷見 : ucchedadiṭṭhi).

1591) taṇi duccaritāni: kāyaduccaritaṃ, vacīduccaritaṃ, manoduccaritaṃ : 한역의 삼불선행(三不善行)으로 Smv. 985에 따르면, 악행은 악하게 행하는 것 또는 추악한 행동을 하는 것이다. ① 신체적 악행 : 신체에 의한 악행 또는 신체에서 생겨나는 악행이다. 살아있는 생명을 죽이는 것 등을 말한다. ② 언어적 악행 : 언어에 의한 악행 또는 언어에서 생겨나는 악행이다. 거짓말하는 것 등을 말한다. ③ 정신적 악행 : 정신에 의한 악행 또는 정신에서 생겨나는 악행이다. 탐욕과 성냄과 잘못된 견해를 말한다.

1592) cattāro yogā: kāmayogo, bhavayogo, diṭṭhiyogo, avijjāyogo : 한역의 사액(四軛)으로 Smv. 1023에 따르면, 윤회에 속박이 되기 때문에 멍에이다. ① 감각적 쾌락의 욕망의 멍에(欲軛), ② 존재의 멍에(有軛), ③ 견해의 멍에(見軛), ④ 무명의 멍에(無明軛)는 네 가지 거센 흐름과 동일하게 해석된다.

1593) cattāro ganthā: abhijjhā kāyagantho, byāpādo kāyagantho, sīlabbataparāmāso kāya gantho, idaṃ saccābhiniveso kāyagantho. : 한역의 사계(四繫)로 Smv. 1024에 따르면, 여기서 계박은 정신의 몸(名身 : nāmakāya)에 의한 계박과 신체의 몸(色身 : rūpakāya)에 의한 계박을 말한다. 따라서 다음과 같이 번역할 수 있다 : ① 탐욕에 의한 정신·신체적 계박(貪身繫) ② 분노에 의한 정신·신체적 계박(瞋身繫) ③ 규범과 금계의 집착에 의한 정신·신체적 계박(戒禁取身繫) ④ 이것만이 진리라는 독단에 의한 정신·신체적 계박(此實執身繫)을 뜻한다.

1594) cattāri upādānāni: kāmûpadānaṃ, diṭṭhûpādānaṃ, sīlabbatûpādānaṃ, attavādûpādā

66) 다섯 가지 운명[1595]을 타고 있다.(DN. III. 234)
67) 다섯 가지 감각적 쾌락의 욕망의 가닥[1596]에 물들어 있다.(DN. III. 234)
68) 다섯 가지 장애[1597]에 덮여 있다.(DN. III. 234)

---

naṃ : 한역의 사취(四取)로 Smv. 980에 따르면, ① 감각적 쾌락의 욕망에 대한 집착(欲取) ② 견해에 대한 집착(見取) : 사견에 대한 집착을 말한다. ③ 규범과 금계에 대한 집착(戒禁取) : 규범과 금계에 대한 집착에 대한 상세한 설명은 이 책(DN. II. 58)과 그 주석을 보라. ④ 자아이론에 대한 집착(我語取) : '나는 있다.'라고 집착하기 때문에 자아이론에 대한 집착이다.

1595) pañca gatiyo: nirayo, tiracchānayoni, pettivisayo, manussā, devā : 한역의 오취(五趣)로 Smv. 1026에 따르면, 선행이나 악행에 의해서 가는 것이기 때문에 운명(趣)이다. ① 지옥 : 즐거운 맛이 없다. 장소에 의해서 무리(蘊 : khandha)라고 논해진다. 다른 삼자 즉, ② 축생 ③ 아귀 ④ 인간에 생겨나기 때문에 무리이다. 그리고 ⑤ 천신도 장소로서 무리라고 논해진다. 상세한 것은 이 책의 부록 「존재의 세계」를 참조하라.

1596) pañca kāmaguṇā : 한역의 오묘욕(五妙欲)으로 ① 형상(色) ② 소리(聲) ③ 냄새(香) ④ 맛(味) ⑤ 감촉(觸)의 다섯 가지를 뜻한다. 상세한 설명은 DN. I. 245를 참조하라.

1597) pañca nīvaraṇāni: kāmacchandanīvaraṇaṃ, byāpādanīvaranaṃ, thīnamiddhanīvaraṇaṃ, uddhaccakukkuccanīvaraṇaṃ, vicikicchānīvaraṇaṃ : 한역의 오장(五障) 또는 오개(五蓋)로, ① 감각적 쾌락의 욕망(愛貪 kāmacchanda) ② 분노(惡意 byāpāda) ③ 해태와 혼침(昏沈睡眠 thīnamiddha) ④ 흥분과 회한(悼擧惡作 uddhaccakukkucca) ⑤ 의심(疑 vicikicchā)이다. 역자주 : 앞의 두 가지 장애, 감각적 쾌락의 욕망과 분노는 가장 강력한 것으로 선정이나 삼매의 수행에 가장 장애가 되는 것인데, 그것들은 탐욕과 성냄을 수반하고 있다. 다른 세 가지 장애는 비교적 덜하지만 장애적인 요소가 강한 것으로 어리석음을 수반하고 있다. 감각적 쾌락의 욕망은 두 가지로 해석된다. 일반적으로 색깔, 소리, 냄새, 맛, 감촉의 다섯 가지 감역에서 일어나는 감각적 쾌락(五欲樂)을 말하지만 때로는 넓은 의미로 감각적인 쾌락뿐 아니라 부, 권력, 지위, 명예 등에서 발생하는 욕망도 의미한다. 두 번째의 장애인 분노 또는 악의는 첫 번째 장애와 다른 극단적 형태의 성냄을 수반하는 것으로 자타에 대한 증오, 화냄, 원한, 혐오 등을 속성으로 한다. 세 번째 장애는 해태와 혼침이다. 해태는 정신적으로 아둔한 것을 의미하고 혼침은 마음이 무겁고 가라앉아 졸리는 것을 뜻한다. 네 번째의 장애는 흥분과 회한인데 흥분은 마음의 흥분, 불안정을 의미하고 회한은 걱정으로 과거에 대한 후회와 원하지 않았던 결과에 대한 근심을 뜻한다. 이것은 어리석음을 바탕으로 하고 있다. 다섯 번째 장애는 의심이다. 의심은 어리석음에 수반하는 상습적인 미결정과 미해결, 신뢰의 결여 등을 뜻한다. AN. V. 193에는 이들 다섯 가지 장애에 관해 재미있는 비유가 있다. 감각적 쾌락의 욕망은 다섯 가지 색깔로 물든 물에 비유되고, 분노는 부글부글 끓는 물에 비유되며, 해태와 혼침은 이끼가 낀 물, 흥분과 회한은 바람이 불어 파도치는 물, 의심은 흐린 흙탕물에 비유된다. 이러한 장애의 물을 버리고 명경지수와 같은 마음의 상태가 되지 않으면 안 된다. 다섯 가지 마음의 장애가 소멸되면서 다섯 가지 선정의 고리가 나타나기 시작한다. ① 해태와 혼침 → 사유(尋 vitakka) ② 의심 → 熟考(伺 vicāra), ③ 분노 → 희열(喜 pīti) ④ 흥분과 회한 → 행복(樂 sukha) ⑤ 감각적 쾌락의 욕망 → 심일경성(心一境性 ekaggata) Vism. 142-145에 따르면 사유는 명상의 대상이라는 종을 치는 것과 같으며, 숙고는 그 종의 반향(反響)을 관찰하는 것이고, 희열은 명상의 대상에 대한 관심과 흥미에 따르는 기쁨으로 사막을 여행하는 자가 멀리서 오아시스를 발견한 기쁨에 해당하며, 행복은 오아시스에 도착하여 물을 마시고 쉬는 것과 같다. 그리고 심일경성은 마음과 대상을 통일시키는 역할을 한다.

69) 여섯 가지 쟁론의 뿌리[1598]로 다툰다.(DN. III. 246)
70) 여섯 가지 갈애의 무리[1599]로 물들어 있다.(DN. III. 244)
71) 여섯 가지 견해[1600]에 갇혀 있다.(MN. I. 8)
72) 일곱 가지 경향[1601]에 끌려다닌다.(DN. III. 254)
73) 일곱 가지 결박[1602]에 결박되어 있다.(DN. III. 254)
74) 일곱 가지 자만[1603]을 통해 교만에 차 있다.(Vibh. 383)
75) 여덟 가지 세상의 원리[1604]로 몸부림치고 있다.(DN. III. 260)

1598) cha vivādamūlāni : 한역의 육쟁근(六爭根)이다. ① 분노하고 악의를 품는 것 ② 위선적이고 잔인한 것 ③ 질투하고 간탐이 있는 것 ④ 기만하고 간교한 것. ⑤ 악한 욕망을 품고 잘못된 견해를 지니는 것. ⑥ 자기의 견해를 고집하여 완고하게 지키는 것.

1599) cha taṇhākāyā: 육애신(六愛身)으로 Smv. 1034에 따르면, 형상 등을 소연(所緣)으로 생겨나는 갈애이다. ① 형상에 대한 갈애(色愛) ② 소리에 대한 갈애(聲愛) ③ 냄새에 대한 갈애(香愛) ④ 맛에 대한 갈애(味愛) ⑤ 감촉에 대한 갈애(觸愛) ⑥ 사실에 대한 갈애(法愛)이다. 상세한 설명은 MN. 137(MN. III. 216~)을 참조하라.

1600) cha diṭṭhigatā : 육견(六見)으로 MN. I. 8에 따르면, 이치에 맞지 않게 정신활동을 기울이면, 여섯 가지 견해 가운데 하나의 견해가 생겨난다. ① '나의 자아는 있다.'라는(atthi me attā ti) 견해가 실제로 확고하게 생겨난다든가 ② '나의 자아는 없다.'라는(natthi me attā ti) 견해가 실제로 확고하게 생겨난다든가 ③ '자아에 의해서 자아를 지각한다.'라는(attanā va attānaṃ sañjānāmī ti) 견해가 실제로 확고하게 생겨난다든가 ④ '자아에 의해서 무아를 지각한다.'(attanā va anattānaṃ sañjānāmī ti)라는 견해가 실제로 확고하게 생겨난다든가 ⑤ '무아에 의해서 자아를 지각한다.'라는(anattanā va attānaṃ sañjānāmī ti) ⑥ 견해가 실제로 확고하게 생겨난다. 또는 이와 같이 '나의 이 자아는 말하고 느끼고 여기저기서 선악의 행위에 대한 과보를 체험하는데, 그 나의 자아는 항상하고 항주하고 항존하는 것으로 변화하지 않고 영원히 존재할 것이다.'라는(yo me ayaṃ attā vado vedeyyo tatra tatra kalyāṇapāpakānaṃ kammānaṃ vipākaṃ paṭisaṃvedeti. so kho pana me ayaṃ attā nicco dhuvo sassato avipariṇāmadhammo sassatisamaṃ tatheva ṭhassatī'ti) 견해가 생겨난다.

1601) satta anusayā : 한역의 칠수면(七隨眠)으로 ① 감각적 쾌락에 대한 탐욕의 경향(欲貪隨眠) ② 분노의 경향(瞋恚隨眠) ③ 견해의 경향(見隨眠) ④ 회의적 의심의 경향(疑隨眠) ⑤ 자만의 경향(慢隨眠) ⑥ 존재에 대한 탐욕의 경향(有貪隨眠) ⑦ 무명의 경향(無明隨眠)이다. 상세한 설명은 이 책(DN. III. 254)과 그 주석을 보라.

1602) satta saṃyojanāni: anunayasaṃyojanaṃ, paṭighasaṃyojanaṃ, diṭṭhisaṃyojanaṃ, vicikicchāsaṃyojanaṃ, mānasaṃyojanaṃ, bhavarāgasaṃyojanaṃ, avijjāsaṃyojanaṃ : 한역의 칠결(七結)로 ① 친밀의 결박 : Mrp. IV. 2에 따르면, 감각적 쾌락의 욕망과 탐욕의 결박(kāmarāgasaṁyojana)을 말한다. ② 분노의 결박 ③ 견해의 결박 ④ 회의적 의심의 결박 ⑤ 자만의 결박 ⑥ 존재에 대한 탐욕의 결박 ⑦ 무명의 결박이다.

1603) satta mānā : ① 慢 : māno ② 過慢 : atimāno ③ 慢過慢 : mānātimāno ④ 卑慢 : omānoa ⑤ 增上慢 : adhimāno ⑥ 我慢 : asmimāno ⑦ 邪慢 : micchāasmimāno

1604) aṭṭha lokadhammā : lābho ca, alābho ca, yaso ca, ayaso ca, nindā ca, pasaṃsā ca, sukhañca, dukkhañca : 한역의 팔세법(八世法)으로 ① 이득(利) ② 불익(不益) ③ 명예(名譽) ④ 불명예(不名譽) ⑤ 칭찬(稱讚) ⑥ 비난(非難) ⑦ 행복(樂) ⑧ 불행(苦)이다.

76) 여덟 가지 잘못[1605]으로 끌려 다닌다.(DN. III. 254)
77) 여덟 가지 사람의 허물[1606]에 오염된다.(Vibh. 387)
78) 아홉 가지 원한 토대[1607]를 통해 원한을 품고 있다.(DN. III. 262)
79) 아홉 가지 자만[1608]으로 교만에 차 있다.(Vibh. 389)

1605) aṭṭha micchattā : micchādiṭṭhi, micchāsaṃkappo, micchāvācā, micchākammanto, micchāājīvo, micchāvāyāmo, micchāsati, micchāsamādhi : 한역의 팔사(八邪)로 DN. III. 254에 따르면 다음과 같다: ① 잘못된 견해(邪見) ② 잘못된 사유(邪思惟) ③ 잘못된 언어(邪語) ④ 잘못된 행위(邪行) ⑤ 잘못된 생활(邪命) ⑥ 잘못된 정진(邪精進) ⑦ 잘못된 새김(邪念) ⑧ 잘못된 집중(邪定)이다.

1606) aṭṭha purisadosā : 한역의 팔인과(八人過)로 ① 세상에 수행승들이 수행승을 죄과로 비난한다. 그 수행승은 죄과로 인해 비난받으면, '나는 새기고 있다. 나는 새기고 있다.'라고 하면서 무관심으로 회피한다. 이것이 첫 번째 사람의 허물이다. ② 세상에 수행승들이 수행승을 죄과로 비난한다. 그 수행승은 죄과로 인해 비난받으면, 비난을 반대하면서 '참으로 그대의 어리석고 불명확한 말로 그대가 나에게 말하고자 한 것은 무엇인가?'라고 말한다. 이것이 두 번째 사람의 허물이다. ③ 세상에 수행승들이 수행승을 죄과로 비난한다. 그 수행승은 죄과로 인해 비난받으면, 비난하는 자에 대하여 말대꾸하면서 '그대도 역시 이와 같은 잘못을 저질렀다. 그대가 앞서 먼저 대답하라.'라고 한다. 이것이 세 번째 사람의 허물이다. ④ 세상에 수행승들이 수행승을 죄과로 비난한다. 그 수행승은 죄과로 인해 비난받으면, 다른 것으로 다른 것을 대답하여 밖으로 이야기를 제외시키고 분노와 성냄과 불만을 표현한다. 이것이 네 번째 사람의 허물이다. ⑤ 세상에 수행승들이 수행승을 죄과로 비난한다. 그 수행승은 죄과로 인해 비난받으면, 무리 가운데 손을 흔들며 혼란스럽게 말한다. 이것이 세 번째 사람의 허물이다. ⑥ 세상에 수행승들이 수행승을 죄과로 비난한다. 그 수행승은 죄과로 인해 비난받으면, 무리를 고려하지 않고 비난하는 자를 고려하지 않고 잘못한 자가 좋을 대로 행한다. 이것이 여섯 번째 사람의 허물이다. ⑦ 세상에 수행승들이 수행승을 죄과로 비난한다. 그 수행승은 죄과로 인해 비난받으면, '내가 죄과를 저질렀다.'라든가 '내가 죄과를 저지르지 않았다.'든가 말하지 않고 침묵하여 참모임을 애태운다. 이것이 일곱 번째 사람의 허물이다. ⑧ 세상에 수행승들이 수행승을 죄과로 비난한다. 그 수행승은 죄과로 인해 비난받으면, 이와 같이 '그대 존자께서는 왜 나에 대하여 너무 간섭을 합니까? 이제 제가 공부를 버리고 환속하겠습니다.'라고 말하고 공부를 포기하고 환속하면서 '이제 그대 존자께서는 기쁘시겠습니다.'라고 말한다. 이것이 여덟 번째 사람의 허물이다.

1607) nava āghātavatthūni : 한역의 구해심사(九害心事)로 DN. III. 262에 따르면, 다음과 같다: ① '그가 나에게 해악을 끼쳤다.'라고 원한을 품습니다. ② '그가 나에게 해악을 끼친다.'라고 원한을 품습니다. ③ '그가 나에게 해악을 끼칠 것이다.'라고 원한을 품습니다. ④ '그가 내가 사랑하고 마음에 들어 하는 사람에게 해악을 끼쳤다.'라고 원한을 품습니다. ⑤ '그가 내가 사랑하고 마음에 들어 하는 사람에게 해악을 끼친다.'라고 원한을 품습니다. ⑥ '그가 내가 사랑하고 마음에 들어 하는 사람에게 해악을 끼칠 것이다.'라고 원한을 품습니다. ⑦ '그가 내가 사랑하지 않고 마음에 들어 하지 않는 사람에게 이익을 주었다.'라고 원한을 품습니다. ⑧ '그가 내가 사랑하지 않고 마음에 들어 하지 않는 사람에게 이익을 준다.'라고 원한을 품습니다. ⑨ '그가 내가 사랑하지 않고 마음에 들어 하지 않는 사람에게 이익을 줄 것이다.'라고 원한을 품습니다.

1608) navavidhā mānā : 한역의 구만(九慢)으로 Vibh. 389에 따르면, 다음과 같다 : ① 나는 탁월한 자보다 낫다. ② 나는 탁월한 자와 동일하다. ③ 나는 탁월한 자보다 못하다. ④ 나는 동등한 자보다 낫다. ⑤ 나는 동등한 자와 동일하다. ⑥ 나는 동등한 자보다 못하다. ⑦ 나는

80) 아홉 가지 갈애에 근본이 되는 원리[1609]로 물들어 있다.(DN. III. 288)
81) 열 가지 오염의 토대[1610]에 물들어 있다.(Vibh. 391)
82) 열 가지 원한 토대[1611]를 통해 원한을 품고 있다.(AN. V. 150)
83) 열 가지 악하고 불건전한 행위의 길[1612]을 갖추고 있다.(DN. III. 269)
84) 열 가지 결박[1613]에 결박되어 있다.(AN. V. 17)
85) 열 가지 잘못[1614]에 끌려 다닌다.(DN. III. 290)

열등한 자보다 낫다. ⑧ 나는 열등한 자와 동등하다. ⑨ 나는 열등한 자보다 못하다.

1609) nava taṇhāmūlakā dhammā : 한역의 구애근법(九愛根法)으로 곧, DN. III. 289에 따르면 다음과 같다: ① 갈애를 조건으로 추구가 생겨나고, ② 추구를 조건으로 획득이 생겨나고, ③ 획득을 조건으로 결정이 생겨나고, ④ 결정을 조건으로 욕망과 탐욕이 생겨나고, ⑤ 욕망과 탐욕을 조건으로 탐착이 생겨나고, ⑥ 탐착을 조건으로 소유가 생겨나고, ⑦ 소유를 조건으로 간탐이 생겨나고, ⑧ 간탐을 조건으로 지킴이 생겨나고, ⑨ 지킴을 조건으로 몽둥이와 칼을 들고 싸움, 다툼, 언쟁, 불화, 이간질, 거짓말, 수많은 악하고 불건전한 상태가 생겨난다. 상세한 설명은 DN. II. 58-59를 참조하라.

1610) dasa kilesavatthūni : ① 탐욕(lobho) ② 성냄(doso) ③ 어리석음(moho) ④ 교만(māno) ⑤ 견해(diṭṭhi) ⑥ 의심(vicikicchā) ⑦ 해태(thīna) ⑧ 흥분(uddhacca) ⑨ 창피함을 모르는 것(ahira) ⑩ 부끄러움을 모르는 것(anottappa)

1611) dasa āghātavatthūni : ① '그는 나에게 불익을 끼쳤다.'라는 생각으로 원한을 품는다. ② '그는 나에게 불익을 끼친다.'라는 생각으로 원한을 품는다. ③ '그는 나에게 불익을 끼칠 것이다.'라는 생각으로 원한을 품는다. ④ '그는 내가 사랑하고 마음에 들어 하는 자에게 불익을 끼쳤다.'라는 생각으로 원한을 품는다. ⑤ '그는 내가 사랑하고 마음에 들어 하는 자에게 불익을 끼친다.'라는 생각으로 원한을 품는다. ⑥ '그는 내가 사랑하고 마음에 들어 하는 자에게 불익을 끼칠 것이다.'라는 생각으로 원한을 품는다. ⑦ '그는 내가 증오하고 마음에 들어 하지 않는 자에게 이익을 주었다.'라는 생각으로 원한을 품는다. ⑧ '그는 내가 증오하고 마음에 들어 하지 않는 자에게 이익을 준다.'라는 생각으로 원한을 품는다. ⑨ '그는 내가 증오하고 마음에 들어 하지 않는 자에게 이익을 줄 것이다.'라는 생각으로 원한을 품는다. ⑩ 그리고 별다른 이유 없이 원한을 품는다.

1612) dasa akusalakammapathā : pāṇātipāto, adinnādānaṃ, kāmesu micchācāro, musāvādo, pisuṇā vācā, pharusā vācā, samphappalāpo, abhijjhā, byāpādo, micchādiṭṭhi : 한역의 십불선업도(十不善業道) 곧, ① 살생(殺生) ② 투도(偸盜) ③ 사음(邪淫) ④ 망어(妄語) ⑤ 양설(兩說) ⑥ 기어(綺語) ⑦ 악구(惡口) ⑨ 탐착(貪着) ⑨ 진에(瞋恚) ⑩ 사견(邪見)을 말한다. DN. III. 269에 따르면 다음과 같다: ① 살아있는 생명을 죽이는 것 ② 주지 않는 것을 빼앗는 것 ③ 사랑을 나눔에 잘못을 행하는 것 ④ 거짓말을 하는 것 ⑤ 이간질하는 것 ⑥ 욕지거리하는 것 ⑦ 꾸며대는 말을 하는 것 ⑧ 탐욕스러운 것 ⑨ 악의에 찬 마음 ⑩ 잘못된 견해.

1613) dasa saṁyojjanāni : ① 개체가 있다는 견해(有身見 : sakkāyadiṭṭhi) ② 회의적 의심(疑 : vicikicchā) ③ 규범과 금기에 대한 집착(戒禁取 : sīlabhataparāmāsa) ④ 감각적 쾌락에 대한 탐욕(欲貪 : kāmarāga) ⑤ 분노(瞋恚 : paṭigha) ⑥ 미세한 물질계에 대한 탐욕(色貪 : rūparāga) ⑦ 비물질계에 대한 탐욕(無色貪 : arūparāga) ⑧ 자만(慢 : māna) ⑨ 흥분(掉擧 : uddhacca) ⑩ 무명(無明 : avijjā)

1614) dasa micchattā : 한역의 십사(十邪)로 DN. III. 254에 따르면, 다음과 같다: '잘못된 견해,

86) 열 가지 토대의 사견[1615]을 갖추고 있다.(Vibh. 392)
87) 열 가지 토대의 극단적 사견[1616]을 갖추고 있다.(Vibh. 392)
88) 백팔 가지 갈애와 관계된 희론(papañca)을 통해 부풀려져 있다.(Vibh. 400)
89) 이 세상의 함께 사는 뭇삶들은 육십이 가지 견해[1617]에 갇혀 있다.(DN. I. 12; Vibh. 400)

잘못된 사유, 잘못된 언어, 잘못된 행위, 잘못된 생활, 잘못된 정진, 잘못된 새김, 잘못된 집중, 잘못된 궁극적 앎, 잘못된 해탈

1615) dasavatthukā micchādiṭṭhi : ① 보시도 없고, ② 헌공도 없고, ③ 제사도 없고, ④ 선악의 행위에 대한 과보도 없고, ⑤ 이 세상도 없고, ⑥ 저 세상도 없고, ⑦ 어머니도 없고, ⑧ 아버지도 없고, ⑨ 화생하는 뭇삶도 없고, ⑩ 이 세상과 저 세상을 스스로 곧바로 알고 깨달아서 그것을 다른 사람들에게 알려주는 세상에서 올바로 살고 올바로 실천하는 수행자들이나 성직자들도 없다.

1616) dasavatthukā antaggāhikā diṭṭhi : ① 세계는 영원하다(sassato loko) ② 세계는 영원하지 않다(asassato loko) ③ 세계는 유한하다(antavā loko) ④ 세계는 무한하다(anantavā loko) ⑤ 영혼은 몸과 같다(taṁ jīvaṁ taṁ sarīraṁ) ⑥ 영혼은 몸과 다르다(aññaṁ jīvaṁ aññaṁ sarīraṁ) ⑦ 여래는 사후에 존재한다(hoti tathāgato paraṁ maraṇā) ⑧ 여래는 사후에 존재하지 않는다(na hoti tathāgato paraṁ maraṇā) ⑨ 여래는 사후에 존재하기도 하고 존재하지 않기도 한다(hoti ca na hoti tathāgato paraṁ maraṇā) ⑩ 여래는 사후에 존재하지도 않고 존재 안하지도 않는다(n'eva hoti na hoti tathāgato paraṁ maraṇā).

1617) dvāsaṭṭi diṭṭhigatā : 「하느님의 그물의 경(Brahmajālasutta: DN. 1)」을 보라: 영원주의-네 가지, 부분적 영원주의-네 가지, 유한·무한론-네 가지, 회의주의-네 가지, 우연론-두 가지, 사후지각론-열여섯 가지, 사후무지각론-여덟 가지, 사후비유비무지각론-여덟 가지, 허무주의-일곱 가지, 현세열반론-다섯 가지가 있다. 모두 도합 육십이 가지의 잘못된 견해가 있다.

주요번역술어

[ㄱ]

갈애(渴愛 : taṇhā)
감각적 쾌락(欲 : kāma)
감각적 쾌락의 욕망에 대한 갈애(欲愛 : kāmataṇhā)
감각적 쾌락의 욕망(欲貪 : kāmarāga)
감각적 쾌락의 욕망에 대한 집착(愛取 : kām'upadhi)
감각적 쾌락에 대한 욕망의 거센 흐름(欲流 : kām'ogha)
감각적 쾌락에 대한 욕망의 세계(欲界 : kāmaloka)
감촉(觸 : phoṭṭhabba)
강생(降生 : okkanti)
개체(有身 : sakkāya)
개체가 있다는 견해(有身見 : sakkāyadiṭṭhi)
거룩한 님, 하느님(梵天 : Brāhmaṇa)
거룩한 님, 아라한(阿羅漢 : Arahant)
거룩한 경지의 님(阿羅漢果 : arahattaphala)
거룩한 길의 사람(阿羅漢向 : arahattamagga)
거센 흐름(暴流 : ogha)
거짓말을 하지 않음(不妄語 : musāvāda veramaṇī)
거칠거나 미세한 물질의 자양(麤細摶食 : kabaliṅkāro āhāro oḷāriko sukhumo)
겁(劫 : kappa)
견해에 대한 이해(見審諦忍 : diṭṭhinijjhānakhanti)
견해의 거센 흐름(見流 : diṭṭh'ogha)
경장(經藏 : suttapiṭaka)
경지, 과보, 공덕(果 : phala)
고요한 몸(寂靜身 : santikāya)
고요함, 적정(寂靜 : santi)
곧바른 지혜, 초월적 지혜 : 신통(神通 : abhiññā) 초범지(超凡智 : abhiññā)
공무변처천(空無邊處天 : Ākāsānañcāyatanūpagā devā)
곡주나 과일주 등 취하게 하는 것을 마시지 않음(不飮酒 : surāmerayamajjapamādaṭṭhānā veramaṇī)
과보, 경지(果 : phala)
관찰이 잘 이루어지는 신들의 하느님의 세계(善見天 : Sudassī devā)
광과천(廣果天 : Vehapphalā devā)
괴로운 곳, 괴로운 세계(苦處 : upāya)
괴로움에 대한 진리(苦聖諦 : dukkhâriyasaccāni)
괴로움의 소멸에 대한 진리(滅聖諦 : dukkhanirodhâriyasaccāni)
괴로움의 소멸에 이르는 진리(道聖諦 : dukkhanirodhagāminīpaṭipadāariyasaccāni)
괴로움의 발생에 대한 진리(集聖諦 : dukkhasamudayâriyasaccāni)
괴롭힘이 없는 신들의 하느님의 세계(無熱天 : Atappā devā)
교만(慢 : māna)
규범과 금기에 대한 집착(戒禁取 : sīlabhatapatāmāsa)
기마부대(馬軍 : assakāya)
긴자까바싸타(煉瓦堂, 繁耆迦精舍 : Giñjakāvasatha)
깃자꾸따 산(靈鷲山 : Gijjhakūṭapabhata)
깔란다까니바빠(栗鼠飼養園 : Kalandakanivāpa)
깨달은 님, 부처님(佛 : Buddha)

꿰뚫는 지혜(明達慧 : nibbedhikapañña)
공무변처(空無邊處天 : Ākāsānañcāyatana)
공무변처천(空無邊處天 : Ākāsānañcāyatanūpagā devā)
궁극적인 미세한 물질로 이루어진 신들의 하느님의 세계(色究竟天 : Akaniṭṭhā devā)
극광천(極光天 : Ābhāssarānā devā)

[ㄴ]

나쁜 곳, 나쁜 세계(惡處 : duggati)
난생(卵生 : aṇḍaja)
냄새(香 : gandha)
넓은 지혜(廣慧 : puthupañña)
네 가지 새김의 토대(四念處 : cattaro satipaṭṭhānā)
네 가지 거룩한 진리(四聖諦 : cattāri ariyasaccāni)
네 가지 신통의 기초(四神足 또는 四如意足 : cattāro iddhipādā)
네 가지 자양(四食 : cāttāro āhārā)
네 가지 광대한 존재(四大 : cattāro mahābhūtāni)
네 쌍으로 여덟이 되는 참사람(四雙八輩 : cattāri purisayugāni aṭṭhapurisapugalā)
네 번째 선정(四禪 : catutthajjhāna)
네 위대한 왕의 하늘나라(cātummahārājikā devā : 四天王)
논장(論藏 : abhidhammapiṭaka)
누진통(漏盡通 : āsavakkhayâbhiñña)
느낌(受 : vedāna)
느낌에 대한 관찰(受隨觀 : vedanānupassanā)
느낌의 다발(受蘊 : vedanākkhandha)
늙음과 죽음(老死 : jarāmaraṇa)
니간타(尼乾陀徒 : nigaṇṭhā [자이나교도])
니그로다 승원(尼俱律園 : Nigrodhārāma)

[ㄷ]

다른 신들이 창조한 것을 누리는 신들의 하늘나라(他化自在天 : paranimmitavasavattino devā)
다섯 가지 감각적 쾌락(五欲樂 : pañcakāmaguṇa)
다섯 가지 계행, 오계(五戒 : pañcasīla)
다섯 가지 능력(五根 : pañca indriyāni)
다섯 가지 낮은 단계의 결박(五下分結 : orambhāgiyāni saṁyojjanāni)
다섯 가지 높은 단계의 결박(五上分結 : uddhambhāgiyāni saṁyojjanāni)
다섯 가지 장애(五障 : pañca nīvaraṇāni)
다섯 가지 존재의 다발(五蘊 : pañcakkhandha)
다섯 가지 존재의 집착다발(五取蘊 : pañca upādānakkhandā)
도리천(忉利天 : tāvatiṁsā)
도솔천(兜率天 : tusitā devā)
돌아오지 않는 경지의 님(不還果 : anāgāmīphala)
돌아오지 않는 길을 가는 님(不還向 : anāgāmī magga)
두 번째 선정(二禪 : dutiyajjhāna)
들어섬(okkanti)
따뽀다 온천 승원(Tapodārāma)

[ㄹ]

라자가하(王舍城 : Rājagaha)

[ㅁ]

마음(心 : citta)
마음에 대한 관찰(心隨觀 : cittānupassanā)
마음에 의한 해탈(心解脫 : cetovimutti)
마음의 분노, 마음의 저항(有對 : paṭigha)
마음의 통일, 한마음(心一境性 : ekaggacitta)
만족(欲 : ruci)
만족을 아는 신의 하늘나라(tusitā devā : 兜率天)
맛(味 : rasa)
멀리 여읨, 홀로 있음(遠離 : viveka)
명색(名色 : nāmarūpa)
명예를 주는 보시(yasadāyakaṁ)
명쾌한 지혜(疾慧 : hāsapañña)
몸에 대한 관찰(身隨觀 : kāyānupassanā)
무량광천(無量光天 : Appamāṇābhānā devā)
무량정천(無量淨天 : Appamāṇasubhānā devā)
무명, 무지, 진리를 모르는 것(無明 : avijjā)

무번천(無煩天 : Avihā devā)
무소유처(無所有處 : Ākiñcaññāyata devā)
무소유처천(無所有處天 : Ākiñcaññāyatanūpagā devā)
무열천(無熱天 : Atappā devā)
무명의 거센 흐름(無明流 : avijj'ogha)
무한공간의 세계(空無邊處 : ākāsānañcāyatana)
무한공간의 신들의 하느님의 세계(Ākāsānañcāyatanūpagā devā : 空無邊處天)
무한의식의 세계(識無邊處 : viññāṇānañcāyatana)
무한의식의 신들의 하느님의 세계(識無邊處天 : Viññāṇañcāyatanūpagā devā)
물질, 형상(色 : rūpa)
물질에 대한 지각(色想 : rūpasañña)
물질의 다발(色蘊 : rūpakkhandha)
뭇삶, 생명, 존재, 사람(衆生 : satta)
미가다야(鹿野園 : Migadāya)
미가라마뚜 강당(鹿子母講堂 : Migāramatu)
미각(舌 : jihvā)
미각의 접촉(舌觸 : jihvāsamphassa)
미각의 접촉에서 생겨난 의식의 영역(舌觸識處 : jihvāsamphassaviññāṇāyatana)
미각의식(舌識 : jivhāviññāṇa)
미세한 물질의 세계(色界 : rūpaloka)
믿음(信 : saddhā)

[ㅂ]

바라문, 성직자(婆羅門 : brāhmaṇa)
방지의 노력(律儀勤 : saṁvarappadhāna)
배움(聞 : anussava)
버림의 노력(斷勤 : pahānappadhāna)
번뇌(煩惱 : āsavā)
번뇌를 소멸하는 능력(漏盡通 : āsavakkhaya)
번뇌에 대한 집착(煩惱取 : kiles'upadhi)
번뇌의 끊음에 관한 완전한 이해(斷遍知 : pahānapariññā)
범보천(梵輔天 : Brahmapurohitā devā)
범중천(梵衆天 : brahmakāyikā devā)
법, 현상, 성품, 사물, 사실, 가르침, 진리(法 : dhamma)
벨루 숲(竹林 : Veḷuvana)
변정천(遍淨天 : Subhakiṇṇā devā)
보살(菩薩 : Bodhisatta)
보편에 대한 지식(類智 : anvaye ñāṇaṁ)
부끄러움(愧 : otappa)
분노(瞋恚 : vyāpāda)
비물질계에 대한 탐욕(無色貪 : arūparāga)
비물질의 세계(無色界 : arūpaloka)
불사(不死 : amaraṁ)
비상비비상처(非想非非想處 : Nevasaññānāsaññāyatana)
비상비비상처천(非想非非想處天 : Nevasaññānāsaññāyatanūpagā devā)
비존재(無 : natthi)
비존재에 대한 갈애(無有愛 : vibhavataṇhā)
빛이 흐르는 신들의 하느님의 세계(極光天 : Ābhāssarānā devā)
빠른 지혜(速慧 : javanapañña)
빠쎄나디(波斯匿王 : 빠쎄나디)
뿝바라마 승원(東園 : Pubbārāma)

[ㅅ]

사라짐(離貪 : virāga)
사람, 참사람(補特伽羅 : puggala)
사람을 길들이는 님(調御丈夫 : Purisadammasārathī)
사랑을 나눔에 잘못을 범하지 않음(不邪婬 : kāmesu micchācārā veramaṇī)
사건, 사물, 사실, 현상(法 : dhamma)
사물에 대한 관찰(法隨觀 : dhammānupassanā)
사실에 대한 관찰(法隨觀 : dhammānupassanā)
사실에 대한 지식(法智 : dhamme ñāṇaṁ)
사실의 상태에 대한 지식(法住智 : dhammaṭṭhitiñāṇaṁ)
사천왕(四天王 : cātummahārājikā devā)

사유(尋 : vitakka)
살아 있는 생명을 해치지 않음(不殺生戒 : pāṇāti pātaveramaṇī)
삼십삼천(三十三天 : tāvatiṁsā)
삼장(三藏 : tripiṭaka, tipiṭaka)
삿된 길(邪道 : micchāpatipadā)
상태에 대한 숙고(行覺想 : ākāraparivitakka)
새김, 새김(念 : sati)
색(色 : rūpa)
색구경천(色究竟天 : Akaniṭṭhā devā)
생물, 존재, 귀신(鬼神 : bhūta)
서른셋 신들의 하늘나라(tāvatiṁsā devā : 三十三天)
선녀(仙女 : accharā)
선정(禪定 : dhyāna)
선정이 잘 이루어지는 신들의 하느님의 세계(善現天 : Sudassā devā)
선견천(善見天 : Sudassī devā)
선현천(善現天 : Sudassā devā)
성냄, 분노(瞋 : dosa)
성공으로 타락하지 않는 신들의 하느님의 세계(無煩天 : Avihā devā)
성취를 주는 보시(sampattidāyakaṁ)
세 가지 배움(三學 : tayo sikkhā)
세 번째 선정(三禪 : tatiyajjhāna)
세계의 존귀한 님(世尊 : Bhagavant)
세상을 아는 님(世間解 : Lokavidū)
세존(世尊 : bhagavant)
소광천(小光天 : Parittābhānā devā)
소정천(小淨天 : Parittasubhānā devā)
소리(聲 : sadda)
수행승(比丘 : bhikhhu)
수행의 노력(修勤 : bhāvanāppadhāna)
수행자(沙門 : samaṇā)
수호의 노력(守護勤 : anurakkhaṇāppadhāna)
숙고(伺 : vicāra)
숙명통(宿命通 : pubbenivasānussati)
스승(師 : satthā)
습생(濕生 : saṁsedaja)
승리자(勝者 : jina)
시각(眼 : cakkhu)
시각의 접촉(眼觸 : cakkhusamphassa)
시각의 접촉에서 생겨난 의식의 영역(眼觸識處 : cakkhusamphassaviññāṇāyatana)
시각의식(眼識 : cakkhuviññāṇa)
시간을 초월하는(akālika)
신족통(神足通 : iddhi)
신통, 곧바른 지혜, 초월적 지혜, 초범지(超凡智, 神通 : abhiññā)
신체적 형성(身行 : kāyasaṁkhāra)
개체가 있다는 견해(有身見 : sakkāyadiṭṭhi)
싫어하여 떠남(厭離 : nibbidā)
심리적인 배움(增上心學 : adhicittasikkha)
싸끼야 족의 성자, 석가모니(釋迦牟尼 : Sākya muni)
싸밧티(舍衛城 : Sāvatthī)
쓸 데 없는 말을 하지 않음(不綺語 : samphappal āpā veramaṇī)

[ㅇ]

아나타삔디까 승원(給孤獨園 : Anāthapiṇḍikār āma)
아나타삔디까(給孤獨 : Anāthapiṇḍika)
아무 것도 없는 세계(無所有處 : ākiṁcaññāyata na)
아무 것도 없는 신들의 하느님의 세계(無所有處天 : Ākiñcaññāyatanūpagā devā)
아자따쌋뚜(Ajātasattu)
악마, 귀신(非人 : amanussā)
악하고 불건전한 것들, 불건전한 상태 (不善法 : akusalā dhammā)
알려진 것에 대한 완전한 이해(知遍知 : ñātapari ññā)
야차(夜叉 : yakkha)
야마천(yāmā devā : 夜摩天)

양자에 의한 해탈(俱分解脫 : ubhato bhāgavimuttā)
어리석음(痴 : moha)
언어적 형성(口行 : vacisaṁkhāra)
업, 행위(業 : kamma)
여덟 가지 고귀한 길(八正道 : ariyâṭṭhaṅgikamagga)
여러 가지 '해탈되었다'는 지견(解脫知見 : vimittiññāṇadassanakkhandha)
여러 가지 계율(戒蘊 : sīlakkhandha)
여러 가지 삼매(定蘊 : sāmadhikkhandha)
여러 가지 지혜(慧蘊 : paññakkhandha)
여러 가지 해탈(解脫蘊 : vimittikkhandha)
여리작의(如理作意 : yoniso manasikāra)
여섯 가지 감각능력(六根 : chaindriya)
여섯 가지 감각대상(六境 : chavisaya)
여섯 가지 의식(六識 : chaviññāṇa)
여섯 가지 감역, 여섯 가지 감각영역(六入 : saḷāyatana)
연기(緣起 : paṭiccasamuppāda)
열반(涅槃 : nibbāna)
열여덟 가지 세계(十八界 : aṭṭhadasa dhātuyo)
영광으로 충만한 신들의 하느님의 세계(遍淨天 : Subhakiṇṇā devā)
영원주의(常見 : sassataditṭhi)
예리한 지혜(利慧 : tikkhapañña)
예지적인 배움(增上慧學 : adhipaññasikkhā)
올바로 원만히 깨달은 님(正等覺者 : Sammāsambudha)
올바른 가르침(正法 : saddhamma)
올바른 견해(正見 : sammādiṭṭhi)
올바른 길(正道 : sammāpaṭipadā)
올바른 길로 잘 가신 님(善逝 : Sugata)
올바른 사유(正思惟 : sammasaṅkappa)
올바른 새김(正念 : sammāsati)
올바른 생활(正命 : sammāājīva)
올바른 언어(正言 : sammāvācā)
올바른 정진(正精進 : sammāvāyāma)
올바른 집중(正定 : sammāsamādhi)
올바른 행위(正業 : sammākammanta)
와서 보라고 할 만한(ehipassika)
완전한 이해(遍知 : pariññā)
완전한 버림, 포기(捨遣 : vossagga)
요정(accharā)
위대한 영웅(大雄 : mahāvira)
위대한 신들의 하느님의 세계(大梵天 : Mahābrahmā devā)
위대한 경지로 얻은 신들의 하느님의 세계(廣果天 : Vehapphalā devā)
위대한 하느님(大梵天 : Mahābrahmā devā)
위없이 높으신 님(無上師 : Anuttaro)
유령(pisācā)
유신(有身 : sakkāya)
유신견(有身見 : sakkāyadiṭṭhi)
윤리적 배움(增上戒學 : adhisīlasikkhā)
윤회(輪廻 : saṁsāra)
윤회의 바다를 건넘에 관한 완전한 이해(度遍知 : tīraṇapariññā)
율장(律藏 : vinayapiṭaka)
의도의 자양(意思食 : manosañcetanā āhāro)
의식(識 : viññāṇa)
의식의 다발(識蘊 : viññāṇakkhandha)
의식의 자양(識食 : viññāṇa āhāro)
의심, 의심(疑 : vicikicchā)
의지(欲 : chanda)
이간질을 하지 않음(不兩舌 : pisuṇāya vācāya veramaṇī)
이렇게 오신 님, 여래(如來 : Tathāgata)
이씨빠따나 승원(仙人墮處 : Isipatanārāma)
이치에 맞게 정신활동을 일으킴(如理作意 : yoniso masikāra)
이치에 맞지 않게 정신활동을 일으킴,(非如理作意 : ayoniso masikāra)
인간의 네 가지 자태(威儀路 : iriyāpathā)

일시적인 마음에 의한 해탈(samadhikā cetovimutti)

[ㅈ]

자따까(本生譚 : Jātaka)
자만(慢 : māna)
자유(自由 : pamokkha)
작게 빛나는 신들의 하느님의 세계(小光天 : Parittābhānā devā)
작은 영광의 신들의 하느님의 세계(小淨天 : Parittasubhānā devā)
잘못된 견해(邪見 : diṭṭhi)
장미사과나무(閻浮樹 : jambu)
장애(對 : paṭigha)
재가신도, 청신사(淸信士, 居士, 優婆塞 : Upāsaka)
재가의 여신자, 청신녀(靑信女, 優婆夷 : Upāsikā)
재생의식(結生識 : paṭisandhiviññāṇa)
전개(展開 : okkanti)
전생(轉生 : abhinibbatti)
전지자(全知者 : sabbaññu)
접촉(觸 : phassa, samphassa)
접촉의 자양(細觸食 : phasso āhāro)
정신(意 : mano)
정신의 접촉(意觸 : manosamphassa)
정신의 접촉에서 생겨난 의식의 영역(意觸識處 : manosamphassaviññāṇāyatana)
정신의식(意識 : manoviññāṇa)
정신적 형성(意行 : manosaṅkhāra)
정진(精進 : viriya)
제따 숲(祇陀林, 祇樹 : Jetavana)
제석천(帝釋天 : sakka)
조건적 발생(緣起 : paṭiccasamuppāda)
존재(有 : atthi, bhava)
존재에 대한 갈애(有愛 : bhavataṇhā)
존재의 거센 흐름(有流 : bhav'ogha)
존재의 다발들에 대한 집착(蘊取 : khandh'upadhi)
주지 않은 것을 빼앗지 않음(不偸盜 : adinnādānā veramaṇī)
죽음의 신, 야마의 세계(死神 : yama)
중도(中道 : majjhimapaṭipadā)
지각(想 : saññā)
지각과 느낌의 소멸(想受滅 : saññāvedayitanirodha)
지각의 다발(想蘊 : saññākkhanda)
지각하는 것도 아니고 지각하지 않는 것도 아닌 세계(非想非非想處 : nevasaññanāsaññāyatana)
지각하는 것도 아니고 지각하지 않는 것도 아닌 신들의 하느님의 세계(非想非非想處天 : Nevasaññānāsaññāyatanūpagā devā)
지멸, 소멸(止滅 : nirodha)
지혜(慧 : paññā)
지혜에 의한 해탈(慧解脫 : paññāvimutti)
지혜와 덕행을 갖춘 님(明行足 : Vijjācaraṇasampanna)
진리의 제왕(法王, Dammarāja)
집중(三昧 : samādhi)
집착(染著 : saṅgā, 取, 執着 : upādāna)
집착의 대상(取著 : upadhi)

[ㅊ]

참사람(善人, 善男子, 正人, 正士, 善士 : sappurisa)
창피함(愧 : ottappa)
창조하고 기뻐하는 신의 하늘나라(化樂天 : nimmānaratī devā)
천안통(天眼通 : dibbacakkhu)
천이통(天耳通 : dibbasota)
첫 번째 선정(初禪 : paṭhamajjhāna)
청각(耳 : sota)
청각의 접촉(耳觸 : sotasamphassa)
청각의 접촉에서 생겨난 의식영역(耳觸識處 : sotasamphassaviññāṇāyatana)
청각의식(耳識 : sotaviññāṇa)
초월적 능력(神足通 : iddhi)

초월적 지혜, 신통, 초범지(神通, 超凡智 : abhiññā)
초선(初禪 : paṭhamajjhāna)
촉각(身 : kāya)
촉각의 접촉(身觸 : kāyasamphassa)
촉각의 접촉에서 생겨난 의식영역(身觸識處 : kāyasamphassaviññāṇāyatana)
촉각의식(身識 : kāyaviññāṇa)
추악한 말을 하지 않음(不惡口 : pharusāya vācāya veramaṇī)
축복의 신의 하늘나라(夜摩天 : yāmā devā)

[ㅋ]

커다란 지혜(大慧 : mahāpañña)

[ㅌ]

타락한 곳(無樂處, 墮處 : vinipāta)
타인의 마음을 꿰뚫어 보는 능력(他心通 : parassa cetopariyañāṇa)
타화자재천(他化自在天 : paranimmitavasavattino devā)
탄생(誕生 : sañjāti)
탐구(思惟 : vimaṁsā)
탐욕(貪 : rāga)
태생(胎生 : jalābuja)
태어남(生 : jāti)

[ㅎ]

하느님의 세계에서 하느님을 보좌하는 신들의 하늘(梵輔天 : Brahmapurohitā devā)
하느님의 세계의 하느님의 권속인 신들의 하늘(梵衆天 : brahmakāyikā devā)
하늘귀(天耳通 : dibbasota)
하늘눈(天眼通 : dibbacakkhu)
하늘사람(天人, 天神 : devatā)
신들과 인간의 스승이신 님(天人師 : Satthā devamanussānaṁ)
하늘아들(神子 : devaputtā)
하늘의 딸(神女 : devadhītaro)
학인(學人 : sekhā)
한 번 돌아오는 경지의 님(一來果 : sakadāgāmīphala)
한 번 돌아오는 길을 가는 님(一來向 : sakadāgāmīmagga)
한량 없이 빛나는 신들의 하느님의 세계(無量光天 : Appamāṇābhānā devā)
한량 없는 영광의 신들의 하느님의 세계(Appamāṇasubhānā devā : 無量淨天)
해탈(解脫 : vimutti, nimokkha)
행복을 주는 보시(sukhadāyakaṁ)
행복한 곳(善趣 : sugati)
허무주의(斷見 : ucchedadiṭṭhi)
형상에 대한 욕망(色貪 : rūparāga)
형성(行 : saṅkhārā)
형성의 다발(行蘊 : saṇkhārakkhandha)
성냄(瞋 : dosa)
화락천(化樂天 : nimmānaratī devā)
화생(化生 : opapātika)
홀로 연기법을 깨달은 님(辟支佛, 獨覺, 緣覺 : paccekabuddha)
홀연히 생겨남(化生 : opapātika)
후각(鼻 : ghāna)
후각의 접촉(鼻觸 : ghānasamphassa)
후각의 접촉에서 생겨난 의식의 영역(鼻觸識處 : ghānasamphassaviññāṇāyatana)
후각의식(鼻識 : ghānaviññāṇa)
흐름에 든 경지의 님(sottāpattiphala : 豫流果)
흐름에 드는 길의 사람(sottāpattimagga : 豫流向)
흥분과 회한(掉擧惡作 : uddhaccakukkucca)
흥분(掉擧 : uddhacca)

[A]

abhidhammapiṭaka : 논장(論藏)
abhinibbatti : 전생(轉生)
abhiññā : 곧바른 앎, 초월적 지혜. 신통(神通) 초범지(超凡智).
accharā : 선녀(仙女)
accharā : 요정

adhicittasikkha : 심리적인 배움(增上心學)
adhipaññasikkhā : 예지적인 배움(增上慧學)
adhisīlasikkhā : 윤리적 배움(增上戒學)
adinnādānā veramaṇī : 주지 않은 것을 빼앗지 않음(不偸盜)
Ajātasattu : 아자따쌋뚜
akusalā dhammā : 악하고 불건전한 것들(不善法)
Akaniṭṭhā devā : 궁극적인 미세한 물질로 이루어진 신들의 하느님의 세계(色究竟天)
akālika : 시간을 초월하는
amanussā : 악마, 귀신(非人)
amaraṁ : 불사(不死)
anāgāmīmagga : 돌아오지 않는 경지의 님(不還向)
anāgāmīphala : 돌아오지 않는 길을 가는 님(不還果)
Anāthapiṇḍikārāma : 아나타삔디까 승원(給孤獨園)
Anāthapiṇḍika : 아나타삔디까(給孤獨)
anurakkhaṇāppadhāna : 수호의 노력(守護勤)
anussava : 배움(聞)
Anuttaro : 위없이 높으신 님(無上師)
anvaye ñāṇaṁ : 보편에 대한 지식(類智)
aṇḍaja : 난생(卵生)
Appamāṇābhānā devā : 한량없이 빛나는 신들의 하느님의 세계(無量光天)
Appamāṇasubhānā devā : 한량 없는 영광의 신들의 하느님의 세계(無量淨天)
Arahant : 거룩한 님, 아라한(阿羅漢)
arahattamagga : 거룩한 길을 가는 님(阿羅漢向)
arahattaphala : 거룩한 경지의 님(阿羅漢果)
ariyaṭṭhaṅgikamagga : 여덟 가지 고귀한 길 (八正道)
arūpaloka : 비물질의 세계(無色界)
arūparāga : 비물질계에 대한 탐욕(無色貪)
assakāya : 기마부대(馬軍)
Atappā devā : 괴롭힘이 없는 신들의 하느님의 세계(無熱天)
atthi, bhava : 존재(有)
aṭṭhadasa dhātuyo : 열여덟 가지 세계(十八界)
ayoniso masikāra : 이치에 맞게 정신활동을 일으킴(如理作意)
avijj'ogha : 무명의 거센 흐름(無明流)
avijjā : 무명(無明), 진리를 모르는 것
Avihā devā : 성공으로 타락하지 않는 신들의 하느님의 세계(無煩天)
ākāraparivitakka : 상태에 대한 숙고(行覺想)
ākāsānañcāyatana : 무한공간의 세계(空無邊處)
Ākāsānañcāyatanūpagā devā : 무한공간의 신들의 하느님의 세계(空無邊處天)
ākiṁcaññāyatana : 아무 것도 없는 세계(無所有處)
Ākiñcaññāyatanūpagā devā : 아무 것도 없는 신들의 하느님의 세계(無所有處天)
āsavakkhaya : 번뇌의 소멸(漏盡通)
āsavā : 번뇌(煩惱)
Ābhassarānā devā : 빛이 흐르는 신들의 하느님의 세계(極光天)

[B]

Bhagavant : 세계의 존귀한 님, 세존(世尊)
bhav'ogha : 존재의 거센 흐름(有流)
bhavataṇhā : 존재에 대한 갈애(有愛)
bhāvanāppadhāna : 수행의 노력(修勤)
bhikhhu : 수행승(比丘)
bhūta : 생물, 존재, 귀신(鬼神)
Bodhisatta : 보살(菩薩)
Brahma : 거룩한 님, 하느님(梵天)
brahmakāyikā devā : 하느님의 세계의 하느님의 권속인 신들의 하늘(梵衆天)
Brahmapurohitā devā : 하느님의 세계에서 하느님을 보좌하는 신들의 하늘(梵輔天)
brāhmaṇa : 바라문(婆羅門), 성직자
Buddha : 부처님, 깨달은 님(佛)

[C]

cakkhusamphassaviññāṇāyatana : 시각의 접촉에서 생겨난 의식의 영역(眼觸識處)
cakkhusamphassa : 시각의 접촉(眼觸)
cakkhuviññāṇa : 시각의식(眼識)
cakkhu : 시각(眼)
cattaro satipaṭṭhānā : 네 가지 새김의 토대(四念處)
cattāri ariyasaccāni : 네 가지 거룩한 진리(四聖諦)
cattāri purisayugāni aṭṭhapurisapugalā : 네 쌍으로 여덟이 되는 참사람(四雙八輩)
cattāro iddhipādā : 네 가지 신통력의 토대(四神足, 四如意足)
cattāro mahābhūtāni : 네 가지 광대한 존재(四大)
catutthajjhāna : 네 번째 선정(四禪)
cāttāro āhārā : 네 가지 자양(四食)
cātummahārājikā devā : 네 하늘나라 대왕의 신들의 하늘(四天王)
cetovimutti : 마음에 의한 해탈, 마음에 의한 해탈(心解脫)
chaindriya : 여섯 가지 감각능력(六根)
chavisaya : 여섯 가지 감각대상(六境)
chaviññāṇa : 여섯 가지 의식(六識)
chanda : 의지(欲)
citta : 마음(心)
cittānupassanā : 마음에 대한 관찰(心隨觀)

[D]

dammarāja : 진리의 제왕(法王)
devadhītaro : 하늘의 딸(神女)
devaputtā : 하늘아들(神子)
devatā : 하늘사람(天人, 天神)
dhammaṭṭhitiñāṇaṁ : 사실의 상태에 대한 지식(法住智)
dhamma : 법, 현상, 성품, 사물, 사실, 가르침, 진리(法)
dhamme ñāṇaṁ : 사실에 대한 지식(法智)
dhammānupassanā : 사실에 대한 관찰, 사물에 대한 관찰(法隨觀)
dhyāna : 선정(禪定)
dibbacakkhu : 하늘눈(天眼通)
dibbasota : 하늘귀(天耳通)
diṭṭhi : 잘못된 견해(邪見)
diṭṭhinijjhānakhanti : 견해에 대한 이해(見審諦忍)
diṭṭh'ogha : 견해의 거센 흐름(見流)
dosa : 분노, 성냄(瞋)
duggati : 나쁜 곳, 나쁜 세계(惡處)
dukkhâriyasaccāni : 괴로움에 대한 진리(苦聖諦)
dukkhanirodhâriyasaccāni : 괴로움의 소멸에 대한 진리(滅聖諦)
dukkhanirodhagāminīpaṭipadāariyasaccāni : 괴로움의 소멸에 이르는 진리(道聖諦)
dukkhasamudayâriyasaccāni : 괴로움의 발생에 대한 진리(集聖諦)
dutiyajjhāna : 두 번째 선정(二禪)

[E]

ehipassika : 와서 보라고 할 만한
ekaggacitta : 한마음, 마음의 통일(心一境性)

[G]

gandha : 냄새(香)
ghāna : 후각(鼻)
ghānasamphassaviññāṇāyatana : 후각의 접촉에서 생겨난 의식의 영역(鼻觸識處)
ghānasamphassa : 후각의 접촉(鼻觸)
ghānaviññāṇa : 후각의식(鼻識)
Gijjhakūṭapabhata : 깃자꾸따 산(靈鷲山)
Giñjakāvasatha : 긴자까바싸타(煉瓦堂, 繁耆迦精舍)

[H]

hāsapañña : 명쾌한 지혜(疾慧)

[I]

iddhi : 초월적 능력, 신족통(神足通)
iriyāpathā : 인간의 네 가지 자태(威儀路)
Isipatanārāma : 이씨빠따나 승원(仙人墮處)

[J]

jalābuja : 태생(胎生)
jambu : 장미사과나무(閻浮樹)
jarāmaraṇa : 늙음과 죽음(老死)
javanapañña : 빠른 지혜(速慧)
Jātaka : 자따까(本生譚)
jāti : 태어남(生)
Jetavana : 제따 숲(祇陀林, 祇樹)
jihvāsamphassaviññāṇāyatana : 미각의 접촉에서 생겨난 의식의 영역(舌觸識處)
jihvāsamphassa : 미각의 접촉(舌觸)
jihvā : 미각(舌)
jina : 승리자(勝者)
jivhāviññāṇa : 미각의식(舌識)

[K]

kabaliṅkāro āhāro oḷāriko sukhumo : 거칠거나 미세한 물질의 자양(麤細摶食)
Kalandakanivāpa : 깔란다까니바빠(栗鼠飼養園)
kappa : 겁(劫)
kamma : 업, 행위(業)
kāma : 감각적 쾌락(欲)
kāmaloka : 감각적 쾌락에 대한 욕망의 세계(欲界)
kāmarāga : 감각적 쾌락에 대한 욕망(欲貪)
kāmataṇhā : 감각적 쾌락의 욕망에 대한 갈애(欲愛)
kāmesu micchācārā veramaṇī : 사랑을 나눔에 잘못을 범하지 않음(不邪婬)
kām'ogha : 감각적 쾌락에 대한 욕망의 거센 흐름(欲流)
kām'upadhi : 감각적 쾌락의 욕망에 대한 집착(愛取)
kāya : 촉각(身)
kāyasamphassaviññāṇāyatana : 촉각의 접촉에서 생겨난 의식영역(身觸識處)
kāyasamphassa : 촉각의 접촉(身觸)
kāyasaṁkhāra : 신체적 형성(身行)
kāyaviññāṇa : 촉각의식(身識)
kāyānupassanā : 몸에 대한 관찰(身隨觀)
khandh'upadhi : 존재의 다발들에 대한 집착(蘊取)
kiles'upadhi : 오염된 번뇌에 대한 집착(煩惱取)

[L]

Lokavidū : 세상을 아는 님(世間解)

[M]

mahāpañña : 커다란 지혜(大慧)
Mahābrahmā devā : 위대한 신들의 하느님의 세계(大梵天)
mahāvira : 위대한 영웅(大雄)
majjhimapaṭipadā : 중도(中道)
mano : 정신(意)
manosañcetanā āhāro : 의도의 자양(意思食)
manosamphassaviññāṇāyatana : 정신의 접촉에서 생겨난 의식의 영역(意觸識處)
manosamphassa : 정신의 접촉(意觸)
manosaṁkhāra : 정신적 형성(意行)
manoviññāṇa : 정신의식(意識)
māna : 자만, 교만(慢)
micchāpatipadā : 삿된 길(邪道)
Migadāya : 미가다야(鹿野園)
Migāramatu : 미가라마뚜 강당(鹿子母講堂)
moha : 어리석음(痴)
musāvāda veramaṇī : 거짓말을 하지 않음(不妄語)

[N]

natthi : 비존재(無)
nāmarūpa : 명색(名色)
nibbedhikapañña : 꿰뚫는 지혜(明達慧)
nibbidā : 싫어하여 떠남(厭離)
nibbāna : 열반(涅槃)
nigaṇṭhā : 니간타(尼乾陀徒 [자이나교도])
Nigrodhārāma : 니그로다 승원(尼俱律園)
nimmānaratī devā : 창조하고 기뻐하는 신의 하늘나라(化樂天)
nirodha : 지멸, 소멸(止滅)
nevasaññānāsaññāyatana : 지각하는 것도 아니고 지각하지 않는 것도 아닌 세계(非想非非

想處)

nevasaññānāsaññāyatanūpagā devā : 지각하는 것도 아니고 지각하지 않는 것도 아닌 신들의 하느님의 세계(非想非非想處天)

ñātapariññā : 알려진 것에 대한 완전한 이해(知遍知)

[O]

ogha : 거센 흐름(暴流)

okkanti : 강생(降生), 전개(展開, 들어섬.)

opapātika : 홀연히 생겨남, 화생(化生·者)

orambhāgiyāni saṁyojjanāni : 다섯 가지 낮은 경지의 장애(五下分結)

ottappa : 창피함(愧)

[P]

paccekabuddha : 홀로 연기법을 깨달은 님(辟支佛, 獨覺, 緣覺)

pahānapariññā : 번뇌의 끊음에 관한 완전한 이해(斷遍知)

pahānappadhāna : 버림의 노력(斷勤)

pañca indriyāni : 다섯 가지 능력(五根)

pañca nīvaraṇāni : 다섯 가지 장애(五障)

pañca upādānakkhandā : 다섯 가지 존재의 집착다발(五取蘊)

pañcakāmaguṇa : 다섯 가지 감각적 쾌락(五欲樂)

pañcakkhandha : 다섯 가지 존재의 다발(五蘊)

pañcasīla : 다섯 가지 계행, 오계(五戒)

paññā : 지혜(慧)

paññakkhandha : 여러 가지 지혜(慧蘊)

paññāvimutti : 지혜에 의한 해탈(慧解脫)

pamokkha : 자유(自由)

paranimmitavasavattino devā : 다른 신들이 창조한 것을 누리는 신의 하늘나라(他化自在天)

parassa cetopariyañāṇa : 타인의 마음을 꿰뚫어 보는 능력(他心通)

pariññā : 완전한 이해(遍知)

Parittābhānā devā : 작게 빛나는 신들의 하느님의 세계(小光天)

Parittasubhānā devā : 작은 영광의 신들의 하느님의 세계(小淨天)

Pasenadi : 빠쎄나디(波斯匿王)

paṭhamajjhāna : 첫 번째 선정(初禪)

paṭiccasamuppāda : 조건적 발생, 연기(緣起)

paṭigha : 마음의 분노, 마음의 저항(有對)

paṭigha : 장애(對)

paṭisandhiviññāṇa : 재생의식(結生識)

pāṇātipātaveramaṇī : 살아 있는 생명을 해치지 않음(不殺生戒)

phala : 경지, 과보, 공덕(果)

pharusāya vācāya veramaṇī : 추악한 말을 하지 않음(不惡口)

phassa, samphassa : 접촉(觸)

phasso āhāro : 접촉의 자양(細觸食)

phoṭṭhabba 감촉(觸)

pisuṇāya vācāya veramaṇī : 이간질을 하지 않음(不兩舌)

pisācā : 유령

pubbenivasānussati : 숙명통(宿命通)

Pubbārāma : 뿝바라마 승원(東園)

puggala : 참사람, 사람(補特伽羅)

Purisadammasārathī : 사람을 길들이는 님(調御丈夫)

puthupañña : 넓은 지혜(廣慧)

[R]

rasa : 맛(味)

rāga : 탐욕(貪)

Rājagaha : 라자가하(王舍城)

ruci : 만족(欲)

rūpa : 물질, 형상(色)

rūpakkhandha : 물질의 다발(色蘊)

rūpaloka : 미세한 물질의 세계(色界)

rūparāga : 형상에 대한 욕망(色貪)

rūpasañña : 형상에 대한 지각(色想)

[S]

sabbaññu : 전지자(全知者)

sadda : 소리(聲)
saddhamma : 올바른 가르침(正法)
saddhā : 믿음(信)
sakadāgāmīmagga : 한 번 돌아오는 길을 가는 님(一來向)
sakadāgāmīphala : 한 번 돌아오는 경지의 님(一來果)
sakka : 제석천(帝釋天)
sakkāyadiṭṭhi : 개체가 있다는 견해(有身見)
saḷāyatana : 여섯 가지 감각영역, 여섯 가지 감역(六入)
samadhikā cetovimutti : 일시적인 마음에 의한 해탈
samaṇā : 수행자(沙門)
samādhi : 집중(三昧)
sammasaṅkappa : 올바른 사유(正思惟)
sammāājīva : 올바른 생활(正命)
sammādiṭṭhi : 올바른 견해(正見)
sammākammanta : 올바른 행위(正業)
sammāpaṭipadā : 올바른 길(正道)
sammāsamādhi : 올바른 집중(正定)
Sammāsambudha : 올바로 원만히 깨달은 님(正等覺者)
sammāsati : 올바른 새김(正念)
sammāvācā : 올바른 언어(正言)
sammāvāyāma : 올바른 정진(正精進)
sampattidāyakaṁ : 성취를 주는 보시
samphappalāpā veramaṇī : 쓸모없는 말을 하지 않음(不綺語)
saṁsāra : 윤회(輪廻)
saṁvarappadhāna : 방지의 노력(律儀勤)
saṁsedaja : 습생(濕生)
santi : 고요함, 적정(寂靜)
santikāya : 고요한 몸(寂靜身)
sañjāti : 탄생(誕生)
saññā : 지각(想)
saññākkhanda : 지각의 다발(想蘊)
saññāvedayitanirodha : 지각과 느낌이 소멸하는 선정(想受滅定)
saṅgā : 집착(染著, 取, 取著)
saṅkhārā : 형성(行)
saṇkhārakkhandha : 형성의 다발(行蘊)
sappurisa : 참사람(善人, 善男子, 正人, 正士, 善士)
sassatadiṭṭhi : 영원주의(常見)
sati : 새김(念)
satta : 뭇삶, 생명, 존재, 사람(衆生)
satthā : 스승(師)
Satthā devamanussānaṁ : 신들과 인간의 스승이신 님(天人師)
Sākyamuni : 싸끼야 족의 성자, 석가모니(釋迦牟尼)
sāmadhikkhandha : 여러 가지 삼매(定蘊)
Sāvatthī 싸밧티(舍衛城)
sekhā : 학인(學人)
sīlabhatapatāmāsa : 규범과 금기에 대한 집착(戒禁取)
sīlakkhandha : 여러 가지 계율(戒蘊)
sota : 청각(耳)
sotasamphassaviññāṇāyatana : 청각의 접촉에서 생겨난 의식영역(耳觸識處)
sotasamphassa : 청각의 접촉(耳觸)
sotaviññāṇa : 청각의식(耳識)
sottāpattimagga : 흐름에 드는 길의 사람(豫流向)
sottāpattiphala : 흐름에 든 경지의 님(豫流果)
Subhakiṇṇā devā : 영광으로 충만한 신들의 하느님의 세계(遍淨天)
Sugata : 올바른 길로 잘 가신 님, 행복하신 분(善逝)
sugati : 행복한 곳(善趣)
sukhadāyakaṁ : 행복을 주는 보시
Sudassā devā : 선정이 잘 이루어지는 신들의 하느님의 세계(善現天)
Sudassī devā : 관찰이 잘 이루어지는 신들의 하

느님의 세계(善見天)
surāmerayamajjapamādaṭṭhānā veramaṇī : 곡주나 과일주 등 취하게 하는 것을 마시지 않음(不飮酒)
suttapiṭaka : 경장(經藏)

[T]

taṇhā : 갈애(渴愛)
Tapodārāma : 따뽀다 온천 승원
Tathāgata : 이렇게 오신 님, 여래(如來)
tatiyajjhāna : 세 번째 선정(三禪)
tayo sikkhā : 세 가지 배움(三學)
Tāvatiṁsā : 서른셋 신들의 하늘나라, 도리천(忉利天), 삼십삼천(三十三天)
tikkhapañña : 예리한 지혜(利慧)
tipiṭaka : 삼장(三藏)
tīraṇapariññā : 윤회의 바다에서 건넘에 관한 완전한 이해(度遍知)
Tusitā devā : 만족을 아는 신의 하늘나라(兜率天)

[U]

ubhato bhāgavimuttā : 양자에 의한 해탈(俱分解脫)
ucchedadiṭṭhi : 허무주의(斷見)
uddhacca : 흥분(掉擧)
uddhaccakukkucca : 흥분과 회한(掉擧惡作)
uddhambhāgiyāni saṁyojanāni : 다섯 가지 높은 단계의 결박(五上分結)
upadhi : 집착(取, 取著)
upādāna : 집착(取著)
upāsaka : 재가신도, 청신사(淸信士), 우바새(優婆塞)
upāsikā : 재가의 여신자, 청신녀(靑信女), 우바이(優婆夷)
upāya : 괴로운 곳, 괴로운 세계(苦處)

[V]

vacisaṁkhāra : 언어적 형성(口行)
vedanākkhandha : 느낌의 다발(受蘊)
vedanānupassanā : 느낌에 대한 관찰(受隨觀)
vedāna : 느낌(受)
Veḷuvana : 벨루 숲(竹林)
vibhavataṇhā : 비존재에 대한 갈애(無有愛)
vicāra : 숙고(伺)
vicikicchā : 의심, 의심(疑)
Vijjācaraṇasampanna : 지혜와 덕행을 갖춘 님(明行足)
vimaṁsā : 탐구(思惟)
vimittikkhandha : 여러 가지 해탈(解脫蘊)
vimittiññāṇadassanakkhandha : 여러 가지 '해탈되었다'는 지견(解脫知見)
vimutti, nimokkha : 해탈(解脫)
vinayapiṭaka : 율장(律藏)
vinipāta : 비참한 곳, 비참한 세계(無樂處, 墮處)
viññāṇa āhāro : 의식의 자양(識食)
viññāṇakkhandha : 의식의 다발(識蘊)
viññāṇa : 의식(識)
viññāṇānañcāyatana : 무한의식의 세계(識無邊處)
Viññāṇañcāyatanūpagā devā : 무한의식의 신들의 하느님의 세계(識無邊處天)
virāga : 사라짐(離貪)
viriya : 정진(精進)
vitakka : 사유(尋)
viveka : 멀리 여읨, 홀로 있음
Vehapphalā devā : 위대한 경지로 얻은 신들의 하느님의 세계(廣果天)
vossagga : 완전한 버림, 포기(捨遣)
vyāpāda : 분노(瞋恚)

[Y]

yakkha : 야차(夜叉)
yama : 죽음의 신, 야마의 세계(死神)
yasadāyakaṁ : 명예를 주는 보시
yāmā devā : 축복의 신의 하늘나라(夜摩天)
yoniso masikāra : 이치에 맞게 정신활동을 일으킴(如理作意)

주요개념과 경제목의 색인

한국빠알리성전협회

Korea Pali Text Society

Founded 1997 by Cheon, Jae Seong

한국빠알리성전협회는 빠알리성전협회의 한국대표인 전재성 박사가 빠알리성전, 즉 불교의 근본경전인 빠알리 삼장의 대장경을 우리말로 옮겨 널리 알리기 위한 목적으로, 세계빠알리성전협회 회장인 리챠드 곰브리지 박사의 승인을 맡아 1997년 설립하였습니다. 그 구체적 사업으로써 빠알리성전을 우리말로 옮기는 한편, 부처님께서 사용하신 빠알리어의 이해를 돕기 위하여, 사전, 문법서를 발간하였으며, 기타 연구서, 잡지, 팜프렛, 등을 출판하고 있습니다. 부처님의 가르침을 빠알리어에서 직접 우리말로 옮겨 보급함으로써 부처님의 가르침이 누구에게나 쉽게 다가가고, 명료하게 이해될 수 있도록 더욱 노력할 것입니다. 한국빠알리성전협회는 부처님의 가르침이 널리 퍼짐으로써, 이 세상이 지혜와 자비가 가득한 사회로 나아가게 되기를 바랍니다.

한국빠알리성전협회 120-090 서울 서대문구 모래내로 430 성원A. 102-102

TEL : 02-2631-1381, 070-7767-8437 FAX : 735-8832

홈페이지 www. kptsoc. org

Pali Text Society

세계빠알리성전협회는 1881년 리스 데이비드 박사가 '빠알리성전의 연구를 촉진시키고 발전시키기 위해' 영국의 옥스포드에 만든 협회로 한 세기가 넘도록 동남아 각국에 보관되어 있는 빠알리 성전을 로마자로 표기하고, 교열 출판한 뒤에 영어로 옮기고 있습니다. 또한 사전, 색인, 문법서, 연구서, 잡지 등의 보조서적을 출판하여 부처님 말씀의 세계적인 전파에 불멸의 공헌을 하고 있습니다.

President: Dr. R. M. L. Gethinn, Pali Text Society

73 Lime Walk Headington Oxford Ox3 7AD, England

신한은행 313-04-195605	국민은행 752-21-0363-543	예금주 : 전재성
우리은행 1002-403-195868	농 협 023-02-417420	

명예 발간인을 초빙합니다.

빠알리성전협회에서는 경전은 기본적으로 천권 단위로 출간을 합니다. 새로 번역되는 경전의 출간뿐만 아니라 이미 역출하여 발간된 경전도 지속적으로 재간하여 가르침의 혈맥이 법계에 끊이지 않고 전파되도록 개인이나 가족단위로 기부가 이루어지고 있습니다. 한 번에 천권 단위의 경전을 출간할 때에 필요한 최소한의 출판비를 전액 기부하시는 분에게는 그 경전의 명예 발간인으로 초대되어 발간사를 헌정하는 전통을 갖고 있습니다.

빠알리대장경의 구성※

빠알리삼장				주석서
Vinaya Piṭaka(律藏)※※				**Aṭṭhakathā(義釋)**
1	3	Bhikkhuvibhaṅga(比丘分別)	Suttavibhaṅga 경설부(經分別)	Samantapāsādikā(善見律毘婆沙疏)
2	4	Bhikkhunīvibhaṅga(比丘尼分別)		Samantapāsādikā(善見律毘婆沙疏)
3	1	Mahāvagga(大品)	Khandhaka 다발부(犍度部)	Samantapāsādikā(善見律毘婆沙疏)
4	2	Cullavagga(小品)		Samantapāsādikā(善見律毘婆沙疏)
5		Parivāra(附隨)		Samantapāsādikā(善見律毘婆沙疏)
6		Pātimokkha(波羅提木叉)		Kaṅkhāvitaraṇī(解疑疏)
Sutta Piṭaka(經藏)				**Aṭṭhakathā(義釋)**
1		Dīghanikāya(長部)		Sumaṅgalavilāsinī(妙吉祥讚)
2		Majjhimanikāya(中部)		Papañcasūdanī(滅戱論疏)
3		Saṁyuttanikāya(相應部)		Sāratthappakāsinī(要義解疏)
4		Aṅguttaranikāya(增支部)		Manorathapūraṇī(如意成就)
5		Khuddakanikāya(小部阿含)		**Aṭṭhakathā(義釋)**
	1	Khuddakapāṭha(小誦經)		Paramatthajotikā(Ⅰ)(勝義明疏)
	2	Dhammapada(法句經)		Dhamapadaṭṭhakathā(法句義釋)
	3	Udāna(自說經)		Paramatthadīpanī(Ⅰ)(勝義燈疏)
	4	Itivuttaka(如是語經)		Paramatthadīpanī(Ⅱ)(勝義燈疏)
	5	Suttanipāta(經集)		Paramatthajotikā(Ⅱ)(勝義明疏)
	6	Vimānavatthu(天宮事)		Paramatthadīpanī(Ⅲ)(勝義燈疏)
	7	Petavatthu(餓鬼事)		Paramatthadīpanī(Ⅳ)(勝義燈疏)
	8	Theragāthā(長老偈)		Paramatthadīpanī(Ⅴ)(勝義燈疏)
	9	Therīgāthā(長老尼偈)		Paramatthadīpanī(Ⅵ)(勝義燈疏)
	10	Jātaka(本生經)		Jātakaṭṭhavaṇṇanā(本生經讚)
	11	Niddesa(義釋)		Saddhammapajjotikā(妙法明釋)
	12	Paṭisambhidāmagga(無碍解道)		Saddhammappakāsinī(妙法解疏)
	13	Apadāna(譬喩經)		Visuddhajanavilāsinī(淨人贊疏)
	14	Buddhavaṁsa(佛種姓經)		Madhuratthavilāsinī(如蜜義讚)
	15	Cariyāpiṭaka(所行藏)		Paramatthadīpanī(Ⅶ)(勝義燈疏)
Abhidhamma Piṭaka(論藏)				**Aṭṭhakathā(義釋)**
1		Dhammasaṅgaṇi(法集論)		Aṭṭhasālinī(勝義論疏)
2		Vibhaṅga(分別論)		Sammohavinodani(除迷妄疏)
3		Dhātukathā(界論)		Pañcappakaraṇatthakathā(五論義疏)
4		Puggalapaññatti(人施設論)		Pañcappakaraṇatthakathā(五論義疏)
5		Kathavatthu(論事)		Pañcappakaraṇatthakathā(五論義疏)
6		Yamaka(雙論)		Pañcappakaraṇatthakathā(五論義疏)
7	1	Tikapaṭṭhāna = Paṭṭh. I	발취론(發趣論)	Pañcappakaraṇatthakathā(五論義疏)
	2	Dukapaṭṭhāna = Paṭṭh. II		Pañcappakaraṇatthakathā(五論義疏)

※ 빠알리대장경에는 위의 삼장이외에 삼장외 문헌으로 『청정도론』과 같은 중요한 문헌들이 포함된다.

※※율장의 순서는 왼쪽번호가 빠알리대장경의 순서이고 오른쪽번호가 올덴베르크가 편집한 빠알리성전협회의 출간순서이다.

KĀLIGA
MOR
Kapilavatthu I
Sāvatthi
SAKYA
Lumbinī
Kapilavatthu II
KOLIYA
ACIRAVATĪ
Sāketa
(Ayojjhā)
KOSALA
Kusināra
Lucknow
Gorakhpur
GHĀGARA
GOMATI
KĀLAMA
VAMSĀ
GANGES
KĀSI
YAMUNĀ
Prayāga
(Allāhabād)
Sārnāth
Kosambī
Benares
AVANTI
M
부처님 당시의 도시들
부처님 이후의 도시들
네팔 국경선
부처님 당시의 강줄기
무역로